Hartmut Engel
Hans-Günter Semsek

Irland und Nordirland

» In Éirinn tá an féar níos glaise,
an spéir níos gorma, an beoir níos dorcha,
an ceol níos airde agus an gáire níos croíúla. «

In Irland ist das Gras grüner,
der Himmel blauer, das Bier dunkler,
die Musik lauter und das Lachen herzlicher.

Irisches Selbstverständnis

Impressum

Hartmut Engel
Hans-Günter Semsek
Reise Know-How Irland und Nordirland

erschienen im
Reise Know-How Verlag Peter Rump GmbH
Osnabrücker Str. 79
33649 Bielefeld
Deutschland
+49-521-946490
info@reise-know-how.de

12., neu bearbeitete und aktualisierte Auflage 2024

ISBN 978-3-8317-3842-7

Gestaltung und Bearbeitung
Umschlag: P. Rump, der Verlag
Inhalt: G. Pawlak, W. Rump, der Verlag
Karten: der Verlag, Bernhard Spachmüller, Catherine Raisin
Fotonachweis: Hartmut Engel (he), Hans-Günter Semsek (hg), Wolfram Schwieder (ws), Tim Schmelzer (ts), Adobe Stock/www.fotalia.de, (Autorennachweis jeweils am Bild), Wikimedia Commons und Tourism Ireland Imagery (tii) siehe ab S. 512
Lektorat (Aktualisierung): der Verlag

Druck und Bindung
Druck- und Verlagshaus Zarbock
GmbH & Co. KG, Frankfurt am Main

Bibliografische Information der Deutschen Nationalbibliothek
Die Deutsche Nationalbibliothek verzeichnet diese Publikation in der Deutschen Nationalbibliografie; detaillierte bibliografische Daten sind im Internet über http://dnb.dnb.de abrufbar.

Bildlegende Umschlag und Vorspann
Titelbild: Adobe Stock
© Sina Ettmer (Schafe und grüne Wiesen prägen Irland)
Vordere Umschlagklappe: Wandern im Klippengebiet der Slieve League (he),
kleines Foto: Bonner's Bar in Mullaghduff (he)
S. 1: Grabkreuz (he)
S. 2/3: Felsen auf dem Plateau des Burren (he)

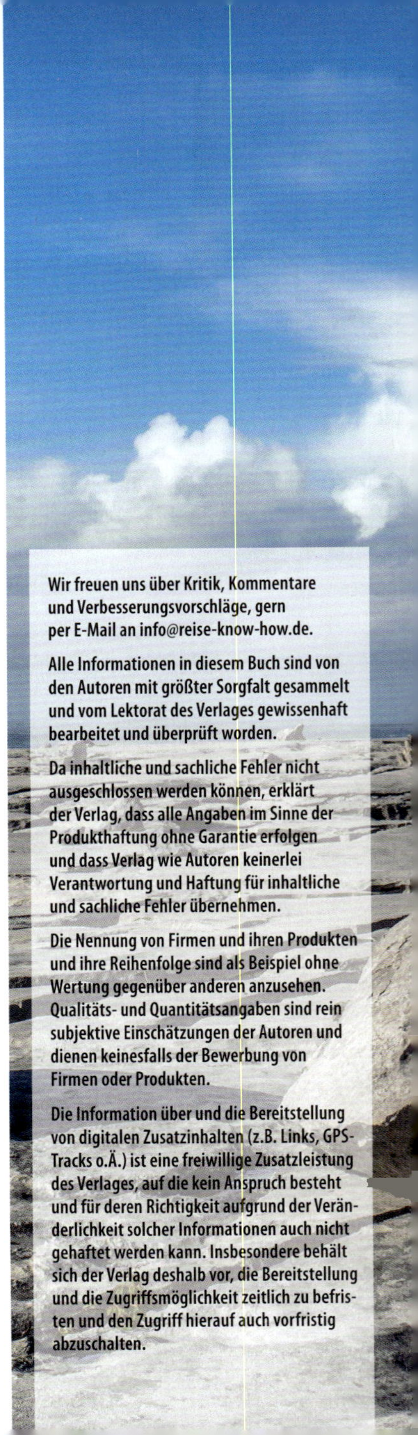

Wir freuen uns über Kritik, Kommentare und Verbesserungsvorschläge, gern per E-Mail an info@reise-know-how.de.

Alle Informationen in diesem Buch sind von den Autoren mit größter Sorgfalt gesammelt und vom Lektorat des Verlages gewissenhaft bearbeitet und überprüft worden.

Da inhaltliche und sachliche Fehler nicht ausgeschlossen werden können, erklärt der Verlag, dass alle Angaben im Sinne der Produkthaftung ohne Garantie erfolgen und dass Verlag wie Autoren keinerlei Verantwortung und Haftung für inhaltliche und sachliche Fehler übernehmen.

Die Nennung von Firmen und ihren Produkten und ihre Reihenfolge sind als Beispiel ohne Wertung gegenüber anderen anzusehen. Qualitäts- und Quantitätsangaben sind rein subjektive Einschätzungen der Autoren und dienen keinesfalls der Bewerbung von Firmen oder Produkten.

Die Information über und die Bereitstellung von digitalen Zusatzinhalten (z.B. Links, GPS-Tracks o.Ä.) ist eine freiwillige Zusatzleistung des Verlages, auf die kein Anspruch besteht und für deren Richtigkeit aufgrund der Veränderlichkeit solcher Informationen auch nicht gehaftet werden kann. Insbesondere behält sich der Verlag deshalb vor, die Bereitstellung und die Zugriffsmöglichkeit zeitlich zu befristen und den Zugriff hierauf auch vorfristig abzuschalten.

Hartmut Engel
Hans-Günter Semsek

IRLAND
und Nordirland

Vorwort

Fast 40 Jahre ist es her, dass ich – inspiriert durch *Heinrich Bölls* „Irisches Tagebuch“ – zum ersten Mal nach Irland reiste und mich sofort in das Land und seine Menschen verliebte. Seitdem komme ich fast jedes Jahr wieder auf die Grüne Insel und habe sie schon zu Fuß, mit dem Fahrrad, Wohnmobil oder Hausboot erkundet.

War die Reise auf die „Insel hinter der Insel“ anfangs noch ein richtiges Abenteuer mit umständlicher und langwieriger Anreise, kann man heute bequem aus einer Vielzahl von Fährverbindungen wählen. Wer es noch schneller mag, erreicht das Land in wenigen Stunden von zahlreichen Flughäfen vom Kontinent aus.

Irland galt lange als Armenhaus Europas und wurde als großer Bauernhof mit einer Brauerei und einigen Destillerien beschrieben. Davon kann heute keine Rede mehr sein. Das Land hat sich verändert, kann wirtschaftlich mit anderen kontinentaleuropäischen Staaten mithalten und hat viele sogar überflügelt.

Geblieben ist zum Glück die Schönheit und Vielfalt der Insel. An den Küsten wechseln sich sanfte, kilometerlange Sandstrände mit schroffen, steilen Felsküsten ab. Im Landesinnern findet man fruchtbare Täler mit sattgrünen Wiesen und Weiden, nährstoffarme Moore und Heiden, die die Landschaft im Herbst in ein violettes Blütenmeer verwandeln und unzählige Flüsse, Bäche und Seen, die nicht nur Angler und Vogelliebhaber begeistern. Auch heute noch gibt es Landstriche, die gänzlich unberührt erscheinen und kaum besiedelt sind.

Geblieben ist auch die außergewöhnliche Herzlichkeit und Hilfsbereitschaft der meisten Iren sowie ihre Ruhe und

[>] Blick auf Cushendun

Gelassenheit, die man besonders als Autofahrer auf den Straßen spürt, wo sich keiner die Vorfahrt erzwingt oder gleich hupt, wenn der Vordermann zu langsam fährt oder nicht sofort bei Grün einen Blitzstart hinlegt.

Geblieben sind auch die zahlreichen historischen Zeugen, die bis weit in die Vergangenheit reichen und einem auf Schritt und Tritt begegnen. Normannische Burgen, mittelalterliche Klöster und prähistorische Kultstätten kann man in spektakulärer Kulisse im Freien oder in einem der ausgezeichneten Museen bewundern.

Geblieben ist auch die traditionelle irische Musik, die man auf vielen Festivals live hören kann oder in irgendeinem Pub, wo man auch die Gelegenheit hat, seine eigenen musikalischen Fähigkeiten unter Beweis zu stellen.

Irland bietet noch vielmehr als einen simplen Erholungsurlaub. Wer nach Abenteuern, dauerhaften Eindrücken und freundlichen Begegnungen sucht, wird hier mit Sicherheit fündig werden. Denn, so schrieb *William Butler Yeats*: „Es gibt in Irland keine Fremden, sondern nur Freunde, die sich noch nicht getroffen haben."

Hartmut Engel

Inhalt

10 Nordirland – Tour 10 342

11 Praktische Reisetipps A – Z 394

12 Land und Leute 440

Karten

→ **Hinweise zur Benutzung, S. 12**

Tourenübersicht
0 50 km
©Reise Know-How
Irl_26 12/24
ATLANTISCHER OZEAN
NORDIRLAND
IRLAND
Giant's Causeway
Dunluce Castle
Carrick-a-Rede
Rathin Island
Portrush
Portstewart
Bushmills
Ballycastle
Cushendun
Carnlough
10
Carrickfergus
Belfast
Portadown
Armagh
Derry
Strabane
Omagh
Tory Island
Dunfanaghy
8
Burtonport
Crolly
Dungloe
Letterkenny
Ardara
Glenties
Glencolumbkille
Donegal
Sleave League
Killybegs
Sligo
MULLET
Achill Island
Westport
7
Clifden
Galway
Aran Islands
Kinvara
Doolin
Cliffs of Moher
Burren
6
Ennis
Kilkee
Limerick
River Shannon
Athlone
9
Dundalk
Mellifont Abbey
Monasterboice
Kells
Drogheda
Brú na Bóinne
Hill of Tara
Trim
2
Skerries
Malahide Castle
1
Dublin
Howth
Dún Laoghaire
Powerscourt Gardens
Wicklow Mountains
Glendalough
3
Kilkenny
4
Cashel
Cahir
Carrick-on-Suir
New Ross
Irish National Heritage Park
Wexford
The Kennedy Homestead
Waterford
Listowel
Tralee
Blasket Islands
5
Killarney
Killarney Nationalpark
Iveragh-Peninsula
Kenmare
Cork
Cobh
Glengarriff
Beara-Peninsula
Bantry
Kinsale
Mizen-Peninsula
Skibbereen
Baltimore
Lough Hyne

1 Dublin – Tour 1 | 24

In Irlands Hauptstadt stößt man überall auf Geschichte, von der rekonstruierten Wikingersiedlung zu den Einschusslöchern vom Osteraufstand 1916 in der Hauptpost.

2 Nördlich von Dublin – Tour 2 | 66

Von **Tara (S. 68),** dem Sitz der irischen Hochkönige in der Mythologie, über die Hügelgräber von **Brú na Bóinne (S. 75)** zu den Ruinen der Klöster **Mellifont Abbey (S. 78)** und **Monasterboice (S. 79).**

3 Von Dublin nach Wexford – Tour 3 | 84

In den **Gärten des Powerscourt Herrenhauses (S. 90)**, kommen Gartenfreunde auf ihre Kosten. Für Geschichtsinteressierte: Klostersiedlung **Glendalough (S. 92)** und die nachgebauten historische Siedlungen im **Irish National Heritage Park (S. 104).**

4 Von Wexford nach Cork – Tour 4 | 106

Diese Tour führt zu **Kennedy Homestead (S. 112)** in Dunganstown, woher die Familie des US-Präsidenten stammt, und zum **Rock of Cashel (S. 123).** Die Kulturstadt **Cork (S. 133)** lädt mit Museen, einer lebendigen Pubszene, vielen Restaurants und Einkaufsmöglichkeiten zum längeren Aufenthalt ein.

5 Der Südwesten – Tour 5 | 144

Auf dieser Tour, die entlang der Küste von Cork nach **Limerick (S. 215)** führt, entdeckt man die rauhe Küste des irischen Südwestens. Man passiert Halbinseln mit spektakulärer Landschaft.

6 Von Limerick nach Galway – Tour 6 | 224

Die **Klippen von Moher (S. 229),** die Karstlandschaft des **Burren (S. 233)** und die **Aran Islands (S. 238)** sind die atemberaubende Kulisse dieser Tour. Die Universitätsstadt **Galway (S. 246)** sorgt für kulturelle Unterhaltung.

7 Von Galway nach Sligo – Tour 7 | 256

Diese Strecke führt durch die karge und dünn besiedlete Connemara in die Grafschaft Mayo, wo man auf **Achill Island (S. 281),** auf den Spuren *Heinrich Bölls* wandeln kann. **Sligo (S. 291),** bietet lebendiges Stadtleben.

8 Der Nordwesten – Tour 8 | 298

Irlands einsamer Nordwesten, wo mancherorts die gälische Sprache noch lebendig ist, bietet einmalige Naturerlebnisse.

9 Entlang des Shannon – Tour 9 | 324

Der Shannon ist der längste Fluss Irlands. Unsere Tour folgt seinem Verlauf durch die zentrale Kalksteinebene Irlands und ist gesäumt von sehenswerten Dörfern und Städten.

10 Nordirland – Tour 10 | 342

Der Nordosten der Insel bietet eine der spektakulärsten Küstenlandschaften Irlands sowie in der Hauptstadt Nordirlands, **Belfast (S. 370),** das *Titanic Belfast,* eines der weltbesten Museen.

Hinweise zur Benutzung

Nicht verpassen!
Die Highlights der Region erkennt man an der **gelben Markierung.**

MEIN TIPP: ...
... steht für spezielle Empfehlungen des Autors Hartmut Engel: abseits der Hauptpfade, nach ihrem persönlichen Geschmack.

Der Schmetterling ...
... zeigt an, wo man besonders gut Natur erleben kann oder Angebote im Bereich des nachhaltigen Tourismus findet.

Kinder-Tipps
Das Symbol kennzeichnet Sehenswürdigkeiten und Aktivitäten, an denen auch kleine Irland-Urlauber ihre Freude haben.

Verweise auf die Stadtpläne
1 Die farbigen Nummern in den „Praktischen Tipps" der Ortsbeschreibungen verweisen auf den jeweiligen **Karteneintrag.**

Updates nach Redaktionsschluss
Auf der Produktseite dieses Reiseführers in unserem Internetshop finden Sie zusätzliche Informationen und **wichtige Änderungen.**

Preiskategorien der Unterkünfte
Die Preiskategorien in diesem Buch gelten jeweils für zwei Personen im **Doppelzimmer mit Frühstück in der Hauptsaison.**

① bis 70 €
② 70–90 €
③ 90–120 €
④ 120–150 €
⑤ ab 150 €

Preiskategorien der Restaurants
Die Preise gelten für ein **Hauptgericht.**

① bis 10 €
② 10–20 €
③ 20–30 €
④ 30–40 €
⑤ ab 40 €

401irl he

Reiserouten und Touren

Wer meint, Irland mal eben im Schnelldurchgang richtig kennenlernen zu können, der irrt sich gewaltig. Obwohl relativ klein, bietet die Insel eine große landschaftliche Vielfalt, faszinierende Städte und kleinere Ortschaften sowie zahlreiche historische Stätten. All dies in einem Urlaub von wenigen Tagen oder Wochen ausführlich zu erkunden, ist kaum möglich.

Auch sollte man die Entfernungen nicht unterschätzen. Häufig liegen zwar nur wenige Kilometer zwischen den schönsten hier beschriebenen Orten, die sind aber oft nur über kleine, kurvenreiche Straßen zu erreichen, auf denen man entsprechend langsam vorankommt.

Aus der Fülle der möglichen Reiserouten werden im Folgenden fünf vorgestellt, die die ganze Vielfalt der Insel erschließen und einen guten Eindruck von Natur und Landschaft sowie Kultur und Geschichte vermitteln und sich für unterschiedliche Zeitbudgets und Interessen anbieten.

Da die meisten Verbindungen zwischen den einzelnen Orten mit dem öffentlichen Nahverkehr sehr umständlich und zeitaufwendig sind und häufiges Umsteigen voraussetzen, sind die vorgeschlagenen Touren vor allem für Selbstfahrer mit eigenem Kfz oder Leihwagen entworfen.

[<] Silver Strand bei Malin Beg

Tour 1: Dublin und der Norden der Hauptstadt

■ Dauer: 3 Tage, Reisezeit: ganzjährig

Neben der quirligen und lebendigen Metropole der Republik Irland erkundet man auf dieser Tour einige der wichtigsten Zeugen der Frühgeschichte und des Mittelalters der Insel. Da die Ziele nicht viel weiter als 50 km von Dublin entfernt sind, kann man die Hauptstadt gut als Standquartier wählen.

1. Tag: Dublin. Ankunft und erste Stadtbesichtigung, abends Einkehr in einen Pub oder Restaurant im Szeneviertel Temple Bar.

2. Tag: Dublin. Stadtbesichtigung

3. Tag: Monasterboice, Mellifont und Newgrange. Mit dem frühchristlichen Kloster Monasterboice, dem ehemaligen Zisterzienser-Kloster Mellifont und dem über 5000 Jahre alten neolithischen Ganggrab Newgrange, das auf der Weltkulturerbe-Liste der UNESCO steht, kann man drei absolute Highlights Irlands an einem Tag besuchen, wenn man früh genug aufbricht.

Tour 2: Irlands Sonnenküste

■ Dauer: 5 Tage, beste Reisezeit: Mitte Juni bis Mitte August

Die Südküste Irlands gilt als eine der sonnenreichsten Regionen der Grünen Insel und wird oft als Irlands mediterraner Süden bezeichnet. Neben steilen, zerklüfteten Felsküsten gibt es auch kilometerlange Buchten mit ausgedehnten Sandstränden, an denen zahlreiche beliebte Seebäder entstanden sind. Darüber hinaus findet man viele Zeugen aus unterschiedlichen Zeiträumen der irischen Geschichte und am Hook Head einen der ältesten noch in Betrieb befindlichen Leuchttürme der Welt.

1. Tag: Wexford. Startpunkt ist die Hafenstadt Wexford im Südosten der Insel. Hier besteht die Möglichkeit, sich in einem beeindruckenden Freilichtmuseum über die Geschichte Irlands von der Steinzeit bis ins Mittelalter zu informieren.

2. Tag: Von Wexford nach Waterford. Nicht verpassen sollte man eine Fahrt über die Hook Halbinsel auf dem Ring of Hook. An der Südspitze thront ein 36 m hoher Leuchtturm, der besichtigt werden kann. Fossilienfreunde finden auf den Kalksteinklippen eine Fülle unterschiedlicher Versteinerungen.

3. Tag: Waterford. Waterford ist ein guter Ausgangspunkt, um einen Abstecher zu einigen Seebädern zu machen, die nur wenige Kilometer südlich des Ortes liegen. Dunmore East hat mehrere schöne Strände und Tramore ist einer der beliebtesten Badeorte an der Südküste. Auch ein **Ausflug nach Kilkenny,** gut 50 km nördlich von Waterford, lohnt sich. Die Stadt mit ihrem mittelalterlichen Stadtkern gilt als eine der schönsten Irlands.

4. Tag: Von Waterford nach Cork. Über die Küstenorte Dungarvan und Youghal geht es weiter nach Cork. Vorher sollte man aber unbedingt noch einen **Besuch von Cobh** einplanen. Die sehenswerte Hafenstadt liegt an einem der größten natürlichen Häfen der Welt und war der letzte Hafen, den die legendäre Titanic vor ihrem Untergang anlief.

5. Tag: Cork. Ausführliche Stadtbesichtigung der „heimlichen Hauptstadt" Irlands. Die kosmopolitische Stadt bietet eine Menge Sehenswürdigkeiten, vielfältige kulturelle Möglichkeiten, besondere Einkaufserlebnisse und außergewöhnliche Gastronomie.

Tour 3: Wild Atlantic Way

■ Dauer: 7 Tage, Reisezeit: ganzjährig

Eine der schönsten Touren durch Irland bietet der *Wild Atlantic Way,* der in der Nähe von Cork beginnt und über mehr als 2500 km an der Westküste bis nach Londonderry in Nordirland führt. Die Panoramastraße gilt als längste ausgeschilderte Küstenroute der Welt. Wer sie komplett abfahren möchte, muss mit einem Zeitaufwand von mehreren Wochen bis zu Monaten rechnen. Für alle, die nicht so viel Zeit haben, wird hier einer der schönsten Abschnitte vorgestellt, der über zwei große Halbinseln im Südwesten verläuft.

1. Tag: Von Bantry nach Castletownbere. Auf dem Ring of Beara geht es nach Castletownbere, einem der wichtigsten Fischereihäfen Irlands.

2. Tag: Castletownbere. Abstecher zur Insel Dursey, die nur über eine Seilbahn zu erreichen ist. Besonders Naturliebhaber kommen hier auf ihre Kosten und können neben Seevögeln mit Glück auch Wale und Delfine beobachten.

3. Tag: Von Castletownbere nach Kenmare. Über kurvenreiche, schmale Straßen und durch kleine Dörfer kommt man nach Kenmare auf die Halbinsel Iveragh, der mittleren der drei großen Halbinseln im Südwesten.

4. Tag: Von Kenmare nach Waterville. Entlang der Südküste der Halbinsel geht es über den hübschen Ort Sneem mit seinen bunten Häusern zum Staigue Fort, einem ca. 1500 Jahre alten, beeindruckenden Steinfort. Die Etappe endet in Waterville, wo sich schon Charlie Chaplin wohlgefühlt hat.

5. Tag: Waterville. Waterville bietet vielfältige Aktivitäten und Ausflugsmöglichkeiten. Wanderer kommen auf mehreren Routen des *Kerry Ways* auf ihre Kosten und Angler finden in den fischreichen Gewässern beste Bedingungen. Wer auf eine Insel im Atlantik möchte, kann nach Valentia Island fahren. Die Insel ist seit 1970 durch eine Brücke mit dem Festland verbunden und ist das Tor zu den Skellig Islands.

6. Tag: Von Waterville nach Killarney. Über Cahersiveen und Glenbeigh mit seinem wunderbaren Strand sowie Killorglin geht es nach Killarney, dem touristischen Hauptort im Südwesten Irlands.

7. Tag: Killarney. Wanderungen in und um den Killarney Nationalpark, Fahrt mit einer Pferdekutsche durch die Gap of Dunloe und vieles mehr.

Wer noch Zeit hat, kann sich auf eine Rundtour auf der nördlich gelegenen Halbinsel Dingle begeben, wofür man auch mindesten 2–3 Tage einplanen sollte.

Tour 4: Entlang der Causeway Coast und weiter bis Belfast

■ Dauer: 8 Tage, beste Reisezeit: ganzjährig

Die Causeway Coast zwischen Londonderry und Ballycastle gehört zu dem Schönsten, was der britische Landesteil der Insel zu bieten hat. Wunderschöne Sandbuchten wechseln sich mit schroffen Steilküsten ab und zahlreiche Sehenswürdigkeiten, wie z.B. die UNESCO-Welterbestätte Giant's Causeway säumen den Weg. Am Ziel lockt die nordirische Hauptstadt Belfast.

1. Tag: Londonderry. Ankunft und Stadtbesichtigung. Sehenswert sind vor allem die Altstadt mit der begehbaren Stadtmauer, die beiden Kathedralen und das Tower Museum. Abends Einkehr in einen der urigen Pubs mit Live-Musik.

2. Tag: Fahrt nach Portstewart/ Portrush. Die beiden typischen, nahe beieinander liegenden Seebäder Portstewart und Portrush bieten sich für zwei Übernachtungen an. Wer es lieber ruhiger mag, wählt Portstewart, wer Action und Amüsement liebt, übernachtet in Portrush. Auf dem Weg dorthin lohnt sich ein Abstecher zum 12 km langen Benone Beach bei Downhill.

3. Tag: Portstewart/Portrush. Die beiden Orte eignen sich gut für Ausflüge in die Umgebung, z.B. zur Ruine Dunluce Castle, zum Giant's Causeway oder zur Whiskeybrennerei Bushmills. Wer einen Tag am Strand verbringen möchte, wird gleich westlich von Portstewart fündig.

4. Tag: Fahrt nach Ballycastle. Auf der Fahrt lohnen Stopps an der White Park Bay, der Carrick-a-Rede Rope Bridge und den Dark Hedges.

5. Tag: Rathlin Island. Von Ballycastle aus ist ein Ausflug nach Rathlin Island unbedingt empfehlenswert. Naturliebhaber lockt das Seabird Centre im Westen der Insel.

6. Tag: Fahrt nach Belfast. Entlang der Antrim Coast gelangt man über Glenariff, Larne und Carrickfergus nach Belfast. Hier lohnen sich Abstecher in die Glens of Antrim und eine Visite der Normannenburg Carrickfergus.

7. und 8. Tag: Belfast. Für die Besichtigung von Belfast mit seinen vielen Sehenswürdigkeiten sollte man mindestens zwei Tage einplanen.

Tour 5: Entlang des Shannon durch das Landesinnere

■ Dauer: 8 Tage, beste Reisezeit: April–Oktober

Die Route folgt dem Lauf des größten Flusses der Insel vorbei an den großen Shannonseen, passiert malerische Hafenorte sowie größere Städte und bietet mit der Klosteranlage Clonmacnoise eine der wichtigsten Sehenswürdigkeiten Irlands.

Wer einmal Kapitän auf einem Schiff sein will, kann die Tour auch mit einem Hausboot unternehmen, braucht dann aber mehr Zeit.

1. Tag: Limerick. Ankunft und Stadtbesichtigung, besonders sehenswert sind das King John's Castle und St. Mary's Cathedral.

2. Tag: Von Limerick nach Killaloe/Ballina. Entlang des Shannon geht es nach Killaloe/Ballina am Südende von Lough Derg. Hier beginnt der für Freizeitkapitäne schiffbare Bereich des Shannon.

3. Tag: Von Killaloe/Ballina nach Portumna. Auf der Westseite des Sees geht es zu seinem Nordende bei Portumna, wo man das Portumna Castle und das beeindruckende Irish Workhouse Centre besichtigen kann.

4. Tag: Von Portumna nach Banagher. Die Fahrt nach Banagher entlang des Shannon ist kurz. Der Ort, das maritime Zentrum am unteren Shannon, liegt mitten in den Callows, einer ausgedehnten Wiesen-, Sumpf- und Moorlandschaft, in der vor allem Naturliebhaber auf ihre Kosten kommen.

5. Tag: Banagher nach Athlone. Mit dem beeindruckenden, frühchristlichen Kloster Clonmacnoise erreicht man eine der Hauptsehenswürdigkeiten der Insel. Vorher lohnt ein Stopp in Shannonbridge mit seinen Befestigungsanlagen direkt am Fluss.

6. Tag: Athlone. Stadtbesichtigung und Einkehr in Sean's Bar, das laut *Guinness World Records* älteste Gasthaus Irlands.

7. Tag: Von Athlone nach Carrick-on-Shannon. Vorbei am Lough Ree und durch kleine, sehenswerte Ortschaften am Shannon geht die Fahrt bis Carrick-on-Shannon.

8. Tag: Carrick-on-Shannon. Stadtbesichtigung und Rück- bzw. Weiterreise.

St. Brigid's Day
Traditionell werden am ersten Montag im Februar zu Ehren des hl. Brigid aus Binsen und Stroh Kreuze angefertigt, die Glück und Schutz bringen sollen.

Spring Bank Holiday
Der Feiertag wird am letzten Montag im Mai nur in Nordirland begangen. Er wird auch als „Late May Bank Holiday" bezeichnet und wurde 1967 als Ersatz für den Pfingstmontag eingeführt. Er wird von vielen Nordiren genutzt, um mit Familie und Freunden Ausflüge in die Natur zu unternehmen.

May Day
Ein traditioneller Feiertag, der seine Wurzeln in einem alten keltischen Fest hat. Er wird am ersten Montag im Mai auf verschiedene Weise gefeiert, am beliebtesten ist das Anzünden von Freudenfeuern.

JAN | FEB | MÄR | APR | MAI | JUN

St. Patrick's Day
Am 17. März herrscht in ganz Irland Partystimmung mit karnevalsähnlichen Umzügen. In Nordirland wird der Feiertag auf Montag verschoben, wenn er auf einen Samstag oder Sonntag fällt.

Schönste Reisezeit
Die Tage im Mai und Juni sind lang und der Niederschlag hält sich in Grenzen, überall sprießt frisches Grün und es sind verhältnismäßig wenige Touristen unterwegs.

June Bank Holiday
Nur in der Republik. Der Feiertag, der seit 1973 den Pfingstmontag (erster Montag im Juni) ersetzt, markiert den Beginn der Sommersaison, vielfach werden Festivals wie z.B. das **Cork Harbour Festival** veranstaltet.

LEGENDE

- Winter
- Frühjahr / Herbst
- Sommer

Summer Bank Holiday
Am ersten Montag im August (Republik) bzw. letzten Montag (Nordirland) werden über das lange Wochenende überall Feste gefeiert und Festivals veranstaltet.

St. Stephen's Day
Zum Andenken an den ersten christlichen Märtyrer Irlands gehen am 26. Dezember in der Republik viele Menschen in farbenfrohen Kostümen von Tür zu Tür und sammeln Geld für wohltätige Zwecke. Die meisten Geschäfte öffnen wieder, der öffentliche Nahverkehr ist noch eingeschränkt.

Sommerferien
In dieser Zeit (in der Republik von Mitte Juni bis Ende August, in Nordirland im Juli und August) sind auch viele Iren unterwegs, dementsprechend kann es voll werden.

Gute Reisezeit
Von September bis Oktober spielt das Wetter oft noch mit, die Landschaft zeigt sich vielerorts in prächtiger Herbstfärbung und es sind weniger Reisende unterwegs.

Boxing Day
Verkaufsoffener Feiertag mit starken Rabatten, der am 26. Dezember in Nordirland stattfindet.

JUL | AUG | SEP | OKT | NOV | DEZ

Wärmste Monate
In der Hauptreisezeit zwischen Juli und August muss man überall mit regem Betrieb rechnen und sich mancherorts auf längere Wartezeiten einstellen.

Battle of the Boyne
Nur in Nordirland begangener Gedenktag am 12. Juli. Er erinnert an die Schlacht am Boyne, die zum Aufstieg der Protestanten in Irland führte. Der Tag wird vor allem von Protestanten begangen und ist oft von Konfrontationen geprägt.

Vorweihnachtszeit
Von Mitte November bis Weihnachten werden in vielen Städten Weihnachtsmärkte abgehalten. Zu den bekanntesten gehören die *Christmas Markets* in Belfast, Waterford, Cork, Galway und Limerick. In ganz Irland ist es Brauch, einen Kranz aus Stechpalmen an die Tür zu hängen.

October Bank Holiday
Am Wochenende vor dem eigentlichen Feiertag, am letzten Montag im Oktober, werden in der Republik Festivals veranstaltet und Kostümumzüge organisiert. An manchen Orten gibt es sogar Feuerwerke.

Fünf sehenswerte Städte

301irl he

Dublin | 26

Irlands Metropole Dublin zieht Jung und Alt gleichermaßen an. Tagsüber kann man die unterschiedlichsten Sehenswürdigkeiten besichtigen – von der Guinness-Brauerei bis zum Trinity-College mit dem Book of Kells – und anschließend in das vielfältige Nachtleben eintauchen, in dem Live-Musik in einem Pub nicht fehlen darf.

402irl he

Cork | 133

Die kosmopolitische Stadt gilt als „heimliche Hauptstadt" Irlands und wird von vielen als einer der schönsten Orte der Welt angesehen. Sie trumpft mit zahlreichen Sehenswürdigkeiten, einem regen Kulturleben, besonderen Einkaufserlebnissen und einer außergewöhnlichen Gastroszene auf.

403irl he

Dingle | 199

Die kleine Hafenstadt Dingle auf der gleichnamigen Halbinsel liegt mitten im Gaeltacht-Gebiet, in dem viele Einheimische noch das alte gälische Irisch sprechen. Die gepflegten bunten Häuser im Zentrum beherbergen verschiedene Geschäfte und zahlreiche Pubs sowie Restaurants. Der Hafen versprüht eine Menge maritimen Charme.

404irl he

Galway | 246

Die quirlige Stadt an der Mündung des Corrib River gibt sich betont weltoffen. Nicht versäumen darf man einen Besuch der Altstadt, wo in den engen Gassen Straßenmusiker, Tänzer und Gaukler für Unterhaltung sorgen und man sich in Restaurants und traditionellen Pubs stärken kann.

372irl he

Belfast | 370

Ausgezeichnete Restaurants und traditionelle Pubs, vielfältige Einkaufsmöglichkeiten und jede Menge Sehenswürdigkeiten, darunter das einzigartige, weltbekannte Titanic-Museum, locken scharenweise Touristen aus aller Herren Länder in die lebendige Hauptstadt Nordirlands.

Fünf spektakuläre Landschaften

Iveragh-Halbinsel | 186

Die Vorzeige-Halbinsel in der Grafschaft Kerry im Südwesten Irlands hat die höchsten Berge der Grünen Insel, einige der schönsten Strände, ausgezeichnete Wandermöglichkeiten und mit dem Ring of Kerry eine weltberühmte Panoramastraße zu bieten.

405irl he

Cliffs of Moher | 229

Die über 200 m senkrecht ins Meer abfallenden Klippen mit grandioser Aussicht bis zu den Aran-Inseln sind eines der am meisten frequentierten Touristenziele Irlands, die man frühmorgens oder noch besser bei Sonnenuntergang besuchen sollte.

335irl he

Connemara | 269

Connemara, Heimat der halbwild lebenden Connemara-Ponys, ist eine urwüchsige, fast menschenleere Landschaft mit rauen Felsküsten und anmutigen Sandbuchten, mit ausgedehnten Mooren und Heiden, den legendären Twelve Bens und dem Connemara National Park.

406irl he

Achill Island | 281

Die größte der zu Irland gehörenden Inseln bietet wunderbare Strände, von denen Keem Strand als einer der schönsten Irlands gilt. Die 600 m senkrecht ins Meer abfallenden Cliffs of Croaghaun zählen zu den höchsten Klippen Europas.

343irl he

Causeway Coast | 344

Die Nordküste Nordirlands bietet wunderschöne Sandbuchten, mondäne Seebäder, zahlreiche historische Zeugen und mit der UNESCO-Welterbestätte Giant's Causeway eine weltweit einmalige Steinformation.

362irl he

Fünf herausragende Strände

407irl he

Derrynane Beach | 196

Die nach Süden geöffnete Bucht bei Caherdaniel auf der Iveragh-Halbinsel hat einen feinen, breiten Sandstrand und ist über 2 km lang. Auf ihrer Westseite ist eine kleine Insel vorgelagert, auf der die Ruine eines alten Klosters steht. Bei Niedrigwasser gelangt man trockenen Fußes auf das Eiland.

332irl he

Inch Beach | 199

Der Strand auf der Dingle-Halbinsel bei Inch ragt wie eine über 5 km lange Sichel in die Dingle Bay hinein. Auf der Westseite der Landzunge liegt der von Autos befahrbare Sandstrand, der bei Niedrigwasser sehr breit ist. Nach Osten schließt sich ein ausgedehntes Dünensystem an.

408irl he

Keem Strand | 287

Die hufeisenförmige Bucht ganz im Westen von Achill Island mit ihrem weißen Sandstrand ist nur über eine atemberaubende, kurvenreiche Straße zu erreichen. Die nach Südosten geöffnete Bucht liegt geschützt zwischen steilen Hängen.

341irl he

Gurteen und Dogs Bay | 263

Die beiden Rücken an Rücken liegenden Buchten, nur wenig westlich von Roundstone in der Grafschaft Galway, bestechen durch ihren reinweißen „Sandstrand", der allerdings gar nicht aus Sand besteht, sondern fast ausschließlich aus Muschelfragmenten.

347irl he

Tramore Beach | 116

Der 2,5 km lange Tramore Beach bei Dunfanaghy liegt eingebettet zwischen zwei felsigen Kaps. Er ist nur nach einer etwa halbstündigen Wanderung zu erreichen, was dazu führt, dass man den feinsandigen Strand meist für sich allein hat und nur mit einigen Seevögeln teilen muss.

Fünf historische Orte

306irl he

Brú na Bóinne | 75

Unter den etwa 40 Gräbern aus der Jungsteinzeit, die auf der UNESCO-Liste des Weltkulturerbe stehen, ragt das eindrucksvolle Ganggrab von Newgrange heraus, das mit einer Führung besichtigt werden kann. Lohnenswert ist auch die Ausstellung im Heritage Centre.

409irl he

Monasterboice | 79

Das frühchristliche Kloster war eines der wichtigsten geistigen Zentren der Christen Irlands. Sehenswert sind der Rundturm und vor allem drei besondere Hochkreuze, von denen das Muiredach Cross als das schönste Irlands gilt.

311irl he

Glendalough | 92

Unbedingt sehenswert ist die mittelalterliche, noch relativ gut erhaltene Klostersiedlung Glendalough, in der noch einige Gebäude aus der Zeit der Gründung des Klosters im 6. Jh. stehen. Auf den Besuch der Siedlung kann man sich im angeschlossenen Besucherzentrum einstimmen.

331irl he

Staigue-Fort | 197

Der mächtige Ring aus 5 m dicken Mauern ist ein beeindruckendes Beispiel für zahlreiche weitere Ringforts auf der Insel und zeigt das große Geschick der Baumeister, die schon vor ca. 2700 Jahren in der Lage waren, aus unbehauenen Steinen und ohne Mörtel solch gewaltige Bauwerke zu schaffen.

410irl he

Clonmacnoise | 337

Die wunderschön am sanft abfallenden Hang des Shannon gelegene Klosteranlage aus dem 6. Jh. ist eine der Hauptsehenswürdigkeiten Irlands und für viele der kulturhistorische Höhepunkt einer Irlandreise, die auf keiner Must-See-Liste fehlen sollte.

COLEMAN
Have a nice day!
DUNNES STORES
€10 OFF EVERY €50
YES
OFFICE DUBLIN
THE ROLLING DONUT
STARBUCKS COFFEE

300irl he

1

Dublin – Tour 1

» Die Stadt am Liffey hat viel zu bieten: exzellente Restaurants, Museen und Galerien, ansprechende Architektur und viel Live-Musik in den Clubs und Pubs.

< Blick über die O'Connell Bridge

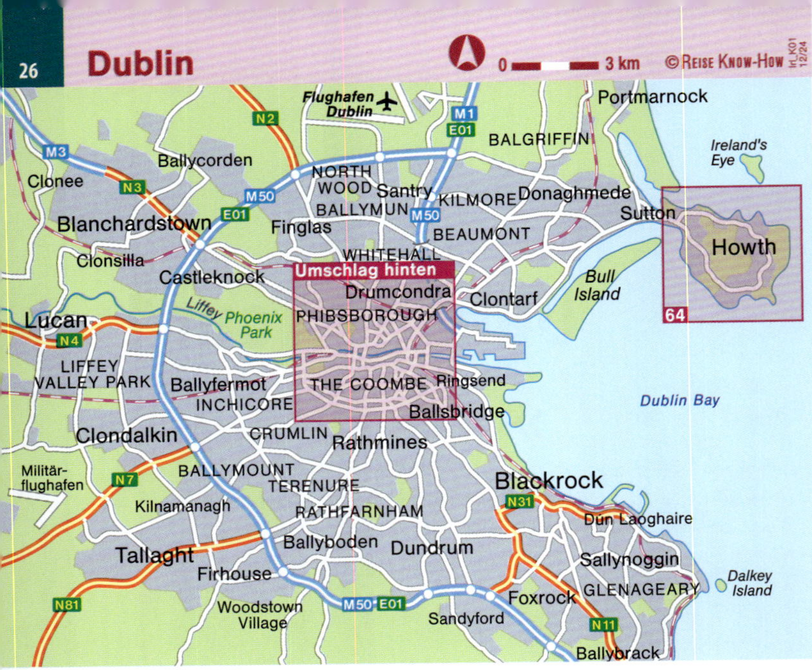

DUBLIN – TOUR 1

Dublin, *Hauptstadt* der Republik Irland und Administrationssitz des gleichnamigen County, zählt gut eine halbe Million Einwohner und ist das wichtigste Industrie- und Handelszentrum der Grünen Insel sowie kultureller Mittelpunkt des Landes.

Überblick

Der Name Dublin stammt von Gälisch *dubh linn,* schwarzer Tümpel. Die Wikinger übernahmen diesen lokalen Namen (altnordisch: Dyflin), als sie im Jahre 841 hier eine Ansiedlung gründeten. Der gälische Name Dublins ist **Baile Átha Cliath** (ausgesprochen etwa *bajle ah klija*), was „Ortschaft an der Hürdenfurt" bedeutet und ursprünglich eine eigene Siedlung war, die vermutlich mit der Wikingersiedlung zusammenwuchs.

Das 18. und die erste Hälfte des 19. Jh. waren prägend für den heutigen Charakter der Hauptstadt. Zu dieser Zeit wurden Häuser im **georgianischen Architekturstil** gebaut, der als typisch für Dublin gilt. Die Bezeichnung des Baustils bezieht sich auf die vier Monarchen, die während dieser Zeit das (damals noch) Vereinigte Königreich von Großbritannien und Irland regierten: Sie alle trugen den Namen *George* (*I* bis *IV*).

Dublin erlebte seitdem Perioden kulturellen und wirtschaftlichen Aufschwungs, genauso wie Zeiten von Stagnation, Massenauswanderung und Armut. Vor der Unabhängigkeit Irlands galt die Stadt nach London als *second city of the Empire.* Als Mitte der 1990er-Jahre jener Wirtschaftsboom über Irland hereinbrach, der bald als *Celtic Tiger* bezeichnet wurde, hatte die Republik mehr als ein Jahrzehnt von Massenarbeitslosigkeit hinter sich.

Die Jahre des Booms veränderten Dublin nachhaltig: Ein Bau- und Investitionsschub begann und viele Immigranten aus aller Welt kamen in diese Stadt, aus der bis dahin eher Menschen ausgewandert waren. Polnische Läden sind heute ebenso selbstverständlich wie afrikanische Kirchengemeinden. Dublin wurde weltoffener, wohlhabender, aber auch kommerzieller. Der Ausbau der Infrastruktur konnte mit dem rasanten Wachstum kaum mithalten. Die Stadt breitete sich immer weiter ins Umland aus und der öffentliche Nahverkehr ist bis heute inadäquat. Vor allem stiegen die Grundstückspreise rasant. In Dublin zu wohnen wurde immer teurer und Firmen und Banken, wie auch viele Privatpersonen beteiligten sich an Immobilienspekulationen. Hypotheken waren leicht erhältlich und die Preise schossen immer weiter in die Höhe, bis diese Immobilienblase im Jahre 2008 platzte.

Heute **boomt Dublin erneut,** die Hauspreise steigen wieder enorm und die durchschnittliche Miete für geschäftlich genutzte Räume ist höher als in deutschen Metropolen.

Der innerstädtische Teil der Metropole ist verhältnismäßig klein und überschaubar. Irlands Kapitale umrahmt die Dublin Bay. Eine urbane Achse wird durch den von West nach Ost fließenden Fluss **Liffey** geformt, der im Stadtgebiet kanalisiert ist und die irische Hauptstadt in zwei annähernd gleich große Hälften teilt. Der nördliche Teil ist der ärmere

NICHT VERPASSEN!

- **Trinity College,** Irlands älteste Uni | 33
- **Merrion Square,** hier sieht man georgianischen Architekturstil | 36
- **National Gallery,** Kunstgalerie von Weltrang | 36
- **National Museum of Ireland – Natural History,** Museum alten Stils, das sich seit 1856 kaum verändert hat | 38
- **National Library of Ireland,** im Lesesaalen verweilten viele Größen der irischen Literatur | 38
- **The Little Museum of Dublin,** die Alltagskultur der Stadt im Wandel der Zeit | 38
- **St. Stephen's Green,** dieser Park ist ideal für eine Pause vom Großstadtrummel | 39
- **Grafton Street,** Dublins verkehrsfreie Haupteinkaufsstraße | 39
- **Temple Bar,** Dublins Ausgehviertel | 52

Diese Tipps erkennt man an der gelben Markierung.

und weniger entwickelte, im südlichen hingegen befindet sich der größte Teil des Zentrums mit den exklusiven Geschäften des gehobenen Einzelhandels, den guten Restaurants, den gemütlichen Pubs, den meisten Sehenswürdigkeiten und dem Temple Bar-Bezirk, dem Soho oder Greenwich Village von Dublin.

Die zweite innerstädtische Achse verläuft von Nord nach Süd und wird von der O'Connell Street gebildet, die südlich vom Liffey in die verkehrsberuhigte Grafton Street übergeht.

Für den fremden Besucher bietet dieser **südliche Teil der Metropole** sicherlich den Hauptanziehungspunkt. Hier schlägt das Herz der Stadt um die im georgianischen Stil gehaltene Architektur rund um den Merrion und Fitzwilliam Square und um den großen dekorativen Park St. Stephen's Green. Hier liegt auch das altehrwürdige Trinity College, die Universität von Dublin, mit ihrer berühmten Bibliothek. Nahebei beginnt die Grafton Street, eine Einkaufsflaniermeile mit guten Geschäften auch in den kleinen Nebenstraßen. Ebenfalls in der Nähe erstreckt sich direkt am südlichen Ufer des Liffey der Bezirk Temple Bar mit seinen vielfältigen künstlerischen Aktivitäten und einer hohen Kneipen- und Restaurantdichte.

Nördlich vom Fluss verläuft die O'Connell Street. Hier befindet sich das *General Post Office,* auf dessen Stufen mit einer öffentlich verlesenen Unabhängigkeitserklärung der erfolglose Osteraufstand 1916 seinen Anfang nahm. Am Ende der O'Connell Street liegt der Parnell Square mit der Municipal Gallery of Modern Art und dem Irish Writer's Museum, das die großen Literaten des keinen Landes umfassend würdigt.

Im Westen der Stadt befindet sich die grüne Lunge der Metropole, der riesige **Phoenix Park.** Dort findet sich ein Zoo und die Residenz des Präsidenten.

Geschichte

Zwar lebten schon vorher Menschen in der Bucht von Dublin, aber die Ursprünge von Dublin als Stadt sind um das Jahr 841 zu suchen, als **Wikinger** hier eine Siedlung gründeten, die zunächst dazu diente, in Irland überwintern zu können. Die Wikingersiedlung wurde ein wichtiges Handelszentrum, das für drei Jahrhunderte von dem Seefahrervolk aus Skandinavien beherrscht wurde.

Nach der Eroberung Irlands durch ein **normannisches Heer** aus Großbritannien, kamen Siedler aus England und Wales in die Stadt, die nun zum Machtzentrum der englischen Krone auf der Insel wurde.

Theoretisch war der englische König der Herrscher aller irischen Fürsten, aber praktisch fluktuierte der Einflussbereich der Krone stark. Im späten 15. Jahrhundert musste Dublin und sein Umland schließlich durch Befestigungen geschützt werden. Diese Region, genannt **„The Pale"**, unterstand, anders als der Rest Irlands, direkt dem Monarchen in London.

[>] Viele Dubliner Bürgerhäuser haben prachtvolle, bunte Türen

Religiöse Umbrüche im England des 16. Jahrhunderts hatten weit reichende Folgen für Dublin und Irland. Beginnend mit *Heinrich VIII.* stärkten und verteidigten Englands Herrscher ihre Kontrolle über Irland und sie führten, wie in England, eine anglikanische Staatskirche ein. Dublin wurde durch die Zuwanderung englischer Protestanten und durch das Einsetzen einer neuen, englischstämmigen protestantischen Elite zu einer protestantischen Enklave auf der nach wie vor überwiegend katholischen Insel.

Im 18. Jahrhundert erlebte Dublin eine **kulturelle wie wirtschaftliche Blütezeit.** Die Hauptstadt expandierte und wurde zur zweitgrößten Stadt des *British Empire. Georg Friedrich Händel's* Oratorium „Der Messias" wurde 1742 in Dublin uraufgeführt. Dublins anglikanisches Bürgertum war in vielerlei Hinsicht anti-englisch und lehnte, ähnlich wie in der britischen Kolonie Amerika zur gleichen Zeit, von Großbritannien aufgezwungene Handelsbeschränkungen ab. Sie sahen sich als irische Patrioten, waren aber der katholischen Bevölkerungsmehrheit gegenüber misstrauisch und größtenteils nicht gewillt, die Macht zu teilen. Die katholische Bevölkerung wuchs aber in Dublin im 18. Jahrhundert durch Zuwanderung aus ländlichen Gebieten beständig an.

Während irischer Nationalismus im 18. Jahrhundert eine vorwiegend von Anglikanern vertretene politische Richtung war, verband im 19. Jahrhundert der begabte Redner und katholische Rechtsanwalt **Daniel O'Connell** den politischen Kampf für die rechtliche Gleichstellung von Katholiken und Protestanten mit der Forderung nach mehr Eigenständigkeit für Irland. 1841 wurde der aus Cahersiveen (County Kerry) stammende *Daniel O'Connell* zum Bürgermeister Dublins gewählt. Dublins Anglikaner, wie die Protestanten in ganz

005IRL ws

Dublin Zentrum

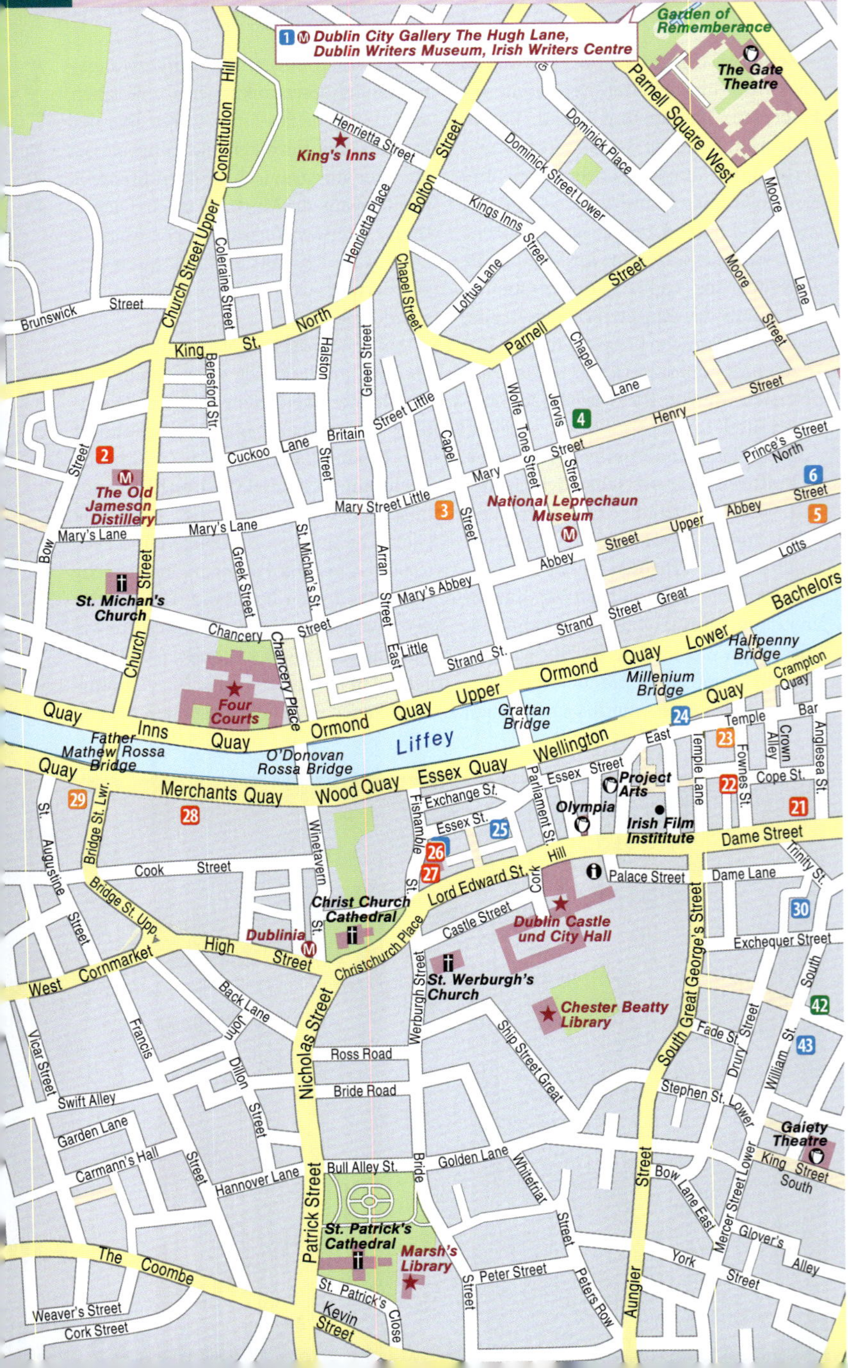

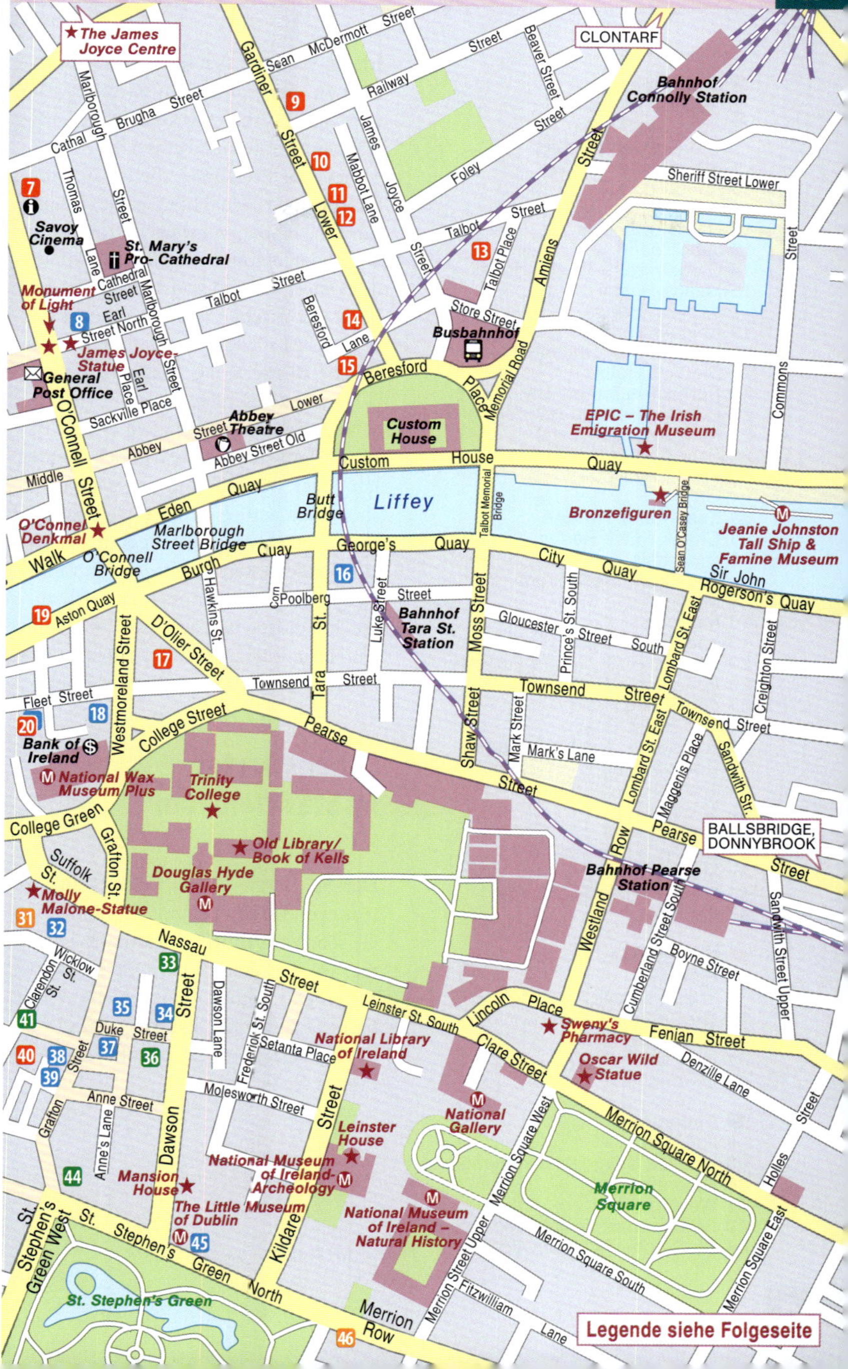
The James Joyce Centre
CLONTARF
Bahnhof Connolly Station
Sheriff Street Lower
Savoy Cinema
St. Mary's Pro- Cathedral
Monument of Light
James Joyce-Statue
General Post Office
Busbahnhof
Abbey Theatre
Custom House
EPIC – The Irish Emigration Museum
Liffey
Butt Bridge
Bronzefiguren
Jeanie Johnston Tall Ship & Famine Museum
O'Connell Denkmal
Marlborough Street Bridge
O'Connell Bridge
Bahnhof Tara St. Station
Bank of Ireland
National Wax Museum Plus
Trinity College
Old Library/ Book of Kells
Douglas Hyde Gallery
Molly Malone-Statue
BALLSBRIDGE, DONNYBROOK
Bahnhof Pearse Station
Sweny's Pharmacy
Oscar Wild Statue
National Library of Ireland
National Gallery
Leinster House
National Museum of Ireland- Archeology
Mansion House
The Little Museum of Dublin
National Museum of Ireland – Natural History
Merrion Square
St. Stephen's Green
Legende siehe Folgeseite

Übernachtung
2 Generator Hostel
7 Hotel Riu Plaza The Gresham Dublin
9 Slievenamon Manor
10 Abbott Lodge
11 Abraham House
12 Gardiner Lodge
13 Jacob's Inn
14 Globetrotters Tourist Hostel
15 Isaacs Hostel
17 Ashfield House
19 Abigails Hostel
20 Gogarty's International Hostel
21 Bloom's Hotel
22 Barnacles Temple Bar House
26 George Frederic Handel Hotel
27 Kinlay House Hostel
28 Four Courts Hostel
40 Westbury Hotel

Essen und Trinken
1 Chapter One Rest.
6 Govinda's Vegetarian Restaurant
8 Madigan's
16 Mulligan's
18 The Palace Bar
20 The Oliver St. John's Gogarty
24 Gallagher's Boxty House
25 The Turk's Head
26 The Bull & Castle
30 Trocadero, The Cedar Tree
32 Cornucopia
34 The Duke
35 The Bailey
37 Davy Byrnes
38 Bewley's Oriental Café
39 McDaid's
43 Grogan's Castle Lounge
45 Peploe's

Nachtleben
3 Slattery's
5 The Academy
23 The Temple Bar
29 The Brazen Head
31 International Bar
46 O'Donoghue's

Einkaufen
4 Ilac Centre
33 Hodges & Figgis (Buchhandlung)
36 Hibernian Way
41 Westbury Mall
42 Powerscourt Townhouse Centre
44 St. Stephen's Green Centre

Irland, wandten sich nun dem **Unionismus** zu, der politischen Richtung, die sich für den Erhalt der Union von Großbritannien und Irland einsetzte.

Viele der Ereignisse, die im 20. Jahrhundert zur Unabhängigkeit Irlands führten, fanden vorwiegend in Dublin statt oder nahmen dort ihren Anfang: der **Osteraufstand von 1916** (siehe Exkurs), der **irische Unabhängigkeitskrieg 1919–1921** sowie der sich anschließende **irische Bürgerkrieg 1922–1923** (siehe „Daten zur Geschichte“).

Nach der Unabhängigkeit erlebte die Hauptstadt des neuen irischen Staates Jahre der wirtschaftlichen Stagnation, aber auch immer wieder wirtschaftlichen Aufschwung. Zu Beginn des 21. Jahrhunderts wanderten viele Migranten aus Osteuropa, aber auch aus afrikanischen Ländern und aus Asien in Dublin ein. Irlands Hauptstadt ist heute eine **moderne, multikulturelle Metropole.**

Sehenswertes im Stadtzentrum

Der Spaziergang durch das Stadtzentrum von Dublin beginnt am modernen Glasbau vom **Tourist Information Centre** an der Ecke Palace Street/Dame Street. Das Tourist Centre bietet reichhaltiges Informationsmaterial und das freundliche Personal beantwortet alle Fragen sachkundig.

› Der Kampanile des Trinity College

Mit dem Rücken zum Information Centre folgt man der Dame Street (R 137) nach rechts in Richtung Osten.

Nach 250 m lohnt sich ein kurzer Abstecher nach rechts in die Trinity Street, an deren Ende man links abbiegt. Hier steht vor einer säkularisierten Kirche die **Statue der Fischhändlerin Molly Malone,** um die es in einem von vielen Folk-Gruppen besungenen Lied geht. Die Statue ist ein **Wahrzeichen Dublins** und das aus dem 18. oder 19. Jh. stammende Lied gilt als **inoffizielle Hymne der Stadt.**

Die Statue wurde im Jahr 1988 anlässlich des tausendjährigen Stadtjubiläums in der **Grafton Street** aufgestellt. Wegen dortiger Schienenarbeiten wurde sie 2014 hierher gebracht, wo sie nun anscheinend dauerhaft bleiben soll.

Wieder an der R 137 liegt links voraus die festungsartige Fassade der **Bank of Ireland.** Ursprünglich diente das 1729 errichtete Gebäude als irischer Parlamentssitz, 1803, zwei Jahre nach dem *Act of Union,* der offiziellen Vereinigung Irlands mit Großbritannien, richtete die *Bank of Ireland* hier ihren Hauptsitz ein.

Gegenüber vom Bankgebäude befindet sich der Haupteingang zum **Trinity College.** Vor der rund 100 m langen klassizistischen Fassade grüßen die Standbilder des Schriftstellers *Oliver Goldsmith* (1728–1774) sowie des Schriftstellers und Politikers *Edmund Burke* (1729–1797). Beide machten übrigens nicht in Dublin, sondern in London Karriere. Irlands Elite-Universität wurde von Königin *Elisabeth I.* 1591 gegründet, doch erst rund 200 Jahre später, 1793, wurden die letzten Einschränkungen für Katholiken aufgehoben (z.B. Stipendien bekommen zu können), und seit 1903 herrscht auf dem Campus die geschlechtliche Gleichstellung.

Adobe Stock © Kit Leong

Irische Pubs

In Dublin gibt es sage und schreibe über 700 Pubs, und außerhalb der irischen Metropole buhlen über 8000 weitere Tavernen um die Gunst des bier- und whiskeytrinkenden Publikums. Da Vergleichszahlen aus anderen europäischen Ländern fehlen, kann hier nicht gesagt werden, wie Irland damit international dasteht.

Die Iren gelten als sehr **trinkfreudig** – zu Unrecht, wenn man die Zahlen im europäischen Vergleich betrachtet. Da nämlich liegt Irland an achter Stelle. Hinzu kommt die starke, Abstinenz predigende Bewegung, der 500.000 Iren angehören sollen; bei einer Gesamtbevölkerung von 5,2 Mio. sind dies immerhin knapp 10 %.

Doch das **Klischee des trinkenden Iren** hält sich seit Jahrhunderten hartnäckig. So schrieb im Jahre 1917 ein gewisser *Douglas Goldring:* „Unglücklicherweise beschränken die Armen Dublins ihre Gewohnheit, sich zu betrinken, nicht auf bestimmte Stunden oder Wochentage; sie scheint ausschließlich von ihrer finanziellen Lage abzuhängen."

adobe.stock © Torval Mork

Die Pubs haben sich aus den **Verkaufsstellen für schwarzgebrannten** Whiskey, dem so genannten *Potien,* entwickelt; wer nämlich besonders gut mit der Brennblase seiner Destille umgehen konnte, der machte schnell den Nebenerwerb zum Hauptberuf. Im Jahre 1628 stellte ein gewisser *William Petty* fest, dass von Dublins 6025 Häusern 1200 als Whiskeyausschankstellen dienten. Das behördliche Verbot der Schwarzbrennerei im Jahre 1760 veränderte die Lage kaum. Die **hohe Alkoholsteuer** hat bis in die heutigen Tage dazu geführt, dass wie eh und je weiter schwarz gebrannt wird. Die Steuer (52 %) ist auch einer der Gründe dafür, dass die Iren ihr Guinness lieber im Pub als zu Hause trinken: In den *Off-Licence-Geschäften* sind alkoholische Getränke nahezu so teuer wie im Pub. Da kann man auch gleich in großer Gesellschaft und sozialer Runde bechern.

Heutzutage sind auch an der Bar die **Frauen** gleichberechtigt, daran ändern selbst die wenigen Wirte nichts, die, von der neuen Situation unbeeinflusst, Damen noch immer in die *Lounge Bar* verbannen und sie nicht an den Tresen lassen. Derlei hat freilich Tradition: Irische Pubs haben, oder vielmehr hatten früher, an den Enden der Theken so genannte *Snugs,* winzige Kammern, in denen Frauen und Priester, der Öffentlichkeit entzogen, Alkoholisches zu sich nahmen.

Diese **Einzelsäuferkojen,** wie sie *Heinrich Böll* in seinem „Irischen Tagebuch" genannt hat, ließen sich nur vom Tresen aus mit einem Hebel öffnen; wollte die Lady hinaus, so musste sie nach dem Wirt klingeln. Auch gibt es immer noch ein paar Wirte, die Frauen ein *Pint* verweigern und einfach stillschweigend *Half a Pint* auf den Tresen knallen – empört ob der Bestellung. In der Regel halten die Männer den Bartresen immer noch für sich besetzt, während ihre Damen auf kleinen Stühlchen an der Wand hocken und an ihrem Sherry oder Gin Tonic nippen.

Zur Ausstattung eines Pubs gehört selbstverständlich ein *Dart*-Spiel, sehr häufig ein Pool

Billard, und in irgendeiner Ecke flimmert der Fernseher, dessen Ton leise gedreht ist und auf den kein Mensch achtet. Die Einrichtung kann durchaus schäbig sein, dies sagt nichts über die Qualität der Getränke oder Speisen der Kneipe und ihre Besucher aus.

Patina wird sogar sehr gerne gesehen, weist sie doch darauf hin, dass hier ein alteingesessenes Unternehmen residiert. Besonders in Mode sind umfangreiche Renovierungsarbeiten im so genannten *Pastiche-Stil*; dabei kopiert man die klassische Pub-Einrichtung, die ja aus edlen Mahagonihölzern, viel Messing, Kristallspiegeln und rotem Plüsch besteht. Zumeist ist dies die reine Augenwischerei, und das Mahagoni entpuppt sich schnell als furnierter Pressspan.

Da die Bierpreise hoch sind, füllen sich die Kneipen erst sehr spät. Aus diesem Grund auch fangen viele *Life Sessions* erst um 21 Uhr an. Und irgendwann, spätestens um 6 Uhr morgens, ruft unerbittlich der Barkeeper: *„It's time now. Last order."* Schnell wird dann die **letzte Bestellung** aufgegeben, und nach dem Verschluss der Zapfhähne darf man noch eine halbe Stunde lang sein Bier austrinken – so bestimmt es das Gesetz.

◁ Viele Pubs im Temple-Bar-Viertel locken mit schön bepflanzten Fassaden

Lang ist die Liste berühmter historischer Personen, die am Trinity College studiert haben: *Oliver Goldsmith, Edmund Burke, Jonathan Swift, Robert Emmet, Henry Grattan, Theobald Wolfe Tone, Oscar Wilde, Bram Stoker, Samuel Beckett* und viele andere mehr.

Hat man den Eingang durchquert und die Hektik des Dubliner Straßenverkehrs damit hinter sich gelassen, bietet der 16 Hektar große **Universitätscampus** mit seinen alten Gemäuern und den weiten Rasenflächen dem Besucher eine Oase der Ruhe. Die meisten der Gebäude datieren aus der Zeit von 1722 bis 1787. Von Mitte Mai bis November kann man die Uni mit einer Führung des historischen Campus erkunden.

■ **Trinity Campus Tours,** Treffpunkt Haupteingang am College Green, Tel. (01) 8961000, https://tcd.ie/visitors; tgl. mehrmals verschiedene Touren zwischen 9 und 16 Uhr, mit **Old Library** und **Book of Kells,** Erw. ab 18,50 €, Studierende/Senioren ab 15 €, Familien ab 34 €, Kinder (unter 12 J.) frei, ohne Bücherei und Book of Kells günstiger.

Wer keine Führung mitmacht, folge den Hinweisschildern auf dem Campus zur **Old Library,** die mit dem so genannten **Long Room** eine herausragende Attraktion Dublins darstellt. 200.000 in Schweinsleder gebundene Bände bewahrt allein der 65 m lange *Long Room* auf, darunter befindet sich eines der schönsten Bücher der Welt: das **Book of Kells.** Dieser im 8. Jh. geschriebene und mit vielen Miniaturen ausgestattete Foliant enthält den Text der vier Evangelien. Weitere Bände sind das *Book of Durrow* (7. Jh.), das *Book of Dimma* (8. Jh.) und das *Book of Armagh* (9. Jh.). Sehenswert ist **eine der ältesten irischen Harfen,** eines der Nationalsymbole. Auf dem Weg in den *Long Room* macht eine Ausstellung mit Geschichte und Inhalt des *Book of Kells* vertraut.

Trinity College – The Old Library and the Book of Kells Exhibition, Nassau Street Entrance, www.tcd.ie/visitors/book-of-kells, Mo–Sa 8.30–18 Uhr, So 9.30–16.30 Uhr, Okt.–Apr. So erst ab 12 Uhr; Erwachsene 18,50 €, Kinder (ab 12 J.) 15 €, Familien 34 €.

Weitere Attraktion am Trinity College

Douglas Hyde Gallery of Modern Art, *Arts and Social Sciences Building,* Nassau Street Entrance, https://thedouglashyde.ie, Mi–So 12–17 Uhr, Do bis 18 Uhr, Eintritt frei.

Man kann nun weiter über den Campus streifen, sich auf einer der Rasenflächen ein wenig ausruhen und das studentische Treiben beobachten. Unweit des Haupteingangs von *Trinity College* befindet sich das **National Wax Museum Plus,** wo man sich lebensechte Wachsfiguren von allen möglichen Persönlichkeiten ansehen kann, u.a. auch von Persönlichkeiten der irischen Geschichte.

National Wax Museum Plus, *The Lafayette Building,* 22–25 Westmoreland Street, Tel. (01) 6718373, https://waxmuseumplus.ie, tgl. 10–19 Uhr (letzter Einlass 18 Uhr); Erwachsene 18 €, Studierende/Senioren 16 €, Kinder (unter 12 J.) 1 €, Familien 55 €.

Südöstlich des *Trinity College,* wenn man Richtung Merrion Square geht, finden Literaturfreunde **Sweny's Joycean Pharmacy.** Diese ausführlich in *James Joyces* Roman *Ulysses* beschriebene Apotheke existierte von 1853 bis 2009 und wird heute von Ehrenamtlichen als Kulturzentrum betrieben. Neben der im *Ulysses* beschriebenen Seife mit Zitronenduft kann man hier auch Kunsthandwerk und Second-Hand-Bücher kaufen. Zudem treffen sich im *Sweny's* Lesegruppen, die sich mit Passagen des *Ulysses* (Do 17–21 Uhr, Sa 11–13 Uhr), von *Dubliners* (Di, Do, Fr 13–14 Uhr) und *Finnegan's Wake* (Mo 13–14 Uhr, So 18–20 Uhr) sowie *A Portrait of the Artist as a Young Man* (Mi 13–14 Uhr) beschäftigen. Auch einmalige Besucher sind willkommen, frühes Erscheinen ist ratsam.

Sweny's Pharmacy, 1 Lincoln Place, Tel. (087) 2281570 und (083) 4579688, https://sweny.ie, Mo–So 11–18 Uhr, am Do für Lesungen länger geöffnet.

Den im Jahre 1764 angelegten **Merrion Square** umrahmen Häuser im so genannten *Georgian Style,* hier ist die alte georgianische Bausubstanz Dublins am besten erhalten geblieben. Es lohnt sich, die alten Eingangspforten zu vergleichen, denn nur anhand der Türen konnten die Bewohner ihrem Domizil einen individuellen Anstrich innerhalb der vorgeschriebenen Einheitsarchitektur geben. In Haus Nr. 1 lebte *Oscar Wilde,* gegenüber in der Parkanlage liegt heute seine **Statue** lässig auf einem Felsen. Der Dramatiker *William Butler Yeats* wohnte im Haus Nr. 81, und in Nr. 84 lebte der Poet und Maler *George William Russel.*

Westlich vom Merrion Square entlang der Merrion Street befinden sich die National Gallery, das Natural Museum of Ireland of National History und dazwischen, etwas zurückversetzt, Leinster House, in dem das irische Parlament tagt.

Die **National Gallery,** 1864 eröffnet, bewahrt bedeutende Kunstwerke aus fast

Tipps zur zeitgenössischen Kunst- und Kulturszene in Dublin

■ **Abbey Theatre,** 26/27 Lower Abbey Street, Dublin 1, Tel. (01) 8787222, https://abbeytheat re.ie; moderne Theaterstücke aller Art, vor allem irische Dramatiker.

■ **Coiscéim Dance Theatre,** 42 Fairview Strand, Dublin 1, Tel. (01) 8780558, https://coisceim.com; hervorragende moderne Tanzkunst, meist (co-) produziert vom gleichnamigen Tanzensemble.

■ **Irish Film Institute,** 6 Eustace Street, Temple Bar, Dublin 2, Tel. (01) 6793477, https://ifi.ie; traditionsreiches Programmkino mit drei Kinosälen und gemütlicher Café-Bar.

■ **Project Arts Centre,** 39 East Essex Street, Temple Bar, Dublin 2, Tel. (01) 8819613, https://projectartscentre.ie; Kulturzentrum für zeitgenössische Kunst aller Art. Von Fotoausstellungen über moderne Theaterstücke und Tanz bis zu Installationen und Workshops gibt es hier alles, was die Dubliner Kunstszene zu bieten hat.

■ **Slam Sunday,** Filmbase (manchmal auch andere Veranstaltungsorte), Curved Street, Temple Bar, Dublin 2, https://poetryireland.ie; lebendige *Slam Poetry*-Veranstaltung, die jeden ersten Sonntag im Monat stattfindet. Die Karten kosten 6 €, und die Show beginnt um 18.30 Uhr. Von 18 bis 18.15 Uhr können sich die Künstler in eine Liste für den Abend eintragen. Zwölf Namen der Bewerber werden dann per Los gezogen und diese dürfen dann ihre Gedichte vortragen. Die besten können Geldpreise gewinnen.

www.fotolia.de ©Thomas Sztanek

allen Ländern, Epochen und Schulen auf, u.a. sind *Rembrandt, Goya, Tizian, Michelangelo* und *Fra Angelico* mit Gemälden vertreten. Besondere Bedeutung kommt der Sammlung irischer und englischer Maler wie *Turner, Hogarth, Gainsborough* sowie von *John B. Yeats* (ein Bruder des Dramatikers *William Butler Yeats*) zu.

■ **National Gallery,** Merrion Square West, Tel. (01) 6615133, https://nationalgallery.ie, Mo und So 11–17.30 Uhr, Di–Sa 9.15–17.30 Uhr, Do bis 20.30 Uhr, Eintritt frei.

Das naturkundliche Museum **National Museum of Ireland – Natural History** erinnert eher an ein antiquarisches Kuriositätenkabinett denn an ein modernes Museum; hier gibt es viele Exponate zur irischen Tierwelt zu besichtigen, und der Hauptanziehungspunkt ist das Skelett eines prähistorischen Riesenhirsches.

■ **Nation Museum of Ireland – Natural History,** Merrion Square West, https://museum.ie, Di–Sa 10–17 Uhr, So 13–17 Uhr, Eintritt frei.

Im Rücken der Nationalgalerie und des Naturkundlichen Museums befinden sich entlang der Kildare Street zwei weitere Zentren irischer Gelehrsamkeit: das **National Museum of Ireland – Archeology** und die **National Library of Ireland.** Einen Rundgang durch das Archäologiemuseum sollte der an Geschichte und Kunst interessierte Besucher auf keinen Fall auslassen; die Ausstellungsstücke aus sieben Jahrtausenden dokumentieren die Vergangenheit der Grünen Insel.

■ **National Museum of Ireland – Archeology,** Kildare Street, Tel. (01) 6777444, https://museum.ie, Di–Sa 10–17 Uhr, So 13–17 Uhr, Eintritt frei.

Zwischen Archäologiemuseum und Nationalbibliothek befindet sich der Haupteingang zum **Leinster House.** Dort tagt das irische Parlament, das sich aus dem *Dáil* (gälisch = Abgeordnetenhaus, ausgesprochen: *dohjl*) und dem *Seanad* (gälisch = Senat, ausgesprochen: *schännet*) zusammensetzt. Ursprünglich diente das Gebäude den Herzögen von Leinster als Stadtpalais. 1815 verkaufte der dritte *Duke of Leinster* den herrschaftlichen Bau an die *Royal Dublin Society,* die ein Kulturzentrum einrichtete.

Am Eingang des Parlamentes kann man öfters einige Demonstranten mit Transparenten sehen, die ihren Protest gegen die Regierungspolitik richten und die vorbeieilenden Abgeordneten beeinflussen wollen.

In der **National Library of Ireland** werden Kopien beinahe sämtlicher in Irland erschienener Bücher aufbewahrt. Zwar kann man die Bibliothek nur mit Leseausweis nutzen, aber der berühmte Lesesaal, in dem bekannte Schriftsteller viel Zeit verbrachten, ist für Besucher geöffnet. Regelmäßig gibt es zudem Ausstellungen und andere Veranstaltungen.

■ **National Library of Ireland,** 7–8 Kildare Street, Tel. (01) 6030200, https://nli.ie, Mo, Do und Fr 9.30–17 Uhr, Di und Mi bis 19 Uhr, Eintritt frei.

Von der Kildare Street geht es nun die Molesworth Street entlang, die auf die Dawson Street mündet. Hier befindet sich das wohl originellste Museum der Stadt, das **Little Museum of Dublin.** In einem georgischen Stadthaus thematisiert es anhand von gespendeten Gegenständen die Geschichte Dublins im 20. Jahrhundert. Interessant ist das *City of a Thousand Welcomes*-Programm des Museums, in dem sich Besucher der Stadt an Einheimische vermitteln lassen können, um sich auf eine Tasse Tee oder ein *Guinness* zu treffen.

■ **The Little Museum of Dublin,** 15 St. Stephen's Green, Tel. (01) 6611000, https://littlemuseum.ie, tgl. 9–17 Uhr; Erwachsene 15 €, Studierende/Senioren 13 €, Familien 35 €.

Südlich, Richtung St. Stephen's Green, ragt auf der linken Straßenseite das architektonisch verspielt wirkende **Mansion House** auf, seit 1715 der offizielle Sitz des Dubliner Oberbürgermeisters. Fünf Jahre zuvor war es von dem Architekten *Joshua Dawson,* nach dem die Straße benannt wurde, errichtet worden. 1919 wurde hier die Unabhängigkeitserklärung proklamiert und das erste Parlament trat hier zu seinen Sitzungen zusammen.

Nur wenige Meter Fußweg entfernt liegt, umtost vom Großstadtverkehr, das große Gartenareal von **St. Stephen's Green.** Den 8,8 ha großen Park ließ 1880 der Biermogul *Arthur Guinness* anlegen; Statuen berühmter Iren schmücken das Gelände, in der Mittagspause nutzen die Angestellten der umliegenden Büros die Grünfläche für ihre Mittagspause, Kauflustige strömen aus der Grafton Street zur Erholung in den Park, und während des Hochsommers kann man im südlichen Teil von St. Stephen's öffentlichen Konzerten lauschen.

Wenn sich der Besucher in Dublins innerstädtischer grüner Lunge ein wenig erholt hat, kann der Besichtigungsgang weitergehen. Nächstes Ziel ist das **Geburtshaus von George Bernard Shaw.** An der südwestlichen Ecke von St. Stephen's Green beginnt die Harcourt Street, die nach wenigen Minuten Fußweg auf die South Circular Road mündet. Dort geht es rechts ab und alsbald nach links in die Synge Street, die von alten georgianischen Hausfassaden geschmückt ist. Hier wurde in Haus Nr. 33 der große irische Autor (1856–1950) geboren und verbrachte unter der schützenden Obhut seiner Eltern die ersten zehn Jahre seines Lebens. Sorgenlos wuchs er allerdings nicht auf, *Shaws* Vater war ein Pleite gegangener Kornhändler, und das Geld fehlte an allen Ecken und Kanten. Demzufolge blieben in späteren Jahren die Erinnerungen an das Geburtshaus nicht die besten. *Shaw* notierte, dass „weder unsere Herzen noch unsere Vorstellungen hier zurückgeblieben sind" und beklagte die lieblose Atmosphäre (→ Exkurs „Irische Schriftsteller von Weltruhm", Kap. 12).

■ **The Shaw Birthplace,** 33 Synge Street, Dublin 8; das Haus, das der Stadt Dublin gehört, wird Künstlern als Unterkunft für bis zu sechs Monate zur Verfügung gestellt. An *George Bernard Shaw* erinnert heute eine Plakette neben der Eingangstür.

Zurück nun zu St. Stephen's Green flanieren wir von der Harcourt Street kommend geradewegs in die **Grafton Street** hinein, die verkehrsberuhigte Haupteinkaufsstraße der irischen Metropole. Gleich am Anfang lockt den Konsumwilligen bereits das Einkaufszentrum *Westbury Mall,* in der Fußgängerzone reiht sich ein Geschäft des gehobenen Einzelhandels ans andere. *Buskers,* Straßenmusikanten, sorgen für die Tonkulisse.

Bloomsday

Am 16. Juni 1954 beschlossen vier Männer im Pub Bailey's, ab nun jährlich den Tag zu feiern, an dem Mr. *Leopold Bloom,* der Protagonist des „Ulysses", durch Irlands Hauptstadt zog. Wie sich dieses spontane Ereignis wohl zugetragen haben mag, das beschrieb *Reiner Luyken* sehr einfühlsam und aus tiefer Kenntnis der irischen Pub-Kultur in der Wochenzeitung „Die Zeit": „Der Barmann stand auf dem Tresen und teilte über die Köpfe der Zecher hinweg Stout und Lagerbier aus. Die Jungs hinter dem Tresen zogen das Bier wie außer Kontrolle geratene Marionetten von den Hähnen, ließen die Kassenschublade auf- und zufahren, stopften feuchte Geldscheine hinein und zählten hastig das Wechselgeld aus. Der sägemehlbestäubte Steinboden war seimig vom Straßensud und Bier. Dubliner Traulichkeit.

Stattlich und feist stand ein Mann am Tresen, stattlich und feist wie Buck Mulligan. „Ulysses", Kapitel 1. Von meinem Schemel aus betrachtete ich *das in seiner Länge pferdehafte Gesicht und das helle untonsurierte Haar, das fleckig getönt war wie matte Eiche.* Ein kleiner Kerl mit Ziehharmonikaaugen fingerte einen furiosen Spindeltanz auf seinem Instrument. Ein Dudelsackpfeifer traktierte mit derber Entschlossenheit seine blankgewetzte Melodieflöte. Füße tappten den fliegenden Rhythmus auf die Steinfliesen. Unvermittelt brach der Dudelsackspieler ab und deklamierte lallend: *It's Bloomsday tomorrow. Let's get the fucking context right.*

Vielleicht hatte es genauso angefangen, damals, 1954. Ein Zecher sprang auf und schrie: Morgen ist Bloomsday. Das woll'n wir doch mal auf die Reihe bringen!"

So oder so ähnlich wird es wohl gewesen sein. Sicher ist auf alle Fälle, dass die Literaten *John Ryan, Patrick Kavanagh, Flann O'Brien* und *Anthony Cronin* eine Feier zum Bloomsday in Bailey's Pub beschlossen und dass der Tag mit einem allmächtigen Gelage in Sandymount endete. Jahrelang beging man den Bloomsday nur im engsten Kreis, 1977 dann kostümierte sich erstmals der Kunstmaler, Galerist und Verleger *Gerald Davis* als *Leopold Bloom* und spazierte durch Dublin. Das pflegte er jedes Jahr zu tun und Tausende folgten seinem Beispiel. *Gerald Davis* verstarb 2005.

Bereits 1982, zum 100. Geburtstag von *Joyce,* feierte man das Ereignis schon im großen Stil und nicht nur einen Tag. Dublins Stadtväter hatten erkannt, dass sich die Touristensaison, die eigentlich erst im Juli so richtig in Schwung kommt, durch ein solches Fest rund einen Monat vorverlegen lässt. Damit geht es – so behauptet *Bruce Arnold,* Literaturkritiker der Tageszeitung „Irish Independent" – mit dem Bloomsday langsam zu Ende: „Ein typischer Dubliner Suppentopf, von dem jeder sein Fett abschöpfen möchte. *Joyce* ist nur noch ein Vorwand für Reklame und Konsum, ein Vorwand für Exzesse".

Leider, so muss man feststellen, hat der Mann recht! 1991 – Dublin war die Kulturhauptstadt Europas – verloste *Shell Ireland* an den hauseigenen Tankstellen Freikarten für ein großes Bloomsday-Frühstück im Royal Marine Hotel von Dun Laoghaire, *Dublin Tourism* organisierte ein Festzelt für ausländische Journalisten, wo diese bis zur Bewusstlosigkeit schlemmen und vor allem trinken konnten; die *Guinness*-Brauerei investierte 20.000 Pfund in Freibier und Entertainment, und *Bailey's Irish Cream* finanzierte – zugegebenermaßen zurückhaltender als die protzenden Guinnessbrauer – eine Vorlesungsserie über *Joyce.*

„Die Identifikation mit dem Namen Joyce", so sagte *Lewis Clohessy,* Direktor des Organisations-

▷ Erinnerung an den berühmten Dichter

komitees *Dublin '91 – Kulturhauptstadt Europas,* „erhöht das Qualitätsimage einer Firma." Wie dem auch sei – alljährlich am 16. Juni begehen die Bürger und die Besucher Dublins den Bloomsday mit großen Feiern, Umzügen und Pub-Besuchen. Da flanieren dann Joyce-Anhänger in edwardianischer Kleidung durch die Metropole, deklamieren Passagen aus dem Ulysses und folgen den Spuren des Romanhelden *Leopold Bloom.* Um den Bloomsday herum, vorher und nachher, finden viele unterschiedliche Festivitäten und Feiern statt, so dass ein Tag nicht mehr ausreicht, um alle Veranstaltungen auch unter einen Hut zu bringen.

Anlaufstation beim **Bloomsday-Rundgang** ist z.B. der Pub Davy Byrnes in der 21 Duke Street, von dem es im 8. Kapitel des Romans heißt: „Anständiges Lokal. Kein Schwätzer der Wirt. Ich nehme ein Glas Burgunder und ein Käsesandwich. Gorgonzola, haben Sie?" Auch das Ormond Quay Hotel am gleichnamigen Bootssteg wird besucht, das eine wichtige Rolle in der Sirenen-Episode spielt. Hier speist *Leopold Bloom* mit seinem Onkel *Ritchie Golding* und erweist sich wie sein Held *Odysseus* als immun gegen die Sirenen, die von den Barfrauen symbolisiert werden.

Joyce hat den 16. Juni übrigens deshalb gewählt, um alle Welt daran zu erinnern, dass er an diesem Tag zum ersten Mal ein Rendezvous mit seiner späteren Frau, *Nora Barnacle,* hatte, der er sechs Tage zuvor begegnet war.

■ **Informationen zum Bloomsday** unter https://jamesjoyce.ie/bloomsday sowie im *James Joyce Centre,* 35 North Great George Street.

091irl hg

Das traditionsreiche 38 **Bewley's Oriental Café** in der Grafton Street lohnt unbedingt einen Besuch. 1972 übrigens wandelte der Besitzer, *Victor Bewley,* sein Unternehmen in eine Kooperative um, an der seine Beschäftigten Anteilscheine erwerben konnten. Leider war dem mit großem sozialen Engagement versehenen Versuch kein Erfolg beschieden, und diese Dubliner Institution musste an einen Konzern verkauft werden.

Rechts und links der Grafton Street gehen eine Reihe kleinerer Gassen ab, wie etwa die Duke Street oder die Anne Street –, in denen weitere Ladenlokale für Konsumrausch, aber auch Pubs und Restaurants für leibliches Wohl sorgen.

Eine berühmte Kneipe befindet sich in der Duke Street: 37 **Davy Byrnes,** diesen Pub erwähnte *James Joyce* in seinem *Ulysses.* Hier treffen sich die Besucher Dublins in den Sommermonaten jeweils während der Woche am frühen Abend und starten nach einem stärkenden *Guinness* oder *Lager* vom Bartresen aus zum **Literary Pub Crawl.** Ein solches Ereignis sollte man keineswegs versäumen! Ausgebildete Schauspieler führen Literaturkenner (oder solche, die es noch werden wollen) im Zuge einer literarischen Tour durch die Innenstadt und rezitieren Passagen aus den Werken von *Joyce, Beckett, Behan, Shaw, Wilde, Kavanagh, O'Brien* u.a. Anekdoten werden erzählt, und der Teilnehmer erfährt mehr über die irischen Literaturgiganten als aus einem belehrenden Buch.

Ein zweiter berühmter Pub Dublins, der ebenfalls von *Joyce* in seinem *Ulysses* Erwähnung fand, liegt genau gegenüber von *Davy Byrnes';* es handelte sich um den Pub 35 **The Bailey.** Allerdings befindet der sich nicht mehr im Originalgemäuer, sondern in einem Gebäude aus den 1990er-Jahren.

Von der Grafton Street geht es nun nach links durch die kleine Stichstraße Johnson's Court zum 42 **Powerscourt Townhouse Centre** (ausgeschildert). In diesem zwischen 1771 und 1774 erbauten Stadtpalais des Großgrundbesitzers *Lord Powerscourt* (auch *Powerscourt House and Garden* im County Wicklow gehörten einst dieser Familie, vgl. „Von Dublin nach Wexford – Tour 3") richtete man 1983 ein elegantes **Einkaufszentrum** mit Boutiquen, Galerien, Geschäften, Restaurants und kleinen Bars ein. Zur Mittagszeit greift hier schon mal ein Pianist in die Tasten und begleitet musikalisch den Lunch.

Ein ca. 10-minütiger Fußweg führt über die Aungier Street und die Kevin Street Lower zum Cathedral Close, wo die **Marsh's Library** des bibliophilen Besuchers harrt. Das Gebäude wurde 1705 von *Sir William Robinson* für die Privatbibliothek des Erzbischofs *Narcissus Marsh* errichtet. 1707 öffnete die Bücherei ihre Pforten und war Irlands erste öffentliche Bibliothek. Rund 25.000 Bände können in der *Marsh's Library* bestaunt werden. Interessant sind die Gitterverschläge, in die man lesende Benutzer einst einschloss – so wurde der Diebstahl von kostbaren Folianten verhindert.

■ **Marsh's Library,** St Patrick's Close, https://marshlibrary.ie, Di–Fr 9.30–17 Uhr, Sa 10–17 Uhr; Erwachsene 5 €, Studierende/Senioren 3 €, Kinder und Jugendliche unter 18 J. Eintritt frei.

Neben der Bibliothek ragt die im Stil der Early-English-Gotik gehaltene **St. Patrick's Cathedral** auf. Ungewöhnlicherweise handelt es sich bei dieser 1191 erbauten Kirche um eine von sogar zwei Kathedralen in Dublin. Beide sind zudem im Besitz der anglikanischen Kirche Irlands, der nur knapp 3 % der Bevölkerung angehören. Die Aufgabenteilung sieht folgendermaßen aus: Während Christ Church Cathedral die Kathedrale der Hauptstadt ist, erfüllt die St. Patrick's Cathedral die Rolle der *National Cathedral.* Zwischen 1713 und 1745 übte hier *Jonathan Swift,* der Autor von *Gullivers Reisen,* das Amt des Dekan aus. *Swift* und seine große Liebe *Esther Johnson (Stella)* sind im Innern der Kirche zur letzten Ruhe gebettet. Nahe dem Grab zeigt eine Büste den berühmten Literaten.

■ **St. Patrick's Cathedral,** Saint Patrick's Close, https://stpatrickscathedral.ie, Mo–Fr 9.30–17 Uhr, Sa 9–17 Uhr, So 9–10.30 und 13–14.30; Erwachsene 8 €, Studierende/Senioren 7 €, Familien 18 €.

Nach rund 400 m Fußweg in Richtung auf den Fluss Liffey gelangt man zur **Christ Church Cathedral,** der bereits erwähnten städtischen anglikanischen Kathedrale. Ein erstes Gotteshaus soll schon 1038 von dem Wikingerkönig *Sitric* in Auftrag gegeben worden sein, von dem Holzgebäude ist jedoch nichts erhalten geblieben. 1172 dann ließ der normannische Eroberer *Richard le Clare,* bekannt unter dem Namen *Strongbow,* einen im romanischen Stil gehaltenen Steinbau errichten. Zwischen 1871 und 1878 entstand bei Renovierungs- und Umbauarbeiten die heutige Gestalt der Kirche. Im Langhaus stößt man auf das Grabmal von *Strongbow,* doch ist mehr als zweifelhaft, ob der normannische Krieger tatsächlich hier begraben liegt.

■ **Christ Church Cathedral,** Christchurch Place, Tel. (01) 6778099, https://christchurchdublin.ie, Mo–Sa 10–17 Uhr, Di und Do bis 17.30, So 12.30–15 Uhr, letzter Einlass 45 Minuten vor Schließung; Erwachsene 10,50 €, Studierende/Senioren 9 €, Kinder (unter 12 J.) 3,50 €, Familien 25 €. Es gibt preiswertere Kombitickets zusammen mit der Ausstellung Dublinia, s. u.

MEIN TIPP: Das ehemalige Gotteshaus neben der Christ Church Cathedral beherbergt das **Wikingermuseum Dublinia;** hier kann sich der Besucher auf eine Zeitreise durch das Dublin der Wikinger und des Mittelalters begeben und mit dem Alltagsleben der Dubliner in jenen frühen Tagen vertraut machen. Ein Besuch ist eine sehr gute Ergänzung zum Stadtrundgang.

■ **Dublinia,** St Michael's Hill, Tel.: (01) 6794611, https://dublinia.ie, tgl. 10–17.30 Uhr, letzter Einlass 16.30 Uhr; Erwachsene 15 €, Studierende/Senioren 13,50 €, Kinder 7,50 €, Familien 37 €.

Das Areal rund um St. Patrick's Cathedral und Christ Church, dann weiter bis hinunter zum Liffey sowie in östlicher Richtung bis Dublin Castle, ist unter dem Namen **Liberties** bekannt. Der Bezirk lag einst außerhalb der Stadtmauer und unterstand damit nicht der Gerichtsbarkeit des Bürgermeisters. Anfang bis Mitte des 20. Jahrhunderts riss man großflächig die mittelalterlichen Gebäude nieder. Heutzutage heißt das Gelände rund um die Dame Street noch immer so, viele Kneipen und Kunsthandwerk-

Die irische Wettleidenschaft

Dass die Engländer begeisterte Spieler sind und auf die unmöglichsten Sachen Haus und Hof verwetten, weiß man ja, doch im Gegensatz zu den Iren sind die Briten nur harmlose *Gambler.* Die wahre Wettleidenschaft gibt es nur auf der Grünen Insel, und der Besucher sollte einmal in ein *Betting Office* hineinsehen und erleben, wie die Männer ihr Geld setzen, die *Odds and Value,* die Quoten und die Chance, studieren.

Für solche Studien eignet sich hervorragend der Bezirk Liberties rund um die Dame Street stadtauswärts, wo es eine Reihe von Wettbüros gibt, denen sich Pubs anschließen.

Es sind nicht nur die Begüterten in Irland, die hohe Summen setzen – in der Vergangenheit füllten vor allem die vielen Arbeitslosen, die von der Sozialhilfe, der *Dole* leben, die Kassen der *Bookmaker.* Denn man hatte ja die Chance, dem bitterarmen Leben davonzulaufen und eines Tages so reich zu werden wie der einstige Bauarbeiter *John Patrick McManus,* dessen Beispiel gerne genannt wird. Er gönnte sich neben einem Mercedes 500 SEL ein hochherrschaftliches Palais – all das beim Wetten gewonnen. *J. P.* – wie *McManus* von den irischen Spielern genannt wird – hat eben Klasse. Klasse hatte auch der bereits verstorbene *Terry Rogers,* in früheren Tagen nur als *The Red Menace,* die rote Gefahr, bekannt. Auch der *Red Terry* ist auf den Rennbahnen reich geworden. Das sind die Vorbilder, an die es sich zu halten gilt!

Da die Iren neben ihrer Wettleidenschaft auch noch gläubige Katholiken sind, darf man durchaus auch auf Gottes Hilfe hoffen, und die soll es am 5. Mai 1990 tatsächlich gegeben haben. Schenkt man den Eingeweihten Glauben, so sind an jenem Tag doch tatsächlich die Nonnen des Ardfoyle Klosters von Cork um 15 Uhr in ihrer Kapelle auf die Knie gefallen und haben eine Anzahl von Rosenkränzen auf den Sieg von Tirol gebetet. Tirol, ein geschwinder Hengst, startete nämlich an jenem Nachmittag im Epson Classic von Newmarket, und damit die Sache auch todsicher über die Bühne, respektive die Rennbahn, gehen würde, hatten die Besitzer des schnellen Pferdes, die Horgans, gegen eine einmalige Gebühr, man könnte auch sagen, gegen eine größere Menge Geldes in den Klingelbeutel, diese sakrale Handlung in Auftrag gegeben. Und so kam es natürlich, wie es kommen musste. Tirol, gar nicht mal als Favorit gesetzt, ging als Erster durchs Ziel. Die Horgans selbst sollen an die 500.000 Pfund gemacht haben, und natürlich hatte jeder in Cork auf Tirol gesetzt, und in allen Hosentaschen raschelten die Geldscheine.

Nicht auf den Rennbahnen, sondern in den Wettbüros werden die richtigen Umsätze gemacht, die damit den Großteil des Gesamtaufkommens tragen. Der Staat holt sich bei den *Punters,* wie die Wettbegeisterten in Irland heißen, natürlich seinen Anteil, denn 21 % wandern als Umsatzsteuer in das Säckel des Finanzministers.

Kein Wunder, dass im Land der Schwarzbrenner auch schwarz gewettet wird und illegale Buchmacher kräftig absahnen.

⊡ Die Christ Church Cathedral erhielt ihre heutige Gestalt im 19. Jahrhundert

geschäfte geben dem Quartier einen charmanten Charakter.

Weiter geht es nun in Richtung auf Dublin Castle. In der Werburgh Street lohnt wenigstens ein kurzer Besuch in der **St. Werburgh's Church.** Das protestantische Gotteshaus wurde 1715 im georgianischen Stil errichtet, brannte 1754 nieder und entstand 1768 in neuer Pracht. Da man von der Kirchturmspitze aus Dublin Castle einsehen konnte, befürchteten die Autoritäten, vor allem nach der Emmet-Rebellion von 1803, dass sie eines Tages von dort unter Feuer genommen werden könnten; so entfernte man den Turmhelm schleunigst.

Dublin Castle, das heutzutage keinen sonderlich wehrhaften Eindruck mehr macht, steht seit Jahrhunderten als Symbol für die britische Herrschaft und die Unterdrückung der Iren. Das Fort wurde auf Anordnung von König *John* im Jahre 1204 errichtet und in den folgenden Jahrhunderten ständig ausgebaut und verändert. Am 17. August 1922 übergaben die Briten ihre einstige Trutzburg an den irischen Staat. Die sehenswerten *State Appartments* können nur besichtigt werden, wenn keine offiziellen Anlässe der Regierung dagegen sprechen. Für das Gelände der Burg wird kein Eintritt erhoben, aber die ehemaligen Gemächer des britischen Vizekönigs in Irland *(State Appartments)* sowie das mittelalterliche Gewölbe *(undercroft)* können nur mit einer Führung besichtigt werden.

■ **Dublin Castle,** Dame Street, Tel. (01) 6458813, https://dublincastle.ie, tgl. 9.45–17.45 Uhr, letzter Einlass 17.15 Uhr; Preise mit Audio-Guide (Infos in Deutsch und via App für das Smartphone sind erhältlich): Erwachsene 8 €, Studierende/Senioren 6 €, Kinder (12–17 J.) 4 €, Familien 20 €, auch geführte Touren werden angeboten.

Besuchen sollte man die in der Burg untergebrachte **Chester Beatty Library,** die sich über zwei Etagen erstreckt und die für bibliophile Besucher sogar ein Muss ist. Die wirklich herausragende

301irl he

Sammlung trug der Ingenieur *Sir Alfred Chester Beatty* (1875–1968) zusammen. Die Kollektion besitzt mehr als 20.000 Handschriften, seltene Bücher, Miniaturen, religiöse Schriften von Juden-und Christentum, Hinduismus und Buddhismus sowie an die 300 muslimische Korane aus dem 9. bis 19. Jh., chinesische Jadebücher und altägyptische Papyri.

■ **Chester Beatty Library,** Dublin Castle, Tel. (01) 4070750, https://chesterbeatty.ie, Di–So 9.45–17.30 Uhr, Mi bis 20 Uhr, So erst ab 12 Uhr, Nov.–Feb. montags geschlossen, Eintritt frei, um eine Spende wird gebeten.

Unterhalb von Dublin Castle befindet sich das zwischen 1769 und 1779 im klassizistischen Stil errichtete und von einer Kuppel gekrönte **Rathaus** *(City Hall).* Ursprünglich diente das Gebäude der Händlergilde als Börse und Warenumschlagplatz.

Auf der Grattan Bridge überquert man nun den Liffey und gelangt über den Ormond Quay zu Irlands oberstem Gerichtshof, den **Four Courts.** Der die Uferfront des Liffey dominierende Bau entstand zwischen 1786 und 1802, beeindruckend ist das gewaltige klassizistische Hauptportal in Form einer griechischen Tempelfront. Besucher können sich kostenlos im Gebäude umsehen.

■ **The Four Courts,** Inns Quay, Dublin 7, Mo–Fr 9–18 Uhr.

Nicht weit entfernt lohnt in der Church Street der Besuch einer Kirche. Bis zum Jahre 1700 war die **St. Michan's Church** das einzige Gotteshaus nördlich des Liffey. Angeblich geht die Kirche auf eine Wikingergründung des Jahres 1095 zurück. Im Innern achte man auf die prachtvollen Holzschnitzereien. Auch die Orgel verdient Aufmerksamkeit; im Jahre 1743 griff *Georg Friedrich Händel* hier in die Tasten, die Original-Klaviatur kann im Vorraum besichtigt werden.

Bekannt geworden ist St. Michan's jedoch durch die **Krypta;** hier liegen in offenen Särgen mehrere mumifizierte Körper, darunter der 1000 Jahre alte Körper eines ehemaligen Kreuzritters.

■ **St. Michan's Church,** Church Street, Tel. (01) 8724154, März–Okt. Mo–Fr 10–12.45 Uhr und 14–16.45 Uhr, Sa 10–12.45 Uhr, Nov.–Feb. Mo–Fr 12.30–15.30 Uhr, Sa 10–12.45 Uhr; Erwachsene 5 €, Studierende/Senioren 4 €, Kinder 3,50 €, Familien 15 €.

Ein Stück weiter die Straße hinauf residieren die irischen Juristen in den **King's Inns;** die Advokatenkammer entstand in den Jahren 1795 bis 1817 und ist innen wie außen prachtvoll verziert (nicht zu besichtigen). Durch einen Torbogen gelangt man in die Henrietta Street, die beidseitig mit Gebäuden vom Anfang des 18. Jh. bestanden ist.

An der folgenden Kreuzung mit der Bolton Street, deren Verlängerung Dorset Street heißt, wenden wir uns nach links. Nach einigen Hundert Metern erreicht man über die rechts abbiegende

[>] Einst ein Symbol der britischen Herrschaft: Dublin Castle

Granby Row den Parnell Square. Drei Sehenswürdigkeiten an dem Platz verdienen, beachtet zu werden. Da ist zuerst einmal der **Garden of Remembrance,** in dem ein Denkmal und eine ewige Flamme derer gedenken, die in verschiedenen Rebellionen für die Unabhängigkeit Irlands ihr Leben verloren. Der Garten befindet sich an der Stelle, an der mehrere Anführer des Osteraufstandes 1916 über Nacht festgehalten wurden, bevor sie ins Kilmainham-Gefängnis überführt und schließlich hingerichtet wurden. Der Garten wurde im Jahre 1966 vom damaligen irischen Präsidenten *Éamon de Valera* am 50. Jahrestag des Osteraufstandes eröffnet.

Am Parnell Square North kann man in der nach ihrem Stifter etwas umständlich benannten **Dublin City Gallery The Hugh Lane** Arbeiten französischer und irischer Impressionisten bewundern, auch Wanderausstellungen werden ab und an hier gezeigt.

■ **Dublin City Gallery The Hugh Lane,** *Charlemont House,* Parnell Square North Dublin 1, Tel. (01) 2225564, https://hughlane.ie, Di–Do 9.45–18 Uhr, Fr 9.45–17 Uhr, Sa 10–17 Uhr, So 11–17 Uhr, Eintritt frei.

Nahebei, um die Ecke ist in 35 North Great George Street das **James Joyce Centre** untergebracht. Hier kann man sich über das Leben des Schriftstellers in Dublin informieren, zudem bieten die Mitarbeiter von hier aus geführte Spaziergänge durch Irlands Metropole auf den Spuren von *Joyce* an.

■ **James Joyce Centre,** 35 North Great George's Street, Tel. (01) 8788547, https://jamesjoyce.ie, Di–Sa 10.30–16.30 Uhr; Erwachsene 7 €, Studierende/Senioren 5 €, Kinder (unter 12 J.) frei.

Verwirrung um James Joyces „Ulysses"

Als *James Joyce* sein Manuskript des „Ulysses" der *Hogarth Press* von *Leonard* und *Virginia Woolf* anbot, sahen die beiden darin zwar ein Meisterwerk, scheuten aber die Publikation, da sie befürchteten wegen der obszönen und pornografischen Stellen gerichtlich belangt zu werden. Also erschien der Titel bei der französischen Verlagsbuchhandlung *Shakespeare & Co* in Paris 1922. Da die französischen Setzer jedoch kein Englisch konnten, schlichen sich viele Fehler ein. *Joyce,* halbblind, verglich nun nicht etwa den Satz mit seinem Manuskript, sondern **korrigierte aus dem Gedächtnis,** was die Anzahl der Ungenauigkeiten noch vermehrte. So gab es bei der Erstausgabe mehr als 2000 Stellen, die vom Original abwichen.

Die nächste Version des „Ulysses" erschien in der Odyssee Press und wurde von *Stuart Gilbert* ediert, nachdem die vierte Auflage erschienen war, galt sie bereits als die endgültige Version, obwohl sie das keineswegs war. Auch die New Yorker **„Bodley Head Edition"** von 1936 nahm für sich in Anspruch, als zuverlässige Ausgabe zu gelten, aber natürlich stimmte auch sie nicht mit dem Manuskript überein, da die Ausgabe auf einem Raubdruck beruhte. 1975 erschien dann die so genannte **„Rosenberg-Handschrift"** des „Ulysses" und jeder konnte sich von den vielen Abweichungen in den bisher gedruckten Ausgaben überzeugen. Die Erleichterung über eine verlässliche Quelle hielt jedoch nicht lange an, bald waren die Experten überzeugt, dass es sich nur um die Abschrift eines Zwischenstadiums handeln konnte. *Joyce* wollte mit dem Verkauf der handschriftlichen Blätter sein mageres Einkommen aufbessern und hatte, wie man nun weiß, auch andere Handschriften an Sammler verkauft. 1997, am 16. Juni, also exakt zum Bloomsday, erschien eine **„Reader's Edition,"** herausgegeben von dem Joyce-Experten *Danis Rose.* Diese Volksausgabe beanspruchte ebenfalls, authentisch zu sein. Vehement widersprach *John Kidd,* der Direktor des James Joyce Center an der Boston University. Allerdings konnte man seiner Meinung auch nicht so recht trauen, da er selbst gerade dabei war, eine **„definitive" Version** zu publizieren. Der Nachlassverwalter, Joyce-Enkel *Stephen Joyce,* versuchte, die Veröffentlichung der Volksausgabe gerichtlich verbieten zu lassen, was jedoch aufgrund des europäischen Urheberrechts nicht gelang. Um aus der verfahrenen Situation herauszukommen, regte der deutsche Anglist *Hans-Walter Gabler* eine vollständig neue Ausgabe an, die nach ihrem Erscheinen natürlich heftig kritisiert wurde. Als Gipfel der Schmähung kann man ansehen, das Gabler vorgeworfen wurde, bei einem Furz von Leopold Blum ein „F" ausgelassen zu haben: statt „Pprrpffrrppfff" müsse es „Pprrpffrrppffff" heißen.

Um die Sache kurz zu machen, es gibt bis heute **keinen verbindlichen Text** des „Ulysses". Sämtliche Ausgaben seien „unverhältnismäßig korrupt" urteilte schon 1975 der kongeniale deutsche Joyce-Übersetzer *Hans Wollschläger.*

Im Jahr 2000 kam plötzlich eine **Handschrift** auf den Markt, die als eine Version des Circe-Kapitels gelten kann. Die 27 Seiten sind dicht beschrieben, mit einer Unzahl von Korrekturen und Anmerkungen versehen, und sie weichen erheblich von der zur Zeit lieferbaren Version des „Ulysses" ab. Diese Handschrift gehörte einmal dem irischstämmigen amerikanischen Anwalt *John Quinn,* ein kunstbegeisterter Mäzen und Joyce-Fan. Als der 1916 von den finanziellen Kalamitäten des Autors hörte, schickte er ihm Geld und kaufte ihm einige Abschriften ab. Im Jahre 1921 gab *Joyce* den Entwurf eines früheren Circe-Kapitels für 812 £ an seinen Förderer. Der literarische Wert dieser Version liegt darin, dass man nun das endgültige Kapitel besser rekonstruieren kann. Dieses gibt es nämlich nicht mehr, da der Mann von Joyce Sekretärin, Mrs. *Harrisson,* als er es bei seiner Gattin fand und anstößige Stellen las, voller Ekel ins Feuer warf. Als die Handschrift im Dezember 2000 bei *Christie's* in New York versteigert wurde, erhielt die irische Nationalbibliothek bei einem Gebot von 1,5 Mio. Dollar den Zuschlag.

Wer mehr und wesentlich ausführlicher die Verwirrungen um Joyces „Ulysses" wissen möchte, der greife zu dem Band von *Rainer Schmitz* „Was geschah mit Schillers Schädel? – Alles was Sie über Literatur nicht wissen".

Zitronenseife aus der Sweny's Pharmacy in Dublin – der berühmte Absatz, in dem Bloom sich mit der Zitronenseife in seiner Tasche beschäftigt, trägt den Titel „Nur einmal noch die bewusste Seife"

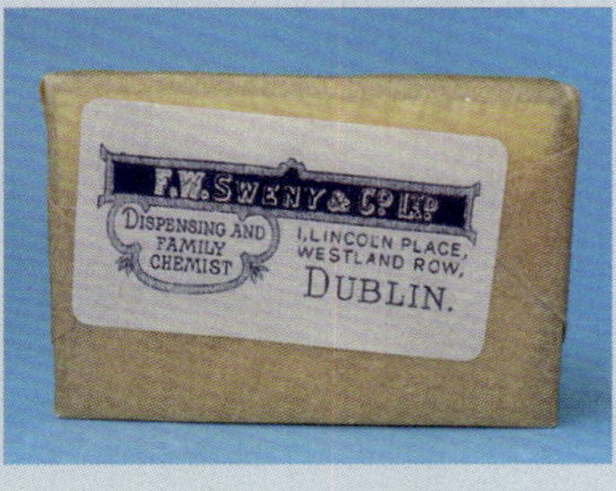

Wikimedia Commons © Enter

Über Parnell Square East erreicht man die **O'Connell Street,** Dublins Hauptstraße, deren Fahrspuren von einem breiten, baumbestandenen Mittelstreifen getrennt werden.

Dublins Flaniermeile bekam ihren Namen zu Ehren von *Daniel O'Connell* (1775–1847). Der Rechtsanwalt – noch heute als *The Liberator* apostrophiert – gründete 1823 die *Catholic Association* mit dem Ziel, dass Katholiken öffentliche Ämter ausüben konnten, ohne vorher durch einen Eid quasi ihrer Religion abzuschwören. 1828 wurde er als Abgeordneter ins britische Unterhaus gewählt, konnte aber seinen Sitz wegen des Treueeides nicht einnehmen. Die Regierung gab aber nach, der Text des Eides wurde geändert und 1829 schließlich konnte *O'Connell* seine Tätigkeit als Abgeordneter beginnen. Der charismatische Politiker, der 1841 auch zum Bürgermeister Dublins gewählt wurde, organisierte Massenveranstaltungen und entfesselte für ein eigenes irisches Parlament im Rahmen des Vereinigten Königreichs eine breite Volksbewegung gegen die britische Herrschaft. 1843 wurde *O'Connell* zu einer einjährigen Gefängnisstrafe verurteilt. Allerdings musste er auf Beschluss des britischen Oberhauses nur drei Monate verbüßen. *Daniel O'Connell* starb 1847 während einer Romreise.

Wenige Meter Fußweg auf dem breiten Mittelstreifen der O'Connell Street führen zu einem schon von weitem sichtbaren Monument. Seit 2003 ragt hier wie eine gigantische stählerne Riesennadel das 393 Fuß (120 m) hohe **Monument of Light** (irisch: *An Túr Solais*) in den Himmel. Das in der Bevölkerung umstrittene Denkmal – die Dubliner verulken es als *The Stiletto in the Ghetto* – soll den unerschütterlichen Glauben der Iren an ein besseres drittes Jahrtausend symbolisieren. Entworfen hat das riesige Ding der Londoner Architekt *Ian Ritchie* und er setzte sich damit an die Spitze von 205 Einsendungen aus aller Welt. Parallel zur Errichtung des „Obelisken" wurde die O'Connell Street mit rund 50 Mio. Euro generalüberholt.

Von der O'Connell Street zweigt die Earl Street North nach Osten ab. An deren Anfang grüßt eine **Statue von James Joyce** den Besucher; auf der linken Straßenseite liegt der **8 Pub Madigan's,** man sollte sich die Örtlichkeit für einen abendlichen Kneipen-Besuch merken.

302irl he

Seit mehr als 200 Jahren gibt es eine Taverne an dieser Stelle, während des Osteraufstandes von 1916 fiel der damalige Pub in Schutt und Asche, 1918/19 entstand das heutige *Madigan's,* viel Marmor und edle Hölzer wurden im Innern verbaut.

Die Earl Street mündet auf die Marlborough Street; diese nach links gen Norden hochgehend, erreichen wir auf der linken Straßenseite die zwischen 1815 und 1825 erbaute Kirche **St. Mary's Pro-Cathedral.** Das „Pro" im Namen steht für „provisorisch", denn die heute anglikanische Christ Church Cathedral wird von der katholischen Kirche nach wie vor als ihr eigentlicher Sitz in Dublin gesehen, da der Status des Gotteshauses auch nach der gewaltsamen Enteignung im 16. Jh. nie geändert wurde. St. Mary's wurde nach dem Vorbild des Tempels des Hephaistos in Athen konzipiert.

Zurückgekehrt zur O'Connell Street, erkennt man auf der gegenüberliegenden Straßenseite das wuchtige Gebäude des **General Post Office** (St. Mary's sollte ursprünglich an diesem Ort erbaut werden). Dublins Hauptpostamt entstand zwischen 1814 und 1818 im neoklassizistischen Stil und steht bis heute als Symbol für den Osteraufstand von 1916: Hier proklamierte *Patrick Pearse* die Republik und verschanzte sich dann mit seinen Anhängern im Innern. Die Briten stürmten das Gebäude und nahmen die Freiheitskämpfer gefangen. In der großen Halle ehrt die Statue des sterbenden *Cú Chulainn,* eines dem *Achilles* aus *Homers* „Ilias" ähnlichen Heroen der irischen Sagentradition, die Widerstandskämpfer des Landes. Der erste Satz der Charta, die *Pearse* hier verlas, lautete: „Wir erklären, dass das Recht des irischen Volkes auf die Verfügungsgewalt über Irland und auf ungehinderte Herrschaft über seine eigenen Geschicke unumschränkt und unveräußerlich ist."

Im Rücken des *General Post Office* verläuft die **Moore Street,** auf der wochentags ein großer **Obst- und Gemüsemarkt** stattfindet; auch in den umliegenden Straßen, so etwa beispielsweise in der Henry Street, findet man eine Vielzahl an Lebensmittelgeschäften, Fischläden und Metzgereien.

Auf dem weiteren Weg in Richtung des Liffey zweigt links die Abbey Street Lower ab und führt uns zum berühmten **Abbey Theatre.** Irlands Nationaltheater nahm am 27. Dezember 1904 seinen Schauspielbetrieb auf. Als im Jahre 1907 in dem Schauspielhaus *The Playboy of the Western World* von *J. M. Synge* aufgeführt wurde, kam es zum öffentlichen Eklat, und wütende Bürger belagerten das Theater. In dem Stück geht es um eine romantische, jedoch höchst unmoralische Liebesgeschichte, in der, freilich nur nach Ansicht der empörten Zuschauer, das Nationalbewusstsein jener Tage „verhöhnt" wurde. Im Jahre 1951 brannte das Abbey Theatre ab, und erst 15 Jahre später war ein neues Schauspielhaus fertiggestellt. Das heutige Theater hat 638 Sitzplätze, in der angeschlossenen Experimentierbühne *The Peacock* finden bis zu 157 Zuschauer Platz.

Am südlichen Ende der O'Connell Street ragt das **Denkmal für Daniel O'Connell** auf, und hier führt auch die O'Connell Bridge über den Liffey. Flussaufwärts sieht man den bogenförmigen Fußgängersteg der **Halfpenny Bridge;** der Name stammt aus jenen Tagen, als man noch eine Mautgebühr entrichten musste, wollte man über den Fluss.

Flussabwärts erkennt man auf der linken Seite des Stroms das schneeweiße **Custom House,** das aus dem Jahr 1791 datierende Hauptzollamt von Dublin. Die Hauptfassade ist mit allegorischen Figuren und vielen Statuen geschmückt.

Wer sich für die **Geschichte der Auswanderung** interessiert, sollte auf der anderen Straßenseite, dem Liffey flussabwärts folgend, ein paar Schritte gehen. Man gelangt zu einer Reihe lebensgroßer **Bronzefiguren,** die ausgemergelte Auswanderer zur Zeit der großen Hungersnot *(The Great Famine)* zwischen 1845 und 1852 darstellen. Durch diese Krise fiel die Bevölkerungszahl, teils durch den Hungertod und teils durch Emigration, um 20 bis 25 %. Eines der Schiffe, mit denen viele Iren auswanderten, war die *Jeanie Johnston.* Geht man noch ein paar Schritte weiter flussabwärts, gelangt man zu einer (etwas verkleinerten) Nachbildung des Emmigrantenschiffes. Man kann bei einer Führung auf dem Nachbau des Dreimasters Interessantes über die Bedingungen erfahren, unter denen viele Iren Mitte und in der zweiten Hälfte des 19. Jahrhunderts in die Vereinigten Staaten von Amerika auswanderten.

☒ „The Spire" – das Wahrzeichen Dublins heißt offiziell „Monument of Light"

■ **The Jeanie Johnston,** Custom House Quay, Tel. (01) 4730111, https://jeaniejohnston.ie, Führungen tgl. jede Stunde von 10–15 Uhr, April bis Okt. zusätzlich 16 Uhr; Erwachsene 13 €, Studierende/Senioren 11 €, Kinder (6–12 J.) 7,50 €, Familien ab 28 €; es gibt ein günstigeres Kombiticket zusammen mit dem Irischen Auswanderungsmuseum, s. u.

303irl he

Wenn man dann zurück Richtung Innenstadt geht, aber noch mehr über die irische Auswanderung erfahren möchte, kann man auf der anderen Straßenseite das **Irische Auswanderungsmuseum** besuchen, das spannende Geschichten über Einzelschicksale so mancher irischer Berühmtheiten erzählt.

■ **EPIC – The Irish Emigration Museum,** Custom House Quay, Tel. (01) 19060861, https://epicchq.com, tgl. 10–18.45 Uhr (letzter Einlass 17 Uhr); Erwachsene 18,50 €, Studierende/Senioren 17 €, Kinder (6–12 J.) 9 €, Familien ab 38 €, bei Online-Buchung etwas günstiger.

Die O'Connell Bridge führt auf die Westmoreland Street, von dort rechts ab in die Fleet Street ist **Temple Bar,** das Greenwich Village von Dublin, schnell erreicht. Ende der 1990er-Jahre ist hier mit Macht renoviert worden und Temple Bar entwickelte sich nach dem Willen der Stadtväter zu einem Kulturquartier der Hauptstadt. Zwischen Ateliers, Studios, Galerien, Pubs, kleinen Bistros und Restaurants wurden ein *Music Centre,* ein *Multimedia Centre,* ein *Crafts Centre,* ein *Irish Film Centre,* ein *Children's Cultural Centre* und ein *Centre for Photography* gebaut. Temple Bar ist mit seinem kulturellen Angebot sowie den vielen Pubs und Restaurants ganz eindeutig Dublins **lebendigster und interessantester Stadtteil.**

Wer es sich leisten kann, könnte im *Clarence Hotel* (https://theclarence.ie) von Temple Bar absteigen; die Vier-Sterne-Herberge wurde umfassend restauriert und gehört zwei Mitgliedern (*Bono* und *The Edge*) der Rockgruppe *U2.*

Unser Spaziergang durch Dublins Innenstadt ist damit beendet. Wer sich ausruhen möchte, sollte im **Temple-Bar-Bezirk** einen der gemütlichen Pubs aufsuchen und bei einem Guinness oder Lager die Beine von sich strecken.

Sehenswertes außerhalb des Stadtzentrums

Phoenix Park

Phoenix Park (zu erreichen mit mehreren Buslinien, z.B. die Linien 25, 26, 37, 46A oder 70), Dublins grüne Lunge, erstreckt sich im Westen der Stadt über ein 4 x 2 km großes Areal und ist einer der größten Stadtparks Europas. Äußerst befremdlich ist es allerdings, dass man mit dem Auto durch dieses **Naherholungsgebiet** fahren darf – breite Straßen durchziehen den Park.

An schönen Wochenenden picknicken Tausende von Dublinern auf den ausgedehnten Rasenflächen, schauen den Cricket-, Hurling- und Polospielern zu oder spazieren durch den Zoo. Dann sind die Straßenränder mit geparkten Wagen zugestellt.

Neben den schon erwähnten sportlichen Wettkämpfen finden auch Radrennen sowie – man glaubt es kaum – Tourenwagenläufe im Phoenix Park statt. Des Weiteren hat der irische Präsident sowie der Geschäftsträger der US-Botschaft ihre Residenz innerhalb des Gartenareals.

Weithin sichtbar ist die hohe **Phoenix Column,** die der britische Vizekönig *Lord Chesterfield* 1742 errichten ließ (nicht dadurch blieb der Lord bis heute bekannt, das verdankt er den Briefen an seinen Sohn „über die anstrengende Kunst, ein Gentleman zu werden").

Hoch in den Himmel ragt auch das 1817 von *Sir Robert Smirke* errichtete **Wellington Testimonial** auf; der in Dublin geborene *Wellington,* was der Duke immer zu verschweigen suchte, hatte 1815 *Napoleon* bei Waterloo eine militärische Schlappe beigebracht. Das

◁ Bronzefiguren nahe des Liffey zum Gedenken an die Auswanderer

▽ Der Pub „The Temple Bar" im gleichnamigen In-Viertel Dublins

086IRL hg

30-m-Monument soll der höchste Obelisk Europas sein.

Im **Dubliner Zoo** sind mitten im Phoenix Park auf 28 Hektar rund 400 Tiere zu sehen.

Dublin Zoo, Phoenix Park, Dublin 8, Tel. (01) 4748900, https://dublinzoo.ie, März–Sept. 9.30–18 Uhr, sonst zwischen 16 und 17.30 Uhr geschlossen; Erwachsene 22,50 €, Studierende/Senioren 17,50 €, Kinder (3–15 J.) 17 €, bei Online-Buchung 15 % Rabatt.

Guinness-Brauerei

Interessant für Biertrinker ist der Besuch der *Guinness Brewery* in der St. James's Gate (Bus 123 von O'Connell Street oder Dame Street). Das riesige, 24 Hektar große Produktionsgelände selbst ist allerdings nicht zu besichtigen, vielmehr gibt es das Besucherzentrum **The Guinness Storehouse,** wo auch eine Ausstellung rund um das beliebte Gebräu informiert.

Das kleine Museum zeigt sehr anschaulich die Produktionsmethoden aus unterschiedlichen Jahrhunderten; am Ende des Rundgangs gibt es in der runden, vollverglasten Gravity Bar ganz oben ein kostenloses Getränk.

The Guinness Storehouse, St James's Gate, Bellevue, https://guinness-storehouse.com, Mo–Fr 10–19 Uhr, Sa 9.30–20 Uhr, So 10–19 Uhr, letzter Einlass jeweils 2 Stunden früher, Erwachsene ab 26 €, Studierende/Senioren ab 22 €, Kinder (5–17 J.) ab 10 €, online deutlich preiswerter, im Preis eingeschlossen ist ein Glas Guinness oder ein alkoholfreies Getränk.

Kilmainham Gaol

Eine weitere Sehenswürdigkeit befindet sich einige Minuten Fußweg in westlicher Richtung von der *Guinness*-Brauerei. Im Kilmainham Gaol (Bus Nr. 69 und 79 von Aston Quay, 13 und 40 von O'Connell Street oder College Green) wurden ab 1796 viele irische Nationalisten inhaftiert

und exekutiert. Die 15 Führer des Osteraufstandes von 1916 fanden in diesem **Gefängnis** am 3. Mai 1916 den Tod. Auch der spätere Ministerpräsident *Éamon de Valera* saß in Kilmainham ein und entging dem Erschießungskommando nur deshalb, weil er amerikanischer Staatsbürger war. Die Briten rechneten für den Fall seiner Exekution mit beträchtlichen diplomatischen Verwicklungen.

Unter sachkundiger Führung wird man durch das Gefängnis geleitet und bekommt u.a. die Zellen gezeigt, in denen die Unglücklichen der Osterrevolte auf ihren Tod warteten, Abschiedsbriefe, aber auch Gedichte schrieben. Das Kilmainham-Gefängnis wurde und wird heutzutage auch gern als **Drehort** genutzt, u.a. für die Filme *Im Namen des Vaters, Guildford Four, The Escapist – Raus aus der Hölle* sowie *Paddington 2* aus dem Jahr 2017.

■ **Kilmainham Gaol,** Inchicore Road, Tel. (01) 4535984, https://kilmainhamgaolmuseum.ie, tgl. 9.30–18 Uhr, Apr., Mai und Sept. nur bis 17.45 Uhr, Okt.–März nur bis 17.15 Uhr; Erwachsene 8 €, Senioren 6 €, Studierende 4 €, Kinder (12–17 J.) 4 €, Familien 20 €.

Irish Museum of Modern Art

Nahe Kilmainham Gaol lohnt unbedingt ein Besuch im **Kilmainham Hospital** (Bus Nr. 79 von Aston Quay). Im größten klassizistischen Gebäude Irlands, das nach dem Pariser Hotel des Invalides Ende des 17. Jh. für Armeeveteranen errichtet wurde, ist seit 1991 das *Irish Museum of Modern Art* beheimatet. Der Eingang für Fußgänger befindet sich gegenüber dem Kilmainham-Gefängnis, ansonsten im Military Road gegenüber der Heuston Station oder am West Gate an South Circular Road.

[‹] Das Kilmainham-Gefängnis

■ **Irish Museum of Modern Art (IMMA),** Kilmainham, Tel. (01) 6129900, https://imma.ie, Di–So 10–17.30 Uhr, Mi erst ab 11.30 Uhr, So erst ab 12 Uhr, Eintritt grundsätzlich frei, einige Sonderausstellungen sind kostenpflichtig.

Weitere Museen

■ **Irish Jewish Museum,** 3 Walworth Road, South Circular Road, Tel. (089) 4263625, https://jewishmuseum.ie, Mai–Anfang Sept. So–Do 11–15 Uhr, sonst nur So 10.30–14.30 Uhr, Eintritt frei. Dokumentiert werden hier über 150 Jahre jüdischen Lebens in Irland.

■ **Old Jameson Distillery,** Bow Street, Smithfield Village, Dublin 7, https://jamesonwhiskey.com, Mo–Do 11–17.30 Uhr, Fr–Sa 11–18.30 Uhr, So 10–17.30 Uhr (Zeiten jeweils bis zum letzten Tourbeginn), der Shop ist jeweils 30 Minuten länger geöffnet; Erwachsene je nach Tour ab 25 €, Studierende/Senioren 19 €, Kinder (unter 18 J.) 11 €; praktischer Anschauungsunterricht zur Herstellung von Whiskey und zur Geschichte der Brennerei, mit Kostprobe.

National Leprechaun Museum, Jervis Street, Dublin 1, Tel. (01) 8733899, https://leprechaunmuseum.ie, tgl. 10–18.30 Uhr; Erwachsene 18 €, Studierende/Senioren, 16 €, Kinder (bis 15 J.) 11 €, Familien 48 €; Museum mit Schwerpunkt auf irischen Mythen und Volkserzählungen, geeignet für Kinder ab 6 Jahren, die Touren gibt es allerdings nur auf Englisch. Es finden auch spätabendliche Veranstaltungen nur für Erwachsene statt, aktuelle Informationen auf der Website.

Praktische Tipps

Touristeninformation

- **Tourist Information Centre,** 3 Palace Street, Dublin, Tel. (01) 850230330, Mo–Sa 9–17 Uhr, südlich des Flusses neben der City Hall in einem modernen Glasbau, Zugang von der Dame Street (R 137). Hier kann man Unterkünfte vorbuchen, sowie auch Leihwagen, Broschüren und Bücher über Irland in großer Auswahl erwerben.

Eine **zweite Tourist Information** befindet sich in Nr. 14 Upper O'Connell Street.

- **https://visitdublin.com**

Hotels

Karte Dublin Zentrum, S. 30

7 **Hotel Riu Plaza The Gresham Dublin**④-⑤, 23 Upper O'Connell Street, Tel. (0800) 7234360, https://riu.com/en/hotel/ireland/dublin; traditonsreiches Hotel, das zu Beginn des 19. Jh. von *Thomas Gresham* gegründet wurde. Zentral gelegen, vier Sterne, mittlerweile gehört das Haus zur Kette *Riu Plaza*.

40 **Westbury Hotel**⑤, Grafton Street, Tel. (01) 6791122, https://doylecollection.com; schickes Hotel in zentraler Lage.

26 **George Frederic Handel Hotel**③, 16–18 Fishamble Street, Tel. (01) 5553587, https://handelshotel.ie; Hotel nahe der Christ Church Cathedral, fünf Minuten Laufweite bis Temple Bar. Das Hotel ist übrigens nach dem deutschstämmigen Komponisten *Georg Friedrich Händel* benannt, der in der beim Hotel gelegenen *New Music Hall,* von der nur noch die Fassade übrig ist, einst sein Oratorium *Der Messias* uraufführte.

12 **Gardiner Lodge**③, 76 Lower Gardiner Street, Tel. (01) 8557669, https://gardinerlodge.com; Gästehaus in einem liebevoll restaurierten, georgianischen Stadthaus mit sehr schönem Frühstücksraum, kurzer Fußweg ins Zentrum.

21 **Bloom's Hotel**③-④, Anglesea Street, Tel. (01) 6715622, https://blooms.ie; von außen bunt bemaltes Hotel mitten im Ausgehviertel Temple Bar.

Karte Dublin Umschlag hinten

2 **Dergvale Hotel**③, 4 Gardiner Place, Tel. (01) 8744753, https://dergvalehotel.com; familiengeführtes 2-Sterne-Hotel in der Innenstadt.

1 **Ashling Hotel**⑤, Parkgate Street, Tel. (01) 6772324, https://ashlinghotel.ie; 4-Sterne-Hotel beim Bahnhof Heuston, fünf Fahrminuten von der Autobahn M50 entfernt.

8 **Lansdowne Hotel**⑤, 27–29 Pembroke Road, Ballsbridge, Dublin 4, Tel. (01) 6682522, https://lansdownehotel.ie; Hotel im Besitz der Brüder *Michael* und *Frank Quinn,* in einem alten georgianischen Stadthaus, etwa 10 Gehmin. bis in die Innenstadt.

9 **Pembroke Townhouse**③, 88 Pembroke Road, Ballsbridge, Dublin 4, Tel. (01) 6600277, https://pembroketownhouse.ie, im Viertel Ballsbridge.

Bed & Breakfast

Karte Dublin Zentrum, S. 30

10 **Abbott Lodge**③, 88 Lower Gardiner Street, Dublin 1, Tel. (01) 8365548, https://abbottlodge.com; zentral gelegen in georgianischem Stadthaus, kein Frühstück erhältlich. Es werden auch Wohnungen für Selbstversorger vermietet.

9 **Slievenamon Manor**③-④, 302 Clontarf Road, Clontarf, Dublin 3, Tel. (01) 8331025; viktorianisches Haus am Meer, unweit der Halbinsel Howth.

Karte Dublin Umschlag hinten

11 **Aaron Court**③, 144 Merrion Road, Ballsbridge, Dublin 4, Tel. (01) 2602631; Haus aus der Zeit zu Beginn des 20. Jahrhunderts im Stadtteil Ballsbridge, wo viele Botschaften beheimatet sind.

10 **Oak Lodge**②, 4 Pembroke Park, Ballsbridge, Dublin 4, Tel. (01) 6606096, www.oaklodge.ie; Backsteinhaus aus dem 19. Jh. im wohlhabenden

Stadtteil Ballsbridge. In Laufweite der Haupteinkaufsstraße Grafton Street.

Hostels

Wenn nicht anders angegeben, bieten alle Hostels Doppel- oder (eher) Zweibettzimmer sowie ein kostenloses kontinentales Frühstücksbuffet an.

Karte Dublin Zentrum, S. 30

19 **Abigails Hostel**①, 7–9 Aston Quay, Temple Bar, Tel. (01) 6779300, https://abigailshostel.com; es gibt auch Privatzimmer.

20 **Gogarty's International Hostel**①, Temple Bar, Tel. (01) 6711822, www.gogartys.ie/hostel; es gibt auch einige private Zweibettzimmer.

11 **Abraham House**①, 82 Lower Gardiner Street, Tel. (01) 8550600, www.abrahamshostel.com.

17 **Ashfield House**①, 19–20 D'Olier Street, Tel. (01) 6797734, https://ashfieldhouse.ie.

22 **Barnacles Temple Bar House**①, 19 Temple Lane, Tel. (01) 6716277.

2 **Generator Hostel**①, Smithfield Square, Tel. (01) 9010222, https://staygenerator.com/hostels/dublin; Frühstück nicht inbegriffen, es gibt aber ein Café im Hostel und zahlreiche Möglichkeiten in der Umgebung.

28 **Four Courts Hostel**①, 15–17 Merchants Quay, Dublin 8, Tel. (01) 6725839, https://fourcourtshostel.dublinhotelsweb.com.

15 **Isaacs Hostel**①, 2/5 Frenchman's Lane, Tel. (01) 8556215, https://isaacs.ie; mit Sauna.

14 **Globetrotters Tourist Hostel**①, 7–48 Lower Gardiner Street, Tel. (01) 8735893, www.globetrottersdublin.com; kein Frühstück.

13 **Jacob's Inn**①, Talbot Place, Tel. (01) 8555660, https://jacobsinn.com.

27 **Kinlay House Hostel**①, 2/12 Lord Edward Street, Tel. (01) 6796644, https://kinlaydublin.ie.

Restaurants

Karte Dublin Zentrum, S. 30

45 **Peploe's**④, 16 St. Stephen's Green, Tel. (01) 6763144, https://peploes.com; ein hervorragendes Wein-Bistro im Herzen der Stadt, französisch inspirierte Küche von der Zwiebelsuppe bis zu feinen Fischgerichten, separate vegetarische Speisekarte mit einigen veganen Optionen erhältlich.

1 **Chapter One Restaurant**⑤, 18–19 Parnell Square, Tel. (01) 8732266, https://chapteronerestaurant.com; im Keller des *Writers Museum*, gute Weinkarte, gehobene, französisch-inspirierte Küche. Nur mehrgängige Menüs, eigene vegetarische Speisekarte.

38 **Bewley's Oriental Café**②, 78–79 Grafton Street, Tel. (01) 6727720, https://shop.bewleys.com/pages/about-us; ein traditionsreiches, seit 1927 bestehendes Café im Stil der Kaffeehäuser von Wien und Paris. Ende 2017 wurde es nach fast zweijährigen Renovierungsarbeiten wieder eröffnet. Geeignet sowohl für Frühstück, ein nachmittägliches Sandwich mit Tee oder moderne irische und internationale Küche zum Mittag- oder Abendessen.

30 **Trocadero**③, 4 St. Andrew's Street, Tel. (01) 6775545, https://trocadero.ie; traditionelle irische Küche seit 1956, Steaks, Fisch. Große, sattmachende Portionen.

30 **The Cedar Tree**②, 11 St. Andrew's Street, Tel. (01) 6772121, www.cedartreerestaurants.com; Dublins berühmtestes libanesisches Restaurant, gute *Mezze*-Platten (auch vegetarisch oder vegan).

32 **Cornucopia**②, 19/20 Wicklow Street, Tel. (01) 6777583, https://cornucopia.ie; gemütliches, preisgekröntes vegetarisches Restaurant mit Selbstbedienung, das auch Nicht-Vegetarier überzeugt, vegane Optionen sind ebenfalls erhältlich.

6 **Govinda's Vegetarian Restaurant**①, 83 Middle Abbey Street, Tel.: (089) 9621787; vegetarisches Restaurant, das von *Hare Krishna* betrieben wird; das Ambiente ist einfach, aber das wird durch das hervorragende, auf indischer Küche basierende Essen wettgemacht. Man kann sich bei riesigen Por-

tionen preiswert und lecker satt essen. Täglich stehen etwa zwei vegane Gerichte auf der Speisekarte.

24 **Gallagher's Boxty House**②, 20–21 Temple Bar, Tel. (01) 6772762, https://boxtyhouse.ie; mitten im Temple Bar-Bezirk, klassische irische Gerichte, zudem gute Auswahl an glutenfreien und vegetarischen Gerichten.

Karte Dublin Umschlag hinten

7 **Chai-Yo Asian Restaurant**②,100 Lower Baggott Street, Tel. (01) 6767652, https://chaiyo.ie; chinesische, thailändische und japanische Küche.

Pubs

Karte Dublin Zentrum, S. 30

35 **The Bailey,** 2 Duke Street, http://baileybar cafe.com; von *James Joyce* in seinem *Ulysses* beschrieben, von 1940 bis 1960 Treffpunkt der Dubliner Literaturszene. Das heutige Gebäude ist aus den 1990er-Jahren.

37 **Davy Byrnes,** 21 Duke Street, https://davybyr nes.com; gegenüber vom *Bailey's,* ebenfalls von *Joyce* erwähnt, schönes Art-Déco-Interieur; von hier nehmen regelmäßig *Literary Pub Crawls* ihren Ausgang, geführte Touren durch die Kneipen Dublins, in denen die irischen Literaturgiganten becherten.

34 **The Duke,** 9 Duke Street, http://www.the dukedublin.com; ruhige, gemütliche Kneipe mitten im Einkaufszentrum, gut zur Erholung nach dem Shopping, auch von hier gehen jeden Abend ab 19 Uhr die *Literary Pub Crawls* ab.

26 **The Bull & Castle,** Lord Edward Street/Ecke Christchurch Place, Tel. (01) 4751122; zwischen Christchurch Cathedral und Dublin Castle gelegen, auch Live-Musik.

43 **Grogan's Castle Lounge,** 15 South William Street, https://groganspub.ie; traditionelles Pub-Interieur, gut für ein ruhiges Bier, Snacks wie *Toasties* mit *Irish Cheddar.*

39 **McDaid's,** 3 Harry Street, Tel. (01) 6794395; berühmter Literaten-Pub.

8 **Madigan's,** 25 North Earl Street, https://madigansearlst.com; gemütlich und mondän.

16 **Mulligan's,** 8 Poolbeg Street, Tel. (01) 67755 82; seit 1782 gibt es eine Taverne an diesem Ort, heute sieht es so aus, als stamme die Einrichtung aus jenen Tagen, sehr beliebter Pub.

20 **The Oliver St. John's Gogarty,** 58 Fleet Street, https://gogartys.ie; mitten im Temple Bar-Bezirk, *Traditional Music House* mit angeschlossenem Restaurant, bei Touristen beliebter Pub in Dublins Szene-Viertel, es gibt oft schon zur Lunch-Zeit Live-Musik; im Haus befindet sich außerdem ein 20 **Hostel** (s. dort).

18 **The Palace Bar,** 21 Fleet Street, https://thepa lacebardublin.com; viktorianisch-traditionelle Einrichtung mit *Snugs,* die Großen der Dubliner Schriftstellerszene lasen hier in der Taverne; im oberen Stock finden regelmäßig hervorragende *Trad Sessions* statt.

25 **The Turk's Head,** 27 Parliament Street/Ecke Essex Gate, Tel. (01) 6799701; im Temple Bar-Bezirk, Ausschank seit 1760.

Karte Dublin Umschlag hinten

6 **Toner's Victorian Bar,** 139 Lower Baggot Street, https://tonerspub.ie; 1734 gegründet ist Toner's einer der ältesten und berühmtesten Pubs Dublins.

Singing Pubs/Nachtleben

Karte Dublin Zentrum, S. 30

31 **International Bar,** Wicklow Street/Ecke St. Andrew Street, https://intercomedydublin.com; Comedy, Jazz, traditionelle irische Musik.

46 **O'Donoghue's,** 15 Merrion Row, https://odonoghues.ie; traditionelle irische Musik.

3 **Slattery's,** 129 Capel Street, https://slatterys.bar; Größen der irischen Musik wie *Thin Lizzy, Van Morrison* und *Christy Moore* hatten hier ihre ersten Auftritte; heute hört man hier traditionelle irische Musik.

23 **The Temple Bar,** an der gleichnamigen Straße Temple Bar, https://thetemplebarpub.com; täglich traditionelle irische Musik.
29 **The Brazen Head,** 20 Lower Bridge Street; https://brazenhead.com; Dublins älteste Taverne (seit 1198). Traditionelle Live-Musik. Die Kneipe war *Brendan Behans* liebster Pub.
5 **The Academy,** 57 Middle Abbey Street, https://theacademydublin.com; beliebter Nachtclub mit drei Räumlichkeiten. Mehrmals die Woche Livemusik von Rock über Pop bis Indie.

Karte Dublin Umschlag hinten

5 **The Barge Inn,** 42 Charlemont Street, https://thebarge.ie; verschiedene Musikstile.
4 **Lower Deck,** Portobello Harbour, https://dublinsessions.ie/lower-deck; Rock, Folk.
3 **Whelan's,** Wexford Street, https://whelanslive.com; guter *Music-Club,* interessante Mischung aus renommierten Gruppen und jungen Musikern.

Einkaufen

Karte Dublin Zentrum S. 30

■ **Geschäfte des gehobenen Standards** befinden sich entlang der **Grafton Street** und in den umliegenden Straßen.
■ **Kaufhäuser** reihen sich an der **O'Connell Street.**
■ In der Dawson Street befindet sich 33 *Hodges & Figgis,* Dublins größte und älteste **Buchhandlung.**
■ **Shopping Centres** sind das 36 *Hibernian Way,* Dawson Street, 4 *Ilac Centre,* Henry Street, 44 *St. Stephen's Green Centre,* St. Stephen's Green/Grafton Street, 41 *Westbury Mall,* Clarendon Street.

Theater

■ **Abbey Theatre,** 26 Lower Abbey Street, Tel. (01) 8787222, https://abbeytheatre.ie; Irlands Nationaltheater, klassische irische Stücke.
■ **Dublin Youth Theatre,** 23 Upper Gardiner Street, Dublin 1, Tel. (01) 8743687, https://dublinyouththeatre.com; seit 1977 verbindet das Theater Jugendarbeit und Theater. Alle Laiendarsteller sind zwischen 14 und 22.
■ **Gaiety Theatre,** South King Street, Dublin 2, Tel. (01) 4569569, https://gaietytheatre.ie; das ältestes Aufführungshaus der Stadt, eröffnet 1871, auch Varieté.
■ **The Gate Theatre,** Cavendish Row, Dublin 1, Tel. (01) 8744045, https://gatetheatre.ie; die Bühne für zeitgenössische irische, europäische und außereuropäische Stücke.
■ **Olympia,** 72 Dame Street, Dublin 2, Tel. (01) 6793323, https://3olympia.ie; Dublins größtes Theater, 1879 erbaut, Musicals und Konzerte.
■ **Project Arts Centre,** 39 East Essex Street, Dublin 2, Tel. (01) 8819613, https://projectartscentre.ie; Experimentierbühne für junge Autoren.

Kinos

■ **Irish Film Institute,** 6 Eustache Street, off Dame Street, Tel. (01) 6793477, https://ifi.ie, Programmkino mit **Café, Film- und Buchladen.**
■ **Savoy,** 16–18 O'Connell Street, Tel. (01) 8748822, https://imccinemas.ie/contact-us/savoy; Mainstream-Kino in der Innenstadt, mit sechs Sälen und der größten Leinwand Irlands.

Festivals

Informationen zu Festivals auch auf der Homepage von *Dublin Tourism,* **www.visitdublin.com.**

■ **St. Patrick's Festival,** https://stpatricksfestival.ie; vier Tage rund um den 17. März, dem Geburtstag von Irlands Nationalheiligen, viele Veranstaltungen auf den Straßen und an unterschiedlichen Orten.

■ **Liffey Swim,** Ende Juli schwimmen Hunderte von Iren von der Rory O'Moore Bridge bis zum Custom's House (2,5 km) den Fluss Liffey hinunter, eines der berühmtesten traditionellen Sportereignisse Irlands.

■ **Fringe Festival,** https://fringefest.com, September, Kabarett, Comedy und Kleinkunst.

■ **Dublin International Film Festival,** Tel. (01) 6624260, **https://diff.ie**; alle Kinos der Stadt beteiligen sich an diesem zweiwöchigen Filmfestival im Februar, das sowohl irische als auch internationale Filme präsentiert.

■ **Dublin Theatre Festival,** Tel. (01) 6778439, **https://dublintheatrefestival.com**; zwei Wochen Ende September und Anfang Oktober, renommiertes internationales Theaterfestival auf unterschiedlichen Bühnen der Stadt.

Gesundheit

■ **St. James's Hospital,** St. James's Street, Tel. (01) 4103000, **https://stjames.ie.**

■ **Zahnklinik,** Dame Dental Surgery, 16 Dame Street, Tel. (01) 5252670.

Fundbüros

■ **Eisenbahn** und **Dubliner Vorortbahn** *DART Iarnod Éireann,* Connolly Station, Tel. (01) 7032358.

■ **Fernbusse:** *Bus Éireann,* Store Street, Tel. (01) 7032489.

■ **Stadtbusse:** *Dublin Bus,* Earl Place, Tel. (01) 7031321.

Hauptpost

■ Upper O'Connell Street.

Taxis

■ **Blue Cabs,** Tel. (01) 8022222, www.bluecabs.ie.

■ **National Radio Cabs,** Tel. (01) 6772222, https://nrc.ie.

■ **VIP Taxis,** Tel. (01) 4783333, **https://viptaxis.ie.**

Fahrradverleihsystem

Dank des in Dublin existierenden Fahrradverleihsystems **dublinbikes** kann man kurze Strecken bequem und sehr günstig radeln. Man muss lediglich zu einer der Fahrradstationen (in der Innenstadt alle 300 m, **auf der Homepage kann man sich eine Karte der Stationen herunterladen**) gehen, die Sicherung eines Fahrrads mit einer Pin-Nummer lösen und es später an einer beliebigen Station wieder sichern. Das „3 Day Ticket" kostet 5 €. Bis zu 30 Minuten kann man dann die Fahrräder von *dublinbikes* ohne weitere Kosten benutzen. Folgende Preise fallen bei längerer Nutzung zusätzlich an: 1 Std. 0,50 €, 2 Std. 1,50 €, 3 Std. 3,50 €, 4 Std. 6,50 €, nach 4 Std. pro 30 Minuten je 2 €. Um das „3 Day Ticket" zu kaufen, benötigt man eine Kreditkarte mit Chip und Pin-Nummer (Debit- und Bankomatkarten funktionieren nicht) und muss zu einem der vielen Stationen mit entsprechendem Kreditkartenautomaten gehen, z.B. in Princes Street/O'Connell Street, Custom House, Merrion Square West, St. Stephen's Green East, St. Stephen's Green South, **https://dublinbikes.ie.**

Bahn

■ Dublin hat zwei größere **Bahnhöfe,** einmal Connolly Station, Amiens Street, und Heuston Station, Knightsbridge; von Connolly verkehren die Züge in den Norden des Landes, von Heuston Station in den Süden und Westen.

Von Heuston Station gibt es einen direkten Bus **zum Flughafen,** Bus Nr. 90 verbindet Connolly und Heuston Station.

■ Das **DART-** *(Dublin Area Rapid Transit)* und **Suburban Rail Network** verbindet alle Vororte der Hauptstadt im Norden bis Mullingar und Dundalk, im Süden bis zum Seebad Bray.

Die **innerstädtischen DART-Bahnhöfe** sind Connolly Station, Tara Street Station und Pearse Station.

Flughafen

Dublins internationaler Flughafen liegt ca. 10 km nördlich vom Stadtzentrum; regelmäßiger Pendelverkehr zum Hauptbusbahnhof in der Store Street sowie zu Heuston Station. Spezielle **Airport-Busse** verkehren alle 15 Minuten von etlichen Stationen im inneren Stadtgebiet zum Flughafen. Eine Station liegt z.B. in der Suffolk Street, 50 m vor der Tourist Information.

Busse

■ Die **innerstädtischen Busse** verkehren in der Zeit von 6.30 bis 23.30 Uhr, So ab 9.30 Uhr. Tickets löst man beim Fahrer.

■ Den Busbahnhof für den **Überlandverkehr** (irisch *Busáras* = Busgebäude) findet man in der Store Street, nahe dem Custom House; von hier aus fahren Busse in alle Landesteile; Pendelverkehr zum Flughafen.

Luas-Straßenbahn

Dublin besitzt auch zwei Straßenbahnlinien (https://luas.ie). Die Niederflurwagen werden *Luas* genannt, ein irisches Wort, das „Geschwindigkeit" bedeutet.

Die **Green Line** verkehrt von Broombridge in kurzen Abständen über 32 Stationen in den Südosten der Metropole bis nach Brides Glen.

Die **Red Line** hat am Bahnhof Conolly und in den Docklands (Haltestation *The Point*) zwei separate Startpunkte, die sich beide beim Busbahnhof Busáras treffen. An der Haltestation Belgard im Südwesten gabelt sich die *Red Line* noch einmal und fährt auf einer Teilstrecke nach Tallagh sowie auf einer weiteren nach Saggart. Von The Point bis Saggart sind es 28 Stationen.

Geführte Stadttouren

Auf die eine oder andere dieser geführten Touren sollte man nicht verzichten, man bekommt hierbei eine Fülle an Informationen und Anekdoten erzählt.

■ **1916 Eastern Rising Walk,** Tel. (086) 8583847, https://1916rising.com, März–Okt., Mo–Sa 11.30 Uhr, So und an Feiertagen 13 Uhr; Erwachsene 19 €, Kinder (8–16 J.) 12 €; zweistündiger Spaziergang zu den Schauplätzen des Osteraufstandes von 1916, der Rundgang beginnt an der **International Bar,** 23 Wicklow Street/Ecke St. Andrew Street.

■ **Dublin Literary Pub Crawl,** Tel. (087) 2630270, https://dublinpubcrawl.com, von April bis Oktober täglich 19.15 Uhr, im Winter nur Do–So; Erwachsene 15 €, Schüler und Studierende 13 €; zweistündiger literarischer Spaziergang mit zwei Schauspielern durch die Kneipen Dublins. Treffpunkt: *The Duke Pub,* 9 Duke Street.

■ **James Joyce Walking Tour,** Tel (01) 8788547, https://jamesjoyce.ie (Menüpunkt „Tours"), Do–Sa um 11 Uhr; Erwachsene 15 €, Studierende/Senioren 12 €; verschiedene thematische Führungen (ca. 90 Min., 2 km) zu *James Joyce* und seinen fiktionalen Protagonisten. Treffpunkt: *James Joyce Centre,* 35 North Great George Street.

Halbinsel Howth

Auf keinen Fall sollte man es versäumen, von Dublin aus einen Ausflug auf die wenige Kilometer nordöstlich der irischen Hauptstadt gelegene Halbinsel Howth zu unternehmen. Sie besteht im Zentrum aus einem mächtigen, mehrgipfligen **Hügel,** der im Osten steil ins Meer abfällt, ansonsten aber sanft in einen Uferstreifen ausläuft.

Von diesem Höhenzug aus hat man eine **fantastische Aussicht:** Richtung Westen überblickt man das Häusermeer von Dublin, gen Norden schaut man über das Fischerdorf Howth und seinen Hafen auf die vorgelagerte Insel **Ireland's Eye,** im Osten brandet die Irische See an die steilabfallenden Klippen, und nach Süden öffnet sich die Bucht von Dublin, überragt von Dublin und den Wicklow Mountains.

Auf der Karte betrachtet, sieht Howth aus wie ein gewaltiger Kopf, und tatsächlich leitet sich der Name von dem nordischen Wort *Höfuth* ab, was soviel wie „Haupt" bedeutet.

Der **Hügel von Howth** – gälisch *Ben Edair* – steht unter Naturschutz, und folgerichtig darf man die Gipfel nur zu Fuß erwandern. Wer das zu anstrengend findet, kann von dem im Südosten gelegenen Parkplatz, dem **Summit Car Park,** die Aussicht genießen, allerdings keineswegs in stiller Einsamkeit. Bei schönem Wetter hat es den Anschein, als ob ganz Dublin von hier aus den Sonnenuntergang betrachte.

Abgesehen von der Aussicht und den Kurzwandermöglichkeiten hat Howth des weiteren einen Fischer- und Yachthafen, einen Leuchtturm, Kaimauern, Türme, ein altes Kloster nebst mehreren Kirchen, ein Schloss sowie Pubs, Hotels, Bed-&-Breakfast-Pensionen, Geschäfte und Galerien zu bieten.

Rundfahrt um Howth

Anfangs- und Endpunkt der Rundreise ist die Siedlung Sutton Cross, die auf der Landzunge liegt, die Howth mit dem Festland verbindet. Nordöstlich von Sutton Cross, abgeschirmt durch eine Baumreihe und die Gleise der DART-Bahn, erstreckt sich der Sandstrand von Claremont.

Kurz vor dem Örtchen Howth geht es rechts zur Domäne von Howth – hier locken ein Golfplatz, das *Deerpark Hotel* und das **Schloss** der Familie *Gaistord-St. Lawrence.* Diese Familie residiert seit mehr als 800 Jahren auf der Halbinsel. Am Vorabend des St.-Lawrence-Festes im Jahr 1177 kam ein gewisser *Almeric Tristam* mit dem Normannenfürsten *John de Courcy* nach Irland und legte ein Gelübde ab: Sollte er die bevorstehende Schlacht überleben, würde er aus Dankbarkeit den Namen des Heiligen annehmen. *Almeric* trug keinen Kratzer davon, nannte sich fortan *St. Lawrence* und wurde erster Lord von Howth. Der letzte Abkömmling dieses Geschlechts starb kinderlos im Jahr 1909; ein Verwandter aus zweiter Linie, der den Besitz erbte, bekam die Auflage, sich ab sofort *St. Lawrence* zu nennen.

Vom ursprünglichen Schloss ist wenig erhalten, ein Turm datiert aus dem 16. Jh., die restlichen Gebäude wurden um 1910 von dem bekannten britischen Architekten *Sir Edwin Lutyens* restauriert und mit Anbauten versehen. Man sollte sich von den weitgeöffneten Torflügeln der Burg nicht täuschen lassen; Besuchern ist der Eintritt verwehrt!

Die **einladende Türöffnung** geht auf eine Begebenheit aus dem 16. Jh. zurück: Damals hoffte die Piratin *Grace O'Malley* (vgl. Exkurs im Kap. „Tour 7") – die sich übrigens die gleichen Rechte herausnahm wie *Königin Elisabeth I.* – auf Unterkunft bei der adligen Familie, doch als sie vor dem Schloss ankam, waren die Türen versperrt. Voller Ärger kidnappte sie den am Strand spielenden Sohn und gab ihn erst gegen das Versprechen immerwährender Gastfreundschaft wieder heraus. So stehen also noch heute die Tore weit geöffnet, und bei Tische – so heißt es – liegt immer ein Extragedeck für den potentiellen Besucher bereit.

Südlich der Burg erstreckt sich ein großer **Golfplatz.**

Am Fuße des Muckrock-Hügels findet man auf einer kleinen Lichtung einen gewaltigen Dolmen, ein **Megalithgrab** aus dem 3. Jh. v. Chr. Der Sage nach fand hier die schöne *Aideen* ihre letzte Ruhestätte. Die 70 t schwere Deckplatte ist halb von ihren acht Stützen gerutscht. Über den Muckrock lässt sich auch der Ben of Howth erklimmen, auf dem jener *Edair* begraben worden sein soll, nach dem die Halbinsel ihren Namen *Ben-Edair*-Gipfel des *Edair* – erhalten hat.

Zurück zur Straße kommen wir nun zum Örtchen Howth mit seinem kleinen **Fischer- und Yachthafen.**

Während der großen Auswanderungswellen sind viele Iren in Howth Harbour an Bord gegangen, die Halbinsel war das letzte Stück, das sie von ihrer Heimat sahen. Heutzutage dient der Hafen den Hobbyseglern und den Fischern. Jeden Freitag verkaufen *Fishmongers* den frischen Fang direkt von den Booten aus.

In den vergangenen Jahrhunderten versuchten die **Fischer von Howth,** ihr karges Los durch Schmuggel aufzubes-

☐ Der kleine Fischer- und Yachthafen von Howth

sern; ein spektakulärer Fall trug sich am 26. Juli 1914 zu: Damals brachten vor den Augen der Hafenpolizei *Molly* und *Erkine Childers* 1000 deutsche Mausergewehre und ein kleines Maschinengewehr an Land, und Mitglieder der *Irish Volunteers* sorgten für den Weitertransport. Sechs Monate zuvor hatte die britische Regierung ein striktes Waffeneinfuhrverbot durchgesetzt.

Heute sind die Fischer von Howth in Genossenschaften organisiert, und ein Teil ihres Fangs geht sofort in die Restaurants der Halbinsel.

Von Howth Harbour hat man einen guten Blick auf die vorgelagerte Insel, die ihrem Namen **Ireland's Eye** dank guter Lage alle Ehre macht. Wie viele andere irische Eilande auch, beherbergte sie einst eine Mönchsgemeinde. Drei gläubige und bußfertige Männer, die drei Söhne des *Nessan*, erbauten hier im 6. Jh. eine Kirche. Immerhin entstand auf Ireland's Eye im 7./8. Jahrhundert das illuminierte Evangelienbuch *Garland of Howth* (heute im Trinity College zu Dublin), mit dem *St. Nessan* – wir folgen der Legende – eines Tages Attacken des Teufels abzuwehren vermochte. Im 13. Jahrhundert lief jedoch die auf Howth befindliche St. Mary's Abbey (s.u.) der *Cill Mac Nessan* den Rang ab. Während der Saison verkehren täglich mehrere Ausflugsboote vom East Pier im Hafen von Howth zu der Mönchsinsel.

Oberhalb des Hafens lohnt die **Ruine der St. Mary's Abbey** einen Besuch. 1255 errichteten Mönche hier bereits eine Pfarrkirche, die heutigen Gebäudereste datieren aus dem 14./15. Jahrhundert Im rechten Seitenschiff befindet sich die Privatkapelle der *Lawrence*-Familie mit dem Altargrab von *Christopher St. Lawrence* und seiner Gattin *Anne Plunkett von Ratoath;* eine Abbildung zeigt, wie das Paar zu Lebzeiten ausgesehen hat. Angeblich diente das Grab mehrfach äußerst profanen Zwecken, geschmuggelte Waren wurden an diesem Ort vor der Hafenpolizei versteckt. Nach der Besichtigung der Abtei könnte man zur weiteren Stärkung ein *Guinness* in der **Abbey Tavern** trinken. Zurück zum Örtchen Howth führt uns die Straße in südlicher Richtung weiter.

Zuerst einmal geht es steil bergan; von 1901 bis 1941 befuhr eine elektrisch betriebene Kabelbahn die Anhöhe; nachdem der höchste Punkt überwunden war, soll sie angeblich auf der anderen Seite des Hügels einfach heruntergerollt sein – ohne dass je ein Unglück geschah.

Am **Summit Inn** – von dessen Terrasse man beim Guinness an schönen Sommertagen einen prachtvollen Ausblick genießen kann – biegt man zum **Summit Car Park** ein, von dem aus man weit über die Bucht von Dublin schaut.

Vom Parkplatz kann man zum **Baily Lighthouse** heruntersteigen, das an der südöstlichsten Stelle der Halbinsel sein Leuchtfeuer über die Irische See schickt. Funde haben gezeigt, dass es hier schon in prähistorischer Zeit eine kleine Ansiedlung gab.

Vom Summit aus geht es nun weiter zum Ausgangspunkt Sutton Cross und schließlich zurück nach Dublin.

Wanderung

Wer direkt entlang der Klippen wandern möchte, beginnt den Cliffwalk am Fischrestaurant *King Sitric* im Örtchen Howth. Die sehr schöne, ca. zweieinhalbstündige Klippenwanderung führt zum **Baily-Leuchtturm;** gutes Schuhwerk ist unerlässlich, denn ganz ungefährlich ist der Weg nicht. Anreise mit öffentlichen Verkehrsmitteln: mit Bus Nr. 31 oder der DART bis Howth Harbour, vom Baily-Leuchtturm ist es nicht mehr weit bis zur **Siedlung Sutton Cross;** ab dort mit Bus Nr. 31 A zurück nach Dublin.

Anreise

- Von Dublin **Bus** Nr. H3; von Lower Abbey Street.
- Mit **Irish Rail** von Pearse oder Conolly Station bis Howth Harbour.

Unterkünfte

1 **Azure**②, 20 Offington Drive, Tel. (01) 8324442, www.azure.ie; B & B im Haus der Familie *Staunton*.

2 **Cornerville**③, 83 Offington Avenue, Tel. (01) 8393585; B & B bei Gastgeberin *Helen* in nettem Familienhaus.

4 **King Sitric**⑤, 5 East Pier, Tel. (01) 8325235, https://kingsitric.ie; Unterkunft des Fischrestaurants *King Sitric*, s.u.

Restaurants

4 **King Sitric**②, 5 East Pier, Tel. (01) 8325235, https://kingsitric.ie; ausgezeichnetes Fischrestaurant mit hoher Reputation, bei schönem Wetter kann man draußen mit Blick auf den Hafen sitzen.

3 **Aqua**④, 1 West Pier, Tel. (01) 8320690, https://aqua.ie; ein weiteres, gutes Fischrestaurant.

5 **Abbey Tavern**②, Abbey Street, Tel. (01) 839 0307, https://abbeytavern.ie; sehr gemütlicher Pub mit angeschlossenem Restaurant und Live-Entertainment. Jeweils separate vegetarische, vegane und glutenfreie Speisekarte.

6 **The Summit Inn**②, Howth Hill, 13 Thormanby Road, Tel. (01) 8324615, http://thesummitinn.ie; toller Ausblick auf das Meer, umfangreiche Speisekarte von *Fish'n'Chips* über *Burger* und Steaks hin zu vegetarischen *Quesadilla*.

305irl he

2

Nördlich von Dublin – Tour 2

» Angefangen mit Tara, dem legendären Sitz der irischen Könige der Mythologie, und dem Ganggrab von Newgrange, erkundet man auf dieser Tour die Frühgeschichte und das Mittelalter Irlands.

‹ Monasterboice schmückt das wohl schönste Hochkreuz Irlands

NÖRDLICH VON DUBLIN – TOUR 2

Diese *Rundreise* in die Region nördlich von Dublin führt zu einigen herausragenden Sehenswürdigkeiten aus der frühen irischen Geschichte, z.B. zum *Hill of Tara,* dem Allerheiligsten Irlands, zur Normannenburg von *Trim,* zu den frühchristlichen Klosteranlagen von *Kells* und *Monasterboice* sowie zum neolithischen Ganggrab von *Brú na Bóinne.* Weiter geht es dann entlang des Flusses Boyne, an dessen Ufern 1690 eine für Irland so schicksalhafte Schlacht stattfand, nach *Drogheda.*

NICHT VERPASSEN!

- **Hill of Tara,** der legendäre Sitz der irischen Könige | 68
- **Brú na Bóinne,** Megalithanlagen, die älter als die Pyramiden sind | 75
- **Mellifont Abbey,** beeindruckende Ruine von Irlands einst größter Abtei | 78
- **Monasterboice,** frühchristliches Kloster mit dem schönsten Hochkreuz Irlands | 79
- **Malahide Castle,** eine Burg aus dem 12. Jahrhundert erkunden | 82

Diese Tipps erkennt man an der gelben Markierung.

Hill of Tara

Von Dublin aus fährt man Richtung Nordwesten (Navan) auf der N3, die hinter Dublin vorübergehend zur Autobahn M3 wird. Man verlässt die Autobahn an der Ausfahrt 7 Skryne/Johnstown, von wo es nur noch 2 km bis zu den Hügeln von Tara sind. Der Weg ist nach der Ausfahrt deutlich ausgeschildert. Wer die Maut (1,50 €, kann u.a. in bar bezahlt werden) sparen will, muss schon bei der Abfahrt 5 die Autobahn verlassen und sich dann über die R 147 dem Ziel nähern.

Nördlich von Dublin

Der **Hill of Tara,** eine Ansammlung von Erdwällen und Hügeln, ist immer zugänglich und kostet keinen Eintritt. Im Besucherzentrum in der ehemaligen protestantischen Kirche kann man eine **25-minütige audiovisuelle Präsentation** über die Stätte sehen, bei genügend Bedarf auch auf Deutsch, oder sich einer kostenlosen Führung anschließen.

■ **Hill of Tara Visitor Centre,** Dunsany, Navan, Tel. (046) 9025903, https://heritageireland.ie/places-to-visit/hill-of-tara, tgl. 10–17 Uhr, Eintritt und Touren frei.

Geschichte

Über die Ursprünge von Tara kann man nur spekulieren. Die älteste Struktur am Hügel von Tara ist das in der späten Steinzeit um 3000 v. Chr. entstandene **Ganggrab The Mound of the Hostages,** das in einer ausgedehnten, ovalen Ringfestung liegt (englisch *passage tomb*). Später entwickelte sich Tara vermutlich zu einem religiösen und politischen Zentrum. Archäologische Funde deuten darauf hin, dass die meiste menschliche Aktivität dort in der späten Steinzeit und in der Bronzezeit (bis etwa 500 v. Chr.)

stattgefunden hat. Nichtsdestotrotz hatte der Hügel von Tara wichtige symbolische Bedeutung. Mittelalterlichen Quellen aus dem 7. und 8. Jahrhundert zufolge war Tara in vorangegangenen Jahrhunderten der **Sitz der Hochkönige,** die über ganz Irland herrschten. Historiker haben aber ihre Zweifel, ob in vorgeschichtlicher Zeit wirklich ein König die ganze Insel kontrollieren konnte. Die symbolische Funktion des Hügels war jedoch immens und so stritten auch im frühchristlichen Irland Fürstenfamilien – bis zur Ankunft der Anglo-Normannen im 11. Jahrhundert – um die Kontrolle über den Hügel.

Auch in späterer Zeit galt Tara als ein für die irische Geschichte **zentraler Ort.** Beim katholischen Aufstand von 1641 wurde hier die Katholische Konföderation aus alteingesessenen und englischstämmigen Katholiken gegründet und beim Aufstand der *United Irishmen* von 1798 fand am Hügel von Tara ein Gefecht statt. 1843 hielt *Daniel O'Connell* hier eine Massenveranstaltungen für die Wiedereinführung des irischen Parlaments ab. Eine Million Menschen kamen zu diesem Ereignis. Als Archäologen hier im 20. Jh. Grabungen durchführten, fanden sie auch Reste von Tabakspfeifen und Scherben von Whiskeyflaschen.

2003 geriet Tara in die irischen Schlagzeilen, als der Bau der vierspurigen **Autobahn M3** genehmigt wurde, die nur 1,5 km vom Hügel entfernt verläuft. Kritiker argumentierten u.a., dass die Straße eine zusammenhängende Kulturlandschaft zerstören würde, die wir bislang nur sehr oberflächlich verstehen. Und tatsächlich: **Zahlreiche archäologische Funde** infolge der Bauarbeiten bestätigen diese Sichtweise. Sie reichen von prähistorischen Siedlungen über Begräbnisstätten aus der Bronzezeit bis zu den Überresten eines Postamts aus dem 19. Jh. Alle Fundstätten wurden fotografiert und dokumentiert, Artefakte kommen ins Archäologiemuseum in Dublin. Die Organisation *World Monuments Fund* setzte Tara 2008 auf seine Beobachtungsliste gefährdeter Monumente und das New Yorker *Smithonian Institute* setzte es ein Jahr später auf seine Liste von 15 gefährdeten Kulturstätten, die „heute besichtigt werden können aber möglicherweise morgen verschwunden sind".

Trim

Etwa 15 km westlich von Tara liegt am Ufer des River Boyne die gut 9000 Einwohner zählende Stadt Trim. Inmitten des verschlafenen Ortes steht **Trim Castle,** die besterhaltene Normannenfestung Irlands. 1995 diente die Burg als Kulisse für den Film *Braveheart* mit *Mel Gibson,* jedoch sollte sie hierbei York Castle in England darstellen. Erbaut zwischen 1172 und 1220 am Ufer des Boyne – schon vorher hat es an diesem Ort eine frühnormannische Schutzburg mit einem Holzturm gegeben – gehörte Trim Castle zu dem Verteidigungsring, der die als *Pale* bezeichnete Region um Dublin schützte.

Die Mauern des Bergfrieds sind 3½ m dick. Zusätzlich geschützt wurde die Anlage durch einen Wassergraben.

■ **Trim Castle,** Tel. (046) 9438619, https://heritageireland.ie/places-to-visit/trim-castle; Mitte

März–Sept. 10–17 Uhr, Okt. 9.30–16.30 Uhr, Nov.–Anfang Feb. 9–16 Uhr, Anfang Feb.–Mitte März 9.30–16.30 Uhr; Erwachsene 5 €, Senioren 4 €, Studierende/Kinder 3 €, Familien 13 €.

Wer den **schönsten Blick** auf das Castle haben will, sollte auf die andere Flussseite wechseln, wo man auch noch zwei weitere Sehenswürdigkeiten findet. Unterhalb der Festung verbindet eine hölzerne Fußgängerbrücke beide Flussseiten. Auf der Nordseite führt ein Fußweg am **Sheep Gate,** dem einzigen noch erhaltenen von ehemals fünf Stadttoren, vorbei zum **Yellow Steeple.** Die fast 40 m hohe Turmruine war ehemals der Glockenturm einer **Augustinerabtei,** die wohl im 14. Jh. errichtet wurde und möglicherweise aus einer Kirche, die *St. Patrick* gegründet hatte, hervorging. Der Name des Turmes erschließt sich erst bei Sonnenauf- oder Sonnenuntergang. Dann leuchten die Kalksteine nämlich gelb.

Wieder unten am Fluss lohnt sich ein Blick auf die **vierbogige Steinbrücke** über den Boyne. Die 1393 gebaute Brücke mit ihren markanten, spitz zulaufenden Bögen, ist seitdem ununterbrochen in Betrieb und mit Ausnahme kleinerer Reparaturen unverändert. Sie ist eine der ältesten noch genutzten Brücken Irlands.

Im **Trim Visitor Centre** kann man sich über die Burg informieren und sich die kostenpflichtige Präsentation über das mittelalterliche Trim *(Medieval Trim Tour)* ansehen.

■ **Trim Visitor Centre,** Town Hall, 6 Castle Street, Tel. (046) 9437227, Mo–Fr 10–17 Uhr, Fr nur bis 16.30 Uhr, *Medieval Trim Tour* nur nach Voranmeldung, tgl. 11 Uhr, je nach Tour 3–5 € pro Person.

Praktische Tipps

Informationen

■ **Tourist Information,** im *Trim Visitor Centre* (s.o.)

Unterkünfte

■ **Trim Castle Hotel**③-⑤, Castle Street, Tel. (046) 9483000, https://trimcastlehotel.com; modernes Hotel mit 68 Zimmern direkt am Castle, sehr gutes Restaurant.

■ **Tigh Cathain**②, Longwood Road, Tel. (046) 9431996; freundliches B & B in Haus mit Fachwerkarchitektur im *Tudor*-Stil, etwa 2 km südlich der Innenstadt.

■ **Crannmor House**②, Dunderry Road, Tel. (046) 9431635; B & B etwa 2 km nördlich vom Zentrum in ländlicher Umgebung, geführt von einem netten Gastgeber.

Restaurant & Café

■ **Franzini O'Brien's**②-③, 5 French Lane, Tel. (046) 9431002, www.franzinis.com; ein modernes Bistro mit gutem Blick auf die Burg. Wechselnde Menüs, Fleisch-, Fisch- und Nudelgerichte sowie Burger, Pizzas und Steaks, auch Vegetarisches.

■ **Khan Spices Indian Restaurant**②, Emmet Street, Tel. (046) 9431378, https://khanspicestrim.ie, populäres indisches Restaurant.

Verbindung

■ **Busse** mehrmals täglich von Dublin.

Kells

Von Trim aus lohnt ein Abstecher nach Kells, dessen Name vor allem durch die berühmte **mittelalterliche Handschrift** bekannt ist.

Geschichte

Das **Kloster,** das Kells (ca. 6000 Einwohner) berühmt gemacht hat, gründete im 6. Jh. der *hl. Columban.* Über die Jahrhunderte wurde die geistliche Stätte immer wieder belagert und geplündert. Im Jahre 1152 teilten die frommen Kirchenmänner – sogar ein Abgesandter des Papstes war gekommen – in der **Synode von Kells** Irland in vier Erzdiözesen auf. Warum die Zusammenkunft allerdings den Namen der Stadt trägt, ist nicht ganz ersichtlich, denn die Synode fand gar nicht in Kells statt, sondern in der 40 km entfernten **Mellifont Abbey.**

Ab nun hatten die Bischöfe das Sagen, und die Traditionen der monastisch geprägten Frühkirche gerieten in Vergessenheit. Mit der Reformation im 16. Jahrhundert verlor der Konvent dann seine Bedeutung.

Sehenswertes

Kells' größter Schatz, das berühmte **Book of Kells,** befindet sich schon seit fast 400 Jahren gar nicht mehr in der Stadt. Es wurde 1653 zur sicheren Verwahrung nach Dublin geschickt, dort zunächst zum Gouverneur von Kells bis es 1661 weiter zum **Trinity College** gelangte, wo es bis heute aufbewahrt wird. Die wertvolle illustrierte Handschrift wurde 2011 zum **UNESCO-Weltdokumentenerbe** erklärt. Das äußerst aufwändig gestaltete Buch enthält die vier Evangelien und zahlreiche kunstvolle Abbildungen.

Wahrscheinlich wurde das Buch im 8. Jh. auf der schottischen Insel lona angefertigt und um es vor den zahlreichen Wikingerüberfällen zu schützen nach Irland gebracht. Möglicherweise wurde es auch in Kells vollendet. Im Jahre 1006 verschwand das unersetzliche Stück, drei Monate später fand man es fast unbeschädigt wieder; die Diebe hatten nur den goldverzierten Einband gestohlen.

Wer das Original in Dublin nicht gesehen hat, kann in Kells an mehreren Orten originalgetreue Kopien einsehen, so z.B. in der *St. Columba's Church,* in der katholischen *St. Colmcille's Church* oder in der Touristeninformation im *Courthouse.*

Was heute von der großen Vergangenheit des Ortes zeugt, ist überschaubar. Am westlichen Rand des Zentrums steht die im 18. Jh. erbaute, anglikanische **St. Columba's Church,** hier stand früher das Kloster. Der 30 m hohe **Rundturm** ist eines der Überbleibsel des Klosters, er datiert aus dem Jahr 1000. Schon lange fehlt ihm die Spitze. Die vier **Hochkreuze,** von denen das *South Cross* direkt neben dem Turm die schönsten Verzierungen aufweist, stammen aus dem 9. Jh.

Nahe dem Kirchhof schaue man sich noch das **St. Columcille's House** an, das ebenfalls zum Kloster gehörte und aus dem 9. Jh. stammt. Der Legende nach soll hier das *Book of Kells* zu Ende geschrieben worden sein.

Ein fünftes Hochkreuz, das berühmte *Market Cross* aus dem 9. Jh., steht vor Regen geschützt unter einem Dach vor dem Courthouse. Nach dem Aufstand von 1798 sollen die Engländer hier aufständische Iren aufgehängt haben, immer paarweise, jeder an einer Seite des Querbalkens. Das ehemalige, 1801 erbaute **Courthouse** (Gerichtsgebäude) beherbergt heute die **Touristeninformation** und das **Kulturzentrum.**

- **St. Columba's Church,** 7 Cannon Street, Tel. (046) 9293626, Sommer Mo–Fr 10–13 Uhr und 14–17 Uhr, Sa 10–13 Uhr, Eintritt frei.

Praktische Tipps

Informationen

- **Tourist Office,** Headfort Place, Tel. (046) 9247508.
- https://meath.ie und https://discoverboyne valley.ie.

Unterkünfte

- **Headfort Arms Hotel**③, Headfort Place, Tel. (046) 9240063, https://headfortarms.ie; familiengeführtes Hotel mit Spa in einem 200 Jahre alten Gebäude im Zentrum.
- **Tom Blake House**④-⑤, Bective Street, Tel. (087) 7189507, https://tomblakehouse.ie; empfehlenswertes komfortables B & B mit sehr freundlichen Gastgebern, wenig südlich vom Zentrum an der R 164.
- **Teach Cuailgne B & B**③, Carlanstown, Tel. (046) 9246621, www.teachcuailgne.com; freundliches B & B, etwa 4 km nordöstlich von Kells.

Restaurants und Pubs

- **Vanilla Pod**③, *Headfort Arms Hotel,* Headfort Place, Tel. (046) 9240063; Hotelrestaurant mit kreativer internationaler Küche, separate vegetarische Karte, auf der man nicht-vegane Gerichte schnell identifizieren kann.
- **The Bective**②-③, Bective Square, Tel. (046) 92 47780, https://thebective.ie; Steaks, Fischgerichte, Pizzen und auch ein einige vegetarische Gerichte.
- **Blackwater Inn,** Farrell Street, Tel. (089)21084 53; gemütliche Kneipe mit offenem Kamin und regelmäßiger Live-Musik.

Verbindung

- Mehrmals täglich **Busse** von Dublin sowie von Drogheda über Slane und Navan nach Kells.

Hill of Slane

Von Kells erreicht man auf der R 163 nach 25 km den kleinen Ort Slane (ca. 1400 Einwohner). Auch er spielt eine wichtige Rolle in der keltisch-christlichen Mythologie Irlands. Auf dem etwa 1 km nördlich liegenden **Hill of Slane,** der als **Nationaldenkmal** eingestuft ist, soll *St. Patrick* im Jahr 433 das allererste Osterfeuer in Irland entfacht und damit den Siegeszug des Christentums auf der Insel eingeleitet haben.

Er baute auf dem Hügel eine Kirche, die später zu einem Kloster wurde, seit dem 12. Jh. aber wieder verfiel. Die Ruinen, die man heute noch sieht, stammen von einem Franziskanerkloster, das 1512 erbaut wurde.

An klaren Tagen hat man vom 158 m hohen Hügel eine ausgezeichnete Aus-

306irl he

sicht, die weit über die umgebende Landschaft des Boyne Valleys bis zum 16 km entfernten Hill of Tara reicht.

Darüber hinaus bietet der Ort mit dem **Slane Castle,** das etwas westlich liegt, eine weitere Sehenswürdigkeit. Die imposante, neogotische Burg wurde 1785 von dem *ersten Marquess Conyngham* erbaut und ist heute noch in Familienbesitz, inzwischen in der achten Generation. Sie kann besichtigt werden, ist aber vor allem als Veranstaltungsort für das jährlich im August stattfindende, große Rockfestival **Slane Concert** bekannt. Bei der Open-Air-Veranstaltung, bei der bis zu 100.000 Besucher Platz finden, waren schon Rock- und Popgrößen wie *U2, Guns n'Roses, Metallica, Eminem, Bruce Springsteen, Bryan Adams* und *Robbie Williams,* um nur einige zu nennen, zu Gast.

Newgrange, eines von drei großen Ganggräbern der Totenstadt Brú na Bóinne, gehört zum UNESCO-Weltkulturerbe

■ **Slane Castle,** Tel. (041) 9884477, https://slanecastle.ie; Burgführungen (Dauer 45 Minuten), meist am Wochenende, aber unregelmäßig, aktuelle Termine im Internet; Erwachsene 14 €, Senioren/Studierende 12,50 €, Kinder (ab 6–17 J.) 8,40 €.

Seit 2017 gibt es in der Burg auch eine Whiskey-Brennerei, die **Slane Distillery.** Auch sie kann besichtigt werden. In den Stallungen der Burg wurde ein Besucherzentrum eingerichtet. Hier kann man sich nicht nur über die Herstellung des *Lebenswassers* bei einer Führung informieren, sondern es auch probieren und käuflich erwerben.

■ **Slane Irish Whiskey,** Tel. (041) 9884477, https://slaneirishwhiskey.com; unterschiedliche Touren ab 20 €, Mindestalter 18 J., Termine im Internet.

Unterkünfte

■ **Conyngham Arms Hotel**③, Main Street, Tel. (041) 9884444, https://conynghamarms.ie; wunderbar restauriertes Gebäude aus dem 18. Jh. im Zentrum, komfortable Zimmer, Restaurant mit gutem Preis-Leistungs-Verhältnis.

Castleview House B & B③, St Erc's Terrace, Tel. (041) 9824510, https://castleviewhouseslane.com; außergewöhnlich herzliche und hilfsbereite Gastgeber, am westlichen Ortsausgang an der N 51.

Brú na Bóinne

Unweit von Slane befindet sich mit der **steinzeitlichen Totenstadt Brú na Bóinne** (Palast am Fluss Boyne, ausgesprochen *bruu ne bojnne)* eine weitere Attraktion Irlands, die zu einer der außergewöhnlichsten Stätten Europas gezählt werden muss.

Man erreicht das Gelände, indem man von Slane auf der N 2 südwärts Richtung Dublin fährt. Nach gut 2 km biegt man links auf die L 1600 ab (unübersehbar ausgeschildert). Etwa 7 km weiter gelangt man zum Besucherzentrum.

Auf dem weitläufigen Gelände befinden sich etwa **40 Megalithgäber** aus der Jungsteinzeit, die älter als die Pyramiden in Ägypten sind. Die drei großen **Ganggräber** Newgrange, Knowth und Dowth gehören seit 1993 zum **UNESCO-Weltkulturerbe.** Zwei davon, nämlich **Newgrange** und das kleinere **Knowth,** können im Rahmen von Führungen besichtigt werden, die auf der Südseite des Boyne am Besucherzentrum starten. Von dort wird man mit Shuttlebussen zu den Gräbern gefahren. Besuche ohne Führung sind nicht möglich.

Newgrange kann das ganze Jahr hindurch besichtigt werden, Knowth nur von März bis Oktober. In der Hauptsaison sind die Führungen schnell ausgebucht, deshalb sollte man möglichst früh kommen und Wartezeit einplanen bzw. online vorab buchen.

Sehr interessant und informativ ist auch die umfangreiche, **interaktive Ausstellung** im Besucherzentrum, das in einem spiralförmigen, den Ganggräbern nachempfundenen Gebäude untergebracht ist. Auch für das Besucherzentrum, das zudem mit einem guten **Café** aufwartet, sollte man genügend Zeit einplanen.

Brú na Bóinne Visitor Centre, Donore, Tel. (041) 9880300, https://heritageireland.ie/places-to-visit/bru-na-boinne-visitor-centre-newgrange-and-knowth, Juni–Mitte Sept. täglich 9–19 Uhr, ansonsten stark variierend, aber immer mindestens zwischen 9 und 16 Uhr geöffnet, aktuelle Zeiten im Internet; Eintrittspreise für beide Stätten und die Ausstellung im Besucherzentrum/nur für Newgrange und Besucherzentrum/nur für das Besucherzentrum: Erwachsene 18/10/5 €, Senioren 16/8/4 €, Studierende/Kinder (12–17 J.) 12/5/3 €, Familien 48/25/13 €. Für die Besichtigung der Ganggräber ist eine **rechtzeitige Onlinebuchung dringend erforderlich.** Knowth ist von Nov.–Feb. geschlossen. Das dritte Ganggrab **Dowth** ist nur von außen in Eigenregie zu besichtigen. Eine organisierte Tour gibt es nicht.

Sehenswertes

Nach der Radiokarbon-Methode datieren die Forscher das Ganggrab von **Newgrange** in die Zeit um 3200 v. Ch. Der ovale *Cairn* (aus Steinen aufgeschichteter Hügel) ist etwa 11–13 m hoch und hat einen Durchmesser von 90 m. Eine 3 m hohe Verkleidung aus glitzernden Quarzsteinen und kopfgroßen Granitkugeln umzieht den Tumulus, der übrigens bis zum Jahr 1962 mit Erde bedeckt war. Sein heutiges Aussehen verdankt das Ganggrab den umfangreichen, Ende der 1970er-Jahre abgeschlossenen Restaurationsarbeiten.

Zwölf unbearbeitete **Monolithe** stehen rund um das Grab, man nimmt an, dass einst 35 gewaltige Steine – alle in regelmäßigen Abständen gesetzt – einen Kreis bildeten, der die heilige Zone von der profanen Außenwelt abschirmte. An der Basis des *Cairn* bilden fast 100 ca. 4,50 m lange und 1,20 m hohe Monolithe einen Saum, der das ganze Heiligtum umzieht.

Die Steine sind mit einer Vielzahl von **Motiven verziert:** Spiralen, Rhomben, konzentrische Kreise, Zickzack- und Wellenlinien, Doppelspiralen und Farnkrautmotive – durchaus typische Muster der Megalith-Kultur.

Überraschend für die Archäologen war die Entdeckung, dass auch die nicht sichtbaren Seiten dieser Monolithe solche Dekorationen aufweisen. Warum hatten sich die frühen Handwerker die Mühe gemacht, auch die **Rückseiten mit Mustern** zu versehen? Wahrscheinlich stellten die Motive eine Warnung an die Lebenden dar, sich dem Grab zu nähern und verlangten Respekt vor der Ruhe des Toten; umgekehrt verboten die rückwärtig angebrachten Verzierungen dem Verstorbenen, sein Reich zu verlassen. Die diesseitige und jenseitige Welt mussten strikt voneinander getrennt bleiben.

Größer jedoch noch war das Staunen, als der Grabungsleiter Professor *O'Kelly* die Bedeutung einer Art **„Steinbox"** oberhalb des Einganges entschlüsselte. Er erinnerte sich daran, dass viele Kulturen entweder zur Sommersonnen- oder zur Wintersonnenwende die Strahlen der aufgehenden Sonne in das Heiligtum lenkten (so z.B. im ägyptischen Felsentempel von Abu Simbel).

Am 21. Dezember 1969 zwängte sich der Archäologe durch den engen Gang bis in die Grabkammer. Sonnenaufgang war um 9.54 Uhr, vier Minuten später sah Professor *O'Kelley* den ersten Strahl, 17 Minuten später erhellte eine Lichtflut die ganze Kammer (während der Führung wird dieses Ereignis durch Lampen simuliert). Nach weiteren Beobachtungen stellte sich heraus, dass nur in der Zeit zwischen dem 14. und dem 28. Dezember die Sonnenstrahlen das Innere des Heiligtums erhellen.

Wer wie der Professor die Wintersonnenwende live in der Grabkammer erleben möchte, braucht sehr viel Glück. Zum einen muss die Sonne scheinen, was um diese Jahreszeit in Irland leider nicht immer der Fall ist. Zum anderen muss er zu einem der Gewinner einer Verlosung gehören. Der Andrang ist nämlich so groß, dass die wenigen vorhandenen Plätze unter Zehntausenden von Bewerbern verlost werden.

Mit den bereits erwähnten Motiven sind auch die meisten der 43 **Tragsteine** auf beiden Seiten des fast 20 m langen, knapp einen Meter breiten und nur 1,50 Meter hohen Ganges geschmückt. Der Tunnel steigt leicht an, so dass durch ihn kein Licht in die **kleeblattförmige Kammer** fallen kann.

Dieser Raum liegt zwei Meter über dem Eingangsniveau und damit auf gleicher Höhe wie eine Landmarke am anderen Boyne-Ufer, über der die Sonne aufsteigt. Oberhalb der zentralen Kammer wölbt sich bis in eine Höhe von 6 Meter die **Bienenkorbkuppel** – so genau sind die Arbeiten ausgeführt worden, dass selbst nach 5000 Jahren bisher kein Wasser ins Innere gedrungen ist.

Als die ersten Altertumsforscher 1699 den Tumulus öffneten und bis in die Kammer vorstießen, fanden sie in der Mitte ein großes, flaches **Steinbecken,** um das acht Schalen gruppiert waren. Ähnliche, wenn auch größere Schalen finden sich heute noch in den Seitenkammern; einst enthielten sie Leichenbrand und Knochenreste.

Brandbestattung war für die irische Megalith-Kultur durchaus nicht ungewöhnlich (wenngleich sie z.B. in den ähnlichen Megalith-Tempeln von Malta nicht vorkam). Einäscherung schließt die Vorstellung von einem Weiterleben nach dem Tode nicht aus; das Feuer sollte dem Verblichenen den langsamen Verwesungsprozess ersparen und die Reintegration in einen unsterblichen Körper beschleunigen.

Um so ein gewaltiges Mausoleum wie Newgrange zu errichten, waren eine strenge Organisation am Bau, hochgradige Arbeitsteilung und eindeutige hierarchische Ordnungen vonnöten. Eine solche Gemeinschaft musste darüber hinaus genügend Überschüsse produzieren, um einen Teil der Arbeitskräfte für den Bau freizustellen – die fruchtbaren Ebenen an den Ufern des Flusses Boyne warfen hohe landwirtschaftliche Erträge ab und boten somit die besten Voraussetzungen für die Errichtung einer solch monumentalen Anlage.

Battle of the Boyne

Vom Parkplatz Brú na Bóinne geht es auf der L 1601 zunächst weiter Richtung Drogheda. Deutlich ausgeschildert ist an der Parkplatzausfahrt auch ein Hinweis auf das Besucherzentrum am Schauplatz des **Battle of the Boyne,** das das nächste Ziel ist. Der Weg ist leicht zu finden, man folge einfach den unübersehbaren, braunen Hinweisschildern. Nach 7 km ist das **Battle of the Boyne Visitor Centre** erreicht.

Auf dem angrenzenden Gelände in einer Flussschleife des Boyne kam es 1690 zu einer **entscheidenden Schlacht** zwischen zwei konkurrierenden englischen Königen: den Katholiken *Jakob II.* (engl. *James II.*) unterstützten die katholischen Iren gegen seinen aus den Niederlanden stammenden, protestantischen Schwiegersohn *Wilhelm III. von Oranien-Nassau.* 25.000 Mann hatte *Jakob* am südlichen Flussufer aufgeboten, am Nordufer harrten die 36.000 Söldner *Wilhelms* des Schlachtbeginns. Die Iren setzten sich entschlossen zur Wehr, konnten der Übermacht jedoch nicht standhalten.

Am Abend des 12. Juli flüchtete *Jakob* und überließ seinem Kontrahenten den Sieg. Die geschlagene Armee zog sich zurück und leistete ein Jahr später noch einmal verzweifelt Widerstand in der Gegend von Limerick. *Jakob* ging nach Frankreich ins Exil. Die Folge der Niederlage *Jakobs* war, dass es bis ins 19. Jh. in Großbritannien und Irland keine rechtliche Gleichstellung von Katholiken und Anglikanern gab. Andererseits wur-

307irl he

de in Großbritannien die Macht des englischen Königshauses eingeschränkt und die des Parlaments gestärkt.

The Battle of the Boyne Visitor Centre, Oldbridge, Drogheda, Tel. (041) 9809950, https://battleoftheboyne.ie, tgl. 9–17 Uhr; Erwachsene 5 €, Senioren 4 €, Studierende/Kinder (ab 12 J.) 3 €, Familien 13 €, gezeigt wird u.a. ein 13 Minuten langer Film, auch auf Deutsch.

Mellifont Abbey

Nächste Station der Rundreise ist die Ruine der Zisterzienserabtei **Mellifont Abbey.** Auch sie ist leicht zu finden, wenn man nach dem Verlassen des Schlachtgeländes auf die Landstraße gleich links fährt, den Boyne auf einer schmalen Brücke überquert und dahinter auf die N 51 rechts wechselt. Von hier ist die Abtei, die etwas nordwestlich liegt, gut ausgeschildert.

Das Kloster wurde 1142 gegründet, fünfzehn Jahre später war der Bau im Stil der nordfranzösischen Gotik so weit fortgeschritten, dass die Kirche geweiht werden konnte. Die Einrichtung wurde schnell die bedeutendste Zisterzienserabtei Irlands. Von ihr gingen zahlreiche weitere Klostergründungen, die sich an ihrer Architektur orientierten, aus. Bis zu ihrer Aufhebung im Jahr 1539, als *Heinrich VIII.* mehr oder weniger gewaltsam die Reformation verordnete, blieb sie **Irlands größte Abtei.** Danach gehörte Sie den *Grafen von Drogheda,* wurde während der Schlacht am Boyne vom protestantischen König *Wilhelm III.* als Hauptquartier genutzt und verfiel anschließend mehr und mehr.

Relativ gut erhalten ist das aus dem 13. Jh. stammende, achteckige **Lavabo** (Brunnen- oder Waschhaus), in dem sich die Mönche vom Schmutz der Feldarbeit befreiten, und einige Rundbögen vom romanischen Kreuzgang. Mit den zahlreichen weiteren Ruinen und Mauerresten erhält man eine gute Vorstellung von der einstigen Pracht und Größe der Abtei. Die kann man auch im Besucherzentrum bekommen, wo es neben einem Modell der Anlage alles Wissenswerte über das Kloster gibt.

Old Mellifont Abbey Visitor Centre, Tullyallen, Drogheda, Tel. (041) 9826459, https://heritageireland.ie/places-to-visit/old-mellifont-abbey; das Ruinengelände ist ganzjährig tgl. und kostenlos geöffnet, das Besucherzentrum nur von Ende Mai–Anfang Sept., tgl. 10–17 Uhr; Erwachsene 5 €, Senioren 4 €, Studierende/Kinder (ab 12–17 J.) 3 €, Familien 13 €.

Die Ruine von Mellifont Abbey

Monasterboice

Von Mellifont ist es nicht weit bis zur nächsten Sehenswürdigkeit, den Ruinen des **frühchristlichen Klosters Monasterboice.** Dazu fährt man die 2 km zurück auf die R 168, von wo das Ziel ausgeschildert und nach 7 km erreicht ist.

Deutlich sind die architektonischen Unterschiede zu der eben besuchten Zisterzienserabtei Mellifont zu erkennen, die erst viel später gegründet wurde. Hochkreuze und ein Rundturm – klassische Merkmale frühchristlicher irischer Klöster – prägen die geistliche Stätte.

Monasterboice wurde um 500 vom *hl. Bhuithe* (gestorben 521) gegründet und galt zusammen mit Glendalough und Clonmacnoise als wichtigstes geistiges und geistliches Zentrum Irlands. Es wurde später von den Wikingern geplündert und nach einem Brand 1097 aufgegeben. Heute ist nicht der weithin sichtbare, relativ gut erhaltene Rundturm die eigentliche Attraktion, sondern drei besondere Hochkreuze, von denen das fast 6 m hohe **Muiredach-Cross,** das dem Eingang am nächsten steht, als das schönste seiner Art in Irland gilt. Kunsthistoriker datieren es in das 10. Jh., am Sockel weist eine Inschrift darauf hin, dass es für einen gewissen *Muiredach* (oder auch von ihm) errichtet wurde. Man nimmt an, dass es sich um einen im Jahre 922 verstorbenen Abt handelt. Zahlreiche keltische Ornamente und 22 biblische Szenen, dargestellt in Halbreliefs, schmücken das christliche Symbol.

Ganz in der Nähe findet man das 6,5 m hohe **Tall Cross,** das das höchste Hochkreuz Irlands ist. Es ist ebenso reich verziert, aber sehr viel stärker verwittert. An der Friedhofsmauer steht das einfacher gestaltete **North Cross.** Es wurde wahrscheinlich von englischen Soldaten zerbrochen. Der untere Teil wurde später ersetzt.

Der über 30 m hohe **Rundturm** brannte im Jahre 1097 aus. Dabei wurde auch die wertvolle Klosterbibliothek ein Raub der Flammen.

Das Gelände ist ganzjährig rund um die Uhr geöffnet und ohne Eintritt zugänglich.

Schlanke Rundtürme sind charakteristisch für frühmittelalterliche Klöster – hier: die Überreste von Monasterboice

308irl he

Drogheda

Das Provinzstädtchen Drogheda (rund 41.000 Einwohner, der gälische Name „Droichead Átha" bedeutet „Brücke über die Furt") ist nun die nächste Station. Drogheda liegt am River Boyne, nur wenige Kilometer von seiner Mündung in die Irische See. Man erreicht die Stadt schnell über die R 132.

Geschichte

Bereits im Jahre 911 gründeten die Wikinger eine Siedlung, die ein Jahrhundert später mit großen Befestigungsanlagen geschützt wurde. Aus dieser Zeit ist jedoch nur noch das St. Lawrence Gate (St. Lawrence Street) erhalten geblieben.

1649 zerstörte der englische Lordprotektor **Oliver Cromwell** wegen des katholischen Aufstandes von 1641 und der Unterstützung des englischen Königs *Karl I.* (engl. *Charles I.*) während des englischen Bürgerkrieges 1642–1651 die Stadt und wütete schrecklich unter der katholischen Bevölkerung. Seine 12.000 Mann starke Garde metzelte über 2000 Menschen nieder, einhundert verbrannte man bei lebendigem Leib in einer Kirche. Selbstgefällig schrieb *Cromwell* daraufhin: „Ich bin davon überzeugt, dass dies ein gerechter Urteilsspruch Gottes für jene barbarischen Lumpen ist, die ihre Hände mit dem Blut so vieler Unschuldiger befleckt haben."

Sehenswertes

In der **St. Peter's Church** (West Street) ruht in einem Reliquienschrein gut sichtbar das **einbalsamierte Haupt** von *Oliver Plunkett.* Viele finden den Schrein mit der ausgestellten Reliquie etwas makaber und würden sich den Kopf lieber in einem verschlossenen Gefäß wünschen.

Plunkett, 1625 oder 1629 im County Meath geboren, ging als Märtyrer in die irische Religionsgeschichte ein. Er war Erzbischof von Armagh, widersetzte sich den protestantischen Religionsregeln und praktizierte weiter seinen katholischen Glauben. Anders als die meisten anderen katholischen Würdenträger flüchtete er nicht aus dem Land und wurde schließlich 1679 festgenommen, des Hochverrats angeklagt, schuldig gesprochen und 1681 in London gehenkt. Papst *Johannes Paul II.* sprach *Plunkett* anlässlich seiner Irland-Reise im Jahre 1979 selig. Die Kerkertür, hinter der der Unglückliche bis zu seinem Tod schmachtete, ist zusammen mit einigen Briefen zu sehen.

Sehenswert ist das am östlichen Ende der St Laurence Street (R 900) stehende **St Laurence Gate.** Das gut erhaltene, mächtige Tor stammt aus dem 13. Jh. und war Teil der ursprünglich drei Kilometer langen Stadtmauer.

Im Norden vom Zentrum steht an der Magdalene Street der **Magdalene Tower.** Der Turm war der Glockenturm eines im Mittelalter bedeutenden Dominikanerklosters, das 1224 gegründet wurde. Heute ist das beliebte Fotomotiv das einzige Überbleibsel des einstigen stolzen Klosters.

Auf der Südseite des Boyne liegt im sog. *Millmount Cultural Quarter* der Hügel **Millmount.** Er wurde vor vielen tausend Jahren künstlich angelegt und ist möglicherweise ein Ganggrab ähnlich wie das in Newgrange. Archäologische Untersuchungen dazu stehen allerdings noch aus. Auf dem Hügel steht seit 1808 ein **Martello-Turm,** der im Jahr 2000 grundlegend renoviert wurde und zu besichtigen ist. Neben dem Hügel lohnt ein Besuch des **Millmount Museum,** wo man u. a. eine historische Küche und eine Molkerei sehen kann, ein Kuriositätenkabinett, eine Telefonausstellung und vieles mehr. Darüber hinaus gibt es eine audiovisuelle Präsentation geschichtlicher Ereignisse aus dem 17. Jh.

Hauptgeschäftsstraßen von Drogheda sind die West Street sowie die sich anschließende St. Lawrence Street.

- **Drogheda Museum Millmount**, Barrack Street, Tel. (041) 9833097, https://millmount.net, ganzjährig Mo–Sa 10–17.30 Uhr, So 14–17 Uhr; Erwachsene 6 €, Senioren/Studierende/Kinder 3 €, Familien 12 €.

Praktische Tipps

Informationen

- **Tourist Office,** West Street, Tel. (041) 9872843.
- **www.drogheda.ie**

Unterkünfte

- **the d hotel**③-④, Marsh Road, Tel. (041) 9877700, https://thedhotel.com; modernes 4-Sterne-Hotel am Südufer des Boyne nur 500 m vom Zentrum entfernt.
- **Scholars Townhouse Hotel**⑤, King Street, Tel. (041) 9839210, https://scholarshotel.com/; komfortables, zentral gelegenes Hotel mit sehr gutem Restaurant.
- **Aaron Vale B & B**③-④, 85 Ashfield Green, Tel. (041) 9835410, https://aaron-vale.bedsandhotels.com; empfehlenswertes B & B in ruhiger Wohngegend mit Einzelhäusern etwas nordwestlich des Zentrums.
- **Spoon and the Stars**①-②, 13 St Mary's Terrace, Tel. (041) 9873333, https://spoonandthestars.com; preiswertes Hostel mit 8- und 10-Bettzimmern, auch Doppelzimmer mit eigenem Bad, auf der Südseite des Boyne, 600 m vom Zentrum entfernt.

Restaurants

- **Brú**②, 8 Dyer Street, Tel. (041) 9872784, http://bru.ie; Restaurant im Einkaufzentrum *Haymarket* direkt am Boyne mit schöner Aussicht auf den Fluss, sehr umfangreiche Karte, auch Vegetarisches, eigene Karte für Kinder.
- **Cedar Gate**①-②, 10 North Quay, Tel. (041) 9845882, https://cedargate.ie; sehr empfehlenswertes, preiswertes libanesisches Restaurant direkt am Boyne nur wenig östlich vom Zentrum.

Pubs

- **Clarke's Bar,** Peter Street, Tel. (041) 9836724, www.clarkesofdrogheda.com; klassischer irischer Pub wie man ihn nur noch selten findet, seit über 100 Jahren in Betrieb, mit Biergarten, im Zentrum.

■ **The Admirals,** 36 Shop Street, Tel. (041) 9846749; lebhafter Pub, gelegentlich mit Live-Musik.

Verbindung

■ Mehrmals tägl. **Züge** und **Busse** von Dublin.

Skerries

Von Drogheda bietet es sich nun an, nach **Skerries** an der Irischen See zu fahren. Man erreicht den Ort gemütlich über die R 132 nach 23 km. Wer es schneller mag, nimmt die M1, muss dann aber eine Maut bezahlen.

Skerries (ca. 10.000 Einwohner) war früher ein lebhafter Fischereihafen. Davon sind nur noch einige wenige kleinere Fischerboote geblieben. Heute lebt der Ort mit seinen schönen, ausgedehnten **Sandstränden** u.a. vom Tourismus und ist vor allem ein Ort für Pendler aus Dublin, das nur 30 km südlich liegt und sowohl mit öffentlichen Verkehrsmitteln als auch mit privatem Kfz gut angebunden ist.

Neben den Stränden und dem Hafen sind die **Skerries Mills** einen Besuch wert. In einem großen parkähnlichen Gelände stehen zwei Windmühlen und eine Wassermühle sowie eine Bäckerei aus dem 18. Jh. Die restaurierten Mühlen stammen aus dem 19. Jahrhundert.

⊡ Märchenhaft: Malahide Castle bei Dublin

Im **Mühlen-Café** warten Erfrischungen und in einem kleinen Laden kann man sich mit Souvenirs eindecken.

■ **The Mills,** Townparks, Skerries, Tel. (01) 8495208, https://skerriesmills.ie; April–Sept. tgl. 10–17.30 Uhr, Okt.–März tgl. 10–16.30 Uhr (letzte Führung jeweils eine Stunde vor Schließung); Erwachsene 8 €, Senioren/Studierende 7 €, Kinder (unter 16 J.) 4 €, Familien 20 €.

Malahide Castle

Von Skerries führt die Regionalstraße über Lusk nach Swords, wo man auf der R 106 Richtung Malahide fährt und dann den braunen Hinweisschildern zum **Malahide Castle** folgt. Die großen Besucherparkplätze befinden sich im Süden des Anwesens. Man muss nicht gleich den ersten Parkplatz links hinter dem Eingang nehmen, sondern kann noch ein Stück in den Park hineinfahren und auf dem als *Main Car Park* ausgeschilderten Parkplatz nahe am Schloss sein Auto abstellen.

Das Schloss liegt mitten in einem öffentlichen Park, in dem auch regelmäßig Rugby, Hurling und Fußball trainiert und gespielt werden.

Das Gemäuer war von seiner Gründung im Jahre 1185, als König *Heinrich II.* dem Ritter *Richard Talbot* die Ländereien und den Hafen von Malahide übertrug, fast durchgängig bis 1976 im Privatbesitz der Familie *Talbot.* Die letzte Erbin aus dem Geschlecht, *Rosa Talbot,* musste das Anwesen wegen der horrenden Erbschaftssteuer an den Staat verkaufen.

309irl he

Besonders die **kostbaren Inneneinrichtungen** lohnen einen Besuch, der allerdings nur mit Führung möglich ist. Während der 45 Minuten dauernden Tour hat man die Möglichkeit, sich einen Eindruck vom Leben der begüterten irischen Oberschicht zu machen. Viele Gemälde zeigen darüber hinaus historische Ereignisse.

Von Bedeutung ist vor allem das riesige **Bild „Battle of the Boyne"**, auf dem die oben geschilderte Schlacht dargestellt ist. Das Werk entstand nur drei Jahre nach dem Gemetzel, die Erinnerung an den Kampf war also noch recht frisch.

Interessant ist **die große Halle,** in der man dieses Gemälde bewundern kann. Die Holzschnitzarbeiten und Wandvertäfelungen datieren aus dem 16. Jahrhundert. In diesem Saal nahmen am Vorabend der Schlacht 14 männliche Mitglieder der *Talbots* ihre letzte Mahlzeit zu sich; keiner von ihnen kehrte lebend zurück.

Auch ein Spaziergang durch den Garten lohnt sich durchaus. Hier findet man im **Walled Garden** das **Cambridge Glasshouse,** in dem man zahlreiche bunte, tropische Schmetterlinge beobachten kann.

■ **Malahide Castle & Gardens,** Back Road, Tel. (01) 8169538, https://malahidecastleandgardens.ie; tgl. 9.30–17.30 Uhr, Eintritt für Schloss und Garten/nur Garten: Erwachsene 14,50/8 €, Senioren/Studierende 9,50/6 €, Kinder 7/4,50 €, Familien 42/20 €. Führungen stündlich, die letzte eine Stunde vor Schließung. Die Touren sind nur auf Englisch, aber es sind deutschsprachige Audio-Guides erhältlich.

Von Malahide Castle ist man nach einer halben Stunde Fahrt wieder im Zentrum von Dublin.

3

Von Dublin nach Wexford – Tour 3

» Die Wicklow Mountains sind ein Paradies für Wanderer und zweifellos der landschaftliche Höhepunkt der Ostküste. Die in dieser Kulisse gelegene mittelalterliche Klostersiedlung Glendalough sollte man nicht verpassen.

‹ Blick auf Wexfords Stadtkulisse vom Slaney River aus

VON DUBLIN NACH WEXFORD – TOUR 3

Zu Anfang geht es vorbei an den Seebädern *Dalkey* und *Dún Laoghaire,* doch bald gelangt man in die landschaftlich schönen *Wicklow Mountains.* Hier locken vor allem die Schlossgärten von *Powerscourt Garden* und, nahebei, *Irlands höchster Wasserfall.* Herausragende Sehenswürdigkeit ist aber das *Tal von Glendalough.*Weiter südlich von Glendalough verlässt die Straße dann die Wicklows in Richtung *Wexford.*

NICHT VERPASSEN!

- **James Joyce Tower and Museum,** ein Museum rund um den Schriftsteller | 87
- **Powerscourt Waterfall,** spektakulärer Wasserfall | 90
- **Avondale House,** das Geburtshaus von Charles Parnell bietet Einblicke in sein Leben | 99
- **Irish National Heritage Park,** eine Zeitreise durch Irlands Geschichte | 104

Diese Tipps erkennt man an der gelben Markierung.

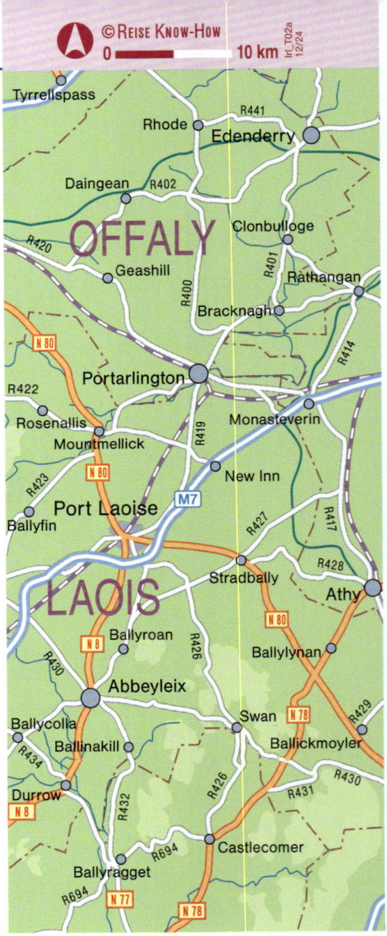

Dún Laoghaire

Südlich von Dublin sind die beiden Seebäder Dún Laoghaire (ausgesprochen *duun liire* oder anglisiert wie *Dunleary*) und Dalkey mit dem Stadtgebiet der irischen Metropole zusammengewachsen. Dún Laoghaire (etwa 26.000 Einwohner) besitzt einen großen Hafen, in dem die Fähren von Holyhead anlegen.

Von Dublin nach Wexford: Nordteil

Anschlusskarte Seite 98

Das Städtchen mit seiner aus georgianischer und viktorianischer Zeit datierenden Bausubstanz besitzt mit dem von Ehrenamtlichen betriebenen **James Joyce Tower and Museum** eine herausragende Sehenswürdigkeit. Hier können Erstausgaben der Werke von *Joyce*, Manuskriptblätter, Briefe und persönliche Besitztümer eines der größten Literaten des 20. Jahrhunderts besichtigt werden. Darüber hinaus ist der Turm in Kapitel eins des Romans *Ulysses* erwähnt. *Joyce* besuchte hier zwei seiner Freunde, die in dem Wachtturm ihr Domizil aufgeschlagen hatten – daher rührte die Erfahrung. Von der oberen Terrasse, auf der noch die Reste des Geschützlagers zu erkennen sind, hat man Ausblick über Dún Laoghaire und seinen Hafen.

■ **James Joyce Tower and Museum,** Sandycove Point, Sandycove, Tel. (01) 2809265, https://joycetower.ie, Do–So 10–16, im Sommer bis 18 Uhr, Eintritt frei (Spenden erwünscht).

26 von diesen Wehrtürmen sicherten einmal die Bucht von Dublin und der Bau wurde mit dem *Defense Act* von 1805 beschlossen. Ihr Name **Martello-Türme** ging auf diejenigen von Kap Mortella auf Korsika zurück. Alle sind sie nach dem gleichen Muster gebaut, 40 Fuß hoch, acht Fuß dick mit einem Eingang in 10 Fuß Höhe und oben dann mit einem *Gun Deck* versehen. Die Kanonen auf der Geschützplattform, konnten ihre Kugeln bis in eine Meile Entfernung verschießen.

Man richte seinen Blick auch auf die Felsküste unterhalb des Turms, dort spielt sich Kurioses ab: Zu jeder Jahreszeit und bei jedem Wetter springen hartgesottene Schwimmer aller Altersgruppen in die mitunter **eisigen Fluten.**

Das felsige Areal, *Forty Foot,* fand auch in *James Joyces* „Ulysses" Erwähnung und war bis vor noch gar nicht so langer Zeit Männern vorbehalten, die hier nackt in die Fluten sprangen, was in Irland gänzlich unüblich ist. Heutzutage sieht man hier Männer und Frauen, jung wie alt. Besonders viele Schwimmer kommen am Weihnachtstag *(Christmas Day),* dem 25. Dezember: Sie verweilen aber verständlicherweise nicht allzu lang im eiskalten Wasser.

Verbindung

- **Bus** Nr. 7d von der O'Connell Street in Dublin nach Dalkey (nur Mo–Fr) sowie mit der **Dart-Bahn** von Dublin Connoly bis Sandycove and Glasthule.

⊡ In den Powerscourt Gardens

Wicklow Mountains

Von Dún Laoghaire aus geht es über die landschaftlich reizvolle Straße (R 117, ausgeschildert) in die Wicklow Mountains. Diese Bergkette vor der Haustür von Dublin zählt mit ihren Wäldern, Hügeln und Wasserfällen zu den beliebtesten **Naherholungsgebieten** der Dubliner. Die R 117 führt durch ein enges, in der Eiszeit entstandenes Tal, das den Namen *The Scalp* (von Gälisch „scailp" = Furche) trägt.

In früheren Zeiten wurde hier nach Gold geschürft. Den irischen Freiheitskämpfern diente das Gelände auch als Versteck vor der britischen Armee.

Enniskerry

Unser erstes Ziel ist das winzige Örtchen Enniskerry (ca. 1900 Einwohner, ausgeschildert). Etwa 2 km südwestlich des Dorfzentrums befindet sich der Haupteingang zum **Powerscourt Estate,** ein etwa 4 km^2 großes Anwesen mit einem imposanten **Herrenhaus** und einem wunderbaren, 19 ha großen **Lanschaftsgarten.** Beide sind heute die meistbesuchten Attraktionen Wicklows.

Das Anwesen geht auf eine Burg zurück, die die Familie *Le Poer,* was später zu Power anglisiert wurde, um das Jahr 1300 errichtete. 1603 übernahm der englische Marshall *Sir Richard Wingfield, als erster Viscount Powerscourt,* das Anwesen, das nun für die nächsten 350 Jahre im Besitz der Familie bleiben sollte. 1730 wurde der in Deutschland geborene, bekannte Architekt *Richard Cassels* (in Irland auch *Richard Castle*), der auch das Herrenhaus in Westport (siehe Tour 7) entworfen hat, beauftragt, um die mittelalterliche Burg herum ein repräsentatives Herrenhaus zu bauen. Nach elf Jahren Bauzeit war das im palladianischen Stil entworfene **Powerscourt House** mit seinen 68 Zimmern errichtet. Im Laufe der Jahre wurde das Haus, das zu einem der schönsten Herrenhäuser Irlands zählt, mehrfach erweitert und umgebaut. 1961 endete die Familientradition. Der neunte Viscount Powerscourt verkaufte das Anwesen an die Familie *Slazenger*, die durch Sportartikel vor allem im Tennis und Golf zu Reichtum gekommen war.

Der größte Teil des Hauses ist nicht zugänglich. Einen kleinen Eindruck von der Architektur bekommt man aber im **Café** und den **Shops** im Erdgeschoss, die zu besuchen sind. Besonders schön ist es auch bei gutem Wetter auf der **Terrasse des Cafés,** von der man einen wunderbaren Blick über die Anlage hat.

Neben dem Haus sind es vor allem die schönen **Themengärten,** die jedes Jahr mehr als 300.000 Besucher anlocken und von *National Geographic* zum drittschönsten Garten weltweit gekürt wurden. Im Vergleich zum **Italienischen Garten,** der Mitte des 19. Jh. streng formell und zu zwei Seiten exakt symmetrisch angelegt wurde, ist der 1908 geschaffene **Japanische Garten** eher naturalistisch. Hinter ihm findet man den **Pepperpot Tower.** Der Turm, von dem man eine besonders schöne Aussicht auf das Herrenhaus und die Gärten hat, wurde nach dem Vorbild einer Pfeffermühle vom Tisch der Familie gebaut. Der älteste Teil der Gärten ist der ummauerte **Walled Garden,** der einst der Kräutergarten war. Er beherbergt heute

103IRL tii

Irlands größte Staudenrabatte. Etwas abseits in einem ruhigen Teil liegt der **Tierfriedhof.** Hier sind die Haustiere der Familie begraben, u.a. eine Lieblingsmilchkuh. Interessant sind die Grabsteine, die z.T. sehr persönliche Inschriften tragen.

Einige Kilometer vom Powerscourt-Park entfernt rauscht nach starken Regenfällen aus einer Höhe von 121 Metern **Irlands mächtigster Wasserfall,** der *Powerscourt Waterfall* (der separat Eintritt kostet) zu Tal. Um den Wasserfall herum gibt es einen Naturlehrpfad.

Powerscourt House and Gardens, *Powerscourt Estate,* Enniskerry, Tel. (01) 2046000, https://powerscourt.com, Gärten tgl. 9.30–17.30 Uhr, im Winter nur bis zur Abenddämmerung; Café tgl. 9.30–16.30 Uhr; Wasserfall Jan./Feb. und Nov./Dez. 10.30–16 Uhr, März/April und Sept./Okt. 10.30–17.30 Uhr, Mai–Aug. 9.30–19 Uhr; Eintritt Garten/Wasserfall Erwachsene 9/7 €, Senioren 8/6 €, Studierende 7,50/6 €, Kinder (5–15 J.) 4/3,50 €, Familien 20/18 €.

Praktische Tipps

Unterkünfte

- **Powerscourt Hotel**⑤, Powerscourt, Tel. (01) 2748888, https://powerscourthotel.com; sehr luxuriöses und teures Hotel nahe am Herrenhaus.
- **Powerscourt Arms Country House**②-③, 4 Main Street, Enniskerry, Tel. (01) 2828903, https://powerscourtarms.com; nettes, modernes Hotel im Ortszentrum mit empfehlenswertem Restaurant für Lunch und Dinner.
- **Summerhill House Hotel**②, Cookstown, Enniskerry, Tel. (01) 2867928, https://summerhillhousehotel.com; schickes Landhotel am südöstlichen Ortsrand mit Wellnessbereich.
- **Knockree Youth Hostel**①, Lackan House, Lackandarragh, Enniskerry, Tel. (01) 2767981, https://anoige.ie/knockree-youth-hostel; eine der wenigen noch verbliebenen Jugendherbergen des irischen Jugendherbergsverbandes, modernes Hostel etwa 5 km von Enniskerry mit guten Gemeinschaftsräumen und einigen Doppel- und Familienzimmern mit sehr schöner Aussicht.

Restaurants/Pubs

- In den oben genannten **Hotels** sowie im Haus des *Powerscourt Estate* (siehe oben).
- **Emilia's Ristorante**②, Main Street, Clock Tower, Tel. (01) 2761834, www.emilias.ie; gemütliche italienische Pizzeria und Weinbar im Ortskern, neben Pizza und Pasta gibt es auch eine Auswahl an Fisch- und Fleischgerichten, das Restaurant ist auch bei Einheimischen beliebt, deshalb empfiehlt sich eine rechtzeitige Tischreservierung.

Verbindung

- **Bus** 44 von O'Connell Street in Dublin nach Enniskerry.

Glencree

Wer von Enniskerry möglichst schnell nach Glendalough fahren möchte, nimmt die R 760 und später die R 755, die über Roundstone nach Laragh führt, von wo es nur noch knapp 2 km bis zum Besucherzentrum der **historischen Klostersiedlung** sind.

Landschaftlich viel schöner und mit einigen Sehenswürdigkeiten gespickt ist die Strecke direkt durch den **Wicklow Mountains National Park.** Dazu verlässt man Enniskerry in westlicher Richtung auf der L 1011 nach **Glencree,** das man nach etwa 10 km erreicht.

Im Ort gibt es neben einem kleinen **deutschen Soldatenfriedhof,** auf dem deutsche Armee-Angehörige während des Ersten und Zweiten Weltkriegs bestattet wurden, das **Glencree Centre for Peace and Reconcilation.** Das Zentrum wirkt mit seiner Arbeit auf die Versöhnung zwischen verfeindeten Volksgruppen hin, insbesondere zwischen irischen Katholiken und Protestanten, aber auch in ausgewählten Regionen in anderen Ländern. Wer den Friedhof besucht, findet auf einer Plakette folgenden Text: „Mein Los war der Tod unter irischem Himmel und ein Bett in Irlands guter Erde. Was ich geträumt, geplant, band mich ans Vaterland, aber mich wies der Krieg zum Schlaf in Glencree. Leid war und Schmerz, was ich verlor und gewann. Wenn du vorübergehst, sprich ein Gebet, dass Verlust sich in Segen verwandle."

Wanderer kommst du nach Sparta ..., denkt man unwillkürlich. Völlig zu Recht hat sich der Schriftsteller *Ralph Giordano* in seinem *Irischen Tagebuch* über diese Inschrift aufgeregt. Er schreibt: „Kein Wort, in wessen Händen sich das Vaterland damals befunden hat, auf wessen Befehl gekämpft worden ist und für welche Interessen und Mächte diese jungen Deutschen in Wahrheit ihr Leben gelassen haben. Statt dessen romantisierender Schwulst und pseudophilosophischer Kitsch."

Durch die Wicklow Mountains

In Glencree endet die L 1011 und es geht weiter auf der R 115, nun in südlicher Richtung durch den **Wicklow Mountains National Park.** Die Straße ist eine der ältesten Militärstraßen Irlands. Sie wurde zwischen 1800 und 1808 nach einem irischen Aufstand gebaut, um den englischen Soldaten den Zugang in die unwegsamen Wicklow Mountains zu erleichtern, in denen sich die Aufständischen versteckt hielten.

Die Straße, die in den Bergen auf einer Höhe von um die 500 m verläuft und im Winter nicht immer befahrbar ist, verlangt höchste Aufmerksamkeit vom Fahrer, da sie schmal und kurvenreich ist. Schafe grasen an den Fahrbahnrändern und kreuzen sorglos ohne Ankündigung die enge Trasse. Vorsicht ist vor allem im Frühjahr geboten, wenn die mit dem Verkehr noch unerfahrenen Jungtiere selbständig werden.

Bald zeigen sich die Wicklow Mountains von ihrer schönsten Seite. Man hat prachtvolle Aussichten auf Hügel und Täler sowie auf Moore und Wasserfälle. Intensiv gelb blühender Stechginster setzt einzelne Farbtupfer und im Herbst färben sich während der Heideblüte ganze Landstriche violett.

Wer Glück hat, lernt auf dieser Strecke die schnellen Wechsel des **irischen Wetters** kennen. Mal sind die Bergspitzen in tiefliegende Wolken eingehüllt, und die Nebelschwaden reichen bis auf die Straße hinunter. Dann plötzlich reißt der Wind die schweren grauen Wolkenbänke auf, innerhalb von Sekunden bricht die Sonne durch, Schatten wandern über die Täler. Nur wenige Minuten später zieht sich der Himmel erneut zu, und ein Regenschauer prasselt nieder. Wetterumschwünge vollziehen sich manchmal in nur wenigen Minuten.

Gut 4 km hinter Glencree erreicht man die abgesperrte Zufahrt zum **Kippure,** auf dessen flacher Gipfelkuppe ein über 100 m hoher Antennenmast steht. Der 752 m hohe Berg ist bei Irlands Berg-

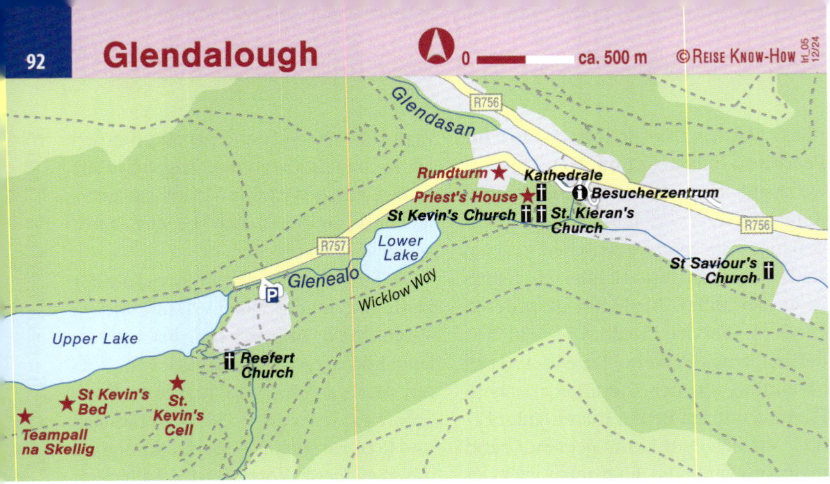

wanderern sehr beliebt, hat man von ihm doch eine überragende Aussicht, vorausgesetzt, das Wetter spielt mit. Auf den Gipfel führen mehrere Wege, der einfachste folgt der Zufahrtsstraße (hin und zurück 7 km).

Als Nächstes erreicht man in einer Höhe von 503 m in einsamer Landschaft den Pass **Sally Gap,** einen der höchsten in Irland. Hier kreuzt die R 759. 2,5 km weiter gelangt man an einen Parkplatz. Er ist Ausgangspunkt für zwei kurze, aber schöne **Bergtouren.** Im Südosten lockt der knapp 600 m hohe Luggala (hin und zurück ca. 1,2 km), dessen Ostflanke steil abfällt und gern zum Klettern genutzt wird. Nordwestlich vom Parkplatz befindet sich der 682 m hohe Carrigvore (hin und zurück etwa 1,4 km). Von beiden Bergen hat man eine sehr schöne Aussicht.

Den nächsten Stopp sollte man etwa 10 km weiter an einem großen Parkplatz machen. Er liegt an einem rauschenden Bach, dem Glenmacness River, etwas oberhalb des beeindruckenden **Glenmacness Waterfalls.** Der 80 m hohe Wasserfall ist ein beliebtes Touristenziel. Das Tal wird nun enger, neben der Straße fließt der Glenmacness River abwärts und je tiefer man kommt, desto grüner wird die Landschaft. Schließlich gelangt man in das kleine Dorf **Laragh,** wo es rechts auf der R 756 in das Tal von Glendalough geht.

Das Tal von Glendalough

Glendalough (gälisch: *Gleann dá Locha* = das Tal der zwei Seen) bietet eine romantische, alpin anmutende Landschaft mit kulturell bedeutsamen Sehenswürdigkeiten und ist daher eines der wichtigsten Naherholungsziele für Dubliner.

Neben den Ruinen der Klostersiedlung am zentralen Parkplatz gibt ein kleines **Besucherzentrum** Auskunft über das Tal. Neben einem kurzen Videofilm über Irlands frühchristliche Epoche (auch in

▷ Blick auf das Tal von Glendalough

einer deutschen Version vorhanden) zeigen Schaukästen und -tafeln kunsthistorische Bedeutsamkeiten, und ein maßstabsgetreues Holzmodell gibt die Anlage der Klosterstadt wieder.

■ **Glendalough Visitor Centre,** Tel. (0404) 45352, https://heritageireland.ie/places-to-visit/glendalough-visitor-centre und https://glendalough.ie/heritage/glendalough-visitor-centre, tgl. ab 9.30 Uhr, Mitte März bis Mitte Oktober bis 18 Uhr, sonst bis 17 Uhr, der Zugang zum Klostergelände ist jederzeit möglich, Erwachsene 5 €, ermäßigt 4 €, Kinder 3 €, Familien 13 €, deutschsprachige Broschüre erhältlich.

Geschichte

Seit um 1840 das Ehepaar *Hall* einen Reiseführer über ganz Irland auf den Markt brachte und Glendalough in den schönsten Farben schilderte, ist das Tal zu einem touristischen „Muss" geworden. Doch schon während des gesamten Mittelalters zog – wenigstens einmal im Jahr – diese Stätte die Bewohner der Umgebung an. Anlässlich des **Festes von St. Kevin** – des Gründungsheiligen der Klosteranlagen im Tal –, der entweder 618 oder 622 verstarb, pilgerten die gläubigen Iren zu dessen Grab und ergingen sich in Andacht, Buße und Vergnügen. Neben inbrünstig gesprochenen Gebeten wurde mit der gleichen Anteilnahme fassweise Whiskey getrunken, und die schwer alkoholisierten Wallfahrer hauten mit ihren Knüppeln aufeinander ein. Wie die Chronisten berichten, war Totschlag keine Ausnahme.

Angeblich war dieser „Brauch" noch in vollem Gange, als die **Halls** ins Tal kamen, doch dann soll ein couragierter Gemeindepfarrer solche Lästerungen an dem heiligen Ort abgestellt haben: Dieser schüttete den Whiskey in den Bach und warf die gefürchteten Eichenkeulen, die *Shillelaghs*, kurzerhand ins Feuer.

311irl he

Ende des 6. Jh. kam der **hl. Kevin** mit einer Anzahl Getreuer ins Tal und errichtete eine Mönchseinsiedelei. Doch schon bald strömten scharenweise fromme Anhänger nach Glendalough, Kevins Weisheit und Gelehrsamkeit, seine Frömmigkeit und asketische Lebensweise hatten ihn zu einem bekannten Mann gemacht. Als Abt dieser Einsiedelei sorgte Kevin für ein geordnetes Leben unter den gläubigen Brüdern, widmete sich der theologischen Lehre sowie der Armen- und Krankenpflege.

Auch nach seinem Tod wuchs die Gemeinde weiter und aus der kleinen Siedlung entstand **im 12. Jh. eine Stadt,** die sieben Kirchen und laut Schätzungen 3000 Menschen zählte. „Glendalough voller Herrlichkeiten ist das Rom des Westens“, hieß es damals. Doch auch Heimsuchungen mussten die Mönche über sich ergehen lassen; mehrfach überfielen die Wikinger die Klosterstadt und versetzten die frommen Brüder in Angst und Schrecken. 1398, nach einem großen Brand, verlor die „Stadt der sieben Kirchen“ dann rasch an Bedeutung.

Sehenswertes

Wer den Entwicklungsspuren der einstigen Mönchsklause folgen möchte, beginnt seinen Spaziergang am Südostende des Oberen Sees. Dort, an *Diseart Kevin,* Kevins Einsiedelei, liegt auf einer künstlich angelegten Plattform **Teampall na Skellig,** das in seinen ältesten Teilen aus

Der 1000 Jahre alte Rundturm von Glendalough

104IRL tii

dem 7. Jh. datierende Kirchlein. Drumherum haben wahrscheinlich die ersten Bienenkorbhütten der frühen Einsiedler gestanden.

Auf einer Felsnase über dem See liegt **St. Kevin's Cell;** es ist jedoch nicht genau erwiesen, ob hier die Bienenkorbhütte des Heiligen gestanden hat. Unabhängig davon lohnt sich der kurze Aufstieg vor allem wegen der prächtigen Aussicht.

Die **Kirche von Reefert,** nahe am Poulanass-Wasserfall gelegen, gilt einigen Forschern als *Kevins* letzte Ruhestätte. Dafür spricht, dass sich eine ganze Reihe von Adligen und hohen Geistlichen hier begraben ließen – einige noch vorhandene Grabplatten zeugen davon. Eine Legende berichtet, wie *Kevin* einst an diesem Ort mit weit ausgebreiteten Armen reglos im Gebet versunken war, und eine Amsel ihre Eier in seine Handflächen legte; der Heilige – jeder Kreatur des Herrn zugetan – verharrte in dieser Stellung, bis die Vögelchen geschlüpft waren.

Die Marienkirche **Our Lady's Church** gehört weder zur unteren noch zur oberen Anlage, sie liegt außerhalb der ehemaligen Klosterstadt. Auch in diesem Kirchlein könnte sich *Kevins* Grab befunden haben. Wahrscheinlicher ist jedoch, dass das Gotteshaus zu einer kleinen Nonnenabtei gehörte.

In der eigentlichen Klosterstadt, die erst lange nach Kevins Tod entstand, ist der über 30 m hohe **Rundturm,** der im 9./10 Jh. errichtet wurde, der Blickfang. Die Dachspitze erneuerte man 1876 mit den noch vorhandenen Originalsteinen. Der nadelschlanke Turm diente den Mönchen gleichermaßen als Ausguck wie als letzte Zufluchtstätte – die frommen Einsiedler hatten unter dem Ansturm räuberischer Wikinger zu leiden.

Meldete der Wachhabende im „Krähennest" die heranrückenden Nordmänner, so zogen sich die gläubigen Brüder mit ihren liturgischen Gerätschaften, mit ihren Manuskripten und Büchern ins Innere des mächtigen Bollwerks zurück. Der Eingang liegt mehrere Meter über dem Boden, und nachdem die Leiter eingezogen worden war, befanden sich die Mönche in relativer Sicherheit.

Nahe dem Turm erhebt sich die vorromanische, im 9. Jh. begonnene und im 12. Jh. erweiterte **Kathedrale von St. Peter und St. Paul.**

Das **Priesterhaus,** ein kleiner spätromanischer Bau, diente wohl einmal als Grabkapelle; möglich ist auch, dass es als Schrein fungierte und vielleicht die Gebeine von St. Kevin barg. Das fast 3 m hohe **St.-Kevins-Kreuz** ist aus einem Granitblock gehauen und datiert aus dem 6. Jh. Es ist daher gut möglich, dass es einst für oder gar von dem großen Heiligen errichtet wurde.

Der gedrungene Rundturm auf der **St. Kevin's Church** brachte dem kleinen Kirchlein den Beinamen „Kitchen" ein – Besucher fühlten sich an einen Küchenkamin erinnert.

Nur noch Reste sind von der **St. Kieran's Church** erhalten, die sicher wohl einmal Irlands kleinstes Gotteshaus war (Schiff 6 x 4,50 m; Chor 2,75 x 2,75 m). Das Kirchlein entstand zu Ehren von *St. Kieran,* in jenen Tagen Abt des berühmten Klosters Clonmacnoise. *Kieran* und *Kevin* verband tiefe Freundschaft und Einigkeit in Glaubensfragen.

Wie die Legende berichtet, rief *Kieran* kurz vor seinem Tod *Kevin* an sein Sterbelager. Doch der Abt von Glendalough kam zu spät, der Freund lag bereits aufgebahrt. Der Herr zeigte sich gnädig: Als

Charles Stewart Parnell

Charles Stewart Parnell (1846–1891) stammte aus einer begüterten, protestantischen Grundbesitzerfamilie. Seine bedeutende politische Arbeit begann 1879, als er im Parlament zu Westminster Führer der so genannten *Home-Rule-Bewegung* wurde. Mit einer systematischen Obstruktionspolitik – *Parnell* redete über Stunden, manchmal nächtelang, zu bestimmten Themen – gelang es ihm, den Parlamentsbetrieb weitgehend lahmzulegen.

Der eloquente Politiker arbeitete sich zum mächtigsten Mann Irlands empor. 1885 stand er auf dem Höhepunkt seiner Karriere: Mit 86 Abgeordneten und deren Stimmkraft konnte *Parnell* schließlich Einfluss auf die englische Politik nehmen.

Er unterstützte den liberalen Premier *Gladstone,* der seine Stimmen zur Bildung der Regierung benötigte. *Gladstone* zeigte sich dankbar und brachte mehrere Anträge zur irischen Selbstverwaltung im Parlament ein. Doch immer wieder scheiterten diese Gesetzesvorhaben an ungünstigen politischen Konstellationen und natürlich vor allem am Nationalgefühl der Briten.

Parnell blieb ein großer politischer Erfolg versagt. In dieser Situation wurde seine Liebesaffäre mit Mrs. *Kitty O'Shea,* der Frau eines Parteifreundes bekannt, und die moralgeschwängerten englischen Liberalen forderten seinen Rücktritt. Parnell weigerte sich, sein Amt zu verlassen und erreichte damit die Spaltung der *Home Rule League;* erst nach seinem frühen Tod 1891 schloss sich die Bewegung wieder zusammen.

Kevin an die sterbliche Hülle seines Glaubensbruders trat, kam die Seele des Verstorbenen noch einmal zurück, und die beiden frommen Männer konnten schließlich ein letztes Mal miteinander disputieren.

Gegenüber der St. Kieran's Church ragt der **Deer Stone** auf. Um diesen „Rehstein" rankt sich ebenfalls eine fromme Sage: In dem ausgehöhlten Stein hinterließ täglich eine Rehkuh die Hälfte ihrer Milch, sodass *Kevin* in seiner Männerklause ein Findelkind großziehen konnte.

Die **Trinity Church,** östlich vom Besucherzentrum gelegen, datiert aus dem Ende des 11. Jh. und ähnelt der Kirche von Reefert (s.o.).

Letztendlich lohnt noch die **Probstei von St. Saviour** einen Besuch. Erbauen ließ sie 1162 *Lawrence O'Toole,* einst Abt von Glendalough und Erzbischof von Dublin. *Lawrence* war ein frommer, integrer und diplomatisch versierter Kirchenmann. Erfolgreich und mit großem persönlichen Mut vermittelte er bei Spannungen zwischen den Normannenfürsten, den irischen Adligen und *Heinrich II. Lawrence* versorgte mit seinem eigenen Vermögen die Notleidenden und stiftete Kirchen – folgerichtig starb er als armer Mann.

[>] Landschaft in den Wicklow Mountains

064IRL tii

Umgebung

Doch nicht nur die einstige Klosterstadt mit ihren frühchristlichen Monumenten ist im Tal von Glendalough sehenswert, der Besucher sollte auch die **Natur** genießen, durch die Wälder streifen oder die Seen umwandern.

Sehr empfehlenswert ist es, im Rahmen einer Tageswanderung die Region um Glendalough kennenzulernen. Durch die Wicklow Mountains zieht sich der 132 km lange, gut markierte Weitwanderweg **Wicklow Way** mit einem Etappenziel in Glendalough. Er beginnt im Süden Dublins im Marley Park und endet in Clonegal südöstlich von Glendalough im Südosten der Grafschaft Carlow. Höchster Punkt ist der 630 m hohe **White Hill,** ein Nebengipfel des 725 m hohen Djouce.

Es gibt zahlreiche Karten und Publikationen zum Wicklow Way. Sehr brauchbar sind die Karten 50, 56 und 62 der *Discovery Serie* des *Ordnance Survey* (O.S., staatliches irisches Vermessungsamt). Weitere Karten- und Buchtipps → Anhang.

Praktische Tipps

Unterkünfte

- **The Glendalough Hotel**③-⑤, Tel. (0404) 45391, https://glendaloughhotel.com; großes Hotel, schön direkt an der Klosteranlage gelegen.
- **Lynhams of Laragh**④-⑤, Ballard, Laragh, Tel. (0404) 45345, https://lynhamsoflaragh.ie; empfehlenswertes Hotel im Zentrum von Laragh direkt am River Glenmacness, gemütlicher Pub mit warmen Gerichten, besonders schmackhaft ist das Beef Stew.

■ **Riversdale House B & B**③, Glendalough, Tel. (0404) 45858, www.glendalough.eu.com; wunderschöne Lage im Tal etwas oberhalb der Klosteranlage mit Flussblick, sehr freundliche Gastgeber.

■ **Glendalough International Youth Hostel**①, Tel. (0404) 45342, https://anoige.ie/sites, Buchung unter folgender Website: https://www.hostelworld.com; die preiswerte Herberge liegt nur 200 m von der Klosteranlage entfernt.

Restaurants

■ **Wicklow Heather Restaurant**②-③, in Laragh, https://thewicklowheather.ie; Tel. (0404) 45157; gemütliches Restaurant mit Pub-Atmosphäre, hauptsächlich Fleischgerichte, aber auch Vegetarisches auf der Karte, besonders empfehlenswert sind das nach altem Rezept zubereitete Irish Lamb Stew und der Irish Coffee.

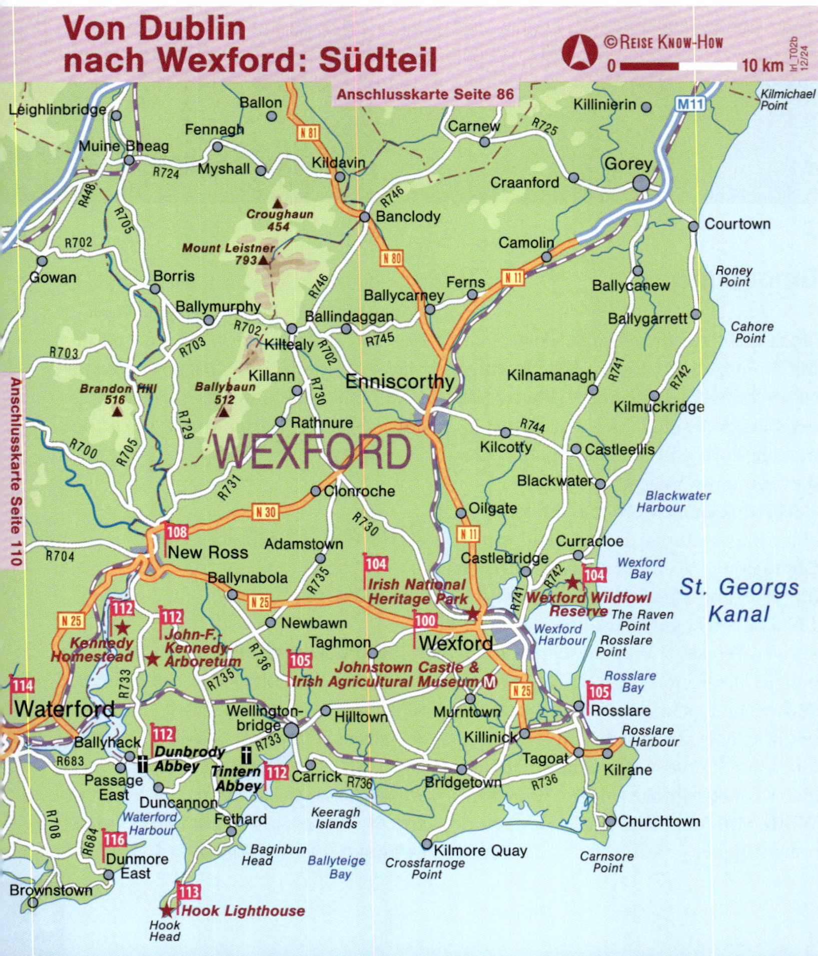

Verbindung

■ **St. Kevin's Bus,** fährt täglich mehrmals von St. Stephen's Green North in Dublin (Haltestelle schräg gegenüber vom Little Museum of Dublin) nach Glendalough zum Visitor Centre. Den Fahrplan gibt es unter https://glendaloughbus.com.

Nach Wexford

Von Laragh führt die Route nun in südlicher Richtung auf der R 755 nach Rathdrum. Südlich des Zentrums endet die R 755 an einer Kreuzung mit der R 752. Hier sollte man geradeaus auf die L 2149 fahren, die einen nach etwa 1,5 km zum **Avondale House & Forest Park** bringt, in dem man das Geburtshaus von *Charles Stewart Parnell* besuchen kann. Viele Memorabilien und persönliche Besitztümer erinnern an den berühmten irischen Freiheitskämpfer.

Im Park gibt es einen sehr interessanten **Baumwipfelpfad** *(Treetop Walk)* und einen hölzernen, 38 m hohen **Aussichtsturm.** Der spiralförmige Holzsteg, ein innovativer und sehr gelungener Holzbau, steigt nur langsam an, ist ohne Stufen und damit auch für Rollstuhlfahrer und Kinderwagen zugänglich.

■ **Avondale House & Forest Park,** *Beyond the Trees Avondale,* Rathdrum, Tel. (0404) 46111, https://beyondthetreesavondale.com, Jan./Dez. 10–15.30 Uhr, Feb./Nov. 10–16.30 Uhr, März/Okt. 9.30–17 Uhr, April–Aug. 9–19 Uhr, Sept. 9.30–19 Uhr; Baumwipfelpfad und Aussichtsturm Erwachsene 15 €, Senioren/Studierende 13 €, Kinder (4–17 J.) 12 €, Familien je nach Anzahl der Kinder 25–40 €. Forest Park April–Sept. 7–21 Uhr, Okt.–März 8–17 Uhr, 5 € pro Auto.

Weiter geht es auf der R 752 Richtung Süden. An der Vereinigung (Meeting of the Waters) der beiden Flüsse Avonmore und Avonbeg zum River Avon lohnt ein Halt. Die Stelle, die von Einheimischen kurz **The Meetings** genannt wird, ist zu einem kleinen, attraktiven Park mit Bänken und Tischen direkt am Zusammenfluss in traumhafter Lage ausgebaut worden. Wer Hunger oder Durst verspürt, kann im beliebten, gleichnamigen **Pub** seine Bedürfnisse stillen. Dort werden auch Zimmer vermietet.

Die Vereinigung der beiden Flüsse zum River Avon hat auch den berühmten irischen Poeten und Balladen-Sänger *Thomas Moore* (1779–1852) zu dem Lied **The Meeting of the Waters** inspiriert, das er hier verfasst hat. Das Lied wird heute noch von vielen berühmten und weniger berühmten irischen Sängern vorgetragen.

■ **The Meetings**②-③, Tel. (0402) 35226; preiswerte Unterkunft in ruhiger, abgeschiedener Lage mit empfehlenswertem Pub direkt am Flussufer, ab und an Live-Musik.

Im Tal des Avon, der ab und zu links von der Straße aus zu sehen ist, geht es auf der R 752 weiter. Vorbei an Avoca gelangt man nach Woodenbridge, wo man den Golfplatz und das große Woodenbridge Hotel (https://woodenbridgehotel.com) passiert. Hier endet die R 752 an der R 747, die man links nach Arklow weiterfährt.

In Arklow gelangt man auf die Autobahn M11 (später N11), auf der man schnell nach **Wexford** gelangt. Wer es gemütlicher mag, nimmt ab Gorey die R 742, die mehr oder weniger nah an der

Ostküste verläuft. Auf dieser Strecke hat man immer wieder die Möglichkeit über Stichstraßen an die Küste zu gelangen, wo es **herrliche Sandstrände** gibt.

Wexford

Geschichte

Wexford (rund 20.000 Einwohner), die Provinzkapitale des gleichnamigen County, wurde im 9. Jh. von den Wikingern gegründet. Der Name der Stadt an der Mündung des River Slaney kommt von Altnordisch *Waesfjord,* was „Schlickmündung" heißt. 1169 marschierten die Anglo-Normannen in Irland ein und eroberten Wexford. Sie sprachen zwar Französisch, ihre Gefolgsleute jedoch Englisch. Im County Wexford überlebte bis zum Anfang des 19. Jahrhunderts noch der Dialekt dieser ersten englischsprachigen Siedler, das **Yola,** während das heutige irische Englisch generell auf die englischen Kolonisten des 16. Jahrhunderts zurückgeht. Aber es gibt noch ein paar Worte im lokalen Sprachgebrauch, die wahrscheinlich aus dem *Yola* stammen. Wexford unterstützte im 17. Jahrhundert den englischen König im Bürgerkrieg gegen das englische Parlament und wurde daher nach der Niederlage der Royalisten im Jahre 1649 von *Oliver Cromwell* durch Brandschatzung und den Mord an 1500 Bürgern bestraft. 1798 war Wexford das Zentrum der erfolglosen Rebellion der *United Irishmen.* Die Stadt entwickelte sich bis zum 19. Jh. zu einem Seehafen, der aber wegen sich ständig verändernder Untiefen schwierig zu befahren war. Spätestens als 1906 der nur 20 km südlich liegende Tiefwasserhafen Rosslare gebaut wurde, verlor der Hafen seine Bedeutung und wurde 1968 geschlossen. Heute legen hier nur noch Fischerboote und kleinere Privatboote an.

Sehenswertes

Wexford ist eine kleine Stadt mit ruhiger, angenehmer Atmosphäre. Der kleine Ortskern zieht sich parallel zum Anleger. Spaziert man die Uferpromenade entlang, so kann man einen Blick auf die hier liegenden Fischkutter werfen und die Arbeiten an Bord betrachten.

Von der mittelalterlichen Stadtbefestigung ist noch der **Westgate Tower** erhalten (etwas nördlich vom Zentrum etwa 300 m von der Wexford Bridge entfernt), nahebei befinden sich die Ruinen der **Selskar Abbey** mit einem Rest der alten Wallmauer und wehrhaftem Turm.

Glaubt man der Überlieferung, so leitet sich der Name *Selskar* vom englischen Begriff *Holy Sepulchre* (Heiliges Grab) ab. Ein junger Adliger, der sich in eine arme Bürgerstochter verliebt hatte, wurde von seinen Eltern, die gegen diese Verbindung waren, auf einen Kreuzzug geschickt. Als er nach Jahren zurückkam und seine Angebetete aufsuchte, war sie Nonne geworden. In seiner Verzweiflung gründete er das Kloster Selskar Abbey, dem er die Reliquien stiftete, die er vom Kreuzzug mitgebracht hatte und wurde Abt. Das Kloster wurde 1649 von *Oliver Cromwells* Truppen zerstört.

Am Platz **Bull Ring,** dort, wo heute der Wochenmarkt stattfindet, hielt man im Mittelalter Bullenhatzen ab, ein Stück weiter befindet sich am Cornmarket das

Der Brain Drain

Wenngleich die richtigen **Migrationswellen** erst während und nach der Großen Hungersnot (→ Kap. „Geschichte“) einsetzten, so hat es doch auch schon vor der Katastrophe von 1845–1851 eine ganze Menge auswanderungswilliger Iren gegeben. Zwar gibt es keine Statistiken aus der Zeit vor dem Hungerdesaster, die uns verlässliche Zahlen liefern könnten, doch zeigen Passagierlisten, Parlamentschroniken und Zeitungsartikel, dass bereits Anfang des 19. Jh. viele Iren ihrem unterdrückten Land für immer den Rücken kehrten.

Der **Massenexodus** allerdings begann mit der Großen Hungersnot. In den ersten zehn Jahren, von 1846–1856 verließen rund 1,8 Mio. Iren ihre Heimat, davon gingen ca. 1,4 Mio. in die USA, ca. 300.000 nach Kanada, ca. 70.000 nach Australien und Neuseeland, und der Rest verteilte sich auf verschiedene andere Länder. In den weiteren Jahren verließ jeder sechste Ire die Grüne Insel (zum Vergleich: in Deutschland jeder 33., in England gar nur jeder 45.).

Im Jahre 1851 ordnete die Regierung an, dass über die Auswanderer **Statistiken** zu führen seien, und so haben wir einigermaßen verlässliche Daten über die folgenden Zeiträume:

1851–1860	1.136.000
1861–1870	850.000
1871–1880	624.000
1881–1890	770.000
1891–1900	434.000

Über viele Jahre betrug die **Auswandererquote** mehr als 2 % der Gesamtbevölkerung, in manchen Jahren gar waren es mehr als 3 %, die zumeist nach Nordamerika in See stachen. Nicht nur verarmte Bauern und Tagelöhner verließen ihr Land, auch Angehörige der Mittelschichten suchten das Glück im Ausland. Nicht selten finanzierten die erfolgreichen Verwandten in Amerika, Kanada oder Australien den Exodus von weiteren Familienangehörigen.

Ab Mitte der 1930er-Jahre zog es die Iren nun vor allem **nach Großbritannien,** da die USA eine Quotenregelung für Einwanderer festgelegt hatten. Traditionell gingen zuvor rund 10 % aller emigrierenden Iren in das Nachbarland, doch bis in die ersten Nachkriegsjahre hinein stieg die Quote auf über 80 %. Maßgeblichen Anteil daran hatte die Tatsache, dass der britische Arbeitsmarkt den Iren unbeschränkt offen stand; nicht übersehen sollte man auch, dass keine kulturelle Barriere Engländer und Iren voneinander schied.

Die **Gründe für die Emigration** hatten sich seit Anfang des 19. Jh. nicht geändert. Die recht hohe Arbeitslosigkeit und fehlende Karrieremöglichkeiten waren es, die die Bewohner der Grünen Insel ins benachbarte Ausland trieben. Hinzu kam, dass die Regierung in jener Zeit große Anstrengungen auf dem Bildungssektor unternommen hatte, viele Akademiker überqualifiziert waren und in ihrem Heimatland keine Möglichkeit sahen, in dem erlernten Beruf zu arbeiten.

Die britischen Zensusdaten lieferten exakte Angaben über die irische Volksgruppe in Großbritannien: 1931 zählte man 311.000 Iren, 1951 waren es schon 492.000, 1961 gab es 683.000 irischstämmige Einwohner, 1971 stieg die Zahl auf 709.000. Nicht mitgezählt wurden die in Großbritannien geborenen Iren. Nach Schätzungen leben etwa zwei Mio. Iren auf der britischen Insel und etwa 5 Mio. in den USA; d.h. doppelt so viel Iren wie auf der Grünen Insel arbeiten im Ausland.

Anfang der 1990er-Jahre gab die renommierte *Irish Times* eine Zusammenfassung der von der Regierung in Auftrag gegebenen Studie *The Economic and Social Implications of Emigration.*

Danach waren 42 % der Auswanderer mit ihrem Beruf unzufrieden, 35 % hatten keine Arbeitsstelle, und der Rest hatte gerade die Ausbildung beendet und fand keinen adäquaten Arbeitsplatz.

Wenngleich die Studie keine exakten Verlustzahlen nannte, so war doch klar, dass sich die Migration langfristig immer wieder negativ auf die Entwicklung der Wirtschaft ausgewirkt hatte. Zwar blieben in der Vergangenheit genügend gut ausgebildete Personen im Land, um bescheidene Wachstumsraten zu erarbeiten, doch dürfte der **Brain Drain** zu Produktivitätseinbußen geführt haben.

Über einen Zeitraum von 120 Jahren (1841–1961) überstieg die Zahl der Auswanderer das Bevölkerungswachstum, nach 1961 dann lagen die Migrantenzahlen immer unterhalb der natürlichen Geburtenquoten und im Zeitraum von 1971–1979 überstiegen die **Rückwanderer** sogar die Zahl der Emigranten. Leider liegen keine Daten über diese *Return Migration* vor, da es zwischen Großbritannien und Irland keine Einreisekontrollen gibt. Schätzungen ergaben, dass etwa jeder vierte Ire in seinem Leben einmal im Ausland gearbeitet hatte. Dass in den 1970er-Jahren so viele Rückkehrer auf die Grüne Insel strömten, hing mit der ökonomischen Rezession in Großbritannien und dem gleichzeitigen Wirtschaftwachstum in Irland nach dem EU-Beitritt (1973) zusammen.

In den **1980er-Jahren** nahm dann die Emigrationswelle wieder einen hohen Aufschwung. Zwischen den beiden Volkszählungen von 1981 und 1986 hatten rund 75.000 Iren das Land verlassen. Und diese Emigranten zog es nicht mehr nur in die klassischen Einwanderungsländer, zunehmend ließen sich die einstigen Bewohner der Grünen Insel auch auf dem Kontinent und hier vor allem in den Niederlanden und in der Bundesrepublik Deutschland nieder.

Dass so viele Iren plötzlich nach **Holland** auswanderten, lag an dem Elektronik-Konzern Philips; 1985 hatte das multinationale Unternehmen nämlich ausnahmslos sämtliche Elektrotechnik-Absolventen des Dubliner Trinity-College eingestellt.

Und dass die **Bundesrepublik** so beliebt geworden war, hatte seinen Grund darin, dass immer mehr Studenten der irischen Hochschulen

132ir

während der Semesterferien in den Sommermonaten in der Bundesrepublik jobbten, um die schmale Kasse aufzufüllen.

In München gab es einmal die größte irische Studentenkolonie von ganz Deutschland. In den 1990er-Jahren sollen nach Schätzungen 8000 irische Studenten in München alljährlich einen Ferienjob gefunden haben. Vor allem die Besitzer der Biergärten wären kaum noch ohne die neuen Arbeitskräfte ausgekommen, die, nach übereinstimmender Meinung – wie die Süddeutsche Zeitung in einem Bericht vermeldete – bei den Arbeitgebern ob ihrer Motivation hochbeliebt waren. Auch in den Montagehallen von *BMW* und *Siemens* waren die Iren auf dem Vormarsch; viele verdienten in Deutschland in einem Sommer mehr als während des ganzen Jahres in Irland. 1985 begannen die ersten Studenten von der Grünen Insel nach München zu strömen, und lange Zeit war die Isar-Metropole längst kein Geheimtipp mehr an den Unis von Dublin, Limerick oder Galway. Durch den Mitte der 1990er-Jahre aufgekommenen Wirtschaftsaufschwung und die stark zurückgegangene Arbeitslosigkeit kam es bis Anfang des 21. Jahrhunderts zu stetig steigenden Zuwanderungszahlen irischer Rückkehrer sowie von Asylbewerbern. Infolge der Erweiterung der EU im Jahre 2004 konnte 2006 mit fast 140.000 Immigranten ein Rekordhoch verzeichnet werden. Auch die Nettozuwanderung erreichte mit 95.000 Menschen ebenfalls einen Höchstwert.

Seitdem übersteigt die Zahl der jährlich nach Irland eingewanderten Menschen, von wenigen Ausnahmen abgesehen, die der Auswanderer. So sind 2021 fast 81.000 Personen nach Irland eingewandert, während nur ca. 52.000 die Insel verlassen haben.

Wexford Arts Centre (https://wexfordartscentre.ie), ein Kulturzentrum mit Theater, Konzerten und Ausstellungen. Haupteinkaufsstraßen sind die Main Street und die Straße direkt am Wasser.

Jedes Jahr Ende Oktober/Anfang November findet ein **Opernfestival** im Theatre Royal (High Street, www.wexfordopera.com) statt. Parallel zum *Wexford Opera Festival* gibt es überall in der Stadt Straßentheater, Dichterlesungen und Kunstausstellungen.

Praktische Tipps

Information

- The Quay Front, Tel. (053) 9123111
- **https://visitwexford.ie** und **https://discovereland.ie/wexford**

Stadtführungen

- **Wexford Walks**, https://airbnb.ie/experiences/3776006, Tel. (086) 2138062; ganzjährig historische Stadtführungen mit *Paul Walsh,* Termine und Buchung online, Treffpunkt: The Bullring, Erwachsene 15 €, Kinder (2–12 J.) 10 €, unter 2 J. 5 €.

Unterkünfte

- **Ferrycarrig Hotel**④-⑤, Wexford Harbour Bridge, Tel. (053) 9120999, https://ferrycarrighotel.ie; großes, schickes Hotel etwas außerhalb an der N11, schön gelegen mit Blick auf die Flussmündung, Restaurant und Schwimmbad im Haus.
- **Riverbank House Hotel**③-④, The Bridge, Tel. (053) 9123611, https://riverbankhousehotel.com; elegantes Haus, gleich gegenüber der Stadtmitte auf der anderen Seite des Flusses.

■ **Faythe Guesthouse**②-③, Swan View, Tel. (053) 912 2249, https://faytheguesthouse.com; 10 Zimmer in einem Haus aus dem 19. Jahrhundert nahe am Stadtzentrum.

■ **Abbey House B & B**②, 34–36 Abbey Street, Tel. (053) 9124408, https://abbeyhouse.ie; kleines, gemütliches B & B mit freundlichen und hilfsbereiten Gastgebern mitten im Stadtzentrum.

■ **St. George Guest House**②, George's Street, Tel. (053) 9143474; freundliches, preiswertes B & B in einem verwinkelten Stadthaus im Zentrum, kostenloser Parkplatz im Hof.

■ **Ferrybank Caravan & Camping Park,** *Wexford Swimming Pool,* Ferrybank, Tel. (053) 9185256, https://wexfordswimmingpool.ie/caravan, 1 km vom Stadtzentrum auf der anderen Flusseite, mit Schwimmbad und Fitnessstudio.

Restaurants & Pubs

■ **Lotus House**①-②, 70 A South Main Street, Tel. (051) 813017, https://www.lotus1978.com; gutes chinesisches Lokal im Zentrum.

■ **D'lush Cafe**①, Cornmarket, Tel. (089) 9701733; nettes Tagescafe mit fairen Preisen im *Wexford Arts Centre.*

■ **La Côte**②-③, Custom House Quay, Tel. (053) 9122122, https://lacote.ie; vor allem Fischgerichte aber auch Fleisch und Vegetarisches mit frischen Zutaten aus der Region.

■ **Rob's Ranch House**①-②, 19 Main Street, Tel. (053) 9123334, www.facebook.com/robs.ranchhouse; schmackhafte Nachos, Burger, Pizzas serviert im Wildwest-Ambiente.

■ **Thomas Moore Tavern**②-③, Cornmarket, Tel. (053) 9174688, https://thomasmooretavern.com; Geburtshaus der Mutter des Dichters, Wexfords bekanntester Singing Pub, gute Speisekarte.

■ **Maggie May's** Bar①, 1 Monck Street, Tel. (053) 9145776, www.maggiemays.ie; gemütlicher Pub, überdachter Biergarten mit offenem Kamin, regelmäßig Livemusik.

Verbindung

■ Mehrmals täglich **Züge** und **Busse** von Dublin und Rosslare.

Umgebung

3 km nördlich von Wexford liegt an der N 11 direkt am River Slaney der **Irish National Heritage Park** in dem man einen Spaziergang durch die irische Geschichte machen kann, beginnend mit der Ankunft der ersten Menschen auf der Insel vor 9000 Jahren bis zur anglonormannischen Invasion im 12. Jahrhundert.

Sehr beeindruckend im Freilichtmuseum sind neben den rekonstruierten einfachen Unterkünften und Häusern aus der Stein- und Bronzezeit auch die normannische Burg, das Ringfort aus dem frühen Mittelalter, das frühchristliche Kloster, die Wikinger-Werft und der Rundturm. Es gibt Führungen und Audio-Guides zum Ausleihen.

Irish National Heritage Park, Ferrycarrig, Tel. (053) 9120733, https://irishheritage.ie, Nov.–Feb. 9.30–17 Uhr, März–Juni und Sept.–Okt. 9.30–17.30 Uhr, Juli/Aug. 9.30–18.30 Uhr, letzter Einlass jeweils 90 Minuten vorher, Erwachsene 12,50 €, Senioren/Studierende 10,50 €, Kinder (ab 4 J.) 7 €, Familien je nach Anzahl der Kinder 29,50–35 €.

Rund 5 km nordöstlich der Stadt liegt auf einer Landzunge das ausgedehnte Vogelschutzgebiet **Wexford Wildfowl Reserve;** ein „Muss" für Ornithologen.

Wexford Wildfowl Reserve, North Slob, Ardcavan, Tel. (01) 5393460, https://wexfordwildfowlreserve.ie, tgl. 9–17 Uhr, Eintritt frei.

Etwa 5 km südlich von Wexford lohnt ein Besuch im **Johnstown Castle Estate,** Murntown. Neben dem neogotischen Schloss befindet sich im ehemaligen Stallkomplex ein **Landwirtschaftsmuseum** *(Irish Agricultural Museum)*. Sehr interessant ist auch der schöne große Garten, in dem von Mai bis Juni unter anderem Rhododendren, Azaleen und Kamelien blühen.

■ **Johnstown Castle Estate,** Tel. (053) 9184671, https://johnstowncastle.ie; Museum und Garten ganzjährig tgl. 9–16.30 Uhr, letzter Einlass 15.30 Uhr, Zugang zum Castle nur mit geführten Touren März–Okt. um 11, 11.30, 12, 13.30, 14 und 15 Uhr, ansonsten nur um 11, 12 und 14 Uhr; Eintritt für Garten inkl. Museum Erwachsene 9 €, Senioren/Studierende 7 €, Kinder (5–16 J.) 4 €, Familien 24 €; Schlossführung zusätzlich Erwachsene 4 €, Senioren/Studierende 3 €, Kinder (5–16 J.) 2 €, Familien 11 €.

Folgt man der N 11 weiter in Richtung Südosten, so ist nach 20 km der **Fährhafen Rosslare** erreicht, in dem die Fähren aus Frankreich und Südwales anlegen. Rosslare Harbour ist einer der größten Seehäfen Irlands und ein wichtiger touristischer Fährhafen, von dem viele der motorisierten Besucher ihre Rundfahrt auf der Grünen Insel starten.

Etwas nördlich liegt die eigentliche Ortschaft **Rosslare,** die mit ihrem langen Strand, der sich weit auf eine Landzunge zieht, ein beliebter Ferienort ist. Hier findet man mehrere Unterkunftsmöglichkeiten.

Unterkünfte

■ **Coast Rosslare Strand**②-③, Rosslare, Tel. (053) 9132010, https://coastrosslarestrand.com; empfehlenswertes Hotel mit ausgezeichnetem Restaurant nur wenige Gehminuten vom Strand entfernt.

■ **Ashley Lodge B & B**①, Tagoat, Rosslare Harbour, Tel. (053) 9131991, www.ashley-lodge.com; gemütliches B & B, sehr nah am Fährhafen.

■ **IOAC (International Outdoor Adventure Centre)**①, Sixacre, Tagoat, Tel. (053) 9189022, https://ioac.ie; Campingplatz zwischen Rosslare und Rosslare Harbour, auch Glamping möglich, ein Laden und ein kleiner See sind auf dem Gelände.

☐ Das Besucherzentrum des Wexford Wildfowl Reserve

312irl he

4

Von Wexford nach Cork – Tour 4

» Entlang der Südküste und der Region, aus der die Kennedys stammen, über das malerische Kilkenny und die atemberaubende Bergstraße The Vee geht es in die lebendige Metropole Cork mit ihrem attraktiven Kulturangebot.

313irl he

‹ Hook Lighthouse

VON WEXFORD NACH CORK – TOUR 4

Es geht vorbei an grünen Wiesen und Feldern durch *sehenswerte Dörfer und Städtchen.* Einen ersten Stopp sollte man in *New Ross* mit seinen Treppenstraßen einlegen, weiter geht es dann in Irlands südwestliche Metropole *Waterford.* Nächste Station ist *Carrick-on-Suir,* wo Irlands einziges Renaissance-Schloss einen Besuch wert ist, und vorbei an der Zisterzienser-Abtei *Jerpoint Abbey* erreicht man den von mittelalterlichen Gebäuden geprägten Ort *Kilkenny.* Die nächste Attraktion liegt nicht weit entfernt: 70 m hoch ragt der schon von Weitem zu sehende Klosterberg im Städtchen *Cashel* auf. Über *Cahir* mit seiner mächtigen Burg geht es über die reizvolle Bergstraße *The Vee* hinunter zur Küste und weiter nach *Cork,* Irlands zweitgrößter Stadt.

New Ross

Man verlässt Wexford auf der N 25 in Richtung Westen und fährt auf New Ross (etwa 8000 Einwohner) zu, das bereits um 1200 von den Normannen als Handelsumschlagplatz gegründet wurde.

Die wirtschaftliche Bedeutung der kleinen Stadt gründete sich auf den **Binnenhafen** am Fluss Barrow, von dem aus das offene Meer erreicht werden konnte.

Präsentiert sich die Uferfront des Städtchens zu Anfang wenig einladend, so ist im Ortskern durchaus Atmosphäre zu finden. New Ross ist an einem Berghang angelegt, und die gewundenen, steil nach oben führenden Straßen und Treppengassen geben dem Städtchen einen gewissen Charme. Man sehe sich das **Rathaus** *(The Tholstel)* an, das 1749 in klassizistischer Linienführung erbaut und nach einem Brand im Jahre 1800 erneuert wurde, sowie die aus dem 13. Jh. datierenden Reste der **St. Mary's Church,** die heute von einer Kirche aus dem 19. Jh. umbaut sind.

Größte Attraktion von New Ross ist das **Dunbrody Famine Ship.** Der originalgetreu rekonstruierte Dreimaster liegt am Kai des Barrow vor Anker (ausgeschildert). Das Schiff vermittelt einen guten Eindruck vom Los der irischen Auswanderer nach Amerika während der Großen Hungersnot in der Mitte des 19. Jahrhunderts.

Dunbrody Famine Ship, Tel. (051) 425239, https://dunbrody.com, tgl. 9–18 Uhr; 45-minütige Führungen, letzte Tour um 17 Uhr; Erwachsene 14 €, Senioren 13 €, Kinder/Studierende 9 €, Familien (mit einem/zwei/drei Kindern) 32 €/40 €/48 €.

Etwas mehr als 200 m rechts vom Museumsschiff, gegenüber einer Statue des ehemaligen US-Präsidenten *John F. Kennedy*, befindet sich der **Ros Tapestry.** Dieses Kunstwerk erinnert an den Bildteppich von Bayeux in Frankreich aus der zweiten Hälfte des 11. Jahrhunderts, der 68 Meter lang ist und in 58 gestickten Einzelszenen die Ereignisse der Eroberung Englands durch den Normannenherzog *Wilhelm der Eroberer* im Jahr 1066 darstellt. Der *Ros Tapestry* ist jüngeren Datums und zeigt auf derzeit 15 Paneelen die Geschichte der Normannen in Irland und die Gründung der Stadt New Ross. Das Projekt begann 1998 auf Initiative des anglikanischen Pastors *Paul Mooney* der St Mary's Church in New Ross und mit der Unterstützung der Kunsthistorikerin und Textilexpertin *Alexis Bernstorff*. Ein *Audio Guide* mit Erklärungen ist erhältlich.

■ **The Ros Tapestry Exhibition Centre,** Priory Court, The Quay, Tel. (051) 445396, https://rostapestry.ie, Mo–Sa 10–17 Uhr, So 11–15 Uhr; Erwachsene 8 €, Senioren 7 €, Kinder/Studierende 6 €, Familien 23 €.

Praktische Tipps

Tourist Information

■ **Visit New Ross,** 4 Mary Street, Tel. (051) 421677, https://visitnewross.ie.

Unterkünfte

■ **Brandon House Hotel**④, Tel. (051) 421703, https://brandonhousehotel.ie; schickes Hotel mit Wellness- und Fitnessbereich am südlichen Rand der Innenstadt.

■ **Glenbarry B & B**①, Mountgarrett Road, Ardross, Tel. (051) 422153 und (087) 1249885, bedandbreakfastwexford.ie; freundliches B & B nahe am Fluss mit schönem Garten und toller Aussicht.

NICHT VERPASSEN!

- **Dunbrody Famine Ship,** ein nachgebautes Auswandererschiff aus der Zeit der Hungersnot im 19. Jahrhundert | 108
- **Ros Tapestry,** ein gigantischer Wandteppich zeigt die Geschichte Irlands bis zur Eroberung der Insel durch die Normannen | 109
- **John F. Kennedy Homestead,** der Hof des Großvaters des populären US-Präsidenten ist heute ein Museum der Familie Kennedy | 112
- **Hook Light House,** einer der ältesten Leuchttürme der Welt an einem unwirtlichen Kap | 113
- **Ormond Castle,** idyllisch gelegenes Herrenhaus aus der Zeit der Rennaisance | 117
- **Rock of Cashel,** imposanter Fels mit Ruine, von wo aus im frühen Mittelalter die Könige der Provinz Munster herrschten | 123
- **English Market in Cork,** ein überdachter Markt, der 2011 auch zum Besuchsprogramm von Königin Elizabeth II. gehörte | 137
- **Blarney Stone,** küsst man diesen Stein, soll man die Kunst der Beredsamkeit erlernen | 143

Diese Tipps erkennt man an der gelben Markierung.

Von Wexford nach Cork

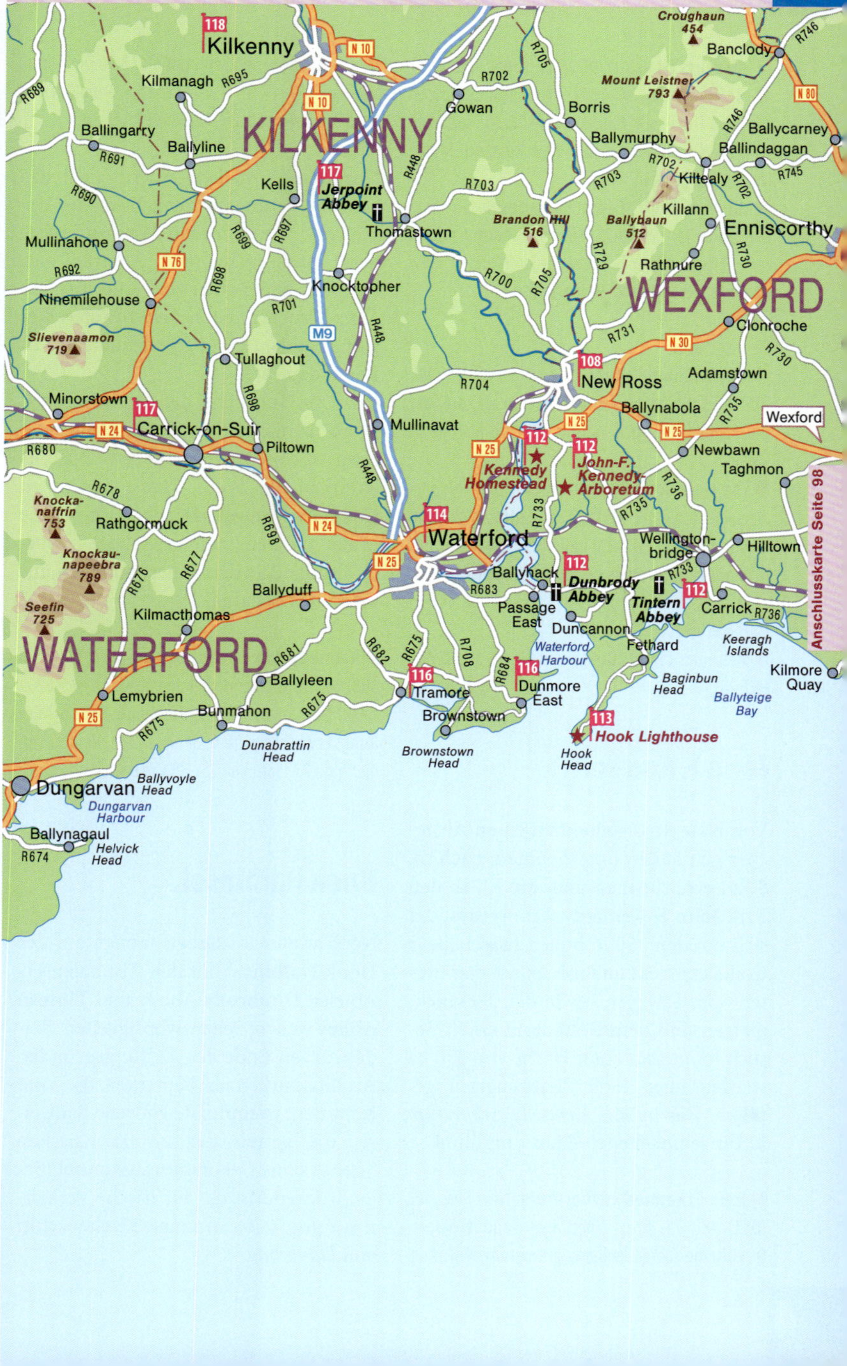
0
10 km
©Reise Know-How
Irl_T03 12/24
KILKENNY
WEXFORD
WATERFORD
Kilkenny
Kilmanagh
Ballingarry
Ballyline
Kells
Mullinahone
Ninemilehouse
Slievenaamon 719
Minorstown
Carrick-on-Suir
Piltown
Tullaghout
Knocktopher
Jerpoint Abbey
Thomastown
Gowan
Borris
Croughaun 454
Bunclody
Mount Leistner 793
Ballymurphy
Ballycarney
Ballindaggan
Kiltealy
Killann
Ballybaun 512
Enniscorthy
Rathnure
Brandon Hill 516
Clonroche
New Ross
Adamstown
Ballynabola
Wexford
Newbawn
Taghmon
Mullinavat
Kennedy Homestead
John-F.-Kennedy-Arboretum
Waterford
Wellington-bridge
Hilltown
Ballyhack
Passage East
Dunbrody Abbey
Tintern Abbey
Duncannon
Carrick
Fethard
Keeragh Islands
Kilmore Quay
Baginbun Head
Ballyteige Bay
Waterford Harbour
Dunmore East
Hook Lighthouse
Hook Head
Tramore
Brownstown
Brownstown Head
Ballyduff
Ballyleen
Bunmahon
Dunabrattin Head
Kilmacthomas
Lemybrien
Rathgormuck
Knockanaffrin 753
Knockaunapeebra 789
Seefin 725
Dungarvan
Ballyvoyle Head
Dungarvan Harbour
Ballynagaul
Helvick Head
Anschlusskarte Seite 98
M9
N 10
N 24
N 25
N 30
N 76
N 80
R448
R674
R675
R676
R677
R678
R680
R681
R682
R683
R684
R689
R690
R691
R692
R695
R697
R698
R699
R700
R701
R702
R703
R704
R705
R708
R729
R730
R731
R733
R735
R736
R745
R746
108
112
113
114
116
117
118

Inishross House①, 96 Mary Street, Tel. (051) 421335 und (086) 3431667 www.inishrosshouse.com; B & B in einem Haus aus dem 18. Jh., seit über 50 Jahren eine Institution in New Ross, gut in der Innenstadt gelegen.

MacMurrough Farm Cottages②-③, Mac Murrough, Tel. (051) 421383, www.macmurrough.com; Unterkunft für Selbstversorger in urigen, kleinen Cottages mit Bruchsteinwänden.

Restaurants

Ann McDonald's Café①-②, 8 Mary Street, Tel. (051) 425391, https://annmcdonaldscafe.com; gemütliches Café, auch warme Gerichte bis hin zu Steaks.

The Holy Grail Restaurant①-②, 8 The Brewers, Irishtown, Tel. (051) 421307, http://www.theholygrailrestaurant.com; indisches Restaurant mit einem sehr guten Preis-Leistungs-Verhältnis.

Verbindung

Mehrmals täglich **Busse** von Wexford und Waterford.

John F. Kennedy

Von New Ross sollte man einen Abstecher gen Süden unternehmen; nach ca. 8 km erreicht man über die R 733 den Park **John F. Kennedy Arboretum,** der sich um den 269 m hohen Hügel Slieve Coilte erstreckt und mit seinen markierten Spazierwegen sowie den Picknickplätzen und dem Restaurant einen Besuch lohnt. Auf einer Fläche von 250 ha werden über 4500 Pflanzenarten gepflegt. Das *John F. Kennedy Arboretum* ist für seine seltenen Bäume berühmt.

John F. Kennedy Arboretum, New Ross, Tel. (051) 388171, https://heritageireland.ie/places-to-visit/the-john-f-kennedy-arboretum; Mai–Aug. 10–20 Uhr, April und Sept. nur bis 18.30 Uhr, Okt.–März tgl. 10–17 Uhr; Erwachsene 5 €, ermäßigt 4 €, Studierende/Kinder 3 €, Familien 13 €.

Nur wenige Meilen entfernt liegt das Dörfchen Dunganstown; *Kennedys* Urgroßvater kam hier zur Welt und wanderte Jahre später nach Amerika aus. Nur wenige Wochen vor seiner Ermordung besuchte *John F. Kennedy* diese Region Irlands, 1968 eröffnete man ihm zu Ehren den Park.

Um die Geschichte der *Kennedy*-Familie aus Dunganstown, deren Auswanderung und den Weg von den Bostons Slums bis ins Weiße Haus, geht es im **Kennedy Homestead,** aber auch um die in der alten Heimat verbliebene *Kennedy*-Familie, die den Bauernhof noch immer bewirtschaftet.

Kennedy Homestead, Dunganstown, Tel. (051) 388264, https://kennedyhomestead.ie, tgl. 9.30–17.30 Uhr, letzter Einlass 30 Minuten vor Schließung; Erwachsene 10 €, Senioren 9 €, Kinder/Studierende 7 €, Familien 25–35 € je nach Kinderzahl.

Hook Halbinsel

Noch weiter im Süden warten auf der **Hook Halbinsel** mit den Zisterzienser-Abteien **Dunbrody Abbey** und **Tintern Abbey** weitere Sehenswürdigkeiten. Beide wurden Ende des 12. Jh. gegründet. Architekturkenner bemerken die vom Kontinent beeinflusste gotische Bauweise, die getreu der zisterziensischen Strenge ohne Dekoration auskommt. Beeindruckend ist das für irische Verhältnisse große, 60 m lange Kirchenschiff von *Dunbrody.*

Dunbrody Abbey, Tel. (086) 2759149, www.dunbrodyabbey.com, Mai–Mitte Sept. 11–17.30 Uhr, Juli–Aug. bis 18 Uhr; Abtei Erwachsene 4 €, Kinder (unter 17 J.) 1 €, Familien 10 €.

Tintern Abbey, Saltmills, New Ross, Tel. (051) 562650, https://heritageireland.ie/places-to-visit/tintern-abbey, Mitte März–Okt. tgl. 10–17 Uhr, Juni–Aug. bis 17.30 Uhr; Erwachsene 5 €, Senioren 4 €, Kinder/Studierende 3 €, Familien 13 €.

Absolutes Highlight der Halbinsel ist aber der ganz im Süden an deren Spitze stehende Leuchtturm **Hook Lighthouse.** Er wurde schon Anfang des 13. Jh. erbaut und ersetzte einfache, offene Leuchtfeuer, die den Schiffen den Weg durch die gefährlichen Küstengewässer wiesen. Seine heutige Form erhielt das mächtige Bauwerk 1863. Eine Visite des Besucherzentrums mit Besteigung des Turmes bis zum Aussichtsbalkon, von wo man einen unvergleichlichen Blick auf das Meer und die Landschaft hat, ist besonders empfehlenswert.

Aber nicht nur der Leuchtturm ist am Hook Head von Interesse. Da sind zum einen die Kalksteinklippen am Kap. Sie beherbergen auf Schritt und Tritt an der Oberfläche liegende, gut sichtbare **Versteinerungen** aller Art. Zum anderen sind die sog. **blowholes** bemerkenswert. Hierbei handelt es sich um oberirdische Öffnungen von Meereshöhlen. Spektakulär sind sie vor allem dann, wenn hohe Brandung im richtigen Winkel auf die Küste trifft. Dann speien die Löcher **wie Geysire** Wasserfontänen in die Luft. Aber Vorsicht, die Öffnungen sind ungesichert.

☐ Vom Aussichtsbalkon des Hook Lighthouse hat man eine wunderbare Aussicht auf das Meer

314irl he

■ **Hook Lighthouse & Heritage Centre,** Hook Head, Tel. (051) 397055, https://hookheritage.ie, tgl. 9.30–17 Uhr, Juli–Aug. bis 18 Uhr, Touren jede halbe Stunde; Erwachsene 10 €, ermäßigt 9 €, Kinder (5–18 Jahre) 6 €, Familien je nach Kinderzahl 14–30 €; besonders eindrucksvoll sind die Touren bei Sonnenaufgang und -untergang, die pro Person mit 45 € recht kostspielig sind, dafür aber ein einmaliges Erlebnis bieten, wenn das Wetter mitspielt.

Folgt man von New Ross ausgehend der N 25 entlang des Flusses Barrow, so gelangt man in ca. 30 Min. nach **Waterford.**

Waterford

Geschichte

Waterford (gut 53.000 Einwohner) geht wie Wexford auf eine **Wikingergründung** zurück; um 850 siedelten die Nordmänner an dem südlichen Suir-Ufer und starteten von dieser geschützten Stelle ihre Beutezüge ins Hinterland.

Mitte des 12. Jh. eroberte der normannische Adlige *Strongbow* den Ort für die Anglo-Normannen und heiratete, um etwaigen Aufständen zuvorzukommen, die Tochter seines irischen Verbündeten *Dermot MacMurrough.* Waterford entwickelte sich zu einer **Hochburg der Normannen,** und auch in den folgenden Jahrhunderten standen die Bewohner der Stadt der englischen Seite näher als

⌄ Waterford Harbour

602IRL tii

der irischen. *Heinrich VII.* verlieh dem Ort gar einen besonderen Status: *Urbis intacta manet Waterfordia* („Waterford wird immer eine unzerstörte Stadt sein").

Heutzutage ist die geschäftige, wohlanzusehende Metropole das **wichtigste Industriezentrum** im Südosten der Grünen Insel: Der Hochseehafen kann von großen Container-Schiffen angelaufen werden und dient als bedeutender Warenumschlagplatz, zu den örtlichen Wirtschaftszweigen gehören die Eisengießereien, die Lebensmittel-, Textil- und Möbelproduzenten sowie die Hersteller pharmazeutischer Produkte.

Sehenswertes

Die Sehenswürdigkeiten der kleinen Metropole konzentrieren sich in einem Dreieck, das von den Straßen Merchants Quay und The Mall begrenzt wird. Die guterhaltenen klassizistischen Hausfassaden entlang dieser beiden Straßen zeugen von Waterfords einstigem Reichtum.

An der Ecke Parade Quay/The Mall ragt der angeblich aus dem Jahre 1003 datierende **Reginald Tower** auf; wahrscheinlicher ist jedoch, dass die Normannen diesen Burgbau im 12. Jh. errichten ließen und ihn über die Jahrhunderte als Münzanstalt sowie als Gefängnis nutzten. Der 22 m hohe Festungsturm ist nach dem einstigen Gouverneur *Reginald MacIvor* benannt. Heute kann man in dem alten Gemäuer Exponate zur Stadtgeschichte besichtigen.

Nahe dem Tower liegt an The Mall das 1788 erbaute **Rathaus** *(City Hall)*. Entsprechend der guten Wirtschaftlage der damaligen Zeit wurde es recht prunkvoll ausgestattet.

Besichtigen sollte man auch die **Christ Church Cathedral** (Cathedral Street), die aus dem Jahre 1773 stammt und auf den Fundamenten einer normannischen, um 1050 errichteten Kirche steht.

Daneben befindet sich die **St. Olaf's Church,** eine 1734 weitgehend umgebaute Normannengründung.

Hauptgeschäftsstraße in Waterford ist die Barronstrand Street mit ihrer Verlängerung Broad Street.

Praktische Tipps

Tourist Information

- 120 Parade Quay, Tel. (051) 875823.
- **https://discoverireland.ie/waterford-city und www.waterfordtourism.org**

Unterkünfte

- **Fitzwilton Hotel**③-⑤, Bridge Street, Tel. (051) 846900, https://fitzwiltonhotel.ie; großes, modernes Hotel im Stadtzentrum.
- **Treacy's Hotel**③-④, 1 Merchant Quay, Tel. (051) 877 222, https://treacyshotelwaterford.com; schickes Hotel mit Fitnessstudio und Schwimmbad mit Blick auf den Fluss.
- **Granville Hotel**③-⑤, Meagher's Quay, Tel. (051) 305555, https://granvillehotel.ie; eines der ältesten Hotels des Landes (frühes 18. Jh.), charaktervoll eingerichtete Zimmer, direkt am Fluss nahe beim Uhrenturm.
- **Belmont House**③, 4 Belmont Road/Rosslare Road, Ferrybank (an der R711), Tel. (051) 832174; nettes B & B auf der Nordseite des Flusses.
- **Ashleigh House**②, Holy Cross, Butlerstown (etwas außerhalb im Westen an der R 680 ca. 600 m hinter dem UPMC Hospital), Tel. (051) 599059,

https://waterfordbandb.ie; gemütliches B & B im Grünen mit großer Frühstücksauswahl.

■ **Samuel's Heritage B & B**③, Ballymaclode, *Halfway House,* Dunmore Road, Tel. (051) 875094 und (087) 1277591, https://samuelsheritage.com; 6 stilvolle Zimmer (davon eines rollstuhlgerecht) in einem modernen Haus westlich der Stadt, es gibt ein Mini-Fitnessstudio und eine Infrarotsauna.

■ **Portree Hostel B & B**①-②, 10–11 Mary Street, Tel. (051) 874574, https://portreeguesthouse.ie; kleines Gästehaus in zentraler Lage, Ein- bis Vierbettzimmer.

■ **Newtown Cove Caravan & Camping Park**①, Newtown Road, Tramore, Tel. (051) 381979, https://newtowncove.ie; im 15 km von Waterford entfernten Seebad Tramore (s.u.), geöffnet von April bis Oktober.

Restaurants

■ **McLeary's Steak & Seafood Restaurant**②-③, 122 Parade Quay, Tel. (051) 853444, www.mclearys.ie; Steaks und Fischgerichte vom Feinsten, dazu eine opulente Weinkarte, gute Atmosphäre im Keller eines alten elisabethanischen Stadthauses.

■ **Bodega**②-③, 54 John Street, Tel. (051) 844177, https://bodegawaterford.com; macht hinsichtlich der Qualität der Speisen und des Weinangebots dem erstgenannten Lokal, *McLeary's,* Konkurrenz.

■ **Momo Restaurant**②, 47 Patrick Street, Tel. (051) 581509, https://momorestaurant.ie; preisgekröntes Restaurant, saisonale Gerichte aus vorwiegend regionalen Zutaten, auch vegetarische, vegane und glutenfreie Gerichte.

Pubs

■ **Katty Barry's,** 2 Mall Lane, Tel. (051) 574585, https://katty-barrys-bar-waterford.business.site; klein, dunkel, immer voll, einer der beliebtesten Pubs der Stadt.

■ **Henry Downes Bar,** 10 Thomas Street, besteht seit dem Jahre 1759 und ist durchgehend im Besitz der gleichen Familie, jetzt in der sechsten Generation. Berühmt für den selbst gebrannten Whiskey.

■ **Revolution Craft Beer & Whiskey Bar,** 19 John Street, Tel. (051) 844444, https://revolutionwaterford.com; urige Bar mit beeindruckender Auswahl an internationalen Biersorten, Whiskey und Gin.

Verbindung

■ **Züge** mehrmals tägl. von Dublin und Rosslare Harbour.

■ **Busse** mehrmals tägl. von Wexford über New Ross und von Cork und Dublin.

Umgebung

Wer Zeit und Muße hat, sollte einen Abstecher zu einigen kleinen Küstenorten im Süden von Waterford machen: **Dunmore East,** ein ehemaliges Fischerörtchen, liegt ca. 16 km südlich von Waterford und hat mehrere **schöne Strände** in kleinen Buchten.

Tramore, etwa 13 km südlich von Waterford, ist **einer der Hauptferienorte** im Süden der Grünen Insel. Vor allem Iren, aber auch viele Briten trifft man hier während des Hochsommers an, entsprechend ist die Infrastruktur des Ortes ausgebaut, und laute Rummelplatzatmosphäre, Spielhallen und *Fast-Food*-Stände prägen das Städtchen. Der rund 4 km lange Sandstrand ist an schönen Sommer-Wochenenden gut besucht.

Carrick-on-Suir

Von Waterford aus fährt man nun auf der N 24 in Richtung **Carrick-on-Suir.** Auf der rund 25 km langen Strecke säumt grünes Weideland die Straße. Carrick ist ein Örtchen (rund 5800 Einwohner), das den Besucher an die Atmosphäre einer Puppenstube erinnert.

Entlang der kleinen Main Street reihen sich Pubs, Lebensmittelgeschäfte und Cafés aneinander.

Direkt am Fluss Suir, schön eingebettet in Wiesen, Äcker und Felder, liegt Irlands einziges Renaissance-Schloss, **Ormond Castle.** 1568 setzte *Thomas Butler,* Earl of Ormond, der mittelalterlichen Burganlage einen elisabethanischen Anbau vor. Überall im Gebäude, vor allem aber in der Long Hall, finden sich Abbilder der Herrscherin, jeweils kenntlich gemacht durch die Buchstaben *ER (Elisabeth Regina).* Das prachtvoll ausgestattete Gebäude, das mit seinen vielen Glasfenstern den Reichtum der Ormond-Familie demonstrierte, zumal es in damaliger Zeit eine Fenstersteuer gab. Das beeindruckte die englische Königin jedoch nicht – sie kam nie zu Besuch!

■ **Ormond Castle,** Castle Park off Castle Street, Carrick-On-Suir, Tel. (051) 6407875, https://heritageireland.ie/places-to-visit/ormond-castle, April–Okt. 10–18 Uhr, letzter Einlass 17.15 Uhr; Erwachsene 5 €, Senioren 4 €, Kinder/Studierende 3 €, Familien 13 €.

Praktische Tipps

Informationen

■ **https://carrickonsuir.net**

Unterkünfte

■ **Carraig Hotel**④-⑤, Main Street, Tel. (051) 641455, https://carraighotel.com; 23 komfortable Zimmer in einem historischen Haus im Zentrum, mit **Restaurant** im Haus.

■ **The Arch Accomodation**②-③, Chapel Street, Tel. (083) 1300540, https://thearchaccommodation.com; preiswerte Zimmer für Selbstversorger mit Gemeinschaftsküche und -lounge.

Pub, Restaurant

■ **O'Ceallachain**②, 57 Main Street, Tel. (051) 645 502; gemütlicher Pub mit sehr gutem Speiseangebot.

■ **Far East Restaurant**①, 14 Main Street, Tel. (051) 641198; ein chinesisches Restaurant mit einem guten Preis-Leistungs-Verhältnis.

Verbindung

■ **Züge** von Waterford und Cork.

■ **Busse** von Waterford, Cork, Kilkenny, Dublin und Cahir.

Jerpoint Abbey

Von Carrick aus geht es nun in Richtung Nordosten die R 697 entlang, dann weiter über die R 701, die R 699 und die R 448 zur Jerpoint Abbey, die etwa 2,5 km südwestlich von Thomastown liegt. Die

106IRL tii

Zisterzienser-Abtei, die 1158–1180 in einem romanisch-gotischen Mischstil entstand, gilt als eine der schönsten Irlands. Sehenswert ist der Kreuzgang mit seinen Skulpturen, die Äbte, Ritter und wilde Fabeltiere darstellen. Auch die vielen mittelalterlichen Grabdenkmäler lohnen einen Blick.

■ **Jerpoint Abbey**, Thomastown, Tel. (056) 7724 623, www.heritageireland.ie, Anfang März–Nov. tgl. 9–16 Uhr; Erwachsene 5 €, Senioren 4 €, Kinder/Studierende 3 €, Familien 13 €.

Von Jerpoint Abbey führt die Route über die R 448 nach **Thomastown** und dann über die R 700 in das attraktive Städtchen **Kilkenny.**

Jerpoint Abbey

Kilkenny

Kilkenny (rund 26.500 Einwohner) – vom Fluss Nore durchflossen und am Fuße der Slieverdagh Hills gelegen – gilt aufgrund seines mittelalterlichen Stadtkerns als einer der schönsten Orte Irlands – und entsprechend voll ist es hier während der Hauptsaison. Man sollte durchaus einen etwas längeren Besuch einplanen und auch einmal ziellos durch die Straßen streifen.

Geschichte

Bevor die Normannen in Irland einfielen, war Kilkenny **Königssitz** der Herrscher des frühmittelalterlichen Königreichs Ossory sowie ein bedeutendes religiöses Zentrum. Aufschwung nahm die Stadt jedoch erst durch den Normannen

William de Marechal, der 1204 die Burg errichten ließ.

Im Jahre 1391 erwarb *James Butler,* Earl of Ormond, die Befestigungsanlage, und unter der Oberhoheit dieser anglo-irischen Familie erlebte Kilkenny seine **Blütezeit.** Zwischen dem 14. und 17. Jh. war die Stadt fast wichtiger als Dublin, denn die Vertreter der englischen Krone residierten standesgemäß in dem Ort; sogar mehrere Parlamente tagten in der Stadt am Nore.

1366 wurden die **„Statuten von Kilkenny"** verabschiedet: Sie verboten den anglo-normannischen Siedlern den Gebrauch der irischen Sprache, das Tragen irischer Kleidung, die Annahme irischer Namen sowie Eheschließungen mit irischen Männern und Frauen – Letzteres galt gar als Hochverrat! Des Weiteren war es den Iren untersagt, innerhalb der befestigten Stadtzentren zu leben – noch heute gibt es sowohl in Kilkenny wie auch in anderen Städten Quartiere, die man als *Irishtown* bezeichnet.

Während des katholischen Aufstands in den Jahren 1642–1648 war Kilkenny **Zentrum des katholischen Widerstandes.** 1650 nahmen *Cromwells* Truppen die Stadt ein und metzelten, wie andernorts auch, viele Bewohner nieder.

Sehenswertes

Drei Rundtürme prägen das oberhalb des Flüsschens Nore liegende **Kilkenny Castle,** das in den vergangenen Jahrhunderten immer wieder umgebaut und modifiziert wurde. Im Innern lohnt vor allem die große Halle mit der Ahnengalerie der *Butler*-Familie und der bemalten Holzdecke einen Blick.

■ **Kilkenny Castle,** The Parade, Tel. (056) 7704100, https://kilkennycastle.ie, Apr.–Sept. tgl. 9.15–17.30 Uhr, Okt.–März 9.30–17 Uhr, letzter Einlass 30 Minuten vor Schließung; Eintritt ohne/mit Führung Erwachsene 8/12 €, Senioren 6/10 €, Kinder/Studierende 4/6 €, Familien 20/30 €, deutschsprachiges Infoblatt, englischsprachiger Audio-Guide erhältlich.

Gegenüber der Burganlage auf der anderen Straßenseite von The Parade ist in den ehemaligen Stallungen das **Irish Design Centre** (auch *Kilkenny Design Workshop* genannt) untergebracht, das Entwürfe für kunsthandwerkliche Produkte liefert; mehrere kleine Kunsthandwerksgeschäfte sowie ein kleines Restaurant locken zusätzlich Besucher an.

Von der Festungsanlage Richtung Zentrum kommt man in die Rose Inn Street. Folgt man ihr nach rechts über den Fluss **Nore,** so findet man entlang der nun John Street genannten Straße viele hübsche Geschäfte und eine Menge **Pubs** und **Restaurants.** An der Rose Inn Street beginnt auch die Hauptgeschäftsstraße Kilkennys, die High Street.

Nach wenigen Metern geht rechts die kleine, überdachte Gasse **Butterslip** ab, in der sich eine Anzahl Kunsthandwerksgeschäfte aneinanderreihen; Butterslip verbindet die High Street mit der parallel verlaufenden Kieran Street, die von Pubs und Restaurants gesäumt ist.

Weiter die High Street aufwärts, passiert man auf der rechten Straßenseite das alte **Rathaus** (*The Tholstel,* erbaut 1761). Links von der High Street zweigt die James Street ab, an der die zwischen 1843 und 1857 erbaute katholische **St. Mary's Cathedral** mit ihrem 65 m hohen Kirchturm, dem weithin sichtbaren Wahrzeichen von Kilkenny – einen Blick lohnt.

High Street geht nahtlos in die Parliament Street über, rechts beeindruckt das aus dem Jahr 1794 datierende neoklassizistische Gerichtsgebäude, und auf der linken Straßenseite befindet sich **Rothe House.** Das im Jahre 1594 errichtete Tudor-Gebäude gehört zu den besterhaltenen Kaufmannshäusern Irlands und beherbergt heute das **Stadtmuseum** von Kilkenny.

■ **Rothe House and Garden,** 16 Parliament Street, Tel. (056) 7722893, https://rothehouse.com, Mo–Sa 10.30–17 Uhr, So 12–17 Uhr; Erwachsene 7 €, Senioren/Studierende/Kinder 6,50 €, Kinder unter 12 J. frei.

Schräg gegenüber vom Rothe House wurde bis vor Kurzem das traditionsreichste Bier Irlands gebraut, **Smithwick's** (ausgesprochen ohne das w, so als ob es *Smithick's* geschrieben sei). 1710 gründete *John Smithwick* am Ort einer ehemaligen Franziskanerabtei seine **Brauerei,** 39 Jahre vor *Arthur Guinness!* Unter dem Namen **Kilkenny** wird *Smithwick's* seit den 1980er-Jahren auch auf dem Kontinent verkauft, mit einem etwas höheren Alkoholgehalt. Mittlerweile ist *Kilkenny* als eigenständige Sorte auch in Irland erhältlich. Die Produktion dieses Bieres, das mittlerweile wie *Guinness* dem internationalen *Diageo*-Konzern gehört, wurde 2013 zwar nach Dublin verlagert, die Brauerei bleibt Kilkenny jedoch als **Smithwick's Experience** erhalten. Mit Führungen oder individuell mit (auch deutschsprachigen) Audio-Guides kann man mehr zur Geschichte dieses Bieres, zur *Smithwick*-Familie und zum Brauprozess erfahren. Am Ende bekommt man ein Pint *Smithwick's*, es gibt natürlich auch nichtalkoholische Alternativen.

■ **Smithwick's Experience,** 44 Parliament Street, Tel. (056) 7786377, https://smithwicksexperience.com, tgl. März–Okt. 10–17 Uhr, Nov.–Feb. 11–16 Uhr; Erwachsene 18 €, Senioren/Studierende 16 €, Kinder (7–17 Jahre) 10 €, Familien 45 €.

Sehenswert sind am Ende von Parliament Street noch die im gotischen **St. Canice's Cathedral** (13. Jh.) sowie ein mittelalterlicher Rundturm, den man unüblicherweise besteigen kann.

Kilkenny gilt als **Festivalstadt.** Im Sommer gibt es diese Veranstaltungen:

■ **Smithwick's Kilkenny Roots Festival,** Ende April/Anfang Mai, an vielen Orten wird amerikanische Musik von *Cajun* über *Bluegrass* zu *Folk* und *Blues* geboten, https://kilkennyroots.com.

■ **Cat Laughs Comedy Festival,** Ende Mai bis Anfang Juni, hier treffen sich die besten Kabarettisten, www.thecatlaughs.com.

■ **Kilkenny Arts Festival,** August, alles dreht sich um Kunst, Literatur, Film, Theater und Musik, https://kilkennyarts.ie.

Praktische Tipps

Tourist Information

■ **Tourist information Centre Kilkenny,** 79A High Street, Tel. (1800) 230330.

■ **https://discoverireland.ie/kilkenny** und **https://visitkilkenny.ie.**

Hotels

Newpark Hotel④-⑤, Castlecomer Road, Tel. (056) 7760500, https://newparkhotelkilkenny.com; schickes Hotel in einem großen Park, mit Wellnessbereich, sehr familienfreundlich, es gibt sogar einen Abenteuerspielplatz, einen Streichelzoo und einen Dinosaurierpark mit lebensgroßen Nachbildungen der großen Echsen.

Kilkenny Inn Hotel②-⑤, 15 Vicar Street, Tel. (056) 7772828, https://kilkennyinn.com; gemütliches Hotel im Stadtzentrum.

Club House Hotel①-③, 22 Lower Patrick Street, Tel. (056) 7721994, https://clubhousehotel.com; traditionsreiches, preiswertes Hotel in einem georgianischen Haus.

Bed & Breakfast

Mena House B & B②, Castlecomer Road, Tel. (056) 7765362, www.menahousebandb.com; freundliches B & B mit schönem Garten, etwas außerhalb, nördlich des Stadtzentrums.

Carraig Rua①-②, 10 Dublin Road, Tel. (056) 7722929, https://carraigruabandb.com; gut gelegen, nahe am Bahnhof und in Laufweite zum Stadtkern, Frühstück gibt es im Wintergarten.

Avila B & B①, Freshford Road, Tel. (086) 8417370, https://avilabandbkilkenny.com; kleines, freundliches B & B im Norden der Stadt, in der Nähe vom Krankenhaus.

Hostels

Kilkenny Tourist Hostel①, 35 Parliamanent Street, Tel. (056) 7763541, https://kilkennyhostel.ie; Unterkunft in einem Haus aus dem 18. Jh., zentrale Lage, auch Privatzimmer.

MacGabhainns Backpackers Hostel①, 24 Vicar Street, Tel. (056) 7770970, https://macgabhainnsbackpackers.com; kleines, freundliches Haus im Stadtzentrum, mit Privatzimmern, Frühstück inbegriffen.

Restaurants

Petronella Restaurant & Café②-③, 80/81 Butterslip (Off High Street), Tel. (056) 7761899, www.petronella.ie; moderne irische und europäische Küche vom Feinsten, in urgemütlichem Ambiente, eigene vegetarisch-vegane Speisekarte, auch Glutenfreies.

Rinuccini Restaurant & Bar②-③, 1 The Parade, Tel. (056) 7761575, https://rinuccini.com; gegenüber der Burg, italo-irische Küche vom Feinsten.

Mocha's Vintage Tea Room & Restaurant①, 4 The Arches, Tel. (056) 7770565; nettes Retro-Café mit viel mehr als nur Kuchen, den Tee gibt es in feinem Porzellan, das Mobiliar und das Geschirr repräsentieren unterschiedliche Epochen.

Zuni③, 26 Patrick Street, Tel. (056) 7723999, https://zuni.ie; Hotel-Restaurant in einem ehemaligen Theater, moderne irische Küche.

Italian Connection②-③, 38 Parliament Street, Tel. (056) 7764225, www.italianconnection.ie; gemütliches Restaurant mit Wohnzimmeratmosphäre, italienische Küche.

Pubs

Cleere's Bar & Theatre, 28 Parliament Street, Tel. (056) 7762573, https://cleeres.com; Traditional Irish Music, Blues, Jazz und Rock.

Tynan's Bridge House, 2 John's Bridge, Tel. (056) 7721291, stilvoller traditioneller Pub (seit 1702) in georgianischem Gebäude mit meist älterem Publikum.

Left Bank, The Parade, Tel. (056) 7750016, https://leftbank.ie; in ehemaliger Filiale der *Bank of Ireland,* beliebte Bar für jüngeres Publikum, Live-Musik.

www.fotolia.de © captblack76

■ **Kyteler's Inn,** St. Kieran's Street, Tel. (056) 7721064, www.kytelersinn.com; der älteste Gasthof der Stadt, das Gebäude stammt aus dem 13. Jh., benannt nach der um 1280 geborenen *Alice de Kyteler,* die als Hexe angeklagt wurde, jedoch rechtzeitig fliehen konnte, mit angeschlossenem Restaurant, oft Live-Musik.

■ **The Pump House,** 26 Parliament Street, Tel. (056) 7763924; gegenüber dem *Watergate Theatre,* oft Live-Musik.

■ **Syd Harkin,** 25 Rose Inn Street, Tel. (056) 7722134; der Pub datiert aus dem Jahr 1833, auch Sandwiches und Suppen, im Sommer jeden Donnerstag und an manchen Sonntagen Live Irish Folk Sessions.

Der Rock of Cashel

Verbindung

■ **Züge** mehrmals täglich von Waterford.

■ **Busse** mehrmals täglich von Carrick-on-Suir, New Ross, Dublin, Limerick, Rosslare Harbour, Cork.

Cashel

Die Route verlässt nun Kilkenny auf der N 76. Nach wenigen Kilometern biegt man rechts in die R 691 ein, die nach Cashel (etwa 4400 Einwohner) führt. Rechts und links der schmalen, kurvenreichen Straße liegen ausgedehnte Weideflächen, Kühe und Schafe grasen, und immer wieder kommt man an Gehöften vorbei.

Am Fuß des Kirchberges erstreckt sich das Örtchen mit seiner kurzen Haupt- und Durchfahrtsstraße, an der ein paar Geschäfte, wenige Pubs und Restaurants aufgereiht sind.

Spaziert man vom Ortszentrum über die St. Dominics Street auf den Felsen hinauf, so passiert man auf der linken Straßenseite das **Cashel Folk Village,** in dem die Geschichte des Ortes und das Alltagsleben vergangener Zeiten thematisiert werden. Zudem befindet sich hier eine Ausstellung zur Hungersnot im 19. Jh. sowie eine zum irischen Bürgerkrieg und zum Osteraufstand von 1916.

Das **Kulturzentrum Brú Ború** (Irisch: „Herberge des Ború", ausgesprochen *bruu boruu*), neben dem Parkplatz des Rock of Cashel, hat sich die Pflege der traditionellen Musikkultur Irlands auf die Fahnen geschrieben. Es gibt hier ein Restaurant, eine Bühne, einen Laden und als Hauptattraktion für Besucher die Ausstellung *Sounds of Music.*

■ **Cashel Folk Village,** Dominic Street, Tel. (087) 9151316, https://cashelfolkvillage.com, Ende März–Mitte Okt. Mo–Do und Sa 10–17.45 Uhr, Fr und So 9.45–14 Uhr; Erwachsene 8 €, Senioren/Studierende 6,50 €, Kinder (6–13 J.) 4,50 €.

■ **Brú Ború,** Tel. (062) 61122, www.bruboru.ie, Ausstellung *Sounds of Music:* Mo–Fr 9–17 Uhr, Sa 10–16 Uhr; Erwachsene 5 €, ermäßigt 4 €, Kinder 3 €.

In der John Street, auf dem Gelände der Kathedrale, finden an antiquarischen Büchern interessierte Besucher den Sitz der **Bolton Library** und können dort eine wertvolle Sammlung irischer Folianten und Landkarten bestaunen (Führung auf Anfrage möglich: Tel. (062) 61944. Die Bibliothek wurde 1741 von Erzbischof *Bolton* gestiftet.

Wichtigster Grund, um einen Stopp in Cashel einzulegen, ist der wirklich beeindruckende Felskegel. Schon von Weitem erblickt man den mächtigen, über 70 m hoch aus der Ebene aufragenden **Rock of Cashel** mit seinen Gebäuderesten. Vom 4. Jh. bis zum Jahre 1101 diente er als Sitz der Könige von Munster.

Irlands Nationalheiliger, der **hl. Patrick,** kam einem Manuskript aus dem 10. Jh. zufolge im 5. Jh. nach Cashel, um König *Aenghus* zum rechten Glauben zu bekehren. Der Herrscher zeigte sich kooperativ, und Patrick begann mit der Taufzeremonie. Dabei setzte der Heilige seinen schweren Bischofsstab mit Macht auf den Boden und spießte dabei ohne es zu bemerken den Fuß von *Aengus* auf; der nahm an, dass dies ein Teil des heiligen Zeremoniells sei und ertrug die Schmerzen ohne sich etwas anmerken zu lassen.

Viele **Krönungsfeierlichkeiten** fanden hier im Laufe der Jahrhunderte statt; 977 wurde *Brian Ború* auf dem Felsen zum Herrscher gekrönt, 37 Jahre später fand er seinen Tod in der Schlacht bei Clontarf, wo seine Mannen die Wikinger in die Flucht trieben. 150 Jahre später, im Jahre 1172, huldigte der gesamte irische Klerus dem englischen König *Heinrich II.* auf dem Felsen.

Im 12. Jh., nachdem *Muircheartach O'Brien* den Komplex der Kirche übereignet hatte, entstand eine Reihe von sakralen Bauten. *Cormac MacCarthy,* ab dem Jahr 1127 Bischof von Cashel, ließ die 1134 geweihte **Cormac's Chapel** im irischromanischen Stil erbauen. Der hohe Rundturm neben der Kapelle datiert ebenfalls aus dem 12. Jh. Hundert Jahre später entstand das größte Gebäude auf dem Rock, die im gotischen Stil errichtete **Kathedrale** mit ihren Querschiffen und dem mächtigen Vierungsturm.

Von dem Hügelplateau hat man eine tolle Aussicht auf die saftigen Wiesen und fruchtbaren Äcker rund um Cashel.

- **Rock of Cashel,** St. Patricks Rock of Cashel, Tel. (062) 61437, https://heritageireland.ie/places-to-visit/rock-of-cashel, Mitte März–Mitte Okt. 9–17.30 Uhr, Mitte Okt.–Mitte März 9–16.30 Uhr, letzter Einlass 45 Minuten vorher; Erwachsene 8 €, Senioren 6 €, Kinder/Studierende 4 €, Familien 20 €.

Praktische Tipps

Tourist Information

- **Cashel Tourist Office,** Main Street, Tel. (062) 61333.
- **https://cashel.ie**

Unterkünfte

- **Dundrum House Hotel**①-④, Dundrum, Tel. (062) 71116, https://dundrumhousehotel.com.
- **Bailey's Hotel**④-⑤, 42 Main Street, Tel. (062) 61937, https://baileyshotelcashel.com; gehobenes Hotel in georgianischem Haus in zentraler Lage.
- **Ashmore House**②, John Street, Tel. (062) 612 86, www.ashmorehouse.ie; sehr familiäres B & B in einem schönen alten Haus in der Ortsmitte.
- **Cashel Holiday Hostel**①, 6 John Street, Tel. (062) 62330, https://cashelholiday.hotelirla.top; im Stadtzentrum, Schlafsäle sowohl gemischt als auch getrennt nach Geschlecht.
- **O'Brien's Cashel Lodge and Camping Park**①-③, St. Patrick's Rock, Dundrum Road, Tel. (062) 61003, https://cashel-lodge.com; B & B in einem renovierten Kornspeicher aus dem 19. Jh., sehr gemütlich mit Deckenbalken, außerdem ein kleiner, gut ausgestatteter Campingplatz, an der R639 am nördlichen Ortsrand.

Restaurants

- **Chez Hans**③-④, Moor Lane, Tel. (062) 61177, www.chezhans.net; unterhalb des Rock of Cashel gelegen, 1968 eröffnete *Hans-Peter Matthiae* das Restaurant im Innern einer alten, säkularisierten Kapelle; heute führt sein Sohn *Jason* das Haus, der in den besten Londoner Restaurants gelernt hat. Gute Fischgerichte, Lamm und Wild der klassischen Küche mit intensiven Aromen.

Verbindung

- **Busse** mehrmals täglich von Kilkenny, Dublin, Limerick, Cork und Cahir.

Umgebung von Cashel

Freunde irischer Abteien sollten von Cashel auf der R 660 ca. 13 km nach Norden in Richtung **Thurles** fahren. Dort erreicht man das Zisterzienser-Kloster **Holycross Abbey,** welches im 15. Jh. eine beliebte Pilgerstätte war. Im nördlichen Querschiff befinden sich seltene, Jagdszenen zeigende Wandmalereien.

- **Holycross Abbey,** www.holycrossabbey.ie

Cahir

Wer den Abstecher nicht unternimmt, fährt nun auf der M 8 nach Cahir. Der kleine, am Fluss Suir gelegene Ort (ca. 3600 Einwohner) hält mit **Cahir Castle** eine der mächtigsten Burgen Irlands in seinem Besitz (13./15. Jh.). Hier residierten die *Butlers*, eine mächtige anglo-normannische Familie, die im 12. Jahrhundert nach Irland kam. Die Festung galt als uneinnehmbar, und entsprechend sicher wähnten sich ihre Eigentümer. 1599 dann belagerte der Earl of Essex auf Anweisung von *Elisabeth I.* dieses Fort, und unter massivem Artillerie-Einsatz konnte seine Armee nach nur zehn Tagen Belagerung einen großen Sieg verbuchen.

In den folgenden Jahrhunderten fiel das trutzige Bauwerk an verschiedene Besitzer, um letztendlich doch wieder in die Hände der *Butlers* zu gelangen.

Hinter den massigen Festungsmauern, die mit runden und quadratischen Türmen bestückt sind, reckt sich der mächtige Bergfried in den Himmel.

■ **Cahir Castle,** Castle Street, Tel. (052) 7441011, https://heritageireland.ie/places-to-visit/cahir-castle, März–Mitte Okt. tgl. 9.30–17.30 Uhr, Mitte Juni–Aug. 9–18 Uhr, Mitte Okt.–Feb. 9.30–16.30 Uhr, letzter Einlass jeweils 45 Minuten früher; Erwachsene 5 €, Senioren 4 €, Kinder/Studierende 3 €, Familien 13 €.

Praktische Tipps

Tourist Information

■ Vor dem Haupteingang zur Burg.

Unterkünfte

■ **Cahir House Hotel**③-④, The Square, Tel. (052) 7443000, https://cahirhousehotel.ie; stilvoll übernachten in einem ehemaligen Herrenhaus im Ort.

■ **Tinsley House**③, The Square, Tel. (052) 7441 947, www.tinsleyhouse.com; traditionelles *B & B* in einem ehemaligen Antikladen in der Ortsmitte.

■ **Hollymount House**②, Upper Abbey Street, Tel. (052) 7442888, https://hollymount.hotelu2.top/; B & B im Grünen, südwestlich des Ortes, schöne Aussicht.

■ **The Apple Farm Camping**①**,** Moorstown, Tel. (052) 7442774, https://theapplefarm.com; 6,5 km in Richtung Clonmel nahe der N 24 gelegen, Apfel- und Obstplantage mit Saft-herstellung und Campingplatz, Farm Shop.

Restaurants

■ **Galileo Café**②-③, Church Street, Tel. (052) 7445689, https://galileocafe.com; italienisches Café-Restaurant, Pizzen und Pasta.

■ **Lazy Bean Café**①, The Square, Tel. (052) 7442 038; Tee, Kaffee und Kuchen sowie Snacks.

■ **Lava Rock Restaurant**②-③, 26 Castle Street, Tel. (052) 7445359; gehobene Küche, viele Grillgerichte.

Verbindung

■ **Züge** mehrmals tgl. von Limerick und Waterford;
■ **Busse** von Dublin, Kilkenny, Carrick-on-Suir, Cork, Limerick, Cashel und Waterford.

Nach Cork

Durch die Knockmealdown Mountains

Man verlässt Cahir auf der R 668 in Richtung Lismore. Den Reisenden erwartet **eine der schönsten Gebirgsstraßen** des Südostens: **The Vee.**

Vorerst jedoch geht die Fahrt noch durch die Ebene, rechts und links der Strecke liegen fruchtbare Felder, saftiggrüne Weiden, kleine Weiler und einzelne Gehöfte – bereits hier ist „The Vee" ausgeschildert. Langsam tauchen in der Ferne die rund 800 Meter hohen Knockmealdown Mountains auf; je nach Wetterlage zeichnen sich die schroffen Gebirgskegel klar am Horizont ab, oder aber die Gipfel stecken in gewaltigen Wolken.

Hinter dem Ort **Clogheen** beginnt die Straße dann leicht anzusteigen und bald darauf säumen die ersten Nadelholzwälder unseren Weg. Auf den folgenden Kilometern windet sich die Trasse in Serpentinen die Hügelkette hoch.

Dort oben, wo keine Kiefern und Fichten den Blick versperren, hat man eine Vielzahl schöner Aussichtspunkte; an Ausbuchtungen am Straßenrand kann man parken und in Ruhe die Landschaft genießen. Immer höher geht es, niedriges Flecht- und Buschwerk hat mittlerweile den Wald abgelöst, und ungehindert kann man weit in die Ebene schauen. Am höchsten Punkt der Knockmealdown Mountains sieht man tief unten die durch Windmauern abgegrenzten Felder und Wiesen wie eine Patchwork-Decke vor sich liegen. Überall am Straßenrand grasen Schafe. Leider geht es nun wieder ins Tal hinab, und kurz bevor Lismore erreicht ist, fährt man durch dichte Laubwälder.

Lismore

Das hübsche, am Fluss **Blackwater** gelegene Städtchen Lismore (rund 1400 Einwohner) geht auf eine im Jahr 636 n. Chr. vom *hl. Mochuda* (engl. *St. Carthage*) gegründete Klostersiedlung zurück, die in ganz Europa als Ort der Gelehrsamkeit bekannt wurde. Trotz Überfällen, Plünderungen und Brandschatzungen von Wikingern und verfeindeten Iren behielt das Kloster von Lismore bis zur Ankunft der Normannen aus England und Wales im 12. Jahrhundert seine Bedeutung. Wo heute die anglikanische **St Carthage's Cathedral** steht, hatte der *hl. Mochuda* eine Kirche erbaut, die dann im frühen 17. Jahrhundert zerstört und wieder neu erbaut wurde. Die heutige Kathedrale enthält ältere Elemente, etwa vier Gedenksteine aus dem 9. Jahrhundert, die Gelehrten der Klosterschule gewidmet sind, oder Fragmente der ersten Kathedrale des 12. Jahrhunderts im damals üblichen romanischen Stil. Bei Renovierungsarbeiten im Chorraum fand man zwei bemalte Steine, die davon zeugen, dass die Wände im Mittelalter bemalt waren. Die Steine befinden sich heute in der Bibliothek der Kathedrale.

[>] Eine Skulptur am Cliff Walk bei Ardmore erinnert an die einstigen Wikinger-Überfälle

■ **St Carthage's Cathedral,** North Mall, Tel. (058) 54105, https://stcarthagescathedral.ie, tgl. 9–18 Uhr, sonst bis 16 Uhr, Bibliothek nach Vereinbarung, Eintritt frei, Spende erwünscht.

Die Burg, **Lismore Castle,** ließ 1185 *Prinz John* (bekannt als Bösewicht in der englischen Volkserzählung *Robin Hood*) anlässlich seines achtmonatigen Irlandaufenthalts bauen. Sie wurde dann der Kirche überlassen und diente bis 1589 als Bischofsresidenz. Später ging sie in Privatbesitz über und wurde im 19. Jahrhundert erweitert. Die Burg ist nach wie vor eine Privatresidenz, aber man kann den Garten und eine Kunstgalerie im Westflügel besichtigen.

■ **Lismore Castle,** Tel. 058-54061, https://lismorecastlearts.ie, Mitte März–Mitte Okt. tgl. 10.30–17.30 Uhr; Erwachsene 8 €, ermäßigt/Kinder 6,50 €, Familien 20 €.

Im **Lismore Heritage Centre** kann man sich u.a. in der Ausstellung *The Lismore Experience* in die Stadtgeschichte vertiefen. Unter anderem ist ein Film zur historischen Entwicklung Lismores sehen, den es auch in deutscher Sprache gibt.

■ **Lismore Heritage Centre,** Ecke Main Street/Chapel Street, Tel. (058) 54975, https://discoverlismore.com; März–Okt. Mo–Fr 9–17.30 Uhr, Sa 10–17 Uhr, So 12–17 Uhr, Nov.–Feb. Mo–Fr 9–17.30 Uhr mit Mittagspause 13–13.30 Uhr (Mo–Mi) und 13–14 Uhr (Do und Fr), Eintritt frei.

Ardmore

Ein Abstecher über Youghal nach Ardmore – nach eigenem Bekunden ein *Historic Seaside Village* – lohnt sich für denjenigen, der den aus dem 12. Jh. datierenden, 30 m hohen und besterhaltenen **Rundturm der frühchristlichen Ära** besichtigen möchte. Der sechs Stockwerke umfassende Turm diente als letzte Zufluchtstätte vor dem Ansturm räuberischer Wikinger.

Neben diesem schlanken Bauwerk befinden sich die Ruinen einer dem *Hl. Declan* geweihten Kirche (5. Jh.) sowie die Reste der **St. Declan's Cathedral** (13. Jh.).

Ardmore ist auch bekannt wegen seines langen **Sandstrandes;** beim *Cliff House Hotel* (https://cliffhousehotel.ie) beginnt der rund 5 km-lange **Cliff Walk,** der an den Klippen entlang am Wrack eines Schiffes, an der St. Declan's Cathedral und dem Rundturm (s.o.) vorbeiführt und oft mit spektakulärer Aussicht belohnt. In der *Ardmore Tourist Information* im Dorf (Tel. (024) 94444) bekommt man eine Wanderkarte und weitere Informationen zum Wanderweg.

315irl he

Die Versenkung der Lusitania

Die *RMS Lusitania* (RMS = *Royal Mail Steamer*) wurde von der Reederei *Cunard Line* auf Kiel gelegt und unternahm am 7. September 1907 ihre **Jungfernfahrt** von Liverpool nach New York. Zusammen mit ihrem Schwesterschiff *Mauretania* war sie der größte (31.550 BRT, 232 m lang, 27 m breit), schnellste und luxuriöseste Transatlatik Liner der damaligen Zeit. Die Höchstgeschwindigkeit, die von vier Dampfturbinen erzeugt wurde, lag bei 25 Knoten, und damit schaffte der Passagierdampfer die Strecke Liverpool – New York in nur viereinhalb Tagen.

Am 1. Mai 1915, mitten im Ersten Weltkrieg, lief die *Lusitania* von New Yort zu ihrer 101. Atlantiküberquerung mit 1268 Passagieren und 701 Besatzungsmitgliedern nach Liverpool aus. Zusätzlich hatte der Luxusdampfer mehrere tausend Kisten – insgesamt 10,5 Tonnen – mit Granaten und Munition an Bord, die für Englands Kampf gegen Deutschland bestimmt waren.

Früh am Morgen des 7. Mai erreichte die *Lusitania* die Südküste Irlands und lief auf Cobh (damals Queenstown) zu. Wegen der Kriegsgefahr in den Gewässern rund um Großbritannien, hatte die Führung der *Cunard Line* entschieden, den Dampfer nicht bis in den Heimathafen laufen zu lassen. Vielmehr sollten die Passagiere in Cobh von Bord, die Fracht dort gelöscht und über Dublin und mit der Fähre nach Liverpool gebracht werden. Um 13.20 Uhr zog die *Lusitania* 11,5 Meilen vor dem Kap Old Head of Kinsale vorbei und wurde dabei von dem deutschen U-Boot U-20 unter Kapitänleutnant *Walther Schwieger* durch das Periskop gesichtet. Schwieger ließ einen Torpedo abfeuern, der den Dampfer mittschiffs auf der Steuerbordseite traf. Unmittelbar nach dem Einschlag des Torpedos erschütterte eine zweite, wesentlich stärkere Explosion das Schiff, und der Strom fiel aus. Damit konnten die Schotten nicht mehr geschlossen werden, und in das gesamte Schiff rauschte das Wasser hinein. Schon nach wenigen Minuten hatte die Lusitania derart Schlagseite, dass die Steuerbordreling die Wasserlinie erreichte, die Backbord-Rettungsboote aus ihren Davits gerissen wurden und viele Menschen an Deck erschlugen. In nur **18 Minuten** sank die Lusitania. Erst vier Stunden nach der Katastrophe trafen die ersten Rettungsschiffe ein, dabei handelte es sich ausschließlich um Fischtrawler aus Cobh und Kinsale, deren Besatzungen fast nur Tote bergen konnten. Die sterblichen Überreste und die 761 verletzten und stark unterkühlten Überlebenden wurden nach Cobh gebracht und in Krankenhäusern, Hotels und Privathaushalten untergebracht, die Toten fanden auf dem lokalen Friedhof in Massengräbern, dem Old Church Cemetary sowie in der St. Multose Church von Kinsale, ihre letzte Ruhestätte. Unter ihnen befanden sich auch 128 Amerikaner, deren Tod für die **Kriegserklärung** Amerikas an Deutschland verantwortlich war. Die USA gaben damit ihre isolationistische Politik auf, traten in den Ersten Weltkrieg ein und unterstützten fortan die Alliierten.

Das schnelle Untergang gab den Experten zunächst Rätsel auf und es wurde angenommen, dass der Torpedo die mitgeführten 10,5 Tonnen Munition zur Explosion gebracht hatte. Heute weiß man, dass die *Lusitania* unter **Volldampf** fuhr, die Dampfkessel an ihrer Kapazitätsgrenze arbeiteten und sehr heiß waren. Als sie plötzlich in Kontakt mit dem kalten Meerwasser kamen flogen die Kessel in die Luft und durchschlugen dabei den Kiel des Schiffes.

Briten und Amerikaner beschuldigten die Deutschen, ein unbewaffnetes Schiff torpediert zu haben und sprachen von einem Massenmord an Zivilisten. Die deutsche Seite konterte damit, dass die *Lusitania* entgegen dem Völkerrecht Munition geladen hatte und damit angegriffen werden durfte. Dieser Aussage schloss sich die in New York tagende Untersuchungskommission nach dem Krieg im wesentlichen an. Die britischen Akten über die *Lusitania* unterliegen bis heute der Geheimnispflicht und dürfen nicht eingesehen werden. Hinzu kamen die verwirrenden Angaben der britischen Admiralität an den Kapitän der *Lusitania*, der nicht mehr Liverpool, sondern Cobh anlaufen sollte und dadurch direkt vor die Torpedorohre von U-20 geleitet wurde. Denn der militärische Geheimdienst kannte den Wirkungsbereich des deutschen U-Bootes, übermittelte der Lusitania aber irreführende Positionsangaben. Die Admiralität informierte den Kapitän auch nicht darüber, dass die Liverpool-Route um die Nordküste Irlands freigegeben worden war und dass sie zwei Tage vor Eintreffen der Lusitania den britischen Kreuzer *Juno*, der an der irischen Südküste auf den Luxus Liner wartete, um ihm Geleitschutz nach Liverpool zugeben, abgezogen hatte.

Es ist also beileibe nicht müßig, darüber zu spekulieren, ob die britische Regierung im Verbund mit der Admiralität den Angriff auf die Lusitania provoziert hatte, um die Amerikaner in den Kriegseintritt gegen Deutschland zu zwingen. Denn die hohen amerikanischen Verluste an Zivilisten riefen in den USA einen Sturm der Entrüstung hervor, dem die Regierung nur durch die Kriegserklärung an das deutsche Kaiserreich entgehen konnte.

Cobh

Kurz vor Cork zweigt von der N 25 die R 624 ab und führt in einem großen Bogen nach Cobh, einem äußerst ansehnlichen **Hafenort.** Die fast 13.000 Einwohner zählende Stadt ist an einer nach Süden gerichteten Hügelschulter angelegt, und von oben ragt die mächtige Kathedrale schützend über die bunten, pastellfarbenen Häuser entlang der Seepromenade. Im Sommer, wenn die Sonne auf die farbigen Gebäude scheint, präsentiert sich der Ort vor allem von der blauen Seeseite her, mehr als attraktiv. Dann flanieren die vielen Besucher am Meer entlang der Promenade.

Während der großen Hungersnot wanderten an die drei Millionen Menschen von Cobh aus in die „Neue Welt“ aus. Auch heutzutage legen Kreuzfahrtschiffe am Kai an, und die Passagiere besuchen von hier aus auf Tagestouren die Sehenswürdigkeiten der irischen Südküste.

Geschichte

Lange war Cobh (ausgesprochen, als ob es „Cove“ geschrieben wäre) ein kleines verschlafenes **Fischernest,** doch in der Mitte des 18. Jh. erkannte die britische Armee die Vorzüge des geschützten Naturhafens. Auch die Marine wusste den günstigen Standortvorteil zu nutzen, und während des amerikanischen Unabhängigkeitskrieges sowie der napoleonischen Kriege wandelte sich Cobh zu einem wichtigen Umschlagplatz für Güter, Waffen und Soldaten. 1720 wurde im Örtchen Irlands erster Yachtclub gegründet, und ab 1830 avancierte Cobh zu einem **beliebten Badeort** der englischen High Society. 1838 startete von Cobh aus die *Sirius* zu ihrer Transatlantiküberquerung, das Schiff war der erste Dampfer, der diese Route befuhr. Elf Jahre später, im Jahre 1849, nach einem Besuch von Königin *Victoria* wurde die Stadt in Queenstown umbenannt, 1922, mit der Gründung des *Irish Free State* gab man dem Hafenort seinen ursprünglichen Namen wieder zurück. Ab der Mitte des 19. und noch zu Beginn des 20. Jh. **wanderten Hunderttausende** von armen, hungernden Iren von hier **nach Amerika aus.** Während dieser Zeit legten auch die großen Transatlantik Liner auf ihrer Fahrt von Southampton nach New York und zurück am Pier von Cobh an. Auch die *Titanic* stoppte hier im Jahre 1912 und nahm irische Emigranten auf, wenige Tage später waren die meisten von ihnen ertrunken. Drei Jahre später schockte eine weitere Schiffskatastrophe die Welt, als vor der irischen Südküste die **Lusitania** von einem deutschen U-Boot torpediert wurde. 1198 Menschen kamen ums Leben, die Geretteten, aber auch die geborgenen Körper wurden nach Cobh gebracht, hier versorgt und begraben (siehe Exkurs „Die Versenkung der Lusitania"). Ein **Denkmal** am zentralen Platz vor der Uferpromenade, am Casement Square, erinnert daran. Bis 1937 war Cobh britischer Marinehafen.

Heutzutage hat der Ort seine einstige wirtschaftliche Bedeutung verloren, doch spülen die vielen Besucher jedes Jahr viel Geld in die Taschen der Bewohner. Wenngleich noch immer eine Fischereiflotte an den Molen liegt, so ist Cobh doch vor allem ein **Ferienort.**

Cobhs Wahrzeichen: die St. Colman's Cathedral

316irl he

Sehenswertes

Der wohl größte Besuchermagnet am Ort ist seit 2012 die **Titanic Experience,** die sich in der ehemaligen Fahrkartenverkaufsstelle der *White Star Line,* der die Titanic gehörte, an der Uferpromenade befindet. Cobh war 1912, als die Stadt noch Queenstown hieß, die letzte Anlegestelle des Schiffes vor der schicksalhaften Ozeanüberquerung. 123 Passagiere stiegen hier zu und um deren Erfahrungen geht es im ersten Teil der Führung, während im zweiten Teil die Gründe für den Untergang des Dampfers multimedial thematisiert werden. Die Führung dauert 30 Minuten, im Anschluss kann man sich noch eine Ausstellung ansehen.

■ **Titanic Experience Cobh,** *White Star Line Building,* 20 Casement Square, Tel. (021) 4814412, https://titanicexperiencecobh.ie, April–Sept. 9–18 Uhr, Okt.–März 10–17.30 Uhr, letzter Einlass eine Stunde vor Schließung; Erwachsene 12 €, Senioren/Studierende 10,50 €, Kinder 8 €, Familien 24–41 €.

Wer danach noch mehr über die *Titanic* und deren bedeutung für Cobh wissen möchte, kann sich der **Titanic Trail-Tour** anschließen. Diese vom Corker Historiker *Michael Martin* entwickelte einstündige Stadtführung findet im Sommer, bei genügend Buchungen auch im Winter, statt.

■ **The Titanic Trail,** Tel. (087) 2767218, https://titanic.ie, Treffpunkt *Commodore Hotel,* tägl. 11 Uhr und 14 Uhr, Buchung online, telefonisch oder in der Touristeninformation; Erwachsene 17,50 €, Kinder (unter 12 J.) 9,50 €; neben den regulären Terminen werden noch weitere Touren angeboten (Infos siehe Homepage).

Im restaurierten viktorianischen Bahnhof am Bahnhof befindet sich das **Cobh Heritage Centre** und berichtet in der *Queenstown Story* mit vielen Ausstellungsstücken über die Geschichte und Entwicklung der Stadt, die Auswanderung und die Geschichte der transatlantischen Seefahrt.

■ **Cobh Heritage Centre,** Tel. (021) 4813591, https://cobhheritage.com, Mitte Apr.–Mitte Okt. 9.30–18 Uhr, Mitte Okt.–Mitte Apr. 9.30–17 Uhr, letzter Einlass jeweils eine Stunde vor Schließung; Erwachsene 12,50 €, Senioren/Studierende 10,50 €, Kinder 7 €, Familien 32 €.

Nahebei ist in einer protestantischen Kirche das kleine **Cobh Museum** untergebracht, das in Ausstellungen zu verschiedenen Themen Schiffsmodelle, Fotos von Cobh aus dem 19. und 20. Jh., Gemälde und Alltagsgegenstände zeigt.

■ **Cobh Museum,** Scots Church, High Road, Tel. (021) 4814240, www.cobhmuseum.com, April–Okt. Mo–Sa 11–13 und 14–17 Uhr, So 14.30–17 Uhr; Erwachsene 5 €, Senioren/Studierende 4 €, Kinder 3 €, Familien 12 €.

Hoch über der Stadt ragt von einer Terrasse der Hügelschulter aus die **St. Colman's Cathedral** in den Himmel. Cobhs Landmarke und Wahrzeichen wurde 1868 im Stil der Neogotik begonnen und geht auf die Entwürfe des bekannten englischen Architekten *Augustus Pugin* zurück. Die Gelder für den Bau, der für so ein kleines Örtchen überdimensionierten Kathedrale spendeten vor allem emigrierte Iren aus den USA. Bekannt

317irl he

ist das im Jahre 1915 fertiggestellte Gotteshaus für sein **Glockenspiel,** das Größte auf den Britischen Inseln, an dem 49 Glocken beteiligt sind; die Schwerste von ihnen wiegt 3,6 Tonnen. Das Glockenkonzert kann man von Mai bis September jeden Sonntag ab 16.30 Uhr hören. Von dort oben hat man außerdem einen fantastischen Ausblick auf die Bucht und über Spike Island.

Vom Ortseingang von Cobh verkehrt von der R 624 eine **Autofähre** hinüber nach Cork. Man muss also nicht den 24 km langen Bogen zur Metropole fahren und wer direkt an die Südküste möchte, vermeidet so die immer staugeplagte Ortsdurchfahrt durch Cork.

- **Cross River Ferries Cork,** Tel. (021) 4811485, https://crossriverferries.ie/timetable-fares.

Praktische Tipps

Tourist Information

- **Cobh Tourist Office,** Casement Square, Tel. (021) 4813301, im Gebäude des alten Market House hinter dem Lusitania-Denkmal.
- **https://cobhharbourchamber.ie/tourist office**

Unterkünfte

- **Bella Vista Hotel & Self Catering Suites**④-⑤, Spy Hill, Kilgarvan, Tel. (021) 4812450, https://bellavistahotel.ie; kleines Hotel mit 16 Zimmern und

Die alte Fischerkneipe Kelly's Bar

11 Ferienappartments, zum Teil schöner Blick über den Hafen und die Kathedrale.

■ **Waters Edge Hotel**③-⑤, Yacht Club Quay, Tel. (021) 4815566, https://watersedgehotel.ie; wunderbare Lage am Wasser nur wenige Schritte vom Kreuzfahrtterminal entfernt.

■ **Knockeven House**③, Rushbrooke, Tel. (021) 4811778, https://knockevenhouse.com; übernachten in einer Villa aus dem 19. Jahrhundert am westlichen Stadtrand.

■ **Elmville Bed & Breakfast**②-③, Lower Road, Tel. (021) 4813206, www.elmville.com; imposante Villa aus dem 19. Jh. mit Hafenblick.

■ **Mount View**②, 2 John O'Connell Street, Beechmount, Tel. (021) 4814260; freundliches *B & B* etwas nördlich der Kathedrale, die man mit etwas Glück vom Zimmer aus sehen kann.

Restaurants

■ **Wan Fu**①-②, 16 Lynch's Quay, Tel. (021) 4814646, https://wanfucobh.ie; chinesisches Restaurant mit fairen Preisen, in der alten Town Hall an der Seepromenade mit Terrasse.

■ **The Quays Bar and Restaurant**②-③, 17 Westbourne Place , Tel. (021) 4813539, https://thequays.ie; Grill- und Fischgerichte, an der Seepromenade mit Terrasse, auch Live-Musik.

Pubs

■ **Kelly's Bar,** 19 Casement Square, Tel. (086) 6015 954; alte Fischerkneipe mit maritimer Atmosphäre und an wechselnden Tagen Live-Musik, besonders beliebt auch bei Kreuzfahrttouristen, daher oft überfüllt.

■ **Jack Doyle's Bar,** 18 Midleton Street③, (021) 4201932; von der Kathedrale den Hügel hoch, altmodischer Pub, benannt nach dem Holywood-Schauspieler und Boxer *Jack Doyle* (1913–1978), der aus Cobh stammte.

Cork

Cork ist, geht man von der Bevölkerungszahl aus (etwa 125.000 Einwohner), nach Dublin die zweitgrößte Stadt der Republik Irland und nach Belfast die drittgrößte Stadt der Insel. 2005 war Cork die **Europäische Kulturhauptstadt.** Zusammen mit seinem Umland gilt Cork zudem als **Feinschmeckerparadies** und ist für ausgezeichnete Restaurants bekannt.

Der Name der Stadt (gälisch: Corcaigh) bedeutet „Sumpfgebiet". Der Fluss **Lee** durchfließt die Stadt und teilt sich an deren Westende in zwei Kanäle (North Channel und South Channel), die am östlichen Ende wieder zusammenfließen. Das Stadtzentrum liegt auf der Insel zwischen den Kanälen.

Nördlich der Insel befindet sich der **Stadtteil Shandon** mit seinen steil ansteigenden Straßen und Gassen, aus denen der Kirchturm von **St. Anne's Church,** das Wahrzeichen Corks, aufragt.

Südlich des Stadtzentrums liegt **South Mall,** das Geschäftsviertel, wo auch viele Restaurants und Cafés zu finden sind und im **Westen** befindet sich der Fitzgerald Park, auf dessen Gelände sich das Cork Public Museum befindet. Im **Osten** der Stadt sind Fabriken und Lagerhäuser angesiedelt.

Die Pharma- sowie die IT-Industrie sind ein bedeutender Arbeitgeber. Der *Pfizer*-Konzern stellt in Ringaskiddy etwas südöstlich von Cork *Viagra* her und *Apple* hat hier sein europäisches Hauptquartier, das auch für den mittleren Osten und Afrika zuständig ist. *Heineken* braut in Cork neben seiner eigenen Biermarke die traditionellen Corker *Guin-*

Cork

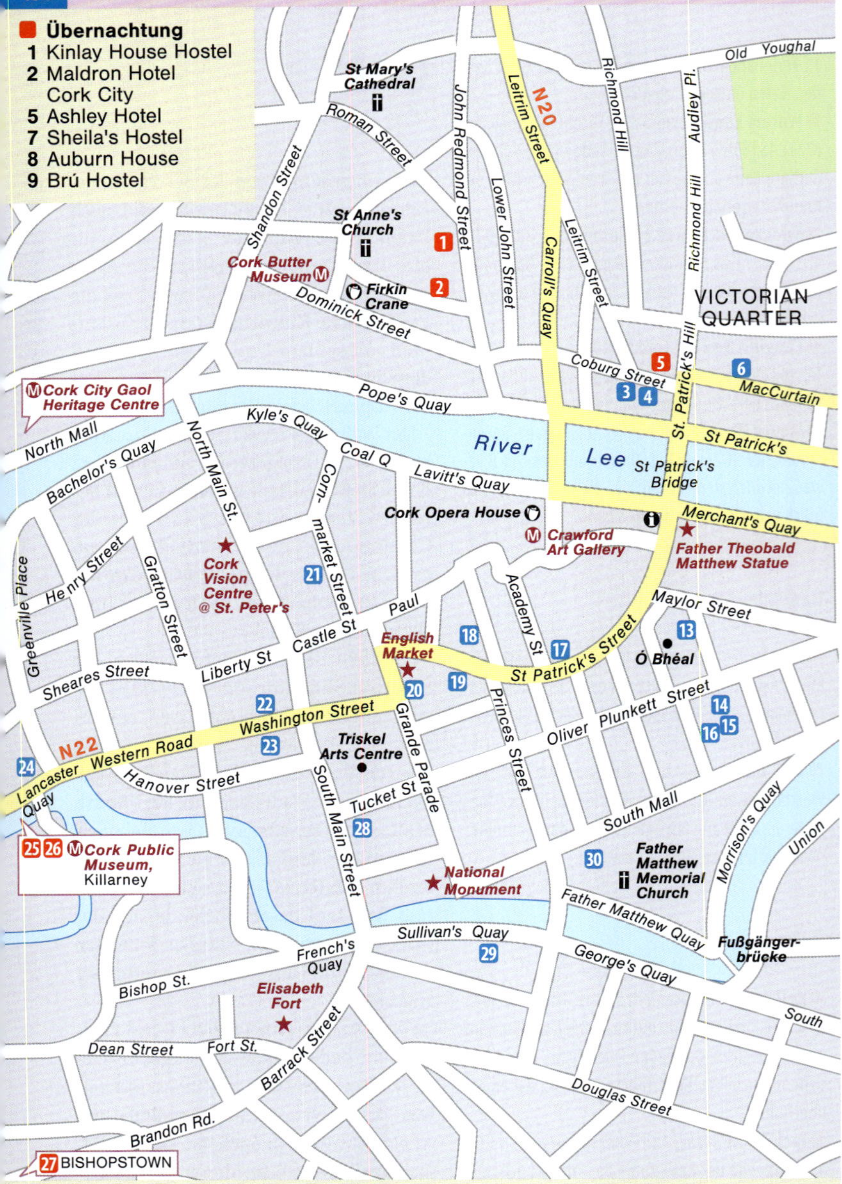

10 Sunmount B & B
11 The Address Cork
12 Jury's Inn Cork Hotel
25 Shandon Bells Guest House
26 Fernroyd House
27 Olde House B & B

Essen und Trinken
3 Sin é
4 The Corner House
6 Café Spresso
9 Brú Bar
13 Scoozi
14 Jaques Restaurant
15 The Crane Lane Theatre
16 Arthur Mayne's Pharmacy & Wine Bar
17 Le Château
18 Strasbourg Goose
19 The Mutton Lane
20 The Farmgate Café

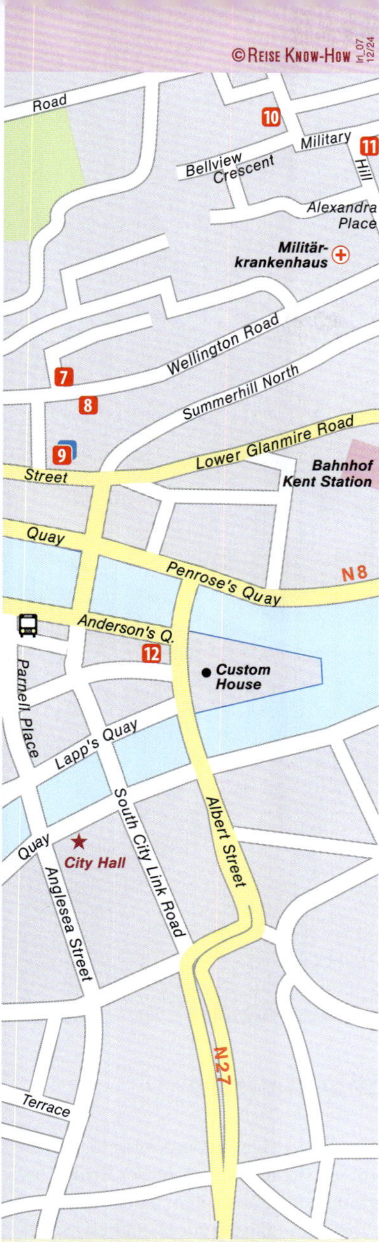

21 The Old Town Whiskey Bar
22 Liberty Grill
23 Rearden's
24 Paradiso
28 An Spailpín Fánach
29 Quay Co-op
30 Jacob's on the Mall

ness-Konkurrenten *Murphy's* und *Beamish.* Auch *Paulaner Weißbier,* das man in vielen irischen Pubs bekommt, wird von *Heineken* in Cork gebraut. Im September veranstaltet der niederländische Konzern ein Oktoberfest mitsamt *Oompah Band* und *Lederhosen and Dirndl's,* nach eigenen Angaben eben *everything Bavarian.*

Geschichte

Cork durchlief in seiner Anfangszeit die typischen **drei Stadien irischer Geschichte:** zunächst gründete im 6. Jahrhundert der *hl. Finbar* am Ufer des Lee ein Kloster, im 10. Jahrhundert ließen sich Wikinger hier nieder und bauten einen Handelshafen mit einer Siedlung. Dann bauten im 12. Jahrhundert die Anglo-Normannen die Stadt weiter aus. Im Mittelalter war Cork eine englische Stadt, umgeben von einer feindseligen irischen Bevölkerung. Und als drittens änderte sich die Lage der Corkonians nach der Reformation in England im 16. Jahrhundert. Sie blieben, wie die meisten englischstämmigen Iren, katholisch und waren nun mit zwei Bevölkerungsgruppen mit unterschiedlichen Interessen konfrontiert: den gälischen Iren und den neu zugewanderten Protestanten aus England. Die Loyalität der Stadt wechselte in der Folgezeit wiederholt zwischen der Krone und dem katholischen Widerstand. Nach Beginn des katholischen Aufstandes 1641 flüchteten Protestanten in großer Zahl nach Cork und stellten für die folgenden Jahrhunderte die Mehrheit. Im 18. Jahrhundert erlebte Cork eine wirtschaftliche Blüte durch den Export von Butter und Rindfleisch

318irl he

in alle Welt. Die Hungersnot Mitte des 19. Jahrhundert (→ Exkurs, S. 486) führte zur Massenzuwanderung aus ländlichen Gebieten. Die Stadt wurde dadurch wieder mehrheitlich katholisch, was erklärt, warum im 19. Jahrhundert das anti-britische *National Fenian Movement* hier besonders stark war. Seitdem ist Cork auch als *rebel city* bekannt.

Sehenswertes

Ein Besichtigungsgang könnte an der 1859 errichteten **St. Patrick's Bridge** beginnen, die über den North Channel führt. Am Eingang zur St. Patrick's Street, Corks Haupteinkaufsstraße, mahnt die **Bronzestatue von Father Theobald Matthew** vor zu großem Alkoholkonsum; der Pater unternahm in der ersten Hälfte des 19. Jh. als „Apostel der Mäßigung“ einen „Kreuzzug“ gegen Bier- und Whiskeytrinker und forderte die Abstinenz der Massen – eine wenig populäre Maßnahme!

St. Patrick's Street entstand im Jahre 1789, zuvor hatte man einen Seitenarm des Flusses Lee trockengelegt. Geschäfte des gehobenen Einzelhandels säumen die Hauptstraße. Am Ende von St. Patrick's Street geht es nach rechts in die **Corn Market Street** – wie der Name schon sagt, finden hier wochentags Märkte verschiedener Art statt.

Nach links gehend, gelangt man in die breite Grand Parade und erreicht nach wenigen Metern Fußweg linker Hand den Eingang zu einer der Hauptsehenswürdigkeiten Corks, dem **English Market.** Die Markthallen, ideal für Selbstversorger, erstrecken sich zwischen der St. Patrick's Street und der Oliver Plunkett Street sowie zwischen Grand Parade und Princess Street (Eingänge jeweils von diesen Straßen).

Von der St. Patrick's Street kommt man durch drei kleine Gassen in die Hallen; zum einen durch die schmale Market Lane; des Weiteren durch die kleine Arkadenstraße The Market Parade, auch über die schmale Mutton Lane – mit dem Pub *The Mutton Lane Inn* – gelangt man ebenfalls in das Marktareal.

Folgt man der Grand Parade weiter, so passiert man die nach links abzweigende **Oliver Plunkett Street** – für den an Essen, Trinken und Live-Musik interessierten Besucher die wichtigste Straße der Stadt. Von der Oliver Plunkett Street zweigen weitere kleine Gassen ab, so etwa Princess Street, Cook Street, Pembroke Street, Caroline Street, Marlborough Street, in denen Geschäfte, Restaurants, Cafés und Pubs zu finden sind.

Eine davon, **Princess Street,** verbindet die Oliver Plunkett mit der St. Patrick's Street, und hier befindet sich der Eingang zum schönsten Teil des überdachten Verkaufsgeländes. Ursprünglich hieß dieses im Jahre 1788 eröffnete Hallenareal einmal *Root Market;* 1862 renovierte der Architekt *George Benson* den Komplex. Im Juni 1980 wurde der Bau ein Raub der Flammen. Im Oktober 1981 konnte die Markthalle wieder der Öffentlichkeit übergeben werden; alles war sehr sorgfältig restauriert worden, selbst der plätschernde Brunnen wurde nicht vergessen, und auch die metallenen Stützsäulen sowie die Geländer der oberen Etage sind den einstigen Originalen nachempfunden.

Zurück zur Grand Parade und weiter der ursprünglichen Richtung folgend – auf der linken Straßenseite trifft man dabei auf das **Tourist Office** –, ist am South Channel bald das **National Monument** erreicht, das die irischen Freiheitskämpfer ehrt. Nun geht es links in die South Mall in das Bankenzentrum von Cork.

Einen Abstecher lohnt die **Father Matthew Memorial Church** am Father Matthew Quay. Sie entstand im Jahre 1832 im neogotischen Stil. Im Innern zeigen hinter dem Hochaltar die Kirchenfenster ein Abbild von *Daniel O'Connell,* dem katholischen Bürgerrechtler.

Am Ende von South Mall sieht man auf der anderen Flussseite am Albert Quay die **City Hall;** das Rathaus wurde 1920 zerstört und 16 Jahre später im neoklassizistischen Stil neu erbaut.

◁ Im English Market von Cork

South Mall geht nun über in den Lapp's Quay, und der führt uns zum Zusammenfluss von North und South Channel. Auf der Landspitze liegt das im 19. Jh. erbaute **Custom House,** heute Sitz der Hafenverwaltung. Wendet man sich nun nach links, erreicht man über Anderson's Quay und Merchant's Quay vorbei am Busbahnhof wieder St. Patrick's Bridge, den Ausgangspunkt des Spazierganges.

Einen Besuch lohnt auch der nördliche Teil von Cork. Überquert man den Fluss Lee auf der St. Patrick's Bridge, so findet man gleich am Fluss, entlang der MacCurtain Street, Coburg Street und Leitrim Street, das viktorianische Viertel, **Victorian Quarter.** Diese Gegend war nach der Finanzkrise ziemlich heruntergekommen, bekam aber seit 2017 durch eine kräftige Finanzspritze von 15 Millionen Euro neues Leben eingehaucht. Mittlerweile befinden sich hier viele Hotels und Restaurants und der Stadtteil wird immer beliebter zum Ausgehen.

Weiter geradeaus gelangt man in die steil ansteigende Straße **St. Patrick's Hill;** von hier oben hat man einen schönen Blick auf das Stadtzentrum von Cork.

Westlich von St. Patrick's Hill erhebt sich am Cathedral Walk die wichtigste katholische Kirche der Stadt: **St. Mary's Cathedral,** 1808 im neogotischen Stil errichtet. Nachdem sie einem Brand zum Opfer gefallen war, renovierte sie der Corker Architekt *G. R. Pain* und gestaltete auch die Innenausstattung neu.

Nahebei lohnt ein Besuch in der **St. Anne's Church** (Shandon). Der Kirchturm hat aufgrund seiner Form den Namen *Pepperpot,* Pfefferstreuer, erhalten. Man darf den 36 m hohen Glockenturm besteigen und hat eine gute Aussicht über Irlands südliche Metropole; einen Blick lohnen die acht Glocken, deren Spiel berühmt ist. Mutige können das Spiel auch selbst einmal versuchen.

Abendstimmung am Fluss Lee in Cork

■ **St. Anne's Church,** Tel. (021) 4505906, www.shandonbells.ie, Juni–Sept. Mo–Sa 10–17 Uhr, So 11.30–16.30 Uhr, März–Mai und Okt. Mo–Sa 10–16, So 11.30–16 Uhr, Nov.–Feb. Mo–Sa 11–15 Uhr, So 11.30–15 Uhr; Erwachsene 5 €, Senioren/Studierende 4 €, Kinder 2 €, Familien 12 €.

Um die Ecke am O'Connell Square befindet sich das **Cork Butter Museum,** das sich der Geschichte dieses für Irland sehr wichtigen Produktes widmet.

■ **Cork Butter Museum,** O'Connell Square, Tel. (021) 4300600, www.corkbutter.museum, März–Nov. Mi–Sa 10–16 Uhr, So 11–16 Uhr, Juni–Sept. auch Mo und Di 10–16 Uhr, Dez.–Feb. Sa und So 11–16 Uhr; Erwachsene 5 €, Senioren/Studierende 4 €, Kinder 2 €.

Am südlichen Ufer des Flusses Lee, nahe dem 1963 erbauten **Opernhaus,** (https://corkoperahouse.ie) liegt am Emmet Place die **Crawford Art Gallery,** die Skulpturen und Gemälde irischer Künstler sowie wechselnde Ausstellungen zeigt.

Außerhalb des Stadtzentrums der N 22 Richtung Killarney folgend, kommt man zum **Cork Public Museum,** das im Fitzgerald's Park liegt. In dem Ausstellungsgebäude kann der Besucher Exponate zur Stadtgeschichte studieren, und im Park selbst lohnt ein Spaziergang vorbei an vielen Skulpturen.

■ **Crawford Art Gallery,** Emmet Place, Tel. (021) 4805042, https://crawfordartgallery.ie, Mo–Sa 10–17 Uhr, Do bis 20 Uhr, So 11–16 Uhr, Eintritt frei.

■ **Cork Public Museum,** Fitzgeralds Park, The Mardyke, Tel. (021) 4270679, https://corkcity.ie/en/cork-public-museum, Di–Fr 10–16 Uhr, Sa 11–16 Uhr, Eintritt frei.

Weitere Museen und Sehenswertes

■ **Cork Vision Centre@St Peter's,** 87A North Main Street, Tel. (021) 4278187, https://stpeterscork.ie, Mo–Sa 10–16.30 Uhr, Eintritt frei; zeigt ein Modell der Stadt, Filmdokumente, weitere Informationen über die Stadt und wechselnde Ausstellungen.

■ **Cork City Gaol Heritage Centre,** Covent Avenue, Sunday's Well, Tel. (021) 4305022, https://corkcitygaol.com, tgl. 10–16; Erwachsene 10 €, Senioren/Studierende 8,50 €, Kinder 6 €, Familien 30 €, um 14 Uhr Führung.

■ **Elizabeth Fort,** Barrack Street, Tel. (021) 4975947, https://corkcity.ie/en/elizabeth-fort, Mai–Sept. tgl. 10–17 Uhr, So erst ab 12 Uhr, Okt.–Apr. Mo geschlossen; Sternfort aus dem Jahr 1601, das eine bewegte Geschichte u.a. als Kaserne und Frauengefängnis hinter sich hat, von hier hat man auch eine sehr gute Aussicht über die Stadt.

Praktische Tipps

Tourist Information

■ 125 St Parick's Street, Tel. (1800) 230330.

■ **https://purecork.ie** und **https://discoverireland.ie/cork**

Hotels

12 **Jury's Inn Cork Hotel**④-⑤, Anderson's Quay, Tel. (021) 4943000, https://leonardohotels.co.uk/brands/jurysinns; großes, zentral gelegenes Hotel der Kette *Leonardo Hotels,* moderne, komfortable Zimmer.

5 **Ashley Hotel**③, Coburg Street, Tel. (021) 450 1518, https://ashleyhotel.com; mittelgroßes, familiengeführtes Hotel in Corks neu saniertem Viktorian Quarter.

Tipps zur zeitgenössischen Kunst- und Kulturszene in Cork

Firkin Crane, John Redmond Street, Tel. (021) 4507487, https://dancecorkfirkincrane.ie; landesweit bekanntes Tanztheater. Die Aufführungen umfassen alles – von klassischem Ballet bis modernem Tanz und interaktiven Veranstaltungen.

Ó Bhéal, The Long Valley, Winthrop Street, https://obheal.ie; jeden zweiten Montagabend ab 21.30 Uhr finden hier Lesungen und Gedichtwettbewerbe statt. Außerdem werden Filme gezeigt und Workshops angeboten.

Triskel Arts Centre, Tobin Street, Tel. (021) 4272022, https://triskelartscentre.ie; Konzerte, Programmkino und Kunstausstellungen in einer restaurierten ehemaligen Kirche.

11 The Address Cork④-⑤, Military Hill, St. Luke's, Tel. (021) 4539000, https://theaddresscork.com; elegantes Hotel in einem viktorianischen Backsteinbau auf der nördlichen Flusseite, mit Fitness-Club und Sauna für die Gäste.

2 Maldron Hotel Cork City③-⑤, Jon Redmond Street, Tel. (021) 4529200, www.maldronhotelcork.com; modernes, schickes Hotel mit angeschlossenem Schwimmbad und Fitness-Club, nicht weit von St. Anne's Church.

B & Bs

10 Sunmount B & B②, 1 Sunmount Military Hill, Tel. (021) 4505442; kleines Haus mit schönem Garten in der Nähe vom Hotel *The Address*.

27 Olde House B & B①-②, Curraheen Road, Bishopstown, Tel. (021) 6020886; saubere, zweckmäßige Räume und ein kleiner Garten, im Westen der Stadt nahe am Universitätskrankenhaus.

8 Auburn House①-③, 3 Garfield Terrace, Wellington Road, Tel. (021) 4508555 und (086) 8105458, www.auburnguesthouse.com; gleich oberhalb des Victorian Quarter, gutes Preis-Leistungs-Verhältnis.

26 Fernroyd House③, 4 O'Donovan Rossa Road, Tel. (021) 4271460, https://fernroydhouse.com; freundliches B & B direkt am Fluss im Westen der Stadt, nahe der Universität.

25 Shandon Bells Guest House③, 5 University Place, Tel. (086) 0220280, www.shandonbellscork.ie; sehr freundliche Unterkunft mit schöner Terrasse direkt am südlichen Arm des Rivers Lee.

Hostels

9 Brú Hostel①, 57 MacCurtain Street, Tel. (021) 4559667, https://bruhostel.com; modernes Hostel im Victorian Quarter, wie der Name schon sagt: im gleichen Haus wie die 9 *Brú Bar;* Internet und Frühstück inbegriffen, auch Privatzimmer (DZ).

7 Sheila's Hostel①, 4 Belgrave Place, Wellington Road, Tel. (021) 4505562, https://anoige.ie/sheilas-cork-hostel; Hostel des irischen Jugendherbergsverbandes, in der Nähe des Victorian Quarter, Privatzimmer und es gibt eine Sauna im Haus.

1 Kinlay House Hostel①, Bob and Joan's Walk, Shandon, Tel. (021) 4508966; Hostel nicht weit von St. Anne's Church, kleines Frühstück inbegriffen, auch Privatzimmer.

Camping

■ **Blarney Caravan and Camping Park**①, Tel. (021) 4516519, https://blarneycaravanpark.com, von Cork (N 20) gen Norden, dann die R 617 bis Blarney, kleiner Golfplatz.

Restaurants

30 Jacob's on the Mall②-④, 30 A South Mall, Tel. (021) 4251530, https://jacobsonthemall.com; irische Küche mit internationaler Inspiration, eigene vegane und vegetarische Karte, auch Glutenfreies.

13 Scoozi②-③, 2–5 Winthrop Lane, Tel. (021) 427 5077, https://scoozis.ie; italienisch inspiriertes, gemütliches Restaurant, familienfreundlich.

20 The Farmgate Café②, English Market, Princes Street, Tel. (021) 4278143, https://farmgatecork.ie; Tischservice im *Dining Room,* Selbstbedienung auf dem Balkon, hier hat man einen guten Ausblick auf den English Market, traditionelle irische Küche.

18 Strasbourg Goose②, French Church Street, Tel. (021) 4279534; kleines einfaches Bistro.

22 Liberty Grill②-③, Washington Street, Tel. (021) 4271049, https://libertygrill.ie; hauptsächlich Grillgerichte, interessante Burgerauswahl, z.B. *Tempeh-Burger* oder *Halloumi-Burger,* auch sehr gute vegetarische und vegane Auswahl.

www.fotolia.de ©M.V. Photography

14 **Jacques Restaurant**③, 23 Oliver Plunket Street, Tel. (021) 4277387, www.jacquesrestaurant.ie; moderne irische Küche, auch Wildgerichte in der Saison.

6 **Café Spresso**①-②, 26 MacCurtain Street, Tel. (085) 1272896; gemütliches, kleines Café im Victorian Quarter, mit gutem Kaffee, Kuchen, aber auch warmen Gerichten, gut zum Frühstücken.

29 MEIN TIPP: **Quay Co-op**①-②, 24 Sullivans Quay, Tel. (021) 4317 026, https://quaycoop.com; vegetarisches Restaurant mit entspannter Atmosphäre in einem alten Gebäude direkt am South Channel mit angeschlossenem Bio-Laden, große Portionen, sehr zu empfehlen, auch vegane Alternativen.

24 **Paradiso**②-③, 16 Lancaster Quay, Tel. (021) 4277939, https://paradiso.restaurant; ausgezeichnetes, preisgekröntes vegetarisches Restaurant, geführt von dem bekannten Koch *Dennis Cotter,* auch sehr beliebt bei Nicht-Vegetariern.

Pubs

15 **The Crane Lane Theatre,** Phoenix Street, Tel. (021) 4278487, https://cranelanetheatre.ie; entspannter Pub mit Biergarten, in dem regelmäßig Konzerte aller Art stattfinden; jeden Abend Musik von traditionell über Jazz bis Rock, auch schonmal internationale Acts.

19 **The Mutton Lane,** 3 Mutton Lane, Off St. Patrick's Street, Tel. (021) 4273471; kleiner, uriger Pub seit 1793.

17 **Le Château,** 93 St. Patrick's Street, Tel. (021) 4270370; stilvoller, 1793 gegründeter Pub, mit Weinbar, kleine Speisekarte.

16 **Arthur Mayne's Pharmacy & Wine Bar,** 7 Pembroke Street, Tel. (021) 4279449; in einer historischen Apotheke untergebracht, in der sich, außer der Nutzung, seit Jahrzehnten nichts geändert zu haben scheint.

23 **Rearden's,** 26 Washington Street, Tel. (021) 4658100, https://reardens.com; großer Pub mit gutem mittäglichen *Pub Grubs* in dem regelmäßig *traditional music sessions* stattfinden und Bands aller Couleur aufspielen.

28 **An Spailpín Fánach** (gälisch = Der Wanderarbeiter, ausgesprochen: *ann spallpiin faanech*), 29 South Main Street, Tel. (086) 8062724; in der ganzen Stadt bekannter, 1779 gegründeter *Singing Pub.*

21 **The Old Town Whiskey Bar,** 44 Cornmarket Street, Tel. (021) 4273756, https://oldtownwhiskeybar.com; Bar, Restaurant und Nachtclub in opulent eingerichtetem, historischem Marktgebäude, regelmäßig Musikveranstaltungen aller Art.

■ Zwei gute Pubs mit Sessions liegen nebeneinander in der Coburg Street, nördlich des North Channel, im Victorian Quarter, das **3** **Sin é** (irisch = Das ist es, ausgesprochen: *schinn ee*), https://

corkheritagepubs.com/pub/sin-e und das **4 The Corner House,** https://thecornerhouse.ie.

Verbindung

Züge mehrmals täglich von Dublin, Rosslare Harbour und Limerick.

Busse mehrmals täglich von Dublin, Bantry, Carrick-on-Suir, Cahir, Cashel, Kilkenny, Glengarriff, Kinsale, Limerick, Killarney, Rosslare Harbour, Waterford und Wexford.

Umgebung von Cork

Blarney Stone

Einige Kilometer nordwestlich von Cork liegt das Dörfchen Blarney. Hier kann man erleben, wie mittels gezieltem Marketing täglich Hunderte von Touristen einen relativ unwichtigen Ort aufsuchen und pro Jahr Millionen Euro in die Kassen spülen. Um an Besucherströmen zu partizipieren, benötigt man anscheinend eine Burgruine, eine nette Anekdote sowie eine Prophezeiung, die die Touristen zu mühevollen Verrenkungen zwingt, ihnen aber das Gefühl gibt, aktiv am Geschehen teilgenommen zu haben.

Der Ort: Blarney Castle wurde im 15. Jh. erbaut und ist heute eine Ruine, der mächtige Turm aber kann noch bis zur Spitze bestiegen werden.

Die Anekdote: *Cormac MacCarthy*, ein Abkömmling der Könige von Munster, schaffte es immer wieder mit seiner unvergleichlichen Wortgewandtheit, der englischen Königin *Elisabeth I.* den geforderten Lehnseid zu verweigern. Eines Tages rief die Monarchin wutentbrannt aus: „*This is all Blarney!*“, was heißen sollte: Dies sind alles faule Ausreden.

Die Prophezeiung und die sportliche Übung: Mittels 120 Stufen gelangt man auf die Brustwehr des Turms von Blarney Castle; geduldig reihen sich die Besucher in eine Schlange ein und warten auf den spannenden Moment. Wer sich an einer markierten Stelle auf den Rücken legt, den Oberkörper und den Kopf so weit wie möglich nach hinten biegt und einen Kuss auf die Unterseite eines Steines drückt, dem ist mit diesem Akt die Gabe der Beredsamkeit verliehen. Darüber hinaus wird die akrobatische Übung von einem autorisierten Fotografen abgelichtet, und man erhält ein Zertifikat, das zusammen mit dem Foto allen Freunden und Verwandten beweist: *I have kissed the Blarney stone!*

Blarney Castle, Tel. (021) 4385252, https://blarneycastle.ie, Jan.–März und Nov./Dez. 9–17 Uhr, Apr./Okt. 9–17.30 Uhr, Mai–Sept. 9–18 Uhr, letzter Einlass eine Stunde vor Schließung; Erwachsene 20 €, Senioren/Studierende 16 €, Kinder (6–16 J.) 9 €, Familien 50 €.

‹ Der Fluss Lee in Cork

319irl he

5

Der Südwesten – Tour 5

» Von Cork nach Limerick, entlang der atemberaubenden Südwestküste. Dies ist für viele ein Höhepunkt der Irlandreise.

< Dingle-Halbinsel

DER SÜDWESTEN – TOUR 5

Die Fahrt geht entlang der schärenzerfurchten Südküste mit ihren vorgelagerten Inseln und führt dann nach Norden, die Westküste hoch. Wie die Finger einer Hand ragen dort lange *Halbinseln* hinaus ins Meer.

Einen ersten Vorgeschmack von Irlands rauer Küstenlandschaft bekommt man bei der Rundfahrt auf der *Mizen-Peninsula*. Grandioser noch präsentiert sich dann die Ufer- und Gebirgslandschaft der *Beara-Peninsula*. Krönender Höhepunkt jedoch ist die Fahrt entlang des berühmten *Ring of Kerry* auf der *Iveragh-Peninsula*.

Bevor es dann nach *Limerick* geht, sollte man die *Dingle-Peninsula* sowie die der Küste vorgelagerten *Blasket Islands* besuchen. Nicht nur das Meer und die Gebirge beeindrucken entlang dieser Strecke, auch die Dörfer und Städtchen - *Kinsale, Baltimore, Schull, Kenmare* sowie *Killarney* und *Dingle* – alle reich an Atmosphäre, machen jeden Stopp lohnenswert.

Kinsale

Man verlässt Cork über die N 27 und folgt dann der R 600 in Richtung Kinsale, das ca. 30 km südlich der Metropole liegt. Kinsale (rund 5300 Einwohner) gehört zu den schönsten und atmosphärereichsten Orten auf der Grünen Insel, an sommerlich warmen Tagen fühlt man sich in mediterrane Gefilde versetzt.

Darüber hinaus gilt Kinsale als **Feinschmecker-Spot,** eine große Zahl an exklusiven und exzellenten Restaurants versprechen reiche Gaumenfreuden. Anfang bis Mitte Oktober findet das **Kinsale Gourmet Festival** statt, und alle Köche des Ortes wetteifern um die Gunst der Gäste.

Ende Oktober dann spült der Musik-Event **Kinsale Fringe Jazz Festival** erneut Tausende von Gästen in das sympathische Städtchen.

Bei einem abendlichen Bummel entlang des Wassers kann man sich die vielen Yachten anschauen, die in **Kinsale Harbour** vor Anker liegen, und wenn man dann den Rückweg durch die parallel zum Pier verlaufende Main Street nimmt und durch das Ortszentrum spaziert, hat man Gelegenheit, die Preise und Angebote der Restaurants zu vergleichen. Auch ein Blick in die vielen Pubs lohnt sich. Man kann hier eine individuell zugeschnittene Wahl für das abendliche *Guinness* treffen.

Geschichte

In früheren Jahrhunderten war der Hafen von Kinsale ein wichtiger **Flotten-**

stützpunkt der englischen Besatzer. Das gewaltige, aus dem 17. Jh. datierende Charles Fort in Summercove (s.u.), das einst die Hafeneinfahrt bewachte, gibt noch heute Zeugnis von jenen Tagen.

Im Jahre 1601 landeten die **Spanier** an diesem Abschnitt der irischen Küste und besetzten Kinsale. Englands Statthalter, *Lord Mountjoy,* belagerte daraufhin das Örtchen; trotz der Unterstützung, die der irische Adel und die Bevölkerung den Spaniern zukommen ließen, gelang dem Lord die Einnahme der Stadt. Die Bewohner wurden vertrieben, keinem Iren war es ab nun über die Jahrhunderte gestattet, in Kinsale zu leben.

Dieses gewalttätige Ereignis führte zur so genannten **Flight of the Earls**, der Flucht Tausender irischer Aristokraten in katholische kontinentaleuropäische Länder, wo sie sich als Söldner verdingten.

Übrigens wurde der Gründer des nordamerikanischen Bundesstaates Pennsylvania, **William Penn,** in Kinsale geboren.

Sehenswertes

Wer auf Sehenswürdigkeiten aus ist, sollte in der Church Street die **St. Multose Church,** die im 12. Jahrhundert erbaute Pfarrkirche, besichtigen. Außerdem interessant ist in der Cork Street **Desmond Castle,** in dem während der napoleonischen Kriege französische Soldaten eingekerkert waren.

Weiterhin gibt es ein kleines Stadtmuseum, das **Kinsale Regional Museum,** im Old Courthouse am Market Square.

In dem alten Gerichtsgebäude übrigens nahm die erste Untersuchungskommission zum **Untergang der Lusitania** ihre Arbeit auf. Wie in Cobh auch eilten die Fischer von Kinsale nach der Torpedierung der Lusitania zum Untergangsort, retteten die Passagiere und

NICHT VERPASSEN!

- **Charles Fort,** mächtiges Kastell mit grandioser Aussicht auf Kinsale | 150
- **Lough Hyne,** ein von Wäldern umgebener Salzwassersee | 153
- **Sherkin Island,** eine Insel mit 80 Einwohnern, Burgruine und Pub | 155
- **Mizen Head,** einsamer Leuchtturm in dramatischer Küstenszenerie | 159
- **Bantry House,** ein prächtiges Herrenhaus aus dem 18. Jh. | 163
- **Muckross House and Gardens,** im elisabethanischen Stil erbautes Herrenhaus aus dem 19. Jh. | 180
- **Gap of Dunloe,** eine wildromantische Schlucht | 183
- **Staigue-Fort,** sehenswerte Anlage aus prähistorischer Zeit | 197
- **Dingle Ocean World,** in einem Unterwassertunnel kann man einheimische Meeresfische beobachten | 199
- **Craggaunowen Experience,** Freilichtmuseum, in dem das Leben von der Eisenzeit bis ins frühe Mittelalter rekonstruiert wird | 222

Diese Tipps erkennt man an der gelben Markierung.

Anschlusskarte Seite 212

KERRY
CORK
CORK
Anschlusskarte Seite 110
Duagh
Abbeyfeale
Kilmeedy
Rockhill
Kilmallock
Feohanagh
Ballagh
Broadford
Dromcolliher
Charleville
Mortlestown
Seefin Mt. 528
Mountcollins
Rockchapel
Freemount
Churchtown
Liscarroll
Castleisland
Newmarket
Buttevant
Kerry Airport
Scartaglin
Ballydesmond
Castlecor
Farranfore
Boherboy
Kanturk
Banteer
Mallow
Kilcunnin
Killarney
Rathmore
Drommahane
Barraduff
Millstreet
Nad
Ballynamona
Caherbarnagh 682
The Paps 693
Musheramore 643
Mullaghanish 647
Lough Guitane
Grenagh
Mangerton Mt. 837
Carriganimmy
Donoughmore
Blarney
Ballymakeery
Kilgarvan
Macroom
Coachford
Cork
Ballincollig
Carran 604
Ballingeary
Inchigeelagh
Kilmichael
Crookstown
Knockboy 705
Cappeen
Ballinhassig
Kealkill
Enniskean
Bandon
Dunmanway
Kinsale
Whiddy Island
Bantry
Charles Fort
Ballingurteen
Drimoleague
Drinagh
Durrus
Courtmacsherry
Clonakilty
Courtmacsherry Bay
Kinsale Harbour
Old Head of Kinsale
Leap
Ross Carber
Ballydehob
Skibbereen
Clonakilty Bay
Seven Heads
Rosscarbery Bay
Lough Hyne
Castletownshend
Galley Head
Baltimore
Toe Head Bay
Toe Head
Sherkin Island
Cape Clear Island
N 21
N 20
N 22
N 71
N 72
N 73
R515
R512
R522
R555
R576
R577
R578
R579
R580
R581
R582
R583
R569
R570
R584
R585
R586
R587
R588
R589
R590
R592
R593
R594
R595
R596
R597
R598
R599
R600
R601
R602
R603
R604
R605
R606
R607
R617
R618
R619
R637
174
185
143
133
163
161
146
157
152
153
154
155
156

bargen die Toten, von denen einige auf dem Kirchhof der St. Multose Church begraben liegen.

Außerhalb von Kinsale liegt in Summercove hoch über dem östlichen Ufer das **Charles Fort**, das in großen Teilen renoviert worden ist. 1677 ließ der *Duke of Ormond* das mächtige Kastell errichten. Von hier oben hat man einen wundervollen Blick auf den Hafen von Kinsale und das Örtchen selbst und kann sich in einem Besucherzentrum den Hintergrund des Bauwerks erklären lassen.

Kinsale ist aber nicht nur bekannt wegen seines milden Klimas und der guten Restaurants, sondern gilt auch als Mekka der **Hochseeangler;** gefischt wird vor allem nach Blauhaien – respektable Trophäen darf der Petrijünger allerdings nicht erwarten; die gefangenen Tiere werden markiert und dann wieder in ihrem Element ausgesetzt.

- **Kinsale Regional Museum,** Old Courthouse, Market Square, Tel. (021) 4777930, Mi–Sa 10–17 Uhr, So 14–17 Uhr; Erwachsene 3,50 €, Kinder 1 €.
- **Charles Fort,** Summer Cove, Tel. (021) 4772263, www.heritageireland.ie/en/south-west/charlesfort, Nov.–Mitte März tgl. 10–17 Uhr, Mitte März–Okt. tgl. 10–18 Uhr, letzter Einlass eine Stunde vor Schließung; Erwachsene 5 €, Senioren 4 €, Kinder/Studierende 3 €, Familien 13 €.

Wild Atlantic Way

Die Westküste Irlands ist **einer der spektakulärsten Küstenstreifen der Erde** und seit jeher bei Touristen beliebt. 2013 erklärte das irische Fremdenverkehrsamt die Strecke zur **weltlängsten Küstenroute** und rief den *Wild Atlantic Way* ins Leben. Die Strecke umfasst **2500 km** Küstenstraße und zieht sich von Donegal an der Westküste entlang bis nach West Cork, bzw. umgekehrt. Die Strecke ist ausgeschildert und mit einer blauen Zickzack-Welle gekennzeichnet. Unterwegs gibt es 188 so genannte **Discovery Points** (Entdeckungspunkte) mit besonders interessanten Aussichtspunkten oder anderen sehenswerten Attraktionen. Der *Wild Atlantic Way* ist in **sechs Regionen** unterteilt:

- **Northern Headlands** – von Malin Head in Norddonegal bis Donegal Town
- **The Surf Coast** – von Donegal Town über die Sligo-Küste bis nach Erris in Mayo
- **The Bay Coast** – von Erris entlang der Connemara-Küste bis nach Galway City
- **The Cliff Coast** – von Galway City vorbei an den Cliffs of Moher, der Shannon-Mündung und der Mondlandschaft des Burren bis nach Ballybunion in County Kerry
- **Southern Peninsulas** – die fünf Halbinseln von Ballybunion bis West Cork
- **The Haven Coast** – von Bantry über Skibbereen bis Kinsale

Zur genaueren Reiseplanung ist die Webseite **www.wildatlanticway.com/wild-atlantic way** zu empfehlen.

Praktische Tipps

Tourist Information

- Emmet Place, Tel. (021) 4772243.
- **www.kinsale.ie**

Unterkünfte

- **Acton's Hotel**⑤, Pier Road, Tel. (021) 4779900, https://actonshotelkinsale.com; das älteste Hotel des Ortes, direkt am Hafen, mit Schwimmbad und Fitnessstudio.
- **Blue Haven Hotel**⑤, 3 Pearse Street, Tel. (021) 4772209, https://bluehavenkinsale.com; preisgekröntes, luxuriöses Boutique-Hotel im Ortszentrum.
- **Trident Hotel**④-⑤, World's End, Tel. (021) 4779300; https://tridenthotel.com, modernes Hotel direkt am Wasser, mit eigenem Yachthafen und Restaurant im Haus.
- **The Old Presbytery**④-⑤, 43 Cork Street, Tel. (021) 4772027, https://oldpres.com; sehr stilvolle und gemütliche Zimmer in einem restaurierten ehemaligen Pfarrhaus aus dem 18. Jh., einige Zimmer haben Whirlpool-Badewannen.
- **Rockview Bed and Breakfast**②-④, The Glen, Tel. (021) 4773162; die beliebte Unterkunft liegt an der Hauptstraße nur wenige Schritte vom Zentrum entfernt.
- **The Olde Bakery**②, 56 Lower O'Connell St., Tel. (021) 4773012, https://theoldebakerykinsale.com; freundliches *B & B* in einer ehemaligen Bäckerei, zentral gelegen.
- **Danabel B & B**③, Featherbed Lane, Tel. (021) 4774087, https://danabel.com; sehr freundliche und hilfsbereite Gastgeber, gutes Frühstück, nur wenige Gehminuten vom Zentrum.
- **Campingplatz** *Garrettstown House Holiday Park*, Tel. (021) 4778156, www.garrettstownhouse.com; 12 km südwestlich an der R 600, familienorientiert (mit Kinder-Disco, Kinderclub, Boules etc.).

Restaurants und Pubs

- **Man Friday**②-③, Tel. (021) 4772260, www.manfridaykinsale.ie; liegt am Weg zum Charles Fort. Tafeln mit Blick auf den Hafen und über das Meer, Fisch- und Fleischgerichte, internationale Küche.
- **Bastion Restaurant**②-④, Market Street/Main Street, Tel. (021) 4709696, www.bastionkinsale.com; beliebtes Restaurant in der Ortsmitte mit gehobener, moderner Küche, interessante Geschmackskombinationen, Kinder sind nur bis 19 Uhr erwünscht, es gibt keine Kindermenüs und -sitze.
- **The Flying Poet**①, 44 Main Street, Tel. (085) 2635431, https://flyingpoet.ie; das Café wurde von einem pensionierten Piloten gegründet, der seine Liebe zum früheren Beruf mit zahlreichen Sammlungsstücken zur Schau trägt, leckerer Kuchen, Sandwiches und Salate in gemütlicher Atmosphäre – was braucht man mehr?
- **Finn's Table**③-④, 6 Main Street, Tel. (021) 4709636, https://finnstable.com; gehobene regionale Küche in gemütlicher Atmosphäre.
- **Max's Wine Bar**②-③, Main Street, Tel. (021) 4772443, https://maxs.ie; riesige Auswahl an frischen Fischgerichten und Meeresfrüchten, auch separate Speisekarte für vegetarische/vegane/glutenfreie Gerichte (vorher anmelden).
- **The Supper Club**②-③, 2 Main Street, Tel. (021) 4709233, www.thesupperclub.ie; viel Fisch und Meeresfrüchte, aber auch Steaks und ein paar vegetarische Gerichte, riesige Wein- und Whiskeykarte sowie Cocktails.
- **The White House Restaurant and Bar**③, Pearse Street, Tel. (021) 4772125, https://whitehouse-kinsale.ie; Kinsales ältestes *fully licensed restaurant*, gute Steaks, Fisch und Meeresfrüchte, aber auch ausgefallenere Gerichte.
- **The Spaniard**②-③, Scilly, auf halbem Weg zum Charles Fort gelegen, Tel. (021) 4772436, www.thespaniard.ie; traditionsreiche Taverne mit kleiner Speisekarte, oft Live-Musik.
- **The Greyhound,** Marian Terrace, Tel. (021) 4772889; Pub mit einer absolut winzigen Theke.

■ **The Folk House**①, Guardwell, Tel. (021) 477 2382, www.folkhousevenue.com; Pub und Nachtclub, regelmäßig Live-Musik, auch kleine Gerichte, sehr gemütliche, rustikale Einrichtung.

■ **Jim Edward's**②-③, Market Quay, Tel. (021) 4772541, https://jimedwardskinsale.com; schöner großer Pub, der die maritime Tradition des Landes hochhält, mit angeschlossenem Restaurant.

Stadtführungen

Alle Stadtführungen können auch beim *Tourist Office* gebucht werden.

■ **Dermot Ryan's Heritage Town Walks,** Tel. (086) 8267656 oder (021) 4772729, www.kinsaleheritage.com, Touren tgl. 10.30, Start am Tourist Office, 5 €, Kinder frei.

■ **Don & Barry's Kinsale Historic Stroll,** Tel. (087) 2500731, www.historicstrollkinsale.com; März–Okt. tgl. 11.15 Uhr, Mai–Sept. auch 9.15, Start am Tourist Office, Erwachsene 8 €.

Kinsale Ghost Tours, Tel. (086) 3498578, https://corkhenparty.ie/services/ghost-tours, Apr.–Ende Sept. So–Fr 21 Uhr, Start an der *Tap Tavern* in der Nähe der St. Multose Church (9 Guardwell); Erwachsene 12 €, Kinder 6 €, eher lustig, durchaus für Kinder geeignet.

Hochseeangeln

■ **Informationen** im *Tourist Office.*

■ **Kinsale Deep Sea Angling,** 1 Rampart Lane, Tel.: (021) 2429000 und (085) 8631000, in der Saison je nach Wetter täglich.

Verbindung

■ **Busse** mehrmals täglich von Cork.

Skibbereen

Die Route verlässt Kinsale in westlicher Richtung und verläuft über die R 600 und danach über die N 71 auf das Städtchen Skibbereen (ca. 2800 Einwohner Einwohner) zu. Der Ort ist Versorgungszentrum und Administrationssitz von West Cork.

Samstags gibt es von 9.30–14 Uhr einen bunten **Bauernmarkt** auf dem Marktplatz (The Fairfield). In der Main Street ist das **West Cork Arts Centre** (https://westcorkartscentre.com), in dem Kunstausstellungen sowie Musik-, Tanz- und Theateraufführungen stattfinden.

In den Gebäuden des alten Gaswerks wurde ein **Besucherzentrum** eingerichtet, in dem man eine Ausstellung über die große Hungersnot in Irland Mitte des 19. Jh. ansehen kann. Hier bekommt man auch ein Infoblatt über den *Skibbereen Trail,* einen selbst geführten Stadtrundgang, in dem auch auf den **Abbeystrewery Cemetery** hingewiesen wird, einen Friedhof, in dem die Opfer der Hungersnot in Massengräbern beigesetzt wurden. Skibbereen eignet sich auch gut als Standquartier für sehr empfehlenswerte Ausflüge zur **Mizen-Halbinsel.**

■ **Skibbereen Heritage Centre,** *Old Gas Works,* Upper Bridge Street, Tel.(028) 40900, https://skibbheritage.com, Mai–Sept. Mo–Sa 10–18 Uhr, Mitte März–Apr. und Okt. Di–Sa 10–18 Uhr, Nov.–Mitte März Do und Fr 10–17 Uhr; Erwachsene 6 €, Senioren/Studierende 4,50 €, Familien (2 Erw. und bis zu 4 Kinder) 14 €.

Praktische Tipps

Tourist Information

- North Street, Tel. (028) 21489.
- **https://skibbereen.ie**

Unterkünfte

- **West Cork Hotel**③-④, Ilen Street, Tel. (028) 212 77, https://westcorkhotel.com; klassisch eingerichtete Zimmer in einem Haus direkt am Fluss.
- **Ilenroy House**②, 10 North Street, (028) 22193 und (028) 22751, https://ilenroyhouse.com; kleines, preiswertes *B & B* am Fluss, nur Kartenzahlung.

Restaurants und Pubs

- **Riverside Café**①-②, North Street, Tel. (028) 40090, www.riversideskibbereen.ie; beliebtes Restaurant direkt am Fluss gelegen mit schöner Terrasse, international angehauchte irische Küche, gut zum Frühstücken.
- **Kalbo's Café**①-②, 26 North Street, Tel. (028) 21515, https://kalbos.ie; mit Snacks und warmen Gerichten aus vorwiegend regionalen Zutaten.
- **The Church Restaurant**②-③, Bridge Street, (028) 23625, https://thechurchrestaurant.ie; internationale Küche in außergewöhnlichem Ambiente: man speist in einer ehemaligen Kirche unter riesigen Kronleuchtern. Im Sommer kann man auch draußen sitzen.

Verbindung

- **Busse** täglich von Cork, Killarney, Bantry, Glengarriff, Kenmare, Schull, Baltimore.

Lough Hyne

Nicht versäumen sollte man einen Ausflug von Skibbereen in das 16 km weiter südwestlich gelegene **Baltimore,** zu dem die R 595 führt. Vorher lohnt aber noch ein Abstecher zum **Lough Hyne** (auch *Ine* geschrieben). Dazu biegt man etwa 3 km hinter dem großen Kreisverkehr im Süden von Skibbereen links auf eine Straße ab (ausgeschildert nach Lough Hyne und mit einem *Wild-Atlantic-Way*-Zeichen), die nach etwas mehr als 3 km zum Ziel führt. An den Ufern des blaugrünen **Salzwassersees,** der von dunklen Wäldern umgeben ist, kann man schöne Spaziergänge unternehmen oder auch in Ruhe und Beschaulichkeit picknicken.

Die Region rund um den Lough ist ein *Nature Reserve,* ein Naturschutzgebiet, mit einem **einzigartigen Ökosystem.** Der See ist durch eine natürliche Klippenbarriere vom offenen Meer getrennt; bei Hochwasser jedoch oder während einer Springflut schwappt Salzwasser über dieses Hindernis und füllt den Lough Hyne auf. Durch Verdunstung entsteht ein sehr hoher Salzgehalt. Das 60 ha große Gewässer ist ca. 50 m tief und enthält seltene Mikroorganismen sowie eine einzigartige Flora und Fauna. Am Parkplatz, einem *Wild Atlantic Way Discovery Point,* zeigt eine Schautafel die wichtigsten Tiere und Pflanzenarten und gibt Erklärungen zu diesem Ökosystem.

Vom See aus muss man nicht zur Hauptstraße zurückkehren, sondern kann auf nicht klassifizierten, schmalen Straßen nach Baltimore gelangen.

320irl he

Baltimore

Baltimore (etwas mehr als 300 Einwohner) liegt auf der Spitze einer ins Meer reichenden Landzunge und hat einen winzigen Hafen (auch dies ein *Wild Atlantic Way Discovery Point*), wenige buntbemalte Häuschen im Ortszentrum, ein oder zwei Lebensmittelläden sowie eine kleine, auf Yachten spezialisierte Bootswerft.

Das Dörfchen erfreut sich großer Beliebtheit bei **Hobbyseglern** und **Hochseeanglern.** Überdies verkehren von hier aus **Fähren** zu den in der Roaring Water Bay gelegenen Inseln **Sherkin Island** (https://sherkinferry.ie) und **Cape Clear Island** (https://capeclearferries.com).

Baltimore eignet sich – vor allem in der Vor- und Nachsaison – mit seiner anheimelnden Puppenstubenatmosphäre vorzüglich, um Ruhe zu finden.

Oberhalb des Hafens findet man die **Ruinen des O'Driscoll Castle,** das im Jahre 1537 von Truppen aus Waterford eingenommen und geschleift wurde; damit nahm man den Piraten der *O'Driscoll*-Familie ihre Trutzburg.

Alljährlich, am letzten Wochenende im Mai, findet im Örtchen das **Seafood Festival** statt. Dabei kommen nicht nur Austern, Krabben, Hummer, Garnelen und Muscheln auf die Tische der Lokale, sondern es treten auch Musikgruppen auf, die traditionellen *Irish Folk,* aber auch Jazz zu Besten geben.

Praktische Tipps

Unterkünfte

■ **Rathmore House**①-②, Tel. (028) 20362, https://baltimorebb.com; imposantes Haus im georgianischen Stil, an der R595 etwas außerhalb des Ortes.

■ **Channelview B & B**②, Church Strand, Tel. (028) 20440 und (086) 4004887, https://channelviewbb.com; an der R595 kurz vor dem Ortseingang, wie der Name schon sagt: gute Aussicht übers Wasser.

■ **Rolf's Country House**②-③, Tel. (028) 20289, https://rolfscountryhouse.com, von Deutschen (den *Haffners*) geführtes Gästehaus auf dem Hügel nah am Ortskern, Übernachtung mit kontinentalem Frühstücksbuffet, auch Cottages für 4–5 Personen wochenweise in der Hauptsaison und für mind. zwei Tage in der Nebensaison erhältlich, angeschlossenes Restaurant.

Restaurants und Pub

■ **Casey's of Baltimore**②-③, am Ortseingang, Tel. (028) 20197, https://caseysofbaltimore.com; Seafood und Fleischgerichte.

■ **The Algiers Inn**②, Main Street, oberhalb des Hafens, Tel. (028) 20145, https://thealgiersinn.ie; Tacos, Burger aber auch Fisch und Muscheln, mit Biergarten.

■ **Dede at the Customs House**④-⑤, Customs House, Main Street, Tel. (028) 48248, https://customshousebaltimore.com; das Sterne-Restaurant überrascht mit kulinarischen Kreationen aus lokalen Zutaten.

■ **Bushe's Bar**①, direkt am Hafen, Tel. (028) 20125, https://bushesbar.com; auch Sandwiches und kleine Gerichte, Treffpunkt der Segler und Angler.

Verbindung

■ **Busse** mehrmals täglich von Skibbereen.

☒ Im beschaulichen Dorf Baltimore findet man Ruhe und Erholung

Umgebung von Baltimore

Sherkin Island

Je nach Wetterlage und Passagieraufkommen verkehrt von Baltimore aus mehrmals am Tag eine Fähre nach Sherkin Island (https://sherkinferry.ie). Wegen der kurzen, nur wenige Minuten dauernden Überfahrt lohnt sich ein Inselbesuch auch als Tagesausflug. Das Eiland ist ca. 5 km lang und 2,5 km breit. Die Insel hatte Mitte des 19. Jh. mehr als 1000 Einwohner. Dann ging die Einwohnerzahl stetig bergab und erreichte um 1980 mit nur noch wenig über 50 ein Minimum. Inzwischen wohnen aber wieder mehr Menschen auf der Insel, seit der letzten Zählung aus dem Jahr 2016 sind es wieder deutlich mehr als 100.

Niedriges Gestrüpp und wilder Rhododendron wachsen zwischen Felsbrocken. Vier nette **Sandstrände** locken zum Schwimmen.

Auf Sherkin Island finden sich ebenfalls die **Reste einer Burg** der räuberischen *O'Driscoll-Familie;* bei der Zerstörung des Bollwerks rissen die Eroberer auch gleich die Gebäude eines kleinen Franziskanerklosters mit ein.

Die kleine Insel hat auch neben der Natur viel zu bieten. Mittlerweile haben einige **Künstler** und **Kunsthandwerker** die Insel zu ihrer Heimat gemacht. Man findet auf Sherkin eine beachtliche Anzahl an Studios, die man besuchen kann: Malerei, Fotografie, Skulptur, aber auch Textilkunst, Lederverarbeitung und Schmuckhandwerk sind vertreten. Jedes Jahr im Juni findet *Sherkin Gathering,* ein **Kunstfestival** statt, aber auch sonst gibt es zahlreiche Workshops, Ausstellungen, Musik- und Theaterveranstaltungen sowie im Juli eine Regatta.

Im **Insel-Pub** *Jolly Rogers* kennt man aufgrund fehlender Ordnungshüter keine Sperrstunde, es finden *Folk Sessions* bis in die tiefe Nacht statt (Tel. (085) 1412503, außerhalb der Hochsaison nur Fr–So, im Winter geschlossen). Eine **Unterkunft** findet man im:

- **Sherkin North Shore④**, Tel.: (083) 3580819; besonders schöne Lage direkt am Meer am Ende einer Sackgasse.

Informationen

- **www.sherkinisland.ie**

Cape Clear Island

Ungefähr eine Stunde dauert die Überfahrt (mehrfach täglich ebenfalls von Baltimore, https://capeclearferries.com) zum 5 km langen und 2 km breiten Cape Clear Island, das aufgrund seiner besseren touristischen Infrastruktur im Sommer wesentlich mehr Besucher verkraften muss als Sherkin Island.

Etwa die Hälfte der über 125 Einwohner sprechen untereinander noch hauptsächlich Gälisch, die Insel gehört zu den so genannten **Gaeltacht-Gebieten,** in denen die irische Sprache offiziell das dominante Kommunikationsmittel ist. Verkehrsschilder sind einsprachig irisch.

Berühmt ist Cape Clear Island auch für sein **Bird Observatory** (https://birdwatchireland.ie/our-work/cape-clear-bird-observatory), das 1959 von Hobby-Ornithologen gegründet wurde und heute interessierten Vogelbeobachtern exzellente Studienmöglichkeiten bietet. Das Observatorium bietet auch regelmäßig Führungen über die Insel an zur Vogelbeobachtung an. Nirgendwo sonst in Irland hat man die Möglichkeit, derartig vielen Seevögeln, etwa dem Sturmtaucher, Trottellumme, Basstölpel, Eissturmvogel und der Dreizehenmöwe, in heimischer Umgebung zuzuschauen.

Während der Sommermonate kommen viele irische Schulkinder zu den **irischen Sprachkursen** auf die Insel.

Anfang September lohnt das **International Storytelling Festival** (https://capeclearstorytelling.com) eine Überfahrt; dabei kann man Geschichtenerzählern lauschen, es kommen aber auch Musikdarbietungen zur Aufführung.

Ein kleines Museum, das **Heritage Centre** (ausgeschildert, www.capeclearmuseum.ie), vermittelt mit seinen Exponaten einen Eindruck zur Fischfang- und Seetradition der Insel. Auch auf diesem Eiland unterhielt übrigens der Piraten-Clan der *O'Driscolls* eine Befestigungsanlage. Stolz sind die Bewohner von Cape Clear, dass der *hl. Kieran,* ein Weggenosse des *hl. Patrick* und Abt des großen Klosters Clonmacnoise, auf der Insel geboren wurde.

Praktische Tipps

Unterkünfte

- **Cape Clear Bird Observatory①**, Tel. (01) 2819 878, https://birdwatchireland.ie/our-work/cape-clear-bird-observatory, einfache, aber gemütliche und preiswerte Unterkunft für max. sieben Selbstversorger im Bird Observatory, es gibt eine Küche, ein Esszimmer und eine Bibliothek.
- **Ard na Gaoithe②**, South Harbour, Tel. (028) 39160, https://capeclearbandb.ie; Unterkunft in ei-

nem Cottage auf einem Bauernhof, gemütlich und schön gelegen, unbedingt im Voraus buchen.

■ **Campingplatz Chléire Haven**①-③, Tel. (028) 39982, https://yurt-holidays-ireland.com; Übernachtung in einer Jurte (traditionelles Zelt aus der Mongolei), in einem Tipi (Zelt der Ureinwohner Nordamerikas) oder im eigenen Zelt. Eine Vorausbuchung ist notwendig.

Pub/Restaurant

■ **Cotter's Pub,** am Nordhafen (North Harbour), serviert kleine Mahlzeiten.

■ **Sean Rua's Seafood Restaurant and Pizzeria** ②-③, North Harbour; wie der Name schon sagt, gibt es vor allem frischen Fisch und Meeresfrüchte sowie eine Auswahl an Pizzavariationen.

Mizen-Peninsula

Von Baltimore geht es zurück nach Skibbereen und dann weiter über die N 71 in Richtung Ballydehob. Wer aus Zeitgründen keine Rundfahrt auf der Mizen-Halbinsel unternehmen möchte, folge der N 71 weiter bis Bantry.

Ein Besuch auf der Halbinsel lohnt sich vor allem bei schönem Wetter. Die Straße windet sich am Meer entlang und führt durch **hübsche Dörfer.** Von großem Vorteil erweist sich, dass die Mizen-Landzunge touristisch nicht überlaufen ist. Ganz besonders empfiehlt sich eine **Radtour** (Verleihstellen in Skibbereen, Schull und Bantry, von Skibbereen entlang der Mizen-Halbinsel bis Bantry ca. 120 km; von Schull, inklusive Mizen-Peninsula, ca. 70 km).

Auf der Mizen-Peninsula gibt es eine Ansammlung **prähistorischer Steinmonumente,** die sich meistin entlegenen Bergregionen befinden, oft mit einem schönen Ausblick auf die Landschaft.

Ballydehob

Ballydehob ist ein Ort, an dem und in dessen Umgebung sich **Künstler** aus aller Welt niedergelassen haben, deren Ateliers von Interessenten besucht werden können. Viele „Aussteiger" haben sich hier ein Zuhause eingerichtet. Im Örtchen gibt's viele Pubs und Cafés. Am östlichen Ortseingang befindet sich eine alte Eisenbahnbrücke über die Flussmündung. Ein Aufenthalt lohnt sich schon wegen der schönen Umgebung. Die Küste ist zu Fuß oder mit dem Rad über kleine Straßen erreichbar. Nordöstlich des Ortes befinden sich **geologische Steinformationen.**

Praktische Tipps

Restaurants

■ **Budds Restaurant**②, Main Street, Tel. (028) 25842, www.budds.ie; leckere, moderne Küche, die Wert auf regionale Zutaten und Nachhaltigkeit legt, es gibt auch vegetarische und vegane Optionen.

■ **Antonio's Ristorante & Pizzeria**②, Main Street, Tel. (028) 37139, https://antonioristorante.ie, gute italienische Küche.

Pub

■ **Levi's Cornerhouse,** Main Street, Tel. (028) 37118 und (086) 8370518, https://leviscornerhouse.com; sehenswerter Pub im Stil eines alten Gemischtwarenladens, in den Regalen stehen Packungen aus alten Zeiten, regelmäßig Live-Musik.

Schull

In Ballydehob zweigt die R 592 in südwestlicherlicher Richtung von der N 71 nach Schull ab. Es geht durch eine Heidelandschaft mit niedrigen Flechten und Sträuchern zwischen oft riesigen Felsbuckeln, rechts und links der Straße blüht je nach Jahreszeit gelber Ginster.

Schull (knapp 700 Einwohner) ist das Geschäftszentrum auf der Mizen-Halbinsel. Von dem attraktiven Marktflecken verkehrt ebenfalls täglich während der Sommermonate eine Fähre nach **Cape Clear Island** (vgl. Baltimore, Umgebung).

Von Schull Harbour starten Boote mit **Hochseeanglern,** wann immer das Wetter es zulässt. Nördlich des kleinen Ortes überragt der 407 m hohe **Mount Gabriel** die Mizen-Peninsula, und in der Umgebung finden sich eine Anzahl verlassener bronzezeitlicher **Kupferminen.**

Die Attraktion des Ortes allerdings stellt das **Planetarium** dar, das von einem deutschen Industriellen finanziert wurde. Beste *Leitz*-Optik zaubert den irischen Sternenhimmel auf ein künstliches Firmament. Außerdem gibt es sonntags vormittags den beliebten **Country Market** mit Produkten aus der Region.

■ **Schull Planetarium,** Tel. (028) 28315/28552, www.westcorkweb.ie/planetarium; Öffnungszeiten variieren; Erwachsene 6 €, Kinder/Studierende/Senioren 4 €, Familienkarte 18 €.

Praktische Tipps

Unterkünfte

■ **Sea View B & B**②-③, Cooradarrigan, Tel. (086) 0763045, www.seaviewschull.com; etwas nordöstlich vom Zentrum mit schönem Blick über die Bucht.

■ **Schull Harbour Hotel**③, Main Street, Tel. (028) 28801, https://schullharbourhotel.ie; im Zentrum mit schönem Blick über die Bucht, auch Selbstversorger-Apartments.

Pub/Restaurants und Café

■ **Nickie's Kitchen**①-②, East End, Main Street, Tel. (028) 00000, www.nickieskitchen.com; nettes Tagescafé (Sa auch abends) mit einer guten Auswahl an herzhaften und süßen Leckereien, auch für Vegetarier geeignet.

■ **The Bunratty Inn**①-②, Main Street, Tel. (028) 28341; gute *Bar Meals,* regelmäßig Live-Musik.

■ **Hackett's Bar**①-②, 48 Main Street, Tel. (028) 28625; gutes Essen, viel Livemusik.

Wandern

■ Sehr lohnenswert, allerdings nur bei klarem Wetter, ist eine Wandertour zum Gipfel des 407 m hohen **Mount Gabriel;** von Schull aus hin und zurück ca. 15 km; für die Anstrengung wird man reichlich durch einen fantastischen Rundblick vom meist sehr windigen Gipfel belohnt. Mehr Infos zu den Wanderwegen um Schull unter https://explorewestcork.ie/walking/schull-walks.

Verbindung

■ **Busse** mehrmals täglich von Skibbereen, Cork, Bantry, Glengarriff.

Altar Wedge Tomb

Von Schull geht es auf der R 592 weiter Richtung Westen. Rechts und links der Straße ragen nun wieder mächtige Felsbuckel auf, dazwischen wachsen genügsame Flechten und Heidekräuter. Etwa 7,5 km hinter Schull erreicht man auf der linken Seite der Straße einen kleinen Parkplatz *(Wild Atlantic Way Discovery Point)* mit Picknickbank und -tisch und schönem Blick auf das Meer. Er gehört zu dem **Altar Wedge Tomb,** einem noch gut erhaltenen Keilgrab aus der frühen Bronzezeit um 2000 v. Chr. Das Keilgrab gilt als gutes Beispiel für zahllose weitere Gräber dieser Art in der Region.

Crookhaven

Vom Parkplatz geht es auf der R 592 weiter. Nach gut 1 km geht die R 592 in die R 591 über und man folgt weiter der Richtung nach Crookhaven. In der Streusiedlung **Goleen** kann man einen Stopp in einem der Restaurants oder Pubs einlegen. Hinter dem Ort mutet das Landschaftsbild nun halbalpin an und steht im Kontrast zu den Wellen des nahen Meeres. Vereinzelt grasen Schafe zwischen den großen Granitblöcken. Kurz vor Crookhaven fährt man an zwei schmalen, halbkreisförmigen Sandstränden vorbei, an denen sanft die Meereswogen auslaufen. Crookhaven – einige wenige Häuser rechts und links der einzigen Straße sowie ein winziger Pier – liegt auf einer Nehrung; im Osten brandet das Meer an, im Norden gibt es eine ruhige Lagune.

Im Dörfchen gibt es den **Crookhaven Harbour Segelclub,** der im Sommer Kurse anbietet (www. crookhavenhsc. com).

Restaurant und Unterkunft

■ **Crookhaven Inn**②, Tel. (028) 35309; kleines Lokal in einem schönen Steinhaus, besonders empfehlenswert sind die Gerichte mit Fisch und Meeresfrüchten.

■ **O'Sullivan's Bar**②, Tel. (028) 35319; bei schönem Wetter kann man draußen direkt am Wasser sitzen und mit etwas Glück Delfine beobachten.

■ **Nottage's Restaurant**②-③, Tel. (028) 359 63; empfehlenswertes Restaurant mit gutem Preis-Leistungs-Verhältnis.

■ **Barley Cove Holiday Park**①, Tel. (028) 35302, kurz vor Crookhaven.

Mizen Head

Weiter geht es auf nun sehr schmalen Sträßchen zum südlichsten Punkt Mizen Head. Unterwegs passiert man **Barley Cove:** ein wunderbarer breiter Sandstrand in einer schönen Bucht. Wer zum Strand möchte, kann dies von einem größeren Parkplatz *(Wild Atlantic Way Discovery Point)* tun, von dem ein kurzer Fußweg hinführt. Hinter dem Parkplatz überquert man auf einem Damm eine Lagune, auf der sich zahlreiche Wasservögel zeigen, und fährt an deren Ende links. Nur wenig weiter endet die Straße, von der man nochmals atemberaubende Ausblicke genießen kann: am großen Parkplatz am **Mizen Head.**

Hier steht man rund 230 m über der See und hat – bei klarem Wetter – einen prächtigen Ausblick. Am Parkplatz befindet sich das kleine **Mizen Head Signal Station Visitor Centre.** Vom Besucherzentrum aus, in dem man etwas über Geschichte und Natur der Umgebung erfährt, geht es über Treppen und eine spektakuläre Brücke, die über einen

321irl he

Felsabgrund führt, zum Leuchtturmwärterquartier. Dort sind mehrere **Aussichtspunkte** eingerichtet, von denen man einen einmaligen Panoramablick genießen kann. Bei guter Sicht kann man weit über das Meer blicken und sogar den in mehr als 20 km Entfernung stehenden Leuchtturm auf dem **Fastnet Rock** sehen, der mit 54 m der höchste Leuchtturm Irlands ist.

Wandern

Wer Bewegung möchte, sollte eine Wanderung in Richtung Norden entlang der Dunlough Bay zum **Three Castle Head,** dem nördlichen Kap der Halbinsel unternehmen. Vom Besucherzentrum führt ein anspruchsvoller **Klippenpfad** zum Kap, wo einen eine raue Wildnis und die Ruinen einer **Burg** in einsamer, traumhaft schöner Landschaft erwarten. Die Tour sollte aber nur bei gutem Wetter und entsprechender Ausrüstung und Erfahrung unternommen werden.

■ **Mizen Head Visitor Centre,** Goleen, Tel. (028) 35000 oder im Sommer 35115, https://mizenhead.ie, Juni–Aug. tgl. 10–18 Uhr, Sept., Okt., April, Mai tgl. 10.30–17 Uhr, Nov.–März nur an Wochenenden 11–16 Uhr (kann bei stürmischem Wetter geschlossen sein); Erwachsene 7,50 €, Studierende/Senioren 6 €, Kinder (5–13 J.) 4,50 €, Familienkarte 25 €.

Nur für Schwindelfreie: die Überquerung der Brücke am Mizen Head bietet ein sehr spannendes Naturerlebnis bei 230 m über der See

Durrus

Vom Mizen Head geht es nun an der Westseite der Halbinsel gen Nordosten nach Durrus. Die schmalen Straßen treffen bald auf die R 591, und während man an der Dunmanus Bay entlangfährt, hat man schöne Blicke auf die gegenüberliegende **Sheep's Head-Peninsula.** Am Ende der Bucht liegt Durrus, ein Dorf mit etwa 300 Einwohnern. Käseliebhabern könnte der Ort bekannt sein, kommt hier doch der **Durrus Farmhouse Cheese** (https://durruscheese.com) her, ein cremiger Rohmilchkäse mit, je nach Alter, mildem bis starkem Geruch. Wer es eilig hat, fährt von Durrus weiter auf der R 591 nach Bantry. Allen anderen sei die Erkundung der **Sheep's Head Halbinsel** dringend empfohlen. Dazu biegt man hinter der Brücke am Ortseingang links auf den **Sheeps Head Drive** (L 4704 Richtung Kilcrohane) ab.

Sheep's Head

Sheep's Head ist die kleinste der fünf Halbinseln im Südwesten Irlands. Die raue, ursprüngliche Halbinsel gehört zu den am dünnsten besiedelten Regionen Irlands und ist vom Massentourismus bis heute verschont geblieben. Sie bietet wenig Infrastruktur und wird vor allem von Naturliebhabern und Wanderern aufgesucht.

Bis Ahakista verläuft der Sheep's Head Drive immer mehr oder weniger nahe am Ufer der Dunmanus Bay mit schönem Blick auf die südlich gelegene Mizen Halbinsel.

Kurz vor Ahakista kann man von einem kleinen Parkplatz auf der linken Seite zu einer **Gedenkstätte** gehen, die an ein schreckliches Flugzeugunglück erinnert. Im Juni 1985 explodierte an Bord einer *Air India Maschine* in 10.000 m Höhe eine Bombe. Die Maschine stürzte südwestlich Irlands in den Atlantik. Keiner der 329 Insassen überlebte das Unglück.

Gleich dahinter gelangt man nach **Ahakista,** eine kleine, gepflegte Siedlung mit einem Hafen und der empfehlenswerten Bar *Arundel's by the Pier,* wo man zu fairen Preisen vor allem Fisch und Meeresfrüchte serviert bekommt.

Weiter geht es nach **Kilcrohane.** Das kleine Dorf (ca. 100 Einwohner) ist so etwas wie der Hauptort der Halbinsel, immerhin gibt es hier eine Kirche, eine Tankmöglichkeit, einige Geschäfte, Restaurants und Pubs und eine Unterkunft im *Bridge View House* (www.bridgeviewhouse.com). Kilcrohane ist die letzte Siedlung vor dem Kap.

Die Straße, die nun stellenweise sehr schmal ist, führt weiter nach Südwesten. Nach 10 km endet sie an einem asphaltierten Parkplatz nur unweit vom **Kap** entfernt. Im kleinen Café *Bernie's Cupan Tae* kann man sich stärken

Am Parkplatz beginnen mehrere vorbildlich markierte, aussichtsreiche **Wanderwege:** Einer der schönsten ist die etwa 4 km lange Rundwanderung zum Leuchtturm. Das schneeweiße Seezeichen steht etwas versteckt hinter Felsen und wurde in die Steilklippen am äußersten Ende der Halbinsel gebaut. Von ihm kann man wunderbar **Basstölpel** bei der Jagd beobachten. Die Vögel sind Stoßtaucher, die aus einer Höhe von bis zu 50 m mit angelegten Flügeln wie ein

322irl he

Torpedo mit Geschwindigkeiten bis zu 100 km/h ins Wasser schießen und zielgenau einen Fisch erbeuten. Ein faszinierendes Schauspiel.

Ein weiterer Weg führt vom Parkplatz auf einen Pfad in östlicher Richtung auf den 239 m hohen Ballyroon Mountain, den man schon nach etwas mehr als 500 m erreicht. Auch wenn der Berg nicht sehr hoch ist, hat man von ihm doch eine wunderbare Aussicht.

Als Letztes sei noch der 175 km lange Sheep's Head Way genannt. Der **Langstreckenwanderweg** verläuft ebenfalls um das Kap.

▲ In den Fischgeschäften von Bantry findet man die begehrten *Bantry Oysters*

Seefin Viewpoint

Vom Parkplatz am Kap geht es bis Kilcrohane auf derselben Strecke wieder zurück. Dort fährt man vor der Kirche links Richtung Goat's Path. Schneller, aber nicht schöner, geht es, wenn man hier weiter geradeaus über Durres bis nach Bantry fährt. Die einspurige Goat's Path Road (genügend Ausweichstellen sind vorhanden) führt auf einen Pass, den **Seefin Viewpoint,** zwischen dem Seefin Mountain im Osten und dem Caher Mountain im Westen.

Am Viewpoint *(Wild Atlantic Way Discovery Point)* angekommen, findet man zwei Parkplätze mit **wunderbarer Aussicht.** Vom ersten reicht der Blick nach Süden auf die Dunmanus Bay und die Halbinsel Mizen Head, auf dem anderen sieht man im Norden die Bantry Bay und die Beara-Halbinsel. Zwischen den beiden Parkplätzen trotzt auf **Finn Mac Cool's Seat,** einem exponierten Felsen, eine Marienstatue mit dem toten Christus dem hier meist stürmisch wehenden Wind.

Bantry

Hinter dem Pass geht es steil bergab und dann in Küstennähe weiter, bis man nach etwa 20 km in Bantry ankommt. Bantry (knapp 3000 Einwohner) liegt an der nach dem Städtchen benannten Bucht, wo der Golfstrom sich in Klima und Vegetation bemerkbar macht; milde Temperaturen lassen Palmen gedeihen.

Auf der dem Örtchen vorgelagerten Whiddy Island befand sich eine moderne **Ölverladestelle** an der große Tanker anlaufen konnten. 1979 explodierte ein französischer Tanker an dem Anleger, was 50 Menschen das Leben kostete und als *Betelgeuse Disaster* (nach dem Namen des Schiffs) in die Geschichte einging. *Gulf Oil,* die Firma, der das Öl-Terminal gehörte, stellte daraufhin den Betrieb ein. Heute gehört das Areal der irischen Regierung.

Neben dem Tourismus spülen auch die **Austernbänke** Geld in die Taschen der Bewohner; *Bantry Oysters* sind eine beliebte Vorspeise im gesamten County Cork.

Bantry ist ein kleiner Ort mit einer besonderen Atmosphäre, und ein Besuch lohnt sich vor allem freitags, am **Markttag** (großer Markt auf dem Wolf Tone Square jeden ersten Freitag im Monat, kleinerer Markt an den übrigen Freitagen). Dann locken viele Stände auch von Leuten, die nach Irland eingewandert sind und u.a. Biogemüse und Kunsthandwerk verkaufen.

Touristen-Attraktion ist das prachtvoll eingerichtete **Bantry House** mit seinem sehenswerten Garten.

1740 begann man mit dem Bau von Bantry House, das jedoch erst rund 100 Jahre später fertiggestellt wurde. Immer wieder mussten An- und Umbauten vorgenommen werden, damit die vielen Sammlerstücke, die der zweite Earl von Bantry auf seinen Reisen zusammentrug, auch dargestellt werden konnten.

Zu den **Kunstschätzen** gehören Mosaike aus Pompeji, kostbare Möbel im Chippendale-Stil, prachtvolle Wandteppiche und Gemälde sowie ein riesiger Kronleuchter aus Waterford-Kristall.

Hat man sich im *Tea Shop* von Bantry House mit dem exzellenten Kuchen gestärkt, sollte man an der Rückseite des Herrenhauses die 107 Stufen hochsteigen und den fantastischen **Panoramablick** genießen. Im Vordergrund liegt lang hingestreckt Bantry House, dahinter die Bantry Bay, die rechts und links von den Hügelzügen der Sheepshead- und Beara-Halbinsel eingefasst wird.

Man kann stilvoll in Bantry House übernachten, in dem Herrensitz ist ein **B & B**⑤, untergebracht.

■ **Bantry House,** Seafield, Tel. (027) 50047, https://bantryhouse.com; Mitte März–Okt. tgl. 10–18 Uhr; Erwachsene 14 €, Studierende/Senioren 11,50 €, Kinder 5 €, Familienkarte 33 €.

323irl he

Im Glengarriff Nature Reserve

Praktische Tipps

Tourist Information

- **The Old Courthouse,** Wolfe Tone Square, Tel. (027) 50229.
- **https://bantry.ie**

Unterkünfte

- **Westlodge Hotel**③, Bantry, Tel. (027) 503 60, https://westlodgehotel.ie; großes, schickes Hotel mit Schwimmbad am südwestlichen Ortsrand.
- **Maritime Hotel**③-④, The Quay, Tel. (027) 54700, https://themaritime.ie; luxuriöses Hotel mit einem Schwimmbad und Fitnessstudio am Quay, in zentraler Lage.
- **Edencrest**②-③, Glengarrif Road, Tel. (027) 51110, https://bantrybandb.com; kleines Haus mit gutem Blick über die Bucht, in Laufweite zum Ort.

Restaurants und Pubs

- **Organico Deli**①, 2 Glengarriff Road, Tel. (027) 51391, https://organico.ie; Bioladen mit Bäckerei, Getränke, Kuchen, Salate und Sandwich zum Mitnehmen.
- **The Fish Kitchen**②-③, New Street, (027) 566 51, https://thefishkitchen.ie; Fisch und Meeresfrüchte vom Feinsten.
- **The Snug**②, The Square, Tel. (027) 50057; gemütliche Kneipe mit Grillgerichten und regelmäßiger Live-Musik.
- **The Quays**②-③, Wolf Tone Square, Tel. (027) 50900; Pub mit guter Speisekarte.
- **Ma Murphy'**②, 7 New Street, Tel. (027) 50242; große Bierauswahl und Biergarten.
- **Anchor Tavern**②, New Street, Kneipe mit maritimem Ambiente, kleine Speisekarte.

Verbindung

- **Busse** von Cork, Skibbereen, Glengarriff, Killarney und Schull.

Glengarriff

Von Bantry geht es nun entlang der N 71. Auf der Strecke hat man bereits fantastische Ausblicke auf die Beara-Halbinsel und bekommt einen Vorgeschmack auf die landschaftlichen Höhepunkte.

Das bald erreichte, rund 1000 Einwohner zählende Örtchen Glengarriff hat die mildesten Wintertemperaturen in ganz Irland, und eine üppige **subtropische Vegetation** blüht und wächst entlang der Seefront: Palmen, Pinien, Eiben, Eukalyptusbäume, Rhododendren, Azaleen und Fuchsien.

Direkt am Ortseingang von Glengarriff befindet sich der kleine Pier, von dem aus man eine kurze Seefahrt zur vorgelagerten Insel **Garinish Island** unternehmen sollte (https://harbourqueen ferry.com, https://bluepoolferry.ie).

Ab 1910 brachte man Abertausende Tonnen Humuserde auf das karstige Eiland und gestaltete einen prachtvollen italienischen Garten; die ca. 15 ha große Blumeninsel kann seitdem Irlands schönsten Park aufweisen.

■ **Garinish Island,** Glengarriff, Bantry, Tel. (027) 63040, https://garinishisland.ie, Apr.–Sept. tgl. 10–16.30 Uhr, Okt.–Anfang Nov. 10–15.30 Uhr, Anfang Nov.–März geschlossen; Erwachsene 5 €, Senioren 4 €, Studierende/Kinder 3 €, Familien 13 €.

Ein Stückchen außerhalb von Glengarriff an der N 71 Richtung Kenmare lohnt das **Glengarriff Nature Reserve** (auch *Barley Wood* genannt) einen Besuch (ausgeschildert). Viele schöne Spazierwege und *Nature Trails* sowie viele Picknickplätze machen die Gegend zu einem beliebten Ausflugsziel. Vom höchsten Punkt aus sieht man am **Lady Bantry's Look-Out** (ausgeschildert) weit über die grandiose Landschaft.

■ **Glengarriff Nature Reserve,** Tel. (027) 63636, https://glengarriffnaturereserve.ie.

Praktische Tipps

Tourist Information

■ **https://visitglengarriff.ie**

Unterkünfte

■ **Casey's Hotel**⑤, The Village, Tel. (027) 63010, https://caseyshotelglengarriff.ie; familiengeführtes, traditionsreiches Haus mit Blick über die Bucht.

■ **Carraig Dubh House**②, Droumgarriff, Tel. (027) 63146; kleines, ruhiges Gästehaus mit toller Aussicht und schönem Garten, etwas außerhalb an der N71.

■ **Island View House**②-③, Monteen Sudder, Tel. (027) 63081 und (087)6855567, https://islandviewhouse.net; kleines, nettes B & B in Laufweite zum Ort mit reichlich und ausgezeichnetem Frühstück, mit Meerblick.

■ **Glengarriff Caravan and Camping Park**①, Castletownbere Road, Tel. (027) 63154, https://glengarriff-caravan-camping-park.business.site, 2 km westlich an der Straße nach Castletownbere, Bar mit regelmäßigen *Music Sessions* auf dem Platz.

Restaurants und Pubs

■ **Casey's Bar & Restaurant**②-③, The Village, im gleichnamigen Hotel im Ortszentrum, Tel. (027) 63010, https://caseyshotelglengarriff.ie; hauptsächlich Fisch- und Grillgerichte.

■ **MacCarthy's Bar**②-③, auch im Zentrum in einem Hotel, Tel. (027) 63000, https://glengarriff

park.com/dining/mac-carthys-bar; gute Speisekarte, Live-Musik am Wochenende.

Verbindung

■ **Busse** von Cork, Skibbereen, Schull, Bantry und Killarney.

Der Ring of Beara

Von Glengarriff nimmt man nun die R 572 in südwestlicher Richtung zur Beara-Rundfahrt. Der **Ring of Beara,** wie diese Strecke genannt wird, ist landschaftlich mindestens ebenso schön wie der berühmte *Ring of Kerry,* doch wird die Beara-Halbinsel vom *Irish Tourist Board* weniger beworben.

Zum einen fehlt weitgehend die touristische Infrastruktur, zum anderen können die großen Ausflugsbusse die schmalen Straßen nur schwer befahren. Das hat den Vorteil, dass der Beara-Ring nicht so kommerzialisiert ist wie der *Ring of Kerry;* vor allem außerhalb der Saison begegnet man kaum einem Menschen auf der Rundfahrt.

Schon hinter Glengarriff wird die Landschaft **extrem rau,** mächtige Felsbuckel ragen auf, dazwischen nur Flechten, niedrige Sträucher und Heidekraut. Man blickt auf zwei Bergspitzen, die jedoch zumeist in schweren grauen Wolken stecken. Überhaupt tragen die gewaltigen Wolkenformationen, die sich mit den Hügelketten verbinden, maßgeblich zur grandiosen Naturkulisse bei. Oft jagen auch, vom stürmischen Wind getrieben, Wolkenfetzen niedrig über die Straße. Dann wieder bricht die Sonne durch und scheint auf die karstigen Hochflächen.

324irl he

Nach wenigen Kilometern Fahrt passiert man den Weiler **Adrigole,** eine Streusiedlung ohne erkennbaren Ortskern. Hinter Adrigole dann ragen rechts der Straße steil die Felswände in die Höhe, während man nach links weit über das Meer blicken kann. Die schmale und kurvenreiche Trasse fordert höchste Aufmerksamkeit vom Fahrer, am Straßenrand grasen zudem Schafe mit ihren Lämmern.

Die *Hungry Hill Lodge* in Adrigole Harbour (Tel. (027) 60228, https://hungryhilllodgeandcampsite.com) bietet günstige Unterkunft in Zimmern, Block- und Steinhäusern, Pods und auf einem Campingplatz.

Castletownbere

Castletownbere (etwa 860 Einwohner) ist der Hauptort auf der Beara-Halbinsel und **einer der wichtigsten Fischerhäfen Irlands;** Trawler aus allen Nationen legen am Pier an, dicht an dicht und in mehreren Reihen ankern die Boote im Hafen. Die rostigen Kutter, das Geschrei der Möwen, die ruhig und mit sicherer Hand arbeitenden Fischer sowie der Geruch von Moder und Fisch geben dem Dörfchen eine klassische Hafenatmosphäre.

Wenige Kilometer südlich lohnt die **Ruine von Dunboy Castle,** 1602 von den Engländern zerstört, einen Besuch und lockt mit guter Aussicht.

Nahebei steht **Puxley Manor,** in dem einst der Betreiber der vielen Kupferminen herrschaftlich residierte. Rund um Castletownbere, vor allem jedoch bei Allihies (s.u.), stößt man auf **alte Kupferminenschächte.** *Daphne du Maurier* hat in ihrem Roman „Die Erben von Clonmere" (englischer Originaltitel: „Hungry Hill" – nach dem höchsten Berg der Beara-Halbinsel) die sozialen Nöte der Bergarbeiter und den Reichtum der Minenbesitzer literarisch verarbeitet.

Praktische Tipps

Tourist Information

- St. Peter's Church, Tel. (027) 70054.
- **https://bearatourism.com**

Unterkünfte

- **The Old Medical Hall B & B**②-③, Main Square, West End, Tel. (086) 1732606, https://theoldmedicalhall.com; gemütliches *B & B* im Haus einer ehemaligen Apotheke, unten gibt es eine Teestube.
- **Sea Breeze**③, Tel. (027) 70508, https://seabreez.com; großes, modernes B & B mit wunderbarer Aussicht in Laufweite zur Ortsmitte.

Restaurants und Pubs

- **Murphy's Restaurant**②, 7 Main Street, nahe am Pier, Tel. (027) 70244, https://murphys-restaurant-restaurant.business.site; das Restaurant wirbt mit einem riesigen, bunten Wandgemälde für sich und bietet schmackhafte Speisen zu moderaten Preisen.
- **Breen's Lobster Bar**②-③, The Square, Tel. (027) 70031; wie der Name schon verrät, gibt es hier vor allem Fisch und Meeresfrüchte, aber auch mediterran inspirierte Gerichte.
- **McCarthy's Bar**①, The Square, Tel. (027) 70014, https://maccarthysbar.com; wer Live-Musik in traditioneller Atmosphäre sucht, ist in dem 1860 gegründeten Pub genau richtig, es gibt auch eine kleine Speisekarte.

◁ Castletownbere wirbt mit seiner ertragreichen Fischerei

Wandern

Großartig ist eine Besteigung des 685 m hohen **Hungry Hill;** allerdings ist diese Tour sehr anstrengend (ca. 10,5 km), nur Personen mit guter Kondition sowie entsprechender Wanderausrüstung sollten den Berg in Angriff nehmen. Von Adrigole kommend, geht nach ca. 8 km eine asphaltierte Straße rechts ab (Ausschilderung „Hungry Hill"); man parke an der Kreuzung und beginne den Aufstieg. Die Route ist markiert, doch sind die roten Hinweispfeile auf den Felsen stark verblichen, man muss den Pfad mit Hilfe einer guten Wanderkarte oder GPS selbst finden. Auf keinen Fall sollte man die Wanderung bei schlechter Sicht unternehmen, wenn man nicht über genügend Erfahrung verfügt und Geländeformationen nicht richtig einschätzen kann!

Umgebung

In den Sommermonaten verkehrt mehrmals täglich eine kleine Fähre zur vorgelagerten, rund 220 Einwohner zählenden **Bere Island** (https://bereisland.net); auch das Fahrrad kann mitgenommen werden. Auf der Insel befindet sich eine Segelschule, man kann angeln oder eine Meeres-Safari machen. Unterkunft u.a. in der *Bere Island Lodge*②, Lawrence Cove, Tel. (027) 75988, https://bereis landlodge.com.

Dursey Island

Auf der weiteren Fahrt nach Garinish Point, dem südlichsten Zipfel der Peninsula, hat man weitere sehr gute Ausblicke auf Berge, Felsen und Meer. Am Garinish Point kann man mit **Irlands einziger Kabelbahn** nach Dursey Island (3 Einwohner) übersetzen und geruhsame Spaziergänge unternehmen. Vor allem Naturliebhaber kommen auf ihre Kosten und mit etwas Glück kann man vom sturmumtosten Kap im äußersten Westen auch **Delfine** und **Wale** sehen. Wanderer können auf einem markierten **Rundweg** die Insel erkunden.

Die Insel zählt nur wenige verstreute, meistens verlassene Häuser. Die Kabelbahn schaukelt ca. 30 Meter über dem Wasser auf das Eiland zu, und versetzt den damit nicht vertrauten Besucher leicht in Angst und Schrecken. Viehtransporte (sechs Schafe oder eine Kuh waren erlaubt) in der Bahn waren bis vor kurzem die Regel, seit Anfang 2012 sind sie jedoch verboten. Wer möchte, kann auch eines der drei Ferienhäuser auf der Insel mieten und dort übernachten (www.durseyisland.ie).

Dursey Island Kabelbahn, Tel. (027) 73851, https://durseyisland.ie/cable-car-timetable.html, ganzjährig tgl. Pendelbetrieb meist zwischen 9.30 und 20 Uhr (nur Rückfahrt), So und außerhalb der Saison kürzer, bei starkem Wind wird der Betrieb eingestellt, genaue Zeiten sind der Internetseite zu entnehmen; hin und zurück Erwachsene 10 €, Kinder 5 €. Man sollte möglichst früh morgens fahren, da es später am Tag manchmal passieren kann, dass wegen hoher Besucherzahlen nur noch Rücktransporte von der Insel stattfinden. Im Sommer muss man sich vor allem bei der Rückfahrt, auf längere Wartezeiten einstellen.

Allihies

Weiter geht es auf einer kurvenreichen und schmalen Straße auf das Dörfchen Allihies zu, kurz vorher passiert man den kleinen, halbkreisförmigen, weißen Sandstrand **Ballydonegan Beach.** Allihies besticht auf den ersten Blick durch

325irl he

seine vielen, in verschiedenen grellen Farben angestrichenen Häuser. Einen Besuch lohnt das an der Hauptstraße liegende **Allihies Copper Mine Museum,** das in einer alten Methodistenkirche untergebracht ist und über die Geschichte des Kupferbergbaus in der Region informiert. Angeschlossen ist auch ein nettes Café und eine Kunstgalerie. Bei Allihies führen Hinweisschilder zu den alten **Minen,** in denen ab 1810 der Kupfer abgebaut wurden.

■ **Allihies Copper Mine Museum,** Beara, Tel. (027) 73218, www.acmm.ie, Ostern–Okt. tgl. 10.30–17 Uhr, Nov.–März 11.30–16 Uhr; Erwachsene 6 €, Studierende/Senioren 3 €, Kinder 2 €, Familien 12 €.

Unterkunft

■ **Allihies Copper Mines Lodge**②-③, Main Street, Allihies Village, Tel. (083) 0130336, http://allihiescopperminеslodge.com; gemütliche Unterkunft mitten im Ort neben O'Neill's, einfaches Frühstück inkl., Zwei- bis Fünfbettzimmer, Küchenbenutzung.

■ **O'Neill's Bar & Restaurant**①-②, Main Street, Tel. (027) 73008, oneillsbeara.ie; schmackhafte Speisen mit Zutaten aus der Region zu fairen Preisen, regelmäßig traditionelle Live-Musik.

Eyeries

Weiter in Richtung Eyeries blickt man hoch oben von der Straße auf die zerfurchte Küste, auf ins Meer reichende Felsnasen, an denen die Gischt hoch in die Luft spritzt, auf Felsschären und kleine Fjorde. Weit in der dunstigen Ferne jenseits der breiten Bucht erkennt man die Hügel von County Kerry.

Die Trasse ist sehr eng und kurvenreich, starke Steigungen wechseln mit steil nach unten führenden Strecken ab. Zwischen Allihies und Eyeries erstreckt sich sicher der **landschaftlich schönste Teil des Ring of Beara.**

Die Dursey Island Kabelbahn ist die einzige ihrer Art in Irland

Nun geht es von der Küste ins Landesinnere, und gewaltige Felsbuckel säumen die Straße. Teilweise sehen die Steinhänge aus, als hätte man sie mit einem riesigen Hobel bearbeitet. Schon bald aber folgt die Trasse wieder dem Verlauf der Küste und man gelangt nach **Eyeries,** wo die Häuser auch wieder in kräftigen bunten Farben gestrichen sind.

Ardgroom

Am Ortseingang von Eyeries fährt man an der Abzweigung, die in den Ort hineinführt, weiter geradeaus und bleibt auf der R 571. Bis Ardgroom schlängelt sich die Straße nun durch eine faszinierende **Felslandschaft.**

In Ardgroom nimmt man in der Ortsmitte, nachdem man rechts die Abfahrt nach Glenbeg passiert hat, nach wenigen Metern gleich die nächste Abfahrt rechts *(The Old Road Ardgroom).* Die Straße ist sehr eng und unübersichtlich – man hofft, dass kein Gegenverkehr kommt, denn zwei Kleinwagen passen kaum nebeneinander. Belohnt wird die Mühe aber mit der **landschaftlichen Schönheit.** Dieser Straße folgt man ca. 2 km bis zu einer Abzweigung rechts, an welcher der Weg zum **Ardgroom Stone Circle,** einem prähistorischen Steinkreis mit einem braunen, leicht zu übersehenden Hinweisschild auf der linken Seite ausgeschildert ist, von dem man einen schönen Rundumblick in die Landschaft genießen kann. Nun geht es wieder zurück zur R 571 und folgt der Küstenstraße in Richtung Lauragh. Die Vegetation wird nun immer üppiger und am Wegesrand stehen große Rhododendren.

Lauragh

Bei Lauragh, einem kleinen Streudorf, überquert man auf Dämmen mehrere Gewässer und man kann sich an der üppigen Vegetation erfreuen, die im krassen Gegensatz zu der kargen Landschaft steht, die man wenige Kilometer westlich durchstreift hat.

Nach der Überquerung des Lauragh River lohnt ein kurzer Abstecher nach links auf die R 573 (Coast Road), über die man nach etwa 500 m zum wunderschönen **Derreen Garden** kommt. Bei einem Streifzug durch den 150 Jahre alten subtropischen Park kann man mehr als Hundert Jahre alte Baumfarne bewundern, die als lebende Fossilien gelten. Imposant sind auch die bis zu 20 m hohen Rhododendren oder die mächtigen Riesenlebensbäume. Im Derreen Café verführen einen leckere Kuchen und Torten, die täglich frisch zubereitet werden.

Derreen Garden, Laureagh, Tel. (087) 4308001 (Garten), (083) 1662160 (Café) https://derreengarden.com; Garten ganzjährig von 10–18 Uhr, Café Apr.–Sept. von 11–17 Uhr, Okt. nur Sa und So; Erwachsene 9 €, Kinder 4 €, Familien 25 €.

Gleninchaquin Park

Wieder an der R 571 geht es weiter Richtung Kenmare. Etwa 10 km hinter Lauragh geht rechts von der R 571 eine kleine Straße mit dem Hinweis *Gleninchaquin Park* ab. Das Sträßchen schlängelt sich 8 km Richtung Süden durch ein bewaldetes Tal, vorbei an drei Seen und einem kleinen **Stone Circle.**

Dann öffnet sich der Blick auf den **Gleninchaquin-Waterfall,** der über schwarze Felsen in die Tiefe rauscht. Vom **Gleninchaquin Park** aus kann man Wanderungen verschiedener Schwierigkeitsstufen unternehmen. Der Blick von der Spitze des Wasserfalls über das Tal und die Seen bis hin zur Küste ist grandios. Im Park gibt es einen **sensorischen Garten** und Skulpturen.

■ **Gleninchaquin Park,** Gleninchaquin, Tel. (087) 6349282, www.gleninchaquin.com; tgl. 10–17 Uhr; Erwachsene 7 €, Studierende/Senioren 6 €, Kinder 5 €, Familien 20 €.

Kenmare

Wieder zurück an der R 571 erreicht man dann nach ca. 13 km Kenmare (knapp 2400 Einwohner). Völlig zu Recht lautet der irische Name *Neidín* – kleines Nest. Das **hübsche Örtchen** liegt am Ring of Kerry, verfügt über eine gute touristische Infrastruktur mit vielen Unterkünften, guten Restaurants und gemütlichen Pubs und ist eine Alternative zum im Sommer meist übervollen Killarney. Es eignet sich gut als Ausgangspunkt und Standquartier für die **Rundfahrten auf der Beara-und der Dingle-Halbinsel.**

Im Jahre 1670 erhielt der Brite *Sir William Petty* die Region um das heutige Kenmare als Lehen und gründete das Städtchen, das sich zu einem prosperierenden Fischerort entwickelte. Aber 18 Jahre später war es mit dem Aufschwung erst einmal vorbei. Während der Auseinandersetzungen zwischen *Wilhelm von Oranien* und *Jakob II.* wurde die Stadt belagert, und die Soldateska trieb die Bewohner in die Flucht. Erst nachdem der Oranier als *Wilhelm III.* den britischen Thron bestiegen hatte, ging es auch mit dem Örtchen wieder aufwärts.

Kenmare ist heute das **landwirtschaftliche Zentrum** der umliegenden Agrarregion, darüber hinaus wird hier Wolle verarbeitet, und die handgeklöppelten Spitzen sind auf der ganzen Grünen Insel beliebt. Kenmare ist bekannt für seine guten **Kunsthandwerksartikel.**

Durch die *Tourist Information* in der Main Street erreicht man das **Kenmare Heritage Centre,** das mit der Geschichte der Stadt seit 1670 umfassend vertraut macht, und im angeschlossenen **Kenmare Lace & Design Centre** wird den Spitzenklöpplerinnen die notwendige Aufmerksamkeit geschenkt.

■ **Kenmare Heritage & Tourist Information Centre,** The Square, Tel. (064) 6641233, Apr.–Okt. tgl. 10.15–17.30 Uhr, Eintritt frei.

■ **Kenmare Lace and Design Centre,** Tel. (064) 6642978, https://kenmarelace.ie; Ostern–Mitte Okt. Mo–Sa 10.30–12 Uhr und 14.15–17 Uhr. Eintritt frei.

Vom Kenmare Pier aus veranstaltet *Seafari* **Bootsfahrten** in die Kenmare Bay, bei den Touren bekommt man mit etwas Glück Delfine, Wale und zu Robben sehen. Eine Vorbuchung im Sommer ist ratsam (Tel. (064) 6642059, www.seafari ireland.com).

Die Auswirkungen des Golfstroms sorgen für ein **mildes Klima,** es gedeihen Palmen, und überall sieht man farbenprächtige Rhododendren.

Killarney Nationalpark

If mountains, wood and water harmoniously blent, constitute the most perfect and adequate loveliness that nature presents, it surely must be owned, that it has, all the world over, no superior.

Alfred Austin
1885 über die Landschaft von Killarney

www.fotolia.de © Mnacin

Schon in der Bronzezeit, vor 4000 Jahren, lebten Menschen in der Gegend rund um das heutige Killarney. Auf Ross Island im Lough Leane bauten die frühen Siedler Kupfer ab und werden sich wohl vor allem wegen der angenehmen Temperaturen hier niedergelassen haben.

Flora

Es ist vor allem das vom Golfstrom beeinflusste, milde ozeanische Klima, das die blühende Farbenpracht der Pflanzen im Killarney-Nationalpark bewirkt. Zuallererst fallen alle Arten von **Moosen, Flechten** und **Farnen,** vor allem Hautfarne *(Hymenophyllum)* ins Auge, die sehr häufig als Epiphyten auf den Zweigen und Stämmen der Bäume sitzen. Der wilde **Rhododendron** und die **Azaleen,** die in der ganzen Region die Wege säumen, haben derart überhand genommen, dass sie im gesamten Nationalpark von den Landschaftsgärtnern gestutzt werden müssen.

326irl he

Bekannt unter Botanikern ist diese Gegend wegen ihrer **Erdbeerbäume** *(Arbutus unedo),* die eigentlich im Mittelmeerraum beheimatet sind und in Nordeuropa sonst nicht vorkommen.

Weitere **mediterrane Pflanzen,** die hier gedeihen sind der Rauhhaarige Steinbrech *(Saxifraga hirsuta)* und das Großblütige Fettkraut *(Pinguicula grandiflora).*

Irland ist eine sehr waldarme Insel, umso mehr staunt der Besucher im Killarney-Nationalpark über die eindrucksvollen natürlichen **Eiben- und Eichenwälder,** die zu den größten der Grünen Insel gehören und andernorts nur selten und dann nicht in dieser Fülle zu sehen sind.

Hauptsächlich in höheren Lagen kommen **Traubeneichen** vor, unter deren ausladender Krone **Stechpalmen** zu finden sind.

In tiefer gelegenen Regionen wächst die Eibe gerne auf einem Untergrund von Karbonkalk – so auf der Muckross-Halbinsel. Eiben werfen einen so tiefen Schatten, dass in ihrer näheren Umgebung nur Moose überleben können.

Fauna

Irlands höchste Berge, die drei Seen und die Wälder bestimmen natürlich auch die Fauna der Gegend. Ornithologen haben im Killarney-Nationalpark insgesamt **114 Vogelarten** ausgewiesen, davon brüten 64 an Ort und Stelle. Zwergtaucher *(Podiceps ruficollis)* kommen bei den vielen Gewässern auf ihre Kosten, ebenso die Wasserralle *(Rallus aquaticus)* und der Graureiher *(Ardea cinerea);* alle drei Arten nisten rund um die Seen. Der Eisvogel *(Alcedo atthis)* und die Wasseramsel *(Cinclus cinclus)* begleiten die Boote vor allem an Bächen und Flussläufen; auch sie haben hier ihre Nistplätze.

Im Winter suchen Zugvögel die milden Temperaturen und leben üppig auf dem Gelände des Nationalparks. Eine ganze Kolonie von grönländischen Blässgänsen *(Anser albifrons favirostris)* überwintert im Tal, und ebenfalls aus dem kalten Norden kommen die Rotdrosseln *(Turdus iliacus)* mit ihren Verwandten, den Wacholderdrosseln *(T. pilaris),* die, wie der Name schon sagt, sich an den Beeren der Hügelänge gütlich tun.

In den umliegenden Berggegenden, vor allem am Torc und am Mangerton Mountain, kommen die einheimischen **Rotwildbestände** *(Cervus elaphus)* vor (vgl. Wanderdung 2, 3, 4); ebenfalls an diesen Hängen äsen die eingebürgerten Japanischen Sikahirsche *(Cervus n. nippon).*

⌃ Rothirsch

‹ Graureiher

Praktische Tipps

Tourist Information

- The Square, Tel. (064) 6441233.
- **www.kenmare.com**

Unterkünfte

- **Sheen Falls Lodge**⑤, Tel. (064) 6641600, https://sheenfallslodge.ie; etwas außerhalb von Kenmare in einem 121 Hektar großen Park gelegen, eines der bekanntesten Häuser Irlands, Wellnesssuite, hervorragendes Restaurant (s.u.).
- **Park Hotel**⑤, Tel. (064) 6641200, https://parkkenmare.com; traditionsreiches Hotel in einem Herrenhaus aus dem 19. Jh., nahe am Ort, Blick über die Bucht, luxuriöse Zimmer und Wellnesssuite, liegt direkt neben einem 18-Loch-Golfplatz.
- **Lansdowne Arms Hotel**③-⑤, Main Street, Tel. (064) 6640200, https://lansdownearms.com; familiengeführtes Hotel in einem Haus aus dem 18. Jh., etwas südlich des Ortskerns, mit Bar und Restaurant.
- **Muxnaw Lodge**③-④, Castletownbere Road, Tel. (064) 6641252, https://muxnawlodge.hatelb1.top; Unterkunft in einem stilvollen Landhaus aus dem 19. Jahrhundert, gleich auf der anderen Seite der Brücke, mit schönem Garten.
- **Abbey Court**②-③, Kilgarvan Road, Tel. (086) 8717901, www.abbeycourtkenmare.com; freundliches Gästehaus an der R569, nordöstlich des Zentrums mit toller Aussicht.
- **Rockcrest House**③, Tel. (064) 6641248, Gortamullen, www.visit-kenmare.com/rockcresthouse.html; freundliches B & B mit schöner Aussicht, in Laufweite zum Zentrum.
- **Willow Lodge**②, Tel. (064) 6642301, www.willowlodgekenmare.com; nettes B & B nördlich des Ortskerns in Laufweite, fabelhaftes, reichhaltiges Frühstück.
- **Fáilte Hostel**①, Shelbourne Street, Tel. (087) 7116092, https://kenmarehostel.com; preiswertes Hostel mit Privatzimmern direkt im Zentrum.
- **Greenwood Hostel**①, *Capparoe Cottages,* Templenoe, Tel. (089) 2081009,https://greenwoodhos

tel.com; nettes Hostel im Grünen, 10 km westlich von Kenmare am Ring of Kerry.

Restaurants und Pubs

■ **The Falls Restaurant at Sheen Falls Lodge**④, ca. 1,5 km außerhalb von Kenmare an der Glengarriff Road, Tel. (064) 66 41600, https://sheenfallslodge.ie/dining; luxuriöses und teures Restaurant in dem einstigen Herrensitz des *Earl of Kerry*, irische Küche der Spitzenklasse, auch vegetarische Gerichte.

■ **The Lime Tree Restaurant**④, Shelbourne Street, Tel. (064) 6641225, https://limetreerestaurant.com; preisgekrönt, sehr gute Gerichte aus vorwiegend regionalen Zutaten.

■ **Mulcahy's Wild Bar and Restaurant**②-③, Main Street, Tel. (064) 6642383, www.mulcahyskenmare.ie; sympathisches kleines Lokal mit guten Fleisch- und Fischgerichten.

■ **Packie's Restaurant**②-③, Henry Street, Tel. (064) 6641508, www.kenmare.com/packies; gemütliches Ambiente mit Steinwänden, preisgekröntes Lokal mit guten Fleisch- und *Seafood*-Gerichten.

■ **Foley's**①, Henry Street, Tel. (064) 6641361, www.foleyskenmare.com; alteingesessenes Familienrestaurant mit Pub und Hotel, bei schönem Wetter kann man draußen sitzen.

■ **O'Donnabhain's**②-③, 5 Henry Street, Tel. (064) 6642106, https://odonnabhain-kenmare.com; nette Kneipe mit Biergarten und guter Speisekarte, *Trad Sessions.*

■ **The Horseshoe**②, 3 Main Street, Tel. (064) 664 1553, https://thehorseshoekenmare.com; in der Taverne werden ganztägig *Bar Meals* serviert, *Trad Sessions.*

■ **The Coachmans**②, Henry Street, Tel. (064) 664 1311, https://thecoachmans.com; hier kann man mit Live-Musik gemütlich essen.

Verbindung

■ **Busse** mehrmals täglich von Cork, Killarney, Skibbereen, Glengarriff, Tralee, Sneem.

Nach Killarney

32 km sind es nun noch bis **Killarney;** auf der Fahrt dorthin kann man von mehreren Aussichtspunkten atemraubende Blicke auf die Landschaft genießen, z.B. bei *Molls Gap* (→ Ring of Kerry) oder *Ladies View* (→ Ausflüge im Killarney Nationalpark). Von dort kann man tief unten im Tal die drei Seen von Killarney sehen und dahinter die höchsten Berge Irlands, die **MacGillycuddy's Reeks.**

Killarney

Killarney (rund 14.500 Einwohner) ist sicher eines der touristischen Zentren auf der Grünen Insel – kaum ein Irland-Besucher wird das Städtchen auslassen, obwohl es kaum über Sehenswürdigkeiten verfügt. Es ist die **Landschaft,** die Killarneys Reiz ausmacht: die drei Seen, die mächtigen Hügelzüge mit ihren Tälern, die Wälder sowie die reiche Vegetation und über allem die gewaltigen Wolkengebirge des stetig wechselnden Wetters. Das Städtchen hat allerdings eine geschäftige und lebendige Atmosphäre, ein Bummel lohnt auf jeden Fall.

Schon zu Beginn des 19. Jh. begann in Killarney der Irland-Tourismus, und nachdem die britische Königin *Victoria* den Ort als Urlaubsziel erwählte, setzten die Bewohner der Stadt vollends auf den Fremdenverkehr. Kluge Planungen sorgten für weiteren Aufschwung.

Das der Stadt gegenüberliegende Seeufer hatte man schon früh aus jeglichen Bebauungsplänen herausgenommen, die

Muckross-Domäne, ein einstiger Privatbesitz, wurde zum **ersten Nationalpark Irlands** erklärt und bislang konnte diese *Bourne Vincent Memorial Park* genannte Region um zwei weitere geschützte Areale bereichert werden. Der Nationalpark erstreckt sich über ein Gebiet von rund 10.236 ha, umschließt Berge, Wälder sowie die Seen Upper und Lower Lough Leane und den Muckross Lake. Gut ausgeschilderte Fahrrad- und Wanderwege helfen bei der Erkundung der landschaftlichen Höhepunkte.

Neben den Einnahmen aus dem Fremdenverkehr sorgt noch eine kleine Leder- und Textilindustrie für zusätzliche Umsätze. Die deutsche Firma *Liebherr* produziert Container-Verladebrücken und -Stapelkräne aller Größen, die in 50 Ländern in über 100 Häfen weltweit eingesetzt werden, und sichert so eine ganze Reihe von Arbeitsplätzen.

Sehenswertes

Die beiden **Hauptstraßen** von Killarney, in denen sich eine vollständige touristische Infrastruktur findet: Pubs und Restaurants, Banken und Fahrradverleihstände, Geschäfte und Boutiquen. Auf den schmalen Bürgersteigen flanieren im Sommer die Massen, vergleichen die Angebote in den Schaufenstern und studieren vor den Lokalen die ausgehängten Speisekarten.

Nahe dem Ortszentrum lohnt die gewaltige **St. Mary's Cathedral** einen Besuch, die im neogotischen Stil vom Architekten *Augustus Welby Pugin* im 19. Jh. errichtet wurde.

☐ In Killarneys Straßen geht es geschäftig zu

327irl he

Praktische Tipps

Tourist Information

- Beech Road, Freephone Tel. 1800 230 330.
- **https://killarney.ie**

Hotels

- **Arbutus Hotel⑤**, College Street, Tel. (064) 6631037, https://arbutuskillarney.com; familiengeführtes, stilvolles Hotel im Zentrum.
- **Brook Lodge Hotel⑤**, High Street, Tel. (064) 6631800, https://brooklodgekillarney.com; modern eingerichtetes Hotel mit großem Garten im Ortszentrum.
- **Castlerosse Hotel④**, Tel. (064) 6631144, https://castlerosse.com; modernes Hotel etwa 2 km außerhalb direkt am See, beliebt bei Golfern.
- **Dromhall Hotel⑤**, Muckross Road, Tel. (064) 6639300, https://dromhall.com; schickes Hotel mit Schwimmbad und Wellnesssuite etwas südlich des Stadtzentrums.
- **Eviston House Hotel⑤**, New Street, Tel. (064) 66 31640, https://evistonhouse.com; Hotel im Zentrum mit Pub im Haus.
- **Killarney Avenue Hotel④-⑤**, East Avenue, Town Centre, Tel. (064) 6621111, https://killarneyavenue.com; elegantes Hotel im Zentrum.
- **Ross Hotel⑤**, Kenmare Place, Tel. (064) 663 1855, https://theross.ie; Boutique-Hotel im Zentrum mit frischem, buntem Dekor.

B & Bs

- **Applecroft House②-③**, Woodlawn Road, Tel. (064) 6632782, www.applecrofthouse.com; nettes *B & B* in einem Bungalow am südlichen Ortsrand, Frühstück mit Blick auf den Garten.
- **Maggie O's③**, 14 Muckross View, Tel. (064) 6637229; sehr nettes B & B mit herzlicher und sehr freundlicher Gastgeberin, die wertvolle Tipps parat hat, nahe am Zentrum.
- **Elyod House②**, Ross Road, Tel. (064) 66 36544; sehr schönes, freundliches Haus nahe am Zentrum mit schönem Garten.
- **Algret House B & B④**, 80 Countess Grove, Tel. (086) 2209855; sehr freundliche Gastgeberin, die um ihre Gäste sehr bemüht ist, nahe am Nationalpark und nur ein kurzer Weg in die Stadt.
- **Dromhall Heights②**, Countess Road, Tel. (064) 6632662 und (087) 2398221, www.killarneydromhallheightsbed andbreakfast.com; kleines Haus nahe am Zentrum.
- **Flesk Lodge②-③**, Muckross Road, Tel. (064) 6632 135, www.flesklodge.com; Bungalow am südlichen Stadtrand, kurz vor der Brücke über den River Flesk.
- **Woodlands B & B①-②**, Balleydowney, Tel. (064) 6631467, https://stayatwoodlands.com; sehr freundliche Gastgeber, in Laufweite zur Stadt und sehr nah am Nationalpark.

Hostels

- **Black Sheep Hostel①**, 68 New Street, Tel. (064) 6638746, https://blacksheephostel.ie; sehr schönes Hostel in einem alten georgianischen Haus mit offenem Kamin im Wohnzimmer und schönem Garten, im Zentrum.
- **Fossa Holiday Hostel①**, Fossa, ca. 6 km Richtung Killorglin, Tel. (064) 6631497, https://fossa campingkillarney.com/hostel; Hostel auf dem Areal des gleichnamigen Campingplatzes, Zimmer mit 4–12 Betten.
- **Black Valley Hostel①**, Tel. (064) 6634712 und (086) 6088348, www.blackvalleyhostel.com; 22 km südwestlich von Killarney in wunderschöner einsamer Umgebung im Black Valley.

Camping

- **Fossa Caravan and Camping Park①**, Fossa, Tel. (064) 6631497, https://fossacampingkillarney.com, 6 km westlich von Killarney, nahe der Straße nach Killorglin, man kann hier auch *Mobile Homes* mieten.
- **Fleming's White Bridge Caravan and Camping Park①**, Tel. (064) 6631590 und (086) 3630266, www.killarneycamping.com, 2 km östlich von Killarney nahe der N 72 gelegen.

Restaurants

■ **Stonechat Café and Restaurant**②-③, 8 Fleming's Lane, Tel. (087) 6835421, https://thestonechat.com; gemütliches Restaurant mit vielen kleinen Ecken und Winkeln, besonders bekannt für die Lammhaxe, aber auch vegetarische Gerichte auf der Karte.

■ **Salvadors & Robertinos**②-③, 9 High Street, Tel. (064) 6632816, https://www.salvadorsandrobertinos.com; gutes italienisches Lokal mit großer Auswahl.

■ **Bricin Restaurant**②-③, 26 High Street, Tel. (064) 66 34902, https://bricin.ie; durch einen Laden geht man hoch in das obere Geschoss. Allerhand leckere irische Gerichte mit Fisch oder Fleisch.

■ **The Porterhouse**②-④, 26 Plunkett Street, Tel. (064) 6671130, https://theporterhousekillarney.com; irisches Restaurant der gehobenen Klasse mit reicher Auswahl an Fleisch- und Fischgerichten, auch vegane Küche.

Pubs

■ **Corkery's Sports Bar**②, 65 High Street, Tel. (087) 2957015; moderner Pub im traditionellen Stil, auch Speiseangebot.

■ **Scotts Bar and Courtyard**②-③, *Scotts Hotel*, Scotts Street, Tel. (064) 6631060, https://scottshotelkillarney.com; große, helle, modern eingerichtete Kneipe, bei gutem Wetter sitzt man auf einer kleinen Piazza.

■ **Laurel's**②-③, Main Street, https://thelaurelspub.com; *der* Touristen-Pub mit umfangreicher Speisekarte und Live-Musik, viele irischstämmige Besucher aus Amerika.

■ **Buckley's Bar,** College Street, gehört zum *Arbutus Hotel*, viele Bilder aus der Geschichte Irlands, traditionelle Musik, wird gern von Einheimischen besucht.

Aktivitäten

■ **Fahrradverleihe,** *Killarney Rent a Bike,* Tel. (064) 6631282, https://killarneyrentabike.com, Standorte in der Beech Road (gegenüber vom Tourist Office), Muckross Road (gegenüber vom Randles Court Hotel) und College Street (gegenüber von Murphy's Bar), Tourenbikes, Rennräder und E-Bikes.

■ **Pferdekutschen,** *Killarney Jaunting Cars*, Gilhuys, 10B Muckross Close, Tel. (064) 6633358, http://killarneyjauntingcars.ie.

■ **Bootstouren,** *Killarney Lake Tours,* Ross Castle, Tel. (064) 6632638, https://killarneylaketours.ie.

Verbindung

■ **Busse** mehrmals täglich von Bantry, Dingle, Dublin, Kenmare, Limerick, Rosslare Harbour, Waterford, Wexford, Tralee, Cork und Glengarriff;

■ **Züge** mehrmals tgl. von Cork und Limerick.

Ausflüge im Killarney Nationalpark

Der Killarney Nationalpark

Der **älteste Nationalpark Irlands** wurde 1932 vor den Toren Killarneys gegründet, als das herrschaftliche *Muckross House* und dessen Landgut dem noch jungen irischen Staat gestiftet wurden. Er umfasst mittlerweile fast 103 km² und ist das älteste noch bewaldete Gebiet Irlands. Hier lebt die **größte Rothirschherde** der Insel. Das Gebiet des Parkes umfasst neben Wald und Bergen drei Seen: **Lough Leane, Muckross Lake** und der **Upper Lake.**

Den Nationalpark kann man von Killarney aus zu Fuß durch ein Gittertor gegenüber der St Mary's Cathedral betreten und *Knockreer Gardens* und Ross Castle auch gut zu Fuß erreichen. Zu den

Die Geschichte des Tourismus in Killarney

Die Ursprünge des Killarney-Tourismus liegen gut 200 Jahre zurück und beginnen mit dem **Earl of Kenmare,** dessen Besitzungen an den Lower Lake grenzten. Der Earl hatte einen großen Bekanntenkreis, und seine Güter lagen im landschaftlich schönsten und klimatisch mildesten Teil der Grünen Insel. Was lag näher als diesem netten Fleckchen Erde und seinem Eigentümer Besuche abzustatten. Der Earl ließ sich zudem bald eine attraktive Unterhaltung für seine Gäste einfallen: Treiber scheuchten das Rotwild aus den Bergen und Wäldern in Richtung See, wo die begüterten und nichtsnutzigen Kavaliere – aus allen Rohren feuernd – von Booten aus ein wahres Gemetzel unter den Tieren anrichteten.

Killarneys Ruf und die dramatische Schönheit seiner Umgebung verbreiteten sich langsam durch Mundpropaganda. Die Dörfler selbst feierten **Regatten,** die nun zur neuerlichen Attraktion für Fremde wurden. Wann immer ein Bootsrennen anstand, strömten die Besucher von nah und fern, um dem Spektakel zuzuschauen – und natürlich, um kräftig zu wetten!

Nun kamen gar die **ersten Touristen** vom Kontinent herüber, und schon um 1815 verdiente eine Menge Einwohner von Killarney ihr Brot mit dem Fremdenverkehr. Im Jahre 1793 schon war der Deutsche *Caspar von Voght* in Killarney und zeigte sich von der touristischen Infrastruktur beeindruckt: „Killarney hat keinen Mangel an trefflichen Wirtshäusern, die einem zugleich auch alle mögliche Unterstützung und Bequemlichkeit zur Bereisung der Seen und zur Beschauung der Umgebung gewähren." Und *Jakob Venedey* rief 1844 aus: „Kommt nach Irland, ihr alle, die ihr ein gesundes Herz habt, dass von den Schlägen des Geschickes wund wurde, hier könnt ihr es pflegen."

Durch den **Einfluss der Romantik,** die von Dichtern wie *Byron, Keats* und *Shelley* getragen wurde, erlebte die Killarney-Region einen weiteren Höhepunkt. Nun standen nicht mehr die Jagd und große Regatten im Mittelpunkt des Interesses, sondern eine neue Naturverbundenheit. Die dramatische Landschaft gerann zur romantischen Kulisse für die Einheit von Natur und Mensch.

Als dann noch die **Bahnlinie** nach Killarney gelegt wurde und im Zuge dieser Arbeiten das erste große Eisenbahnhotel Irlands, das *Great Southern Hotel Killarney,* seine Pforten öffnete, stiegen die Besuchszahlen explosionsartig an.

Im fernen London hatte **Königin Victoria** die Nachricht von der landschaftlichen Schönheit der Gegend vernommen und machte sich mit ihrem Hofstaat auf, die Region mit eigenen Augen zu sehen. Majestät war in der Tat mehr als begeistert und lobte Killarney über den grünen Klee. Aber auch vom Kontinent strömten nun die Massen auf die Grüne Insel – einzig und allein gewillt, Killarney einen Besuch abzustatten.

Über die Jahre wurde die **touristische Infrastruktur** immer weiter ausgebaut, wobei die Planer darauf achteten, die grandiose Naturkulisse nicht zu verschandeln – lag hier doch das Kapital für immer rasantere Zuwachszahlen.

Nach der Unabhängigkeit Irlands kamen dann die **Amerikaner** irischer Herkunft auf die Grüne Insel und fanden vor allem auf der Kerry-Peninsula ihr von Klischees geprägtes Bild der ehemaligen Heimat bestätigt. Noch immer ist Killarney erstes Anlaufziel der Reisenden aus der neuen Welt. Wenngleich viel auf den amerikanischen Geschmack zugeschnitten ist – die Berge, Seen und Wälder sind wie vor 200 Jahren allemal eine Reise wert.

anderen Sehenswürdigkeiten gelangt man über die N 71 Richtung Kenmare, die kurvenreich durch eine atemberaubende bewaldete Seen- und Berglandschaft führt. Man kann auch mit dem Fahrrad fahren, sich in einer Pferdekutsche *(jaunting car)* chauffieren lassen und in einem Boot die Seen befahren (Anbieter siehe oben).

Knockreer House and Gardens

Nur wenige Minuten von der St. Mary's Cathedral entfernt befindet sich das in den 1950er-Jahren erbaute *Knockreer House,* das heute ein Bildungszentrum ist. Dieses ist nicht für die Öffentlichkeit zugänglich, aber von den **Gärten** des Anwesens aus hat man eine schöne **Aussicht über die Seen.**

Nachdem man das Gittertor zum Park bei der Kathedrale durchquert hat, nimmt man den ausgeschilderten Weg rechts von dem reetgedeckten Häuschen und läuft etwa fünf Minuten.

Ross Castle

Diese am Seeufer gelegene **Burg** stand bereits, bevor es Killarney gab. Sie wurde im 15. Jh. vom gälischen Fürstengeschlecht der *O'Donoghues* erbaut und war die letzte Festung in der Provinz Munster, die nach dem katholischen Aufstand im 17. Jh. den englischen Truppen *Oliver Cromwells* noch Widerstand leistete. Erst als die Engländer von der Seeseite her angriffen, konnte der Widerstand der Verteidiger gebrochen werden. Später diente Ross Castle der britischen Armee als Kaserne. Von Ross Castle aus werden vor allem im Sommer zahlreiche Bootsfahrten durch die drei Seen des Nationalparks angeboten.

Die Burg ist etwa 3 km von St. Mary's Cathedral entfernt und gut zu Fuß zu erreichen. Nach dem Gittertor zum Park nimmt man den Weg, der links am reetgedeckten Häuschen verläuft. Über die Ross Road kann man auch hinfahren.

■ **Ross Castle,** Tel. (064) 6635851, https://heritageireland.ie/places-to-visit/ross-castle, März–Okt. tgl. 9.30–17.45 Uhr, letzter Einlass 17 Uhr; Erwachsene 5 €, Senioren 4 €, Studierende/Kinder 3 €, Familien 13 €. Deutschsprachige Broschüre erhältlich.

Inisfallen Island

Zwar ist die bewaldete und von Rothirschen bewohnte **Insel** Inisfallen Island nur wenige Minuten mit dem Boot von Ross Castle entfernt, aber man fühlt sich fern jeglicher Zivilisation. „Faithlinns Insel", so die ursprüngliche Bedeutung des Inselnamens, ist die größte der 26 unbewohnten Inseln im Nationalpark. Im 7. Jh. wurde hier ein Kloster gegründet, das fast 1000 Jahre existierte, von dem aber heute nur noch Ruinen übrig sind. Mönche dort schrieben die Annalen von Inisfallen, eine der wichtigen Quellen der mittelalterlichen irischen Geschichte. Das Manuskript befindet sich heute allerdings in Oxford. Es gibt einen Wanderweg, den man etwa in einer halben Stunde bewältigen kann, und in den Klosterruinen einen Picknicktisch, aber keine Möglichkeiten, etwas zu essen zu kaufen und auch keine Toiletten.

Von Ross Castle kann man sich in der Hauptsaison auf die Insel bringen lassen und hat dann meistens etwa eine Stunde, um die Insel zu erkunden. Alternativ kann man ein Boot mieten und selber rudern.

Muckross Abbey

Das **Kloster** wurde 1448 gegründet und bestand sogar weiter, nachdem im 16. Jh. König *Heinrich VIII.* in England und Irland sämtliche Klöster schließen und die Gebäude und Ländereien enteignen ließ. Erst als *Cromwells* Truppen im 17. Jh. einen Feldzug gegen Irlands rebellische Katholiken führten, fiel das Kloster Flammen zum Opfer und musste aufgegeben werden. Die Dächer der Anlage fehlen weitgehend, aber die Ruine ist ansonsten recht gut erhalten. Im Inneren des Hofes steht eine Eibe, die so alt wie das Kloster sein soll und von einem gewölbten Kreuzgang umgeben ist. Der Klosterfriedhof wird übrigens noch immer genutzt.

■ **Muckross Abbey,** Killarney National Park, ganzjährig geöffnet, Eintritt frei.

Muckross House and Gardens

Dieses **Herrenhaus** wurde 1843 für den irischen Politiker *Henry Arthur Herbert*, dessen Familie zur Regierungszeit von Königin *Elisabeth I.* im späten 16. Jh. aus England kam, und die aus Schottland stammende Malerin *Mary Balfour* im Tudor-Stil erbaut und liegt am Ostufer des Muckross Lake. Das Haus kann besichtigt werden und ist im Stil des 19. Jh. eingerichtet. Hier kann man in das Leben der Adligen dieser Zeit eintauchen

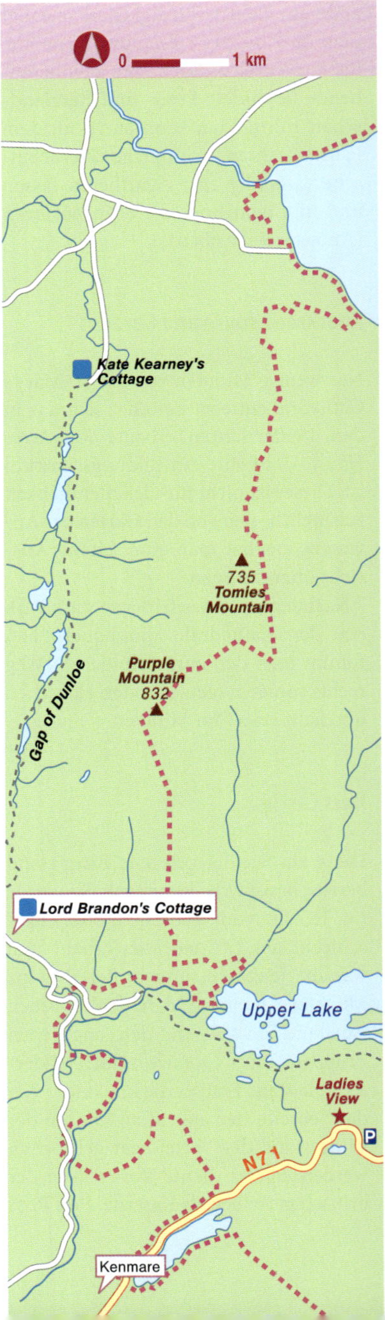

Killarney Nationalpark
©Reise Know-How Irl_09 12/24
Killorglin
Ring of Kerry
N72
N22
Killarney
Knockrear House and Gardens
Brown Island
Innisfallen Island
Ross Castle
Lough Leane
N71
Muckross Abbey
Muckross Peninsula
Brickeen Bridge
Muckross House and Gardens
Lough Guitane
Muckross Lake
Meeting of the Waters
Old Wier Bridge
Torc-Wasserfall
Torc Mountain
535
The Long Range
Old Kenmare Road
Cromaglan Mountain
371
Devil's Punchbowl
Cores
839
Mangerton Mountain
Nationalparkgrenze
Weg

oder im Untergeschoss die Arbeitsräume der Bediensteten ansehen.

Die spektakulär am Fuß der Berge gelegenen **Gärten** wurden ursprünglich in den 1850er-Jahren angelegt, nachdem Königin *Victoria* einen Besuch im Jahr 1861 angekündigt hatte. Sie wurden aber von späteren Besitzern des Hauses weiterentwickelt. Heute gibt es noch ein traditionelles **Gewächshaus,** vor allem lohnt aber die Vielfalt an Baumarten im **Arboretum,** das nach verschiedenen Themen (Koniferen und Birken, Eichen oder eine italienische Sammlung) aufgegliedert ist. Besonders herausragend sind eine über 400 Jahre alte Zypresse und ein Riesenmammutbaum *(Sequoiadendron giganteum)* sowie einige Baumfarne. Außer dem Arboretum findet man unter anderem auch einen **Hortensiengarten,** einen **Steingarten** und einen **Senkgarten.** Man kann sich in der Anlage gut mehrere Stunden aufhalten. Es gibt zudem ein Restaurant sowie eine Töpferei und am Haus beginnt der ein Kilometer lange, ausgeschilderte **Wanderpfad** *Old Boathouse Nature Trail.*

Über die N 71 Richtung Kenmare gelangt man von Killarney zum gut ausgeschilderten Parkplatz des Hauses oder man kann von Muckross Abbey hierher laufen.

■ **Muckross House,** Killarney National Park, Tel. (064) 6670144, https://muckross-house.ie, Juli/Aug. tgl. 9–19 Uhr, Apr.–Jun. und Sept./Okt. tgl. 9.15–18 Uhr, Jan.–März und Nov./Dez. 9.15–17.30 Uhr; Erwachsene 9 €, Studierende/Senioren 6 €, Kinder (6–18 J.) 5 €, Familien (mit 2/3 Kindern) 20 €/23 €. Es gibt auch Kombi-Tickets für das Haus und die historischen Bauernhöfe (siehe unten).

☒ Muckross House

Muckross Traditional Farms

Das **Freilichtmuseum** besteht aus drei Bauernhöfen sowie einer Schule, Landarbeiterunterkünften und diversen Werkstätten (Schmiede, Schreinerei, Sattlerei). Es stellt das ländliche Leben der 1930er- und 1940er-Jahre dar, also einer Zeit, in der Elektrizität oder fließendes Wasser in ländlichen Regionen Irlands noch keinen Einzug gefunden hatten. Die Bauernhöfe sowie die Werkstätten sind in Betrieb und man kann Museumsmitarbeitern in zeitgenössischer Kleidung bei der Arbeit zusehen oder sich mit ihnen über das irische Landleben in der ersten Hälfte des 20. Jh. unterhalten. Für **Kinder** gibt es einen Streichelzoo, eine Hüpfburg und einen Spielplatz.

■ **Muckross Traditional Farms,** Killarney National Park, Tel. (064) 6630804, https://www.muckross-house. ie/traditional-farms.html, Juni–Aug. tgl. 10–18 Uhr, Mai und Sept. tgl. 13–18 Uhr, Okt., März und April Sa/So und an Feiertagen 13–18 Uhr; Eintritt (ohne/mit *Muckross House*) Erwachsene 7/12 €, Studierende/Senioren 6/10 €, Kinder (6–18 J.) 5/8 €, Familien (mit 2–3 Kindern) 20–23 €/28–32 €.

Torc-Wasserfall

Der 20 Meter hohe Wasserfall am Berg **Torc Mountain** (*torc* ist das irische Wort für „Wildschwein“) ist eine der populärs-

www.fotolia.de ©Uwe

ten Sehenswürdigkeiten des Nationalparks. Am spektakulärsten präsentiert er sich übrigens nach einem starken Regen. Wenn man die etwa 100 Stufen links vom Wasserfall hinaufgeht, kann man eine hervorragende Aussicht über die Seen genießen. Gutes Schuhwerk ist zu empfehlen. Übrigens wird es hier in den Sommermonaten recht voll, weshalb man am besten morgens herkommt.

Ladies View

Etwa 18 km von Killarney entfernt am Upper Lake befindet sich der **Aussichtspunkt** *Ladies View,* von dem aus man über die drei Seen des Nationalparks Richtung Killarney blickt. Der Name soll daher kommen, dass die Hofdamen der Königin *Victoria,* die 1861 diesen Ort besuchten, so begeistert von ihm waren, dass er nach ihnen benannt wurde. Im Café des Geschenkartikelladens *Ladies View Industries* kann man eine Kaffee- oder Teepause einlegen.

Gap of Dunloe

Eine weitere größere Attraktion innerhalb des Nationalparks ist eine Tour durch das **Gap of Dunloe,** eine wildromantische Schlucht, die von den Macgillycuddy's Reeks sowie den Tomies und Purple Mountains gesäumt ist. Die Strecke führt vorbei an kargen, felsigen Hängen, dann durch düstere, schmale Passagen und entlang mehrerer dunkler Bergseen.

Die **Standardanfahrt** (die man auch in sämtlichen Reisebüros von Killarney pauschal buchen kann) nimmt den folgenden Weg: Von Killarney aus geht es entweder mit dem Auto, dem Bus oder per Fahrrad auf der N 72 in Richtung Killorglin, nach wenigen Kilometern weist eine Ausschilderung nach links zu **Kate Kearney's Cottage** (in dem, wie die Überlieferung berichtet, in früheren Tagen Schwarzbrenner das Wohlwollen der Bevölkerung genossen; folgerichtig ist heute noch immer ein Pub in dem Gemäuer untergebracht, https://katekearneyscottage.com). Motorisierte Besucher müssen hier ihren Wagen parken und nun zu Fuß (schöne Wanderung) oder mit einer Kutsche *(Jaunting Car)* die rund 13 km lange Tour durch die Schlucht antreten. Endpunkt ist **Lord Brandon's Cottage.**

Empfehlenswert ist es jedoch, während der Sommermonate die Strecke **in umgekehrter Richtung** zu planen, man entgeht so den Touristenmassen auf der Standardroute. Ausgangspunkt ist **Ross Castle** (siehe oben), wo morgens zwischen 9 und 10 Uhr eine Anzahl von Fährmännern auf Kundschaft wartet (auch Fahrräder werden mitgenommen). Der Bootstrip geht über den Lough Leane, dann durch den Muckross Lake hinein in die Wasserstraße Long Range und über den Upper Lake zu **Lord Brandon's Cottage.**

Ab hier wandert man den Weg durch die Schlucht (Achtung: An der Kirche, wenige Kilometer hinter *Lord Brandon's*

328irl he

329irl he

Cottage die Abzweigung nach rechts nehmen, ansonsten gelangt man ins Black Valley! Die weitere Strecke ist nicht zu verfehlen). Auf der Hälfte des Weges trifft man dann auf die Besucher, die ein Pauschalarrangement gebucht haben, und kommt zum Schluss bei *Kate Kearney's Cottage* an. Wer die Strecke zu Fuß zurückgelegt hat, muss vom Cottage aus nach Killarney per Anhalter weiterkommen, oder eine entsprechende Buchung vornehmen. Mit dem Fahrrad sind es noch ca. 11 km bis ins Ortszentrum.

Aghadoe Heights

Eine weitere exzellente **Aussicht** genießt man von den Aghadoe Heights, die man nach ca. 7 km entlang der N 72 in Richtung Killorglin, dann der Ausschilderung nach rechts folgend, erreicht. Im Süden erkennt man hinter dem Lough Leane die Gebirgskette Macgillycuddy's Reeks mit Irlands höchstem Berg, dem 1041 m hohen **Carrauntoohil,** östlich dann das *Muckross House* mit Anwesen.

Lough Guitane

Auch ein Ausflug zum 10 km östlich von Killarney gelegenen **Sees** Lough Guitane lohnt sich. Man kann picknicken oder wandern. Anfahrt: Auf der N 71 in Richtung Kenmare, nach ca. 3 km zeigt eine Ausschilderung nach links, und über schmale Straßen erreicht man den See.

⌃ Die Schlucht von Dunloe kann auch mit einer Kutsche *(Jaunting Car)* erkundet werden

‹ Aussicht vom Ladies View über die Seen des Killarney-Nationalparks

Der Ring of Kerry

Von Killarney aus beginnt nun die Erkundung des Ring of Kerry, nach Ansicht der irischen Tourismus-Verantwortlichen landschaftlich **schönste Teil der Grünen Insel und eine der attraktivsten Panoramastraßen der Welt.** Die Rundfahrt auf der Halbinsel sollte entgegen dem Uhrzeigersinn erfolgen, so nähert man sich langsam den Höhepunkten. Wer gerne wandert und Zeit hat, kann statt im Auto auch zu Fuß auf dem **Kerry Way** die Halbinsel umrunden. Der wohl schönste irische **Langstreckenwanderweg** ist etwas mehr als 200 km lang. Er führt abseits der großen Straßen von Killarney einmal rund um die Iveragh-Halbinsel, berührt aber alle größeren Orte, wo man Unterkünfte findet (→ Anhang: Literaturtipps).

Killorglin

Die Fahrt geht auf der R 562 in Richtung Killorglin; die unspektakuläre Strecke ist von Bäumen gesäumt. Killorglin selbst ist ein Örtchen, an dem der Tourismus des Ring of Kerry scheinbar spurlos vorbeigeht.

Einmal im Jahr allerdings ist in dem Dorf schwer was los. In der Zeit vom 10. bis zum 12. August findet hier die **Puck Fair** statt (https://puckfair.ie, → Exkurs). Bei dem Volksfest, das wohl auf einen heidnischen Fruchtbarkeitsritus zurückgeht, seinen Ursprung aber auch in einem geschichtlichen Ereignis haben könnte, wird ein *Ziegenbock* zum König gekrönt und drei Tage lang auf einem hohen Gerüst huldvoll zur Schau gestellt. Eine Unterkunft ist während dieser Tage selten zu bekommen (es sei denn, man hat vorgebucht), in den Kneipen fließt das *Guinness* in Strömen.

Wer nicht das Glück hat, den König von Killorglin lebend zu sehen, kann ihn als Bronzestatue auf der Westseite der Brücke über dem River Laune bewundern. Dort findet man auch eine seit 1782 existierende **Fischräucherei** (*The Fishery,* https://krdfisheries.com), wo Liebhaber von geräuchertem Lachs voll auf ihre Kosten kommen.

Kerry Bog Village Museum

Weiter geht es nun auf der N 70 in Richtung Südwesten. Etwa 8 km hinter Killorglin liegt rechts an einem großen Parkplatz das **Kerry Bog Village Museum.** Das kleine Freilichtmuseum vermittelt einen guten Eindruck vom entbehrungsreichen Leben in einem Dorf im frühen 19. Jh. Das zugehörige Restaurant **Red Fox Inn** ist ein beliebtes Ausflugsziel und besonders wegen seines Irish Coffee bekannt.

■ **Kerry Bog Village Museum,** https://kerrybogvillage.ie, tgl. 9–18 Uhr, Erw. 7,50 €, Studierende/Senioren 6 €, Kinder 4,50 €.

⊡ Wunderbare Spiegelungen am Rossbeigh Beach

Glenbeigh

Im weiteren Verlauf führt die Straße dann auf mächtige Hügelketten zu, und man durchfährt alsbald das Dorf Glenbeigh.

Die nur etwa 300 Einwohner zählende Ortschaft ist vollkommen auf den Tourismus ausgerichtet, der auf zwei Säulen steht. Zum einen sind es Wanderer, die den Ort als Basis nutzen. Er liegt direkt am Kerry Way und bietet gute Möglichkeiten ins gebirgige Innere der Iveragh-Halbinsel zu gelangen. Hauptanziehungspunkt ist aber der nahe gelegene **Rossbeigh Beach,** eine schmale lange Landzunge mit feinstem Sandstrand, die mehrere Kilometer in die Dingle Bay hineinragt.

Von Glenbeigh verläuft die Straße durch eine anmutige und gewellte grüne Landschaft. Schafe grasen an den Fahrbahnrändern. Doch schon wenige Minuten später zeigt die Umgebung ein wesentlich raueres Bild, die gewaltigen Steinhügel rücken fast bis an die Straße heran, und nun sieht man auch zum ersten Mal das Meer und schaut weit über die Dingle Bay bis hin zu den Hügeln der Dingle-Peninsula.

Die Straße windet sich in rund 100 m Höhe entlang der **Steilküste,** unten brandet die See an die Felsen. Diese Strecke ist sehr kurvenreich, und vom Fahrer wird höchste Konzentration verlangt. Wenn man in Ruhe das Landschaftspanorama genießen will, so kann man dies alle paar Kilometer an Straßenausbuchtungen tun, und gefahrlos schweift hier der Blick über die Schaumkronen der Wellen.

Cahersiveen

Das langgestreckte Dorf mit seinen rund 1300 Einwohnern, das als „Hauptstadt“ der Iveragh-Halbinsel gilt, hat mehrere

330irl he

Die Puck Fair in Killorglin

Mit Sicherheit eines der deftigsten Feste im ohnehin nicht asketischen Irland steht jeweils Anfang August in dem verschlafenen Dorf Killorglin auf der Tagesordnung: Die *Puck Fair,* die Krönung eines Ziegenbocks zum König der Grünen Insel. Da sich bei so hochoffiziellen Anlässen auch Geschäfte machen lassen, läuft parallel zu diesem Ereignis ein Viehmarkt.

Schon einige Tage vor dem großen Fest fangen die Männer des Dörfleins in den umliegenden Bergen einen möglichst stattlichen Ziegenbock mit einem repräsentativen Bart und gewaltigen Hörnern. Fein herausgeputzt dann wird am *Gathering Day,* dem ersten Tag des Festes, der Bock unter begeisterter Anteilnahme der Bevölkerung wie auch der Besucher auf ein hohes Gerüst gehievt und von einem grüngewandeten jungen Mädchen in den Königsstand erhoben: „Ich kröne dich zum König Puck", spricht das Mädel, und die Menge jauchzt begeistert: „Zum einzigen König von Irland"! Drei Tage nun herrscht König Puck huldvoll von seinem Gerüst und schaut dem ausgelassenen Treiben aus luftiger Höhe zu. Und was er da zu sehen bekommt, ist nicht von schlechten Eltern.

Die irischen Heimatforscher sind sich uneins, auf welche historische Begebenheit oder auf welches alte Ritual die Puck Fair zurückgeht. Da gibt es zuerst einmal die patriotische Variante: Die Mannen eines gewissen *Patrick Sorfield* wurden am 11. August 1691 durch eine aufgeschreckte Herde von wilden Ziegen vor den herannahenden Truppen des englischen Königs *William* gewarnt. Blitzschnell legten sich die Iren in einen Hinterhalt und rieben die Armee der verhassten Besatzer auf. Mit einem schön herausgeputzten Ziegenbock kehrten die Sieger in Killorglin ein und veranstalteten ein großes Fest.

Eher die geschäftliche Seite betont die folgende Überlieferung: *James II.* gab einem gewissen *Jenkins Conway* im Jahre 1613 die Erlaubnis, jeweils am 1. und 2. August eines jeden Jahres einen Markt abhalten zu dürfen. Als im 18. Jh. aufgrund einer Kalenderumstellung das Ereignis auf den 11. und 12. August fiel, setzte man den 10. August noch dazu.

Nicht schlecht hört sich auch die folgende Geschichte an: Da die englischen Strafgesetze aus der Zeit vom 17. bis zum 19. Jh. unter anderem die Jahr- und Viehmärkte einschränkten, sollen die pfiffigen Bewohner von Killorglin einen wilden Ziegenbock in die Stadt gebracht haben. Da es sich um kein Nutztier handelte, konnten die Engländer die Veranstaltung laut eigener Gesetzgebung nicht verhindern. Der Bock wurde zum König von Kerry gekrönt und die Iren verspotteten so die britischen Besatzer.

Die letzte Variante beschreibt, dass die Puck Fair auf ein keltisches Fruchtbarkeitsfest zurückgeht, das immer am 1. August begangen wurde. Mit der schon erwähnten Kalenderumstellung fielen die Feiern dann auf die bekannten Daten.

Da auch ein Viehmarkt während der tollen Tage abgehalten wird, und die Verkäufer ihre Rinder, Schafe und Pferde durch die Straßen der Stadt treiben, sind Asphalt, Häuserwände und Autos von Kuhfladen und Dung übersät, und es stinkt gewaltig. So mancher schimpft weil er im Dunkeln auf dem Weg in den nächsten Pub nicht aufgepasst und voll daneben getreten ist.

Tagsüber wird beim Verkauf der Tiere kräftig gefeilscht, und wer genau hinsieht, wird kräftige junge Männer mit großen Schlagstöcken erblikken. Dies sind die Steuereintreiber von Killorglin, denn schließlich will das Städtchen am Kauf und Verkauf beteiligt sein. Noch heute besitzt die Familie *Foley* das Recht, die Steuern mittels des mitgeführten Schlagstocks bei säumigen Zahlern einzutreiben.

Der mündlich geschlossene „Kaufvertrag" wird, wie es sich gehört, per Handschlag besiegelt, und auf den gelungen Abschluss nehmen dann Käufer und Verkäufer erst einmal ein paar Guinness, bevor man sich den weiteren Geschäften zuwendet – falls der Alkoholpegel dies überhaupt noch zulässt.

Am zweiten Tag der großen Feier, dem *Fair Day,* strebt das Fest dem Höhepunkt zu. Guinness, Lager und Whiskey fließen dann in Strömen.

Schon tagsüber sind die Pubs gerammelt voll, und jedem Zecher stehen nur wenige Quadratzentimeter Stehfläche zur Verfügung. Heraus oder hinein zu kommen, artet in schwerste Arbeit aus, dichtgedrängt wie Ölsardinen stehen die Menschen rund um den Tresen, wer hier einen Platz gefunden hat, muss ihn heldenhaft verteidigen. Die Menge tobt, lallt, lacht, Gläser gehen klirrend zu Bruch, und ein Schwall Guinness ergießt sich über den Vordermann. Gänge zur Toilette müssen frühzeitig angetreten werden, lang sind die Schlangen derjenigen, die ihre Getränke wieder entsorgen müssen.

Auch auf den Straßen des Örtchens ist der Teufel los, auch hier wird getanzt, gesungen, musiziert und natürlich vor allem getrunken. Killorglin versinkt in einer wahren Orgie, der Rausch ergreift die Menschen. Auch die *Travellers,* die fahrenden Nomaden Irlands, geben sich ein Stelldichein und verkaufen Allerlei, ihre Frauen sagen den Betrunkenen die Zukunft voraus, lesen aus der Hand und lassen dabei orakelhafte Sprüche ab.

Am dritten Tag dann, dem *Scattering Day,* halten nur noch erfahrene Kampftrinker durch, doch auch das sind – so hat es den Eindruck – noch immer unübersehbar viele. Wer jedoch des Morgens ein Katerfrühstück nötig hatte, der macht sich nun langsam bereit für den Heimweg, und sicher ist: Im nächsten Jahr wird die Puck Fair noch toller gefeiert!

konkurrierende Schreibweisen seines Namens, neben der obigen auch Caherciveen und Cahirciveen. Die Einheimischen sind stolz darauf, dass hier der „Liberator" **Daniel O'Connell** geboren wurde. *O'Connell* (1775–1847) war in der ersten Hälfte des 19. Jh. der herausragendste Politiker Irlands. Er setzte sich für die Gleichberechtigung der lange Zeit von den englischen Besatzern unterdrückten Katholiken ein und kämpfte für die Aufhebung der Union zwischen Irland und Großbritannien. Das Geburtshaus ist vom Zentrum ausgeschildert und liegt am Ostufer des Flusses Carhan. An der anderen Flussseite wurde ein Park mit einer Büste *O'Connell* eingerichtet. Spazierwege führen am Fluss entlang und Schautafeln widmen sich der regionalen Flora und Fauna.

Alljährlich, am ersten Wochenende im August, findet das *Cahersiveen Festival of Music and the Arts* (https://celticmusicfestival.com) hier statt.

Nachdem man das Örtchen durchfahren hat, geht es rechts ab auf der R 565 in Richtung auf **Valentia Island,** das mit einer Brücke mit dem Festland verbunden ist (ausgeschildert). Man sollte aber der Autofähre von Reenard Point, der 5 km von Cahersiveen entfernt liegt, den Vorzug geben. Die Fähre legt in Knightstown an. Sie verkehrt von Mai bis September tgl. im Pendelverkehr alle 10 Minuten.

- **Valentia Ferry,** https://valentiaferry.com

Praktische Tipps

Informationen

- **https://cahersiveen.ie**

Unterkünfte

■ **Sea Breeze**③, Reenard Road, Tel. (066) 9472 609, www.seabreezebandb.com; auf dem Weg zum Reenard Point, familiäre Atmosphäre, Frühstück gibt es im Wintergarten mit Aussicht.

■ **San Antoine**③, Valentia Road, Tel. (066) 9472 521, https://sanantoine.com; einladendes B & B mit freundlichen Gastgebern, auch Familienzimmer.

■ **Quinlan & Cooke Boutique Townhouse**⑤, 3 Old Post Office Street, Tel. (066) 9472244, https://qc.ie; sehr schickes Gästehaus im Ortszentrum mit individuell und luxuriös eingerichteten Zimmern, nur kontinentales Frühstück.

■ **Mannix Point Caravan & Camping Park**①, Tel. (066) 9472806, https://campinginkerry.com; am westlichen Ortsausgang direkt am Strand der Valencia Bay.

Restaurants und Pubs

■ **Quinlan & Cook Seafood Restaurant**②-③, an der Durchgangsstraße, https://qc.ie; ein kleines Seafood-Restaurant mit Unterkunft (siehe oben), das in der Lokalpresse hochgelobt wurde (im Winter nur eingeschränkte Öffnungszeiten).

114IRL ws

■ **O'Neill's The Point Seafood**②-③, Reenard Point, Tel. (066) 9472165, www.oneillsthepoint.ie, im Winter geschlossen; Pub mit guten Fisch- und Meeresfrüchte-Gerichten.

■ **Cráineen's Bar**①-②, Main Street, Live-Musik aber auch Sportübertragungen, es gibt eine kleine Speisekarte.

Verbindung

■ **Ring of Kerry Bus** einmal täglich von Tralee über Killarney, Killorglin, Waterville, Caherdaniel, Sneem, mehrmals täglich von Killarney, Killorglin, Tralee.

Valentia Island

Die Fähre von Reenard Point legt in **Knightstown** an, dem Hauptort des Eilandes. Einige Häuschen reihen sich an der engen Dorfstraße entlang, während der Ebbe steigt Modergeruch aus dem kleinen Hafenbecken auf, der Pub *Boston's* liefert Speise und Trank.

Im 19. Jahrhundert ging es in Knightstown recht geschäftig zu; damals nämlich verlegte man das erste Transatlantikkabel von hier nach Amerika. Die Operation wurde 1866 erfolgreich abgeschlossen. Rund 100 Jahre lang verlief über Knightstown auf Valentia Island die gesamte Telekommunikation zwischen Europa und den Vereinigten Staaten.

Die **Tauchgründe** rund um Valentia Island sollen zu den besten Irlands zählen, und so findet der interessierte Flaschentaucher mehrere *Diving Centres* am Ort. Auch kann man an mehreren Stellen auf der Insel Touren zur Felseninsel **Skellig Michael** buchen.

Von Knightstown geht es in südwestliche Richtung auf den Weiler Chapeltown zu und hier biegt man an der Ortskreuzung nach rechts ab und folgt der Ausschilderung **„Grotto“.** In einem ehemaligen Schiefer-Steinbruch hat man eine große Marienstatue aufgebaut, in der Grotte können Messen gelesen werden und von oben plätschert recht stilvoll ein Wasserfallrinnsal hinunter. Von 1816 bis 1911 wurde hier Schiefer gebrochen und dies im wahrsten Sinne des Wortes mit Sklavenarbeit. 14 Stunden am Tag schufteten die Männer, Frauen und auch Kinder, nur zwei kurze Pausen gab es, und als Lohn erhielten sie nur lächerliche 14 Pence. Hier gewann die englische Kolonialmacht das Baumaterial für das *House of Commons* und das *House of Lords,* das Unter- und das Oberhaus in London, für die Bahnhöfe Charing Cross und Waterloo sowie für die ehrwürdige Pariser Oper. Wer in der großen Grotte steht, erinnere sich an die Worte, die der Publizist *Ralph Giordano* in seinem „Irischen Tagebuch“ schrieb: „Vor 85 Jahren wurde hier der letzte Schlag getan, aber noch ist es so, als wenn es in der Höhle weiter klingt, hämmert und seufzt, als wenn La Grotta widerhallt von den Stoßgebeten, die abprallen von den gnadenlosen Wänden.“

Spektakulär sind die Ausblicke auf das Meer von den nahegelegenen **Fogher Cliffs.** Unterhalb der Grotte erkennt man einen kleinen Leuchtturm. Man suche den leicht zu findenden Feldweg, der schlaglochübersät und sehr steil nach unten zur Küste führt. Achtung: Nicht mit Wohnmobilen zu befahren, man kommt die Piste nicht mehr hoch! Nahe am Leuchtturm kann man ein Picknick genießen und in Meditation versunken auf die an den rundgewaschenen Felsen anbrandenden Wellen schauen.

Weiter gen Südwesten führte eine 1970 errichtete Drehbrücke zum Örtchen Portmagee, das schon wieder auf dem Festland liegt. Kurz bevor man den engen Sund überquert, findet sich rechterhand das Besucherzentrum **The Skellig Experience Centre,** das über die Region und über die frühchristliche Besiedlung der Felseninsel **Skellig Michael** informiert; der Besuch lohnt sich. Vom Museum verkehren in der Saison Boote nach Skellig Island.

■ **The Skellig Experience Visitor Centre,** Tel. (066) 9476306, https://skelligexperience.com, Juli–Aug. tgl. 10–19 Uhr, Mai, Juni und Sept. tgl. 10–18 Uhr, März, Apr., Okt., Nov. Mo–Sa 10–17 Uhr; Erwachsene 5 €, Studierende/Senioren 4 €, Kinder 3 €, Familien14 €.

Eine **Bootsahrt um Skellig Michael** kostet ohne Anlandung ab 45 €, mit Anlandung und der Möglichkeit zum Kloster aufzusteigen ab 115 €. Die Boote verkehren von Portmagee, Cahirsiveen, Ballinskelligs, Valentia, Waterville und Caherdaniel. Die Überfahrten werden von Ostern bis September angeboten, stürmisches Wetter verhindert manchmal tagelang eine Ausfahrt und selbst bei Windstille und Sonnenschein ist die Überfahrt nichts für Menschen, die zur Seekrankheit neigen. Im Juli und August sollte man mindestens einige Tage vorher den Trip buchen.

Da Skellig Michael von der UNESCO zum **Weltkulturerbe** erklärt worden ist und unter Schutz steht, dürfen pro Tag

☒ Eines der vielen Hochkreuze in Kerry

205IRL ts

nur 19 Boote mit jeweils maximal 12 Passagieren die Insel anlaufen. Der Besuch dort ist auf 2½ Stunden begrenzt.

Für Vogelliebhaber ist die Felseninsel wegen ihrer zahlreichen **Seevogelkolonien** interessant. Darüber hinaus aber vor allem wegen des gut erhaltenen **Klosters** aus dem 6. Jh., das über einen steilen Weg mit 618 Stufen erreicht werden kann.

Der Felsen hat auch noch bei einem anderen Publikum an Popularität gewonnen, da er als Schauplatz der beiden jüngeren **Star Wars-Filme** (*Das Erwachen der Macht,* 2015, und *Die letzten Jedi,* 2017) diente. Die Tourismus-Einnahmen stiegen nicht nur dadurch, dass die Filmcrews versorgt werden mussten, sondern seitdem auch durch das gestiegene Interesse bei den Fans.

Die Schwesterinsel **Little Skellig** ist ein **Vogelschutzgebiet** und darf nicht angelaufen werden, da hier weltweit eine der größten Brutkolonien von Tölpeln nistet. Allerdings wird sie auf der Fahrt zu Skellig Michael einmal umrundet, sodass man die Vögel beobachten kann.

Unterkünfte

■ **The Royal Valentia Hotel**③, Knightstown, Tel. (066) 9476144, https://royalvalentia.ie; das schmucke Hotel, das bereits seit 1833 existiert, liegt direkt am kleinen Hafen. Nicht nur das Hotel ist empfehlenswert, auch das angeschlossene Restaurant, wo u.a. schmackhafte Fischgerichte serviert werden.

■ **Shealane Country House**③, Bridge Road, Corha-Mor, Tel. (066) 9476354, https://valentiaskelligs.com; freundliches B & B mit wunderbarer Aussicht, vor allem vom Frühstücksraum, nur wenige Hundert Meter von der Brücke nach Portmagee entfernt.

Little Skellig und Skellig Michael ragen vor Valentia Island aus dem Meer

Restaurant und Pub

■ **The Royal Valentia**③

■ **Boston's Bar and Restaurant**①-③, Market Street, Knightstown, Tel. (066) 9476140; traditioneller irischer Pub mit Speiseangebot und Live-Musik im Sommer.

Ballinskelligs

Hinter der Brücke kann man in Portmagee gleich rechts auf den **Skellig Ring** Richtung Ballinskelligs fahren. Die schöne Panoramastrecke ist eine Erweiterung des Ring of Kerry. Unterwegs bieten sich immer wieder **atemberaubende Ausblicke** auf die steile Felsküste, die Skellig Inseln und den Atlantik. Kurz hinter St. Finan's Bay trifft man dann auf etwas in dieser Gegend völlig Unerwartetes: **The Skelligs Chocolate,** eine Schokoladenmanufaktur mit vielfältigen Angeboten und einem Café, die beide einen Stopp unbedingt lohnen.

■ **The Skelligs Chocolate,** The Glen, Ballinskelligs, Tel. (066) 9479119, https://skelligschocolate.com.

In Ballinskelligs angekommen, findet man einen schönen **Sandstrand,** auf dem seicht die Wellen auslaufen. Ballinskelligs ist eine kleine Streusiedlung ohne erkennbaren Ortskern. Abgesehen vom **Strand,** an dem man im Sommer übrigens strandtaugliche Rollstühle mieten kann, gibt es ein paar interessante **Ruinen** zu besichtigen: **Mc Carthy Mor Tower,** ein befestigter Wohnturm aus dem 16. Jh., auch bekannt als Ballinskelligs Castle. Desweiteren **Ballinskelligs Priory,** eine Abteiruine aus dem 12. Jh., sowie eine verfallene Küstenwachstation aus dem frühen 19. Jh., die im Unabhängigkeitskrieg niederbrannte.

Außerdem liegt Ballinskelligs in der so genannten **Gaeltacht,** einem der Gebiete Irlands, in denen das Irische die Hauptsprache ist. Im Sommer kann man hier auch Irischkurse belegen.

Praktische Tipps

Unterkünfte

■ **Seaside B & B**②-③, Ballinskelligs, Tel. (087) 9695867, https://skelligsseaside.com; hell und freundlich eingerichtetes B & B auf einem großen Grundstück nah am Strand.

■ **Skellig Lodge & Hostel**①, Tel. (066) 9479942, www.skelliglodge.com; kleines Hostel mit Privatzimmern und gut ausgestatteter Gästeküche, ohne Frühstück.

Restaurant und Pub

■ **Cable O'Learys**①-②, 7 Cois Trá Upper, Dungeagan, Tel. (066) 9479104; Pub mit guter Speisekarte, Musikveranstaltungen.

■ **Caife Cois Trá**①, Tel. (066) 9479323, https://facebook.com/cafecoistra; kleines Strandcafé direkt hinter dem Parkplatz am Hauptstrand (in der Saison), es gibt Getränke, Snacks, Andenken und Landkarten. Man kann auch Führungen durch die Gegend buchen.

Waterville

Auf der weiteren Strecke von Ballinskelligs nach Waterville fährt man an einem langen Sandstrand vorbei und hat schöne Ausblicke auf die See wie auch auf die Hügelketten des Inlands. Auf der N70 ist man dann wieder auf dem Ring of Kerry.

Besuch auf der Felseninsel Skellig Michael

An mehreren aufeinanderfolgenden Tagen hatte ich schon frühmorgens von Killarney aus im Post Office von Ballinskelligs angerufen und mich nach den Wetterverhältnissen vor der Küste erkundigt. Zu starker Wind, hohe Wellen und dichter Nebel, so lautete die stereotype Antwort des freundlich bemühten Postmeisters, der seine Negativmeldung immer mit einem bedauernden *Sorry Sir, I'm very sorry* beendete. Beim sechsten Anruf jedoch – ich hatte mir mittlerweile die Zeit mit Wanderungen in der Umgebung von Killarney vertrieben und war schon gar nicht mehr sicher, je auf das Felseneiland zu kommen –, hörte ich die aufgeregte Stimme meines Informanten: „Oh, it's you Sir. Come straight ahead, the waves are still high but the boat leaves at eleven." – „Kommen Sie sofort vorbei, die Wellen sind zwar noch immer hoch, aber das Boot läuft um elf aus."

Sofort buchte ich einen Platz, schlang das wie immer opulente Frühstück meiner Bed & Breakfast-Wirtin herunter, sprang in den Wagen und fuhr über Kenmare, Sneem und Waterville nach Ballinskelligs. Dort am Pier angekommen, warf ich einen ersten Blick auf die kleine, offene Nussschale und einen zweiten auf die Schaumkronen der Wellen.

Mit anderen unerschrockenen Besuchern stieg ich nun also auf das kleine Bötchen hinunter, suchte mir meinen Platz und zog den Reißverschluss meiner wasserdichten Jacke hoch. Meinen Daypack stellte der Skipper freundlicherweise in seinem geschützten Steuerhaus unter, alsbald wurden die Leinen gelöst, und die Überfahrt begann.

13 km vor der Küste der Kerry-Halbinsel liegen meerumtost die zwei steil aufragenden Felseninseln **Little Skellig** und **Skellig Michael** *(Skellig* = Felsen). Während die kleinere von beiden ein Vogelschutzgebiet ist – Irlands größte Kolonie von Basstölpeln hat hier ein geschütztes Refugium, aber auch Kormorane, Sturm- und Papageientaucher, Sturmschwalben sowie Dreizehenmöwen bilden beachtliche Populationen – und aus guten Gründen deshalb nicht betreten werden darf, lohnt Skellig Michael unbedingt einen Besuch. Hier befinden sich gut erhaltene Reste einer frühchristlichen **Mönchssiedlung.**

Doch vor der Erkundung der Insel gilt es, die Gefahren der Überfahrt zu meistern. Kaum hatte das Bötchen Bolus Head, den südwestlichen Zipfel der Kerry-Halbinsel passiert, traf uns der Wind mit voller Härte. Die Nussschale rollte und stampfte in der schweren See, Spritzwasser kam regelmäßig über die niedrige Schanz, krampfhaft klammerten sich alle an ihren Sitzen fest, bleich waren die Gesichter. Ich merkte, wie mein Gleichgewichtsorgan seinen Dienst einstellte und der Magen, noch immer vom Frühstück gut gefüllt mit *bacon* and *scrambled eggs,* zu rebellieren begann.

Schon vor Tagen hatte mir meine Zimmerwirtin geraten, rechtzeitig vor der Überfahrt genügend Pillen gegen Seekrankheit und Übelkeit zu schlucken; diesen weisen Vorschlag hatte ich allerdings nicht beachtet und trug nun die Konsequenzen. Drei weitere Mitreisende und ich schickten die Reste unseres Frühstücks zu den Fischen, alle waren wir peinlich berührt, hatten einen ekligen Geschmack im Mund, und das breite Grinsen des Skippers drückte seinen klammheimlichen Spott aus. Ein freundlicher Amerikaner verteilte Kaugummis, die dankbar angenommen wurden.

Mit großer Erleichterung sahen alle eine Zeitlang später, wie das Boot in eine kleine Bucht einlief und an dem Betonpier festgezurrt wurde. Auf einem schmalen Weg, vorbei an einem Leuchtturm, ging es dann über 618 Stufen auf ein 180 m hoch gelegenes Plateau, auf dem eine Anzahl von **Bienenkorbhütten** die Jahrhunderte unbeschadet überstanden hat. Zwei bootsförmige Kapellen, eine Reihe von Kreuzen und Grabsteinen und eine wahrscheinlich aus dem 12. Jh. stammende Kirchenruine vervollständigen das Ensemble. Die Mauern der Gebäude sind sehr kunstvoll, aus Steinen und ohne Verwendung von Mörtel aufgeschichtet. Ihr guter Zustand resultiert aus dem milden Klima: Hier gibt es keinen Frost, der das Gestein sprengen könnte.

Kleine, ebenfalls von Steinmauern eingefriedete Parzellen, *The Monks Garden* genannt, dienten früher den frommen Männern als Anbauflächen für Getreide und Gemüse; ergänzt wurde der Speiseplan durch Vogeleier, Vögel und Fische. Die Anzahl der Steinhütten und ihre Grundflächen legen die Vermutung nahe, dass wohl nie mehr als zwölf Mönche das felsige Eiland bewohnten.

Der Überlieferung nach gründete einer der beiden *Heiligen Finans* die Klause, die schon im 9. Jahrhundert mehrfach von den Wikingern überfallen wurde. Im 12. oder 13. Jahrhundert siedelten die wenigen Mönche dann auf das Festland über; das sturmumtoste Eiland behielt jedoch seine sakrale Bedeutung: Im 17. und 18. Jh. übten sich die Gläubigen in Buße, stiegen bis zur 210 m hohen *The Needle's Eye* genannten Spitze auf und küssten dort oben ein Gipfelkreuz.

Die zweite Felsenspitze von Skellig Michael wird *Jesus' Saddle* genannt, und die Überlieferung berichtet Erstaunliches von diesem Felsstück. Angeblich brachte man Gruppen von jungen Mädchen, die alsbald in den Stand der Ehe treten wollten, an diesen wenig anheimelnden Ort; in völliger Abgeschiedenheit sollten sich die Bräute während dieser Exerzitien auf ein gottesfürchtiges Leben nach der Hochzeit vorbereiten. Die Damen – wir folgen weiter der Chronik – taten sich jedoch gütlich an harten Getränken, musizierten fröhlich und waren ein letztes Mal recht ausgelassen. Mit Entsetzen stoppten die Priester, kaum dass sie dahintergekommen waren, diesen freudvollen Schabernack.

Nach rund zwei Stunden ist die Besichtigung vorbei, und angstvoll klettert man – begleitet von der Hoffnung auf eine ruhige Überfahrt – wieder auf das Boot.

[>] Blick auf Little Skellig von Skellig Michael aus

Schnell ist nun das Städtchen **Waterville** erreicht. Der kleine, touristisch geprägte Ort liegt auf einer Landzunge zwischen der Ballinskelligs Bay mit Sandstrand und dem traumhaft schönen Süßwassersee **Lough Currane.**

Waterville ist ein **weltbekanntes Angelzentrum.** Das Meer sowie die Flüsse und Seen sind sehr fischreich. Auch Golfer kommen gern hierher. Der etwas nördlich liegende **Golfplatz** gehört zu den besten der Welt. Die lebensgroße Bronzefigur von *Charlie Chaplin* an der Promenade soll daran erinnern, dass der Künstler hier mehrfach seinen Urlaub verbracht hat.

Unterkunft und Restaurant

- **Butler Arms Hotel**⑤, Main Street, Waterville, Tel. (066) 9474144, https://butlerarms.com; das renommierte große Hotel liegt nur wenige Meter vom Strand entfernt
- **The Lobster**②, Main Street, Waterville, Tel. (066) 9474629, https://thelobsterwaterville.com; das Restaurant bietet einfache, aber schmackhafte Speisen zu fairen Preisen.

Hinter Waterville steigt die Straße zunächst sachte an, windet sich dann aber mehr und mehr steil bergauf. Fast von jeder Stelle bietet sich ein beeindruckendes Landschaftspanorama. Den Höhepunkt erreicht man etwa 7 km hinter Waterville auf dem gut 200 m hohen **Coomakista Pass.** Der große Parkplatz zeugt davon, dass dies ein beliebter Aussichtspunkt ist. Und in der Tat: Die Aussicht ist grandios. Im Norden sieht man Waterville und die Ballinskelligs Bay und im Südwesten ragen die beiden Felseninseln Deenish Island und Scariff Island aus dem Atlantik.

Die nächsten 6 km bis Caherdaniel gehören sicherlich zu den schönsten Abschnitten des Ring of Kerry. Von hoch oben sieht man auf den einmaligen **Derrynane Beach** mit Abbey Island. Wer will, kann das Panorama windgeschützt hinter großen Fenstern bei einer Mahlzeit im *Scarriff Inn* (Tel. (066) 9475132, scarriffinn.com) genießen.

Derrynane Beach und House

Das kleine Dorf **Caherdaniel** ist Ausgangspunkt für einen Abstecher vom Ring of Kerry zum Derrynane Beach und House. Der Abzweig erfolgt an der Kreuzung in der Dorfmitte und ist gut ausgeschildert. Als erstes passiert man nur etwa 100 m hinter der Kreuzung den **Blind Piper** (Tel. (066) 9475126, https://blindpiperpub.ie), einen originellen Pub, der einen Besuch wert ist. In dem urigen, traditionellen Gasthaus bekommt man neben dem üblichen Guinness auch preiswerte Speisen und an manchen Tagen Live-Musik geboten.

Das **Derrynane House,** etwa 2 km westlich der Kreuzung, ließ *Daniel O'Connell* 1825 errichten. Der in Cahersiveen geborene Politiker lebte und arbeitete 20 Jahre lang in dem Herrensitz, das heute ein Museum ist. In der Nähe führt ein **Naturlehrpfad** durch die Dünenlandschaft.

- **Derrynane House,** Tel. (066) 9475113, https://derrynanehouse.ie, Mitte März–Sept. tgl. 10–16.30 Uhr, Okt. tgl. 10–16 Uhr, Nov.–Anfang Dez. Sa/So 10–15 Uhr; Erwachsene 5 €, Studierende/Senioren

331irl he

4 €, Kinder 3 €, Familien 13 €. Die audio-visuelle Präsentation ist auch auf Deutsch verfügbar.

Noch einige hundert Meter weiter westlich kommt man an den **Derrynane Beach,** einer der besten Strände, die Irland zu bieten hat. Der flach abfallende feinsandige Strand, der sich über eine Länge von 2 km von West nach Ost erstreckt, eignet sich auch bestens für Familien mit Kindern. Im Westen ist die Insel **Abbey Island** vorgelagert, die man in der Regel trockenen Fußes erreichen kann. Nur bei sehr hohem Wasserstand ist sie vom Festland abgeschnitten. Auf ihr kann man die Ruine eines **alten Klosters** erkunden.

Staigue-Fort

Zurück zur Hauptstrecke geht es wenige Kilometer weiter vorbei am Brackaharagh Beach, auf dem bis direkt an den Strand Wohnmobile und Mobile Homes des *Glenbeg Caravan and Camping Parks* stehen. Knapp 4 km hinter dem Camping Park gelangt man nach **Castlecove.** Direkt am grünen Ortseingangsschild weist ein unübersehbarer Wegweiser links zum prähistorischen Staigue-Fort hin. Nach 4 km ist das eisenzeitliche Ringfort erreicht.

4 Meter dick und 5,5 Meter hoch ist der aus Steinen und ohne Mörtel aufgerichtete **Mauerring.** Keine Messerspitze passt zwischen die exakt aufgeschichteten Steinlagen. Durch einen kleinen Gang gelangt man ins Innere der Umwallung; auf einem Areal von 30 Meter im Durchmesser suchten die Erbauer Schutz vor Überfällen. Gut erhalten sind die Treppenstufen, mittels derer die Verteidiger im Notfall auf die Brustwehr eilen konnten.

Eine exakte **Datierung** des Ringforts steht bis heute noch aus; wahrscheinlich stammt es aus dem 4. oder 5. Jh.

Das Gelände, das jederzeit zugänglich ist, befindet sich in Privatbesitz. Der Besitzer hat am Zugang eine Kasse aufgestellt, wo er um einen kleinen Obolus bittet.

Das Staigue-Fort bildet einen Mauerring

Sneem

Nun wieder zurück zur Hauptstrecke und weiter der N 70 in Richtung Norden folgend, erreicht man Sneem, in dessen kleinem Dorfkern die Häuser zur Freude eines jeden Hobbyfotografen in kräftigen blauen, roten und grünen Farbtönen gestrichen sind. Ein schönes Fotomotiv sind auch die Stromschnellen an der Brücke über den River Sneem, der den Ort in zwei Hälften teilt. Wer möchte, kann sich hier in einem der kleinen Geschäfte mit irischem Kunsthandwerk eindecken. So ist der Ortskern im Sommer oft voller Besucher, denn die Touristenbusse halten hier an.

Praktische Tipps

Unterkünfte

- **Bank House**②, North Square, Tel. (064) 6645 226, www.sneem.com/bankhouse.html; komfortables B & B gleich neben einem Pub.
- **Coomassig View B & B**②, Waterville Road, Tel. (064) 6675005, https://coomassigview.kerry-ireland.com; etwas außerhalb an der N70 Richtung Caherdaniel, tolle Aussicht, gute Lage für Wanderer.

Restaurant/Pub/Coffeeshop

- **Blue Bull Seafood Restaurant**②, South Square, Tel. (064) 6645382, https://bluebullsneem.com; im Ortszentrum östlich der Brücke, mit Pub.
- **Dan Murphy's Bar**①-②, South Square, Tel. (064) 6689694; gemütliche Kneipe im Ortszentrum.
- **The Village Kitchen**②, 3 Bridge Street, Tel. (064) 6645281, https://facebook.com/villagekitchensneem; serviert Kuchen und Snacks, aber auch Frühstück und einige warme Hauptgerichte.

⊡ Der Inch Beach auf der Dingle-Halbinsel kann befahren werden

Verbindung

- **Ring-of-Kerry-Bus** von Tralee, Killarney, Killorglin, Cahirciveen, Waterville, mehrmals täglich von Killarney, Kenmare, Tralee.

Zurück nach Killarney

Wenn man Kenmare schon besucht hat, so sollte man von Sneem aus nicht weiter auf der N 70 fahren, denn dieser nun folgende Teil des Ring of Kerry ist landschaftlich wenig spektakulär. Besser ist es, von Sneem aus die R 568 zu nehmen, die durch eine hügelige, teils bewaldete Landschaft führt.

Bei **Moll's Gap,** einem Aussichtspunkt mit Laden und Café, trifft die R 568 wieder auf die Hauptstrecke (jetzt die N 71), und vorbei am **Ladies' View** (→ Ausflüge im Killarney-Nationalpark, S. 183), von wo aus man Ausblick auf die Seen von Killarney hat, geht es zurück nach Killarney, dem Ausgangspunkt der Rundreise.

Dingle-Peninsula

Nach Dingle

Von Killarney verläuft die Route auf der N 72 bis Killorglin. Dort biegt man im Kreisverkehr links ab und gelangt auf eine Brücke, die über den River Laune geradeaus auf die N 70 Richtung Tralee führt. Nun ist man wieder auf dem *Wild Atlantic Way.* Vorbei an der Fischräucherei (→ Killorgline) biegt man im Zentrum von Castlemaine links auf die R 561 Richtung Dingle ab.

Nach 20 km lohnt ein Stopp am kleinen Weiler **Inch.** Hier ist vor allem der riesige **Inch Beach** von Interesse. Der feine Sandstrand liegt auf einer Landzunge, die sich 5 km weit in die Dingle Bay erstreckt und fast das gegenüberliegende Ufer der **Iveragh-Halbinsel** erreicht. Der Strand ist bei Badegästen und Wassersportlern sehr beliebt und kann befahren werden. Aber Achtung: Bei auflaufendem Wasser sollte man sein Fahrzeug besser vom Strand entfernen. Wer Durst oder Hunger hat, findet in *Sammy's Café & Restaurant* (Tel. (066) 9158118, www.sammysinch.com) entsprechende Angebote.

Die R 561 verläuft zunächst weiter entlang des Ufers, biegt dann ins Landesinnere und stößt dort auf die N 86, die links in den Hauptort **Dingle** der gleichnamigen Halbinsel führt.

Dingle

Im Dorfkern des 2000 Einwohner zählenden Ortes strahlen die Häuser in kräftigen bunten Farben. Pubs und Restaurants sind in Hülle und Fülle vorhanden. Dingle gehört sicherlich zu den atmosphärereichsten Örtchen im Westen Irlands, daran ändert auch die aus EU-Geldern finanzierte Modernisierung des Hafenbereichs nur wenig.

Größte Sehenswürdigkeit und bekanntester „Einwohner" war fast 40 Jahre lang der **Delfin Fungie,** der sich seit 1983 im Hafen und in der Bucht vor Dingle aufhielt und regelmäßig beobachtet werden konnte. Während einer Bootstour kam man dem sympathischen Meeressäuger ganz nahe. Ihm zu Ehren wurde eigens eine Statue errichtet. Seit Oktober 2020 ist Fungie zum Leidwesen der Touristen und der vielen Bootsführer, die kräftig am Rummel um den Delfin verdient hatten, verschwunden und wurde seither nicht mehr gesichtet. Was mit ihm geschah, weiß keiner. Da Delfine eine Lebenserwartung von 45–50 Jahren haben, ist es am wahrscheinlichsten, dass der ungefähr 45 Jahre alte Meeressäuger gestorben ist.

Ebenfalls am Hafen liegt **Dingle Ocean World,** ein großes Aquarium. Durch einen Unterwassertunnel kann man die heimischen Meeresfische beobachten.

332irl he

■ **Dingle Ocean World,** The Wood, Tel. (066) 915 2111, https://dingle-oceanworld.ie, Juli–Aug. tgl. 10–19 Uhr, sonst 10–17 Uhr; Erwachsene 16,50 €, Studierende/Senioren 13 €, Kinder 11,50 €, Familien 52–59 €.

Alljährlich Ende August wird die **Dingle Regatta,** eine Wettfahrt in den traditionellen irischen Ruderbooten, den *Currachs,* im Hafen ausgetragen.

Dingle eignet sich auch sehr gut als Standquartier, um von hier aus eine Tour zu den **Blasket Islands** zu unternehmen oder um den Hausberg der Halbinsel, den **Mount Brandon,** zu besteigen.

Praktische Tipps

Tourist Information

■ **The Quay,** direkt am Hafen, Tel. (066) 9151188, tgl. 9–17 Uhr, im Winter sonntags geschlossen.

■ **https://dingle-peninsula.ie**

Unterkünfte

Dingle ist ein touristisch sehr umtriebiger Ort. Es gibt eine Vielzahl von Unterkünften, Pubs und Restaurants, von denen hier nur eine kleine Auswahl genannt werden kann.

■ **Benners Hotel**⑤, Main Street, Tel. (066) 9151 638, https://dinglebenners.com; schickes Hotel mit traditioneller Atmosphäre im Ortszentrum.

■ **Ballinvounig House B & B**①-②, Ballinvounig, Tel. (066) 9152104, homepage.eircom.net/~dbsheehy; freundliches Gästehaus etwa 2 km außerhalb des Ortes an der N86, mit Garten und schöner Aussicht.

■ **Marian House Budget B & B**②-③, Marian Park, Tel. (087) 7995984, http://marianhouse.weebly. com; komfortables B & B nah am Ortskern, kontinentales Frühstück als Standard.

■ **Pax Guest House**④-⑤, Upper John Street, Tel. (066) 9151518, https://pax-house.com; etwas außerhalb, südöstlich des Ortskerns, spektakulärer Ausblick durch die Panoramafenster des Wohn- und Frühstücksraums. Frühstück auch glutenfrei und für Vegetarier und Veganer möglich.

■ **Tower View B & B**②, Farranredmond, Milltown, Tel. (088) 9152990, https://towerviewdingle.com; B & B mit Hafenblick, veganes Frühstück auf Anfrage.

■ **Dingle Gate Hostel**①, The Mall, Annascaul, Tel. (087) 9320216, https://dinglegatehostel.com; das Hostel liegt etwa 15 km östlich von Dingle an der N 86 (Busroute), mit Garten und Privatzimmern.

■ **Campingplatz** *Campaill Theach An Aragail* (ausgesprochen etwa: *kampajl hjäch ann aregell*), Gallarus, Tel. (085) 7679828, etwa 8 km nordwestlich von Dingle in unmittelbarer Nähe vom *Gallarus Oratory.* Laut eigener Angabe Europas westlichster Campingplatz.

Restaurants, Pubs und Cafés

■ **Doyle's Seafood Bar & Townhouse**③-④, John Street, Tel. (066) 9152674, www.doylesofdingle.ie; eines der besten Fischrestaurants der Region in einem rot gestrichenen Haus, mehrfacher Gewinner des *Bord Failte's Award of Excellance.*

■ **Lord Baker's**③, Main Street, Tel. (066) 915 1277, www.lordbakers.ie; ältestes Lokal von Dingle, 1890 von *Tom Baker,* dem Direktor der Tralee – Dingle-Eisenbahn als Kneipe gegründet, vorne im Pub leckere Gerichte bei denen ein Torffeuer wärmt, nach hinten Restaurant, mehrfach preisgekrönt.

■ **The Charthouse**③, Tel. (066) 9152255, https://thecharthousedingle.com; preisgekröntes Restaurant, das viele lokale Zutaten verwendet, hauptsächlich Fleisch- und Fischgerichte.

■ **Novecento**②, Goat Street, Tel. (066) 9150663, www.novecento.ie; kleines, gemütliches Lokal mit italienischer Küche, auch glutenfreie Pizza.

■ **Fenton's Restaurant**③, Green Street, Tel. (066) 9152172, https://fentonsrestaurantdingle.com; familiengeführtes Restaurant, vorwiegend Fisch- und Fleischgerichte.

■ **An Café Liteartha**①-② (irisch für Literaturcafé, ausgesprochen etwa: *ann kaffe littera*), Dykegate Lane, Tel. (066) 9152204; Café, Snacks und Buchladen.

■ **Dingle Pub**②, Main Street, Tel. (066) 9151370, www.thedinglepub.com; gemütlicher Pub mit *Live Music Sessions*, kleine Speisekarte.

■ **An Droichead Beag** (irisch = Die kleine Brücke, ausgesprochen etwa: *enn droched bjeg*), Main Street, Tel. (066) 9151723, https://androicheadbeag.com, *Folk Music* an vielen Abenden, sehr populär bei Einheimischen und Touristen.

MEIN TIPP: **Dick Mack's,** Green Street, Tel. (066) 9151787, https://dickmackspub.com; Pub in einem Schusterladen mit kleiner Brauerei. Eine derartige Kuriosität lockt auch prominentes Publikum an, so waren neben vielen anderen schon *Paul Simon, Robert Mitchum* und *Julia Roberts* vor Ort, im Gehweg sind die Namen einiger dieser Gäste eingemeißelt. Tipp: Unbedingt das selbstgebraute *Coffee Stout* probieren.

■ **Murphy's Pub**②, Tel. (066) 9151450, https://murphyspub.ie; Strand Street, kleine Speisen, regelmäßig *Live Music Sessions.*

■ **Marina Inn**②, Strand Street, Tel. (066) 9151660, https://themarinainndingle.com; am Hafen, *Trad Sessions,* gute Speisekarte, auch Vegetarisches.

Verbindung

■ **Busse** mehrmals täglich von Dublin, Limerick, Listowel, Tralee, Shannon-Airport, Killarney, Killorglin, Dunquin.

Wandern auf der Dingle-Halbinsel

Rund um die Dingle-Peninsula führt der 170 km lange **Dingle Way,** auf Irisch auch *Slí Chorcha Dhuibhne* genannt – die Halbinsel gehört ja zu den so genannten *Gaeltacht*-Gebieten. Wie schon bei den anderen aufgeführten Streckenwanderungen empfohlen, sollte man auch hier wieder wenigstens einige Teilstrecken in Tagesausflügen zurücklegen.

Die **Tour** beginnt wegen der guten Verkehrsanbindung eigentlich in Tralee, geht dann über Blennerville, Inch, Annascaul, Lispole, Dingle, Dunquin, Ballydavid, Brandon, Cloghane, Castlegregory und Camp zurück nach Tralee. Der höchste Punkt ist der 640 m hohe Sattel zwischen Brandon und Masatiompan. Die Strecke ist mit gelben Pfeilen auf schwarzem Grund ausgeschildert.

Unbedingt sollte man auch den Hausberg der Dingle-Halbinsel, den 950 m hohen **Mount Brandon,** auf der Heiligenroute besteigen. Ein weiteres lohnendes Ziel sind der 403 m hohe **Cruach Marthain** und der benachbarte, 514 m hohe **Mount Eagle** bei Dunquin (Wanderliteratur → Anhang).

Die Blasket Islands

Auf keinen Fall sollte man einen Tagesausflug zu den Blasket Islands versäumen. Bis in die 1950er-Jahre waren diese Eilande bewohnt und irische und ausländische Ethnologen und Linguisten, aber auch Dichter und Literaten studierten dort die reiche Tradition an alten gälischen Festen, Sitten und Bräuchen. Die Insulaner selbst schrieben ihre mündliche Überlieferung, ihre Geschichte und Legenden nieder und bewahrten sie so der Nachwelt.

Als schön und geheimnisvoll empfindet der Besucher die **Atmosphäre** auf

Great Blasket Island, wenn er das alte, nun teils verfallene Dorf durchstreift und anhand eines Lageplanes die Schule, das Postgebäude, den Friedhof oder die Häuser von *Peig Sayers* oder *Tomás O'Crohan*, den beiden großen Poeten der Insel, identifizieren kann. Gewaltig ist die Faszination, die Great Blasket ausstrahlt, und je größer die eigene Vorstellungskraft und das Wissen um die einstigen Lebensbedingungen sind, um so mehr wird das Eiland in der Fantasie wieder lebendig.

Der irische Autor *Muiris Mac Conghail* beschrieb in seinem Buch über den kleinen Archipel sehr zutreffend dieses „Inselgefühl": „Sobald man mit der Blasket-Insel und ihrer Kultur Verbindung aufgenommen hat, gibt es kein Entrinnen mehr, so sehr man sich auch bemüht. Ihre Geschichte gleicht einem Staffellauf, in dem der Stab von Person zu Person immer weitergereicht wird. Einmal mit diesem Fleckchen Erde in Berührung gekommen, ist es um einen geschehen!"

Wer die Geschichte der Menschen und die Härte ihres Lebens – wenn auch heute nur mehr aus schriftlichen Quellen – kennen zu lernen versucht, für den ist eine Fahrt zu den Blaskets ein herausragendes Erlebnis.

Anreise

Von Dingle folgt man der Küstenstraße (R 559), die als *Wild Atlantic Way* und zusätzlich als **Slea Head Drive** ausgeschildert ist, im Uhrzeigersinn in südwestlicher Richtung. Ziel der Fahrt ist die kleine Streusiedlung **Dunquin.** Die Wegweiser unterwegs an den Kreuzungen helfen nicht immer bei der Orientierung – der Westen und Norden der Dingle-Halbinsel gehört zu den so genannten Gaeltacht-Gebieten, in denen bis heute noch teilweise irisch gesprochen wird. Auch die Hinweisschilder sind hier normalerweise nur mit **irischen Ortsnamen** versehen. Dennoch kann man sich nicht verfahren, wenn man den Wild-Atlantic-Way-Wegweisern folgt. Der irische Name von Dunquin ist *Dún Chaoin* (ausgesprochen etwa „duun chwiin").

Der erste Abschnitt auf der 18 km langen Strecke ist wenig spektakulär; die Straße folgt dem Uferverlauf zweier kleiner, natürlicher Buchten, Dingle Harbour und Ventry Harbour genannt. Ein kurzes Stück weiter kann man einen ersten Stopp einlegen und die Reste des prähistorischen **Dunbeg-Forts** sowie nahebei einige alte Bienenkorbhütten *(Beehive Huts)* besichtigen (Fort und Hütten sind ausgeschildert).

Dann jedoch beginnt die Fahrt spannend zu werden. Die Ausläufer des Mount Eagle formieren eine rund 100 m hohe, steil ins Meer abfallende **Felsküste.** Die regelrecht in das Bergmassiv eingekerbte, stellenweise sehr schmale Straße windet sich in scharfen Kurven um Vorsprünge. Nur eine niedrige Mauer schützt vor dem Abgrund, auf der anderen Seite der schmalen Trasse ragen die Felsen steil in die Höhe. Diese Straße entstand im Zuge eines Arbeitsbeschaffungsprogrammes während der großen Hungersnot im 19. Jh. Statt Lohn erhielten die Arbeiter Getreidemehl, bis heute nennen die irischsprachigen Bewohner der Gegend diese Route *Boithre Na Mine* – Mehlstraße.

Prachtvoll ist der Blick, den man von dort auf das Meer hat, an klaren Tagen schaut der Besucher weit über die Dingle

Bay bis hinüber zur Kerry-Halbinsel und nach Valentia Island. Die kurvenreiche Strecke verlangt allerdings höchste Aufmerksamkeit vom Fahrer, es ist nicht ungefährlich, die vielen landschaftlichen Schönheiten am Steuer zu genießen! An den besten **Aussichtspunkten** befinden sich daher Ausbuchtungen am Straßenrand. Hier kann man gefahrlos parken, in Ruhe und vor allem sicher den Blick entweder tief nach unten auf die anbrandende See richten oder weit in die Ferne schweifen lassen. Auch am Ausguck **Slea Head,** dem südwestlichsten Zipfel der Dingle-Peninsula, befindet sich eine solche Parkbucht, ihr gegenüber hat der gläubige Besucher die Möglichkeit, vor einem großen, in den Felsen eingelassenen Wegekreuz ein inbrünstiges Bittgebet für die weitere Reise zu sprechen.

Nach wenigen Minuten Fahrt fasziniert erneut eine Naturschönheit – tief unten leuchtet ein kleiner, weißer **Sandstrand** aus den türkisblauen Fluten.

Wiederum von einer Parkbucht aus kann man auf das einladende Fleckchen hinunterblicken, und weit entfernt im Meer sieht man nun die größte der Blasket-Inseln, die langgestreckt und bucklig wie ein großer Wal vor der Küste liegt. Eine dort aufgestellte **Gedenktafel** gibt leider nur spärlich Auskunft über die Geschichte der Eilande.

Nach zwei weiteren Kilometern geht es links von der Straße ab, und schon kann man den Wagen oberhalb von **Dunquin Harbour** (ausgeschildert) parken. Die Bezeichnung „Hafen" ist allerdings mehr als irreführend. Auf einem extrem steil verlaufenden Betonpfad gelangt man an einen winzigen Pier, nur wenige Bötchen dümpeln in den Wellen. In der Hauptsaison und bei gutem Wetter fahren zwi-

⊡ Bei Dunquin formen die Flanken des Mount Eagle eine Steilküste

333irl he

schen 10 und 18 Uhr stündlich Boote zur Great Blasket Island. Ansonsten nur einmal morgens und einmal abends (Tel. (085) 2805202, https://blasketisland.com).

Es lohnt sich sehr, schon früher an Ort und Stelle zu sein; dann nämlich kann man den wenigen **Fischern** zusehen, wie sie sich auf ihre Tagesarbeit vorbereiten, zuerst in der kleinen Bucht die Hummer-Reusen kontrollieren und danach aufs Meer hinausfahren. Wer nicht mundfaul ist, kommt schnell mit den freundlichen Männern ins Gespräch.

Einen Blick lohnen auch die aufgebockten **Naomhoga,** die traditionellen, mit geteertem Leder bezogenen **Boote** der *Blasket Islanders.* In Gebrauch sind sie nicht mehr, heutzutage dienen sie vielmehr der sportlichen Ertüchtigung: Ab und an rudern mehrere Teams um die Wette und bestreiten „Rennen".

Der Besucher bekommt einen Eindruck, welcher Kraft und Geschicklichkeit es früher bedurft hat, ein solches Naomhoga durch die Wellen des Blasket-Sundes stechen zu lassen, wenn bei Flut die Meerenge durchfahren wurde. Dann nämlich ist die Strömung derart gewaltig, dass der Skipper sein mit einem kräftigen Außenborder versehenes Boot ständig gegensteuern muss, damit es nicht binnen Sekunden vom Kurs abgetrieben wird.

Die Bewohner der Blaskets

Nur wenige Menschen zählte die Gemeinde, die im Weiler An Baile (irisch = Dorf, ausgesprochen etwa: *ann bajle*) auf Great Blasket lebten: Im Jahre 1821 waren es 128 Personen, bis 1916 stieg die **Einwohnerzahl** auf 176 an, seither nahm sie kontinuierlich ab; am Vorabend des Zweiten Weltkriegs wohnten und arbeiteten weniger als 100 Menschen im Dörfchen, 1947 nur noch etwa die Hälfte davon.

Die Familien lebten vom Fischfang, dem landwirtschaftlichen Anbau, von der Vieh- und Kleintierhaltung sowie der Schafzucht – und nicht zuletzt von den angeschwemmten Gütern gestrandeter Schiffe.

Es hat nie einen Laden oder ein Gasthaus auf dem Eiland gegeben, keinen Arzt, keinen Pfarrer – aber immerhin einen Lehrer für die Kinder. 1866 bauten die Inselbewohner eine **Schule,** der Unterricht diente ganz und gar der Vorbereitung auf die Auswanderung nach Amerika. Wichtigstes Fach auf dem Lehrplan – man selbst sprach ja nur irisch – war daher Englisch.

Alle nicht selbst produzierten Lebensmittel und Konsumgüter mussten vom Festland herübergeschafft werden, der Transport erfolgte in den zerbrechlichen Naomhoga.

Schlimm war es, wenn das **Vieh von der Insel zum Markt** nach Dunquin oder Dingle verschifft wurde. Einzeln zerrte man die Kühe den steilen Pfad zum winzigen Hafenpier hinunter; die Tiere wehrten sich vehement gegen die unbekannte Prozedur und entwickelten in ihrer Todesangst ungeheure Kräfte. Unten am Slip angekommen, warfen ein Dutzend Männer die Kuh nieder, fesselten sie und hievten das schwere Tier in ein Naomhoga. Auf gar keinen Fall durfte sich das Tier während der Fahrt befreien, es hätte das fragile Boot binnen Sekunden in Stücke getreten. Zur Sicherheit begleitete immer ein zweites Naomhoga den „Viehtransporter" bei der Fahrt über den Sund, und vom höchsten Punkt der Insel schauten angstvoll die Frauen und Kinder den Booten nach. „Bhí ana-mharú ansan!" (Das war wirklich ein mörderischer Job!), weiß ein alter lnsulaner zu berichten.

Angenehmer war es da schon, vor allem für die jungen Männer und Frauen, wenn im Inselinnern auf dem gemeinschaftlichen Land **Torf** für die Kamine gestochen wurde. Auf den ausgedehnten Moorflächen arbeitete man ohne jede soziale Kontrolle, und das Jungvolk kam sich näher.

Beliebt bei den **Frauen** war der Brunnen nahe dem Dorf, hier hatte die Männerwelt nichts zu suchen, man war unter sich und konnte ungestört mit den Nachbarinnen Probleme besprechen.

Unterhalb des Dorfs erstreckt sich der kleine Sandstrand – An Trá Bhán genannt – der weiße Strand. Prüfend streiften jeden Morgen die Blicke der Dorfbewohner über das helle Fleckchen, gesucht wurde nach verwertbarem **Strandgut,** vor allem nach Holz, das es ja auf der Insel nicht gab. Auch der erste Tee – so berichtet eine Überlieferung – soll eines Tages angeschwemmt worden sein. Die Insulaner wussten zunächst nichts damit anzufangen und färbten mit dem Sud aus den Blättern ihre handgesponnene Wolle ein. Regelmäßig sammelten die Frauen Sand am kleinen Gestade, um damit die Bänke und Tische blank zu scheuern.

Hier ging man auch auf **Robbenjagd;** die Felle der Tiere wurden in Dingle verkauft und brachten dringend benötigtes Bargeld, das Fleisch kam als nahrhafte Delikatesse auf den Tisch, und Tran und Öl speisten die Lampen. Der Strand diente auch als Spielplatz, vor allem die Knaben vergnügten sich in ihrer freien Zeit beim Hurling-Match.

Wann immer das Wetter es zuließ, fuhren die Männer zum **Fischfang** aus, und Angst kam auf bei den im Dorf verbliebenen Familienangehörigen und Freunden. Effektive Fangmethoden konnten auf den kleinen Booten nicht betrieben werden, und während die Fischer darauf warteten, dass sich ihre Netze füllten, erzählten sie sich – ebenso wie die Frauen am Brunnen – ihre Geheimnisse und Geschichten. Nur wenige Makrelen, Heringe, See-Aale und Barsche brachten sie abends nach Hause, selten gingen Hummer oder Krabben in die ausgelegten Reusen.

Noch heute kann der Besucher ganz deutlich die Einteilung der **Felder** erkennen – wie ein Flickenteppich erstrecken sich die durch Windmauern geschützten Parzellen neben dem Dorf. Angebaut wurden Kartoffeln, Weizen, Roggen, Hafer, Kohl und Steckrüben.

Bis zum Jahre 1907 bewirtschafteten alle Bewohner die Anbauflächen nach dem so genannten Rundale-System: Das fruchtbare Land war in einzelne Felder eingeteilt und diese wiederum in eine Anzahl Streifen. Jede Familie besaß Streifen in verschiedenen Feldern, die jedoch alle kollektiv bearbeitet wurden. Je nach den Veränderungen in einem Haushalt wechselten Größe und Anzahl der schmalen Parzellen; die verfügbare Anbaufläche pro Familie richtete sich einzig nach dem tatsächlichen Bedarf. Das staatliche *Congested District Board* schaffte Anfang des 20. Jahrhunderts die gemeinschaftliche Feldbestellung ab und teilte das Ackerland neu auf. Jede Familie konnte nun Parzellen erwerben.

Gaeltacht-Gebiete in Irland

In einer Reihe von Regionen der Grünen Insel – eben in den sogenannten *Gaeltacht*-Gebieten – hat sich die **irische Sprache** erhalten. *Gaeltacht*-Gebiete findet man im Süden Irlands, westlich von Cork, auf der Dingle-Halbinsel im County Kerry, auf den der Westküste vorgelagerten Inseln, wie beispielsweise auf dem kleinen Aran-Archipel, weiterhin in Regionen westlich und nördlich von Galway sowie an der Nordwestküste von Donegal.

Beginnend im 16. Jahrhundert mit der Herrschaft *Heinrichs VIII*, versuchten die Herrscher der Nachbarinsel bis in die jüngere Vergangenheit, Irland England so weit wie möglich kulturell und religiös anzugleichen, was natürlich auch die Sprache mit einschloss. Nachdem Englisch die Sprache der Oberschicht und des städtischen Bürgertums und nicht zuletzt der wichtigsten Auswanderungsziele (Großbritannien, USA, Kanada, Australien) war, sahen es auch viele Eltern und sogar irische Nationalisten wie *Daniel O'Connell* in ihrem Interesse, dass irische Kinder englischsprachig aufwuchsen. Mitte des 19. Jahrhunderts sprachen nur noch 25 % der Bevölkerung irisch, 1911 war der Anteil auf ein Achtel gesunken.

Nachdem Irland seine Unabhängigkeit erkämpft hatte, erkannten die nachfolgenden Regierungen die Notwendigkeit, das kulturelle Erbe dieser Regionen zu schützen und der Nachwelt zu erhalten. Um die *Gaeltacht*-Regionen wirtschaftlich, sozial und kulturell zu fördern, rief man im Jahre 1956 die staatliche *Gaeltarra Eireann* ins Leben, die 1979 in die **Entwicklungsbehörde** *Údaras na Gaeltachta* einfloss. Das nationale Kulturgut und die Sprache erfuhren nun eine großangelegte Förderung. Von den 13 Vorstandsmitgliedern dieser Institution werden sieben alle fünf Jahre direkt von den Bewohnern der irischsprachigen Regionen gewählt, sechs bestimmt die irische Regierung.

Besonders seit den 1950er-Jahren bemüht man sich auch um die **wirtschaftliche Entwicklung** dieser strukturschwachen Gebiete. Vor allem musste erst einmal die Auswanderung gestoppt werden, denn was nützen kulturpolitische Maßnahmen für Gebiete, in denen kaum noch Menschen leben?

Die Agentur hat **Unternehmensförderungsprogramme** ins Leben gerufen und Investoren aus Deutschland, den USA, Finnland, Schweden, Norwegen und Großbritannien angelockt. So sind bis heute mehrere Tausend feste Arbeitsplätze entstanden. Mit weiteren Maßnahmen wie Finanzierungs- und Beschäftigungssubventionen, Zuschüssen für Forschungs- und Entwicklungsprogramme, Ausbildungs- und Einstellungshilfen sowie Mietminderung für Produktionsstätten versucht die *Údaras na Gaeltachta*, weitere Interessenten zu mobilisieren.

Des weiteren verbessert die Institution die **Infrastruktur** der Gebiete, um Standortnachteile wettzumachen, und natürlich soll den noch immer zumeist bäuerlichen Bewohnern ein gesundes Selbstbewusstsein vermittelt werden.

Weiterhin fördert die Agentur Programme **zum Schutz und Ausbau der irischen Sprache,** richtet Kindergärten und Jugendclubs ein und finanziert lokale Gemeindefeste, in denen alte Traditionen wieder lebendig werden. Der **irischsprachige Fernsehsender TG4** ist seit 1994 auf Sendung.

Der Rückgang der irischen Sprache konnte wegen der mittlerweile großen Mobilität der *Gaeltacht*-Bewohner, die heutzutage z.B. am englischsprachigen Kulturleben Galways teilnehmen können, und nicht zuletzt wegen moderner Massenmedien dennoch nicht aufgehalten werden. In manchen *Gaeltacht*-Gebieten sprechen nur noch die alten Leute irisch.

Wer in **Sommerkursen** die irische Sprache erlernen möchte, der schaue sich die Internet-Seiten folgender Anbieter an:

- **Oideas Gael:** www.oideas-gael.com
- **NUI Galway** (Universität Galway): https://nuigalway.ie/international-summer-school

Im Folgenden eine kleine Auswahl von **irischen Wörtern,** die man besonders häufig bei Orts- oder Landschaftsnamen bemerkt.

bha	Fluss
achadh	Feld
aill, faill	Klippe
alt	Anhöhe
ard	Kap
ath	Burg
baile	Ortschaft
ban	weiß
beag	klein
bealach	Pass
beann	Gipfel
bearna	Schlucht
bo	Kuh
bóthar	Straße
brí	Hügel
bun	Flussmündung
carraig	Felsen
cathair	Steinfort
ceann	Kopf
cill	Kirche
cloch	Stein
cnoc	Berg
coill	Wald
cor	runder Hügel
dun	Festung
glas	grün
gleann	Tal
gort	Feld
inis	Insel
leacan	Hügelseite
leitir	feuchte Hügel
loch	See
mór	groß
mas	langer Hügel
oileán	Insel
poll	Loch
rua, ruadh	rot
sceilig	Felsen
sean	alt
sliabh	Klippe
taobh	Hügelseite
teampull	Kirche
tír	Land
teach	Haus
tobar	Brunnen
torc	wilder Eber
tulach	kleiner Hügel

Trotz des Privatbesitzes an Grund und Boden organisierten die Bewohner das **soziale Leben im Dorf** weiter nach kollektiven Kriterien. Gegenseitige Hilfe in allen Lebenslagen, Solidarität und Respekt voreinander blieben verpflichtende Instanzen des Alltagslebens. Jeder war auf jeden angewiesen, und das schloss von vornherein Individualisierung, Konkurrenz oder gar Vereinsamung aus.

Ethnologen und Linguisten gingen in der ersten Hälfte des 20. Jahrhunderts auf die Suche nach den Spuren gälischer Kultur und wurden auf die kleine, isoliert lebende Gemeinschaft aufmerksam. Ermutigt von Forschern wie *Carl Marstrander, Robin Flower, George Thomson, Kenneth Jackson, Carl von Sydow* sowie dem Dichter *John M. Synge* begannen die Bewohner der Insel, ihre *Oral History* niederzuschreiben.

In den stark autobiografisch geprägten Erzählungen schildern *Tomás O'Crohan* (besonders lesenswert: „Die Boote fahren nicht mehr aus, Bericht eines irischen Fischers"), *Peig Sayers, Maurice O'Sullivan, Michael O'Guiheen* und *Eibhlis Ni Shuilleabhain* das harte, entbehrungsreiche Leben, die schweren Schicksalsschläge, die Totenwachen und Hochzeitsfeiern, ihr persönliches Glück, aber auch die Legenden und Sagen ihrer Vorfahren.

Dann, **1953, kam das Aus** für die winzige Gemeinde. Schon 12 Jahre zuvor hatten die Politiker in Dublin beschlossen, den Schulunterricht einzustellen; die Kinder wurden nun in Dunquin erzogen, und kaum eines von ihnen kehrte wieder auf seine Insel zurück.

1953 lebten nur noch knapp über 20 Personen auf dem Eiland, die sich mehr schlecht als recht ernährten. Die Fischfangergebnisse der Jahre 1952 und 1953 waren dramatisch zurückgegangen, und im Innern der Insel gab es keinen Torf mehr zu stechen – Brennmaterial wurde knapp. Die Regierung entschied, die restlichen Bewohner auf dem Festland rund um Dunquin anzusiedeln.

Am 17. November 1953 sollte die **Evakuierung** erfolgen, doch das Wetter war schlecht, und nur sechs Personen konnten die Insel verlassen. Die anderen folgten in den nächsten Tagen nach. Die alte Heimat wurde jedoch nicht vergessen; einige Familien hielten ihre Häuser instand, kamen im Sommer vom Festland herüber und fischten wie eh und je. Die **Schafe** hatte man ohnehin erst gar nicht mitgenommen, man ließ sie, wie üblich, frei herumlaufen, und scherte sie einmal im Jahr. Noch immer grasen heutzutage die Schafe auf den Feldern und zwischen den Ruinen des Dorfes.

Besichtigung und Rückfahrt

1987 wurde die **Blasket Foundation** gegründet, die sechs Jahre später im Weiler **Dunquin** das *Blasket Centre* ins Leben gerufen hat. Hier wird der Besucher mit einer audiovisuellen Vorführung sowie einer Reihe von Exponaten über das harte Leben auf den winzigen, meerumtosten Inseln informiert.

■ **Great Blasket Centre,** Dunquin, Tel. (066) 9156444, https://blasket.ie, Mitte März–Okt. tgl. 10–18 Uhr; Erwachsene 5 €, Studierende/Senioren 4 €, Kinder 3 €, Familien 13 €. Audiovisuelle Präsentation auch auf Deutsch verfügbar, deutschsprachige Broschüre erhältlich.

Der Besucher sollte die wenigen Stunden, die er auf der Insel zubringt, gut nutzen. Man kann das einstige Dorf besichtigen, am Strand sitzen und nach Treibgut Ausschau halten (Schwimmer seien gewarnt, es gibt eine gefährliche Strömung), aber auch ins Hinterland wandern. Great Blasket Island ist übrigens 5,2 km lang und an der weitesten Stelle 1 km breit.

Am späten Nachmittag wird man von Great Blasket abgeholt und landet eine halbe Stunde später wieder am Dunquin-Pier an. Nun lohnt noch ein Besuch – vor allem jedoch ein *Guinness* oder *Lager* – im **Kruger's Pub,** der nur wenige Hundert Meter oberhalb von Dunquin Harbour liegt. Der Gasthof hat fünf Fremdenzimmer, wer also früh am Morgen am Pier sein möchte, kann hier übernachten (Tel. (066) 9156127). *Kruger's* fungiert übrigens nicht nur als Kneipe, sondern auch als Lebensmittelgeschäft für die Bewohner von Dunquin. Wer nicht in der Taverne übernachten will, der sollte, eingedenk der kurvigen Küstenstraße, vor Einbruch der Dunkelheit wieder nach Dingle zurückkehren.

Folgt man von Dunquin aus weiter der R 559 nach Norden, so gelangt man nach etwa 2 km (dort wo die Straße rechts Richtung Osten abknickt) an einen Parkplatz am **Clogher Head.** Hier führt ein Pfad nach etwa 600 m an das Ende der steil abfallenden Felsküste, ein atemberaubender Aussichtspunkt.

Nur 1,5 km weiter auf der R 559 zweigt in einer rechtwinkligen Rechtskurve eine schmale Straße links zum Clogher Strand ab. Die wunderbare Sandbucht, die ihresgleichen sucht, liegt eingezwängt zwischen steilen Felswänden links und rechts. Einziges Manko: Wegen starker Strömungen ist das Baden hier lebensgefährlich und verboten.

Wild Atlantic Way und *Slea Head Drive* führen weiter Richtung Osten. Das kleine, ansehnliche Dorf **Ballyferriter,** eine Hochburg der irischen Sprache, wird passiert. Dahinter sind es nur noch 5 km auf der R 559 bis zum **Gallarus Oratorium** (gut ausgeschildert), eine der am besten erhaltenen frühirischen Kirchen in der charakteristischen Form eines umgedrehten Bootes. Besonders beachtenswert ist das fugenlos aufgeschichtete Trockenmauerwerk sowie das „falsche" Gewölbe in Kragtechnik.

■ **Gallarus Oratory,** Dingle, Tel. (066) 9155333, ganzjährig täglich geöffnet. Das **Visitor Centre** mit einer Audiovisionsshow ist von Ostern bis Oktober täglich 9–20 Uhr geöffnet, Eintritt 4 €. In unmittelbarer Nähe befindet sich der Campingplatz Campaill Theach An Aragail (→ Dingle).

Vom Oratorium ist man nach gut 7 km wieder zurück in Dingle und hat den Kreis des *Slea Head Drives* abgeschlossen.

Tralee

Von Dingle aus geht es auf der R 560 über den **Connor-Pass,** mit 456 m Irlands höchste Passstraße, an die nördliche Küste der Dingle-Peninsula. Eine sehr schöne Strecke, aber nicht für jeden geeignet: Nach einigen Kilometern verkündet ein großes, unübersehbares Straßenschild, dass für alle Busse und Fahrzeuge über 2 Tonnen zulässiges Gesamtgewicht hier Schluss ist und wieder umgedreht werden muss. Auch Fahrzeuge, die breiter als 1,8 m sind, kommen nicht über den Pass. Oben am Pass erwartet den Fahrer ein geräumiger Parkplatz, von dem man an schönen Tagen eine **fantastische Aussicht** auf die Dingle-Halbinsel, das Meer, den höchsten Berg Mount Brandon und die in der hügeligen Landschaft eingebetteten Seen hat. Häufig jedoch hängen die Wolken so tief, dass man kaum die Hand vor Augen sieht. Hat man die Bergstraße hinter sich gelassen, so fährt man entlang der Küste in östlicher Richtung und vorbei an vielen Sandstränden. Über die R 560 und die N 86 ist dann bald Tralee erreicht.

Die an der gleichnamigen Bucht liegende, fast 25.000 Einwohner zählende Stadt beherbergt den **Verwaltungssitz der Grafschaft Kerry.**

Bekannt ist der Ort vor allem wegen des seit 1959 alljährlich im Spätsommer stattfindenden Festivals **Rose of Tralee.** Dabei wird eine junge Irin ausgewählt, die im folgenden Jahr weltweit für Irland auf Werbetour geht. Für das im Fernsehen ausgestrahlte Spektakel bewerben sich junge Frauen aus irischen Gemeinden in der ganzen Welt. Siegerinnen kamen schon aus den USA, Neuseeland und Australien. Passend dazu findet man in der ganzen Stadt Rosen und im Stadtpark einen eigens angelegten Rosengarten mit zahlreichen verschiedenen Sorten.

Nicht versäumen sollte man einen Besuch im **Kerry County Museum** in der Denny Street. Neben wechselnden Sonderausstellungen geht es in der *Museum Gallery* um die Geschichte im County Kerry seit 8000 v. Chr., im *Tom Crean Room* um den 1877 geborenen *Tom Crean* aus Kerry, der 1901 an der Antarktis-Expedition von *Captain Scott* teilnahm. In der *Knight's Hall* wird man mit der normannischen Familie der *Geraldines* vertraut gemacht, die Tralee im 13. Jh. gründeten, und in der *Medieval Experience* wird das Tralee aus dem Jahre 1450 rekonstruiert.

■ **Kerry County Museum,** *Ashe Memorial Hall,* Denny Street, Tel. (066) 7127777, www.kerrymuseum.ie, Juni–Aug. tgl. 9.30–17.30 Uhr, Sep.–Mai Di–Sa 9.30–17 Uhr; Erwachsene 5 €, Kinder Eintritt frei, Familien 10 €.

Ein Spaziergang durch das geschäftige, **von georgianischen Häusern bestandene Ortszentrum** lohnt sich auf jeden Fall. Hauptgeschäftsstraße ist The Mall, im Osten der Stadt gibt es außerdem das große *Manor West Shopping Centre,* in dem sich viele Läden der großen Ketten befinden.

Auch sollte man eine Vorführung des bekannten irischen **Volkstheaters Siamsa Tíre** nicht versäumen; Freunde irischer *Folk Music* kommen bei der Mischung aus Musik, Tanz, Pantomime und Schauspiel auf ihre Kosten.

■ **Siamsa Tíre,** Town Park, Denny Street, Tel. (066) 7123055, https://siamsatire.com.

Praktische Tipps

Tourist Information

■ **Ashe Memorial Hall,** am Ende der Denny Street, Tel. (066) 7121288, Mo–Sa 9–17 Uhr.

Unterkünfte

■ **Grand Hotel**⑤, Denny Street, Tel. (066) 7121499, https://grandhoteltralee.com; schickes Hotel mit traditionellem Ambiente im Zentrum.

■ **Meadowlands Hotel**⑤, Oakpark, Tel. (066) 71 80444, https://meadowlandshotel.com; Hotel in einem Landhaus etwas außerhalb der Stadt, gemütliche Bar mit Kamin und Bibliothek.
■ **Brook Manor Lodge**④, Fenit Road, Tel. (066) 7120406, https://brookmanorlodge.com; stilvolle Unterkunft nordwestlich der Stadt an der R 559, Frühstück gibt es im gemütlichen Wintergarten.
■ **Castle Hostel**①, 27 Upper Castle Street, Tel. (066) 7125167, https://castlehostel.ie; nahe am Zentrum, nur 5 Min. Fußweg zum Bahnhof, von Einzelzimmern bis 8-Betten-Schlafraum.
■ **Camping**①, Woodlands Park, Dan Spring Road, Tel. (066) 7121235, https://kingdomcamping.com, gut ausgestatteter Campingplatz etwas südlich der Stadt.

Restaurant und Pubs

■ **Der O'Sullivan**②, 29 The Mall, Tel. (066) 7121049, https://derosullivan.com; durch einen Feinkostladen kommt man in dieses altmodische irische Lokal, in dem man preiswert essen kann. Sandwiches, Salate, *Fish & Chips* und einige warme Gerichte.
■ **Baily's Corner**①, 30 Lower Castle Street; Tel. (066) 7126230; traditioneller Pub mit regelmäßiger Live-Musik, auch bei Einheimischen sehr beliebt.
■ **Seán Óg's**, 41 Bridge Street, Tel. (066) 712 8822, https://sean-ogs.com; mehrfach wöchentlich Live-Musik, keine Speisekarte.
■ **Kirby's Brogue Inn**②, Rock Street/Ecke Russel Street, Tel. (066) 7181998, https://thebrogue.ie; zwischen 12 und 16 Uhr *carvery* (traditionelles Buffet mit Fleisch, Gemüse, Kartoffeln, etc.), abends vor allem Fleischgerichte, Live-Entertainment.

Verbindung

■ **Züge** mehrmals täglich von Dublin und Limerick.
■ **Busse** mehrmals täglich von Cork, Dingle, Dublin, Killarney, Limerick, Listowel, Rosslare Harbour, Shannon Airport, Waterford und Wexford.

Listowel

Von Tralee aus geht es nun über die N 69 und westlich vorbei an den um die 350 m hohen Stack's Mountains ins knapp 5000 Einwohner zählende Örtchen Listowel. Neben den Ruinen der mittelalterlichen **Burg Listowel** sollte man unbedingt auf die 2003 fertiggestellte Nachbildung der **Lartigue Monorail Listowel** einen Blick werfen.

Die Lartigue Monorail Listowel wurde 1888 eröffnet

Der Südwesten: Nordteil

Zwei große, alljährlich stattfindende Veranstaltungen lohnen unbedingt einen Besuch. Ende Mai/Anfang Juni wird der Ort zum Mekka der Dichter und Autoren. Während der **Listowel Writers Week** (www.writersweek.ie) kommen Literaten aus ganz Irland zusammen und lesen in den vielen Pubs aus ihren Werken. Initiiert hat diese Dichterwoche der in Irland hochgeschätzte, mittlerweile verstorbene Dramatiker *J. B. Keane*, der im Hauptberuf Kneipenwirt war. Demzufolge ist *Keane's Pub* in der William Street ein Hauptanziehungspunkt der *Writers Week*. **Keanes** Werke gibt es in den örtlichen Buchhandlungen sowie im *Tourist Office* von Limerick zu kaufen.

Das zweite Großereignis der Stadt findet Ende September statt; dann wird das Erntedankfest, das **Listowel Harvest Festival**, begangen. Neben Straßenkunst, Essen, Trinken und Musik gibt es vor allem Pferderennen.

Im Literaturmuseum **Seanchaí** (irisch = Geschichtenerzähler, ausgesprochen etwa: *schännechii*) am zentralen Platz The Square gibt es multimedial aufbereitete Informationen über viele Schriftsteller der Region: *John B. Keane*, *Bryan MacMahon*, *George Fitzmaurice*, *Brendan Kennelly* und *Maurice Walsh*. Zu hören sind auch ihre Stimmen, wenn sie aus ihren Werken vorlesen.

■ **Seanchaí,** The Square, Tel. (068) 22212, https://kerrywritersmuseum.com, ganzjährig Mo–Fr von 10–17 Uhr; Erwachsene 8 €, Senioren 6 €, Kinder 4 €.

Hinter dem Museum befinden sich die Ruinen von **Listowel Castle,** das im 15. Jh. erbaut wurde. Heute sind noch zwei der ursprünglich vier mächtigen Türme erhalten.

■ **Listowel Castle,** The Square, Tel. (086) 3857 20118, www.heritageireland.ie; Mitte Mai–Ende Sept., Mo–So 10–18 Uhr, Eintritt frei.

Nicht nur für Eisenbahnfreunde ist die **Lartigue Monorail Listowel** von Interesse. Die ungewöhnliche Eisenbahn, die 1888 eröffnet wurde, war die erste kommerziell genutzte Einschienenbahn der Welt. Neben dem Besuch des Museums kann man auch auf einer kurzen Fahrt mit der originalgetreu nachgebauten Bahn die faszinierende Technik der Einschienenbahn bewundern.

■ **Lartigue Monorail,** John B. Keane Road, Tel. (068) 6824393, https://lartiguemonorail.com; Mai–Sept., tgl. 13–16.30 Uhr.

Hauptgeschäftsstraßen sind die William Street und die Market Street.

Praktische Tipps

Unterkünfte

■ **Listowel Arms Hotel**④, The Square, Tel. (068) 21500, https://listowelarms.com; elegantes, familiengeführtes Hotel im Zentrum.

■ **John R's Bed & Breakfast**②, 70 Church St., Tel. (068) 21249, https://johnrs.com; freundliches, modern eingerichtetes B & B im Zentrum, Bäckerei und kleiner Laden im Haus.

■ **Palmgrove**②, Tarbert Road, Tel. (068) 21857; ein Bungalow an der N69, östlich des Ortes.

■ **North County House**②, 67 Church Street, Tel. (068) 212238, https://northcountyhouse.ie; Gästehaus, gut gelegen mitten im Zentrum.

Restaurants und Pubs

■ **The Horseshoe Bar**②-③, 14 Lower William Street, Tel. (068) 21083, https://horseshoe.ie; Restaurant und Pub, jedes Wochenende Live-Musik.

■ **Castle View Café**①, The Square, Tel. (068) 22212, www.kerrywritersmuseum.com; im Literaturmuseum, kleine Gerichte und Snacks.

■ **Gapo's Restaurant**②, 24 Lower William Street, Tel. (068) 23144, https://facebook.com/gaposrestaurant, europäische und armenische Küche mit vorwiegend Fleischgerichten, auch Vegetarisches.

■ **J. B. Keane's,** 37 William Street, Tel. (068) 21127; Pub, der dem Stadtdichter bis zu seinem Tod 2002 gehörte, Live-Musik.

Verbindung

■ **Busse** von Limerick, Tralee, Dublin, Killarney, Cork, Kilkee.

Kilkee

Von Listowel führt die N 69 nach 17 km direkt nach **Tarbert,** wo die Fähre über den Shannon wartet. Wenn man Glück hat, kann man während der Überfahrt Delfine (Große Tümmler), die ganzjährig in der Flussmündung des Shannon leben und dort auch ihre Jungen zur Welt bringen, beobachten.

Shannon Ferries, Tel. (065) 9053124, https://shannonferries.com, Pkw inkl. Insassen 23 €, bei Buchung im Internet 10 % Rabatt, die Fähre verkehrt von Tarbert stündlich immer zur halben Stunde, im Juli und August wird eine zweite Fähre eingesetzt, dann Abfahrten alle 30 Minuten.

Am anderen Ufer angekommen, fährt man auf der N 67 über **Kilrush** zum rund 1000 Einwohner zählenden **Seebad** Kilkee.

Hier beeindruckt den Besucher der 1200 m lange, halbkreisförmige und schneeweiße **Sandstrand,** umrahmt von den buntbemalten Häusern des Städtchens, das zu den beliebtesten Seebädern Irlands gehört. Die geschützte Bucht, die wie der große griechische Buchstabe Omega aussieht, bietet im Gegensatz zu vielen anderen Stränden Irlands ein **sicheres Badevergnügen,** da es keine gefährlichen Strömungen gibt. Bei den Badegästen besonders beliebt sind die am Westende der Bucht liegenden sog. **Pollok Holes,** natürliche Felsbecken, die bei jeder Flut mit frischem Meerwasser gefüllt werden.

Sehr beliebt, vor allem bei Familien, ist das Freizeitbad **Waterworld.** Das Bad mit seiner 61 m langen Wasserrutsche wurde im Herbst 2022 wegen grundlegender Renovierungsarbeiten geschlossen und soll im Mai 2024 wieder öffnen (https://kilkeewaterworld.ie).

Wer nicht in Eile ist, sollte unbedingt einen Ausflug auf die südwestlich anschließende Halbinsel **Loop Head** machen. Wer hier die einspurige Coast Road auf der Nordseite der Halbinsel wählt, fährt auf einer **atemberaubenden Panoramastraße** entlang der felsigen Steilküste. Die **Kilkee Cliffs** bieten immer wieder ausgezeichnete Fotomotive und an den schönsten Stellen wurden besucherfreundliche Parkplätze geschaffen.

Sehenswert ist auch die in unmittelbarer Nähe der Kilkee Cliffs und dicht vor der Küste liegende Felseninsel **Illaunonearaun,** die bei stürmischem Wetter, wenn die Wellen gegen die Vogelinsel branden und hohe Gischt aufspritzt, einen besonders spektakulären Anblick bietet und wie ein großes Schiff wirkt, das sich durch die Brandung kämpft.

Noch weiter im Süden kommt man zu den **Bridges of Ross,** ursprünglich drei wie Torbögen geformte Landbrücken, die vom Meer in Jahrhunderten unterspült wurden. Im 19. Jh. stürzten zwei von ihnen ein, sodass man heute nur noch über eine wandern kann. Das Meer *arbeitet* aber schon an weiteren Torbögen.

Nun ist es auch nicht mehr weit bis zur Spitze der Halbinsel, wo seit über 300 Jahren Leuchtfeuer und der 1854 erbaute **Loop-Head-Leuchtturm** den Schiffen den Weg weisen. Im Leuchtturm gibt es eine interessante Ausstellung und man

> Kilkee Cliffs

Adobe Stock © rudi ernst

kann das Cottage des Leuchtturmwärters besichtigen. Höhepunkt ist der Aufstieg auf den Turm. 74 Stufen führen in die Höhe und es muss nicht betont werden, dass die Aussicht grandios ist. Bei klarer Sicht kann man im Süden bis zu den Blasket-Inseln schauen und im Norden zu den Twelve Pins in Connemara.

■ **Loop Head Lighthouse,** Kilbaba South, Tel. (065) 9051760, https://loopheadlighthouse.ie; Erwachsene 7 €, Kinder 5 €.

Praktische Tipps

Unterkünfte

■ **Bay View**④, O'Connel Street, Tel. (065) 9056058, www.bayviewkilkee.com; Unterkunft mit schöner Aussicht in einem Haus aus dem 19. Jh., von derselben Familie wird auch ein Pub und Restaurant betrieben.

■ **Lynch's B & B**②, O'Connell Street, Tel. (085) 7520588, https://lynchskilkee.com; freundliches B & B im Zentrum.

■ **Strandcamping Doonbeg**①, Killard Road, Doonbeg, Tel. (085) 8367324, https://strandcampingdoonbeg.com; kleiner, aber empfehlenswerter Platz am White Strand in Doonbeg, Hunde sehr willkommen. Der Platz liegt etwa 10 km nordöstlich von Kilkee auf dem Weg zu den Cliffs of Moher.

Restaurants und Pubs

■ **Nolan Fish and Chips**①, 30 O'Curry Street; empfehlenswerter Fish and Chips-Imbiss, auch Salate und Burger und andere kleine Gerichte, bei gutem Wetter kann man vor dem Geschäft sitzen.

■ **The Pantry Foodhall**①-②, O'Curry Street, Tel. (065) 9056576, https://pantrykilkee.ie; nettes kleines Café mit Kochschule, auch vegetarische und glutenfreie Optionen.

■ **Naughtons Steak & Seafood**②, 46 O'Curry Street, Tel. (086) 6493307, https://naughtonsbar.com; beliebter Pub mit angeschlossenem Restaurant, oft Live-Musik.

Verbindung

■ **Busse** mehrmals täglich von Dublin, Limerick, Shannon, Ennis, Doolin, Cork, Listowel, Tralee, Killarney.

Limerick

Von Listowel erreicht man Limerick über die R 523. In Reens schwenkt man auf die N 21 ein, die später in die M 20 übergeht, auf der man dann sein Ziel erreicht.

Limerick (knapp 60.000 Einwohner) war lange aufgrund der vielen Industriebetriebe im Ort und in der Umgebung ein wenig schmuddelig anzusehen und wurde von der Autorin *Kate O'Brien* als *wearing the grave, grey look of commerce* beschrieben. Auch *Frank McCourt* zeichnete in seinem Roman „Die Asche meiner Mutter" ein Bild von Gewalt, Elend und Armut in Limerick. Das hat sich längst geändert, die Stadt bietet gute Einkaufsmöglichkeiten mit Geschäften des gehoben Einzelhandels und die vitale Pub-, Restaurant- und Café-Szene buhlt um ihre Gäste.

Für Wirtschaftswachstum sorgt heutzutage noch immer der 1945 angelegte **Shannon Airport.** Mit dem Flughafen, einst gegründet, als die Propellerflugzeuge auf der Nordatlantikroute noch einen Auftankstopp einlegen mussten, ging es im Zeitalter der Düsenjets und der Non-Stop-Verbindungen rapide abwärts. Die findigen Iren leiteten daher als erstes alle Charterflieger von Dublin nach Shannon um, schufen 1959 die erste „moderne" Freihandelszone der Welt und ermutigten auswärtige Investoren. Per Flugzeug gelangen Einzelteile in den Shannon-Industriepark, werden dort zu fertigen Produkten zusammengebaut und gehen per Luftfracht zurück in die Bestellerländer.

In Limerick befindet sich des weiteren der Verwaltungssitz des gleichnamigen County. Tabak-, Metall- und Textilbetriebe, die Verarbeitung landwirtschaftlicher Produkte und die Zementherstellung sorgen für Arbeitsplätze.

Geschichte

Limerick gehört zu den ältesten Orten auf der Insel. Im 9. Jh. gründeten die **Wikinger** an der strategisch günstigen Stelle am Shannon eine erste Siedlung, die rund 100 Jahre später vom irischen Hochkönig *Brian Boru* eingenommen wurde.

Gegen Ende des 12. Jh. eroberten die eingefallenen **Anglo-Normannen** den Ort und arrangierten sich mit dem lokalen Herrschergeschlecht der *O'Briens.* Im Jahre 1210 weilte der englische König *John* in der Stadt und regte den Bau einer starken Festungsanlage an.

1651 stand die **Armee Cromwells** vor den massiven Mauern und hätte unverrichteter Dinge abziehen müssen, wenn die Verteidiger nicht aus den eigenen Reihen verraten worden wären.

39 Jahre später zogen die am Fluss Boyne geschlagenen irischen Truppen nach Limerick. Der siegreiche **Wilhelm von Oranien** setzte mit seinen Mannen nach, doch scheiterte sein Eroberungszug an der stark befestigten Burganlage. Die erneute Belagerung ein Jahr später wurde nicht aufgrund militärischer Überlegenheit entschieden, sondern durch Verhandlungen. Den katholischen Iren war es gelungen, im **Vertrag von Limerick** *(Treaty of Limerick)* einen ehrenvollen Abzug sowie eine garantierte Glaubensfreiheit versichert zu bekommen. *Wilhelm von Oranien* selbst unterschrieb das wichtige Papier, und die protestantischen Militärs blieben recht düpiert zurück. Wie nicht anders zu erwarten, billigte das englische Parlament dieses Edikt nicht, erklärte es gar für ungültig. So blieb fast einer halben Million Iren nur die Flucht ins katholische Ausland, wo sie sich als Söldner am französischen und spanischen Hof verdingten.

Sehenswertes

Der **Besichtigungsgang** beginnt am **Limerick Museum** in der Henry Street, in dem man viel über die bewegte Geschichte der Stadt erfahren kann.

Limerick Museum, The Old Franciscan Friary, Henry Street, Tel. (061) 557040, https://limerick.ie/limerick-museum, Mo–Fr 10–17 Uhr, Eintritt frei.

Weiter geht es zur Kreuzung von Henry Street und Sarsfield Street und über die **Sarsfield Bridge** (fertiggestellt 1835). Man überquert den Fluss Shannon und flaniert dann nach Norden hin auf der Straße Clancy's Strand am Westufer des Flusses entlang. An der nun folgenden **Thomond Bridge** – an dieser Stelle überspannte übrigens schon Limericks erste Brücke den Shannon – befindet sich der **Treaty Stone,** jener Steinblock, auf dem angeblich der oben erwähnte Vertrag geschlossen wurde. Da die Engländer ihn nicht einhielten, nennt man Limerick bis auf den heutigen Tag die „Stadt des gebrochenen Vertrages".

Blickt man über den Fluss, so erkennt man das beeindruckende **King John's Castle,** eine fünfeckige Burganlage mit drei mächtigen Wehrtürmen und einer Bastion. Die Festung ließ der englische König *Johann Ohneland* ab dem Jahr 1200 auf den Resten einer älteren Burg erbauen. Im Innern erzählt eine Ausstellung, die von einer audiovisuellen Vorführung komplettiert wird, die Geschichte der Stadt und der Befestigungsanlage. Übrigens standen bis 1989 im Burghof Wohnhäuser, welche die Stadtverwaltung dort 1935 baute, nachdem sie einen Teil der historischen Burgmauer abgerissen hatte. Erst Anfang der 1990er-Jahre wurde King John's Castle zur Touristenattraktion. 2013 wurde die Burg gründlich renoviert mit einer multimedialen Ausstellung neu eröffnet.

King John's Castle, Nicholas Street, Tel. (061) 370500, https://kingjohnscastle.ie, tgl. 9.30–17 Uhr, letzter Einlass 16 Uhr; Erwachsene 13 €, Senioren 9,50 €, Studierende/Kinder 10,50 €, Familien je nach Anzahl der Kinder ab 39,50 €.

Südlich der Burg ragt nahe dem Merchant's Quay die in ihren Ursprüngen aus dem 12. Jh. datierende **St. Mary's Cathedral** auf. Vom einstigen romanisch-gotischen Mischstil ist aufgrund der Erweiterungsbauten aus dem 15. Jh. jedoch nicht mehr viel übrig geblieben. Sehr sehenswert ist in dem protestantischen Gotteshaus das 1490 aus schwarzer Eiche geschnitzte Chorgestühl mit seinen grotesken und in der damaligen Zeit furchteinflößenden Figuren.

Über die **Mathew Bridge** gelangt man in die frühere Irish Town, und am Südende der Brücke erkennt man das 1769 im georgianischen Stil errichtete **Customs House,** in dem das **Hunt Museum** untergebracht ist. Hier kann man außer einer ständigen ethnografischen Sammlung auch wechselnde Kunstausstellungen besuchen.

Hunt Museum, Rutland Street, Tel. (061) 312833, https://huntmuseum.com, Mo–Sa 10–17 Uhr, So 11–17 Uhr; Erwachsene 10 €, Studierende/Senioren 5,50 €, Kinder unter 16 J. frei, Ermäßigung bei Online-Buchung.

Am St. John's Square, im Osten des ehemals den Iren vorbehaltenen Quartiers, erkennt man nahebei den mit 89 m

Limerick

Essen und Trinken

5 Curragower Seafood Bar
6 Katie Dalys
9 Flannery's Bar
10 Nancy Blakes
11 Cornstore
12 Hook & Ladder
13 Mejana
14 The White House
15 Freddy's Bistro
16 Dolan's Warehouse
19 South's
20 Zest!

Übernachtung

1 Woodfield House Hotel
2 Greenhills Hotel
3 Armada Lodge
4 Limerick Strand Hotel
7 Absolute Hotel
17 Courtbrack Accomodation
18 Almeda Bed & Breakfast
21 N°1 Pery Square Hotel & Spa

Einkaufen

8 Milk Market

höchsten Kirchturm Irlands, der zur katholischen, 1894 fertiggestellten **St. John's Cathedral** gehört. Vom St. John's Square geht es durch die Lower Gerald Griffin Street und Sean Heuston Place zum 8 **Milk Market** (https://milkmarketlimerick.ie), den man schon von Weitem an seinem futuristischen Zeltdach erkennen kann. Einen der Märkte, die unter diesem Dach am Wochenende stattfinden, sollte man auf keinen Fall verpassen.

Von Cornmarket Row erreicht man nun über die High Street und die William Street Limericks Haupteinkaufsstraße, die **O'Connell Street.** Geht man nun weiter die Straße hinauf und dann links in die Upper Harstonge Street, gelangt man zum *Leamy House,* einem ehemaligen Schulgebäude, in dem der Pulitzer-Preisträger **Frank McCourt** in den 1930er-Jahren zur Schule ging. Dem berühmten Schriftsteller, der in der Autobiographie „Die Asche meiner Mutter" *(Angela's Ashes)* seine wenig erfreuliche Jugend in Limerick beschreibt, war hier ein Museum gewidmet, in dem ein Klassenzimmer aus seiner Zeit sowie Zimmer des Hauses der *McCourts* rekonstruiert waren. Leider ist das Museum seit 2019 dauerhaft geschlossen.

Die O'Connell Street mündet auf O'Connell Crescent, wo ein Denkmal *Daniel O'Connell,* huldigt. Die Barrington Street biegt links ab zum **People's Park,** in dessen nordwestlicher Ecke die **Limerick City Gallery of Art** Werke zeitgenössischer irischer Künstler zeigt. Hier kann man sich nun im *Zest! Café* (siehe unten) stärken.

- **Limerick City Gallery of Art,** *Carnegie Building,* Pery Square, Tel. (061) 310633, https://gallery.limerick.ie, Mo–Sa 10–17 Uhr, So 12–17 Uhr, Eintritt frei.

Praktische Tipps

Tourist Information

- 20 O'Connell Street, Tel. (061) 317522, Mo–Sa 9–17 Uhr.
- **www.limerick.ie**

☐ Thomond Bridge mit King John's Castle in Limerick

Unterkünfte

2 Greenhills Hotel③, Ennis Road, Tel. (061) 453033, https://greenhillsgroup.com; großes Hotel mit Schwimmbad, nicht weit von King John's Castle.

7 Absolute Hotel③-⑤, Sir Harry's Mall, Tel. (061) 463600, https://absolutehotel.com; modernes Hotel mit hellen, freundlichen Zimmern direkt am Fluss, gute Aussicht.

21 No. 1 Pery Square Hotel & Spa⑤, The Georgian Quarter, Pery Square, https.//onepery square.com; sehr stilvoll eingerichtetes Hotel in einem denkmalgeschützten Haus aus dem frühen 19. Jh. Es gibt sogar einen Küchengarten für das angeschlossene Restaurant.

3 Armada Lodge①-②, 1 Elm Drive, Ennis Road, Tel. (061) 326993, www.armadalodgebandb.com, ab Mitte Dez. bis Ende Jan. geschlossen; preiswerte Unterkunft am nordwestlichen Stadtrand Limericks.

18 Almeda Bed & Breakfast②, Main Ballinacurra Road, Tel. (061) 303369 und (087) 2225441, www.almedabandb. com; freundliches B & B im Südwesten der Stadt.

1 Woodfield House Hotel②-③, Ennis Road, Tel. (061) 453022, https://woodfield.ie; gutes Hotel im Westen der Stadt, ca. 15 Minuten Fußweg ins Zentrum.

4 Limerick Strand Hotel⑤, Ennis Road, Tel. (061) 421800, https://strandhotellimerick.ie; modernes Hotel mit sehr gutem Restaurant direkt am Shannon, aus den oberen Stockwerken hat man einen fantastischen Blick über die Stadt.

17 Courtbrack Accomodation①, Courtbrack Avenue (off Dock Road), Tel. (061) 302500; Studierendenwohnheim, das Juni bis August als Hostel fungiert.

Restaurants, Cafés und Pubs

6 Katie Dalys, 12 Castle Street, Tel. (061) 214893, katiedalyslimerick.com; traditioneller Pub mit Live-Musik und Restaurant direkt am Castle, bei gutem Wetter kann man draußen speisen.

15 Freddy's Bistro②, Theatre Lane, Tel. (083) 0160166, https://freddysbistro.com, sehr gemütliches Lokal in einer ehemaligen Scheune, Meeresfrüchte, Fleischgerichte, nur Mehr-Gänge-Menüs; separate Speisekarte für glutenfreies Essen.

5 Curragower Seafood Bar②-③, Clancy's Strand, am Westufer des Shannon, Tel. (087) 7014723, https://curragower.com, gute Seafood-Gerichte, von der Terrasse überblickt man beim Essen den Shannon und St. John's Castle.

13 Mejana②, 1 Robert Street, Howleys Quay, Tel. (061) 278989, https://mejana.ie; libanesisches Restaurant, statt eines Hauptgerichtes kann man sich hier auf libanesische Art auch mehrere kleine Gerichte *(Meze)* schmecken lassen und dabei die Aussicht auf den Fluss genießen.

11 ✿ **Cornstore**②-③, 19 Thomas Street, Tel. (061) 609000, https://cornstore.ie; stilvolles preisgekröntes Restaurant, das sich auf hochwertige Küche aus regionalen, oft biologisch angebauten Zutaten spezialisiert.

12 Hook & Ladder②, 7 Sarsfield Street, Tel. (061) 413778, https://hookandladder.ie; beliebtes Café, gut zum Frühstücken, auch für Veganer.

20 Zest!①, *The Limerick City Gallery of Art*, Perry Square, Tel. (061) 319449, https://zestfood.ie; oben erwähntes Museumscafé – frisches Brot, gute Salattheke, lebendige, grüne Einrichtung.

10 Nancy Blakes, 19 Denmark Street, Tel. (061) 416443; von außen wenig einladend, aber innen ist abends viel los, gute Folk-Musik.

16 Dolan's Warehouse, 3 Dock Road, https://do lans.ie; stetig Konzerte von bekannten irischen Bands, das *Warehouse* gehört zu *Dolan's Pub & Restaurant*②, in dem wiederum traditionelle Folk-Musik gespielt wird.

9 Flannery's Bar, 17 Denmark Street, Tel. (061) 436677, https://flannerysbar.ie; gemütlicher Pub mit viel Holz, Dachterasse und nach eigenen Angabe der größten Whiskey-Auswahl in Westirland, oft auch *Trad Sessions*.

14 The White House, 52 O'Connell Street/Ecke Glentworth Street, Tel. (061) 546825, https://thewhitehousebar.ie; gemütlicher Pub, nach eigenen Angaben Limericks älteste Bar, auch öfter Sonderveranstaltungen.
19 South's, 4 Quinlan Street, Tel. (061) 318850, der Pub, in dem *Frank McCourt's* Vater verkehrte, tradionelles Ambiente mit viel Plüsch, bei Touristen beliebt, aber dennoch kommen die alten Stammgäste.

Verbindung

■ **Busse** mehrmals täglich von Carrick-on-Suir, Cork, Dingle, Doolin, Dublin, Ennis, Galway, Kilkee, Kilkenny, Killarney, Listowel, New Ross, Shannon Airport, Rosslare Harbour.
■ **Züge** mehrmals täglich von Dublin und Tralee.

Umgebung von Limerick

Lough Gur Heritage Centre

Ca. 18 km südlich von Limerick liegt an der Straße nach Kilmallock (R 512) am Ufer des Lough Gur das **Lough Gur Heritage Centre,** in dem man neolithische Wohnformen besichtigen kann. An den Gestaden des kleinen, hufeisenförmigen Sees haben Archäologen eine Vielzahl von eisen- und bronzezeitlichen Funden gemacht, und unsere Kenntnis der Wirtschafts- und Siedlungsgeschichte jener Tage beruht auf diesen Ausgrabungen.

Ein Spaziergang vorbei an den **rekonstruierten Hütten** ist sehr informativ. Vor allem für die Kinder ist dies Geschichte zum Anfassen und wird bei den Kleinen einen bleibenden Eindruck hinterlassen.

■ **Lough Gur Heritage Centre,** Lough Gur, Bruff, Tel. (061) 385186, https://loughgur.com, März–Okt. Mo–Fr 10–17 Uhr, Sa/So 12–18 Uhr, Nov.–Feb. Mo–Fr 10–16 Uhr, Sa/So 12–16 Uhr; Erwachsene 5 €, Studierende/Senioren 4 €, Kinder 3 €, Familien 15 €.

Adare

18 km südwestlich passiert man, auf der N 21 fahrend, den Ort Adare (mit 1100 Einwohnern), der fast wie ein **Museumsdorf** wirkt.

Der *Earl of Dunraven* ließ im 19. Jh. nach seinen Klischeevorstellungen ein „typisch irisches Dorf" anlegen. Adare zeigt sich dem Touristen mit weißen, strohgedeckten Cottages und gepflegten, blumenüberladenen Vorgärten.

Sehenswert sind auch ein 1832 im neogotischen Stil erbautes Herrenhaus, in dessen Garten mehrere **Oghamsteine** stehen (→ Exkurs, S. 223), die Ruinen einer mittelalterlichen Burg und die Kirche eines ehemaligen Trinitarierklosters, die heute eine römisch-katholische Pfarrkirche ist.

Bunratty Castle and Folk Park

Das Freilichtmuseum *Bunratty Castle and Folk Park* liegt 15 km nordwestlich von Limerick an der N 18. Wichtigste Attraktion ist hier die aus dem 15. Jahrhundert datierende und vom Clan der *McNamaras* erbaute **Burg,** die – exzellent restauriert – Einblicke in mittelalterliche Wohnformen gibt.

Jeden Abend finden im Castle **mittelalterliche Bankette** statt; man speist ohne rechtes Besteck ganz in der Manier jener Tage und wird von Minnesängern und Spaßmachern unterhalten. Derlei Veranstaltungen sind bei amerikanischen Touristen sehr beliebt, zunehmend finden auch deutsche Besucher den Weg an die Tafel.

Zu Füßen der mächtigen Wehranlage erstreckt sich der hochinteressante **Folk Park,** hier kann man irische Alltagsgeschichte erfahren.

Sehenswert sind vor allem die unterschiedlichen **Cottage-Typen.** So hat man Gelegenheit, einen Blick in die Ein-Raum-Kate eines armen Pächters zu werfen und kann sich alsbald gut vorstellen, wie armselig das Leben in der rauchdurchzogenen „Höhle" war. Nur wenige Einrichtungsgegenstände nannte solch ein Haushalt sein eigen.

Besser präsentiert sich das Zwei-Zimmer-Haus eines Farmers mit Küchen- und Arbeitsraum sowie der guten Stube. Letztlich lohnt ein Besuch im Mehr-Zimmer-Haus eines eher reichen Bauern. Über den Häusern hängt der Rauch der qualmenden Torffeuer in der Luft, so erfahren zwei Sinnesorgane das irische Leben vergangener Tage. Zudem kann man durch eine Dorfstraße mit kleinen Lebensmittelgeschäften und einer Post flanieren – alles ist originalgetreu rekonstruiert – Geschichte zum Anfassen.

Schließlich kann man noch den hübschen, von alten Steinmauern umschlossenen ehemaligen **Küchengarten** von *Bunratty House* bewundern, der sich nördlich der Burg befindet.

Bunratty Castle and Folk Park, Bunratty, Tel. (061) 711222, https://bunrattycastle.ie, tgl. 10–17 Uhr, im Winter nur Do–So; Erwachsene ab 10 €, Kinder ab 8 €, Familien ab 40 €.

Craggaunowen Castle & Experience

Über die R 462 gelangt man zum Craggaunowen Castle. Der befestigte, um 1550 ebenfalls von dem Clan der *McNamaras* erbaute **Wohnturm** wurde zu Beginn des 19. Jh. restauriert, endgültig abschließen konnte man die Arbeiten jedoch erst 1965.

Sehenswerter als das *Tower House* ist die so genannte **Craggaunowen Experience:** Hier hat man – wie auch schon beim *Lough Gur Heritage Centre* – den gelungenen Versuch unternommen, prähistorische Wohnformen zu rekonstruieren. Auf einem Ringpfad kommt man vorbei an allen Sehenswürdigkeiten. Zuerst passiert man das *crannóg,* ein durch Palisaden geschütztes und auf einer künstlich angelegten Insel befindliches **Rundhüttendorf.** Diese typisch irische Siedlungform bestand von der Eisenzeit bis in die frühchristliche Ära, vereinzelt lebten gar noch im 17. Jh. Menschen in solchen Hütten.

Die nächste Station zeigt ein **Feld,** wie es während der Eisenzeit und der frühchristlichen Epoche angelegt und bewirtschaftet wurde.

Einige Meter weiter gelangt man zu einer eisenzeitlichen Straße *(Togher),* deren hölzerne Planken Archäologen 1985 im County Longford ausgruben.

Die folgende Attraktion ist das *Fullacht Fiadh,* die **Kochstelle eines Jägers.** In einer mit Hölzern eingefassten Bodenvertiefung brachte man mittels erhitzter Steine Wasser zum Kochen und garte Fleisch. Diese Technik wurde von der frühen Bronzezeit bis in die elisabethanische Ära hinein praktiziert.

Es folgt ein rekonstruiertes **Ringfort** mit Steinbasis und Palisadenschutz; interessant ist vor allem der Tunnel, in dem bei einer konstanten Temperatur von 4 Grad Celsius Lebensmittel gelagert wurden.

Die letzte Station bildet ein Glashaus, in dem das originalgetreu nachgebaute **Boot des hl. Brendan** zu besichtigen ist. Laut einem Manuskript aus dem 9. Jh. soll „Brendan der Navigator" (gest. 583) mit einem solchen Boot den Atlantik überquert und Amerika entdeckt haben. 1976 baute *Tim Severin* nach dieser alten Quelle die kleine Nussschale. Über ein Holzgerüst spannte man eine geteerte Lederhaut, die sich auf der Nordatlantikroute bestens bewährte. Kollidierte das Boot mit Treibeis und bekam dadurch ein Leck, so nähte man einfach einen Lederflicken über den Riss. *Tim Severin* und seine Crew segelten zu den Aran-Inseln, dann weiter in Richtung auf die Hebriden, zu den Faroer-Inseln und überwinterten in Island; weiter ging es dann über Grönland an die kanadische Küste.

Das **Buch,** über diese äußerst gefahrvolle Reise, *The Brendan Voyage,* von *Tim Severin* liest sich ungeheuer spannend und ist in jeder Buchhandlung erhältlich.

■ **Craggaunowen Experience,** Kilmurry, nahe Quin, Tel. (061) 711222, https://craggaunowen.ie, Mitte April–Sept. tgl. 10–17 Uhr; Erwachsene 9,50 €, Senioren 7,75 €, Kinder 8 €, Familien ab 27,50 €.

Knappogue Castle

Nicht weit entfernt von Craggaunowen befindet sich Knappogue Castle, vom 15. Jahrhundert bis 1815 war es der Sitz des *McNamara-Clans.* Heute werden dort mittelalterliche Bankette veranstaltet.

■ **Knappogue Castle and Walled Garden,** Tel. (061) 360788, https://knappoguecastle.ie, Zugang nur bei Teilnahme an einem der mittelalterlichen Bankette von April–Okt., Erwachsene 63 €.

Quin Abbey

Einige Kilometer weiter liegen mitten in dem Örtchen Quin die Ruinen der gleichnamigen, 1402 gegründeten **Franziskanerabtei.** Beim Bau wurden Teile einer ehemaligen Normannenfestung verwandt, und die drei mächtigen Türme geben der Anlage einen wehrhaften Charakter. Sehenswert sind in der kleinen Kirche vor allem die **Grabsteine der McNamaras,** welche vom 15. bis zum 19. Jahrhundert hier ihre letzte Ruhestätte fanden.

Oghamsteine

Auf den Britischen Inseln wurden bisher mehr als 500 Oghamsteine gefunden, die meisten (etwa 480) in Irland. Es handelt sich dabei um aufrecht stehende, bis zu 2 m hohe Steinsäulen, an deren Kanten sich bestimmte Linienmuster finden. Diese gehören zu der Ogham-Schrift, die in Irland, Schottland und Wales vom 3. bis 7. Jh. benutzt wurde. Die Schrift besteht aus zwanzig Zeichen, die aus jeweils bis zu fünf unterschiedlich angeordneten Strichen bestehen.

334irl he

6

Von Limerick nach Galway – Tour 6

Die irischsprachigen Aran Islands, die Klippen von Moher, das Musikerdorf Doolin und die quirlige Metropole Galway sind nur einige der herausragenden Etappen dieser Tour.

Auf den Kalksteinplateaus des Burren

VON LIMERICK NACH GALWAY – TOUR 6

Diese Route entlang der Westküste nach Norden ist reich an landschaftlichen Höhepunkten, wie z.B. den *Cliffs of Moher*, die 200 m hohen, steil ins Meer stürzenden Felsen. Nur wenige Kilometer entfernt lockt das Gebiet des *Burren* mit seiner unglaublichen Vielfalt an arktisch-alpinen und mediterranen Pflanzen. Eine weitere

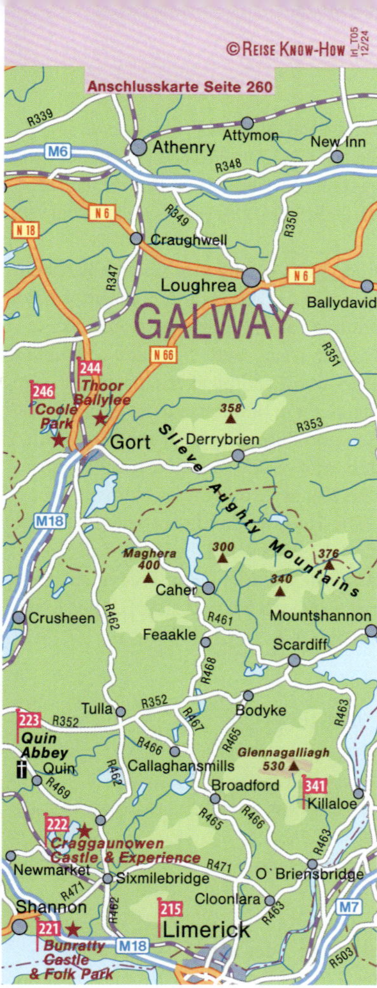

Attraktion ist der Besuch auf den *Aran-Inseln,* wo sich die irische Kultur, die alten Sitten und Gebräuche, noch am besten erhalten haben. Auf dem Eiland *Inishmore* befindet sich einer der Hauptanziehungspunkte dieses kleinen Archipels, das *Steinfort Dún Aengus,* das spektakulär am Rande eines Felsabsturzes hoch über dem Meer liegt. Vorbei an *Thoor Ballylee,* dem Wohnhaus des Dichters *William Butler Yeats,* geht es dann in die von den vielen Studenten geprägte Universitätsstadt *Galway* mit seiner lebhaften Pubszene.

NICHT VERPASSEN!

- **Doolin Cave,**
  imposante Höhle, in der man einen 7,30 m hohen Stalaktiten bewundern kann | 231
- **Poulnabrone-Dolmen,**
  mystisches Portalgrab aus der Steinzeit | 235
- **Aillwee Cave,**
  unterirdische Wasserfälle und eine spektakuläre Flugshow mit Greifvögeln sind einen Besuch wert | 236
- **Crumlin Viewpoint,**
  bizarre Sandsteinformationen und grandiose Ausblicke auf die Küste | 237
- **Dún Aenghus,**
  prähistorisches Steinfort direkt am Klippenrand | 239
- **Kinvara,**
  hübscher Fischerort mit berühmtem Bootsfestival | 243
- **Coole Park,**
  romantischer Rückzugsort irischer Schriftsteller | 246
- **Spanish Arch,**
  Steinbogen aus dem 15. Jh., der an die Handelsbeziehungen mit Spanien erinnert | 246

Diese Tipps erkennt man an der gelben Markierung.

Ennis

Von Limerick geht es entlang der N 18/ M 18 nach Ennis (ca. 25.000 Einwohner). Auf der Fahrt dorthin können einige Sehenswürdigkeiten rund um Limerick mit ins Programm aufgenommen werden (→ Tour 5, Limerick).

In der Hauptstadt des County Clare wurde **Daniel O'Connell** – der katholische Bürgerrechtler – 1828 zum Abgeordneten gewählt. Im Stadtzentrum thront daher, wie in der O'Connell Street in Dublin, die Figur des *Liberators* auf einer hohen Säule.

Es lohnt sich sehr, einen Spaziergang durch das geschäftige, aufgrund des Flughafens *Shannon Airport* wirtschaftlich florierende Städtchen zu unternehmen. Beim Besichtigungsgang kommt man an **georgianischen Stadthäusern** vorbei und findet alte Laden- oder Pub-Fassaden.

Am Ende der Abbey Street lohnen die Ruinen des 1242 von König *Thomond Donough O'Brien* gegründeten **Franziskanerklosters** einen Besuch. Hier lebten 350 gläubige Brüder und über 600 Schüler in den mehrfach erweiterten und umgebauten Anlagen. Im Jahre 1606 schafften die Briten in der Kirche das alte irische Brehon-Recht ab.

Im Gebäude der *Tourist Information* befindet sich auch das **Clare Museum**, das mit der *Riches of Clare*-Ausstellung, vielen Exponaten und einer audiovisuellen Show die Geschichte des County lebendig werden lässt. Gewürdigt wird auch der in Clare geborene *J. P. Holland*, der die Entwicklung des U-Bootes maßgeblich beeinflusst hat.

■ **Clare Museum,** Arthur's Row, Clonroad Beg, Tel. (065) 6823382, https://clarelibrary.ie/eolas/claremuseum; Juni–Sept. Mo–Sa 9.30–17 Uhr, Okt.–Mai Di–Sa 9.30–13 Uhr und 14–17 Uhr, Eintritt frei.

Ende Mai/Anfang Juni findet alljährlich in Ennis das **An Fleadh Nua** (https://fleadhnua.com), eines der größten Folk Festivals in Irland statt. Tausende von Amateur- und Profimusikern geben sich ein Stelldichein und musizieren in den Straßen und Pubs. Es gibt Tanzveranstaltungen, *Storyteller*-Kurse in irischer Sprache, Konzerte und Straßenkunst.

Die **Haupteinkaufsstraßen** von Ennis sind die Abbey und die O'Connell Street. Außerdem findet jeden Freitag ein großer **Farmer's Market** statt (Upper Market Street, 8–14 Uhr).

Praktische Tipps

Tourist Information

■ Arthur's Row, um die Ecke vom O'Connell Square, Tel. (065) 6828366.

■ **https://ennis.ie**

Unterkünfte

■ **Auburn Lodge Hotel**②-③, Galway Road, Tel. (065) 6821247, https://auburnlodge.com; etwas außerhalb gelegen, mit Fitness-Studio und Swimming Pool.

■ **Old Ground Hotel**⑤, Station Road, Tel. (065) 6828127, https://oldgroundhotelennis.com; altes Herrenhaus aus dem 18. Jh., seit 1895 ein Hotel. Zentral gelegen.

■ **The Queens Hotel**④, Abbey Street, Tel. (065) 6828963, https://queenshotelennis.com; modernes Hotel mit Nachtclub neben den Ruinen des Franziskanerklosters.

■ **Glenomra House**②, Limerick Road, Tel. (065) 6820531, https://glenomrahouse.com; B & B in einer Wohngegend, etwa 8 Min. zu Fuß bis in die Innenstadt.

■ **Newpark House**③, Newpark Road, Tel. (065) 6821233, https://newparkhouse.com; stilvolles B & B in einem Herrenhaus aus dem 18. Jh., mit Park.

Restaurants

■ **The Monks Society**②-③, Lower Abbey Street, Tel. (065) 6700111, https://themonkssociety.ie; Restaurant in einem mittelalterlichen Klostergebäude aus dem 13. Jh.

■ **Legends Restaurant**③, im *Temple Gate Hotel*, The Square, Tel. (065) 6823300, www.templegatehotel.com/legends-restaurant.html; gehobene moderne Küche, auch ein vegetarisches Hauptgericht.

■ **Henry' Bistro & Wine Bar**③, Upper Market Street, Tel. (065) 6899393, https://henrysbistroandwinebar.ie; moderne irische Küche mit regionalen Produkten.

Pubs

■ **Brogan's Bar and Restaurant,** 24 O'Connell Street, Tel. (065) 6844365, https://brogansbarennis.com; regelmäßig Folk-Musik, guter *Pub Grub.*

■ **Paddy Quinn,** 36 Upper Market Place, Tel. (065) 6828148; eine alte Kneipe aus dem Jahr 1898.

■ **Knox's Pub and Bistro,** 18 Abbey Street, Tel. (065) 6822871, https://knoxs.ie; unten gemütlicher Pub mit regelmäßiger Live-Musik, oben ein Bistro.

■ **Poet's Corner Bar,** Station Road, https://oldgroundhotelennis.com/poets-corner-bar.html; empfehlenswerte Bar mit gemütlicher Atmosphäre im *Old Ground Hotel,* reichhaltige Getränke- und Speisenauswahl.

Verbindung

■ **Busse** verkehren von Limerick, Dublin, Shannon Airport, Doolin, Kilkee, Galway, Cork, Westport, Cliffs of Moher und Lisdoonvarna.

Cliffs of Moher

Von Ennis geht es über die N 85 und die R 478 (ca. 35 km, ausgeschildert, Parkplatz am *Visitor Centre*) zu einem der herausragenden landschaftlichen Höhepunkte Irlands, den Cliffs of Moher. 214 Meter stürzen die Felswände senkrecht ins Meer ab, bei stürmischem Wetter treibt der Wind die Gischt der anbrandenden Wellen bis nach oben. Die steilen Felswände bestehen aus Lagen von Sandstein und Schiefer mit eingeschlossenen härteren Gesteinsarten.

Tausende von **Seevögeln** nisten in den Spalten, ihr Gekreische mischt sich mit dem Wind und dem Schlag der Wellen. Häufig vorkommende Arten sind Tordalk *(Razorbill),* Dreizehenmöwe (*Kittiwake,* so benannt nach ihrem Ruf), Krähenscharbe *(Shag),* Eissturmvogel *(Fulmar)* und der Papageitaucher *(Puffin).*

In mehreren geschwungenen Bögen verlaufen die Klippen über eine Strecke von 8 km. Einen guten Aussichtspunkt hat man auf dem im Jahre 1835 errichteten **O'Brien's Tower** (nahe dem *Visitor Centre*), von dort oben kann der Besucher einen Blick auf die Küste werfen, weit im Meer sieht man die Aran-Inseln, und gen Norden schaut man auf die karge Landschaft von Connemara. Der Turm wurde von dem liberalen Politiker und Parlamentsabgeordneten des County Clare *Cornelius „Corney" O'Brien* in Auftrag gegeben. *O'Brien* tat viel für die Region *(He built everything around here except the Cliffs of Moher),* sodass die Gegend den Beinamen *O'Brien Country* hat.

Unterhalb des Turms informiert ein großes **Visitors' Centre** über die

335irl he

spektakulären Klippen, und in den angeschlossenen Cafés kann man sich stärken. Für die eine Wanderung durch das Burren-Gebiet kann man sich bereits hier eine Wanderkarte besorgen (s.u.). Das Besucherzentrum ist in den Hügel eingelassen, um optisch möglichst unauffällig zu bleiben, und entspricht neuesten umweltfreundlichen Kriterien, damit der Ansturm der Besucher möglichst wenig negativen Einfluss auf die Natur hat. Allerdings hat dies zur Folge, dass der Blick auf die Klippen durch eine relativ hohe Mauer eingeschränkt wird, die entlang des Abgrunds errichtet wurde. Den besten Blick hat man wohl von etwas weiter auf dem Wanderweg. Entlang des Weges vom Parkplatz befinden sich Kunsthandwerksläden und man kann in der Saison den vielen sogenannten *Buskers* beim Musizieren zuhören.

■ **Cliffs of Moher Visitor Centre,** Tel. (065) 7086141 und (087) 6566133, https://cliffsofmoher.ie, Jan./Feb. und Nov./Dez. 9–17 Uhr, März–Okt. 9–19 Uhr, Mai–Aug. bis 21 Uhr; Eintritt Besucherzentrum und Klippen je nach Tageszeit 8–11Uhr/11–16 Uhr/16 Uhr–Ende: Erwachsene 7/10/8 €, Senioren/Studierende 7/9/7 €, Familie 14/20/16 €, Kinder unter 12 J. frei. O'Brien's Tower, variable Öffnungszeiten; Erwachsene 2 €, Kinder 1 €. Ein auch auf Deutsch erhältliches Infoblatt mit Karte ist im Eintrittspreis enthalten.

Wanderung

Sehr empfehlenswert ist die etwa 18 km lange, ausgeschilderte Wanderung entlang der Klippen; Startpunkt entweder in Liscannor (von hier auch Bootsfahrten zum Fuß der Klippen) oder Doolin. Bis auf das kurze Stück rund um das *Visitor Centre* sind Wanderer weitgehend allein unterwegs.

Man sollte nie den Pfad verlassen und nicht zu dicht an den Klippenrand gehen, plötzliche Windböen könnten einen durchaus in den Abgrund fegen. Am **Hags Head,** südlich der Cliffs of Moher, führt ein Pfad hinunter zum Fuß der Klippen. Gute Wanderschuhe sind notwendig. Hilfreich sind die im *Visitor Centre* zu erstehenden Broschüren.

Doolin

Auf der R 478 erreicht man von den Cliffs of Moher nach 5 km die Streusiedlung Doolin. Das Dorf ohne eigentlichen Ortskern hat fünf **Attraktionen** zu bieten: einmal die kürzeste Überfahrt zu den Aran-Inseln, die nahegelegenen Cliffs of Moher, die ebenfalls nahe Region des Burren (s.u.), die Höhle *Doolin Cave* und den Ruf, ein Zentrum für irische Musik zu sein.

In einem Büro-Container am Hafen kann man **die Überfahrt zu den Aran Islands** buchen und vieleB & B's stehen für die Übernachtung zur Verfügung.

■ **Fähren zu den Aran Islands,** Tel. (065) 7075555, https://doolinferry.com.

Im Sommer ist Doolin oft überfüllt mit Besuchern aus aller Welt. Schon gegen 18 Uhr ist es in den drei Pubs gerammelt voll, und das *Guinness* fließt in Strömen. Allabendlich spielen Musiker auf, und so manche Doolin-Barden gehen mittlerweile auf Tournee.

1952 entdeckte man die **Doolin Cave,** eine Höhle mit mächtigen Stalaktiten, die für Besucher freigegeben ist.

■ **Doolin Cave,** Craggycoradon, Tel. (065) 7075761, https://doolincave.ie, Führungen tgl. stündlich Mitte März–Okt. 10–18 Uhr, Nov.–Mitte März 11–17 Uhr, Mitte–Ende Jan. nur Fr, Sa und So; Erwachsene 17,50 €, Senioren/Studierende 15 €, Kinder (3–16 Jahre) 8,50 €, Familien ab 47 €.

Praktische Tipps

Unterkünfte

■ **Aran View House Hotel**③, Coast Road, Tel. (065) 7045004 und (086) 3794120, https://aranview.com; georgianisches Herrenhaus; bei der Buchung kann man zwischen den etwas preiswerteren Zimmern mit Blick auf den Hof *(view of court yard)* oder denen mit Meeresblick *(sea view)* wählen.

■ **Daly's House**④-⑤, Doonmacfelim, Fisher Street, Tel. (087) 9690583, https://dalyshouse.com; B & B mit außergewöhnlich reichhaltigem und schmackhaftem Frühstück und schönem Garten, nicht weit vom Hafen.

■ **Churchfield B & B**③-④, Tel (065) 7074209, https://doolinaccommodations.com; großes Haus im oberen Teil des Ortes nicht weit vom Pub.

Sea View House③-④, Fisher Street, Tel. (087) 2679617, https://seaview-doolin.ie; freundliches B & B, das neben einer riesigen Frühstücksauswahl auch großen Wert auf Nachhaltigkeit legt.

■ **Seascape**③, Roadford, Doolin, Tel. (065) 7074 451, www.doolin-bandb.com; freundliches Haus im oberen Ortsteil Roadford mitten zwischen Wiesen und Weiden.

◁ Die Cliffs of Moher mit der vorgelagerten Felsnadel O'Brien's Tower

Seevögel an Irlands Küsten

Der **Tordalk** *(Alca torda)* ist leicht an seinem schwarz-weißen Gefieder erkennbar. Kopf, Hals und Oberseite sind bräunlich-schwarz mit einer weißen Flügelbinde. Die Unterseite ist weiß. Charakteristisch gezeichnet ist auch der Schnabel. Im vorderen Drittel ist er schwarz-weiß quergestreift.

Außerhalb der Brutzeit halten sich die Tordalken auf dem Meer auf, wo sie nach kleinen Fischen, Krebsen, Meereswürmern und -schnecken tauchen. Sie brüten an felsigen Steilwänden mit Gesimsen und Nischen in kleineren Gruppen. Die Eier werden ohne Unterlage auf dem Fels abgelegt und von beiden Partnern bebrütet. Die kreiselförmige Gestalt der Eier bewahrt sie einigermaßen vor dem Absturz. Brutzeit ist von Anfang Mai bis Juni. Die Jungen verlassen rund 25 Tage nach dem Schlüpfen den Brutfelsen und schwimmen im Meer.

Die **Dreizehenmöwe** *(Rissa tridactyla)*, so genannt nach den drei Zehen an jedem Bein, ist überwiegend weiß. Rücken und Schwingen sind grau gefärbt. Davon setzen sich die schwarzen Spitzen der Schwingen deutlich ab. Der Ruf klingt „gägägä" oder „kitti-weck". Besonders in der Brutzeit ist dieser Vogel sehr ruffreudig. Daher rührt auch die englische Bezeichnung *Kittiwake* für die Dreizehenmöwe.

Dieser Hochseevogel hält sich fast nur am oder auf dem Meer auf, da er sich nahezu ausschließlich von Seetieren wie Fischen, Krebsen, Meeresschnecken und Plankton ernährt. Die Brut erfolgt immer in großen, teilweise riesigen Kolonien an felsigen Küsten und auch an Gebäuden. Spezielle Verhaltensnormen erlauben das Brüten selbst an kleinsten Vorsprüngen. Die Brutzeit dauert von Ende Mai bis Juni. Die Dreizehenmöwe überwintert auf dem Atlantik, am Mittelmeer und recht vereinzelt im Inland.

336irl be

Die **Krähenscharben** *(Phalacrocorax aristotelis)* gehören zu den Kormoranen. Sie haben ein schwarzes Kleid mit starkem grünlichen Metallglanz. Die Vögel sind meist stumm, am Brutplatz sind sie mit „arrck, arrck" oder „kroack, kraick, kroack" zu hören.

Diese Vögel halten sich das ganze Jahr an felsigen Meeresküsten mit steilen Klippen und Wänden auf und brüten dort von Anfang April bis in den Juni in Nischen und Bändern. Die Brutpaare finden sich jeweils für eine Saison. Nestbau und Brüten obliegt vorwiegend den Weibchen. Die Jungen verlassen nach ca. 50 Tagen das Nest und werden noch rund 30 Tage geführt. Krähenscharben fischen zwar wie die Kormorane, d.h. schwimmend oder tauchend, jedoch ausschließlich im Meer.

Die **Papageitaucher** *(Fratercula arctica)* erkennt man am sehr hohen, rot-gelb-schwarz gestreiften Schnabel sowie an den rot leuchtenden Beinen (in der Brutzeit gelb). Die Oberseite ist schwarz, die Unterseite weiß. Die Vögel geben knarrende Laute wie „arr" oder „orr" von sich.

Während der Fortpflanzungszeit trifft man den Papageitaucher an steilen, höhlenreichen Felsklippen und grasbewachsenen Hängen, wo er sich mit Schnabel und Krallen meterlange Röhren gräbt. Am erweiterten Röhrenende wird Anfang bis Mitte Mai das einzige Ei abgelegt. Nachdem die Jungen flügge sind, ziehen sich die Vögel auf die offene See zurück. Papageitaucher erlangen Fische und andere kleine Meerestiere tauchend. Selbst mit einer Anzahl Fische im Schnabel können sie noch weiterjagen.

■ **Aille River Hostel**①, Aille River, Tel. (065) 7074 260, https://ailleriverhosteldoolin.ie; gemütliches Hostel direkt am Fluss in der Ortsmitte.

■ **Flanagan's Village Hostel**①, Toomullin, Tel. (065) 7074564, www.flanaganshostel.com.

Restaurants

■ **Oar Doolin**③-⑤, Toomullin, Roadford, Tel. (065) 7047990, https://oardoolin.ie; gehobene, sehr gute Küche, telefonische Reservierung ist unbedingt erforderlich.

Pubs

In den genannten drei Pubs gibt es auch Essen und Live-Musik.

■ **Gus O'Connor's,** Fisherstreet, Tel. (065) 7074 168, https://www.gusoconnorsdoolin.com

■ **McGann's,** Roadford, Tel. (065) 7074133, https://mcgannspubdoolin.com

■ **McDermott's Pub,** Toomullin, Tel. (065) 7074328, http://mcdermottspub.com

Verbindung

■ **Busse** mehrmals täglich von Limerick und Ennis.

Der Burren

Nördlich und östlich von Doolin schließt sich ein *The Burren* genanntes Gebiet an, das eine unvergleichlich reiche Flora aufweist. Nicht nur für Botaniker ist der 40 x 25 km große Burren (irisch = großer Felsen) eine Fundgrube, auch Laien, die an fremder Flora interessiert sind, kommen in dieser karstigen Mondlandschaft auf ihre Kosten.

Das ganze Gebiet besteht aus unzählig vielen, kleinen und großen **Kalksteinplateaus,** die von Längsrinnen zerschnitten sind. Eiszeitliche Gletscher pflügten vor 15.000 Jahren diese in Nord-Süd-Richtung verlaufenden Furchen in den weichen Kalkstein. Als die Eisberge abzuschmelzen begannen, hinterließen sie nicht nur die gewaltigen, mitgeschleiften Findlinge, sondern auch Samen von arktischen Pflanzen. Mit der folgenden Klimaerwärmung kam die Flora aus südlicheren Regionen hinzu.

So wächst in den geschützten Furchen eine **pflanzliche Artenvielfalt,** die in Europa ihresgleichen sucht. Von Mai bis Juni blüht der Frühlingsenzian *(Gentiana verna),* weiße Blüten auf roten Blättern zeigt der irische Steinbrech *(Saxifraga hibernica),* die arktisch-alpine Silberwurz *(Dryas octopetala)* gedeiht neben dem Kuckucksknabenkraut *(Orchis mascula),* dem Weißen Silberwurz *(Dryas octopetala)* und dem Torfmoos *(Sphagnum),* eine Vielzahl wilder Orchideen verströmen ihre Düfte und wachsen neben Klee oder Heidekraut.

Bei dieser ungewöhnlichen Flora ist es verständlich, dass irische Ökologen einen Teil des Burren, die 400 ha (das gesamte Burren-Gebiet umfasst 26.000 ha) große Region um Mullaghmore unter **Naturschutz** gestellt haben. Wie schon an anderen Orten kollidieren Umwelt- und Naturschutz mit Wirtschaftsinteressen: In Massen transportierte man die größten Felsen ab, die seither englische Gärten zieren, dann wurden illegal Tausende von Wildgänsen gefangen und in den Nahen Osten verschickt.

☐ Tordalk

Während man heutzutage **keinen einzigen Baum** mehr im Burren findet („*No tree to hang a man*", soll General ein *Cromwell* einst ausgerufen haben), so war die Region in prähistorischer Zeit dicht bewaldet. Vor etwa 5000 Jahren leiteten die ersten Siedler Rodungsarbeiten ein und sorgten so für die Erosion des Gebietes.

Der Poulnabrone-Dolmen legt Zeugnis von dem frühen Volk ab, das einst hier gelebt hat. Für eine weitere Besiedlung sprechen die Reste von über 100 **Ringforts,** wobei das besterhaltene, mit drei konzentrischen Felswällen versehene Cahercommaun allerdings wohl erst nach der Zeitenwende errichtet wurde.

Im Jahre 1182 gründeten die Zisterzienser östlich von Ballyvaughan **Corcomroe Abbey** – vielleicht bedeckte damals noch eine Bodenkrume die Felsplateaus; die frommen Brüder nämlich nannten ihr Kloster zur „Heiligen Maria der fruchtbaren Felsen". Aus dem späten Mittelalter datieren die **befestigten Tower Houses** Gleninagh und Newtown Castle bei Ballyvaughan und Leamaneh Castle bei Kilfenora.

Fällt ein kräftiger Regenschauer, so versickert das Wasser durch die unzähligen Spalten und dringt in die unterirdischen **Grotten** und Höhlensysteme ein, wo die Kalkablagerungen Stalagtiten (von der Decke herabhängend) und Stalagmiten (vom Boden nach oben wachsend) formen. Die ganze Region ist nämlich komplett „unterkellert"; unter der höchsten Erhebung, dem 343 m hohen Slieve Elva, zieht sich gar ein 11 km langes **Höhlensystem** entlang. Höhlenforscher haben noch längst nicht alle dieser Kammern, Gänge, unterirdischen Seen und Bäche erforscht.

Neben der Doolin Cave ist eine weitere Höhle geöffnet; 3 km südlich von Ballyvaughan befindet sich der Eingang zu **Aillwee Cave** (s.u.).

Das Gebiet lässt sich gut mit dem Auto auf der im Folgenden beschriebenen, etwa 70 km langen **Rundfahrt** erkunden. Wer fit ist, nimmt das Fahrrad. Darüber hinaus gibt es eine Reihe von **Wanderwegen,** die das Gebiet erschließen. Darunter den über 100 km langen **Burren Way** (s.u.).

Lisdoonvarna

Von Doolin geht es auf der R 479 nach Nordosten Richtung Ballynalackan, dort rechts ab in die R 477 nach Lisdoonvarna (etwa 800 Einwohner), das vor allem dafür bekannt ist, dass hier seit dem 19. Jh. erfolgreich Ehen vermittelt werden. Kamen früher vor allem Bauern, sind es heutzutage Heiratswillige aus aller Welt, die im September beim **Lisdoonvarna Matchmaking Festival** (https://matchmakerireland.com) mit Hilfe des schon in dritter Generation tätigen, professionellen Heiratsvermittlers *Willie Daly* (https://www.williedaly.com/) nach Lebenspartnern suchen. Die allermeisten Besucher kommen aber wegen der zahlreichen Konzerte meist traditioneller und neuerer irischer Musik, die an allen vier Septemberwochenenden stattfinden.

Berühmt ist Lisdoonvarna auch wegen seiner **Mineralquellen.** Im 19. Jh. wurde der Ort zu Irlands einzigem Kurort. Heute wird diese Tradition noch von einigen Freiwilligen aufrechterhalten, die den seit 1847 bestehenden *Spa Wells Victorian Pump Room & Tea Room* betreiben. Dort kann man das Quellwasser, das Schwefel, Eisen, Jod und Magnesium enthält, probieren und danach auch eine Tasse Tee zu sich nehmen.

Spa Wells, Sulphur Hill, Tel. (086) 0714753, https://lisdoonvarna-spa-wells.org, Mai–Aug. tgl. 10–13 Uhr, Eintritt frei.

Kilfenora

Die R 476 führt dann weiter nach Kilfenora (knapp 200 Einwohner), wo das **Burren Centre** Auskunft über diese einzigartige Karstregion gibt. Wer die sehr empfehlenswerte Wanderung durch das Burren-Gebiet (s.u.) unternehmen möchte, besorge sich hier die entsprechende Karte.

Wenngleich Kilfenora heutzutage verschlafen und unbedeutend auf den Besucher wirkt, so war dies nicht immer so. Bis ins 18. Jahrhundert residierte hier ein Bischof, wovon die Ruinen der **Kilfenora Cathedral** sowie die vielen aus dem 12. Jh. datierenden Hochkreuze auf dem Friedhof zeugen. Bei seinem Besuch auf der Grünen Insel, rief sich der inzwischen verstorbene Papst *Johannes Paul II.* sehr zur Freude der Bewohner im Jahre 1979 selbst zum Bischof des Örtchens aus.

Burren Visitor Centre, Tel. (065) 7088030, www.theburrencentre.ie, März–Okt. 10–17 Uhr, Juni–Aug. ab 9.30 und bis 17.30 Uhr; Erwachsene 6 €, Senioren/Studierende 5 €, Kinder 4 €, Familienkarte 22 €.

Poulnabrone-Dolmen

Von Kilfenora geht es auf der R 476 in östlicher Richtung weiter bis nach Leamaneh. Dort biegt man in einer Rechtskurve scharf links auf die R 480 Richtung Ballyvaughan ab. Gleich hinter der Kurve lohnt ein Blick nach links, wo auf einer Wiese die Ruinen des **Leamaneh Castles,** eines Turmhauses aus dem 15. Jh., stehen.

Die Fahrt geht auf der R 480 weiter Richtung Norden immer tiefer in den Burren hinein. Nach 7 km ist ein Stopp Pflicht. Von einem großen Parkplatz führt ein kurzer Fußweg zu einem der eindrucksvollsten Großsteingräber Irlands. Der millionenfach fotografierte, mystische **Poulnabrone-Dolmen** stammt aus der Jungsteinzeit und wurde wahrscheinlich zwischen 3800 und 3200 v. Chr. errichtet. Bei Ausgrabungen wurden die Gebeine von 17 Erwachsenen, 16 Kindern und eines Neugeborenen gefunden. Der gut erhaltene Dolmen ist ein sog. Portalgrab, bei dem zwei aufrecht stehende Portalsteine mit einem waagerecht auf ihnen liegenden Deckstein den Eingang zum Grab und die Vorderseite zur Grabkammer bilden. Die Portalsteine von Poulnabrone sind fast 2 m hoch und der Deckstein bringt es auf eine Länge von 3,65 m und man fragt sich unweigerlich, wie die Menschen dies Bauwerk vor über 5000 Jahren zu Wege gebracht haben. In der Region gibt es mehrere Portalgräber, wenn auch nicht in dieser Größe.

Hinter dem Dolmen beginnt der spektakulärste Teil der Fahrt durch den **Burren.** Die Gegend wird mehr und mehr zu einer „Mondlandschaft" mit ihren kahlen, auf den ersten Blick lebensfeind-

337irl he

lichen Kalkplateaus. Beim genauen Hinschauen kann man dann aber überall in den Rinnen und kleinsten Ritzen in den Felsen Pflanzen entdecken, die hier ihren Lebensraum gefunden haben.

Nach etwa 5 km endet die karge Landschaft und es wird wieder grüner. Schon kurz darauf zweigt von der R 480 rechts eine Zufahrtsstraße zu einer **Karsthöhle** und einer **Falknerei** ab, bei beiden lohnt ein Besuch.

Aillwee Cave

Die Aillwee Cave wurde im Jahre 1940 zufällig von einem Bauern entdeckt, als dieser seinem Hund in eine schmale Felsspalte folgte. Seit Mitte der 1970er-Jahre ist die Höhle zu besichtigen und wird seither mehr und mehr erschlossen. Heute sind über 1 km des umfangreichen, wahrscheinlich um die 50 km langen Höhlensystems für die Öffentlichkeit zugänglich. Höhepunkte in der ganzjährig 10 °C warmen Höhle sind ein **unterirdischer Wasserfall** und rund 10.400 Jahre alte Knochen eines Bären.

Das **Besucherzentrum mit Café** wurde vorbildlich in die Landschaft integriert und gibt umfassend Auskunft über die unterirdische Anlage.

Etwas unterhalb liegt das **Birds of Prey Centre.** In einer atemberaubenden Flugshow bekommt man Adler, Eulen, Geier und Falken geboten und kann hautnah mit ihnen in Kontakt kommen.

Aillwee Burren Experience, Ballycahill, Tel. (065) 7077036, https://aillweeburrenexperience.ie; tgl. 10–17 Uhr, Juli–Aug. bis 18.30 Uhr, März–Juni und Sept./Okt. bis 17.30 Uhr; Erwachsene 25 €, Senioren/Studierende 23 €, Kinder (5–16 J.) 15 €, Familien 59–89 € je nach Kinderanzahl.

Ballyvaughan

Nächstes Ziel ist das Dorf Ballyvaughan (ca. 250 Einwohner), das schon an der Galway Bay liegt. Es hat einen pittoresken Pier, einige schöne Pubs und wenige, aber teure Restaurants zu bieten. Gemütlich geht es im Ortskern zu, an schönen Wochenenden besuchen auch viele Iren der Umgebung das kleine Dorf und flanieren rund um den winzigen Hafen.

Praktische Tipps

Unterkünfte

■ **Hyland's Burren Hotel**④-⑤, The Square, Tel. (065) 7077037, https://hylandsburren.com; das komfortable Hotel ist im Familienbesitz und liegt mitten im Ort.

■ **Wild Atlantic Lodge**③-④, Main Street, Tel. (065) 7077003, https://thewildatlanticlodge.com; komfortables Hotel im Ortskern, gutes und preiswertes Restaurant im Haus.

Restaurant und Pub

■ **Monk's Pub & Seafood Restaurant**②, Tel. (065) 7077059, https://monks.ie; ein Stück außerhalb direkt am 1829 erbauten Pier, guter *Pub Grub*, wer gern Fisch, Krustentiere oder Muscheln mag (hauptsächlich direkt und frisch aus der Galway Bay) ist hier sowohl im Pub als auch im Restaurant gut aufgehoben, manchmal Live-Musik am Wochenende. Es werden auch Zimmer vermietet.

■ **O'Loclainn's Irish Whiskey Bar**②, Tel. (065) 7077006, https://oloclainnsbar.com; kleine, urige Kneipe am westlichen Rand des Zentrums, riesige Auswahl erstklassiger Whiskeys, Live-Musik.

Verbindung

■ **Busse** mehrmals täglich von Galway, Lisdoonvarna, Kinvara, Kilkee, Listowel, Tralee, Killarney, Cork, Doolin.

Crumlin Viewpoint

Von Ballyvaughan nun geht es in nordwestlicher Richtung entlang der R 477 weiter. Man umrundet den nördlichen Küstenzipfel **Black Head** mit seinem kleinen, weißen Leuchtturm. Danach geht es gen Süden und schon bald kommt man an einen Parkplatz am Crumlin Viewpoint bei **Murrooghtoohy.** An dem als *Wild Atlantic Way Discovery Point* markierten Platz lohnt sich eine Pause sehr. Von hier hat man nochmals einen wunderbaren Blick auf das nackte Kalksteinplateau des Burren, aber diesmal mit dem Atlantik im Hintergrund.

Danach passiert man das Streudorf Fanore, das einen sehr schönen, lang gezogenen Strand bietet. Wenige Kilometer weiter ist über Ballynalackan wieder Doolin erreicht.

◁ Über 5000 Jahre alt: der Poulnabrone-Dolmen

Burren Way

Der *Burren Way* ist ein 114 km langer Wanderweg, der zwischen Lahinch und Corrofin mit Abstechern nach Lisdoonvarna, Ballyvaughan und Boston verläuft. Er ist mit gelben Pfeilen auf schwarzem Grund markiert. Wer einigermaßen fit ist, schafft die Strecke in fünf Tagen. Viele Steigungen gibt es nicht, insgesamt sind nur etwas mehr als 500 Höhenmeter zu bewältigen. Höchster Punkt ist der 343 m hohe **Slieve Elva** (zwischen Lisdoonvarna und Ballyvaughan), von dem man aus einen guten Blick auf die Galway-Bucht und die Aran-Inseln hat.

Im Frühjahr, wenn die alpin-arktischen und die mediterranen **Pflanzen** in voller Blüte stehen, ist diese Wanderung von einer einzigartigen Schönheit.

■ Viele **Informationen,** auch **detaillierte Karten,** findet man z.B. unter https://sportireland.ie/outdoors/walking/trails/burren-way und https://theirishroadtrip.com/the-burren-way.

Die Aran-Inseln

Überfahrt

Ein Besuch auf den Aran-Inseln gehört ebenso wie auch die Fahrt auf die Blasket Islands (→ Tour 5) zu den Höhepunkten einer Irland-Reise. Interessant ist auch, dass Irisch auf den Aran-Inseln von den meisten Bewohnern noch als Muttersprache gesprochen wird.

Von Doolin aus erfolgt mit modernen Schiffen die Überfahrt. Die Fähren verkehren von Mitte April bis Ende Oktober, manche auch im März und November. Während in der Vor- und Nachsaison jeweils nur eine Überfahrt morgens hin und abends zurück auf dem Fahrplan steht, pendeln die Schiffe im Juni, Juli und August mehrfach am Tag hin und her (natürlich abhängig von den Wetterbedingungen und Gezeiten, deshalb unbedingt vorher anrufen!).

Verbindung

- **Fähren zu den Aran Islands,** Tel. (065) 7075555, https://doolinferry.com.

Wandern

Auf den Inseln gibt es markierte **Wanderwege** des *Aran Way:* 34 km auf Inishmore, 8 km auf Inishmaan und 10,5 km auf Inisheer, die beiden letztgenannten sind Rundwanderwege. Gelbe Pfeile auf schwarzem Grund weisen die Richtung.

Inisheer

Inisheer, die kleinste Aran-Insel, liegt ca. 45 km von Galway entfernt, ist etwas mehr als 4 km lang, 2,5 km breit, hat eine Gesamtfläche von 560 ha und wird von 250 Personen bewohnt.

Am Pier von Inisheer kann man eine **Inselrundfahrt** buchen: Eine Ponykutsche fährt die Besucher rund um das Eiland. Zu besichtigen sind zum Beispiel die Reste einer aus dem 14. Jh. datierenden Burg, die Ruine einer kleinen mittelalterlichen Steinkirche *(Teampall Chaomháin),* die jedes Jahr neu zur Wallfahrt vom Sand befreit werden muss, und ein großes Schiffswrack, das imposant auf den Klippen steht. In einer Sturmnacht des Jahres 1960 hob eine Springflut den für Galway bestimmten Frachter auf die Felsen von Inisheer.

Wunderschön ist der **Sandstrand,** an dem wie schon seit Jahrhunderten die *Curraghs* (traditionelle irische Boote) aufgebockt sind. Während der Sommermonate kommen hier dutzende Schüler zusammen, um in Ferienkursen ihre irischen Sprachkenntnisse zu vertiefen.

Praktische Tipps

Unterkünfte

- **South Aran House**②, (099) 75073 und (087) 3405687, www.southaran.com; B & B nur für Erwachsene über 18 J., Restaurant und Kochschule.
- **Brú Radharc na Mara** (ausgesprochen etwa: *bruu raurk na mara*)①-③, Tel. (087) 6951236, https://bruinisoir.ie; Hostel nur 100 m vom Hafen entfernt, Frühstück möglich.
- **An Moinear** (ausgesprochen etwa: *an moiinar*) ②-③, Chapel Village, Tel. (099) 75960; sehr freundliches B & B, nicht weit von O'Brian's Castle.

Restaurants, Cafés, Pubs

■ Im Ort gibt es mehrere Restaurants, Cafés und Pubs, die berühmt für ihre **Live-Musik** sind. Wer ein Instrument spielt, kann bei den Sessions auch mitmachen.

Inishmaan

Inishmaan, die zweitgrößte der Aran-Inseln, umfasst eine Fläche von etwa 900 ha und wird von etwa 150 Personen bevölkert.

Attraktion ist das **Steinfort Dún Chonchúir,** das auf einer Felsenklippe liegt; die drei äußeren Wälle sind verschwunden, gut erhalten ist die eigentliche Festungsmauer. Außerdem kann man das Haus besichtigen, in dem der irische Autor *John Millington Synge* mehrere Jahre lang den Sommer verbrachte.

Praktische Tipps

Unterkünfte

■ **Cois Cuain** (ausgesprochen: *kosh kuuin*)②-③, Tel. (087) 9728796, https://coiscuain.com; B & B nah am Ortszentrum.

■ **An Dún**③, Tel. (099) 73047, http://inismeainaccommodation.ie/; B & B im Zentrum der Insel, Dinner muss im Voraus gebucht werden.

■ **Tig Congaile**①-②, (087) 2035171, https://bbinismeain.com, B & B und Restaurant.

■ **Inis Meáin Island Stays**⑤, Tel. (086) 8266026, www.inismeain.com, 2 luxuriöse Ferienhäuser, die beide jeweils für einen 5-tägigen Aufenthalt (immer Mi–So Abend) verfügbar sind (Currach House: max. 4 Gäste, 3.490 €; Karst House: max. 8 Gäste, 6.950 €) und Restaurant (4-Gang-Menü 100 €).

Pub

■ **Teach Ósta,** Tel. (099) 73003, einziger Pub auf der Insel, im Sommer oft Live-Musik.

Inishmore

Inishmore, die Hauptinsel des Archipels, umfasst 3100 ha und zählt knapp 850 Einwohner. Größter Ort ist **Kilronan,** an dessen Pier die Fähren von Doolin und Rossaveal festmachen.

Es ist sehr empfehlenswert, einige Tage auf Inishmore zu verbringen, oder auf Wanderungen (s.o.) und Fahrradausflügen die Insel kennen zu lernen.

Herausragende Sehenswürdigkeit ist das 9 km von Kilronan entfernte, wahrhaft spektakulär an den 100 m hohen Klippen der Südküste gelegene **Steinfort Dún Aenghus.** Drei konzentrisch verlaufende, halbkreisförmige Steinwälle enden jeweils an der Bruchkante der steil abstürzenden Felsenküste. Der innere Mauerwall ist Ende des 19. Jh. restauriert worden, Stufen führen auf die Brustwehr; von dort oben hat man eine weite Sicht über die Insel Inishmore. Vor dem äußeren Steinwall erkennt man die Reste von Tausenden Spanischen Reitern *(Abatis),* scharfen, aufrechtstehenden Felsnadeln, die einen Vorstoß des Angreifers gehörig behindert hätten.

Gegen wen sich die damaligen Bewohner allerdings zu verteidigen hatten, liegt noch immer im Dunkel der Geschichte; auch kennt man die genaue Entstehungszeit von Dún Aengus nicht, vermutet wird das erste nachchristliche Jahrhundert. Am Fuß des Ringforts, ungefähr 1 km entfernt, erstreckt sich ein schöner Sandstrand.

Leben und Alltag auf den Aran-Inseln

Geologisch gehören die drei Aran-Inseln zur Region des Burren (→ Das Burren-Gebiet), die Eilande sind somit von Kalksteinplateaus übersät und waren von jeher äußerst unfruchtbar. Für die Bewohner, die neben der Fischerei auch Landwirtschaft betreiben wollten, hieß dies, erst einmal **neue Felder anzulegen.**

So mussten die Vertiefungen und Löcher im felsigen Untergrund mit Bruchsteinen aufgefüllt werden, und über die ganze Fläche kam dann eine dicke Schicht Sand, darüber eine kräftige Lage Seetang, wieder eine Schicht Sand sowie erneut eine Lage Seetang und ganz zum Schluss schließlich eine dünne Decke fruchtbarer Humuserde. Diesen Mutterboden hatte man entweder vom Festland herübergebracht, oder aber die Erde war mühselig zwischen den Kalksteinblöcken herausgekratzt worden.

Mit den zuvor fortgeschafften Steinblöcken entstand nun eine **Windmauer** rund um das neue Feld. Um die spärlichen Nährstoffe des Bodens nicht auszulaugen, pflanzten die Bauern auf dem neuen Acker im ersten Jahr Kartoffeln an und im zweiten Jahr dann Getreide; im dritten Jahr wurde auf dem Feld nicht gesät, das dort wachsende Unkraut pflügte man im folgenden Jahr unter, und so erhielt die Bodenkrume den notwendigen Stickstoff. Dieses *Crop Rotation* genannte **Anbauprinzip** erinnert an die frühmittelalterliche Drei-Felder-Wirtschaft.

Hauptanbauprodukte waren natürlich vor allem Kartoffeln sowie Roggen. Gemüse zogen die Insulaner in ihren kleinen Hausgärten. Ideal war die Kartoffel deshalb, weil sie auch in klimatisch feuchten Zonen sowie auch auf armen Böden gute Erträge verspricht. 15 Tonnen pro Hektar ernteten die Aran-Bewohner durchschnittlich, bei der spärlichen Ackerkrume eine gute Leistung.

In ganz Irland, so auch auf den Aran-Inseln, wurden **Kartoffeln** nach einer besonderen Methode angebaut, die die Engländer in ihrer Verachtung für die Bewohner der Grünen Insel *Lazy Beds* nannten. Der Bauer hob einen langen, schmalen Graben aus, in den er die Saatknollen pflanzte, überdeckte diese dann mit einer Schicht Seetang und häufte darüber die beim Ausheben des nächsten Grabens angefallene Erde, wobei die grasige Seite nach unten kam. Seetang und Unkraut dienten als Dünger, und die Knollen wuchsen prachtvoll heran.

Diese Arbeit fand im März oder im frühen April statt. Ein Bauer, der zu spät mit der Aussaat begann, hieß im Volksmund *Cuckoo Farmer,* da er zumeist dann erst im Mai mit der Feldanlage zugange war. Ende Juli dann wurden die Erdäpfel geerntet und dienten – sieht man einmal von einem Überschuss in guten Jahren ab – natürlich der Selbstversorgung.

Auch **Roggen** wächst gut in feuchtkalten Regionen und auf armen Böden, so war dies das ausschließlich angebaute Getreide auf den Aran-Inseln. Mit der Aussaat begannen die Insel-Bauern im Herbst, nachdem sie die Kartoffeln eingebracht hatten, geerntet wurde dann im Juni des folgenden Jahres. Das Stroh fasste man in große Bündel zusammen und deckte damit die Häuser.

Natürlich besaß jeder Hof auch einen kleinen **Viehbestand,** und ein Bauer galt als reich, wenn er eine Kuh in seinem Besitz hatte. Die Größe des verfügbaren Landes wurde übrigens nur selten in konkreten Maßangaben benannt, vielmehr hieß es: Er hat das Gras für zwei Kühe, womit für die Insulaner der Landbesitz des Nachbarn umfassend beschrieben war.

Ein Farmer sorgte sich sehr um seine **wertvolle Kuh,** und in mageren Jahren fütterte er sie mit einem Gemisch aus Kleie sowie – vom eigenen Mund abgesparten – Kartoffeln. Und warf die Kuh – welch ein Glücksfall – ein Kalb, so erlaubte man dem Nachwuchs, eine weitaus längere Zeit die Muttermilch zu saugen als auf dem Festland. Das Neugeborene sollte soviel Kräfte sammeln wie möglich, um die harten Lebensbedingungen auf den Inseln auch zu ertragen. Durchschnittlich brachte eine Kuh 1800 l Milch pro Jahr, wesentlich weniger als ein Tier auf dem geschützten Festland.

Schafe und Ziegen besaß natürlich auch jeder Haushalt, diese Tiere waren wesentlich pflegeleichter als eine Kuh und wurden weitgehend sich selbst überlassen. Damit jede Familie die eigenen Tiere auch indentifizieren konnte, erhielten Schafe und Ziegen bestimmte Ohreinschnitte, die als „Brandzeichen" fungierten. Schafe lieferten Fleisch und Wolle, Ziegen Milch und Leder. Nur wenige Farmer auf den Inseln hielten **Schweine,** die in einer kleinen Umzäunung am Haus lebten und mit Kartoffeln und Speiseabfällen gefüttert wurden. Zuallerletzt hatte natürlich fast jeder Bauer einen **Esel,** der als universales und genügsames Arbeitstier täglich im Einsatz war.

Viel **Aberglaube** mischte sich im tagtäglichen Leben unter die Handlungen der Bauern. So galt es als schlechtes Zeichen, wenn der Farmer beim Kartoffelnpflanzen ein schiefes Beet zustande brachte, und um die Fruchtbarkeit der dünnen Bodenkrume zu erhöhen, streuten die Bauern eine Handvoll teures Salz über ihre Beete. Ein Beerdigungszug, der quer über das eigene Land führte, war ein schlechtes Omen, Gutes verhieß dagegen, wenn eine Ziege inmitten einer Herde Kühe graste. Die erste Milch eines jungen Kalbes ließ man in der Erde versickern, und bestimmte Tage galten für die Feldarbeit als tabu.

Natürlich waren auch alle Aran-Farmer **Fischer,** und der Fang sorgte für Abwechslung auf der Speisekarte und verbesserte die spärlichen Erträge der kleinen Felder. Doch die See ist auch gefährlich, und angstvoll warteten die Familienmitglieder auf die glückliche Rückkehr der ausgefahrenen Männer. Dass die Insulaner die Entwicklung der Wetters sowie Wind, Wellen, Ebbe und Flut sorgfältig einzuschätzen vermochten, war selbstverständlich, trotzdem blieb die Fischerei in den kleinen, lederbespannten Booten (vgl. Blasket Islands) eine gefährliche Sache. Nur wenige Männer konnten übrigens schwimmen, es hieß, dass man mit dieser Kunst seinen Todeskampf nach einer Havarie nur verlängere.

Gefischt wurde mit Treibnetzen, des weiteren mit bis zu 300 m langen Leinen, an denen mehr als 100 Haken befestigt waren, und mit Reusen, in die Hummer und Krabben gingen. Haien, die in der Vergangenheit weit häufiger in den Gewässern rund um die Aran-Inseln vorkamen als heute, rückten die Fischer mit Harpunen zu Leibe. Die Leber eines solch kapitalen Raubfisches konnte bis zu 900 l Öl bringen, das dann als Brennmaterial für die häuslichen Lampen einen hohen Wert hatte.

Aufgrund ihrer gefahrvollen Tätigkeit forderten die Fischer das Schicksal nicht heraus, und eine ganze Reihe von Zeichen galten als **schlechte Omen.** So durfte man auf dem Weg zum Boot auf keinen Fall eine rothaarige und barfüßige Frau treffen, auch die Begegnung mit einem Hasen, einem Priester und einem Fuchs waren schlechte Vorzeichen. Drei Männer mit dem gleichen Namen durften nicht zusammen in einem Boot fischen, Rauchen während der Arbeit war verboten, und zu Hause achtete ein Fischer peinlich genau darauf, dass er keine Fischgräten ins Feuer warf. Samstags nachts durfte man nicht zum Fischfang ausfahren, diese Nacht galt als tabu.

Wichtig für das tägliche Leben war auch der **Strand,** an dem man vor allem kalkhaltigen Sand und jodreichen Seetang „erntete", den einzigen Dünger, der den Insulanern zur Verfügung stand. Und dann wurde natürlich eine ganze Menge an wertvollem Material an den Strand und auf die Klippen der Küste gespült. Besonders Holz, das es auf den waldfreien Inseln ja nicht gab, wurde von den Insulanern begeistert in Empfang genommen.

Und es geschah nicht selten, dass ein Schiff vor den Inseln in Seenot geriet und das **Wrack** dann von den Wellen auf die Felsen getragen wurde. Solch ein Ereignis erzeugte durchaus gemischte Gefühle, denn für die Insel-Bewohner brachte eine Havarie viel Waren und Bargeld ein, ihr Gewinn jedoch bedeutete den Tod anderer.

Das **traditionelle Wohnhaus** auf den Aran-Inseln ist ein niedriges, weißgetünchtes Steingebäude mit tief angesetzten Fenstern, zwei Türen und einem Reetdach. Besondere Sorgfalt kam dem Strohdach zu, dass aufgrund der starken Winde und der häufigen Regenfälle fest verankert und absolut wasserdicht sein musste. Folgerichtig war der Dachdecker ein geachteter Handwerksmann auf den Inseln, und einmal jährlich inspizierte er die Dächer seines Dorfes und besserte sie, wenn nötig, aus.

Im Innern eines jeden Cottage markierte der offene Kamin das Zentrum, in dem zu allen Jahreszeiten ein Torffeuer glomm. Daneben befand sich eine Vertiefung in der Wand, die so genannte *Cleibhi,* in der Tabak, Pfeifen, Salz und Tee trocken aufbewahrt wurden. Nur wenige Einrichtungsgegenstände – Tisch, einige Stühle, Betten und Regale – nannte ein solcher Haushalt sein eigen. Öllampen verbreiteten nach Einbruch der Dunkelheit spärliches Licht. Ein Spinnrad und ein Webstuhl gehörten ebenfalls zu den wichtigen Gerätschaften eines Haushaltes, denn die Frauen versorgten die Mitglieder ihrer Familien mit der notwendigen Kleidung, und aus Kuhleder wurden gar Schuhe, die so genannten *Pampooties,* gemacht. Zu guter Letzt flochten Männer wie Frauen Tragekörbe und Reusen.

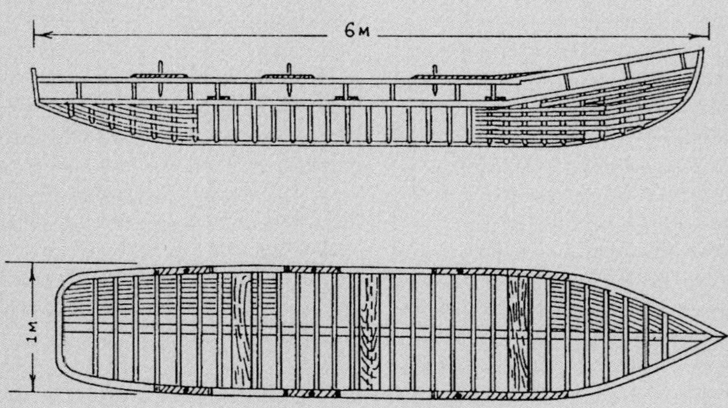

Das Ruderboot der Aran Islands

Einkaufen

In Kilronan befinden sich auch einige *Craft Shops,* wo man neben vielen Souvenirs vor allem die bekannten **Aran-Pullover** erstehen kann.

Angeblich hatte jede Familie auf der Insel ein eigenes Muster, so konnte man die ertrunkenen Fischer anhand ihrer Pullover identifizieren – nichts davon ist wahr, aber da die Geschichte verkaufsfördernd ist, wird sie so oder so ähnlich auch in Zukunft erzählt werden.

Praktische Tipps

Unterkünfte

■ **Aran Islands Hotel**④-⑤, Tel. (099) 61104, https://aranislandshotel.com; einziges Hotel auf der Insel, mit Restaurant und Pub, oft Live-Musik.

■ **Kilmurvey Guest House**②-③, Kilmurvey, Tel. (099) 61218; nettes B & B im Westen der Insel in einem schönen Steinhaus aus dem 18. Jh.

■ **Pier Guesthouse**②-③, Lower Kilronan, Tel. (099) 61417, https://pierhousearan.com; B & B mit Restaurant direkt am Pier.

■ **Tigh Fitz Guest House**②-③, Killeany, Kilronan, Tel. (086) 8297084, https://tighfitz.com; B & B im Südosten der Insel, außerhalb von Kilronan, mit schöner Aussicht.

■ **Seacrest**③-④, Kilronan, Tel. (087) 1616507, https://aranaccommodations.com; freundliches, modernes B & B nicht weit vom Hafen.

Restaurants und Pubs

Es gibt mehrere Pubs und preisgünstige Restaurants in Kilronan, weitere Pubs sind über die ganze Insel verstreut. In vielen Kneipen, vor allem in Kilronan, wird während der Saison jeden Abend Live-Musik geboten.

Kinvara

Von Doolin führt die Route über die R 479 und die R 477 nach Lisdoonvarna und biegt dort auf die N 67 ab. Über Ballyvaughan geht es in das hübsche Fischerörtchen Kinvara (etwa 700 Einwohner), in dem eine überproportional große touristische Infrastruktur, gemessen an der Größe des Dorfes, der Besucher harrt.

Sehenswert ist das ein wenig außerhalb Kinvaras in Richtung Galway liegende, aus dem 16. Jh. datierende **Dunguaire Castle.** Das befestigte *Towerhouse,* dessen Name „Burg des Guaire" bedeutet, liegt malerisch auf einer kleinen Felsnase in der Galway Bay. Das typische Turmhaus kann besichtigt werden, allerdings hält das Innere nicht das, was das Äußere verspricht – zu sehen gibt es nur wenig und der Eintrittspreis steht in keinem Verhältnis zum Gebotenen. Wer aber mal an einem mittelalterlichen Bankett in der Tradition von König Guarie teilnehmen möchte, findet hier dazu Gelegenheit.

Jeweils am letzten Wochenende im August findet in Kinvara das **Festival Cruinniú na mBád** (https://galwaytourism.ie/event/cruinniu-na-mbad-festival) statt; Hauptattraktion ist eine Regatta der traditionellen Fischerboote – der *Galway Hookers* – in der Kinvara-Bucht. Es versteht sich von selbst, dass während der Festivität in allen Pubs traditionelle Musik gespielt und getanzt wird.

■ **Dunguaire Castle,** Tel. (061) 711222, https://dunguairecastle.com, Mai–Sept. 10–17 Uhr; Erwachsene 7,50 €, Senioren/Studierende

338irl he

5,50 €, Kinder (5–16 J.) 5 €, Familien je nach Anzahl der Kinder 21,50–32,50 €. Bankett von April–Okt. jeweils ab 17.30 Uhr, im Sommer zusätzlich ab 20.45 Uhr; Erwachsene 66 €, Kinder 4–10 Jahre 37,50 €.

Praktische Tipps

Tourist Information

- **https://galwaytourism.ie/towns/kinvara**

Unterkünfte

- **Fallon's Bed and Breakfast**②, Main Street, Tel. (091) 638088, https://fallonsbedandbreakfast kinvara.ie; preiswertes B & B direkt im Zentrum.
- **Kinvara Guesthouse**③, Main Street, Tel. (091) 638562, https://kinvaraguesthouse.ie; elegantes, modern eingerichtetes B & B im Zentrum, barrierefreie Räume buchbar.

Restaurants

- **The Pier Head**②-③, The Quay, Tel. (091) 638188, https://pierhead.ie; am kleinen Hafen von Kinvara, Bar und Fischrestaurant in einem knallgelben Haus, am Wochenende besser vorbuchen.
- **The Tide Full Inn**②, Gleebe Road, Tel. (091) 638468, www.thetidefullinn.com; italienisches Restaurant mit moderaten Preisen, das Restaurant ist für seine leckeren Pizzas bekannt.

Verbindung

- **Busse** mehrmals täglich von Galway, Ballyvaughan, Lisdoonvarna, Kilkee, Listowel, Tralee, Killarney, Cork, Doolin.

△ Das Turmhaus Thoor Ballylee bei Kinvara bewohnte William Butler Yeats

Umgebung

Turmhaus Thoor Ballylee

10 km von Kinvara entfernt lohnt eine besondere Attraktion für denjenigen einen Besuch, der an irischer Literatur interessiert ist – der Wohnturm von **William Butler Yeats.** Von Kinvara nimmt man die R 347 in östlicher Richtung, bis man nach ca. 10 km auf die N 18 trifft, dort rechts ab Richtung Gort. Eine Ausschilderung weist zum Turmhaus Thoor Ballylee.

Der efeuumrankte **normannische Turm** stammt aus dem 16. Jh.; im Jahre

1917 kaufte und renovierte *William Butler Yeats* das Gebäude. 35 Pfund hat er damals dafür bezahlt, inklusive dem kleinen Cottage daneben. Einer Freundin schrieb er begeistert: „Ich plane, den Gegensatz zwischen der mittelalterlichen Burg und der bäuerlichen Behausung aufrechtzuerhalten. Während sich in ihr alles erforderliche befindet, kann ich der Burg für wenig Geld ein großzügiges Raumensemble widmen. Was glaubst Du, was denkst Du über die Adresse Thoor Ballylee? Thoor ist der irische Name für Turm. Das sollte den Leuten den Verdacht nehmen, dass es sich um moderne Gotik oder um einen Tierpark handelt. Ich denke, der schroffe Ton von Thoor berichtigt die Weichheit der Stätte." Und wenig später notierte er: „Alles ist so wunderschön hier!"

Bis 1928 lebte der Dichter mit seiner Frau in dieser abgeschiedenen Gegend – die glücklichsten Jahre seines Lebens und die liebevollsten Zeiten der Ehe verbrachten die *Yeats* in Thoor Ballylee, in diesem „sturmgeschüttelten Ort", *the storm beaten place.*

Von oben hat man eine prachtvolle Aussicht auf die Gegend. *Ralph Giordano* zeigt sich in seinem Irischen Tagebuch begeistert von dem Blick über die Landschaft: „Und dann ist sie erklommen, die Plattform, zinnenbewehrt, sonnengewärmt, rings umgeben von bukolischem Frieden. Im Osten die Höhenzüge der Slieve Aughty Mountains, die Landschaft dorthin hügelig, gewellt, grüne Flächen, Hecken, grasendes Vieh. Tief unten der Fluss, um meinen Kopf, schwirrend, Insekten. Baumwipfel um den Turm, gleich hoch wie seine Zinnen, einige Kronen noch höher."

Hier hat *Yeats* seinen Gedichtzykus *The Tower* geschrieben, in dem es heißt: „I climbe to the tower top and lean upon broken stone ..." Eine Tafel an der Turmwand verrät uns Folgendes: „I the poet William Yeats/with old millboards and/sea-green slates/and smithy work from/the Gort forge/Restowed this tower/For my wife George./And may these characters remain/When all is ruin once again." Zu Deutsch: „Ich, der Dichter William Yeats, habe mit altem Pappkarton und meergrünem Schiefer und Eisenteilen aus der Schmiede von Gort diesen Turm wieder hergestellt für meine Frau George. Und mögen diese Dinge bestehen, wenn alles andere wieder in Ruinen liegt."

Nach 1928 war *Yeats* nie mehr in Thoor Ballylee. Die Gebäude verfielen. Erst 1961 hat die *Kiltartan Society,* unterstützt von der Fremdenverkehrsbehörde und der *Ireland West Tourism,* eine Restaurierung vorgenommen. Die Frau des Dichters, *George,* hat das noch erleben können, sie starb 1968.

2016 wurde das Gebäude nach einer weiteren Renovierung mit einer neuen **Ausstellung** wiedereröffnet. Außer den Wohnräumen des Dichters kann man einen Film über *Yeats* sehen. Es gibt auch einen kleinen Souvenirladen. Abends gibt es manchmal auch Sonderveranstaltungen wie z.B. *Poetry Slams* oder Kulturabende.

■ **Thoor Ballylee,** Tel. (091) 631436, tgl. Mai 11–16 Uhr, Juni–Sept. bis 17 Uhr; Erwachsene 7 € (mit Tee), Studierende/Senioren 5,50 €, Kinder ab 12 J. 5 €, Kinder unter 12 J. frei.

Coole Park

Von Thoor Ballylee zurück zur N 18 und dort links ab in Richtung Gort, werden Freunde irischer Literatur kurz vor dem Örtchen per Hinweisschild nach rechts zum Coole Park geleitet. Leider sind nur noch ein paar Reste des 1941 abgerissenen **Coole Park Nature Reserve** vorhanden; hier lebte Anfang des 20. Jahrhunderts die Schriftstellerin **Lady Gregory,** sammelte alte irische Volkssagen und Mythen und schrieb diese für die Nachwelt nieder. Die adlige Dame war maßgeblich an der Einrichtung des Abbey Theatre in Dublin beteiligt und erwarb sich große Verdienste um das irische Erbe. *William Butler Yeats, George Bernard Shaw* und *Sean O'Casey* waren oft zu Besuch in *Coole House.* In dem allgemein zugänglichen Park mit seinen Wäldern und Wiesen sowie dem kleinen See kann man sehr schöne Spaziergänge unternehmen.

Dabei passiert man den **Autobiografischen Baum,** in dessen Rinde die berühmten Dichterfreunde von *Lady Gregory* ihre Initialen eingeritzt haben. Damit sich weniger berühmte Zeitgenossen nicht auch in der Rinde verewigen, ist der Baum mit einem unüberwindlichen Metallgitter vor deren Zugriff geschützt.

■ **Coole Park Visitor Centre,** Tel. (091) 631804, https://coolepark.ie, Visitor Centre tgl. 10–17 Uhr, Park im Sommer 8–19.30 Uhr, im Winter nur bis 18 Uhr. Eintritt frei.

Schnell und zügig geht es nun auf der N 18 nach Galway.

Galway

Die Universitätsstadt (knapp 80.000 Einwohner), deren Straßenbild entsprechend von vielen Studenten geprägt wird, ist die Verwaltungsmetropole und das Wirtschaftszentrum des gleichnamigen County. Das geschäftige, atmosphärereiche Städtchen sollte man unbedingt besuchen, die abendliche **Musikszene** in den vielen Pubs gehört zu den besten Irlands. Darüber hinaus ist Galway das Tor zur rauhbergigen, urwüchsigen Landschaft Connemara und einer großen *Gaeltacht*-Region.

Geschichte

Um das Jahr 1232 eroberten die **Normannen** unter *Richard de Burgh* den kleinen Marktflecken, dessen Ursprünge im Dunkel der Geschichte liegen, und schlugen die gälischen Stämme in die Flucht. Die neuen Herren bauten sofort eine starke Befestigung und trieben alsbald einen lukrativen Handel mit Spanien – der im 15. Jahrhundert errichtete **Spanish Arch** (Spanische Bogen) nahe dem Hafen erinnert an diese prosperierenden Wirtschaftsbeziehungen.

Richard II. gab Galway das Stadtrecht, woraus sich ein eigener kleiner **Stadtstaat** entwickelte, der von 14 Händlerfamilien (12 normannischen Ursprungs, zwei irischen Ursprungs) regiert wurde, den *Tribes of Galway.* Immer wieder griffen gälische Stämme die Stadt an, die sich jedoch aufgrund ihrer gewaltigen Befestigungen derlei Attacken bis ins 17. Jh. erwehren konnte. Wie an anderen

Orten auch, wüteten dann *Cromwells* Söldner unter der Bevölkerung, und die Belagerung durch die Mannen *Wilhelms von Oranien* versetzte der Stadt dann endgültig den Todestoß. 1840 verlor Galway auch noch seinen Stadtstatus und verkam zum britischen Verwaltungssitz für den Westen Irlands.

Nach der Unabhängigkeit des irischen Staates wurde das Stadtrecht neu bekräftigt, und die Bürger von Galway bauten entschlossen an ihrer Zukunft. Wirtschaftspolitische Maßnahmen, Förderungen für die nicht weit von Galway entfernten irischsprachigen Gaeltacht-Gebiete und der wachsende Tourismus sorgten für steigenden Wohlstand.

Sehenswertes

Galways kleine, überschaubare Innenstadt mit den verwinkelten Gassen und den interessanten Geschäften sollte man am besten zu Fuß erkunden. Die **wichtigsten Einkaufsstraßen** sind die Bridge Street, Mainguard Street, William Street, Abbeygate Street und Shop Street.

Zentrum der Metropole ist der **Eyre Square** mit seiner großen Rasenfläche, auf der sich im Sommer bei schönem Wetter die Studenten und Bettler der Stadt ein Stelldichein geben und sich bräunen lassen. Im Gedenken an den amerikanischen Präsidenten *John F. Kennedy*, der 1963 hier die Ehrenbürgerwürde erhielt, bekam die grüne Lunge Galways den Namen *John F. Kennedy Memorial Garden.*

An der Market Street befindet sich die protestantische **Church of St. Nicholas,** deren Ursprünge auf das Jahr 1320 zurückgehen und die im 15. und 16. Jahrhundert. mehrmals erweitert und umgebaut wurde.

Ebenfalls an der Market Street lohnt ein **gotischer Torbogen** einen Blick; eine schwarze Marmortafel gibt Auskunft über ein schauerliches Ereignis: „Zum Gedenken an den festen, unbeugsamen Gerechtigkeitssinn von *James Lynch Fitzstephen,* 1493 zum Bürgermeister gewählt, der seinen schuldigen Sohn *Walter* verurteilte und eigenhändig an diesem Ort hinrichtete."

Walter, Sohn des **Bürgermeisters Lynch,** hatte – wir folgen der Stadtchronik– in Liebeshändel einen spanischen Edelmann, der zudem noch Gast der Familie war, getötet. Dem Vater als oberstem Richter der Stadt blieb nichts anderes übrig, als den Sohn zum Tode zu verurteilen. Niemand jedoch wagte es, das Urteil zu vollstrecken, kein Scharfrichter ließ sich finden. So legte der Vater dem Sohn eigenhändig die Schlinge um den Hals und erhenkte ihn. Mit gebrochenem Herzen zog sich Richter *Lynch* dann in die Einsamkeit zurück. Nach irischer Auffassung hat der international bekannte Begriff „lynchen", „Lynchjustiz betreiben" in dieser Geschichte seinen Ursprung.

Von der Market Street zweigt das kleine Gässchen Bowling Green ab; hier befindet sich das Geburtshaus von Nora Barnacle, **Nora Barnacle's House.** Sie war langjährige Lebensgefährtin und spätere Ehefrau von *James Joyce.*

In der Shop Street, die parallel zur Market Street verläuft, ragt **Lynch's Castle** auf. Das aus dem 16. Jh. datierende Patrizierhaus ist eines der besterhaltenen Gebäude aus jener Zeit. Beachtenswert sind die Außendekorationen des Hauses mit ihren Wasserspeiern und weiteren gotischen Schmuckelementen. Auch die Wappen von *Heinrich VII.* sowie die der lokalen *Lynch-Familie* zieren die Fassade. Heute hat eine Bank ihre Niederlassung in dem traditionsreichen Haus. Die *Lynch-Familie* übrigens stellte ab dem Jahr 1484 die folgenden 83 Bürgermeister der Stadt.

Am alten Hafen zeigt neben dem Spanish Arch das **Galway City Museum** Exponate zur Stadtgeschichte.

Nahe der 1965 eingeweihten, gewaltigen Kathedrale der Stadt, führt die **Salmon Weir Bridge** über den Fluss Corrib. Im Frühjahr kann man Tausende von Lachsen beobachten, wie sie flussaufwärts zu ihren Laichplätzen strömen. Mittels einer Lachsleiter können die Fische das kleine Wehr überwinden.

Wer **Straßenmusik** liebt, kommt in Galway voll auf seine Kosten. Die sogenannten *Buskers* säumen vor allem im Sommer die Straßen und bieten ein breites Spektrum an Musik.

Nicht versäumen sollte man einen Besuch im vorwiegend irischsprachigen **An Taibhdhearc Theatre** in der Middle Street; während der Saison kommen hier irische Musik, Tanz, Folk Drama, aber auch Klassisches Theater auf die Bühne.

Drei große Ereignisse ziehen zu Beginn des Herbstes scharenweise die Besucher ins Zentrum von Galway. Da lockt im Juli zuerst einmal das **Galway Arts Festival** mit Künstlern aus ganz Irland, und in den Pubs sowie auf den Straßen geht es hoch her. Und schließlich sorgt Ende September das **Galway Oyster Festival** für leibliche Genüsse. Dabei werden die ersten auf den vor der Küste liegenden Bänken gezogenen Austern geöffnet und von Touristen wie Bewohnern dutzendweise verzehrt.

Bekanntestes Mitbringsel aus Galway ist übrigens der **Claddagh-Ring,** das traditionelle und sehr symbolträchtige Schmuckstück der Männer und Frauen der Umgebung; der Ring zeigt zwei Hände, die sich an Daumen und Zeigefinger berühren, dazwischen befindet sich ein Herz, auf der Daumenseite sitzt eine kleine Krone. Die sich berührenden Hände symbolisieren Freundschaft, das Herz steht natürlich für die Liebe, und die Krone verspricht ewige Treue. Wer noch zu haben ist, steckt den Ring so auf den rechten Ringfinger, dass die Krone zum Handgelenk zeigt, befindet man sich in festen Händen trägt man den Ring umgekehrt, und Verheiratete tragen ihn an der linken Hand mit der Krone zur Fingerspitze. Die Urspünge dieses Rituals gehen auf das Jahr 1690 zurück und sollen aus der Fischfanggemeinde Claddagh stammen, die einst vor den Toren Galways lag, aber heute zum Stadtgebiet gehört. Der Ring wurde auch von der Mutter auf die Tochter vererbt.

Jede Woche finden im *Galway Greyhound Stadium* **Windhundrennen** statt.

Eine Institution ist 3 **Kenny's Bookshop,** eine Buchhandlung, die seit den 1940er-Jahren in Galway existiert und sich sowohl als Antiquariat, wie auch im modernen Buch- und Kunsthandel einen Namen gemacht hat. Ursprünglich verbarg sich das Geschäft hinter einer kleinen Fassade in der High Street. Nachdem sich die Firma 2006 in den Online-Handel zurückgezogen hatte, wurde 2008 nach ständigem Drängen in der Öffentlichkeit im *Liosbán Retail Park* ein neues Geschäft eröffnet (Tuam Road, Tel. (091) 709350, https://kennys.ie).

Der Galwayer Vorort **Salthill** war einst ein eigenständiges kleines Seebad. Mittlerweile ist es Teil der Stadt und ein beliebtes Wohnviertel. Außer dem langen Sandstrand finden sich hier *Leisureland*, ein Komplex mit Schwimmbad, Sportanlagen und Animation für Kinder, sowie eine Reihe von Discos und Casinos, welche die kleine Promenade zum Leben erwachen lassen. Auch das *Galway Atlantaquaria – National Aquarium of Ireland* befindet sich direkt an der Promenade von Salthill.

Galway City Museum, Spanish Parade, Tel. (091) 532460, https://galwaycitymuseum.ie, Di–Sa 10-17 Uhr, Eintritt frei, Spende von 5 € erwünscht.

An Taibhdhearc, Middle Street, Tel. (091) 399277, https://antaibhdhearc.com.

Galway Greyhound Stadium, College Road, Tel. (061) 448080, https://gireland.ie/galway, ab 10 €.

Galway Atlantaquaria, National Aquarium of Ireland, Promenade, Salthill, Tel. (091) 585100, https://nationalaquarium.ie, Mo–Fr 10–17 Uhr, Sa/So 10–18 Uhr; Erwachsene 14 €, Studierende 11 €, Senioren 10,50 €, Kinder (unter 2 J. frei) 9 €, Familien 28–40 € je nach Anzahl der Kinder.

Praktische Tipps

Tourist Information

Galway City Museum, Spanish Parade, Tel. (1800) 230330.

https://discoverireland.ie/galway/galway-tourist-information-centre und **https://visitgalway.ie**

Hotels

27 **Ardilaun House Hotel**④, Taylor's Hill, Tel. (091) 521433, https://theardilaunhotel.ie; traditionsreiches, großes Hotel im Westen der Stadt.

20 **The House Hotel**③-⑤, Spanish Parade, Latin Quarter, Tel. (091) 538900, https://thehousehotel.ie; komfortables Hotel nur 50 m vom Spanish Arch entfernt mitten im Herzen der Altstadt.

Fußgängerzone in der Innenstadt von Galway

339irl he

Übernachtung

1 Ash Grove House
2 Lios Inis
4 Sleepzone Galway City
6 Hyde Hotel
7 Eyre Square Hotel
8 Kinlay House Hostel
20 The House Hotel
26 The Stop
27 Ardilaun House
28 Sea Breeze Lodge
29 Coolin House B & B

Einkaufen

3 Kenny's Bookshop

Essen und Trinken

5 An Pucán
9 Food 4 Thought
10 Tomodachi Sushi Bar
11 Cellar Bar
12 Papa Rich Street Food Kitchen
13 Asian Tea House Restaurant
14 Sangria Tapas Restaurant
15 Taaffe's Bar
16 The King's Head
17 The Seafood Bar @ Kirwan's
18 McDonagh's Seafood House
19 The Quays
21 Árd Bia at Nimmo's
22 Róisín Dubh
23 Oscar's Seafood Bistro
24 Kai
25 The Secret Garden

6 Hyde Hotel④-⑤, 37 Forster Street, Tel. (091) 564111, https://hydehotel.ie; modernes, luxuriöses Boutiquehotel zentrumsnah nur unweit vom Eyre Square gelegen.

7 Eyre Square Hotel⑤, Forster Street, off Eyre Square, Tel. (091) 569633, https://eyresquarehotel.com; sehr beliebtes Hotel mit hohen Standards in der Stadtmitte.

B & Bs

29 Coolin House Bed & Breakfast②-③, 11 Seamount, Thread-needle Road, Tel. (091) 523411, https://coolinhousesalthill.com; sehr beliebtes Haus im Stadtteil Salthill, nur 100 m bis zum Strand.

1 Ash Grove House③, 6 Ash Grove, Tel. (091) 581291, www.ashgrovehousegalway.com; empfehlenswerte Unterkunft am Universitätskrankenhaus mit einem außergewöhnlich guten Frühstück.

2 Lios Inis②, *4 Illaunree Drive,* Coolough Road, Tel. (091) 767753; ruhiges, komfortables B & B am nördlichen Stadtrand in einer Einzelhaussiedlung.

26 The Stop③, 38 Father Griffin Road, Tel. (091) 586736, https://thestopgalway.com; sehr beliebtes, individuell eingerichtetes B & B im Stadtteil Claddagh, Laufweite zur Stadtmitte, sehr leckeres und umfangreiches Frühstück.

28 Sea-Breeze Lodge⑤, 9 Cashelmara, Salthill, Tel. (091) 529581, https://seabreezelodge.org; luxuriöses Fünf-Sterne-Haus mit Seeblick, in Salthill.

Hostels

8 Kinlay House Hostel①, Merchants Road, Eyre Square, Tel. (091) 565244, www.kinlaygalway.ie; Schlafräume mit 6–12 Stockbetten gemischt und nach Geschlechtern getrennt, zentral gelegen.

4 Sleepzone Galway City①-②, Bóthar na mBan, Wood Quay, Tel. (091) 566999, https://sleepzone.ie/hostel-galway; Zimmer mit 2–10 Betten gemischt und nach Geschlechtern getrennt, zentral gelegen, nördlich des Eyre Square.

Camping

■ **Salthill Camping and Caravan Park**①, Tel. (091) 523972, https://salthillcaravanpark.com; gut ausgerüsteter Platz wenige Kilometer südlich im Stadtteil Salthill gelegen.

Restaurants

14 Sangria Tapas Restaurant②-③, 19 Middle Street, Tel. (091) 539923, https://sangriagalway.com; perfekt zubereitete spanische Speisen in schönem, gemütlichen Ambiente, unbedingt zu empfehlen.

18 McDonagh's Seafood House①-③, 22 Quay Street, Tel. (091) 565001, www.mcdonaghs.net; traditionelles, seit 1902 bestehendes, familiengeführtes Fischrestaurant mit *Fish'n'Chips* Bar.

21 Árd Bia at Nimmo's③, Spanish Arch, Tel. (091) 561114, www.ardbia.com; direkt am Spanish Arch, vielfältige internationale Küche in einem uralten Gemäuer aus dem 16. Jh, mit Galerie und Laden.

17 The Seafood Bar@Kirwan's②-③, Kirwan's Lane, off Quay Street, Tel. (091) 568266, https://kirwanslane.com; moderne irische Küche in rustikalem Ambiente, manchmal Live-Jazz oder Blues am Klavier im 2. Stock.

24 Kai②-③, 22 Sea Road, Tel. (091) 526003, https://kaicaferestaurant.com; sehr gemütliches Restaurant – viel Holz und Naturstein, in dem Wert auf gute, lokale Zutaten gelegt wird.

23 Oscar's Seafood Bistro②-③, 22 Upper Dominick Street, Tel. (091) 582180, www.oscarsbistro.ie; ein Bistro mit vorwiegend Fisch und Meeresfrüchten.

10 Tomodachi Sushi Bar②-③, Williamsgate Street/Ecke Eglinton Street, Tel. (091) 564939, tomodachi.ie; wer in Irland japanisch essen möchte, ist hier genau richtig.

12 **Papa Rich Street Food Kitchen**②, 3 Dalys Place, Woodquay, Tel. (091) 450147, https://papa richkitchen.com; auch bei Einheimischen sehr beliebtes Lokal, oft ausgebucht.

25 **The Secret Garden**①, 4 William Street West, Tel. (085) 7583927, https://secretgardengalway.com; uriges, kleines Café mit riesiger Auswahl an Teesorten und leckerem Kuchen, der zugehörige Shop bietet mehr als 100 verschiedene Teesorten.

13 **Asian Tea House Restaurant**②, 15 Mary Street, Tel. (091) 563749, https://asianteahouse.ie; asiatisches Restaurant (auch vegetarische Auswahl) mit über 20 verschiedenen Teesorten auf der Karte.

9 **Food 4 Thought**①-②, 5 Lower Abbeygate Street, Tel. (091) 565854; einfaches Restaurant mit großer Auswahl an vegetarischen Gerichten.

Pubs

5 **An Pucán**②-③, 11 Foster Street, Tel. (091) 376561, https://anpucan. ie; beliebt nicht nur bei Touristen, gute Speisekarte, regelmäßig Live-Musik, mit Biergarten.

11 **Cellar Bar**①-②, Tel. (091) 563966, Eglinton Street, https://thecellar.ie; ebenfalls regelmäßig Live-Entertainment; kleine preiswerte Speisekarte.

16 **The King's Head**②-③, 15 High Street, Tel. (091) 566630, https://thekingshead.ie; eine der ältesten Kneipen Galways. Ausschank seit 1649, gemütliches Pub-Ambiente mit zwei Kaminen, besonders zu empfehlen das *Blood Red Ale,* ein Craft Bier einer kleinen lokalen Brauerei, auch gute Speisekarte, Live-Musik, Zugang auch von der Middle Street.

15 **Taaffe's Bar**②, 19 Shop Street, https://taaffes bar.ie; kleine Speisekarte, seit über 150 Jahren regelmäßig *Trad Sessions.*

19 **The Quay's**②, 11 Quay Street, Tel. (091) 568347, https://quaysgalway.ie; sehr schöne Einrichtung, beliebt bei Touristen wie Einheimischen, oft sehr voll, regelmäßig Live-Musik.

22 **Róisín Dubh,** Dominick Street, Tel. (091) 586540, https://roisindubh.net; einer der beliebtesten Musikpubs in Galway, Mischung aus Club und Pub, eher junges Publikum, regelmäßig Konzerte (auch international) bekannter Künstler.

Verbindung

- **Züge** mehrmals täglich von Dublin.
- **Busse** mehrmals täglich von Dublin, Limerick, Clifden, Cong, Cork, Dingle, Donegal, Doolin, Dublin, Ennis, Kilkenny, Killarney, Letterkenny, Lisdoonvarna, Rosslare Harbour, Roundstone, Shannon Airport, Spiddal, Sligo, Tralee, Westport, Wexford, Waterford.
- Vom **Flughafen** *Connemara Regional Airport* (Inverin, 35 km westlich von Galway) Flüge der *Aer Árann,* Tel. (091) 593034, https://aerarannislands.ie, zu den Aran-Inseln; Buchungen auf der Website oder auch im *Tourist Office* von Galway.
- Von Rossaveal (ca. 40 km westlich von Galway) mehrmals täglich, von Galway Apr.–Sept. **Fähren** von *Aran Island Ferries,* Tel. (091) 568903, https://aranislandferries.com, zu den Aran-Inseln; Buchungen im Internet oder im *Tourist Office* von Galway.

Wie kommt der Geschmack in den Whiskey?

Wer mit einem Malt Whiskey Bekanntschaft macht, ist sicherlich alsbald auch ein Anhänger des hochprozentigen Destillats, möchte aber eventuell wissen, was es mit diesem Lebenswasser auf sich hat. Doch seine letzten Geheimnisse gibt das köstliche Getränk nicht preis.

Trotz aufwendiger Forschungsprojekte und **modernster Analyseverfahren** wissen die Wissenschaftler bis heute nicht, wie der gute irische Malt Whiskey zur geschmacklichen Reife gelangt. Dass überhaupt mit Feuereifer an den rund 800 unterschiedlichen Substanzen herumanalysiert wird, hat einen simplen Grund: Echte Malt Whiskeys – wie etwa ein *Redbreast,* ein *Bushmills* oder der bei ungeübten Trinkern gefürchtete (allerdings schottische) *Bruichladdich* – benötigen lange Reifezeiten; diese zu verkürzen, ist das Ziel der Brennereiforscher. Denn noch heute muss das hochprozentige Getränk nach **altüberlieferten Prozeduren** hergestellt werden – und das sehr zu recht, wie die Whiskey-Analytiker herausfanden.

Form, Material sowie Aufbau der *Pot Still* (Brennblase) spielen eine wichtige Rolle bei der Kondensierung von Aromastoffen und dienen zum Abbau giftiger Verbindungen wie etwa dem Dimethylsulfid, das in größeren Dosierungen zu Bewusstlosigkeit und Tod führen kann. So mancher Anhänger des illegal gebrannten *Poitien* (gesprochen: potschien), wie die Iren ihr selbst hergestelltes Destillat nennen, ist nur um Haaresbreite dem Tod entronnen. Wie die irische Polizeichronik zu berichten weiß, traf es gar einmal einen ganzen Trupp von Ordnungshütern, die eine illegale Destille aushoben; laut polizeilicher Dienstanweisung Nr. 1667 ist nämlich das Produkt einer Schwarzbrennerei auf seinen Zustand hin zu kosten – eine behördliche Order, die von den Beamten stets gewissenhaft und oft übereifrig befolgt wird.

Wohl nirgendwo sonst auf der Welt wird in **privaten Brennereien** derart viel Whiskey hergestellt wie in Irland (und im schottischen Hochland). Einfache, aber sehr wirksame Testmethoden zur Qualitätserkennung sind noch heute gang und gäbe: So streuen die Destillateure Schießpulver in den Brannt und halten dann ein Streichholz daran – gibt es eine Explosion, ist der Fusel giftig!

Der echte Ire hält ohnedies nichts von legal und industriell hergestelltem Sprit, zu schlecht, so wird behauptet, sei die Qualität – und so wird wie eh und je munter weiter schwarz gebrannt, niemand kümmert sich um das gesetzliche Verbot aus dem Jahre 1760. Schließlich ist guter Whiskey ja auch eine Medizin, die – wie eine Chronik aus dem 17. Jahrhundert zu berichten weiß – Ausschlag, Phlegma und Melancholie heilt, den Alterungsprozess aufhält und Fleischwürmer tötet.

Irische Richter, die Schwarzbrenner abzuurteilen haben, zeigen sich häufig verständnisvoll und damit mildtätig. So rief einst **Mr. Justice O'Shea** nach einem kräftigen Schluck vom Eigengebräu eines Schwarzbrenners begeistert aus: *„Goddam, right you are!"* Obwohl der Fuseldestillateur zum wiederholten Male vor den Schranken des Gerichts stand, erhielt er nur eine Geldstrafe von elf Pfund, da der Richter sich davon überzeugen konnte, dass dieses **Poitien** wesentlich besser war als der legal hergestellte Whiskey.

Echter Malt Whiskey wird nur aus gemälzter, über dem Torffeuer getrockneter Gerste hergestellt und in der *Pot still* gebrannt. Billiger Fusel dagegen, der den Namen Whiskey nicht verdient, hat als Grundstoff eine Maische, zumeist aus Mais, und wird in Kolonnen-Destilliergeräten *(Patent Stills)* zu Alkohol umgewandelt. Dieses geschmacklose Zeug verschneidet man dann mit einem Drittel Malt und bringt es mit großem Werbeaufwand in die Regale der Läden. Johnny Walker und Ballantines, Spitzenreiter in Deutschland, sind solche Mischprodukte.

Vor allem die Anbieter dieses Billigsprits sind daran interessiert, die bis zu 15 Jahre dauernde Reifezeit in Holzfässern (2 % Verdunstungsquote pro Jahr) chemisch abzukürzen. Doch noch – *St. Patrick* sei Dank – konnte ein wissenschaftlicher Durchbruch nicht erzielt werden.

Ihr Hauptaugenmerk richten die Chemiker mittlerweile auf einen Stoff namens **Lignin,** der beim Wachstumsprozess von Bäumen die Zellmembranen ausfüllt und zu Holz werden lässt. Allerdings widersetzt sich das kompliziert aufgebaute Molekül wissenschaftlicher Analyse. Sehr wahrscheinlich, so der derzeitige Stand der Forschung, löst Lignin bei der Lagerung des Whiskeys eine Vielzahl von chemischen Reaktionen aus, die zur Bildung von Coniferylalkohol und Vanillinsäure führen – diese Substanzen wiederum sorgen für die Aromabildung des Destillats. Dass die Spritforscher auf dem richtigen Weg sind, zeigt die Tatsache, dass in Holzfässern, die kein Lignin mehr enthalten, ein Reifungsprozess nicht mehr stattfindet. Trotz jahrelanger Lagerung kommt ein Rachenputzer dabei heraus, der wohl so ähnlich schmeckt, wie der Whiskey im frühchristlichen 6. Jh.

Damals waren es die missionierenden **irischen Mönche,** die den Fusel sowie seine Herstellung verbreiteten – und dem Sprit tatkräftig zusprachen. Alsbald sah sich der irische Abt Columban gezwungen, Strafmaßnahmen zu verkünden: Ein Priester, der aufgrund von zuviel Whiskey seine Gebete nur noch lallen konnte, musste zwölf Tage bei Wasser und Brot zubringen; 40 Tage der Buße dagegen bestimmte die Lex Columbanis für „einen Bischof, der so besoffen ist, dass er bei der Messe die Hostie ausgewürgt." Solche Härten hielten die gläubigen Männer jedoch nicht davon ab, dem *Uisce Beat-*

129IRL tli

had (gälisch: Wasser des Lebens) weiterhin exzessiv zuzusprechen. So waren die Kirchenbrüder von morgens bis abends stockbreit und trugen eine Fahne vor sich her, die einen frühen Chronisten „an einen Gestank wie von Unschlitt" erinnerte.

Langes Experimentieren führte schließlich zu dem heutigen aromatischen Malt Whiskey, und letztendlich wusste man damals und weiß man heute noch immer nicht, wie das köstliche Destillat reift. Schon im 16. Jh. schrieb ein sachkundiger Whiskey-Freund prophezeiend: „Wuski muss man zum Holze geben, nur dorten er seine Seele erhält. Auf welche Weise sich aber dies Wunder vollzieht, ich sage es Euch, der Mensch vermag es niemals zu deuten." Möge der Mann recht behalten, damit wir vor einem Instant-Whiskey aus der Giftküche der Chemiker geschützt bleiben.

Übrigens: Den irischen Whiskey schreibt man mit einem „e", schottischen Whisky dagegen ohne das „e"!

Der irische Autor **Frank O'Connor** hat auf sehr lapidare Weise, aber ungemein beeindrukkend, eine Schlüsselszene beschrieben, welche viele Schwarzbrenner wohl so oder so ähnlich erlebt haben:

„Versuchen Sie das mal, Sergeant!", sagte er. „Er sieht gut aus!", urteilte er. „Das soll er auch." „Und er schmeckt ausgezeichnet!". „Whiskey", sagte der alte Mann, „ist ein Stoff, der seine Zeit braucht. Gut Ding will Weile haben! Jede Kunst hat ihre Geheimnisse, und die geheimen Rezepte für Whiskeybrennen gehen genauso verloren wie die alten Lieder verlorengingen." „Dan, manchmal denk' ich, es war ein großer Fehler vom Gesetz, dagegen einzuschreiten." „Vielleicht – vielleicht auch nicht", erwiderte er sachlich. „Doch bestimmt, Dan! Was bleibt den armen Leuten denn sonst noch?" „Die Gesetzemacher werden schon ihre guten Gründe haben." „Trotzdem Dan, trotzdem: 's ein hartes Gesetz!" (...) „Sie haben wohl nicht im Sinn, die kleine Buße zu zahlen, was, Dan?" „So wie ich nunmal bin, Sergeant", erwiderte Dan gleichmutig, „hab' ich's nicht im Sinn." „Sie haben mir den Haftbefehl mitgegeben", sagte er endlich in einem Ton, der ihn von jeder Beziehung zu dem Schriftstück freisprach. „Wenn es gelegentlich passen würde ..."

Am nächsten Freitag spannte Dan den Esel vor sein Wägelchen und brach auf. Unterwegs sammelte er eine Anzahl Nachbarn auf, die ihm gerne das Geleit geben wollten. Auf der Anhöhe oben hielt er an, um sie wieder heimzuschicken. Nachdem Dan all seinen Freunden die Hand geschüttelt hatte, hieb er dem alten Esel eins über, rief: „Hu!" und begab sich allein auf den Weg zum Gefängnis.

(*Frank O'Connor,* Ja, das Gesetz. Aus: Gesammelte Erzählungen, Diogenes Verlag, Zürich 1976)

[<] Hier lagert eines der Wahrzeichen der Republik Irland: bester Irish Whiskey

340irl he

7

Von Galway nach Sligo – Tour 7

›› Berge, Moor- und Heidelandschaften sowie Küstendörfer prägen die Strecke von Galway nach Sligo. Heinrich Böll, der Urlaub auf Achill Island machte, schrieb hier sein Irisches Tagebuch.

‹ Dieser Steinturm kurz vor Cloughmore gehörte der Piratenkönigin Grace O'Malley

VON GALWAY NACH SLIGO – TOUR 7

Diese Route führt teilweise durch eine Gaeltacht-Region, was sich in den oft ausschließlich irischsprachigen Straßenschildern widerspiegelt. Von Galway aus führt die Strecke durch die karge *Connemara-Landschaft.* Weiter geht's dann zum touristischen Zentrum der Connemara-Region, ins Dörfchen *Clifden,* das man als Standquartier für den Besuch der Inseln *Inishbofin* und *Clare Island* nehmen kann. Nicht weit entfernt lohnen die kleinen Ortschaften *Cong* und *Oughterard* einen Besuch. Über das anheimelnde Städtchen *Westport* erreicht man dann das durch eine Brücke mit dem Festland verbundene *Achill Island,* auf dem ein ausgeschilderter *Atlantic Drive* zu einer landschaftlich schönen Rundfahrt einlädt. Vorbei an Weilern sowie Irlands heiligem Berg, dem *Croagh Patrick,* führt die Strecke dann in die nördliche Handelsmetropole *Sligo* und weiter nach *Donegal.*

Nach Clifden

Erstes Ziel nach Galway ist das Örtchen Clifden; zwei Möglichkeiten der Anreise bieten sich an: zum einen entlang der schärenzerfurchten Küste über die Straßen R 336, R 340, R 342 und R 341 – diese gut 130 km lange Variante ist sehr zu empfehlen und allein schon für sich eine Reise wert. Wer weniger Zeit hat und schnell nach Clifden möchte, wählt die N 59 über Oughterard und Maam Cross, die nach knapp 80 km direkt nach Clifden führt. Sie verläuft durch eine raue, aber sehr reizvolle Landschaft mit Moor, Bergen und Seen.

Entlang der Küste

Spiddal

Vom Ortszentrum Galways folge man der Ausschilderung „Salthill", nachdem das Seebad, ein Vorort von Galway, durchquert ist, gelangt man nach einigen Kilometern auf der R 336 nach Spiddal. Am Dorfeingang lohnt ein Blick in das **Craft Village** (https://spiddalcrafts.com), in dem Kunsthandwerker ihre Arbeiten herstellen und verkaufen. Es gibt auch ein Café fürs leibliche Wohl.

Rossaveal

Weiter geht es nun entlang der Küstenlinie vorbei am Connemara Airport in den Fischerort Rossaveal (irisch: Ros an Mhíl = Halbinsel des Wals/Seemonsters), von dem ebenfalls **Überfahrten** zu den Aran-Inseln möglich sind.

Costelloe

Wenige Autominuten später ist Costelloe (irisch: *Casla* = Delta) erreicht, eine Ausschilderung *Road to the Isles* weist zu den durch Brücken mit dem Festland verbundenen **Inseln Lettermore** (irisch: *Leitir Móir* = großer, rauher Hang) und **Gorumna** (irisch: Garmna). Flache Felsbuckel und viel Heidekraut beherrschen dort die Landschaft. Costello ist der Hauptsitz von *Radió na Gaeltachta* und *TG4* (ausgesprochen: *tii dschii a kehir*), des staatlichen irischsprachigen Radio- bzw. Fernsehsenders.

Trá an Dóilín

Wer es nicht eilig hat, sollte hier einen Abstecher zum nur 8 km entfernten Trá an Dóilín, dem außergewöhnlichen **Korallenstrand,** machen. Dazu verlässt man in Costeloe am *Caifé Teac na Cúirte* (Courthouse Café) die R 336, die hier nach rechts abbiegt, und fährt weiter auf der R 343 Richtung An Cheathrú Rua und Trá an Dóilín (ausgeschildert, auch als Abstecher vom *Wild Atlantic Way*). Die Fahrt führt durch eine flache Landschaft mit unzähligen Bächen und Seen, Torfmoore, Heiden und nackter Fels wechseln sich ab.

Man fährt durch das relativ große Dorf **Carraroe** (An Cheathrú Rua), das ein **Zentrum der irischen Sprache** ist. Hier kommen im Sommer Schüler aus ganz Irland her, um in Sprachschulen Irisch zu lernen.

Man folgt der Straße weiter, bis man in An Carraroe South (Cheathrú Rua) einen größeren Parkplatz mit einem stählernen Kunstwerk erreicht. Von hier sind es nur noch 200 m bis zum Korallenstrand, wo man oberhalb einen Parkstreifen findet.

Wenige Schritte bringen einen hinunter in die von Felsen eingerahmte Bucht mit ihrem leicht rötlich getönten Sand, der sich unter den nackten Füßen eigen-

NICHT VERPASSEN!

- **Ashford Castle,** Hotel in einem historischen Herrensitz, hier wurde der Film „The Quiet Man" gedreht | 268
- **Connemara Heritage & History Centre,** interessantes Freilichtmuseum zum ländlichen Irland | 271
- **Sky Road,** Natur pur und wunderschöne Landschaft auf dieser 15 km langen Strecke | 271
- **Inishbofin,** kleine Insel mit viel Geschichte und schönen Stränden | 271
- **Kylemore Abbey,** eine Abtei wie aus dem Märchenbuch | 274
- **Croagh Patrick,** der heilige Berg Irlands – Pilgerstätte mit einem spektakulärem Ausblick | 278
- **Doogort,** Heinrich Bölls Ferienort | 287
- **Sligo County Museum,** Stadtgeschichte mit literarischem Hintergrund | 291

Diese Tipps erkennt man an der gelben Markierung.

Von Galway nach Sligo: Südteil

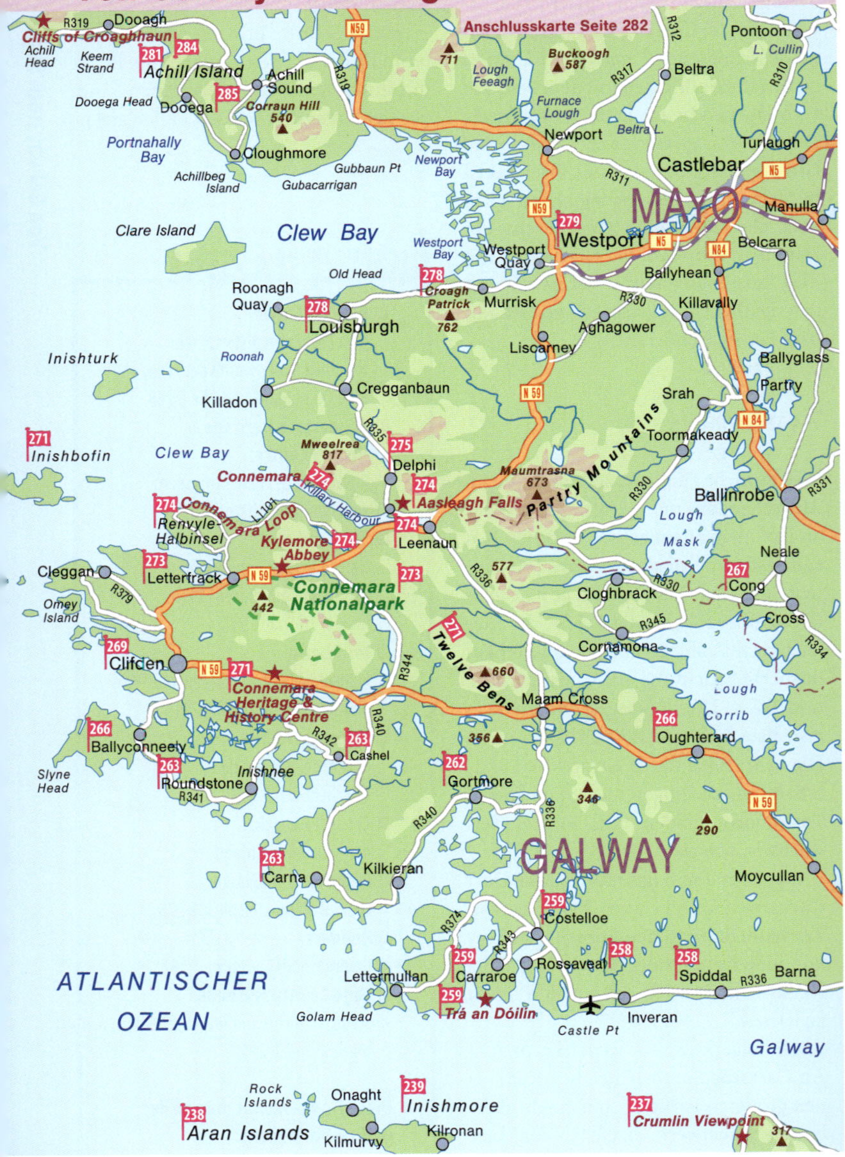

0
10 km
©Reise Know-How
Irl_T06a
12/24
Foxford
Killasser
Curry
Roosky
Clontia
Gorteen
Mullaghroe
Boyle
Crossna
Callow
Kilmore
Charlestown
Carracastle
L. Gara
Cloonloogh
Carrick-on-Shannon
Swinford
Monasteraden
Kingsland
Tawnyinah
Ballaghadereen
Callow
Croghan
Bellavery
Kilkelly
Kilmovee
Lurgan
Ballinameen
Tibohine
Hill Street
Kiltamagh
Moyne
Frenchpark
Mantua
Elphin
Aghamore
Bellanagare
Knock
Cloonyquin
Stokestown
Mayo
Bekan
Ballyhaunis
Lissalway
Tulsk
Castlerear
Casleplunket
Claremorris
Ballinlaugh
Trien
Ballintober
Carrowduff
Garranlahan
Annagh
Four Mile Ho
Irishtown
Cloonfad
Ballymoe
ROSCOMMON
Hollymount
Milltown
Dunmore
Glennamaddy
Roscommon
Kilmaine
Foxhall
Fuerty
Creegs
Athleage
Ballygar
Tuam
Curraghboy
Barnaderg
Dysart
Belclare
Headford
Mount Bellew Bridge
Brideswell
Ahascragh
Ballymacward
Ballydangan
Claregalway
Attymon
New Inn
Ballinasloe
Galway
Athenry
Aughrim
Oranmore
Grand Canal
GALWAY
Craughwell
Laurencetown
Bay
Loughrea
Ballydavid
Killimor
Kinvara
Ballycrossaun
Anschlusskarte Seite 226

Patrick Henry Pearse

Patrick Henry Pearse gilt als einer der Väter der irischen Unabhängigkeit und als Förderer des gälischen Erbes. Er wurde am 10. November 1879 in Dublin als Sohn eines englischen Bildhauers und einer Irin geboren. Nach seiner Schulzeit besuchte er die *Royal University of Ireland*. Im Jahre 1893 trat er der Gälischen Liga bei, die für die Erneuerung der gälischen Sprache und Kultur sowie für die Befreiung Irlands von der britischen Herrschaft eintrat. Sechs Jahre lang, von 1903 bis 1909, gab *Pearse* die Liga-Wochenzeitung „An Claidheamh Soluis" heraus und debütierte mit ersten Erzählungen und Gedichten. Nachdem er in Belgien einige Zeit studiert hatte, gründete er 1908 das St. Enda's College in Cullenswood bei Dublin.

Besondere politische Bedeutung erlangte der Dichter im Jahre 1913 – *Pearse* wurde Mitglied des Provisorischen Komitees einer von der bürgerlich-nationalistischen Partei *Sinn Féin* formierten freiwilligen *Kampftruppe (Irish Volunteers)*. Im Blatt *The Irish Volunteers* forderte er in vielen Pamphleten die Vorbereitung des bewaffneten Kampfes gegen die Briten. Im September 1914 spaltete sich die Organisation – *Pearse* avancierte zum Führer des militanten Flügels.

Während des Dubliner Osteraufstandes (24.–30. April 1916) befehligte der Dichter die republikanischen Truppen und wurde Präsident der proklamierten provisorischen Regierung. Nachdem der irische Befreiungsversuch gescheitert war, verurteilte ihn ein britisches Militärgericht zum Tode, und im Kilmainham-Gefängnis von Dublin starb der Poet unter den Kugeln eines Exekutionskommandos.

artig schön anfühlt. Dabei ist der Sand gar kein Sand und aus Korallen besteht er auch nicht. Es handelt sich dabei um die Reste von Rotalgen, die in der Fachsprache *Maerl* genannt werden. Wenn man sich den „Sand" genauer anschaut, sieht man, dass er aus kleinen, teilweise verzweigten Röhrchen besteht.

Noch etwas ist an den Felsen am Rand des seicht abfallenden Strands bemerkenswert. Wenn man die Gezeitentümpel in den Granitfelsen inspiziert, wird man eine Vielzahl von Meerestieren beobachten können, die sonst nur Tauchern vorbehalten sind: Neben Schnecken, Muscheln, Krebsen, kleinen Fischen und zahlreichen anderen Lebewesen fallen vor allem die kräftig rot gefärbten **Pferdeaktinien** *(Actinia equina)* auf. Die Seeanemone gehört zu den sesshaften Blumentieren, die bei Niedrigwasser trockenfallen können. Sie ziehen dann ihre 192 Tentakeln, die kreisförmig um den Mund angeordnet sind, ein und schützen sich mit einer Schleimschicht vor dem Austrocknen.

Ionad Cultúrtha an Phiarsaigh Conamara

Von Costelloe aus führt die R 336 und schließlich die R 340 nach **Gortmore** (irisch: An Górt Mór = das große Feld), wo man auf das 2016 eröffnete Kulturzentrum **Connemaras Ionad Cultúrtha an Phiarsaigh Conamara** stößt.

Im Besucherzentrum kann man sich über die irische Sprache sowie die Kultur und Landschaft Connemaras ausführlich informieren und darüber, inwieweit die Sprache, gälische Sportarten und traditionelle Musik auch heute noch Bestandteile des alltäglichen Lebens in der Region sind. Darüber hinaus widmet sich das Zentrum dem Dichter, Lehrer und Revolutionär **Patrick Pearse,** der einer der Anführer des Osteraufstandes von 1916 war und noch im selben Jahr in Dublin hingerichtet wurde. Von ihm stammt der in ganz Irland bekannte Ausspruch: „Ein unfreies Irland wird niemals friedlich sein!" *Pearse* verbrachte seine Sommer in einem Cottage, das man vom Zentrum aus auf einem schönen Spaziergang durch das Moor erreichen kann. Das kleine Cottage ist zu einem Museum ausgebaut und ehrt mit seinen Exponaten den Poeten und Revolutionär.

Ionad Cultúrtha an Phiarsaigh Conamara, Tel. (091) 574292, https://icpconamara.ie, Mitte März–Ende Okt. 9.45–18 Uhr, Nov.–Mitte März 9.45–16 Uhr, letzter Einlass 45 Minuten vor Schließung; Erwachsene 5 €, Senioren 4 €, Kinder/Studierende 3 €, Familien 13 €.

Carna

Ab Gortmore wird die **Landschaft** nun rau und oft sieht man verfallene Katen und winzige, von zerbröckelten Mäuerchen umgebene Parzellen. Der Boden ist steinig und unfruchtbar. Man kann sich gut vorstellen, wie hart das Leben der Pächter war, die hier lebten.

Nächste Station entlang der R 340 ist der Weiler **Carna.** Wenn man Glück hat, so sieht man auf der Fahrt dorthin Torfstecher bei der Arbeit. Die Straßenränder sind gesäumt von Torfstapeln, die in der Sonne trocknen.

Rund um das Dorf erstreckt sich eine ganze Anzahl einsamer, schöner **Sandstrände.** Über eine Brücke ist **Mweenish Island** (irisch: *Maínis* = weiche/ebene Insel) erreichbar; entlang der Inselküste lohnt eine Rundwanderung.

Cashel

Die Straße von Carna nach Cashel (irisch: An Caiseal = Wallburg) führt durch eine einsame, karge Landschaft – man sieht nur wenige Schafe oder Kühe grasen, auch der eine oder andere Esel versucht, von dem kargen Bodenbewuchs satt zu werden. Angebaut wird in der Gegend offensichtlich schon lange nichts mehr.

In Cashel locken einige exklusive Hotels; das Örtchen gilt als **Mekka der Angler und Jäger,** in den umliegenden Wäldern äsen große Rotwildherden, und reich ist der Fischbestand vor der Küste. Folgt man von Cashel aus der R 342 und biegt dann links auf die R341 ab, erreicht man einige Kilometer weiter den kleinen Hafenort Roundstone.

Roundstone

Roundstone (irisch: Cloch Na Ron = Felsen der Seehunde), das erste Dorf nach Spiddal, das einen richtigen Ortskern und eine **gute touristische Infrastruktur** besitzt, liegt landschaftlich sehr schön zwischen dem 301 m hohen **Errisbeg** im Westen und der **Bertraghboy Bay** im Osten. In der Bucht liegt direkt vor der Haustür des Ortes die Insel **Inishnee,** die mit dem Festland durch eine Brücke verbunden ist. Etwas östlich der etwa 200 Einwohner zählenden Gemeinde schließen sich mit **Gurteen** und

Die Iren erfinden den Boykott

Einige Meilen nördlich von Cong im County Mayo befindet sich am Ufer des Lough Mask der Herrensitz **Loughmask House,** in dem einst *Charles Cunningham Boycott* lebte. Was hatte es mit diesem Mann auf sich?

Zwischen 1845 und 1849 kamen Hunderttausende von Iren bei der großen Hungersnot ums Leben, und der Zorn der Überlebenden richtete sich verständlicherweise gegen die ungerechte Verteilung des Bodens. 80 % des Landes gehörten protestantischen Großgrundbesitzern, die verbleibenden 20 % teilten sich über 5 Mio. Bauern. Die ausgedehnten Ländereien der *Landlords* wurden von Verwaltern beaufsichtigt und von Pächtern bestellt. Der Pachtzins war dabei willkürlich festgelegt, und wer ihn aufgrund von schlechten Ernteergebnissen nicht zahlen konnte, den vertrieb man aus dem ohnehin schon ärmlichen Haus.

1879 gründete *Michael Davitt* unter dem Motto „Das Land Irlands gehört dem Volk Irlands" die **Land League** und rief zum passiven Widerstand auf: Weder sollten die Pächter für die Grundbesitzer arbeiten noch ihren Pachtzins abführen. Die Lage spitzte sich alsbald zu, und die Kleinbauern gingen in die erste große Auseinandersetzung mit Captain *Charles Cunningham Boycott* (1832–1897), der im County Mayo die Güter von Lord *Erne* verwaltete.

Im Herbst 1880 war es wieder einmal zu einer schlechten Ernte gekommen, und die Bauern baten *Boycott,* die Pachtzahlungen um ein Viertel zu kürzen. Der arrogante Brite lehnte natürlich ab und machte sich an die übliche Vertreibungspolitik.

Doch diesmal hielten die Iren zusammen: Ausnahmslos alle Pächter weigerten sich, seine Ernte einzubringen, die Hausangestellten, Hirten und Stallburschen rührten keinen Finger, die Händler in dem kleinen Örtchen Ballinrobe verkauften ihm keine Waren, und die Handwerker führten keine Arbeiten mehr für ihn aus.

Auf einer großen Versammlung in Ennis rief *Charles Stewart Parnell* (1846–1891), der Führer der *Irish Parliamentary Party* und einer der brillantesten irischen Politiker des 19. Jahrhunderts, die folgenden Worte über *Boycott* aus: *„You must show what you think of him on the roadside when you meet him, you must show him in the streets of the town, you must show him at the shop counter (...) even in the house of worship, by leaving him severely alone, by putting him into a sort of moral Coventry, by isolating him from the rest of his kind as if he were a leper of old, you must show him your detestation of the crime he has committed."*

Vollständig alleingelassen – eben boykottiert – suchte der Verwalter Hilfe bei der britischen Regierung. Er bekam eine Abteilung Soldaten zugewiesen, mit denen er seine landwirtschaftlichen Aufgaben erledigen konnte. Die Armeehelfer brachten zwar die Ernte ein, doch aßen sie einen Großteil davon auch gleich auf. Zu ihrer weiteren Versorgung schlachteten sie *Boycotts* Schafe und Rinder, fällten Bäume, um sich Feuerholz zu verschaffen – denn auch ihnen verkauften die irischen Händler nichts. Noch gegen Ende des Jahres war der britische Verwalter vollständig ruiniert, zog zurück nach England und starb nach wenigen Jahren in bitterer Armut.

Der Fall machte natürlich Schlagzeilen in der britischen Presse, und die Regierung leitete Landreformen ein. Der **Begriff Boykott** aber, der von den englischen Zeitungsmachern geprägt wurde, ging in viele Sprachen ein.

341irl he

Dogs Bay zwei wunderbare Sandbuchten an, die im Sommer viele Touristen in den Ort locken.

Im Ort selbst ist der kleine, idyllische Hafen, der bei Niedrigwasser trockenfällt, sehenswert. Die bunten Fischerboote fahren auch heute noch zum Fischfang hinaus aufs Meer.

Roundstone ist ein Anziehungspunkt für Künstler aus ganz Irland und man findet **Galerien** und **Kunsthandwerksläden** aller Art. Vor allem südlich vom Zentrum im **Michael Killeen Park** gibt es einige Geschäfte, die Keramik und Schmuck verkaufen. Weit über die Region hinaus bekannt ist die **Bodhrán-Manufaktur** (https://bodhran.com) von *Malachy Kearns.* Der Instrumentenbauer gilt als absoluter Meister seines Faches und die mit Ziegenfell bespannten Handtrommeln sind bei Folk-Musikern aus ganz Irland heiß begehrt. Wer eine *Bodhrán* (gesprochen Bo-rahn mit Betonung auf der zweiten Silbe) als Souvenir mit nach Hause nehmen möchte, bekommt sie hier schon für wenig Geld. Für professionelle Trommeln kann man aber auch gut und gern mehrere Hundert Euro ausgeben.

Auch für Wanderer hat der Ort attraktive Angebote. Auf Inishnee wurde ein 6 km langer Rundweg markiert, der an einem alten Friedhof mit bemerkenswerten Grabsteinen vorbeiführt. Auf den Errisbeg führen mehrere, z.T. anspruchsvolle **Wanderwege.** Am einfachsten ist es auf dem sogenannten „Normalweg“, der im Zentrum neben der *O'Dowd's Seafood Bar* in der Fuchsia Lane beginnt. Für den knapp 3,5 km langen Weg auf den Gipfel müssen Sie mit 1,5–2 Stunden rechnen.

⌃ Mount Errisbeg bei Roundstone

Praktische Tipps

Tourist Information
■ **https://roundstonevillage.ie**

Unterkünfte
■ **Roundstone House Hotel**⑤, High Street, Tel. (095) 35864, www.roundstonehotel.com; das familiengeführte Hotel besteht seit über 100 Jahren, in gemütlicher Atmosphäre kann man nach einer schmackhaften Mahlzeit im Restaurant beim Torffeuer im Kamin herrlich entspannen.
■ **Island View B & B**③-④, Monastery Road, Tel. (095) 35701 und (086) 8104514, www.islandview.ie; helle und geräumige Zimmer mit schönem Blick auf die Bucht.

Restaurants und Pubs
■ **O'Dowd's Seafood Bar and Restaurant,** Main Street, Tel. (095) 35809, https://odowdsseafoodbar.com; schöne irische Pub-Atmosphäre, Gerichte mit frischen Zutaten aus der Region von lokalen Fischern und Bauern.
■ **The Shamrock Bar and Restaurant,** Main Street, Tel. (087) 871217265; auch bei Einheimischen beliebter Pub, besonders empfehlenswert sind die Muscheln und Fish and Chips sowie der irische Lammeintopf (Irish Stew), ab und an Live-Musik.

Ballyconneely

Auf der R 341 geht die Fahrt durch Moore und Heiden und entlang zahlreicher Seen und Flüsse bis zur kleinen Siedlung Ballyconneely auf der Halbinsel Slyne Head.

Das Streudorf hat ein empfehlenswertes Restaurant (Keoghs, https://keoghsballyconneely.com), nebenan einen Supermarkt und eine Tankstelle. Im Supermarkt kann man eine **regionale Spezialität** kaufen: getrocknete Algen. Die sind allerdings nicht jedermanns Geschmack und etwas gewöhnungsbedürftig.

Wer Ende Juli in der Region ist, sollte nicht die jährlich stattfindende **Ballyconneely Pony Show,** ein kleinerer Ableger der Pferdeshow in Clifden, verpassen. Hier werden nicht nur die berühmten *Connemara Ponys* gehandelt, sondern auch zahlreiche andere Attraktionen geboten.

Wer geräucherten Fisch, hauptsächlich Lachs und Makrelen mag, sollte einen Abstecher zum etwa 5 km entfernten **Connemara Smokehouse** (https://smokehouse.ie) im Südwesten der Halbinsel am Bunowen Pier machen. Der dort angebotene Fisch ist zwar nicht gerade preiswert, aber sehr lecker und seinen Preis wert.

Weiter geht es von Ballyconneeley nach Clifden, das in gut 15 Minuten erreicht ist.

Direktroute Galway – Clifden

Oughterard

Von Galway aus führt die N 59 gen Nordwesten. Ein erster Stopp lohnt sich in dem rund 2300 Einwohner zählenden, nahe am Ufer des Lough Corrib gelegenen Ort Oughterard, der sich selbst als *Gateway to Connemara* bezeichnet.

Das Gemütlichkeit ausstrahlende Dorf ist eine **Hochburg der Angler;** wer auf dem Corrib-See fischen möchte, kann hier die Ausrüstung bekommen (inkl.

Bootsverleih). Außerdem kann man Bootsrundfahrten buchen oder einen Spaziergang am Seeufer machen.

Einen Besuch lohnt auch die auf dem See gelegene **Insel Inchagoill** mit frühchristlichen Kirchenruinen.

3 km südöstlich von Oughterard erhebt sich das befestigte *Tower House* **Aughnanure Castle,** das von dem *O'Flaherty*-Clan um 1500 erbaut wurde und in jenen Tagen eine der bestgeschützten Anlagen dieser Art in Irland war.

Praktische Tipps

Unterkünfte

- **The Boat Inn**③, The Square, Tel. (091) 552196, https://theboatinn.ie; Pub-Restaurant mit Fremdenzimmern.
- **The Western Way**③, Camp Street, Tel. (091) 552475, www.westernwaybb.com; gemütliches B & B, in Laufweite zu Läden und Pubs.
- **Camillaun**③, Eighterard, Tel. (091) 552678, https://camillaun.com; B & B, es werden Boote mit Außenbordmotor verliehen (50 € für einen halben Tag).
- **River Walk House**③, Riverside, Tel. (091) 552 788, https://riverwalkhouse.com; gut gelegenes B & B, drei Minuten am Fluss entlang bis zum Dorfzentrum.

Restaurants und Pubs

- **The Boat Inn**② (→ Unterkunft), mit einem preisgünstigen Restaurant, auch einige vegetarische Gerichte sind im Angebot.
- **Conneely's Café**①-②, Bridge Street, Tel. (091) 552852; kleines Café an der Hauptstraße, sehr leckere Kuchen und große Frühstücksauswahl.

Verbindung

- **Busse** mehrmals täglich von Galway, Roundstone und Clifden.

Weiter geht es auf der N 59 durch eine landschaftlich sehr schöne Gegend. **Für Filmliebhaber** interessant: Etwa 8 km westlich von Oughterard, an der N 59 dem Abzweig links nach Leamy auf der L 5328 folgen, befindet sich die „Quiet Man“ Bridge, eine Brücke, die in dem gleichnamigen Film von 1952 mit *John Wayne* und *Maureen O'Hara* als Kulisse diente. Nach wenigen Kilometern ist die von einigen Häusern und dem Peacockes Hotel gesäumte große Straßenkreuzung **Maam Cross** erreicht. Hier lohnt ein Abstecher rechts ab auf die R 336 und weiter über die R 345 nach Cong.

Cong

Cong bedeutet **„Landenge“,** und in der Tat liegt das 185-Seelen-Dorf auf dem schmalen Streifen zwischen den beiden Seen Lough Corrib (im Süden) und Lough Mask (im Norden). Ein im 19. Jahrhundert angelegter **Kanal,** der beide Seen miteinander verbinden sollte, brachte den planenden britischen Ingenieuren eine bittere Schmach. Im Beisein des Vizekönigs, des englischen Statthalters auf der Grünen Insel, wurden die Schleusen geöffnet, und das Wasser strömte in den Kanal – nur wenige Minuten jedoch, innerhalb kürzester Zeit versickerte es im Boden, und der Durchstich war trocken wie eh und je. Die Planer hatten nicht bedacht – obwohl dies längstens bekannt war – dass der Untergrund aus porösem Kalkstein besteht und die Landenge darüber hinaus geradezu „unterkellert“ ist. Mehr als **40 Höhlen** finden sich in der Umgebung von Cong.

Attraktion im Ort ist das wunderschön in einem Park gelegene **Ashford Castle,** der frühere Familiensitz der *Guinness*-Dynastie. Heute gehört das herrschaftliche Anwesen, in dem ein exzellentes Hotel untergebracht ist, einem amerikanischen Konsortium. Wer einen Blick hineinwerfen möchte, sollte hier z.B. einen Tee trinken oder etwas essen (s.u.). In den weitläufigen Gartenanlagen von Ashford Castle drehte *John Ford* 1952 mit *Maureen O'Hara* und *John Wayne* in den Hauptrollen den schon erwähnten Film „The Quiet Man". Für Filmfans sind das **Quiet Man Cottage Museum,** ein Nachbau des im Film gezeigten Häuschens, sowie die Führungen zu den Filmschauplätzen interessant.

- **The Quiet Man Cottage Museum,** Circular Road, Tel. (094) 9546089, https://quietmanmuseum.com, Anfang April–Sept. tgl. 10–16 Uhr, Eintritt Museum/Führung Erwachsene 5/15 €, Senioren/Studierende 4,50/14 €, Jugendliche (12–18 Jahre) 4/10 €, Kinder 3/5 €.

Im Ortskern von Cong liegen die Ruinen einer aus dem 12. Jahrhundert datierenden **Augustinerabtei.**

Während der Sommermonate kann man **Bootsausflüge** auf beiden Seen unternehmen, genügend Bootsvermieter stehen bereit, so dass man selbst über die glatten Wasserflächen rudern kann. Wer sich lieber über den See schippern lässt, kann das mit **Corrib Cruises** machen, die verschiedene Touren anbieten.

- **Corrib Cruises,** Tel. (091) 557798, https://corribcruises.com, Bootsrundfahrten auf Lough Corrib zu verschiedenen Themen, Erwachsene 20–30 €, Kinder 10–15 €.

Praktische Tipps

Unterkünfte

- **Ashford Castle Hotel**⑤, Tel. (094) 9546003, www.ashford.ie; elegantes, sehr komfortables Landhotel mit Wellness-Bereich, einst der Stammsitz der *Guinness*-Dynastie, Zimmer ab 485 bis 4250 €.
- **Ryan's Hotel**③, Main Street, Tel. (092) 9546243, https://ryanshotelcong.ie; zentral gelegenes historisches Hotel, das Mitte des 19. Jh. als *Mr. Burkes Hotel* gegründet wurde.
- **Hazel Grove**①-②, Drumshiel, Tel. (094) 9546060, www.hazelgrove.net; freundliches B & B in modernem Bungalow.
- **Villa Pio**②, Gortacurra, Tel. (087) 6527457, https://congvillapio.com; B & B 3 km außerhalb von Cong, mit Gartenmitbenutzung und Fahrradverleih.

Restaurants und Pub

- **Danagher's Restaurant and Pub**②, Cong North, Tel. (094) 9546028, https://danaghershotel.com; im gleichnamigen Hotel, diente als Filmkulisse bei den Dreharbeiten zum *Quiet Man*, irische Küche, im Pub regelmäßig Live-Musik.

Verbindung

- **Busse** Mo–Sa von Galway und Westport.

Von Cong geht es zunächst wieder zurück nach Maam Cross und dann rechts weiter auf die N 59 nach **Clifden,** wo man nach etwa 35 km ankommt. Knapp 8 km vor Clifden passiert man das **Connemara Heritage & History Centre** (s.u.).

Clifden

Clifden (ca. 1600 Einwohner) ist das touristische Zentrum der Connemara-Region und im Sommer oft überfüllt. Daran hat die Landschaft maßgeblich Anteil – im Osten ragen die Gipfel der Bergkette *The Twelve Bens* dramatisch in den Himmel, im Westen brandet der Atlantik an die raue Küste. Die **Hauptstadt von Connemara** liegt an der Clifden Bay, in die der Fluss Owenglin mündet. Man erkennt anhand der geordneten Straßen- und Hausanlagen, dass der Ort im Jahre 1812 am Reißbrett entworfen wurde. Für Ausflüge in die Umgebung eignet sich Clifden hervorragend als Standquartier. Im Ort verkaufen mehrere *Crafts Shops* gutes Kunsthandwerk.

Der Connemara-Nationalpark

2000 ha groß ist der 1976 auf uraltem Siedlungsland eingerichtete Nationalpark. Von den frühen Bewohnern zeugt ein 4000 Jahre altes **Megalithgrab,** und schaut man sich sorgfältig in der Landschaft um, so erkennt man Reste von Entwässerungssystemen, Windmauern und Häusern.

In diesem Schutzgebiet findet man sicherlich die **unberührteste Landschaft Irlands,** die zudem recht typisch für die Grüne Insel ist – kahle Hochebenen wechseln mit grünen Tälern, rauhe Berghänge stehen im Kontrast zu den von Wollgras überzogenen Flachmooren, dazwischen eingestreut immer wieder dunkle Bergseen.

Für den Botaniker dürften vor allem die **Moor- und Heidekrautpflanzen** von Interesse sein. Herausragende Bedeutung kommt der Irischen Heide *(Daboecia cantabrica)* zu, die – wie ihr lateinischer Name schon andeutet – eigentlich nur in mediterranen Regionen wächst und besonders häufig in Portugal zu finden ist. Attraktionen sind auch die vielen, vor allem auf Moorböden wachsenden, fleischfressenden Pflanzen der Sonnentau- und Fettkrautarten, die Insekten anlocken, einschließen und dann zersetzen; dem Eiweiß entnehmen die Pflanzen Stickstoff, den es auf Moorböden kaum gibt.

In früheren Tagen ästen **Rothirsche** in der Region, während der vergangenen 150 Jahre jedoch hat der Mensch das Wild bis auf wenige Restexemplare dezimiert. Mit der Einrichtung des Parks hat man auch ein Zuchtprogramm für diese Art begonnen, und wer Glück hat, bekommt einen kapitalen Hirsch vor das Tele-Objektiv. Recht typisch sind die **Connemara-Ponys,** die man überall antrifft.

Auch **Ornithologen** kommen auf ihre Kosten; beobachten lassen sich Wiesenpieper *(Anthus pratensis)*, Steinschmätzer *(Oenanthe oenanthe)* Schwarzkehlchen *(Saxicola torquanta)*, Feldlerchen *(Alauda arvensis)* sowie Wanderfalken *(Falco peregrinus)*, Turmfalken *(Falco tinnunculus)*, Sperber *(Accipiter nisus)* und Merline *(Falco columbarius)*. Im Herbst und Winter kommen Waldschnepfen *(Scolopax rusticola)*, Bekassinen *(Gallinago gallinago)* und Mistdrosseln *(Turdus viscivorus)* hinzu.

Empfehlenswert ist es, auf den 450 m hohen **Diamond Hill** (→ Nach Westport/Letterfrack) zu wandern, der sich im Zentrum des Nationalparks erhebt und von dessen Gipfel man tolle Ausblicke auf die Region hat.

Eine Attraktion ist jeden August das **Connemara Pony Festival,** bei der Pony- und Pferdeenthusiasten aus aller Welt in den kleinen Ort strömen (https://galwaytourism.ie/event/connemara-pony-festival). Veranstalter ist die *Connemara Pony Breeders Society* (CPBS), auf deren Internetseite man eine Menge über die kleinen, zähen Pferde erfahren kann (https://cpbs.ie).

Praktische Tipps

Tourist Information

- Galway Road, Tel. (095) 21163.
- **www.visitclifden.com und https://connemara.ie**

Unterkünfte

- **Alcock & Brown Hotel**③, Market Square, Tel. (095) 21880, https://alcockandbrownhotel.com; familiengeführtes Hotel im Zentrum von Clifden.
- **Ben View Guest House**③, Bridge Street, Tel. (095) 21256, www.benviewhouse.com; B & B in Stadthaus von 1848, seit 1926 im Besitz der Familie, die jetzt das B & B betreibt.
- **Kingstown House**②, Bridge Street, Tel. (095) 21470, https://kingstownhouse.com; freundliches B & B im Stadtzentrum.
- **Ardmore House**②, Sky Road, Tel. (095) 21221 und (087) 9435151, https://ardmore-house.com; empfehlenswertes B & B in einem schönen Haus etwa 6 km von Clifden entfernt.
- **Mallmore House**③, Ballyconneely Road, Tel. (095) 21460, https://mallmore.com; B & B in denkmalgeschütztem, georgianischen Haus aus dem späten 18. Jh. mit Säulen im Stil der Klassik im Eingangsbereich. 1,5 km außerhalb von Clifden.

Restaurants

- **Clifden Station House Restaurant**②, Galway Road, Tel. (095) 21699, https://clifdenstationhouse.com; gutes Hotel-Restaurant im alten Bahnhof, neben Fisch- und Lammgerichten auch Vegetarisches, das Bistro im alten Wartesaal serviert preiswertere Speisen.
- **Mitchell's Restaurant**②-③, Market Street, Tel. (095) 21867, https://mitchellsrestaurantclifden.com; kleines, gemütliches Lokal mit guter irischer Küche und Fischgerichten, auch mindestens ein vegetarisches Gericht.
- **Off the Square Restaurant**②, Main Street, Tel. (095) 22281, https://offthesquare.ie; Fleisch- und Fischgerichte mit lokalen Zutaten.
- **The Ardagh's Clifden Seafood Restaurant**③-④, Ballyconneely Road R341, Tel. (095) 21384, https://ardaghhotel.com; hervorragendes Fischrestaurant in einem Hotel etwas außerhalb, schöner Blick über die Bucht.

Pubs

- **E. J. King's**②, Market Square, Tel. (095) 21330, https://ejkings.com; regelmäßig Live-Musik in der Saison, hat den *James Joyce Pub Award* für eine typisch irische Kneipe gewonnen, mit angeschlossenem Restaurant im ersten Stock (auch einige vegetarische Gerichte).
- **Lowry's,** Market Street, Tel. (095) 21347, https://lowrysbar.ie; gemütlicher Pub.
- **Mannion's Bar,** Market Street, Tel. (085) 2165982, https://mannionsbarclifden.com, *Irish Folk Music (musicians welcome),* Speiseangebot (auch Vegetarisches).

Verbindung

- **Busse** verkehren mehrmals täglich von Galway, Roundstone, Oughterard, Westport, Letterfrack.

Umgebung

Connemara Heritage & History Centre

Knapp 8 km östlich von Clifden an der N59 liegt dieses **Freilichtmuseum,** das über die Geschichte und frühere Lebensweise in Connemara informiert.

Connemara Heritage & History Centre, Lettershea, Tel. (095) 21808, https://connemaraheritage.com, März–Nov. tgl. 10–18 Uhr, letzter Einlass 17 Uhr, Erwachsene 8,50 €, Senioren/Studierende 7,50 €, Kinder 4,25 €, Familienkarte 22 €.

The Twelve Bens

The Twelve Bens, die Gebirgskette vor der Haustür von Clifden, eignet sich ganz hervorragend für **Bergwandertouren.** Wenn möglich, sollte man sich den kleinen Wanderführer mit Karte „The Mountains of Connemara" von *Joss Lynam* zulegen. *Lynam* (1924–2011) war Irlands bekanntester Bergsteiger und Wanderer. 1948 gründete er den *Irish Mountaineering Club* und er schrieb zahlreiche Wanderbücher (weitere Literaturtipps → Anhang).

Wer möchte, kann an geführten Wanderungen teilnehmen (www.walkconnemara.com).

Sky Road

Zu einem Ausflug lockt die von Clifden ausgeschilderte, rund 15 km lange *Sky Road* rund um eine Halbinsel, die man auch mit dem **Fahrrad** unternehmen kann. Allerdings ist die Straße sehr schmal, an vielen Stellen nur einspurig, und weist erhebliche Steigungen auf. Entschädigt wird man aber mit atemberaubenden Ausblicken auf die Küste und das Meer. Besonders schön ist es am äußersten Westzipfel der Halbinsel, wo mit dem **Eyrephort Beach** ein ausgezeichneter, meist einsamer Sandstrand wartet. Von ihm hat man einen schönen Blick auf die kleine, nahe gelegene Insel Inishturk, die nicht mit der weiter nördlich liegenden, sehr viel größeren Insel gleichen Namens verwechselt werden darf.

Inishbofin

Ein Besuch lohnt auf der 10 km vor der Küste liegenden Insel **Inishbofin.** Zunächst folgt man ein Stück der N 59 in Richtung Norden. Nach etwa 5 km zweigt in einer Rechtskurve die R 379 Richtung **Cleggan** und **Inishbofin Ferry** ab. Von dort sind es noch 6 km bis zum Fähranleger in dem kleinen Hafenort Cleggan, von dem **Fähren** der *Inishbofin Ferry* (Tel. (095) 37228, https://inishbofinferry.ie) zur Insel verkehren. Die Überfahrt dauert 30 Minuten, die erste Fähre fährt erst um 11.30 Uhr ab Cleggan. Die letzte Rückfahrt ist schon um 16 Uhr, sodass nur wenig Zeit bleibt, um die Insel zu erkunden, wenn man nicht dort übernachten will.

Die Insel zählt rund 160 Einwohner, ist 5 km lang und 3 km breit. Der Name leitet sich von dem gälischen *Inis Bó Finne* ab und bedeutet soviel wie „Insel der weißen Kuh". Um 664 wählte der *hl. Colman von Lindisfarne* (um 605–675), ein irischer Mönch, die Insel als sein Exil; der fromme Mann hatte sich mit seiner Kirche überworfen. Von dem Kloster, das er hier gründete, finden sich nahe

Die Piratin Grace O'Malley

Wann genau *Grace O'Malley* geboren wurde, wissen wir nicht, es muss um 1530 gewesen sein, zu einer Zeit, in welcher der englische Einfluss in Connaught, in Nordwest-Irland, recht gering war. Ihr Vater – Clanchef der Umhall Uachtarach – war *Owen „Dubhdarra" O'Malley,* dessen Beiname *Schwarze Eiche* bedeutete und der sich großer Beliebtheit in der Region erfreute.

Die einzigen Begebenheiten, die wir aus den Jugendtagen von *Grace* kennen, gehen auf ihre beiden **Spitznamen** zurück; offensichtlich war sie schon als Mädchen eine gute Kartenspielerin, denn die Männer nannten sie *Gráinne-na-gCearbhach,* Grace von den Spielern. Laut einer anderen Geschichte wollte sie schon früh auf dem Schiff ihres Vater mitsegeln, doch ihre Mutter erklärte ihr, dass dies nicht der rechte Ort für ein Mädchen sei. Also schnitt sich *Grace* die Haare ab, um als Junge durchzugehen, und man nannte sie *Grainne Mhaol,* Grace die Kahlköpfige.

Mit 16 Jahren **heiratete** sie *Donal O'Flaherty,* dessen Beiname *Donal-an-Chogaidh,* Donal von den Schlachten, auf seinen ausgeprägten Kampfesmut schließen lässt und der nach dem Tod seines Vaters zum *Tanaist,* zum Oberhaupt seines Clans avancierte. *Grace* gebar in den folgenden Jahren die beiden Söhne *Owen* und *Murrough* und die Tochter *Margaret*. Nachdem die Kinder älter geworden waren, begann *Grace,* sich um den Auslandshandel der *O'Flahertys* zu kümmern. Sie exportierte die Agrarprodukte des Clans bis nach Portugal und Spanien und ließ von dort Wein, Gewürze, Glas und Seide nach Hause bringen. Aufgrund ihres **ökonomischen Geschicks** mehrte *Grace* auch ihre Autorität innerhalb der Männerwelt ihres Clans.

Als um 1560 *Donal* starb, stand ihr nach gälischem Recht ein Drittel seiner Besitztümer zu, und nun stieg sie richtig ins Geschäft ein. Mit angeheuerten schottischen Söldnern, den so genannten *Gallowglasses,* griff sie in die Clan-Fehden ein, raubte das nachbarliche Vieh und kaperte in der Clew Bay Handelsschiffe, die auf dem Weg nach Galway waren. Über 200 Männer sollen in ihren Diensten gestanden haben und erwarben sich bei der – wie es im typischen Understatement einer englischen Quelle heißt – *Maintanance by land and sea* Reichtümer. Die schärenübersäte Clew Bay war hervorragend geeignet für solche **Kaperfahrten;** im Schutze einer der vielen Inselchen konnte *Grace* mit ihren Männern auf der Lauer liegen, und sollte die Sache einmal gefährlich ausgehen, so konnten die Piraten schnell im Labyrinth der vielen Eilande verschwinden. War so ein Handelssegler geentert, so forderte *Grace* vom Kapitän und den Passagieren ein Schutzgeld für die Weiterfahrt; dabei achtete sie darauf, dass es möglichst zu keinem Blutvergießen kam, wollte sie doch die Engländer nicht mit der Nase auf ihre Aktivitäten stoßen. Allein die Übermacht von 200 wilden Recken war schon furchteinflößend genug.

Man kann sich vorstellen, dass *Grace* über eine außergewöhnlich **starke Persönlichkeit** verfügt haben muss, anders hätte sie in jenen Tagen ihre zusammengewürfelte Horde nicht zusammenhalten können.

In den 80er-Jahren des 16. Jh. musste *Grace* sich der Attacken des englischen Gouverneurs von Connaught erwehren, und als der einen ihrer Söhne einsperrte, fackelte sie nicht lange, segelte nach England und bat *Elisabeth I.* um eine Audienz. Anfang September 1593 trafen die beiden ungewöhnlichen Frauen zusammen und waren beide voneinander beeindruckt. Für *Grace* war der Besuch **bei Hofe** ein voller Erfolg, *Elisabeth* erfüllte alle ihre Bitten, und *Grace* hatte einen ruhigen Lebensabend. 1603, im gleichen Jahr wie auch *Elisabeth,* starb sie.

→ Granuaile Visitor Centre Louisburgh, S. 277

dem Hafen noch die Ruinen. Der Legende nach soll die Piratin *Grace O'Malley* im 16. Jh. dieses Eiland befestigt und als sicheres Quartier benutzt haben.

1632 eroberten die Truppen des berüchtigten englischen *Lord Protector Oliver Cromwell* die Insel und erbauten ein Gefängnis für die katholischen Geistlichen der Region, in dem viele von ihnen ums Leben kamen. Daran erinnert auch der **Bishop's Rock** am Hafen, an dem angeblich ein Bischof angekettet wurde, um von der hereinlaufenden Flut ertränkt zu werden.

Einige schöne **Strände** eignen sich für Badefreuden, so z.B. der Rusheen Beach am östlichen Ende der Insel. **Vorsicht** ist allerdings an der Westküste bei Trá Geall, unterhalb von Doonmore (gegenüber der Insel Inishark), angeraten, dort zieht eine starke Strömung selbst den besten Schwimmer hinaus aufs Meer.

Unterkünfte, Restaurants und Pubs

- **Murray's Doonmore Hotel**④, Tel. (095) 45804, https://doonmore.com; nicht nur das Hotel ist empfehlenswert, auch das zugehörige Restaurant und die Bar, in der während der Saison auch bekannte Künstler auftreten. Das Haus, das zu einem der besten 2-Sterne-Hotels in Irland zählt, liegt an der Südküste etwa 1 km westlich vom Fähranleger.
- **The Beach B & B**③, Middlequarter, Tel. (095) 45829, thebeach.ie; in der zugehörigen Bar kann man nicht nur essen und trinken, sondern während der Saison im Sommer auch Live-Musik hören, etwa 300 m östlich vom Anleger.
- **Inishbofin Island Hostel**①, Tel. (095) 45855, https://inishbofin-hostel.ie; neben Schlafsälen sind auch 2-Bett- und Familienzimmer sowie Glamping Pods vorhanden, auch Camping ist möglich. Das Hostel liegt 700 m vom Pier an der Straße zur Ostseite der Insel.

Nach Westport

Letterfrack

Von Clifden folgt die Route der N 59 gen Norden und schwenkt dann in östliche Richtung. Kurz vor Letterfrack verläuft die Straße dicht an der **Letterfrack Bay,** wo ein Pier in die Bucht hineinragt. Von ihm starten von April bis Oktober Touren mit einem Glasbodenboot (Tel. (095) 49052, https://connemarawildescapes.ie) zu der Bucht. Hier kann man in die Unterwasserwelt eintauchen, ohne selbst nass zu werden.

Hinter dem Anleger ist schnell die Streusiedlung **Letterfrack,** eine ehemalige Quäker-Niederlassung, erreicht. Wenige Meter vor dem Dorf geht es rechts ab zum Visitor Centre des **Connemara-Nationalparks.** Dieser erstreckt sich östlich von Letterfrack. Ausgeschilderte Spazierwege, Wanderungen sowie auch Naturlehrpfade führen durch das ausgedehnte Areal. Sehr beliebt ist der etwa 7 km lange, gut markierte Wanderweg auf den **Diamond Hill,** der am Besucherzentrum beginnt. Vom Gipfel des 442 m hohen Berges hat man einen wunderbaren Blick auf die Landschaft Connemaras.

- **National Park Visitor Centre.** Tel. (095) 41054, https://nationalparks.ie/connemara, tgl. 9–16.30 Uhr, Eintritt frei.

Renvyle-Halbinsel

Nördlich von Letterfrack liegt die Renvyle-Halbinsel. Über sie führt die etwa 18 km lange Panoramaroute **Connemara Loop.** Die ausgeschilderte Route beginnt an der Kreuzung im Zentrum Letterfracks, wo man von der N 59 auf die L 1101 abbiegen muss. Einige Kilometer vor Leenaun stößt die Schleife wieder auf die N 59. Die Halbinsel bietet eine einsame Landschaft mit vielen Torfmooren, die von kahlen Felsen durchsetzt sind, und an den Küsten eine Reihe von erstklassigen Stränden.

Kylemore Abbey

Wer nicht über die Renvyle-Halbinsel fährt, bleibt auf der N 59, die durch ausgedehnte Hochmoore führt. Etwas weiter taucht linker Hand **wie ein Märchenschloss** Kylemore Abbey auf, heute eine Benediktinerinnen-Abtei, die an einem schilfbewachsenen See liegt und mit ihren vielen Zinnen und Türmchen wie eine Bilderbuchburg aus einem Fantasy-Film wirkt. Teile des Anwesens inklusive eines viktorianischen Küchengartens und einer neugotischen Kirche sind zu besichtigen; außerdem locken eine Töpferei, ein *Crafts Shop* und ein Restaurant.

■ **Kylemore Abbey,** Tel. (095) 52001, https://kylemoreabbey.com, tgl. 10–16.30 Uhr, Erwachsene 16 €, Senioren/Studierende 13,50 €, Jugendliche (13–15 J.) 8 €, Kinder (bis 12 J.) frei, Familienkarten 40 €.

Killary Harbour

Auf der N 59 erreicht man etwa 10 km weiter die Ufer des 15 km tief ins Land schneidenden Killary Harbour. Ein großer Parkplatz mit einem *Wild Atlantic Way Discovery Point* bietet beste Aussichten auf das Gewässer.

Killary Harbour ist der einzige **Fjord** Irlands. Er ist während der Eiszeit durch einen seewärts wandernden Gletscher entstanden. Neben Lachsen werden in dem sauberen Gewässer auch Muscheln gezüchtet.

Der nun folgende Abschnitt um den östlichen Teil des Fjords und die anschließende Fahrt durch das **Delphi Valley** gehören zu den landschaftlichen Höhepunkten dieser Tour. Etwa 2,5 km weiter kommt man erneut an einen Parkplatz. Von einem kleinen Anleger starten Ausflugsschiffe zu **Bootstouren** (Tel. (087) 2359136, https://killaryfjord.ie) auf dem Fjord. Mit etwas Glück lassen sich dabei sogar Delfine sehen.

Die Straße folgt weiter dem Ufer des Fjords und passiert das Fischerörtchen **Leenaun** (auch Leenane genannt). Etwa 3 km weiter, fast am Ende des Fjords, muss man darauf achten, dass man die links abzweigende R 335 Richtung Louisburgh nicht verpasst (wer nicht über ausreichend Zeit verfügt, der folge der N 59 weiter bis nach Westport).

Aasleagh Falls

Nur 500 m hinter der Abzweigung passiert man eine Brücke über den Erriff River. Sofort dahinter sollte man an einer Parkbucht stoppen. Ein kurzer Fußweg führt an den Fluss, der hier die imposanten **Aasleagh Falls** bildet. Der Wasserfall überwindet zwar keinen größeren Höhenunterschied, ist aber dennoch wegen der Stromschnellen und der schönen Landschaft sehenswert.

Dahinter führt die R 335 auf der Nordseite des Fjords weiter in westlicher Richtung. Nach etwa 6 km schwenkt die Straße an der Mündung des Bundorragha Rivers in nördliche Richtung hinein in das Delphi Valley.

Delphi Valley

Hier beginnt die Fahrt durch das spektakuläre Delphi Valley. Straße und Fluss zwängen sich nebeneinander durch das schmale Tal zwischen den Sheeffry Hills im Osten und den Mweelrea Mountains im Westen. Das geschichtsträchtige Tal verdankt seinen Namen dem *Marquis von Sligo*. Der war 1811 zusammen mit *Lord Byron* zu der bei englischen Adligen beliebten so genannten Kavaliersreise nach Griechenland aufgebrochen und zeigte sich derart von der hellenischen Kultur begeistert, dass er nach seiner Rückkehr nach Irland seinem Jagdschloss den Namen der bekannten antiken Stätte gab. Später wurde der Name dann auch auf das Tal übertragen.

Bald erreicht man den See **Fin Lough** und fährt dicht an seinem Ostufer entlang. Auch der nächste, größere See **Doo Lough** wird an seinem Ostufer passiert. Kurz hinter dem Ende des Sees erreicht man den **Doo Lough Valley Viewpont.** Hier lohnt ein Halt auf dem kleinen Parkplatz und ein Blick zurück in das schöne Tal.

Kylemore Abbey

Göttliche Wunder und Schildbürgerstreiche in Knock

Fast jedes Land hat einen Wallfahrtsort, in dem sich – glaubt man den Beteuerungen der Kirche – einst einmal ein göttliches Wunder ereignet haben soll. Berühmt in Europa sind vor allem Lourdes in Frankreich und Fatima in Portugal. Da darf natürlich in der irischen Republik, wo der Katholizismus skurrile Blüten treibt und knapp 70 % der Bevölkerung katholischen Glaubens sind, ein mit Gottes Hilfe gesegneter Wallfahrtsort nicht fehlen:

Am 21. August 1879 gegen acht Uhr trauten 15 Einwohner des kleinen und unbedeutenden Ortes **Knock** ihren Augen nicht. Trotz strömenden Regens erschienen an der Dorfkirche *Maria* mit Ehemann *Josef* und dem Evangelisten *Johannes;* an Attributen waren ihnen ein Altar, ein Kreuz sowie zwei strahlende und schwebende Engel beigegeben. *Maria* trug – wie kann es anders sein – ein schneeweißes Kleid und eine Krone. Die 15 Bewohner von Knock, im Alter zwischen sechs und 75 Jahren, beobachteten das **Wunder** und beteten zwei Stunden lang mehrere Rosenkränze.

Die Erscheinung sprach sich natürlich schnell herum, und eine vom Erzbischof eingerichtete Untersuchungskommission nahm sich die 15 Teilnehmer vor und befragte sie emsig. Hier war die einmalige Chance gegeben, dass nun auch Irland einen richtigen, wundersamen Wallfahrtsort bekam. Sehr zur Freude der kirchlichen Autoritäten berichteten alle 15 „Wunderseher" mehr oder weniger das Gleiche, und das Mirakel von Knock wurde offiziell bestätigt. Sofort strömten nun Pilger aus aller Welt in das kleine irische Örtchen, und wie es sich für einen **Wallfahrtsort** gehört, ereignete sich vor dem Schrein der *hl. Maria* die eine oder andere Wunderheilung.

Zum **100. Jahrestag** dieses göttlichen Ereignisses kamen 1979 nicht nur die Gläubigen in Scharen, auch der damalige *Papst Johannes Paul II.* machte Knock seine Aufwartung. Rechtzeitig genug war die 6000 Menschen fassende, gleichermaßen große wie hässliche Basilika fertiggestellt – Knock erlebte einen Wundertaumel!

Ein so bedeutender Ort musste natürlich, sieht man einmal von der Monumentalbasilika ab, auch im Erscheinungsbild Akzente setzen, und der lokale Oberhirt, Pfarrer *James Horan,* dachte über adäquate Großprojekte nach. So verfiel er auf den Gedanken, in Knock einen **internationalen Flughafen** bauen zu lassen – so gewaltig, dass die Landebahn selbst noch für Jumbo Jets zu groß dimensioniert sein sollte. Flugzeugladungen von Pilgern, so stellte sich Pfarrer *Horan* vor, würden in Scharen in Knock einfallen und Lourdes und Fatima – da ohne Großflughafen – nahezu bedeutungslos machen.

Monsignore *Horan* begann, die Werbetrommel zu rühren, und versicherte sich in seinen vielen Gebeten natürlich der Hilfe des Herrn.

Kein Mensch weiß bis heute, wie der Pfarrer die Politiker und Regierungsmitglieder von seinem Nonsensprojekt überzeugen konnte, aber die Gelder flossen immer reichhaltiger, und im Jahr des Papstbesuches gingen Millionen in die Kassen. Neben vielen **Spendengeldern** zahlte allein der irische Staat sage und schreibe 35 Mio. Pfund für den Flughafen. Einwände von Experten – an über 100 Tagen herrscht dichter Nebel, und die Sicht ist gleich Null – wischte *Horan* energisch vom Tisch. Wenn der Airport erst einmal eröffnet wäre, gäbe es keinen Grund, warum Gott dann das Wetter nicht auch verändere.

Und so kam es, wie es kommen musste! Am 25. Oktober 1985 schwebten drei große Boeing-Passagiermaschinen in schönstem Formationsflug auf das „bedeutende" Knock zu und setzten trotz Schlechtwetter und miserabler Sichtverhältnisse sicher zur Landung an. **Knock Airport** war damit **eingeweiht,** und der Ort sah seiner führenden Rolle als Nabel der Welt entgegen. Knock ist sicherlich kein idealer Standort für einen internationalen Flughafen, zumal es noch nicht einmal eine Bahnverbindung hierher gibt. Es gibt aber inzwischen regelmäßige Flüge in mehrere britische Städte sowie einige Urlaubsregionen, vor allem in Spanien. Mittlerweile heißt der Flughafen *Ireland West Airport.*

Ein beliebtes Souvenir in Knock: Rosenkränze

Adobe Stock © Stephen

Rand des Parkplatzes erinnert an die **Doo-Lough-Tragödie,** die sich hier im März 1849 ereignete. Im fünften Jahr der großen Hungersnot wurden die Bewohner aus der Region um Louisburgh von Behördenvertretern aufgefordert, zum mehr als 15 km entfernten Jagdschloss des *Marquis von Sligo* zu gehen, wo sie von Regierungsbeauftragten Hilfe erhalten würden. So zogen um die 600 ausgemergelte Personen zu Fuß, manche barfuß und nur in einfache Lumpen gehüllt, durch das verschneite Tal zum Jagdschloss. Die Gruppe kam in einen Schneesturm und traf erst gegen Mittag am Ziel ein. Die Vertreter der Regierung saßen mit dem Marquis gerade beim Essen und wollten nicht gestört werden. Während drinnen stilvoll getafelt wurde, bibberten die halbverhungerten Iren draußen in der Kälte. Nachdem der Marquis und seine Gäste satt waren, traten er, *Colonel Horgrove* und *Captain Primrose* vor die Tür und schickten die Menschen nach Hause, ohne das Versprechen um Hilfe eingelöst zu haben. Auf dem Rückweg sanken viele von ihnen vor Entkräftung zusammen und starben im Schnee. Von den ursprünglich 600 losgezogenen Bittstellern sollen nicht mehr als 200 lebend wieder in Louisburgh angekommen sein.

Hinter dem Aussichtspunkt und Gedenkstein wird das Tal breiter, die Berge immer flacher und schon bald hat man auf der R 335 Louisburgh erreicht.

Louisburgh

In Louisburgh lohnt ein Stopp am **Granuaile and Famine Centre.** In der ehemaligen Kirche aus dem 18. Jh. wird ausführlich auf die Lebensgeschichte der *Pirate Queen Grace O'Malley* eingegangen. Darüber hinaus gibt es eine interessante Ausstellung zur **Großen Hungerkatastrophe 1845–1852.**

■ **Granuaile Visitor Centre Louisburgh,** Church Street, Tel. (098) 66341, http://granuaileandfaminecentrelouisburgh.wordpress.com, gewöhnlich Mo–Fr 10–16 Uhr, außerhalb der Saison nur Mo–Mi (ggf. am Tag des Besuches nachfragen, ob das Museum geöffnet hat), Erwachsene 4 €, Kinder und Studierende 2 €.

Croagh Patrick

Von Louisburgh geht es auf der R 335 nun nach Westport. Zuvor jedoch passiert man den **heiligen Berg Irlands,** den Croagh Patrick (762 m), dessen breiter, in Murrisk am *Campbell's Pub* (Tel. (087) 2777073, campbellspub.ie), beginnender Pilgerweg nicht zu verfehlen ist. Hinter dem großen Parkplatz rechts vom Pub befindet sich das Besucherzentrum, das allerdings dauerhaft geschlossen ist. Ob es jemals wieder geöffnet wird, ist ungewiss.

☒ Zu Fuß auf dem heiligen Berg Irlands: dem Croagh Patrick

Außerdem gedenkt nahebei das **National Famine Memorial,** den Toten der großen Hungersnot im 19. Jh. Die Skulptur zeigt ein von Skeletten flankiertes Geisterschiff; in solchen *Coffin Ships,* Sargschiffen, versuchten die Menschen damals vor der Hungersnot nach Übersee zu fliehen.

Der **Überlieferung** nach verbrachte Irlands heiliger Mann, der Missionar *Patrick,* im Jahre 440 eine 40-tägige Fastenzeit auf dem Gipfel, dabei ständig in Versuchung geführt von Dämonen und Attacken des Teufels. Wie nicht anders zu erwarten, bestand *Patrick* die Glaubensprobe und verhandelte dann hart mit einem Engel über die Zukunft der irischen Gläubigen: Schließlich wurde ihm zugesichert, dass er selbst am Tage des Jüngsten Gerichts seine Schäflein richten dürfe.

Nebenbei rief er mit machtvoller Stimme alle Schlangen Irlands zu sich auf den Berg und befahl ihnen, sich vom Berggipfel in den Tod zu stürzen, was diese auch gehorsam taten. So verbannte er für alle Zeiten diese Reptilien von der Grünen Insel, die auch heute noch frei von Schlangen ist.

Jeweils am letzten Sonntag im Juli *(Reek Sunday)* findet mit der Besteigung durch Abertausende von **Pilgern** die nationale Wallfahrt zu diesem heiligen Ort statt. Unübersehbar sind die Menschenmassen, die sich von morgens bis abends den breiten, ausgetretenen Pfad hochmühen. Besonders gläubige Wallfahrer, die zudem noch Buße tun wollen, steigen barfuß oder sogar auf den Knien auf den Gipfel. In der schlichten Gipfelkapelle kann man einen Stein bewundern, auf dem man mit sehr viel Fantasie die Abdrücke der Knie des Heiligen erken-

nen kann, die beim langen Beten entstanden sein sollen.

Bei gutem Wetter lohnt sich der Aufstieg (hin und zurück etwa 4 Stunden) auch für Nichtpilger. Vom Gipfel hat man einen unvergleichlichen **Ausblick** über die **Clew Bay** mit ihren 365 Inseln (für jeden Tag des Jahres eine) im blauen Meer und über das hügelige Hinterland.

Westport

Wenige Kilometer weiter ist das ca. 6200 Einwohner zählende Städtchen Westport erreicht. Der Marquis von Sligo ließ im 18. Jh. nach Plänen des damals bekannten Architekten *James Wyatt* die Ortschaft planmäßig anlegen. Im Zentrum liegt der **achteckige Platz,** treffend *The Octogon* genannt, von dem sternförmig die Straßen ausgehen.

Die Straße **The Mall** verläuft beiderseits des kanalisierten Fluss Carrowbeg und ist üppig mit Bäumen bestanden, georgianische Hausfassaden tun ein übriges, um dieser Straße Ambiente und Atmosphäre zu verleihen.

Parallel mit der Errichtung des Ortes legte man den ca. 3 km vom Zentrum entfernten **Hafen** an, der jedoch heute versandet ist. Die Lagerhäuser und Magazinspeicher entlang des alten Hafens wurden sorgsam renoviert und Cafés, Restaurants, Pubs und *Craft Shops* sind dort eingezogen.

Eine herausragende Sehenswürdigkeit ist das **Westport House** nahe dem Hafen mit seinem großen englischen Park. Es gilt als eines der schönsten historischen Wohnhäuser Irlands, die öffentlich zugänglich sind. 1730 errichtete der deutschstämmige Architekt *Richard Cassels* dieses Herrenhaus für die Familie *Brown,* die direkte Nachfahren der Piratenkönigin *Grace O'Malley* waren. Die

Browns, von denen einige im 19. Jh. reiche Sklavenhalter und Plantagenbesitzer waren, verkauften Westport House im Jahr 2017 an Geschäftsleute aus Westport, womit die Familientradition endete.

Seit 1960 ist das Anwesen zu besichtigen. Kostbare Möbel, das Familiensilber, Gemälde und chinesisches Porzellan sind im Innern ausgestellt. Neben dem Westport House ist auch der angeschlossenen **Pirate Adventure Park** für die ganze Familie von Interesse.

Im **Clew Bay Heritage Centre** am Hafen ist eine Ausstellung über die Geschichte der Stadt und über altes, lokales Kunsthandwerk untergebracht.

Nicht fehlen darf ein Besuch in einem der berühmtesten irischen Pubs (s.u.): **Matt Molloy's** in der Bridge Street, wo an sieben Tagen in der Woche traditionelle Musik und auch erstklassige Konzerte anderer Musikrichtungen live dargeboten werden. Nach eigenen Angaben ist der Pub in Westport der bekannteste irische in Japan, Alaska und praktisch auf der ganzen Welt. Kein Wunder, denn er gehört dem genialen Musiker *Matt Molloy,* der in vielen bekannten Bands, wie z.B. den *Chieftains,* vor allem Flöte und *Tin Whistle* spielt oder gespielt hat.

Westport House, Westport, Tel. (098) 27766, https://westporthouse.ie, Jan./Feb. geschlossen, März–Okt. tgl. 10–16 Uhr, Juli/Aug. 10–18 Uhr, Nov./Dez. nur an Wochenenden, spezielle Weihnachtsöffnungszeiten; Haus und Garten: Erwachsene 13 €, Senioren/Studierende 10 €, Kinder (ab 3 J.) 6,50 €.

Pirate Adventure Park, nur von April–Anfang Nov. Erwachsene 25 €, Senioren/Studierende/Kinder 20 €, Kinder (unter 3 J.) frei, Familien je nach Anzahl der Kinder 60–90 €.

Clew Bay Heritage Centre, The Quay, Westport Harbour, Tel. (098) 26852, https://westportheritage.com, März–Okt. tgl. 10–14 Uhr, Juni–Sep. 10–17 Uhr, Eintritt frei. Im Juli und Aug. werden auch kostenlose Wanderungen zur Stadtgeschichte durchgeführt.

Praktische Tipps

Tourist Information

https://discoverireland.ie/westport und **https://westporttourism.com**

Unterkünfte

Ardmore Country House Hotel⑤, The Quay, Tel. (098) 25994, www.ardmorecountryhouse.com; luxuriöses 4-Sterne-Hotel in ruhiger ländlicher Lage, unweit des historischen Hafens.

Clew Bay Hotel④-⑤, James Street, Tel. (098) 280 88, https://clewbayhotel.com; familiengeführtes Hotel im Stadtzentrum.

Broadlands B & B③, Broadlands, Quay Road, Tel. (086) 8071456, https://broadlands.ie; freundliches B & B in der Nähe des historischen Hafens in einer ruhigen Sackgasse, 15 Gehminuten zum Zentrum.

Woodside Lodge④, Golf Course Road, Tel. (098) 26436, https://woodsidelodgebnb.com; von irisch-französischem Paar betriebenes B & B, reichhaltiges und sehr schmackhaftes Frühstück, Garten, Fahrradverleih.

Rosmo House②-③, Rosbeg, Tel. (098) 25925, https://rosmo-accommodation.com; preiswertes, familiengeführtes B & B, in Laufweite des Hafens von Westport.

The Boulevard Guesthouse②, South Mall, Tel. (087) 2844018, www.boulevard-guesthouse.com; in ruhigem Wohnviertel gelegen, nur wenige Minuten vom Stadtzentrum entfernt.

☐ Übersichtskarten S. 260 und S. 282

■ **Old Mill Holiday Hostel**①, James Street, Tel. (098) 27045, https://theoldmillhostel.com; empfehlenswertes Hostel in einem ehemaligen, 1780 erbauten Lagerhaus, einfaches Frühstück inkl., Vierbettzimmer und Schlafräume mit 8–12 Betten.

■ **Westport House Caravan and Camping Park**①, Tel. (098) 27766, https://westport house.ie/caravan-and-camping-mayo; schöner Platz, der direkt im Park des *Westport House* liegt, auch Glamping möglich.

Restaurants

■ **The Pantry & Corkscrew**②-③, The Octagon, Tel. (098) 26977, https://thepantryandcorkscrew.com; gemütliches Restaurant mit ungezwungener Atmosphäre, moderne internationale Küche, gute Auswahl vegetarischer Vorspeisen und Hauptgerichte.

■ **Sage**②-③, 10 High Street, Tel. (098) 56700, https://sagewestport.ie; gemütliches, beliebtes Restaurant des bulgarischstämmigen Kochs *Shteryo Yurukov* mit irischen und internationalen Fisch-, Fleisch- und vegetarischen Gerichten. Man bezahlt einen Pauschalpreis für zwei oder drei Gänge.

■ **An Port Mor Restaurant**②-③, 1 Brewery Place, Tel. (098) 26730, https://anportmor.com; preisgekröntes Restaurant mit gehobener, moderner irischer Küche, am besten vorbuchen.

Pubs

■ **Matt Molloy's Pub,** Bridge Street, Tel. (098) 27663, https://mattmolloy.com; die erste Adresse für traditionelle irische Musik gehört *Matt Molloy,* einem Mitglied der Gruppe *The Chieftains,* urige Einrichtung mit Holzbänken und Hockern und vielen alten Fotos und Plakaten an den Wänden.

■ **The Clock Tavern,** High Street, Tel. (098) 26870, www.theclocktavern.ie; schöner irischer Pub mit angeschlossenem Restaurant, regelmäßig Live-Musik, im Zentrum am Clock Tower.

■ **The Helm Bar & Restaurant**②-③, Tel. (098) 26398, https://thehelm.ie; am alten Hafen, gemütliche Kneipe, Live-Musik.

■ **Cronin's Sheebeen**②, Rosbeg, Tel. (098) 26528, https://croninssheebeen.com; traditioneller Pub und Restaurant, ca. 1 km südwestlich wunderbar direkt an der Bucht gelegen, regelmäßig Live-Musik.

■ **The Towers Bar & Restaurant**③, The Quays, Tel. (098) 24844, https://thetowersbar.com; am alten Hafen, mit schönem Blick auf die Bucht, mit Biergarten, in einer ehemaligen Station der Küstenwache.

Verbindung

■ **Züge** mehrmals täglich von Dublin.

■ **Busse** von Achill, Athlone, Galway, Sligo, Ballina.

Achill Island

Von Westport folgt die Route der N 59 entlang der Küstenlinie der Clew Bay, passiert dabei den Ort Newport und biegt einige Kilometer weiter in die R 319 ein, die zu lrlands größter lnsel führt. Achill lsland ist bei der Ortschaft **Achill Sound** (irisch: *Gob an Choire* = Hügelvorsprung) durch eine 1888 errichtete **Drehbrücke** mit dem Festland verbunden.

Das 148 km² große Eiland ist weitgehend unfruchtbar, die etwa 2600 Einwohner gruben in früheren Tagen nach Amethysten (violette Quarze), heute dagegen leben die Insulaner vom Fischfang, der Schafzucht und vor allem vom

Von Galway nach Sligo: Nordteil

0 10 km
©Reise Know-How
Irl_T06b 12/24
Anschlusskarte Seite 300
DONEGAL
SLIGO
Donegal Bay
Sligo Bay
Killala Bay
Glenties
Ardara
Glengesh-Pass
R230
Glencolmcille
Rossan Point
Malin More
R263
Rathlin O´Birne Island
Malin Beg
Slieve League
601
Carrick
Kilkar
Largy
Fintra
Fintra Bay
Killybegs
Carrigan Head
Muckross Head
Drumanoo Head
St. John's Point
N 56
R262
Frosses
Milltown
Bruckless
Dunkineely
Mountcharles
Donegal
Laghy
Doorin Pt.
N 15
Bunlin Barr
R231
Ballintra
Ballure
Ballyshannon
Bundoran
Belleek
Mullaghmore
Roskeeragh Pt
Inishmurray
Balloor
Kinlaugh
Lough Melvin
B52
R281
Cliffony
Streedagh Pt
Cullumore
Cloghboley
Carney
Drumcliff
N16
Lurganboy
Gurteen
Manorhamilton
Glenboy
Rosses Point
Sligo
Strandhill
R292
Fivemileburne
R286
Gortgarrigan
Carrowmore (neolithisches Gräberfeld)
L. Gill
Dromahair
Killarga
Lenadoon Point
Easky
Carrownabinna Pt
Dromore West
Rathlee
R297
Kilglass
Templeboy
Skreen
N59
Inishcrone
Owenbeg
Ballysadare Bay
N4
Belladrihit
R287
Beltra
Ballysadare
R290
Ballintogher
R289
R280
R298
Culleens
Coolaney
Collooney
Ballygawley
R200
Corbally
Castleconor
Drumkeeran
R284
Ballina
Carroweden
Ballynacarrow
Drumfin
Riverstown
Lough Allen
Carrowmore
R293
Bunnycon
Lavagh
Ballymote
Geevagh
Cloonacool
N17
Castlebaldwin
R294
Tobercurry
Achonry
Cloonkeevy
L. Arrow
Ballyfarnon
Kilmactranny
R296
Kesh
R285
Aclare
Banada
Bunnanaddan
Killavil
Keadew
R295
Corlee
Moylaugh
Doocastle
Ballinafad
Crossna
Lough Key
Foxford
Killasser
Curry
Roosky
Gorteen
Mullaghroe
Boyle
Callow
Cloonfinish
Clontia
Crossna
Charlestown
Carrick-on-Shannon
N26
N5
Cloonloogh
Kilmore
Carracastle
L. Gara
R361
N58
Swinford
Barnalyra
Monasteraden
Kingsland
R370

Tourismus. Außerdem ist die Insel ein Teil des offiziell irischsprachigen Gebietes *(Gaeltacht).*

Achill bietet alle typischen irischen **Landschaftsformationen:** ausgedehnte Hochmoore, dunkle Seen, schroff aufragende Felsbuckel, lange Sandstrände und natürlich steil abfallende Klippen.

Atlantic Drive

Ein ausgeschilderter **Rundkurs,** *Atlantic Drive,* führt rund um die Insel zu allen landschaftlichen Höhepunkten. Die schönsten Strände findet man an der Südküste bei Keel und Dooagh sowie im Norden bei Doogort; die imposanten 240 m steil ins Meer abfallenden **Minaun-Klippen** grenzen an den Tramore-Strand bei Keel.

Noch imposanter sind die **Cliffs of Croaghhaun** ganz im Nordwesten der Insel, die fast 700 m abfallen. Damit sind sie die höchsten Klippen Irlands und gehören zu den höchsten Europas.

Von der größten Ortschaft **Achill Sound** führt der *Atlantic Drive* gen Süden zu dem winzigen Hafen **Cloughmore** (irisch: *An Chloich Mór* = der große Stein). Zwischen dem Weiler Derreen und Cloughmore achte man an einer Kirchenruine auf einen Friedhof links und rechts der Straße. Auf der linken Seite neben der Ruine ist der alte Friedhof, der **Kildownet Old Cemetary.** Dort findet der Besucher in einem gitterumsäumten Areal einen Gedenkstein mit folgender Inschrift: „Of our charity pray for the souls of ...", nun folgen 32 Namen, „who were accidentally drowned in Clew Bay on 14th of June 1894". Auf den Tag 100 Jahre später wurde auch in Cloughmore nahe einer Fischverarbeitungsfabrik eine **Gedenkplakette** enthüllt, deren Text lautet: „Zur Erinnerung an die 32 Opfer, die in der Clew Bay ertranken". 1894 waren eine Reihe von Iren, die im Landesinneren lebten, an die Westküste gekommen und wollten nach Schottland auswandern. Zwei Fischerboote, die so genannten **Hookers,** nahmen die zumeist noch sehr jungen Leute auf, und die Fahrt begann. Die Migranten waren noch nie am Meer gewesen, kannten die See nicht, und als ein großer Dampfer an Backbord vorbeizog, strömten sie alle vor Staunen und Neugier auf die linke Seite. Die Hooker kenterten und 32 Personen gerieten unter die Segel und ertranken.

Kurz vor Cloughmore steht links der Straße ein noch gut erhaltener **Steinturm.** Er gehörte der Piratenkönigin *Grace O'Malley.*

100 Meter weiter passiert man den Cloughmore-Pier und umrundet anschließend die Südspitze der Insel. Nun beginnt der spektakulärste Abschnitt der Fahrt. Die schmale Straße führt dicht an der Klippenküste durch eine einsame Landschaft. Man passiert mehrere Parkplätze und erreicht etwa 3 km nach Umrundung der Spitze einen größeren Parkplatz am **Ashleam Bay Viewpoint** *(Wild Atlantic Way Discovery Point),* der unter all den exzellenten Aussichtspunkten entlang der Panoramastraße nochmal besonders hervorsticht. Atemberaubend ist der Blick in die **Ashleam Bay** und auf die **White Cliffs.** Die verschiedenen Grün- und Brauntöne der Landschaft, das intensive Blau des Wassers und die weißen, steil abfallenden Klippen bieten einen einmaligen Anblick.

Dumha Èige

Vorbei an Ashleam geht es weiter bis zum Weiler **Dooega** (Dumha Éige), wo man eine Unterkunft findet, die im Sommer auch Verpflegung bietet.

Unterkunft

■ **Lavelle's Seaside House**①-②, Dooega, Tel. (085) 2330026 und (098) 45116, www.lavellessea sidehouse.com; gutes B & B mit Pub (Mickey's Bar). Dort bekommt man in den Sommermonaten auch *Bar Food.*

☐ Blick vom Atlantic Drive auf die Ashleam Bay

Keel

Im Dorf schwenkt die Straße ins Landesinnere ab, der 464 m hohe **Mweelin Mountain** lässt eine Weiterfahrt entlang der Küste nicht zu.

Nach wenigen Minuten ist die R 319 erreicht, links ab geht es zu der Streusiedlung **Keel** (ausgeschildert ist Dooagh), die zahlreiche Unterkunftsmöglichkeiten hat und mit dem 4 km langen **Trawmore Beach** einen hervorragenden, feinsandigen Strand bietet. Schwimmen ist aber nur am westlichen Ende erlaubt, in den anderen Bereichen herrschen starke Unterströmungen. Keel ist auch Ausgangspunkt für Wanderungen zu den **Minaun-Klippen.**

343irl he

344irl he

Unterkunft

■ **Achill Cliff House Hotel**⑤, Keel, Tel. (098) 43400, https://achillcliff.com; kleines, familiengeführtes Hotel mit spektakulärem Meeresblick.

■ **Stella Maris B & B**④-⑤, Keel, Tel. (098) 43297 und (087) 6113951, https://stellamaris-achill.com; freundliche Besitzer, gute Frühstücksauswahl, hervorragende Lage mit spektakulärer Aussicht.

■ **Bervie**①, The Strand, Keel, Tel. (098) 43114, www.bervieachill.com; am Strand gelegenes B & B und Restaurant in einem Gebäude, das bis 1932 die Küstenwache beherbergte. Mit Blick auf die Minaun-Klippen.

■ **Keel Sandybanks Caravan and Camping Park**①, Keel, Tel. (094) 43211, https://achillcamping.com; direkter Zugang zum Strand Keel Beach, es können auch *Mobile Homes* gemietet werden.

Dooagh

Von Keel sollte man nun weiter gen Westen bis nach Dooagh fahren. Hier gibt es mit dem **Dooagh Beach** einen weiteren Strand, der allerdings relativ klein ist und mit den anderen Stränden auf der Insel nur schwer konkurrieren kann. Allerdings hat der Ort mit *Gielty's* und *Lourdie's* zwei empfehlenswerte Restaurants/Pubs. Dooagh fand 2017 Erwähnung in der Weltpresse, als der ehemalige Sandstrand, von dem nach Stürmen 1984 nur noch Gestein übrig geblieben war, im April innerhalb weniger Tage wieder erschien. Hunderttausend Tonnen Sand wurden angeschwemmt und brachten dem Dorf seinen 300 Meter langen Sandstrand zurück. Der war übrigens auch schon einmal in den 1890er-Jahren weggeschwemmt worden und kehrte in den 1930er-Jahren zurück.

Restaurant/Pub

■ **Gielty's Clew Bar & Restaurant,** Dooagh, Tel. (098) 43119, https://gieltys.com; nach eigenen Angaben der westlichste Pub in Europa, im Sommer Live-Musik.

Lourdie's Pub, Dooagh, Tel. (098) 43109; auch einfach nur bekannt als „The Pub", ist bei Einheimischen sehr beliebt und bietet ebenfalls ab und an Folk-Musik.

Von Dooagh führt die R 319 noch etwa 5 km weiter nach Westen, bis sie am **Keem Strand** endet. Der Strand, der als einer der besten Irlands gilt, liegt in einer wunderschönen Bucht, in die eine kurvenreiche, steile Straße hinabführt. Schon bei der Anfahrt hat man einen atemberaubenden Blick auf die Bucht.

An der äußersten Westspitze der Insel kommen nicht nur **Wassersportler** auf ihre Kosten, sondern auch **Wanderer.** Eine einfache Tour führt auf den südlich oberhalb der Bucht gelegenen **Moyteoge Head,** wo man von einem alten Wachturm einen wunderbaren Ausblick hat. Anspruchsvoller ist eine Wanderung auf den **Croaghaun,** mit 665 m der zweithöchste Berg der Insel. Auf seiner Nordseite fällt er fast senkrecht ins Meer ab und bildet hier die **Cliffs of Croaghaun,** die in Sachen Erlebnisfaktor locker mit den Cliffs of Moher (→ Tour 6) mithalten können. Auf den Berg führen keine befestigten Wege und wer die Schwindel erregende Aussicht genießen will, muss sie sich hart erarbeiten. Dafür hat man den Gipfel oft für sich allein.

Auch die beeindruckenden Felsformationen am **Achill Head** an der Nordwestspitze kann man nur zu Fuß auf kaum sichtbaren Pfaden erreichen.

◁ Der Mweelin Mountain bildet bei Keel eine natürliche Barriere auf dem Atlantic Drive

Doogort

Nun zurück nach Keel. Biegt man hier gleich hinter dem Achill Cliff House Hotel an der Gabelung im Ort links ab, gelangt man zum weit auseinandergezogenen Ort **Doogort.** Hier verbrachte *Heinrich Böll* seine Ferien, nachzulesen in seinem berühmten „Irischen Tagebuch". *Bölls* Cottage ist schon seit langem in eine Stiftung eingebracht und dient als Rückzugsort für ausgewählte Schriftsteller und Maler, die hier in der Einsamkeit arbeiten möchten. Auf Deutsch und Englisch werden die Besucher gebeten: „Dies ist ein privater Ort, bitte respektieren Sie die Ruhe der Gäste und Künstler, die hier für einige Wochen leben und an ihren Werken arbeiten. Danke."

Westlich vom Dorf Doogort ragt der 671 m hohe **Slievemore,** Achills höchster Berg auf. Sehr lohnenswert ist eine ca. 12 km lange Rundtour, die vom Strand Hotel am Silver Beach über den Berg und dann auf seiner Südseite wieder zurück zum Ausgangspunkt führt. Nach dem Abstieg vom Bergmassiv passiert man das westlich von Doogort gelegene verlassene Dorf **Slievemore Deserted Village,** das *Heinrich Böll* in seinem Tagebuch eindrücklich als „Skelett einer menschlichen Siedlung" beschreibt. Während der Großen Hungersnot 1847 gaben die Bewohner das Dorf auf und gründeten an der Südküste **Dooagh,** von wo aus sie besser fischen konnten.

Neben dem **Silver Strand** im Westen hat der Ort mit dem **Gold Strand** noch einen zweiten erstklassigen Sandstrand, der etwas weiter östlich liegt.

Unterkunft/Restaurant

- **Achill Seal Caves Caravan & Camping**①, Silver Strand, Doogort, Tel. (087) 3536379, https://achillsealcaves.com; kleiner, freundlicher Campingplatz in Strandnähe.
- **Mastersons Bar and Restaurant,** Golden Strand, Doogort, Tel. (087) 3536379; nur durch die schmale Straße und eine Wiese vom Golden Strand getrennt, gutes Essen zu vernünftigen Preisen.

Praktische Tipps

Tourist Information

- **Achill Sound,** Tel. (098) 20400.
- **https://achilltourism.com**

Verbindung

- **Busse** im Sommer mehrmals täglich von Sligo und Westport nach Dooagh über Achill Sound und Keel.

Halbinsel Mullet

Man verlässt Achill Island auf der R 319 bei Achill Sound und gelangt etwas westlich von Mulranny (auch Mallaranny genannt) wieder auf die N 59, auf der es links durch eine flache Moor- und Heidelandschaft nach **Bangor** geht. Wer über wenig Zeit verfügt und schnell nach Sligo kommen möchte, fährt weiter auf der gut ausgebauten N 59 nach Osten, wo es über Ballina nach Sligo geht.

Doch lohnt sich durchaus von Bangor ein Abstecher über die R 313 zur Mullet-Peninsula, auf der rund ein Dutzend **einsamer Sandstrände** sowie steile Felsklippen zu finden sind. Vor der Küste liegen einige **unbewohnte Inseln** mit den Resten frühchristlicher Mönchssiedlungen. Hauptort der Halbinsel ist der planmäßig angelegte **Fischerort Belmullet** (Béal an Mhuirthead), der allerdings bis auf den Hafen und ausreichend Unterkunfts- und Verpflegungsmöglichkeiten nichts Besonderes zu bieten hat.

Sinnvoller ist es, sich ein wenig auf der Halbinsel umzuschauen. Keineswegs sollte man es versäumen, ganz in den Norden zum **Erris Head** zu fahren, wo am Ende einer schmalen Straße mit dem **Erris Head Loop** ein schöner 5 km langer Wanderweg entlang der Klippenküste bis zum äußersten Nordzipfel der Halbinsel wartet.

Im Süden der Halbinsel, die dort sehr schmal und an einer Stelle nur 300 m breit ist, findet man **wunderbare Strände,** die heilige Quelle **St Deirbhile's Holy Well,** deren Wasser gegen Augenleiden helfen soll, und ganz im Süden bei **Blacksod** einen kleinen Hafen mit einem Leuchtturm.

Nach der Erkundung der **Mullet-Halbinsel** geht es auf der R 313 wieder zurück in Richtung Bangor, bis man nach nur etwa 4 km hinter Belmullet wieder vor einer Entscheidung steht. Kurz hinter einer Tankstelle zweigt nach links die R 314 mit dem *Wild Atlantic Way* Richtung Ballycastle ab. Wer es eilig hat, fährt geradeaus weiter nach Bangor. Allen anderen ist dringend angeraten, dem *Wild Atlantic Way* nach links Richtung Ballycastle zu folgen, gibt es hier doch mit der Gegend um das Dorf **Carrowteige** (Ceathrú Thaidhg), den jungsteinzeitlichen Ausgrabungsstätten **Céide Fields** und den senkrechten Klippen am **Downpatrick Head** besonders sehenswerte Orte zu erkunden.

Abendstimmung an der schroffen Küste der Halbinsel Mullet

Ceathrú Thaidhg – Carrowteige

Nach etwa 16 km gelangt man über die R 314 in das winzige Dorf Glenamoy. Dort sollte man gleich hinter der Brücke über den gleichnamigen Fluss links auf die L 1203 zu einem Abstecher nach Carrowteige abbiegen.

Wer bisher dachte, einsamer geht es nun eigentlich nicht mehr, wird hier eines Besseren belehrt. Man fährt in eine Region, die bis auf wenige kleine Dörfer **fast unbesiedelt** ist. Dennoch gibt es hier eine Menge zu entdecken und vor allem Wanderer und Naturliebhaber werden auf ihre Kosten kommen.

Die Straße ist bis Ceathrú Thaidhg gut ausgebaut und zweispurig. Sie führt durch flaches, mooriges Gelände, in dem sich über viele Jahrhunderte **Torf** gebildet hat, der heute noch, meist per Hand, abgebaut wird. Neben der Straße türmen sich säuberlich zu Haufen gestapelte

Torfballen auf. Eine Schule mit Kindergarten und ein kleiner Laden markieren das Zentrum des aus nur wenigen Häusern bestehenden Dorfes Carrowteige. Hier beginnen vier, sehr schöne, vorbildlich markierte **Rundwanderwege.** Infos gibt es auf einer großen Tafel am Straßenrand. Im Internet (https://northmayo.ie/carrowteige-loop-walk) gibt es detaillierte Informationen mit Karten zu den einzelnen Wanderungen.

Besonders empfehlenswert ist der 10 km lange Rundweg **Children of Lir Loop,** der zum gleichnamigen Denkmal führt, eine imposante Stahlinstallation in dramatischer Küstenszenerie, die an die Auswanderungswellen der Iren in den vergangenen Jahrhunderten erinnern soll.

Céide Fields

Zurück auf der Hauptroute fährt man auf der gut ausgebauten R 314 in Richtung Ballycastle, verlässt die Gaeltacht-Region und erreicht nach knapp 20 km das Céide Fields Visitor Centre. Dabei handelt es sich um eines der größten **jungsteinzeitlichen Ausgrabungsgelände** der Welt und das älteste bekannte Areal, auf dem man durch Mauern abgetrennte Felder gefunden hat. Die fast 6000 Jahre alten Feldmauern, Gebäudereste und Artefakte zeugen von einer frühen bäuerlichen Gemeinschaft, in der mehrere hundert Menschen gelebt haben müssen. Besonders interessant sind die Ausstellung und der Film im modernen, pyramidenförmigen Besucherzentrum. Auch einen Blick von der **Aussichtsplattform** auf der anderen Straßenseite auf die Steilküste sollte man nicht verpassen.

■ **Céide Fields Visitor Centre,** Glenurla, Ballycastle, Tel. (096) 43325, https://heritageireland.ie/visit/places-to-visit/ceide-fields; Juni–Sept. tgl. 10–18 Uhr, Okt.–Mitte Nov. und Mitte März–Mai 10–17 Uhr, im Winter geschlossen, letzter Einlass 45 Minuten vorher; Erwachsene 5 €, Senioren 4 €, Kinder/Studierende 3 €, Familien 13 €.

Downpatrick Head

Weiter auf der R 314 wandelt sich die Landschaft: Die braunen, nährstoffarmen Torfmoore weichen sattgrünen, fetten Wiesen und Weiden und die Besiedlung wird dichter. Voraus ist dann bald die Steilküste am **Downpatrick Head** in Sicht, das nächste Ziel.

Dazu biegt man in Ballycastle etwa 200 m hinter der Kirche links ab (ausgeschildert). Nach 5 km hat man einen ersten von zwei Parkplätzen am Downpatrick Head erreicht, der zweite folgt 500 m weiter. Von dort sind es nur wenige Schritte bis zu einem gesicherten, mit einer Aussichtsplattform versehenen, 30 m tiefen **Blowhole,** das fast 100 m von der Küste entfernt ist. Hierbei handelt es sich um eine nach oben geöffnete Höhle, durch die während der Flut Wasser fontänenartig hochgedrückt wird. Man kann nur staunen, welche gewaltigen Brandungskräfte hier wirken.

Am Klippenrand ist äußerste Vorsicht geboten. Die Felsen fallen 100 m mehr oder weniger senkrecht ab und es gibt keine Sicherungen. Der Blick auf die steilen Felswände mit ihren unterschiedlichen Gesteinsschichten und den auf Felsvorsprüngen hockenden Seevögeln ist atemberaubend. Noch spektakulärer ist der Blick auf den 100 m entfernten Felsen **Dún Briste,** der isoliert im Atlantik steht und den anbrandenden Wellen trotzt.

Zurück in Ballycastle geht es auf der R 314 über **Killala,** wo es einen gut erhaltenen Rundturm aus dem 12. Jh. zu sehen gibt, nach **Ballina** und von dort „in einem Rutsch" auf der N 59 die restlichen 60 km nach Sligo.

Sligo

Die ca. 19.000 Einwohner zählende **Stadt** ist mit ihrem Seehafen sowie der Lebensmittel- und Textilindustrie ein wichtiges ökonomisches Zentrum im Nordwesten der Grünen Insel. Darüber hinaus nennt sich SIigo (irisch: *Sligeach* = Ort der Muscheln) selbst das „Tor zum Nordwesten".

Die Gegend rund um Sligo wird auch *Yeat's Country* genannt; der Schriftsteller **William Butler Yeats** kehrte im Laufe seines Lebens immer wieder in diese Region zurück und beschrieb sie in seinen Gedichten.

Sehenswertes

In der Stephen Street lohnt ein Besuch im **Sligo County Museum,** das Exponate zur Stadtgeschichte, Erstausgaben, Briefe und eine Kopie der Nobelpreismedaille von *William B. Yeats* zeigt.

Das Kunst- und Kulturzentrum **The Model** zeigt Gemälde von *Jack Yeats,* der zu seiner Zeit einer der bedeutendsten modernen Künstler Irlands war. Aber auch viele Werke anderer Maler sind vertreten, so etwa von *Charles Lamb* und *Sean Keating.* In der Kunstgalerie werden Wechselausstellungen gezeigt, aber es gibt auch Filmvorführungen, Vorträge sowie kleine Konzerte.

Sligo Abbey (Abbey Street) wurde in der Mitte des 13. Jh. von *Maurice Fitzgerald* für den Orden der Dominikaner erbaut. Während der Reformation in der elisabethanischen Ära konnte die Abtei nur durch den Einsatz der Bevölkerung vor Zerstörung bewahrt werden, ein kostbarer geschnitzter Altar wurde in Sicherheit gebracht und war das einzige Stück, das die religiösen Wirren gut überstand. 1641 fiel das Kloster einem Brand zum Opfer und wurde danach als Steinbruch genutzt. Während der großen Hungersnot fanden die Opfer ihre letzte Ruhestätte in der Ruine der Abtei.

An der Ecke Stephen Street/Rockwood Parade befindet sich das **Yeats Building,** in dem alljährlich die *Yeats International Summer School* tagt, eine zweiwöchige wissenschaftliche Konferenz, die sich mit dem Werk des Schriftstellers befasst.

- **Sligo County Museum,** Tel. (071) 9111679, https://sligolibrary.ie/museum, Okt.–April Di–Sa 9.30–12.45, Mai–Sept. Di–Sa 9.30–16.30 Uhr, Eintritt frei.
- **The Model,** The Mall, Tel. (071) 9141405, https://themodel.ie, Di–Sa 11–16.30 Uhr; Eintritt frei, Spende erwünscht.
- **Sligo Abbey,** Abbey Street, Tel. (071) 9146406, https://heritageireland.ie/places-to-visit/sligo-abbey, Ende März–Ende Okt. tgl. 10–18 Uhr; Erwachsene 5 €, Senioren 4 €, Kinder/Studierende 3 €, Familienkarte 13 €.

Sligo

Praktische Tipps

Tourist Information

■ Old Bank Building, O'Connell Street/Ecke Wine Street, Tel. (071) 9161201.

■ **www.sligotourism.ie**

Unterkünfte

2 Sligo Southern Hotel④-⑤, Strandhill Road, Tel. (071)9162101, https://sligosouthernhotel.com; zentral gelegenes Hotel, das Anfang des 20. Jahrhunderts gebaut wurde.

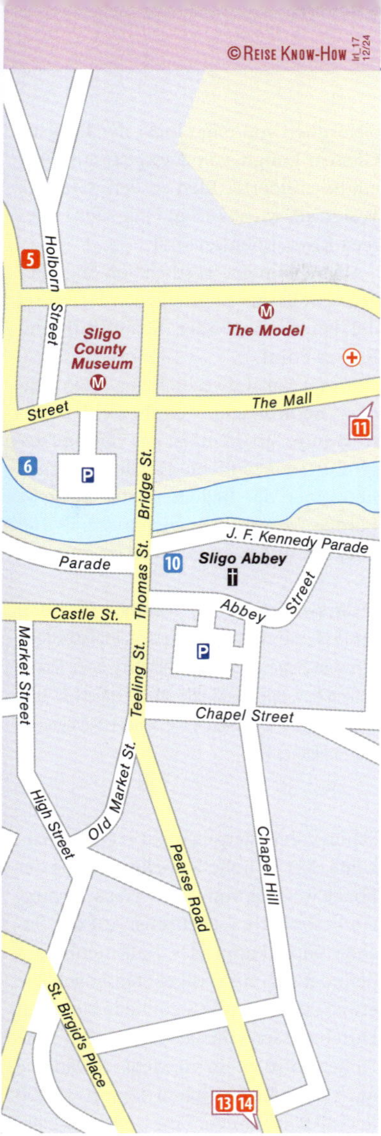

13 **Tree Tops B & B**①, Cleveragh Road, Abbeyquarter South, Tel. (071) 9162301; kleines B & B, reichhaltiges kontinentales Frühstücksbuffet, 15 Minuten Gehweg in die Innenstadt.

11 **Teach Eamainn B & B**②-③, Old Manorhamilton Road, Faughts, Calry, Tel.(071) 43393, www.teacheamainn.com; gemütliches B & B in ländlicher Umgebung, 2 km außerhalb von Sligo. Seit über 30 Jahren im Besitz der Familie *McPartland*.

14 **Pearse Lodge B & B**③-④, Pearse Road, Tel. (071) 916 1090 und (086) 8535416, https://pearselodge.com; komfortables B & B, 15 Gehminuten von der Innenstadt entfernt.

1 **Harbour House**①, Finisklin Road, Tel. (071) 9171547, https://harbourhouseaccommodation.com; preiswerte Unterkunft, 15 Gehminuten ins Zentrum.

5 **White House Hostel**①, 4 Markievicz Road, Tel. (085) 1723667, www.thewhitehousehostel.com; preiswertes Hostel nahe am Zentrum.

■ **Rosses Points (Greenlands) Caravan and Camping Park**①, Rosses Point, Tel. (071) 9177 113, https://sligocaravanandcamping.ie; 8 km nordwestlich von Sligo, zwei Strände in der Nähe. Stündlicher Linienbus nach Sligo.

■ **Strandhill Caravan and Camping Park**①, Strandhill, Tel. (071) 9168111, https://sligocaravanandcamping.ie; ebenfalls 9 km westlich von Sligo gelegen, gleich bei einem bei Surfern beliebten Strand und in der Nähe eines Golfclubs (www.strandhillgolfclub.com).

Restaurants

10 **The Embassy Steakhouse**②-④, John F. Kennedy Parade, Tel. (071) 9161250, https://embassygrill.eu; Steaks und moderne irische Küche je nach Saison.

12 **Montmartre**③, 1 Market Yard, Tel. (071) 9169 901, https://montmartrerestaurant.ie; exzellente französische Küche, umfangreiche Weinkarte, auch vegetarische Speisen im Angebot.

4 **Lyon's Café**①, Quay Street, Tel. (071) 9142969, https://lyonscafe.com; empfehlenswertes, gemütliches Tagescafé mit guter Auswahl fürs Mittagessen sowie für den Nachmittagstee. Die Inhaber des Cafés haben zwei Kochbücher veröffentlicht, die man dort kaufen kann.

9 **Bistro Bianconi**②, Tobergal Lane, Tel. (071) 9141744, https://bistrobianconi.ie; Pizza, Pasta,

Fisch- und Fleischgerichte; glutenfreie Pizzaböden und Nudeln, Auswahl vegetarischer Gerichte.
7 **Poppadom**②, 34 O'Connell Street, Tel. (071) 9147 171, poppadom.ie; indische Küche, gute vegetarische Auswahl.

Pubs

3 **The Harp Tavern,** Quay Street; nette Kneipe am Flussufer, mit Biergarten, oft Live-Musik.
8 **Walker 1781,** 11 O'Connell Street; Tel. (071) 9615525, https://walkersorder.ie; gemütlicher Pub mit preiswertem Lunch und Dinner, auch vegan.
6 **Garavogue Bar,** Stephen Street, https://garavoguebar.ie; schicke und bei jungen Leuten beliebte Bar, regelmäßig Live-Musik und Nightclub.

Verbindung

- **Busse** von Cork, Donegal, Dublin, Galway, Limerick, Waterford, Westport.
- **Züge** mehrmals täglich von Dublin.

Umgebung von Sligo

Südöstlich der Stadt erstreckt sich der Haus-See von Sligo, der **Lough Gill,** den man mit dem Fahrrad auf der ausgeschilderten Route *Lough Gill Loop* (ca. 40 km) umfahren kann. Er gehörte zu den Lieblingsplätzen des Schriftstellers *William Butler Yeats.* Von Riverside aus finden im Sommer **Rundfahrten** (Anleger etwa 1 km vom Zentrum am Doorly Park, Tel. (071) 9164266, https://roseofinnisfree.com) auf dem See statt.

⊡ Sligos Landmarke: der Knocknarea

Nördlich von Sligo lockt der **Bergsee Glencar Lough,** vom Parkplatz aus führt ein beschilderter Pfad zu dem **Glencar Waterfall,** wo aus 15 m Höhe der Differeen River hinunterstürzt.

Acht Kilometer westlich von Sligo liegen jeweils auf einer eigenen Halbinsel die beiden **Seebäder Strandhill** und **Rosses Point.**

Etwa 4 km südwestlich von Sligo liegt das **neolithische Gräberfeld Carrowmore.** Mit 4 km² ist das Gelände der größte steinzeitliche Friedhof Irlands und einer der bedeutendsten in ganz Europa. Von ursprünglich mehr als 100 Gräbern sind heute noch 65 erhalten.

- **Carrowmore Visitor Centre,** Tel. (071) 9161534, https://heritageireland.ie/places-to-visit/carrowmore-megalithic-cemetery, Ende März–Anfang Nov. tgl. 10–18 Uhr, letzter Einlass 17 Uhr; Erwachsene 5 €, Senioren 4 €, Kinder/Studierende 3 €, Familie 13 €.

Schon von weitem sichtbar ragt der markante, 327 m hohe **Knocknarea** aus der Ebene westlich von Sligo heraus. Er birgt ein besonderes Geheimnis: Auf der flachen Gipfelkuppe des Kalksteinberges befindet sich ein riesiger Steinhügel. Die etwa 5000 Jahre alte Steinhalde hat einen Durchmesser von fast 60 m und eine Höhe von 10 m. Ihr Gewicht schwankt je nach Angabe zwischen knapp 30.000 und 40.000 Tonnen. Eine gewaltige Leistung unserer steinzeitlichen Vorfahren. Den Erzählungen nach soll unter den Steinen **Queen Maeve** (irisch *Medb*) aufrecht und in voller Rüstung begraben sein. Allerdings werden Zweifel an dieser Geschichte laut, wenn man den Archäologen traut. Der Steinhügel soll nämlich schon lange vor dem Tod der sagenhaften Königin entstanden sein.

Queen Maeve spielt in der **irischen Mythologie** eine besondere Rolle. Sie war kriegerisch und so schön, dass Männer allein bei ihrem Anblick schwach wurden. Leider war sie aber auch sehr hintertrieben. Um ihre Ziele zu erreichen, bändelte sie mit mehreren Herrschern und Kriegsherren an und spielte sie gegeneinander aus. Der Tod soll sie durch ein Stück Käse ereilt haben, der, von einem Rächer geworfen, sie so hart traf, dass sie starb.

Auf den Berg führen zwei Wanderwege, einer von einem Parkplatz in Grange North auf der Ostseite des Berges, der andere von Strandhill im Westen. Beide Touren kann man zu einer sehr empfehlenswerten, **aussichtsreichen Rundwanderung** verbinden.

Nach Donegal

Von Sligo geht es entlang der N 15 in das 8 km entfernte **Drumcliff;** direkt an der Straße befindet sich rund um eine Kirche der Friedhof, auf dem *William Butler Yeats* seine letzte Ruhestätte gefunden hat. Seinen Grabspruch hat er selbst getextet: *Cast a cold eye on life, on death, Horseman pass by (Reiter, wirf einen kalten Blick auf das Leben, auf den Tod, mach' hier nicht halt).* Zwischen Parkplatz und Kirche kann man eine schöne Bronzefigur des knieenden Poeten bewundern.

Weiter der Straße N 15 folgend, passiert man die kleinen Seebäder **Bundoran** und **Ballyshannon** und gelangt nach etwa 65 km ins Städtchen Donegal.

346irl he

Irlands Sagen und Legenden

In Irland haben sich eine Menge uralter Sagen und Legenden erhalten, die vor allem in den gälischsprachigen Gebieten, den Gaeltacht-Regionen, über die Jahrhunderte innerhalb der Familien in **mündlicher Überlieferung** weitergegeben worden sind. Und hier wird die Folklore-Kommission aus Dublin bei ihren Legenden-Recherchen immer wieder fündig.

Feenglaube

Bis heute hat der **Glaube an Feen** auf der Grünen Insel nach wie vor weit verbreitet. Einer ersten Theorie zufolge soll es sich bei den mythischen Wesen um die von den Kelten verdrängten Ureinwohner handeln, welche zu ihrem Schutz in Höhlen flüchteten; nur bei Nacht und Nebel trauen sie sich hervor und piesacken die neuen Herren der Insel. Einer anderen These nach sind Feen ehemalige Götter und Heroen; so avancierte z.B. die *Queen Maeve*, eine der Heldinnen des irischen Epos, später zur Königin des Feenlandes. Einer dritten Variante nach sind Feen Vermenschlichungen von Naturgeistern; so wurde der Baumgeist zu *Dryade*, der Wassergeist zu *Undine* und das Wesen, das den Sidh, den Hügel bewohnt, zum *Sidhe*. Laut einer letzten Version nun sind Feen die Verstorbenen, denn sie wohnen ja unter der Erde und müssen beim ersten Hahnenschrei vor Tagesanbruch aus der Welt der Lebenden verschwunden sein.

Bei den Fischern recht beliebt sind die **Seejungfrauen,** von denen es heißt, dass sie sich des nachts der einsamen Männer annehmen. Doch ist bei den netten Damen durchaus Vorsicht geboten, denn in einer Chronik aus dem 9. Jh. heißt es: „Eine Meerjungfrau enormer Größe wurde im Nordosten Schottlands angespült. Sie war 195 Fuß groß, ihr Haar war 18 Fuß lang, ihre Finger waren sieben Fuß und ihre Nase auch. Sie war über und über weiß wie ein Schwan."

Angst kommt auf, wenn dem Iren eine **Banshee** über den Weg läuft; die dürre und klapprige Gestalt mit den rot geweinten Augen und zudem noch gewandet in Spinnweben stößt heulende Klagelaute aus und kündet vom nahen Tod eines geliebten Menschen.

Bekanntester Racker der Feenwelt ist der **Pooka,** dessen Name sich von *Poc,* dem Ziegenbock ableitet und der auch in dessen Gestalt daherkommt. Auf der *Puck Fair* in Killorglin z.B. (s. Tour 4, Ring of Kerry), steht der Ziegenbock im Zentrum des Geschehens.

Den **Cluricane** muss man sich als Gnom mit rotem Mantel, roter Nachtmütze, einer Lederschürze und langen, blauen Strümpfen vorstellen; der Pimpf treibt Unfug. Es heißt, wer ihn fängt, dem gibt er einen großen Beutel Gold, um wieder frei zu kommen. Der zwergige **Leprechaun** ist gleichermaßen bekannt für seine Schuhmacherarbeiten wie auch für seine kräftigen Foppereien. Der **Ganconer,** zu deutsch Liebredner, ist eine Fee mit Tonpfeife im Mund, die sich in Farmhäusern gerne und erfolgreich des nachts an die Mägde heranmacht.

Die Sage von Cú Chulainn

Cú Chulainn, so heißt der mystische, irische Volksheld, der als tapferer und ehrenhafter Mann durch die reiche Sagen- und Legendenwelt der Grünen Insel streift.

Als kleiner Junge hörte er auf den Namen *Setanta* und war der Ziehsohn von vier alten, würdigen Männern. Diese lehrten ihn die Tugenden der vergangenen Tage – Weisheit, Kriegskunst, Zauberkraft und Dichtung. Als sie ihm anboten, sich zwischen einem langen Leben oder aber dem ewigen Ruhm zu entscheiden, zögerte der begabte Schüler keine Sekunde: Er wählte den Ruhm. So prophezeiten ihm denn seine Lehrmeister, dass er dereinst in einer furchtbaren Schlacht die ersehnte Ehre erlangen werde und dass seine erste wie auch seine letzte Heldentat darin bestünde, einen Hund zu töten. Auch eine Anzahl mythischer Gesetze erlegten ihm die vier Weisen auf: Niemals dürfe er vom Fleisch eines Hundes essen, und wann immer *Setanta* an einem Herd vorbeigehe, müsse er von der dort kochenden Speise kosten.

Kaum war *Setanta* sieben Jahre alt geworden, ging die erste Prophezeiung in Erfüllung. Beim Ballspiel griff ihn der Hund des Schmieds *Cullen* an. Der Knabe warf seinen Ball in die Schnauze des Hundes und tötete ihn. Als sich *Cullen,* der Schmied, bei *Setantia* über die Tat beschwerte, rief er aus: „Ich versprach, für den Rest meines Lebens der Wachhund von Ulster zu sein." Fortan nannte man ihn *Cú Chulainn* – *Cullens* Hund.

Im Laufe der Jahre musste der junge Mann weitere schwere Prüfungen bestehen, doch alle Situationen meisterte er mit Geschick, Mut und der ihm verliehenen Zauberkraft. Gern war er am Hofe gesehen, trug dort Verse vor und war beliebt ob seines edlen Charakters.

Da kam nun die schwerste aller Prüfungen über ihn: Die drei riesenhaften Recken *Thratauna, Trita* und *Apta* forderten *Cú Chulainn* – dessen Kraft auf den Schlachtfeldern gerühmt wurde – zum Kampf heraus. Erschrocken baten ihn alle seine Freunde, von dem selbstmörderischen Unterfangen abzulassen, doch der Held zögerte keine Sekunde, für die Verteidigung seiner Ehre zu kämpfen. Die drei Riesen erwarteten ihn in ihrem Streitwagen. Ihnen kam der unerschrockene Streiter mit furchteinflößender Bewaffnung entgegengaloppiert: Wie der Wirbelwind kam *Cú Chulainn* über die drei Riesen. Rasend vor Zorn metzelte er mit seinen Waffen die Herausforderer nieder, köpfte sie und warf die seelenlosen Körper in den Sand.

Doch der Blutrausch wollte nicht weichen, und am Hofe fürchtete man sein Erscheinen. Doch die Königin von Ulster ersann eine List. Als *Cú Chulainn* eintraf, stellten sich ihm alle Hofdamen splitternackt entgegen, und der Recke schloss für einen Moment höflich die Augen. Da konnten ihn die Krieger ergreifen und in eiskaltes Wasser tauchen. So verflog der Taumel des entsetzlichen Kampfes.

In den folgenden Jahren erwarb sich der Held durch seinen Mut den gewählten Ruhm, wurde in vielen Schlachten oft verletzt, doch immer besiegte er seine Feinde. Mit Hilfe des Zauberers *Cú Roi* gelang es ihm und seinen Mannen, in die „Andere Welt" einzudringen, doch als *Cú Chulainn* sich weigerte, die Beute aus jenem Kosmos mit dem Magier zu teilen, grub ihn dieser bis zu den Schultern ein. Doch unser Recke besaß genügend Kenntnisse der Magie, um sich auch aus dieser Lage zu befreien.

Die dem Held feindlich gesonnene Königin *Medh* sandte einen Fluch aus, der alle Krieger lähmte – nicht aber den tapferen Recken, der *Medhs* Streitmacht mit einer Hand niederwarf. So sandte das rachsüchtige Weib Hexenmeister aus, den Unbesiegbaren zu bezwingen. Und diese erfuhren von den mythischen Gesetzen, die *Cú Chulainn* niemals brechen durfte.

Auf dem Weg in eine Schlacht traf er auf drei Zauberinnen, die auf einem Herd das Fleisch eines Hundes kochten. *Cú Chulainn* kostete von dem Gericht und merkte, wie seine Kräfte schwanden. In der Schlacht machten ihm seine Gegner fast den Garaus, doch er entkam. An einem Bach wusch er seine Wunden aus, als ein Otter, herbeischwamm und von dem Blut trank. In wilder Raserei griff der Wasserhund den Helden an und dieser tötete ihn. Nun wusste *Cú Chulainn,* dass auch die letzte Weissagung in Erfüllung gehen würde. Doch Schwäche wollte er seinen Feinden niemals zeigen, und so band sich der aufrechte Mann an eine Steinsäule, und seine Feinde konnten ihn – stehend – töten.

347irl he

8

Der Nordwesten – Tour 8

» Diese Region ist ein echter Tipp, denn nach Donegal kommen eher irische Touristen. Mit seinen Bergen und imposanten Küsten ist diese dünn besiedelte Region ein ideales Ziel für Naturliebhaber.

‹ Tramore Beach

0 10 km
ATLANTISCHER OZEAN
Tory Island
Tory Sound
Horn Head
Melmore Head
Rossguill
Downings
Dunfanaghy
Carrickart
Ballymore
Inishbeg
Inishdooey
Inishbofin
Bloody Forehead
Min Larach
Magheroarty Beach
Falcarragh
Meenaclady
Creeslough
Muckish Mountain
670
Inishsirrer
Gortahork
The Stag Rocks
Gola Island
Derrybeg
Magheraclogher Beach
Owey Island
Bunbeg
Errigal Mountain
752
Mullaghderg Beach
Crolly
Kincaslough
Annagary
Dunlewy
Derry Veagh Mountains
Glenveagh-Nationalpark
Church Hill
Kilmacrenan
Leabgarrow
Arranmore Island
Burtonport
Dungloe
683
Slieve Snaght Mountain
Glendowan
Maghery
Doocharry
Kingarrow
Newmills
Gweebarra Bay
DONEGAL
Inishkeel
Klosterruine
Narin
Maas
Lake Finn
Fintown
Cloghan
Dawros Head
Aghla Mtn.
Stranorlar
Laughros More Bay
Glenties
Altnapaste
568
Ballybofey
Ardara
Blue Stack Mountains
547
Glengesh-Pass
Rossan Point
Malin More
Glencolmcille
Malin Beg
Lake Eske
Frosses
Slieve League
601
Carrick
Killybegs
Milltown
Donegal
Rathlin O´Birne Island
Kilkar
Largy
Fintra
Bruckless
Dunkineely
Mountcharles
Laghy
Lough Derg
Carrigan Head
Muckross Head
Fintra Bay
Drumanoo Head
Doorin Pt.
Bunlin Barr
Ballintra
St. John's Point
Donegal Bay
Ballure
Pettigo
Clonelly
Ballyshannon
Bundoran
Lower Lough Erne
Mullaghmore
Roskeeragh Pt
Belleek
Inishmurray
Balloor
Kinlaugh
Lough Melvin
FERMANAGH
Cliffony
Streedagh Pt
N 56
N 15
N 3
A 47
A 46
B52
R257
R258
R259
R251
R255
R245
R248
R254
R250
R252
R253
R261
R230
R263
R262
R231
R232
R233
313
314
315
316
312
311
310
321
309
308
307
306
305
303
304
302
Anschlusskarte Seite 282

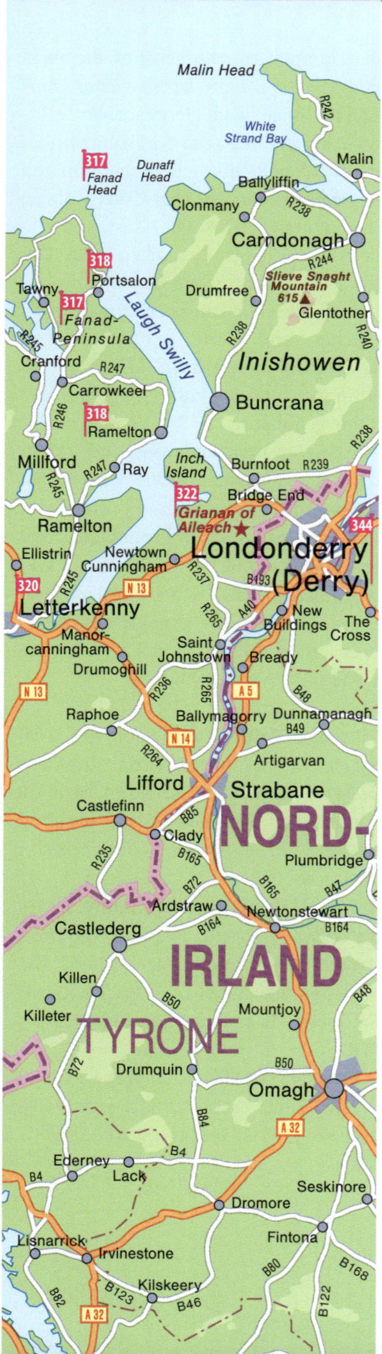

DER NORDWESTEN – TOUR 8

Die Rundreise führt in den hohen Norden. Wahrhaft einzigartig ist ein Besuch der *Slieve League*, der nach den Cliffs of Croaghaun auf Achill Island zweithöchsten Klippen Irlands, die 601 m steil aus dem Atlantik aufragen. Die Strecke führt vorbei an Weilern wie *Glencolmcille, Ardara* und *Burtonport*. Ganz im Norden schlängeln sich der ausgeschilderte *Atlantic Drive* sowie der *Fanad Drive* hoch über der See entlang. Über *Letterkenny* geht es zurück nach *Donegal*.

NICHT VERPASSEN!

- **Donegal Craft Village,** feines Kunsthandwerk | 302
- **Glencolmcille Folk Village Museum,** Freilichtmuseum mit Flair | 308
- **Tory Island,** abgeschiedene Insel und Vogelparadies | 313
- **Horn Head Viewpoint,** Fernblicke von der Steilküste | 315
- **Fanad Head,** alles über die Geschichte der Region | 317
- **Glenveagh Nationalpark,** wandern, Natur erleben und Schlossbesichtigung | 321

Diese Tipps erkennt man an der gelben Markierung.

Donegal

Donegal (rund 2600 Einwohner) ist der frühere Verwaltungssitz und Namensgeber des Countys und Zentrum der Tweed-Industrie sowie Verkehrsknotenpunkt für den Norden der Insel.

Mittelpunkt des geschäftigen Städtchens ist der große, dreieckige Platz **The Diamond,** auf dem ein 7 m hoher Obelisk die Brüder des lokalen **Franziskanerklosters** ehrt. In der Abtei verfassten und kompilierten im 17. Jh. vier Gelehrte in irischer Sprache die Annalen der vier Meister, eine Chronik der irischen Geschichte von der Sintflut bis ins Jahr 1616. Vor allem die Einträge zu den Ereignissen im späten 16. und frühen 17. Jahrhundert sind heute eine wichtige Quelle für die Geschichte jener Zeit. Geschützt vom Fluss **Eske** liegt im Ortszentrum die aus dem 15. Jh. datierende **Burg** der *O'Donnells,* die bis 1607 im Besitz der Familie war. Dann versuchten die Engländer, die lokalen Clanführer zu entmachten und bemächtigten sich ihrer Burgen. Bevor *Rory O'Donnell* jedoch den verhassten Besatzern seine Festung übergab, brannte er sie lieber nieder und setzte sich dann nach Frankreich ab. 1623 restaurierte ein gewisser *Basik Brooke* die Burg und ließ einen dreistöckigen Anbau anbringen. Dort, wo der Fluss Eske ins Meer mündet, liegen zudem die Ruinen der Franziskaner-Abtei, die von den *O'Donnells* 1474 errichtet wurde.

Im ehemaligen Bahnhof an der Tyrconnell Street ist das **Donegal Railway Heritage Centre** untergebracht und macht den Besucher mit der Geschichte der Dampfeisenbahn bekannt, die bis in Jahr 1959 von Ballyshannon über Donegal bis hinauf nach Derry schnaufte. Etwa 2 km südlich vom Stadtzentrum an der R 267 in Richtung Ballyshannon und Sligo gibt es das **Donegal Craft Village,** in dem man den lokalen Kunsthandwerkern über die Schulter sehen kann. Um die strukturschwachen Gebiete des hohen Nordens für Touristen attraktiver zu machen und damit Arbeitsplätze zu schaffen, hat die *Industrial Development Authority* dieses *Craft Village* aus der Taufe gehoben.

In dem ansprechenden Gebäude befinden sich ein ganze Reihe von **Workshops,** in denen „fulltime professional craftworkers" an ihren Produkten arbeiten. So gibt es hier Maler, Bildhauer, Weber, Glaskünstler, Silberschmiede und einen Künstler, der Objekte aus Treibholz herstellt. Der *Aroma Coffee Shop*① ist dem Haus angeschlossen.

■ **Donegal Castle,** Castle Street, Tel. (074) 9722405, https://heritageireland.ie/places-to-visit/donegal-castle, Ostern–Mitte Sept. tgl. 10–18 Uhr, Mitte Sept.–Ostern Do–Mo 9.30–16 Uhr; Erwachsene 5 €, Senioren 4 €, Studierende/Kinder 3 €, Familien 13 €.

■ **Donegal Railway Heritage Centre,** *The Old Station House,* Tyrconnell Street, Tel. (074) 9722655, www.donegalrailway.com, Mo–Sa 10–17 Uhr, April–Sept. auch So von 12–16 Uhr; Erwachsene 5 €, Senioren/Studierende 4 €, Kinder 3 €, Familien 13€.

■ **Donegal Craft Village,** Lurganboy, Tel. (074) 9725928, https://donegalcraftvillage.com, April–Sept. Mo–Sa 10–17 Uhr, ansonsten Di–Sa 10–17 Uhr.

Praktische Tipps

Tourist Information

■ The Quay, Tel. (01) 6057700.

■ **www.donegaltown.ie** und **https://discover ireland.ie/donegal.**

Unterkünfte

■ **Central Hotel**④-⑤, The Diamond, Tel. (073) 9721027, https://centralhoteldonegal.com; zentral in der Stadt gelegenes 3-Sterne-Hotel, freundliches Personal. Einige Zimmer mit schöner Aussicht auf den Fluss Eske.

■ **Abbey Hotel**③, The Diamond, Tel. (074) 97210 14, https://abbeyhoteldonegal.com; empfehlenswertes Hotel direkt im Zentrum, Restaurant mit sehr gutem Essen.

■ **Ardlenagh View**②-③, Sligo Road, Ardlenagh, Tel. (074) 9721 646 und (087) 6355523, https://ard lenaghview.com; idyllisch etwa 2,5 km südlich der Stadt gelegen.

■ **The Bridges B & B**②-③, Meetinghouse Street, Waterloo Place, Tel. (074) 9721082; nettes B & B direkt am River Eske nur 250 m vom Zentrum entfernt.

■ **Atlantic Guesthouse**②-③, Main Street, Tel. (074) 9721187, www.atlanticguesthouse.ie; das familiengeführte Gästehaus liegt im Zentrum wenige Meter östlich vom Diamond entfernt.

■ **Railway Lodge Guesthouse**③, Tyrconnell Street, Tel. (074) 9723656, https://railwaylodge.com; das familiengeführte B & B liegt unmittelbar neben dem Railway Heritage Centre.

Restaurants und Pubs

■ **The Harbour**②, Quay Street, Tel. (074) 9721 702; Pizzen, Pasta, Seafood, gutes Preis-Leistungs-Verhältnis, auch bei den Bewohnern von Donegal sehr beliebt.

■ **Dom's Pier 1**②, Quay Street, Tel. (074) 9722719, www.domspier1.com; hier gibt es eine umfangreiche Speisekarte mit Fisch, Fleisch, Burgern und auch vegetarischen Gerichten.

■ **The Reel Inn,** Bridge Street, Tel. (087) 4119994; kleine, gemütliche Kneipe mit vielen Einheimischen und häufig Live-Musik, mit Biergarten, direkt am River Eske.

■ **The Olde Castle Bar**②, Castle Street, Tel. (074) 9721262; netter Pub im Zentrum mit dem angeschlossenen, auf Fischgerichte spezialisierten **Red Hugh's Restaurant**②, es gibt auch einige vegetarische Gerichte.

■ **The Blueberry Tearoom**②, Castle Street; einfache irische und internationale Gerichte, auch vegetarisch. Für alle Mahlzeiten geeignet. Sehr zu empfehlen sind die Nachspeisen und Kuchen.

Verbindung

■ **Busse** mehrmals täglich von Sligo, Cork, Dublin, Galway, Killybegs, Limerick.

Bruckless und Killybegs

Nach etwa 20 km erreicht man das kleine Dorf **Bruckless,** das nur etwas mehr als 50 Einwohner hat. Neben der katholischen Kirche steht dicht an der N 56 ein **Rundturm.** Obwohl er nicht aus dem Mittelalter stammt, sondern erst vor gut 100 Jahren errichtet wurde, ist er ein gutes Beispiel für die zahlreichen mittelalterlichen Rundtürme in Irland, die aber oft nur noch als unvollständige Ruinen, meist ohne Dach, erhalten sind.

Etwa 3,5 km weiter biegt man in einer scharfen Rechtskurve der N 56 links auf die R 263 ab und erreicht auf der ebenfalls zweispurigen Straße in kurzer Zeit den Fischerort **Killybegs.**

Seit 2004 mit 50 Millionen € aus EU-Mitteln der Hafen des **Fischerortes** ausgebaut wurde und nun auch größere *Trawler* aus aller Herren Länder am Pier festmachen können, ist in dem rund 1300 Einwohner zählenden Ort alles auf die **Fischfangindustrie** zugeschnitten. Der Hafen beherbergt die größte Fischfangflotte und die größten Trawler Irlands. Zeitweise liegen hier bis zu 100 Schiffe, unter ihnen auch Container- und Frachtschiffe sowie Ausflugsboote, am Pier. Mehrmals in der Woche finden morgens und abends in der Markthalle direkt am Hafen **Fischauktionen** statt.

Leider sucht man in den wenigen örtlichen Restaurants oft vergebens nach fangfrischen Meeresfrüchten, das meiste geht gleich in den Export. Fündig wird man allerdings direkt am Hafen in der Shore Road im **Marina Cafe** (Tel. (074) 9731935), wo es neben Burgern auch verschiedene Fischgerichte und *Fish and Chips* gibt.

Ansonsten hat Killybegs für einen Hafen solcher Größe wenig zu bieten, und nachdem man die Fangschiffe bestaunt hat, zieht es den Besucher rasch weiter zu einem der landschaftlichen Höhepunkte in direkter Nähe.

Fintra Bay

Weiter geht es entlang der R 263, den Schildern des *Wild Atlantic Ways* folgend. Auf kurvenreicher Strecke kommt man nach etwa 3 km in das Dorf **Fintra,** wo man etwa 150 m hinter einem größeren Sportgelände links auf schmaler und sehr steiler Straße zu einem Parkplatz an den **Fintra Strand** gelangt. Ein Abstecher zu dem breiten, leicht rötlich gefärbten Sandstrand lohnt sich durchaus. Gut 1,5 km weiter kann man am **Fintra Bay Viewpoint,** einem hochgelegenen Parkplatz an der Straße, den nächsten Halt einlegen. Aus der Höhe hat man einen wunderbaren Blick auf den Atlantik mit den vielen Inseln und Halbinseln. Für ein Picknick stehen Bänke und Tische bereit.

Muckross Head

Erneut 1,5 km weiter zweigt der *Wild Atlantic Way* links auf die L 1215 Cost Road in Richtung Muckross Head ab. Wer direkt zu den **Slieve League Cliffs** möchte oder wer ein sehr großes Wohnmobil hat, bleibt auf der Regionalstraße.

Auf der aussichtsreichen, einspurigen L 1215 kommt man nach 3,5 km an eine Abzweigung, die links zum **Muckross Head** (ausgeschildert) und zu einer Sandbucht führt, ein Abstecher, den man nicht versäumen sollte.

Man folgt der schmalen Straße bis zum Ende (an der Gabelung rechts halten, links geht es zum Strand), wo man direkt an den Klippen auf einen kleinen Parkplatz mit Picknicktisch und -bank trifft. Die Aussicht auf die Bucht und die dahinter liegenden Slieve League ist grandios und wird nur noch übertroffen,

[>] Am Muckross Head kommt man der Klippenkante sehr nahe

348irl he

wenn man einem Pfad weiter hinauf auf das **Plateau** folgt, wo man dicht entlang der Klippenkante wandern kann. Ebenso lohnend ist eine Tour unterhalb des Parkplatzes über Felsen um das Kap herum.

Ocean Spray B & B③, Muckross, Kilcare, Tel. (074) 9738438; empfehlenswertes B & B in schöner Lage mit sehr freundlichen Gastgebern, etwa 600 m vor dem Parkplatz am Ende der Straße.

Slieve League

Vom Muckross Head geht es zurück zur L 1215 und dort links über Kilcar wieder zur R 263 auf der man bis **Carrick** fährt. Dort ist ein Abstecher zu den Klippen von **Slieve League** unbedingt empfehlenswert. Dazu biegt man etwa 150 m nach der Überquerung des River Glen unmittelbar vor der *Slieve League Lodge* links in die Teelin Road. Nach 2,5 km kommt man in einer Linkskurve an einen Parkplatz.

Von hier kommt man über den **Pilgrims Path** auf den Slieve League. Der markierte Weg (hin und zurück ca. 11,5 km) ist einfacher als die Route über den One Man's Path (s.u.), allerdings ist auch diese Tour eine anspruchsvolle Bergwanderung, die nur mit entsprechender Ausrüstung und Erfahrung unternommen werden darf und Trittsicherheit sowie Schwindelfreiheit erfordert.

Um zum Slieve League View Point zu gelangen, fährt man noch knapp 500 m auf der Teelin Road weiter und biegt etwa 100 m hinter dem Restaurant *Rusty Mackerel* rechts ab. Nur wenige Meter weiter passiert man das **Slieve League Visitor Centre.** Hier bekommt man interessante Informationen zu den Klippen und zur Umgebung. Wer nicht selbst mit dem Auto zum Viewing Point fahren möchte, kann von hier aus einen **Shuttlebus** nehmen.

Knapp 2 km weiter erreicht man einen ersten, großen Parkplatz. Von dort sind es noch 1,7 km auf einer unbefestigten Straße (eventuell muss man ein Weidetor öffnen und nach der Durchfahrt wieder schließen) zum oberen, kleinen Parkplatz, der in der Saison aber schon früh voll ist. Wer einigermaßen gut zu Fuß ist, sollte daher schon am unteren, nicht weit entfernten Parkplatz parken.

Vom oberen Parkplatz sind es nur wenige Schritte zu einer Plattform, dem **Slieve League Viewing Point.** Von ihm hat man eine atemberaubende Aussicht auf die Klippen, die dreimal so hoch sind wie die Cliffs of Moher. Vom Parkplatz führt der anspruchsvolle und stellenweise ausgesetzte **One Man's Path** (hin und zurück knapp 10 km) auf den höchsten Punkt der Klippen. Auch dieser Weg darf nur bei gutem Wetter und guter Sicht mit entsprechender Ausrüstung und Erfahrung begangen werden und setzt absolute Schwindelfreiheit und Trittsicherheit voraus.

Wer einen Blick auf die Klippen vom Wasser aus machen möchte, fährt zum nahe gelegenen **Teelin Pier,** wo Ausflugsboote (www.sliabhleagueboattrips.com), die unterhalb der Klippen entlang schippern, auf Touristen warten. Die Touren dauern knapp zwei Stunden und bieten für Mutige die Möglichkeit, unterhalb der Felsen zu schwimmen (Erwachsene 25 €, Jugendliche (13–17 J.) 15 €, Kinder (5–13 J.) 10 €).

Praktische Tipps

Information

■ **Slieve League Visitor Centre,** Bunglass Road, Teelin, Tel. (074) 9739620, www.slibhliag.com, März–Mai und Sept.–Nov. tgl. 9.30–16 Uhr, Juni–Aug. tgl. 8.30–15 Uhr.

Unterkünfte

■ **Teelin Bay House B & B**③, Teelin Road Aughera, Tel. (074) 9739043; empfehlenswertes B & B mit sehr freundlichen Gastgebern, etwa 1,7 km hinter Carrick mit schönem Blick auf die Teelin Bay.

■ **Slieve League B & B**②, Croaghlin, Teelin, Tel. (086) 1505364; freundliches B & B nur wenig unterhalb vom unteren Parkplatz am Slieve League.

■ **Sliabh Liag Camping B & B**①, Bunglass Road, Tel. (085) 2795953, https://sliabhliagcamping.ir; Campingplatz gleich hinter dem Visitor Centre.

Restaurants und Pubs

■ **The Rusty Mackerel**②,Teelin Street, Teelin, Tel. (074) 9739101, https://therustymackerel.com; Fisch und Fleisch aus der Region, auch Vegetarisches, faire Preise.

Malin More und Malin Beg

Zurück in Carrick fährt man auf der R 263 in Richtung Glencolmcille auf der Ostseite der Slieve League, die hier ein ganz anderes, sanftes Bild zeigt. Nach 4 km lohnt es sich den Wegweisern des

349irl he

Wild Atlantic Way zu folgen und nach links von der Regionalstraße auf die L 1025 in Richtung Malin More und Malin Beg abzubiegen.

Nach knapp 5 km kann man an einem sehr kleinen Parkplatz halten, von dem ein kurzer Fußweg zu einem steinzeitlichen Großsteingrab führt. Das **Cloghanmore Court Tomb** ist über 40 m lang.

An der nächsten Kreuzung erreicht man das kleine Dorf Malin More. Der *Wild Atlantic Way* führt hier rechts nach Glencolmcille. Vorher lohnt aber noch ein kurzer Abstecher links zum **Silver Strand,** der einer der schönsten Strände Donegals ist. Kurz hinter Malin Beg endet die Straße an einem Parkplatz hoch über der Bucht. Unten liegt, rechts und links von Felsen eingefasst, der makellose Strand. Hinunter kommt man über eine steile Treppe.

Die Aussicht vom Slieve League ist atemberaubend

Glencolmcille

Von Malin Beg geht es zurück nach Malin More und weiter nach Glencolmcille (manchmal auch *Glencolumbkille* geschrieben). Der Name bedeutet „Tal der Kirche des Columban", denn der Heilige soll hier im 6. Jh. ein Kloster gegründet haben. Alljährlich am 9. Juli, dem *Glencolmcille Feast Day,* umrunden um Mitternacht die gläubigen Dorfbewohner die Ruine von *Columbans* Gotteshaus und gehen dann mitten in der Nacht zur Messe in die Kirche.

Mit dem ca. 730 Seelen zählenden Dorf hat es eine besondere Bewandtnis: Um in dem strukturschwachen Gebiet die Abwanderung der jugendlichen Bewohner zu verhindern und den Ort vor dem Aussterben zu bewahren, gründete der 1951 nach Glencolmcille berufene Gemeindepfarrer *James McDyer* eine **lokale Kooperative** zur Ankurbelung des Fremdenverkehrs; eine Anzahl von Ferienhäusern im Cottage-Stil entstand, und die Bewohner erinnerten sich ihrer kunsthandwerklichen Fähigkeiten.

Gleich am Ortseingang liegt das **Glencolmcille Folk Village Museum.** Das interessante Freilichtmuseum vermittelt einen guten Eindruck vom entbehrungsreichen Leben der einfachen Landbevölkerung in den letzten drei Jahrhunderten. Hinter dem Museum führt ein Pfad hinauf zu einem **schönen Aussichtspunkt.**

■ **Glencolmcille Folk Village Museum,** Tel. (074) 9730017, www.glenfolkvillage.com, Ostern–Sept. Mo–So 10–18 Uhr, Okt. Mo–So 10–16.30 Uhr, im Winter nur nach telefonischer Anfrage; Eintritt Erwachsene 6,50 €, Senioren/Studierende 5,50 €, Kinder 3 € (unter 7 J. frei), Familien 16,50 €.

Im Ort ist die **Sprachschule** *Oideas Gael* (Tel. (074) 9730248, www.oideas-gael.com) angesiedelt, in der Interessierte aus aller Welt Kurse für Irisch-Gälisch belegen. Darüber hinaus kann man Musikkurse für Anfänger und Fortgeschrittene in Flöte, Harfe und Bodhràn (irische Trommel) machen. In einer Malschule werden Anfänger und Fortgeschrittene in die maritime Kunst eingeführt und Meister der traditionellen Weberei und Wandteppichknüpferei führen in dieses Kunsthandwerk ein.

Glencolmcille hat einen schönen **Sandstrand,** und in der Umgebung findet man Relikte aus der frühchristlichen Ära Irlands, so z.B. viele **verzierte Steine** aus dem 7. und 8. Jh.

Praktische Tipps

Unterkünfte

■ **Gleann Dobhar B & B**②, Gannew, Tel. (087) 7677116, www.gleanndobhar.com; von einem sehr freundlichen und hilfsbereiten Paar geführtes, empfehlenswertes B & B.

Restaurant und Pub

■ **An Chistin at Cook's Pantry**②, Tel. (087) 3826900; gute Küche und freundlicher Service, auch vegetarische Gerichte, bei schönem Wetter kann man im Freien sitzen.

■ **Roarty's Bar,** Cashel, Tel. (074) 9730273; guter Pub mit häufiger Live-Musik.

Ardara

Weiter geht es von Glencolmcille über die R 230 in Richtung Ardara, den Wegweisern für den *Wild Atlantic Way* folgend. Ab und an erkennt man nahe der Straße die traditionellen **strohgedeckten Cottages,** von denen manche auch heute noch bewohnt sind.

Die Straße steigt zunächst an und erreicht nach ca. 6 km einen ersten Pass in etwa 200 m Höhe. Danach geht es wieder abwärts in das Tal des River Glen. Der Fluss, der bereits bei Carrick passiert wurde, wird kurz hinter dem Dorf **Meenaneary** gekreuzt. Nun beginnt der Anstieg auf den **Glengesh-Pass.** Am höchsten Punkt, einem weiteren *Wild Atlantic Way View Point* mit ausreichend Parkraum und einem schönen Picknickplatz, hat man einen atemberaubenden

Blick in das tief unten liegende Tal von Ardara. In engen Serpentinen führt die schmale Straße steil hinab, trifft dann auf die N 56, auf der man nach kurzer Fahrt Ardara erreicht.

Ardara (rund 730 Einwohner) gilt als Zentrum für den berühmten **Donegal-Tweed;** in etlichen *Crafts Shops* kann man sich mit dem edlen Tuch eindecken, und in den Webereien hat der Besucher die Möglichkeit, beim Produktionsprozess zuzuschauen. Einer der wenigen, der heute noch mit einem Handwebstuhl arbeitet, ist *Eddie Doherty.* Ihm kann man beim Weben auf seinem beeindruckenden Webstuhl über die Schulter schauen und in seinem Geschäft die qualitativ hochwertigen Webwaren erwerben.

■ **Eddie Doherty's Handwoven Tweeds,** Front Street, Tel. (087) 6996360, https://handwoven tweed.com.

Praktische Tipps

Unterkünfte

■ **Nesbitt Arms Hotel**③-④, Main Street, Tel. (074) 9541103, https://nesbittarms.com; familiengeführtes 3-Sterne-Hotel, das seit 1838 besteht. Nicht nur das Hotel lohnt einen Besuch, sondern auch das zugehörige Restaurant.

■ **Bay View Country House B & B**③, Portnoo Road, Tel. (074) 9541145, www.bayviewcountry house.com; sehr freundliche und hilfsbereite Gastfamilie, nettes B & B mit fantastischem *Full Irish Breakfast.*

■ **The Green Gate**③-④, Ardvally, Tel. (086) 176 5431, https://thegreengate.eu; sehr schönes B & B in traditionellem reetgedeckten Cottage, alleinstehend in grüner Umgebung, 2 km südöstlich von Ardara auf einem Hügel mit wunderbarer Aussicht.

Restaurant und Pub

■ **Woodhill House**②-③, Wood Road, Tel. (074) 9541112, https://woodhillhouse.com; gutes Restaurant in altem Country-Haus, ca. 300 m vom Ortszentrum, im Restaurant nur Menüs mit drei Gängen, in der Bar auch Einzelgerichte, große Weinkarte, Ausblicke auf die umliegenden Berge.

■ **Nancy's Bar**②, Front Street, Tel. (074) 9541187, https://nancysbarardara.com; seit 7 Generationen im Besitz der *McHugh*-Familie, gemütliche Bar und Fischrestaurant in separaten Räumen, auch vegetarische Gerichte, oft Live-Musik.

Verbindung

■ **Busse** von Killybegs.

In der Umgebung

Narin

In Ardara verlässt man die N 56 und folgt dem *Wild Atlantic Way,* der auf der R 261 in Richtung Narin führt. Nach knapp 9 km kann man in einer Rechtskurve von der Regionalstraße Richtung **Narin** abbiegen, das man nach 1 km erreicht. Die kleine Siedlung hat eine schöne Sandbucht und mit der vorgelagerten Insel **Inishkeel** ein besonderes Juwel. Die heute unbewohnte Insel ist eine **Gezeiteninsel,** bei Niedrigwasser kann man sie trockenen Fußes über eine Sandbank erreichen.

Im 6. Jh. wurde auf Inishkeel ein **Kloster** gegründet. Heute kann man noch die Ruinen zweier Kirchen aus dem 12. Jh. sehen sowie den Schaft eines hohen Kreuzes, der wohl ebenfalls aus dem 12. Jh. stammt. Besonders hervorzuheben ist eine Kreuzplatte *(cross slab),* die sich in sehr gutem Zustand befindet und beidseitig verziert ist.

350irl he

Dungloe

Zurück auf der R 261 gelangt man wieder auf die N 56, auf der es weiter bis zum Städtchen Dungloe (knapp 1200 Einwohner) geht, das sich stolz die Hauptstadt der Rosses – so heißt die raue, naturbelassene Landschaft der Umgebung – nennt. Geschäfte reihen sich beiderseits der langen Hauptstraße.

Da Dungloe in einer **Gaeltacht** (einem irisch-sprachigen Gebiet) liegt, sieht man auf Straßenschildern in der Gegend fast ausschließlich den irischen Namen *An Clochán Liath* (= Der graue Trittstein), der auch der einzige offizielle Stadtname ist. Noch verwirrender wird das ganze durch variierende Schreibweisen des englischen Namens. Alternativ zu Dungloe wird machmal auch die Schreibweise Dunglow verwendet.

Ende Juli/Anfang August geht es beim **The Mary From Dungloe International Arts Festival** (https://maryfromdungloe.ie) hoch her; in den Pubs ist die Sperrstunde aufgehoben, überall in den Straßen wird die irische Kultur bei Musik und Tanz zelebriert. Zum Abschluss steht die Wahl der *Miss Dungloe* in einem musikalischen Wettbewerb an.

Burtonport

Von Dungloe folgt man dem *Wild Atlantic Way* auf der R 259 in Richtung Burtonport (irischer und auf den Ortsschildern verwendeter Name: *Ailt an Chorráin*), den man nach 7,5 km etwas abseits der R 259 erreicht. Der kleine **Fähr- und Fischerhafen** macht einen geschäftigen Eindruck und angeblich werden an keinem anderen Pier in lrland mehr Lachse und Hummer umgeschlagen als in Burtonport – schaut man auf den kleinen Hafen, so kommen Zweifel an dieser Behauptung auf.

Wie dem auch sei: Vom Hafen verkehren die Fähren zur Insel Arranmore und für das leibliche Wohl sorgen ein Café, eine Bar und das weit über die Region bekannte Restaurant mit der Bar **Lobster Pot**② (Burtonport, Tel. (074) 9542 012, www.lobsterpot.ie), das an dem riesigen Hummer an der Vorderfront sofort zu erkennen ist.

Arranmore

Burtonport ist Ausgangspunkt für eine Überfahrt zu der **Insel** Arranmore; eine kleine **Autofähre** verkehrt je nach Saison bis zu achtmal am Tag hin und zurück, die Mitnahme des Wagens auf das 18 km² große Eiland lohnt jedoch nicht.

Arranmore Ferry, Burtonport, Tel. (074) 95422 33, https://arranmoreferry.com; Dauer etwa 20 Minuten, Erwachsene hin und zurück 15 €, Jugendliche (15–18 J.) 10 €, Kinder (5–15 J.) 7 €.

Rund 500 Einwohner leben ständig auf der Insel, im Sommer können es durch Touristen und Heimkehrer, die hier Urlaub machen und Verwandte besuchen, doppelt so viele sein. Die meisten Einwohner leben an der Südostküste. Die westlichen und nördlichen Regionen sind dagegen sehr einsam.

Den besten Aussichtspunkt auf die Klippen und das Meer hat man vom **Leuchtturm,** der im Norden des Eilands die Schiffsrouten sichert, in der Nähe erstreckt sich auch einer der schönsten Strände. Rund um die Insel führt ein **Wanderweg,** für den man bis zu fünf Stunden einplanen muss, und vor der Südwestecke liegt das **Vogelschutzgebiet Green Island** (diese Insel kann man allerdings nicht besuchen). Es gibt einige **Pubs** mit Speisenangebot und **B & Bs,** u.a. das *Arranmore Ferryboat Restaurant*② gleich am Hafen, das auch Zimmer vermietet. Eine Liste aller Restaurants und Unterkünfte sowie weitere nützliche Informationen findet man unter **www.arainnmhor.com.**

Mullaghderg Beach

Wieder auf der R 259 geht es durch eine hügelige, kaum besiedelte Landschaft weiter immer dem *Wild Atlantic Way* folgend. Nach knapp 9 km erreicht man an einigen wenigen Häusern ein großes Sportgelände, das nicht zu übersehen ist. Hier sollte man unbedingt einen Abstecher nach links zum nahe gelegenen Mullaghderg Beach (ausgeschildert) machen. Die 1 km lange, sanft geschwungene Bucht gehört zu den schönsten in Irland. Ein **wunderbarer, goldgelber Sandstrand** wird links und rechts von einer steilen Felsküste eingerahmt und zum Land hin von hohen Dünen begrenzt. Schade ist nur, dass man wegen starker Strömungen nicht baden oder schwimmen darf.

◁ Der Mullaghderg Beach mit seinen sanften Dünen

Crolly

Auf der R 259 passiert man kurz darauf **Bonner's Bar** (Tel. (074) 9543368). Das schmucke weiße Gebäude mit dem schwarzen Dach und den roten Fensterläden und Türen ist ein beliebtes Fotomotiv und auch ein von Einheimischen gern besuchter Pub. Danach passiert man die Zufahrt zum Donegal Airport, fährt um die Südspitze einer tief ins Landesinnere gezogenen Bucht, wo die für diese Gegend erstaunlich große Ortschaft **Annagary** (irisch: Anagaire) liegt, und erreicht dann die *Gaeltacht*-**Streusiedlung** Crolly (irisch auf Ortsschildern: Croichshlí und Croithlí).

Gleich am Beginn des Weilers ist in einer Rechtskurve die *Tábhairne Leo* (englisch **Leo's Tavern**) ausgeschildert, nicht nur die Attraktion des Ortes, sondern der ganzen Region und für Liebhaber irischer Musik weit darüber hinaus. Gegründet wurde die Musikkneipe von Leo und Máire Brennan. Drei ihrer neun Kinder gründeten die bekannte Irish Folk-Band **Clannad.** Zwei der Töchter, *Moya Brennan* und besonders *Enya (Eithne Brennan),* deren Alben sich millionenfach weltweit verkaufen, haben sich zudem erfolgreich als Solo-Künstlerinnen etabliert.

Auch heute noch ist die Musikkneipe *Leo's Tavern* ein Hort traditioneller irischer Musik und viele z.T. weltweit bekannte Künstler treten hier auf.

Tábhairne Leo, Meenaleck, Crolly, Tel. (074) 9548143, https://leostavern.com.

Magheraclogher Beach

Von Crolly geht es zunächst auf die N 56 Richtung Dunfanaghy. Aber schon nach kurzer Fahrt biegt man nach links Richtung **An Bun Beag** (Bunbeg) auf die R 257 ab. In dem lang gestreckten Straßendorf kann man an einer Kreuzung links zum Hafen abbiegen. Wesentlich lohnender ist aber 600 m weiter ein kurzer Abstecher nach links zum Magheraclogher Beach.

Der Strand ist vor allem wegen des **hölzernen Schiffswracks Bád Eddie** (Eddies Boot) einer der bekanntesten in Donegal und ein Wahrzeichen der Grafschaft. Das Wrack, das seit den 1970er-Jahren auf dem ausgedehnten Sandstrand liegt, ist eine beliebte Kulisse für Familien- und Hochzeitsfotos. Besonders gut kommt es zur Geltung, wenn man zu den Felsen weiter westlich wandert. Von dort hat man einen schönen Blick auf das Wrack und sieht dahinter den markanten Kegel des **Mount Errigal,** der mit 752 m der höchste Berg Donegals ist.

Cnoc Fola

Von Bunbeg führt der Weg weiter in den Norden, in eine Landschaft, die Cnoc Fola (Knockfola) genannt wird. Etwa 10 km hinter Bunbeg kann man an einem *Wild Atlantic Way Discovery Point* Halt machen. Besonders bei Sonnenun-

351irl he

tergang wird dann klar, warum die Gegend Cnoc Fola, was soviel wie **„blutiges Vorland“** bedeutet, heißt. Die leicht rötlichen Felsen leuchten dann intensiv rot.

Magheroarty Beach und Pier

Weiter geht die Fahrt auf der R 257 mit schönem Blick auf den Atlantik, wo man in der Ferne bald Tory Island sehen kann. In **Min Larach** (Meenlaragh) führt eine Stichstraße zum Magheroarty Beach, wo es auch einen Pier gibt, an dem Fischer und die **Fähre nach Tory Island** anlegen.

Der einzigartige, **sichelförmige Strand** liegt auf einer Landzunge. Zum Greifen nah liegen die drei wie an einer Perlenkette aufgezogenen kleineren Inseln Inishbofin, Inishdooey und Inishbeg. Weit draußen im Atlantik sieht man Tory Island. Im Nordosten fällt der Blick auf die Landzunge Horn Head.

⌃ Die sichelförmige Form ist für den Magheroarty Beach charakteristisch

Tory Island

Vom Magheroarty Pier verkehren Personenfähren (https://toryferry.com, hin und zurück Erwachsene 28 €, Jugendliche (14–18 J.) 15 €, Kinder (6–13 J.) 10 €) das ganze Jahr hindurch nach Tory Island. Die Überfahrt dauert ca. 35 Minuten, bei stärkerem Wellengang kann sie sehr rau sein. Bei schlechter Wetterlage kann auch mal eine Fahrt gestrichen werden und zu einer unfreiwilligen Verlängerung des Aufenthaltes auf der Insel führen.

Auf das 144 Seelen zählende Eiland, das offiziell *Toraigh* heißt und dessen

352irl he

Einwohner als erste Sprache Irisch sprechen, verirren sich nur wenige Besucher. Zwei Häuseransammlungen, **East Town** und **West Town,** haben eine bescheidene Infrastruktur, ein paar Unterkunftsmöglichkeiten, u.a. das *Óstán Oilean Thoraí* (engl. *Tory Island Hotel*) in der West Town (Tel. (086) 2512601, https://hoteltory.com), wo auch der Fähranleger ist.

Am Pier beginnt ein 4 km langer **Wanderweg.** Interessant sind die an den Klippen nistenden Kolonien von Papageitauchern *(puffins)*. Auf Tory kommt auch der sonst in Europa sehr seltene Wachtelkönig *(corncrake)* vor. Von historischem Interesse sind der Rundturm aus dem 6. oder 7. Jahrhundert, **The Bell Tower,** sowie das Antoniuskreuz **Tau Cross** aus dem 12. Jahrhundert, von dem es nur zwei in Irland gibt. Spät abends finden in der Bar des Hotels *(People's Bar)* und im *An Club* oft spontane traditionelle Musik-Sessions oder *Céilís* (traditioneller irischer Tanz) mit Einheimischen und Besuchern statt.

Fähre nach Tory Island

Horn Head

Inishbofin

Ebenfalls von **Magheraroarty Pier** gelangt man per Fähre auf die Insel Inishbofin (= Insel der weißen Kuh), die den gleichen Namen wie eine Insel vor der Küste Connemaras trägt (→ Tour 7). Nur 11 Menschen leben laut der letzten offiziellen Volkszählung von 2011 dauerhaft auf dieser etwa 3 km vom Festland entfernten Insel. Im Sommer aber kehren einige der ehemaligen Bewohner zum Fischen nach Inishbofin zurück, und die Inselbevölkerung steigt auf über 30 Personen. Inishbofin hat Sandstrände und Felsenküste und bietet sich, ähnlich wie Tory Island, für **Vogelbeobachtungen** an.

Von Mai bis September verkehrt täglich dreimal ein Boot zwischen Magheroarty Pier und der Insel, immer vorausgesetzt, das Wetter lässt eine Überfahrt zu.

Boffin Ferry Donegal, Tel. (087) 4345892, https://boffinferrydonegal.com; Erwachsene hin und zurück 12 €, Kinder (bis 12 J.) 5 €.

Horn Head Viewpoint

Weiter geht es Richtung **Gortahork** (irisch: Gort an Choirce), wo die R 257 an der N 56 endet. Von Gortahork führt die N 56 entlang der Küste zu dem Dorf **Dunfanaghy.** Der kleine Ort ist der einzige Zugang zur Halbinsel Horn Head, deren Erkundung man unbedingt in seine Reise einplanen sollte.

Die **Horn Head Loop,** eine insgesamt 13 km lange Rundtour, verläuft streckenweise auf einer sehr schmalen, kurvigen Straße und nicht immer sind Ausweichstellen in Sicht. Deshalb ist es dringend anzuraten, die Tour im Uhrzeigersinn zu fahren. Dann sind unliebsame Begegnungen zwar nicht ganz ausgeschlossen, aber die meisten Fahrer halten sich an diese Regelung.

In Dunfanaghy biegt man von der N 56 Richtung Horn Head (ausgeschildert) ab und gelangt über eine lange Brücke auf die Halbinsel. Kurz hinter der Brücke zweigt nach links ein Weg ab, der zu einem Parkplatz in einem Kiefernwald führt. Von dort kann man auf einem markierten Wanderweg (knapp 5 km hin und zurück) durch Wald und Dünen in die traumhaft schöne Bucht **Tramore Beach** gelangen. Die Bucht erstreckt sich über 2,5 km zwischen zwei felsigen Kaps. Sie ist nur zu Fuß zu erreichen und deshalb auch im Sommer oft menschenleer.

Zum **Horn Head** geht es weiter auf der Straße bis zu einer Gabelung, an der deutlich signalisiert wird, dass man links fahren soll. Knapp 2,5 km weiter gelangt man über eine Abzweigung nach links, die nach kurzer Fahrt an einer Parkmöglichkeit am Straßenrand endet (Achtung: Größere Wohnmobile sollten hier nicht fahren, weil das Wenden unmöglich ist,

353irl he

wenn der enge Parkraum voll belegt ist). Von hier führt ein schöner Wanderweg (hin und zurück ca. 3 km) durch Moor und Heide zu einem wunderbaren **Aussichtspunkt direkt am Kap.**

Auf der Hauptroute ist es von der Abzweigung nur etwa 1 km bis zu einem größeren Parkplatz mit Bank und Tisch am **Horn Head Viewpoint,** einem weiteren *Wild Atlantic Way Discovery Point.* Von hier hat man eine atemberaubende Sicht auf die Küste mit ihren 200 m steil abfallenden Klippen und sieht über das Kap weit auf den Atlantik hinaus.

Für die nächsten 1,5 km wird die Straße sehr schmal und unübersichtlich. Dann, hinter einem weiteren Parkplatz mit Bank und Tisch, ist der schwierigste Abschnitt geschafft und man kann beruhigt die grandiose Szenerie genießen und sich auf den Rückweg nach Dunfanaghy machen.

Rossguill-Halbinsel

Von Dunfanaghy geht es auf der N 56 weiter. Nach 11 km biegt man am Ende des Dorfes **An Craoslach** (Creeslough) links auf die R 245 in Richtung **Carraig Airt** (Carrickart) ab. Nach weiteren 11 km geht es kurz vor Carrickart nach links auf der R 248 auf die Rossguill-Halbinsel nach Na Dúnaibh (Downings). Die Panoramastrecke ist jetzt zusätzlich zum *Wild Atlantic Way* als **Atlantic Drive** ausgeschildert. Als erstes erreicht man den kleinen Badeort **Na Dúnaibh,** der sehr schön an einer ausgedehnten Sandbucht liegt. Das Ortsbild wird vor allem von größeren Caravan Parks mit Dauercampern geprägt. Hier verbringen überwiegend nordirische Familien ihren Urlaub.

Auf kurvenreicher Straße geht es hinter Downings immer in Sichtweite des Atlantiks weiter nach Norden. Nach 6 km lohnt ein Stopp am **Ros Goill Viewpoint.** Die Aussicht ist wunderbar, im Westen kann man noch einen Blick auf Horn Head werfen und bei klarer Sicht ist sogar Tory Island zu sehen. Besonders schön wirkt das Meer, das bei Sonnenschein in verschiedenen Farben von dunkelblau über türkis bis zu grün leuchtet.

Etwa 3 km hinter dem *View Point* gelangt man an eine Kreuzung. Hier kann man links (ausgeschildert Trá Na Rosann) auf den nördlichen Teil der Rossguill-Halbinsel, **Melmore Head** genannt, abbiegen. Bis auf einige Campingplätze und Caravan Parks ist die landschaftlich sehr schöne Region kaum besiedelt. Man findet sowohl auf der Westseite als auch auf der Ostseite wunderbare Buchten mit herrlichen Sandstränden, die teilweise nur zu Fuß zu erreichen und dementsprechend einsam sind.

Einen größeren Parkplatz dicht am Strand findet man, wenn man schon 900 m nach der Kreuzung links abbiegt. Vom Parkplatz ist man mit wenigen Schritten am erstklassigen **Strand Trá Na Rossan.**

Weiter die „Hauptstraße“ in Richtung Norden passiert man gleich die Zufahrt zur **Jugendherberge** *Trá na Rosann* des irischen Jugendherbergsverbandes, die auch direkten Zugang zum Strand hat. 2,5 km weiter nördlich endet die Straße. Zum Kap an der äußersten Spitze im

Norden kommt man nur zu Fuß. Das gilt auch für einige außergewöhnlich schöne Strände auf der Westseite der Halbinsel, wie z.B. die **Boyeeghter Bay.** Bei Hochwasser sind es zwei Strände, bei Niedrigwasser wachsen sie zu einem breiten zusammen. Wegen starker Strömungen ist das Baden und Schwimmen gefährlich und es hat hier wohl schon so manchen Schwimmer auf den Atlantik gezogen, weshalb die Bucht bei den Einheimischen auch als *Murder Hole* („Mordloch") bezeichnet wird.

Wieder zurück an der Kreuzung fährt man Richtung Süden und kommt nach ca. 1 km zu einem besonderen Pub. In dem **Singing Pub (Síbín Ceoil)** gibt es **regelmäßig Folk Sessions,** ein gutes Guinness und schmackhaftes Essen zu moderaten Preisen (s.u.).

Auf der Weiterfahrt nach Süden kommt man wieder auf die R 248 die bei Carrickart an der R 245 endet.

Unterkünfte und Restaurant

- **Downings Bay**④-⑤, Downings, Tel. (074) 9155 586, https://downingsbayhotel.com; das familienfreundliche Hotel mit Restaurant und Bar liegt zentral in Downings an der R 248.
- **The Fisherman's Village Lodge B & B**②-③, Atlantic Drive, Downings, Tel. (087) 7712077, www.rosguill.com; freundliches B & B ca. 5 km nördlich von Downings, ca. 1 km vor dem Ros Goill Viewpoint.
- **Trá Na Rossan Hostel**①, Dundooan Lower, Tel. (074) 9155374, https://anoige.ie/tra-na-rosann; im Norden der Halbinsel auf dem Melmore Head, nur von Juni–August geöffnet.
- **Rosguill Holiday Caravan & Camping Park,** Melmore Road, Tel. (074) 9155766, https://rosguillholidaypark.com; sehr schöner Campingplatz im Norden der Halbinsel auf dem Melmore Head, etwas erhöht über einer Bucht. Der Besitzer ist ein intimer Kenner der Region, gibt gern sein Wissen weiter und hat Tipps für die besten Wanderungen.
- **An Síbín Ceoil,** The Singing Pub, Mevagh, Tel. (087) 9171950; auf der Ostseite der Halbinsel, gut ausgeschildert.

Fanad-Peninsula

Von Carrickart führt die R 245 weiter in Richtung Millford. Aber schon 1,5 km hinter dem Ort sollte man links abbiegen und dem *Wild Atlantic Way* in Richtung Kerrykeel folgen. Kurze Zeit später fährt man auf der modernen **Harry-Blaney-Bridge** auf die Fanad-Halbinsel. Auf kurvenreicher Straße geht es durch eine Landschaft mit ausgedehnten Mooren und Heiden in nordöstlicher Richtung zum **Fanad Head,** der nördlichen Spitze der Halbinsel, wo einer der am meist fotografierten Leuchttürme Irlands steht. Kurz vor dem Seezeichen passiert man einen schönen Aussichtspunkt, von dem man schon einen Blick auf den Leuchtturm aus der Vogelperspektive werfen kann. Kurz darauf fährt man an der *Lighthouse Tavern* vorbei und erreicht wenig später den Leuchtturm.

Fanad Head Lighthouse

Der Leuchtturm steht in einer **spektakulären, wilden Klippenlandschaft.** Leuchtturm und Umgebung sind Motive zahlreicher Postkarten und Kalender und schmücken so manche Andenken.

Erbaut wurde der 22 m hohe Turm von 1814 bis 1817 kurz nachdem ein Schiff an den Klippen zerschellte. Er kann besichtigt werden und es besteht sogar die Möglichkeit, dort in drei ehemaligen Wohnungen der Leuchtturmwärter zu übernachten, die alle einen atemberaubendem Meerblick bieten.

Fanad Head Light House, Tel. (074) 9116020 und (083) 8091199, https://fanadlighthouse.com; Jan.–Feb. und Okt.–Nov. Mi–So 10.30–16 Uhr, März–Mai Di–So 10–17 Uhr, Juni–Sept. tgl. 10–18 Uhr, Erwachsene 10 €, Familien 25 €, Kinder unter 5 J. frei; Übernachtung in drei gemütlich und komfortabel eingerichteten Wohnungen der ehemaligen Leuchtturmwärter für 2–4 Personen ab 320 €.

Lighthouse Tavern①, Arryheernabin, Tel. (074) 9159212, https://fanadlighthouse.com; preiswertes gutes Essen in fantastischer Lage etwa 1 km vor dem Leuchtturm, bei gutem Wetter sitzt man draußen.

Portsalon

Vom Leuchtturm geht es zunächst auf dem gleichen Weg zurück. Kurz hinter dem Aussichtspunkt biegt man nach links auf die schmale L 1072 ab, die stellenweise von hohen Fuchsienhecken gesäumt ist. Das sieht zwar sehr schön aus, behindert aber ein wenig die Sicht und zwingt zu einer sehr defensiven Fahrweise.

Kurz vor Portsalon kommt die **Ballymastocker Bay** in Sicht. Die Bucht mit ihrem feinen, goldgelben Sandstrand erstreckt sich von Portsalon im Norden bis zu den Knockalla Hills im Süden und ist über 3 km lang. Der Strand wurde von Lesern der englischen Zeitung *Observer* zum zweitschönsten der Welt gewählt.

Wer an den Strand möchte, sollte nicht gleich den ersten Parkplatz am Golfplatz nehmen, sondern dem *Wild Atlantic Way* um die Bucht bis zu ihrem Südende folgen. Dort ist ein Parkplatz mit öffentlicher Toilette, von dem man auf einem kurzen Weg durch Dünen an den **erstklassigen Strand** kommt.

Hinter dem Parkplatz windet sich die R 268 in einigen Serpentinen den Berg bis zu einem Parkplatz hinauf, wo der **Ballymastocker View Point** geradezu einen Halt erzwingt. Von hier bietet sich ein atemberaubender Ausblick auf die Bucht. Tief unten leuchtet der mehrere Kilometer lange, elegant geschwungene Sandstrand vor den türkisblauen Fluten.

Rathmullan

Vom Aussichtspunkt folgt man weiter der R 268, die später in die R 247 übergeht, in südlicher Richtung. Immer wieder bieten sich schöne Ausblicke auf die tief ins Landesinnere eingeschnittene Bucht **Lough Swilly,** die sich bis nach Ramelton und Letterkenny erstreckt.

Mit Rathmullan (etwa 500 Einwohner) erreicht man wieder eine etwas größere Ansiedlung. Der Ort hat sich ganz auf den Tourismus eingestellt und bietet neben Unterkünften, Restaurants und Pubs auch ausreichend Einkaufsmöglichkeiten. Der Ort wirkt mit seiner netten Häuserreihe entlang der Seefront recht gemütlich. Im Zentrum ragt die **Ruine eines Klosters** auf, das im Jahre 1508 für den Karmeliterorden errichtet, aber schon 1595 von englischen Soldaten geplündert wurde. Danach diente es als Armeeunterkunft, und ab 1618 residierte ein Bischof in den Gemäuern.

354irl he

Bekannt ist Rathmullan als Schauplatz der so genannten **Flight of the Earls:** Von hier aus gingen im Jahre 1607 zwei der mächtigsten Landbesitzer Irlands ins Exil. Sie brachten sich mit 90 Angehörigen auf dem Kontinent vor den Engländern in Sicherheit. Ihre Ländereien wurden konfisziert, was zur Besiedlung Ulsters mit Protestanten aus Schottland und England führte. Ein Denkmal am Strand in der Nähe des Piers erinnert an dieses Ereignis.

Im Sommer besteht die Möglichkeit mit einer **Fähre** (www.swillyferry.com) vom Pier nach Buncrana auf die gegenüberliegende Halbinsel Inishowen überzusetzen.

Unterkunft und Restaurants

■ **Rathmullan House Hotel**⑤, Tel. (074) 9158188, https://rathmullanhouse.com; Hotel in einem imposanten ehemaligen Herrenhaus aus dem 19. Jh. direkt am Strand. Üppig eingerichtete Zimmer, Schwimmbad mit Wellnessbereich und eine große Gartenanlage. Außerdem gibt es eine Bar, ein kleines Bistro und ein gutes Restaurant: **The Cook and Gardener**②-③.

■ **McHugh's Loft**②, Pound Street, Tel. (087) 2493 753; gemütlich eingerichtetes Doppelzimmer im Dachgeschoss, getrennt vom Haus der freundlichen Vermieter. Im Zentrum, keine Verpflegung.

■ **Glenalla Lodge B & B**②, Glenalla, Rathmullan, Tel. (074) 9158750, www.glenallalodge.com; empfehlenswertes B & B, ca. 6 km südwestlich des Ortes etwas abseits der R 247, sehr freundlicher Gastgeber, der ein Kenner der lokalen Geschichte ist und sein Wissen gern weiter gibt.

■ **Beachcomber Bar**②, 11 Kerrs Bay, Tel. (074) 9158080, www.thebeachcomberbar.com; sehr nette, gemütliche Kneipe direkt am Lough Swilly nahe am Pier, schmackhafte, preiswerte Gerichte, regelmäßig Live-Musik.

■ **The White Harte**①, 11 Kerrs Bay, Tel. (074) 915 8154; einfacher, traditioneller irischer Pub mit offenem Kamin gegenüber vom Anleger.

⌃ Fanad Head Lighthouse

Letterkenny

Von Ramelton führt die R 245 zum nächsten Ziel, dem gut 10 km entfernten Letterkenny, dem ökonomischen Zentrum des County Donegal.

Die knapp 20.000 Einwohner zählende Stadt ist die Metropole Donegals und eignet sich gut als Standquartier, um das Inland oder den Norden zu erkunden. Die Stadt liegt am **River Swilly,** der wenige Kilometer weiter östlich in das gleichnamige Lough, eine Bucht des Atlantik, die sich weit in das Landesinnere zieht, mündet.

Letterkenny ist eine **moderne Universitätsstadt** mit einem lebendigen Nachtleben und einem vielseitigen kulturellen Angebot. Hervorzuheben sind das **An Grianán Theatre** (Port Road, Tel. (074) 9120777, https://angrianan.com) sowie auch das dahinter liegende **Regional Cultural Centre** (Port Road, Tel. (074) 9129186, https://regionalculturalcentre.com), in dem Musikveranstaltungen, Filmvorführungen sowie Kunstausstellungen stattfinden. Ein Wahrzeichen Letterkennys ist **St. Eunan's Cathedral,** die im späten 19. Jh. erbaut wurde.

Im **Donegal County Museum,** wird in Dauer- und Sonderausstellungen die Geschichte des County von der Steinzeit bis heute dargestellt.

■ **Donegal County Museum,** High Road, Tel. (074) 9124613, https://donegalcoco.ie/culture/countymuseum, tgl. Mo–Fr 10–12.30 Uhr und 13–16.30 Uhr, Sa 13–16.30 Uhr, an Feiertagen geschlossen, Eintritt frei.

Praktische Tipps

Tourist Information

■ Neil T Blaney Road, Tel. (0180) 230330.

■ **https://discoverireland.ie/letterkenny**

Unterkünfte

■ **Silver Tassie Hotel**③-④, Ramelton Road, Tel. (074) 9125619, https://silvertassiehotel.com; gutes und preiswertes 4-Sterne-Hotel mit Wellnessbereich, gutes Hotelrestaurant.

■ **Ardlee B & B**②, Gortlee, Tel. (074) 9121943, www.ardleehouse.ie; B & B in ruhiger Wohngegend, 15 Minuten zu Fuß bis in die Innenstadt.

■ **Glencairn House**②, Pearse Road, Tel. (074) 9123002, www.glencairnhousebb.com; zentral gelegenes, preiswertes Gästehaus, ohne Frühstück.

■ **The Artist Hostel**①, Lower Sallaghagrane, Tel. (074) 9124067, www.accommodationletterkenny.com; 500 m westlich vom Zentrum an der R 250, einfache, saubere Zimmer, Gemeinschaftsbad, mit Frühstück.

Restaurants

■ **The Lemon Tree Restaurant**②-③, 32–34 *The Courtyard Shopping Centre,* Lower Main Street, Tel. (074) 9125788, https://thelemontreerestaurant.com; moderne irische Küche mit Zutaten aus Donegal, nicht nur die Hauptspeisen schmecken großartig, man sollte unbedingt auch von der Dessertkarte probieren.

■ **The Yellow Pepper Restaurant**②-③, 36 Lower Main Street, Tel. (074) 9124133, www.yellowpepperrestaurant.com; moderne Küche mit lokalen und irischen Zutaten, teilweise aus dem eigenen Garten, auch Speisekarte für Veganer und Kinder.

Pubs

■ **Cottage Bar,** 49 Upper Main Street, Tel. (074) 9121338; gemütlicher, irischer Pub mit offenem Feuer und Live-Musik.

■ **McGinley's,** 25 Lower Main Street, Tel. (074) 9121106; sehr gemütliche Pub-Atmosphäre um den runden Tresen, eine der beliebtesten Kneipen im Ort, regelmäßig Live-Musik, auch von außen sehenswertes Gebäude.

Verbindung

■ **Busse** mehrmals täglich von Dublin, Cork, Limerick, Sligo, Donegal und Galway.

In der Umgebung

Glenveagh-Nationalpark

Nordwestlich von Letterkenny, erreichbar über die N 56 und R 255 (ausgeschildert), erstreckt sich rund um den **Lough Veagh** (alternative Namensform Lough Beagh) der 1986 eingeweihte und etwa 16.500 ha große Glenveagh-Nationalpark (Páirc Naisiúnta Ghleann Bheatha) und lockt mit seiner reichen Vegetation die Besucher an. Naturlehrpfade und viele Wanderwege durchziehen das geschützte Areal. Im **Visitor's Centre,** am Nordostende des Lough Veagh, erfährt man Interessantes zu Landschaft und Kultur sowie Flora und Fauna. Dort gibt es auch Informationen über **Wandermöglichkeiten.** Für Bergwanderer ein absolutes Muss ist die Besteigung des markanten **Mount Errigal.** Der 752 m hohe, pyramidenförmige Berg ist der höchste in Donegal, weithin sichtbar und unverkennbar. Der Berg liegt im Norden des Nationalparks und ist über die R 251 zu erreichen.

☒ Die Großgrundbesitzer um Letterkenny profitierten über Jahrhunderte von den „Hiring Fairs", Tagelöhnern, die in der Stadt angeheuert wurden, um bei der Saat- und Erntesaison auszuhelfen. Auch Kinder waren begehrte Arbeitskräfte.

Knapp 4 km vom Besucherzentrum entfernt liegt am Südufer des Sees das aus dem 19. Jh. datierende **Schloss Glenveagh Castle,** das man nur im Rahmen einer 30-minütigen Führung besichtigen kann. Bis 1975 gehörte das Anwesen einem Amerikaner mit irischer Abstammung, der die umgebenden Ländereien an den Staat verkaufte, Schloss und zugehörige Gärten aber dem irischen Volk stiftete.

■ **Visitor Centre** und **Glenveagh Castle,** www.nationalparks.ie/glenveagh; der Nationalpark und das Besucherzentrum sind das ganze Jahr über täglich kostenlos zugänglich, das Besucherzentrum von 9.15–17.30 Uhr, das Castle von März bis Okt. 9.15–17.15 Uhr und von Nov. bis Feb. 10–17.15 Uhr (letzte Tour jeweils um 16.45 Uhr), vom Besucherzentrum fährt ein Shuttlebus zum Schloss (3 € hin und zurück, Schlossführung 5 €).

355irl he

Grianan of Aileach

Unbedingt sollte man von Letterkenny eine ca. 25 km lange Fahrt in Richtung Derry unternehmen und das **Steinfort** *Grianan of Aileach* – „Palast der Sonne", so die Übersetzung des irischen Namens *Grianán Ailigh* – besuchen. Von der Hauptstraße N 13 weist im Dorf Burt gleich hinter einer auffälligen runden Kirche eine Ausschilderung nach rechts, und über ein 3 km langes Sträßchen erreicht man die recht eindrucksvolle Befestigungsanlage.

Die runde **Steinmauer** ist 4 m dick und 5 m hoch und entstand im 1. oder 2. nachchristlichen Jahrhundert. Vom 5. Jh. diente das Steinfort für 700 Jahre als Sitz der lokalen Könige und wurde im 12. Jh. vom Herrscher von Munster als Rache für den Angriff auf den Königssitz zerstört. Wie die **Legende** überliefert, befahl er seinen Mannen, dass jeder einen Stein mitnehmen müsse. Im Jahre 1870 renovierte ein gewisser *Dr. Bernhard* aus Derry mit viel Engagement das Ringfort. Ihm verdanken wir die heute intakte Anlage.

Der Glenveagh-Nationalpark

Die gepflegten Gartenanlagen von Schloss Glenveagh mit ihren vielen **exotischen Pflanzen** stehen im starken Kontrast zu der umgebenden Bergwelt des Nationalparks. Die Hügelflanken und die Täler sind mit Torfmoosen und Heidekräutern bewachsen, im Frühjahr und im Sommer geben die blühenden Pflanzen dieser eintönig grünen Decke eine Menge Farbtupfer, dann erstrahlen der Blutwurz *(Potentilla erecta)* und die Moorlilie *(Narthecium ossifragum)*. Drei kleine Regionen des Nationalparks sind mit Eichen und Birken bewaldet. Zwischen den Bäumen wächst Hautfarn *(Hymenophyllum)*.

Reich ist die **Vogelwelt,** Kolkraben *(Corvus corax)* und Moorschneehühner *(Lagopus scoticus)* sind in dieser Bergkette heimisch. Geübte Ornithologen erkennen aber sicher auch den Wanderfalken *(Falco peregrinus)*, den *Merlin (Falco columbarius)*, Wiesenpieper *(Anthus pratensis)* und das Schwarzkehlchen *(Saxicola torquata)*. Ganz besonders stolz ist man auf den **Steinadler,** der 2001 nach über 100 jähriger Abwesenheit mit Tieren aus Schottland wieder eingebürgert wurde und inzwischen eine stabile Population aufgebaut hat. Seit langem äst hier auch die größte Population an Rotwild der Art *Cervus elaphus;* schon seit dem 19. Jahrhundert schützt die Tiere ein fast 50 km langer Zaun.

Im Lough Veagh tummeln sich viele **Fische,** vor allem *Seeforellen (Salmo trutta lacustris)*, geringer ist der Bestand an Meerforellen *(Salmo trutta trutta)*, doch selbst Lachse *(Salmo salar)* sind vorhanden. Weitere Informationen zu **Angellizenzen** findet man auf https://permits.fishinginireland.info/product/lough-beagh-day-permit. Die Saison dauert vom 15. Juli bis zum 30. September.

Von den Mauern des Ringforts hat man einen **fantastischen Ausblick** auf die grüne, leichtgewellte Hügellandschaft, dann weiter über den Lough-Swilly-Fjord bis zur Fanad-Halbinsel (Eintritt frei, durchgehend geöffnet).

In Letterkenny oder an einem der oben beschriebenen Abstecher endet die Tour durch den Nordwesten Irlands. Wer zurück nach Donegal (ca. 50 km) möchte, nimmt die N 13, die bei Ballybofey in die N 15 übergeht. Wer noch Zeit hat, kann über die N 13 nach Londonderry fahren (34 km) und dort der Route durch Nordirland (Tour 10) folgen.

Das Steinfort Grianan of Aileach diente lange Zeit als Königssitz

356irl he

357irl he

9

Entlang des Shannon – Tour 9

» Irland etwas anders: Am Fluss Shannon gibt es zahlreiche malerische Dörfer und Kleinstädte. Wer möchte, kann diese Strecke auch zu Wasser, z.B. auf einem Kabinenkreuzer, zurücklegen.

[<] Blick auf Athlone

Entlang des Shannon: Nordteil

Anschlusskarte Seite 328

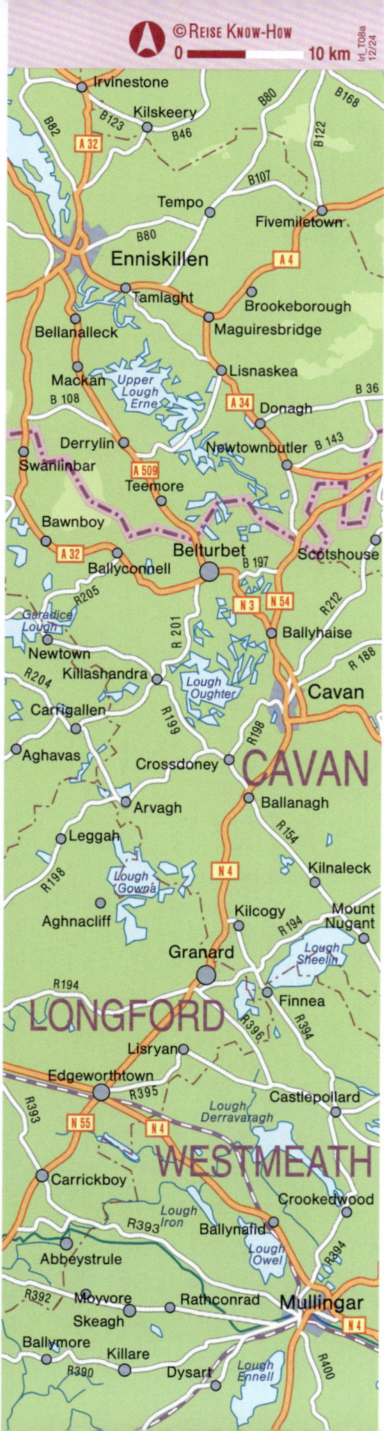

ENTLANG DES SHANNON – TOUR 9

Diese Tour führt entlang der schiffbaren Strecke des Shannon durch die *zentrale Kalksteinebene* der Insel. Vorbei an Örtchen rechts und links des Shannon passiert man die beiden bemerkenswerten Städte *Carrick-on-Shannon* und *Athlone.* Die Region ist vor allem für diejenigen interessant, die mit dem *Kabinenkreuzer* auf dem Shannon und den vielen Seen fahren möchten. Selbstverständlich kann man den Shannon und seine Seen auch mit dem Auto erkunden. Alle im Buch vorgestellten Orte und Sehenswürdigkeiten sind über gute Straßen, die oft ufernah sind, zu erreichen.

Entlang des Shannon: Südteil

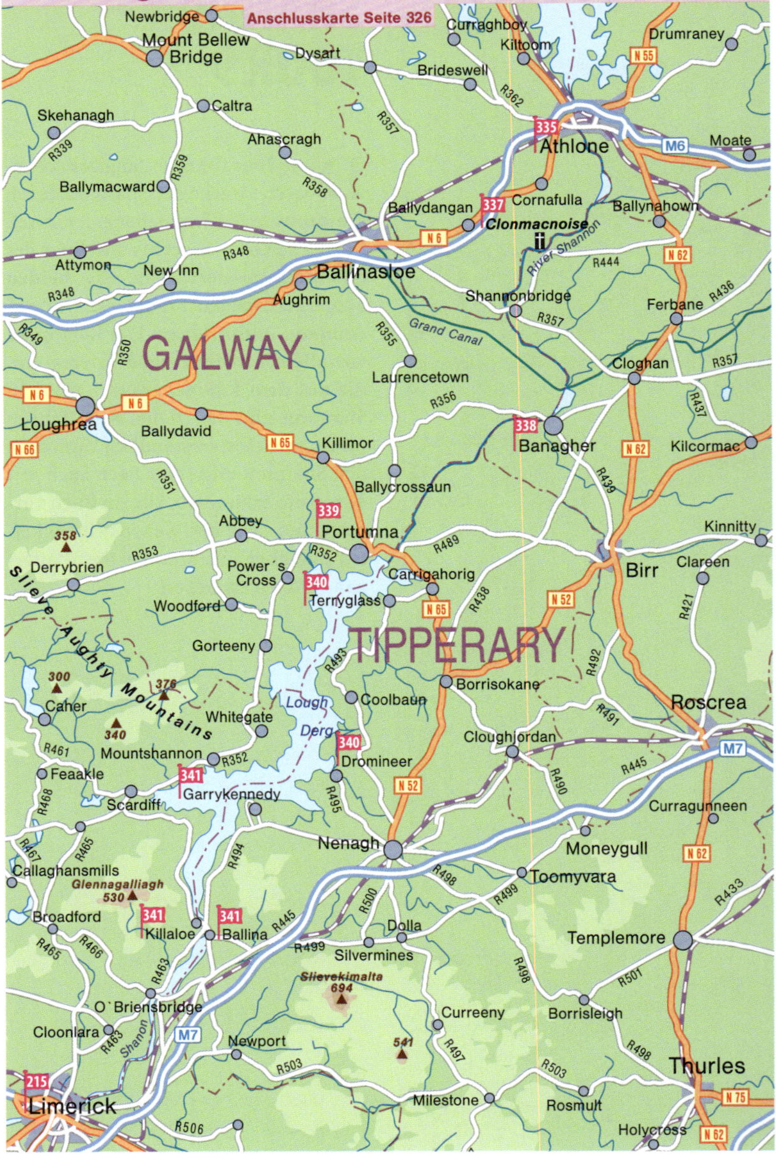

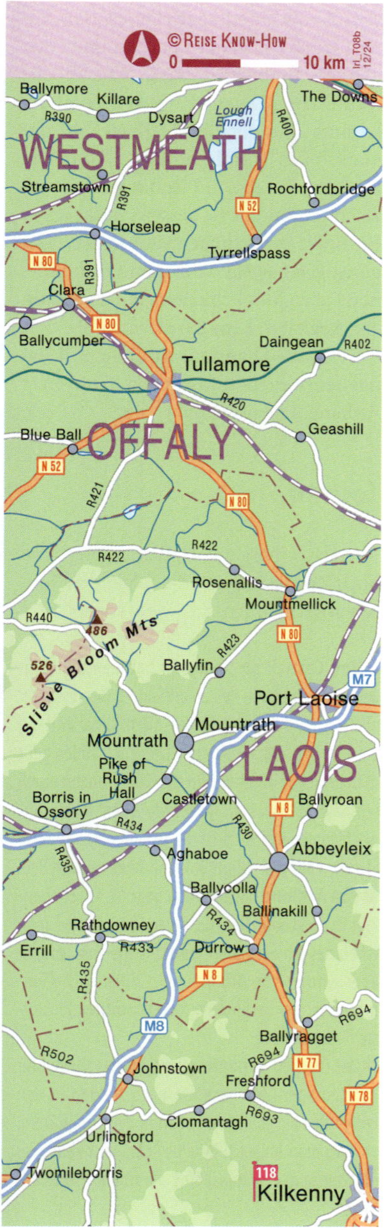

Der Shannon

Durch die zentrale irische Kalksteinebene (wegen der zahlreichen Seen auch die **irische Seenplatte** genannt) schlängelt sich der längste Fluss Irlands, der Shannon, bis er hinter Limerick in den Atlantik mündet. In seinem Verlauf bildet er Hunderte von kleinen Seitenarmen und verbreitert sich an mehreren Stellen zu großen Seen; von Nord nach Süd: **Lough Allen, Lough Key, Lough Boderg, Lough Bofin, Lough Forbes, Lough Ree** und **Lough Derg.**

Im Verlauf der Historie des Landes kämpften die einzelnen Stämme immer wieder um die Herrschaft über diese

NICHT VERPASSEN!

- **Drumshanbo,** nettes Dörfchen in schöner Umgebung am Berg Sliabh an Iarainn gelegen | 331
- **Athlone Castle,** mächtiges Bollwerk mit interessantem Museum | 335
- **Clonmacnoise,** die bedeutendste frühchristliche Klostersiedlung Irlands | 337
- **Portumna Castle,** ein imposantes Herrenhaus mit schöner Gartenanlage | 340
- **Garrykennedy Marina,** lebendiger Ort mit sehenswertem Yachthafen | 341

Diese Tipps erkennt man an der gelben Markierung.

Wasserstraße, die Wikinger zogen mit ihren Booten entlang des Shannon zu Raubzügen ins Hinterland aus, die Anglo-Normannen und später die Briten sicherten sich ebenfalls mit Waffengewalt die Kontrolle über den Fluss und seine Seen. Im Jahre 1925 verabschiedete die Regierung des erst wenige Jahre unabhängigen Irlands das **Shannon-Gesetz,** mit welchem der Fluss zur Energiegewinnung genutzt werden sollte, um dem Import britischer Kohle zu entgehen.

Der Shannon entspringt im County Cavan, im so genannten *Shannon Pot,* und ist bis zu seiner Mündung bei Limerick 368 km lang; die Quelle liegt 152 m über NN. Auf den ersten 15 km bis zum Lough Allen beträgt der Höhenunterschied 104 m, von Drumshanbo bis Killaloe fällt die Wasserstraße nur um 18 m ab, und von Killaloe bis Limerick beträgt das Gefälle 30 m. Von Drumshanbo im Norden bis Killaloe im Süden kann der Fluss von Booten befahren werden; rechnet man alle Seitenarme, Kanäle und die Seen zusammen, so kommt man auf eine **Gesamtstrecke von 1800 km,** die mit dem Kabinenkreuzer zu entdecken sind.

Bootsfahrt von Nord nach Süd

Die einzigen größeren Städte sind **Carrick-on-Shannon** und **Athlone.** Hier kann man auch Kabinenkreuzer mieten, ein Motorbootführerschein ist nicht erforderlich, das Mindestalter muss jedoch 21 Jahre betragen. Es empfiehlt sich aber vor allem während der Hauptsaison, bereits vorab ein Boot zu buchen. Auf einer kleinen Probefahrt wird man in alle technischen Details eingeweiht und bekommt eine detaillierte Karte, auf der Tankstellen, Anlegeplätze, Untiefen, Schleusen, Pubs und Restaurants eingezeichnet sind. Die besten Stützpunkte für Bootsanmietungen sind wegen ihrer günstigen Lage und der damit verbundenen vielen Möglichkeiten, unterschiedliche Regionen kennenzulernen, die Orte Carrick-on-Shannon, Athlone und Banagher (weitere Infos zu den Revieren → Anhang: Literaturtipps)

Touren

Je nach Übergabeort des Bootes und nach Zeit lassen sich die folgenden Touren unternehmen:

- **Von Carrick-on-Shannon** hat man die Möglichkeit, den Lough Key zu erkunden, interessanter noch ist es, durch den Lough-Allen-Kanal entlang der Ufer des Allen-Sees zu kreuzen; gen Süden geht es in den Lough Boderg, wo eine Fülle von nur durch schmale Fahrwasser getrennte Seen lockt. Abwechslungsreich ist auch die teilweise kanalisierte Strecke über den Lough Bofin bis in den Lough Ree.
- **Von Athlone** nach Norden geht die Fahrt ebenfalls in den Lough Ree, nicht versäumen sollte man einen Besuch auf Hare Island. Die meisten Skipper aber wird es von Athlone gen Süden nach Clonmacnoise, der berühmten frühchristlichen Klostersiedlung, ziehen.
- Das Örtchen **Banagher** liegt günstig sowohl für Fahrten über Clonmacnoise nach Norden in den Lough Ree als auch gen Süden in den Lough Derg, von wo man bis nach Killaloe schippern kann, wo die Grenze des für Hausboote schiffbaren Bereiches liegt.

■ Von **Portumna** geht es in den Lough Derg, wo mit Garrykennedy und Dromineer zwei der schönsten Anlegeplätze entlang des Shannon liegen.

Bootsverleih

■ **Carrickcraft,** Tel. in D (07130) 4056870, https://www.hausbootirland.de (deutschsprachig) oder https://www.carrickcraft.com (englisch); Carrickcraft gehört zu den größten Bootsanbietern auf der Insel mit Marinas (Yachthäfen) in Carrick-on-Shannon, Banagher und auf dem Erne sowie einem Buchungsbüro in Deutschland.
■ **Silverline Cruisers,** *The Marina Banagher,* Co. Offaly, Tel. (057) 9151112, https://silverlinecruisers.com.
■ **Emerald Star,** Tel. (071) 9627633, https://emeraldstar.ie; Marinas in Carrick-on-Shannon und Portumna.

Drumshanbo

Sehr schön am Südende des Lough Allen liegt das Dorf Drumshanbo (1061 Einwohner) mit seinem heimeligen Ortskern und der mit Kirschbäumen gesäumten Hauptstraße. Die Umgebung ist hügelig und es gibt **ausgeschilderte Wanderwege,** die teilweise auch für Fahrradfahrer geeignet sind.

Am Ortsrand lohnt der Besuch des 2015 eröffneten **Sliabh an Iarainn Visitor Centre,** in dem Besucher mit der Transport-, Wirtschafts- und Sozialgeschichte der Region zwischen den Bergen Sliabh an Iarainn und Arigna vertraut gemacht werden. Man bekommt hier Infos zu Wander- und Fahrradwegen in der Umgebung.

Fahrräder bekommt man bei *Morans,* ein Motorradladen mit Fahrradverleih.

■ **Sliabh an Iarainn Visitor Centre,** Acres, Tel. (071) 9641851, https://leitrimtourism.com/heritage/sliabh-an-iarainn-visitor-centre, April–Okt Mo–Sa 10–18 Uhr, So 14–18 Uhr, Eintritt frei.
■ **Morans Bike Shop,** Convent Avenue, Drumshanbo, Co. Leitrim, Tel. (071) 9641974, https://moransbikeshop.ie; Mo–Sa 9.30–18 Uhr, Mittagspause 13.30–14.30 Uhr.

Praktische Tipps

Unterkünfte

■ **Lough Allen Hotel and Spa④,** Curraghill, Tel. (071) 9640100, https://loughallenhotel.com; Hotel mit Wellness-Angebot, Schwimmbad.
■ **Berry's Tavern②,** Main Street, (071) 9641070, https://berrystavern.com; traditioneller Pub mit Gästezimmern.
■ **The Yellow Ducati B & B①,** Carraig-na-mBreac, Tel. (087) 7774857; kleines Haus nahe am Ortskern mit komfortablen Zimmern. Auch vegetarisches Frühstück.
■ **McGuires Self Catering Cottages①,** Carrick Road, Tel. (071) 9641033, https://mcguiresirishcottages.com; kleine Anlage mit 7 traditionell eingerichteten Ferienhäusern sowie einem Haus, in dem sich ein Restaurant und eine Bäckerei befinden, etwa einen km außerhalb des Ortes, zwei oder drei Zimmer pro Haus mit voll ausgestatteter Küche, bis zu sieben Personen. Die oben genannte Preiskategorie bezieht sich auf ein Zweizimmerhaus, in dem bis zu vier Personen unterkommen, für sieben Nächte in der Hauptsaison. Mindestaufenthalt zwei Nächte.

Restaurants und Pubs

■ **Berry's Tavern,** Main Street, (071) 9641070, https://berrystavern.com; gemütlicher Pub, mit Gästezimmern, regelmäßig Live-Musik.
■ **Conway's,** The Square, Main Street, Tel. (071) 9641020; netter Pub, erste Adresse für irische Live-Musik im Ort.

■ Es gibt zwei gute **Restaurants** im *Lough Allen Hotel:* das *Lakeside Bar & Bistro*② und das *Rushes Restaurant*③.

Festival

■ **Joe Mooney Summer School:** Festival traditioneller Musik mit Kursen, Konzerten, *Céilís* und *Set-Dancing.* Benannt nach einem 1988 verstorbenen bekannten Politiker aus Drumshanbo. Im Juli, https://joemooneysummerschool.com.

Verbindung

■ **Bus** von Sligo wochentags mit *WestLink Coaches,* samstags mit *Bus Éireann.*

Leitrim

Von Drumshanbo geht es auf dem Lough-Allen-Kanal in Richtung Süden. Bei **Leitrim,** einem kleinen Dorf, das nur aus wenigen Häusern besteht, aber einen empfehlenswerten **Campingplatz** (https://battlebridgecaravanandcamping.ie) hat, mündet der Kanal in den Shannon. Vorher muss aber noch die schmale, nur 4 m breite Battlebridge-Schleuse passiert werden. Für manche Skipper eine echte Herausforderung. Nächstes Ziel ist Leitrim. Hier zweigt der Shannon-Erne-Waterway ab, ein Kanal mit 16 Schleusen, der zum Lough Erne nach Nordirland führt.

Unterkunft, Essen und Trinken

■ **Carthy's Bar,** Main Street, Tel. (071) 9621291, netter Pub direkt am Kanal.

Carrick-on-Shannon

Auf dem Shannon schippert man weiter in südlicher Richtung nach Carrick-on-Shannon. Kurz vor dem Ort passiert man den Abzweig ins Lough Drumharlow, von dem es weiter ins Lough Key geht. Kurz nach dem Abzweig ist Carrick-on-Shannon (etwa 4000 Einwohner) erreicht. Der Verwaltungssitz des County Leitrim und die **Marina** sorgen für den sichtbaren Wohlstand im gepflegten Örtchen. Eine alte vielbogige Steinbrücke führt über den Shannon, und eine Reihe von Kunsthandwerksgeschäften und Anglerausrüstungsläden, Lebensmittelgeschäfte, Pubs und Restaurants machen Carrick-on-Shannon zu einem **Zentrum der Freizeitkapitäne.**

Ein Kuriosum ist die winzige, 4,80 m lange und 3,60 m breite, 17 m² große **Costello Memorial Chapel** an der Ecke Bridge Street/Main Street. Nach eigenen Angaben soll sie die kleinste Kapelle in Europa sein und die zweitkleinste weltweit. *Edward Costello,* ein Bürger Carricks, ließ 1877 diese Kapelle im Gedenken an seine im Alter von 46 Jahren verstorbene Frau errichten. Links im Boden eingelassen und mit einer Glasplatte bedeckt, ruht die Gemahlin in einem Sarg, rechts liegt der Gatte, der im Jahre 1891 das Zeitliche segnete.

■ **Costello Memorial Chapel,** Main Street, https://costellomemorialchapel.com; tgl. 9–18 Uhr, Eintritt frei, Spenden erwünscht.

☒ Die alte Steinbogenbrücke bei Carrick-on-Shannon

Praktische Tipps

Tourist Information

- **Old Barrel Store,** nahe der Brücke über den Shannon an der Marina, Tel. (071) 9620170.
- **https://mycarrick.ie** und **https://leitrimtourism.com**

Unterkünfte

- **Bush Hotel**①-②, Main Street, Tel. (071) 967 1000; Boutique-Hotel im Zentrum mit angeschlossener Bar und Restaurant.
- **Carrick Plaza Suites**②, Town Centre, Tel. (071) 9616266, https://carrickplazasuites.ie; kein Frühstück erhältlich, auch Apartments mit Küchenzeile.
- **Aisleigh Guest House**②, Dublin Road, Tel. (071) 9620313, https://aisleighguesthouse.com; etwas außerhalb am Ortsrad, man kann auch mehrere Ferienhäuser buchen.

Restaurants

- **Vitto's Restaurant**②, Bridge Street, Tel. (071) 9627000, im Ortszentrum, https://vittosrestaurant.com; ambientereich, hell und gemütlich, italienische Küche, Hamburger und Grillgerichte.
- **The Oarsman**②-③, Bridge Street, Tel. (071) 9621 733, https://theoarsman.com; Restaurant und Gastro-Pub von den Brüdern *Ronan* und *Conor Maher* betrieben, Bio-Nudeln, Wraps, Sandwiches, Fischgerichte und wechselnde Tagesgerichte, Gerichte und Snacks im Pub; Fasan, Steak und anderes (auch vegetarisches Tagesgericht) im Restaurant.
- **Coffey's Pastry Case**①, Bridge Street, Tel. (071) 9620929; preisgünstige Snacks.

Pubs

- **Flynn's Corner House,** Ecke Main Street und Bridge Street; Pub mit regelmäßiger Live-Musik unterschiedlicher Genres über das ganze Jahr.
- **Cryan's Bar,** Bridge Street; traditionelle Musik Do–So, gehört zum gleichnamigen Hotel.
- **Dunnes Bar,** Main Street, https://dunnesbar.ie; traditioneller Pub mit Biergarten und regelmäßiger Live-Musik.

Verbindung

- **Busse** mehrmals täglich von Dublin, Sligo und Galway.

358irl he

Roosky

Kurz hinter Carrick-on-Shannon erweitert sich der Fluss zum Lough Corry. Dahinter verlässt man den Shannon in den Jamestown Canal, der eine nicht schiffbare Schleife des Shannon abkürzt. Der Kanal ist schmal und hat an beiden Seiten felsige Ufer, was schon so manchem Freizeitkapitän Schweißperlen auf die Stirn getrieben hat.

Hinter einer alten, **sehenswerten Schleuse** kommt man dann wieder auf den Shannon, der sich wieder zu mehr oder weniger großen Seen erweitert. Hintereinander durchfährt man Lough Tap, Lough Boderg und Lough Bofin bis man nach Roosky kommt.

Das Dorf **Roosky** (ca. 550 Einwohner) ist eines der wichtigsten Anglerzentren Irlands. Der Shannon und die umliegenden Gewässer sind reich an Barschen, Schleien, Rotaugen, Brachsen und Hechten.

Die fünfbogige Steinbrücke hat an einem Ende eine **Hubbrücke,** damit auch höhere Schiffe passieren können. Sie ist eine der wenigen ihrer Art und gilt als architektonisches Erbe der Insel.

Rund um den Ort sind einige schöne **Wanderwege** markiert.

Pub

- **The Weir Lodge,** Main Street, Tel. (071) 9638458; gemütlicher Pub mit sehr freundlicher Bedienung, an manchen Tagen Live-Musik.

Termonbarry

Über das Lough Forbes gelangt man nach Termonbarry (auch Tarmonbarry). Das kleine Dorf hat schon seit Jahrhunderten einen wichtigen Shannon-Übergang. Heute führt über eine Steinbogenbrücke die Nationalstraße N 5. Der Ort wäre nicht weiter erwähnenswert, wenn da nicht **Keenans of Tarmonbarry** wäre. Das direkt an der Brücke liegende, 1840 eröffnete Hotel④-⑤ mit Restaurant②-③ wird heute in der sechsten Generation betrieben. Es ist bei Einheimischen und Touristen gleichermaßen beliebt und bietet in der Saison regelmäßig Live-Musik (Main Street, Tel. (043) 3326098, https://keenanshotel.ie).

Lough Ree

Von Termonbarry geht es weiter über Lanesborough ins Lough Ree. Der zweitgrößte Shannon-See ist 30 km lang und bis zu 7 km breit. Durch seine vielen kleinen und größeren Inseln sowie die zahlreichen Buchten ist er sehr abwechslungsreich, sodass man mit dem Hausboot gut eine Woche oder mehr auf ihm verbringen kann, ohne sich zu langweilen.

Wer hier nur durchfahren möchte, um schnell nach Athlone zu kommen, muss bei gutem Wetter mit etwa drei bis vier Stunden Fahrtzeit rechnen.

Athlone

Athlone ist mit über 21.000 Einwohnern die größte Stadt der *Lakelands* und liegt fast genau im geografischen Mittelpunkt der Grünen Insel. Durch die Autobahn M6 wird Athlone mit Galway im Westen und Dublin im Osten verbunden. Das Städtchen ist das **ökonomische Zentrum** eines weiten Einzugsgebietes, Sitz einer Technischen Hochschule und verfügt über einige sehr gute Restaurants.

Im 13. Jh. erbauten die Normannen eine starke Befestigung an dieser strategisch günstigen Stelle; drei Versuche benötigten im 17. Jh. die Truppen *Wilhelms von Oranien*, um die mächtigen Bollwerke einzunehmen.

Das Museum des **Athlone Castle** ist sehenswert. Im Bergfried geht es um die Geschichte der Belagerung von Athlone durch die Truppen von *Wilhelm von Oranien*, während in anderen Gebäuden in modernen audiovisuellen Präsentationen die Stadt- und Burggeschichte thematisiert wird. Rund um die Burg in den Straßen Main Street und Castle Street ist noch einiges an Atmosphäre zu finden.

Auch die 1937 fertiggestellte **Kirche St. Peter and Paul** ist einen Besuch wert. Der mächtige Sakralbau, der neben der Burg steht, wurde im Stil der römischen Renaissance errichtet.

Athlone ist auch **Zentrum des Angler- und Bootstourismus** für den Lough Ree und die umliegenden Gewässer.

Unterhalb des Castles am Fluss befindet sich **Sean's Bar.** Der Pub ist laut *Guinness World Records* **das älteste**

☒ Blick über den Shannon auf Athlone mit der Kirche St. Peter and Paul

Gasthaus Irlands und eines der ältesten der Welt. Das Gebäude wurde bereits im Jahr 900 erbaut und wird seither ununterbrochen als Gasthaus genutzt. Der urige Pub ist ein beliebter Treffpunkt von Einheimischen und Touristen.

Sehr reizvoll ist ein Spaziergang entlang der **Uferpromenade.** Von ihr kann man auch das flussabwärts gelegene, halbkreisförmige Wehr erkennen, an dem viele Angler in ihren Booten sitzen und fischen. Kabinenboote umfahren dieses Wehr mittels der Schleuse **Athlone Lock.** Die Schleuse ist die größte und modernste auf dem Shannon.

■ **Athlone Castle,** St. Peter's Square, Tel. (090) 644 2130, https://athlonecastle.ie, Jan.–Feb. und Nov.–Dez. Mi–So 10.30–17 Uhr, So erst ab 11.30 Uhr, März–Mai und Sept.–Okt. Di–So 10–17.30 Uhr, So erst ab 11 Uhr, Juni–Aug. Di–So 9.30–18 Uhr, So erst ab 10.30 Uhr; Erwachsene 10 €, Studierende/Senioren 7 €, Kinder (unter 15 J.) 5 €, Familien ab 25 €.

Praktische Tipps

Tourist Information

■ **Athlone Tourist Information Office,** im Castle.

■ **https://athlone.ie** und **https://discoverireland.ie/athlone**

Unterkünfte

■ **Hodson Bay Hotel**③, Roscommon Road, Tel. (090) 6442000, www.hodsonbayhotel.com; etwa 5 km außerhalb an der N61 Richtung Roscommon, großes Hotel direkt am Lough Ree mit schönem Blick über den See. Mit Fitness-Studio und Swimming Pool.

■ **Riverview House**②, Galway Road, Tel. (090) 6494532, www.riverviewhousebandb.com; familiäres B & B am Ortsrand, auf Wunsch vegetarisches Frühstück.

■ **Villa St. John**②, Roscommon Road, Tel. (086) 2464099; am westlichen Ortsrand.

■ **Bastion Lodge**①-②, 2 Bastion Street, Tel. (090) 6494954, https://thebastion.net; uriges B & B direkt im Zentrum.

■ **Lough Ree East Caravan & Camping Park**①, Ballykeeran, Tel. (086) 4106282. Am Ufer des Lough Ree gelegen, von Athlone auf der N 55 3 km nach Norden bis nach Ballykeeran, wo der Campingplatz sich hinter dem Steinhaus befindet. Geöffnet April–September.

Restaurants

■ **Wineport Restaurant**②-③, im Weiler Glasson, Tel. (090) 6439010, https://wineport.ie; wenige Kilometer nordöstlich an der N55 in einem Hotel, eines der besten Lokale von Athlone, gute Fleisch- und Fischgerichte.

■ **The Left Bank Bistro**③, Fry Place, Tel. (090) 6494446, https://leftbankbistro.com; unterhalb der Burg gelegen, mehrfach preisgekröntes Bistro.

■ **Pavarotti's Restaurant**②, Fry Place, Tel. (090) 6493066, unterhalb der Burg gelegen, Pizzas und Pasta, ein freundliches, kleines italienisches Lokal.

■ **Kin Khao**②, 1 Abbey Lane, Tel. (090) 6498805, https://kinkhaothai.ie; für authentische thailändische Küche gelobtes Restaurant, Gerichte auch außer Haus.

■ **Thyme Restaurant**②-③, Custume Place, Tel. (090) 6478850, https://thymerestaurant.ie; moderne irische Küche aus lokalen Zutaten, auch ein vegetarisches Gericht auf der Speisekarte.

Pubs

■ **Sean's Bar,** 13 Main Street, Tel. (090) 6492358, https://seansbar.ie; der lange dunkle Raum, die Einrichtung und der mit Sägespänen bedeckte Fußboden erzeugen eine eigenartige Stimmung, die nicht jedermanns Geschmack ist, nach hinten ein kleiner Biergarten, von dort nur wenige Schritte bis zum Shannon. Regelmäßig treten Musiker auf.

- **The Castle Inn,** 1 Main Street, Tel. (090) 649404; nette Kneipe unterhalb der Burg.
- **The Brew Pub,** Custume Pier, Tel. (090) 6420883; der Pub befindet sich im *dead centre brewing,* einer kleinen **Craft-Bier-Brauerei.**

Verbindung

- **Busse** mehrmals täglich von Dublin, Westport, Cork, Sligo, Carrick-on-Shannon, Galway und Roscommon.
- **Züge** mehrmals täglich von Dublin, Westport und Galway.

Clonmacnoise

MEIN TIPP: Von Athlone sind es etwa 17 km flussabwärts bis nach Clonmacnoise, der bedeutendsten **frühchristlichen Klosteranlage** Irlands. Der Anleger mit schönem Blick auf das Kloster bietet zwar für mehrere Boote Raum, dennoch sollte man möglichst früh hier ankommen, da er oft belegt ist.

Landschaftlich schön eingerahmt vom Shannon liegen die Ruinen oberhalb des Flusses. Um das Jahr 550 gründete der *hl. Kieran,* ein Glaubensbruder des in Irland nicht minder berühmten *hl. Kevin,* diese Mönchssiedlung, die dank ihres Abtes zu einem bekannten Zentrum kirchlicher Gelehrsamkeit heranwuchs.

Glaubt man der **Legende,** so soll *Kieran* nicht nur die Menschen, sondern auch die Tiere des Waldes in seinen heiligen Bann geschlagen haben: Ein Fuchs nämlich trug ihm den Psalter, und ein Hirsch stellte dem Heiligen sein ausladendes Geweih als Lesepult für die Bibel zur Verfügung.

Natürlich blieb auch das reiche Clonmacnoise während des 9. bis 13. Jh. nicht von den Raubzügen der Wikinger und später von Plünderungen der Anglo-Normannen verschont. All dies überstand das Kloster, doch nachdem im Zuge der von *Heinrich VIII.* verordneten Reformation 1552 sämtliche Kirchenschätze und das gesamte liturgische Gerät geraubt wurden, erholte sich diese geistige Stätte nicht mehr und verfiel zusehends.

Vor dem Eingang des Klosterareals breitet sich ein ehemaliges **Normannen-Kastell** aus, dessen Erdwälle noch zu sehen sind. Im Besucherzentrum hat man die Möglichkeit, eine Anzahl von **frühchristlichen Grabsteinen** zu bewundern, welche aus dem 8. und 12. Jahrhundert datieren und einst flach auf den Gräbern lagen. Darüber hinaus informiert das *Visitor's Centre* über die Geschichte von Clonmacnoise sowie über die Flora, Fauna und Landschaft der Region.

Im Mittelpunkt des Komplexes ragt die **Kathedrale** auf, deren einzelne Bauteile aus dem 10–15. Jh. stammen. Über dem Nordportal erkennt man neben anderen großen Kirchenmännern den *hl. Patrick.*

Östlich der Kathedrale befindet sich noch die kleine Kirche **Temple Kieran** (9. Jh.), in der sich das Grab des Klostergründers befinden soll. Im Norden des Bezirks stehen **Temple Connor,** eine aus dem 11. Jahrhundert datierende, heute protestantische Kirche, und **Temple Finian,** das aus dem 12. Jahrhundert stammende Gotteshaus mit einem an den Chor angebauten, 17 m hohen Rundturm. Ein weiterer, 18 m hoher **Rundturm,** der *O'Rourke's Tower,* steht frei auf dem Gelände.

Drei beachtenswerte **Hochkreuze** schmücken die Klosteranlage; das Inschriftenkreuz, das nach einhelliger

Meinung von Kunsthistorikern zu den schönsten seiner Art in ganz Irland gehört, erhebt sich vor der Kathedrale. An der Westseite sieht man den Verrat von Judas, die Gefangennahme Christi, den Gekreuzigten und die Bewachung seines Grabes; an der östlichen Seite sieht man, wie *König Dermot* dem *hl. Kieran* beim Kirchenbau zur Hand geht, oben tagt das Jüngste Gericht. Auf der Südseite sieht man einen Bischof sowie *David* mit der Harfe, auf der Nordseite dann einen weiteren Bischof, eine Figur mit Flöte sowie einen Falkner, am Sockel Reiter, Kriegswagen, Jäger und verschiedene Tiere. Zwei weitere Hochkreuze stehen nördlich bzw. südlich von diesem.

Am Eingang lohnen rund **200 Grabsteine** aus dem 8.–12. Jahrhundert einen längeren Blick, deutlich erkennt man die Unterschiede der über die Jahrhunderte entstandenen Steinmetzkunst. Häufig findet sich die eingemeißelte Formulierung „OR DO…“, was soviel wie „ein Gebet für …“ bedeutet.

360irl he

Außerhalb des ummauerten Klosterareals befindet sich die gut erhaltene, 1167 vollendete **Nun's Church** (Nonnenkirche). Jährlich am 9. September, dem Tag des *hl. Kieran*, gibt es eine Wallfahrt nach Clonmacnoise, vor einem überdachten Freialtar zelebriert ein Priester die Messe.

Eine **audio-visuelle Vorführung** dauert übrigens 20 Minuten, und es gibt sie auch auf Deutsch.

■ **Clonmacnoise,** Shannonbridge, Athlone, Tel. (090) 9674195, https://heritageireland.ie/places-to-visit/clonmacnoise, Feb.–Okt. tgl. 10–17.30 Uhr, Nov.–Jan. tgl. 10–17 Uhr; Erwachsene 8 €, Senioren 6 €, Studierende/Kinder 4 €, Familien 20 €.

Banagher

Von Clonmacnoise geht es über Shannonbridge weiter bis nach Banagher. Der Ort mit seinen etwa 1700 Einwohnern ist das **maritime Zentrum** am unteren Shannon, wovon die riesige Marina zeugt, die zahlreichen Charterfirmen Platz bietet.

Banagher ist seit alters her ein wichtiger Flussübergang, zunächst nur als Furt. Mitte des 11. Jh. wurde dann die erste Brücke über den Fluss errichtet. Die heutige Brücke stammt aus dem Jahr 1843. An der Ostseite der Brücke steht eine imposante Holzplastik. Sie ist dem legendären irischen Folksänger **Johnny McEvoy** gewidmet, der 1945 in Banag-

[<] Eines der drei wunderschönen Hochkreuze von Clonmacnoise

her geboren wurde. Da passt es, dass es in mehreren Pubs Live-Musik zu hören gibt.

Banagher liegt im Zentrum einer Landschaft, die sich **Callows** nennt. Es ist ein Wiesen-, Sumpf- und Moorland, das im Winter oft durch Hochwasser des Shannon überflutet wird und ein wichtiger Lebensraum für viele seltene Pflanzen- und Tierarten ist. Besonders Wasservögel, die in zahlreichen Arten vorkommen, profitieren von den Überschwemmungsflächen.

Restaurants und Pubs

- **J.J.Houghs Singing Pub②**, Main Street, Tel. (087) 9357312; einer der angesagtesten Pubs Irlands, regelmäßig Live-Musik.
- **Simon Lyons Pub②**, Main Street, Tel. (057) 9151414; kleiner, uriger Pub, regelmäßig Live-Musik.
- **Angelo Take Away①-②**, Main Street, Tel. (057) 9151477; empfehlenswerte Fish & Chips, aber auch die Burger sind schmackhaft.

Portumna

Von Banagher geht es weiter nach Portumna, der traditionellen **Marktstadt** am Nordende des Lough Derg. Darüber hinaus profitiert der Ort vom Bootstourismus, und die Freizeitkapitäne finden hier Läden für die Selbstversorgung.

Die **Marina** von Portumna (Connaught Harbour) liegt etwas außerhalb des Örtchens an der Brücke über den Shannon. Einen weit schöneren Liegeplatz bietet aber **Portumna Castle Harbour,** der nur wenige hundert Meter unterhalb vom Portumna Castle (schon in Lough Derg) nur wenige Gehminuten vom Zentrum entfernt liegt.

Nahe am Ufer des Lough Derg befinden sich die Ruinen der **Portumna Dominican Priory,** eine aus dem 15. Jahrhundert datierende Dominikaner-Abtei.

⌄ Portumna, traditionsreiche Marktstadt in Galway

Nicht weit entfernt steht **Portumna Castle,** kein Schloss, sondern ein im 17. Jh. erbautes Herrenhaus.

Um das Anwesen erstreckt sich der **Portumna Forest Park,** in dem eine Rotwildherde sowie japanische Sika-Rehe äsen. In dem Naturpark lässt es sich hervorragend wandern und spazieren gehen.

Für historisch Interessierte gibt es am nördlichen Ortsrand das **Irish Workhouse Centre.** In dem ehemaligen Armenhaus kann man etwas über den geschichtlichen Hintergrund und die Lebensbedingungen, die in diesen Institutionen herrschten, erfahren.

■ **Portumna Castle and Gardens,** St. Brigit's Road, Tel. (090) 9741658, https://heritageireland.ie/places-to-visit/portumna-castle-and-gardens, Mitte März–Anfang Nov. tgl. 10–18 Uhr; Erwachsene 5 €, Senioren 4 €, Studierende/Kinder 3 €, Familien 13 €.

■ **Irish Workhouse Centre,** Tel. (090) 9759200, https://irishworkhousecentre.ie, März bis Okt. tgl. 9.30–17 Uhr (Touren um 10, 12, 14 und 16 Uhr); Erwachsene 7 €, Senioren/Studierende 5 €, Kinder (7–12 J.) 3 €, Familien 15 €.

Terryglass

Das südlichste für Mietboote befahrbare Revier auf dem Shannon ist **Lough Derg.** Mit 40 km Länge und einer Fläche von fast 13.000 ha ist er der größte Shannon-See und der drittgrößte Irlands. Um den ganzen See mit seinen wichtigsten Orten und Sehenswürdigkeiten zu erkunden, sollte man schon mehrere Tage einplanen. Im Folgenden soll nur eine kleine Auswahl getroffen werden.

Ganz im Norden des Sees auf seiner Ostseite liegt **Terryglass.** Auch wenn der Ort bis auf eine Klosterruine nicht viel Sehenswertes zu bieten hat, lohnt sich eine Übernachtung in einem der beiden dicht beieinander liegenden Häfen. Im nur gut 500 m entfernten Zentrum des Dorfes gibt es mit dem **The Derg Inn Terryglass**② eine besonders vielversprechende Einkehrmöglichkeit (Main Street, Tel. (067) 22037, https://thederg.ie.), wo man nicht nur lecker und preiswert essen kann, sondern auch mit regelmäßig auftretenden Musikern unterhalten wird. Auch der gemütliche Pub **Paddy's Bar**② nebenan bietet sehr schmackhaftes Essen (Tel. (067) 22147).

Dromineer

Einige Meilen weiter südlich liegt ebenfalls an der Ostseite des Sees das kleine Dorf Dromineer in der gleichnamigen Bucht. Der sehr **schöne Yachthafen** hat sich im Laufe der letzten 150 Jahre zu einem wichtigen Segelzentrum entwickelt und ist Sitz des 1837 gegründeten *Lough Derg Yacht Club,* der einer der ältesten der Welt ist.

Direkt an der Kaimauer steht eine **Burgruine** aus dem 13. Jh., die im 15. Jh. zu einem vierstöckigen Towerhouse erweitert wurde. Es zählt zu den größten seiner Art in Irland.

Im Westen neben dem Hafen gibt es eine kleine **Badebucht,** die besonders von Familien mit Kindern gern genutzt wird. Die Gegend um Dromineer bietet einige interessante **Wanderwege.** Besonders schön ist der 10 km lange *Sli Eala* („Schwanenweg"), der Dromineer mit Scotts Bridge in der Nähe von Nenagh an der N 52 verbindet und über weite Strecken am Ufer des Nenagh Rivers entlang führt.

Mit dem **Lake Café** findet man im Lough Derg House (Tel. (087) 2264138, https://loughderghouse.ie) eine gute Möglichkeit eine Tasse Tee oder Kaffee mit hervorragenden *Scones* mit Marmelade zu genießen.

Garrykennedy

Garrykennedy, wiederum einige Kilometer weiter südlich, hat eine der **schönsten Marinas** Shannons. Es gibt zwei Häfen: der alte, relativ kleine mit Platz für etwa 10 Boote erfordert etwas Geschick beim Einlaufen und der neuere, 2007 gebaute Hafen hat Platz für ca. 30 Boote, die dort ohne Schwierigkeiten sicher anlegen können.

Der kleine Ort besticht mit einigen hübschen Häusern und blumengeschmückten Vorgärten. Vom Hafen kann man einen schönen Waldspaziergang unternehmen, der in Richtung Westen mehr oder weniger nah am Ufer entlang führt.

Flüssige und feste Nahrung findet man in den Pubs *Larkin's* (www.larkins.ie) und *Ciss Ryan's,* die beide in der Bootssaison oft überfüllt sind.

Killaloe und Ballina

Letzte Station der Bootsreise auf dem Shannon sind die beiden Orte Killaloe und Ballina. Hier endet der für Freizeitkapitäne schiffbare Bereich des längsten Flusses Irlands. Beide Orte liegen etwas südlich von Lough Derg auf den gegenüberliegenden Uferseiten des Shannon, verbunden durch eine **beeindruckende Steinbrücke,** die aus 13 Bögen besteht. Es gibt eine Vielzahl privater und öffentlicher Anleger. Dennoch sind vor allem die öffentlichen dem Ansturm in der Bootssaison nicht immer gewachsen.

Sehenswert ist neben der Steinbrücke auch die **St. Flannan's Cathedral** in Killaloe. Das erhaltene Gebäude stammt aus dem frühen 13. Jh. und kennzeichnet den Übergang von der romanischen zur gotischen Architektur.

Beide Orte bieten abwechslungsreiche Verköstigungsmöglichkeiten. Die meisten davon findet man in Ballina, wie z.B. die traditionelle Bar **Liam O'Riain's** (Main Street, neben dem Friedhof der römisch-katholischen Kirche Our Lady, Tel. (061) 376722), die Bäckerei mit Kaffeehaus **Wild Fig Foods** (50 Ballina Quay, Tel. (085) 1979813) oder das bei Einheimischen sehr beliebte Restaurant mit Pub **Brian Boru** (Derg Court Cullina, Tel. (061) 374458), wo man bei gutem Wetter auch draußen sitzen kann.

10

Nordirland – Tour 10

»Rote Briefkästen, Telefonzellen der Royal Mail und atemberaubende Küstenlandschaften – der zum Vereinigten Königreich Großbritannien gehörende Nordosten der Grünen Insel sollte bei keinem Besuch fehlen.

< Giant's Causeway

NORDIRLAND – TOUR 10

Erste Station der rund 250 km langen Tour ist die Stadt *Derry (Londonderry),* und von dort geht es hoch an die nordirische Küste zu den beiden kleinen, nur wenige Kilometer auseinanderliegenden Seebädern *Portstewart* und *Portrush.* Die berühmte Whiskey-Destille von *Bushmills* nahebei wird sicherlich kein Besucher auslassen, gleiches gilt für eines der spektakulärsten Naturwunder auf der gesamten Insel, für den *Giant's Causeway,* den „Damm der Riesen", auf dem, glaubt man der Legende, einmal die sagenumwobenen Figuren der irischen Mythologie trockenen Fußes hinüber nach Schottland spazieren wollten. Weiter führt unsere Tour entlang landschaftlich interessanter Plätze die Küste hinunter Richtung Süden und vorbei an einer ganzen Reihe von weiteren Städtchen am Meer, bis schließlich *Belfast* erreicht ist, die *Hauptstadt Nordirlands.* Nach einer ausgedehnten Besichtigungstour der Kapitale geht die Fahrt durch das Landesinnere, und ehe man sich versieht, ist das Territorium der Republik Irland wieder erreicht.

Derry

Von Letterkenny aus, hoch oben im Norden der Republik Irland, machen wir uns über die N 13 nach Derry (offiziell Londonderry) im zum Vereinigten Königreich gehörenden Nordirland auf. Die Stadt wird in der Republik Irland nur Derry genannt, der offizielle britische Name ist Londonderry. In Nordirland bevorzugen Protestanten, die sich eher als Briten fühlen, manchmal den langen Namen, Katholiken hingegen den kurzen. Und weil Derry heute mehr katholische als protestantische Einwohner hat, heißt die Stadt auf kommunaler Ebene Derry, während das County Londonderry heißt. **Zoll-** oder **Grenzkontrollen** gibt es übrigens derzeit (Stand Herbst 2023) noch nicht.

Die Stadt liegt am südlichen Ende vom Lough Foyle, dort, wo der gleichnamige Fluss sich zu einem Mündungstrichter verbreitert und in den großen Meeresfjord fließt.

Derry ist mit ca. 85.000 Einwohnern die **viertgrößte Stadt der Grünen Insel** und nach Belfast die bevölkerungsreichste in Nordirland. Fast 75 % der Einwohner sind **Katholiken,** während sich etwas mehr als 22 % laut der britischen Volkszählung von 2011 als **Protestanten** bezeichnen. Allerdings geben die Angaben zur nationalen Identität in der Volkszählung ein noch komplexeres Bild: knapp 24 % kreuzten an, Briten zu sein, 55 % sehen sich als Iren und fast 25 % gaben an, dass ihre Nationalität nordirisch sei. Die beiden konfessionellen Bevölkerungsgruppen leben nach wie vor getrennt voneinander: Die meisten Protestanten leben am Ostufer des

Flusses Foyle, in der Waterside. Ein großer Teil der Katholiken lebt hingegen am Westufer, in der Cityside, wo sich auch die Stadtmauer und die meisten Sehenswürdigkeiten befinden, die oft eine bedeutende Rolle für die Identität der Protestanten Derrys spielen. 2011 erbaute man für Fußgänger die **Peace Bridge** zwischen den beiden Teilen Derrys. Diese Brücke symbolisiert das mittlerweile gute Zusammenleben aller Bürger der Stadt. 2013 wurde Derry (nach dem Erfolg Liverpools als Europäische Kulturhauptstadt 2008) sogar zur ersten britischen Kulturhauptstadt *(UK City of Culture)*, was bei allen Bürgern auf eine positive Resonanz stieß.

Geschichte

Der irische Name der Stadt lautet *Doire* (= Eichenwald). Um 546 gründete der heilige *Columban* hier ein Kloster, weshalb die Stadt auch als *Doire Cholm Cille* (= Eichenwald des Columba) bekannt ist. Im 16. Jh. kam es vor allem in Irlands nördlicher Provinz Ulster immer wieder zu Konflikten zwischen einheimischen katholischen Fürsten und der englischen Krone, die sich unter *Heinrich VIII.* vom Papst losgesagt hatte. Derry wurde im Zuge dieser Auseinandersetzungen zerstört und den Zünften Londons zur Neubesiedlung mit Protestanten aus England und vor allem Schottland übergeben. So kam es zum Namen Londonderry.

Vor allem **drei Ereignisse** in der Stadtgeschichte sind noch heute im Bewusstsein der Nordiren lebendig:

Nachdem 1685 mit *Jakob II.* ein Katholik den englischen Thron bestieg und ihm dann 1688 sein protestantischer Schwiegersohn *Wilhelm von Oranien* diesen streitig machte, verlagerte sich der Konflikt der zwei Kontrahenten nach Irland. Im damals fast ausschließlich von Protestanten bewohnten Derry sollten deshalb 1689 katholische, dem König *Jakob* ergebene Truppen statio-

NICHT VERPASSEN!

- **Die Stadtmauer Derrys,** die 1,5 km umfassende Befestigungsanlage aus dem 17. Jh., kann man komplett umrunden | 348
- **Politische Wandgemälde,** in Belfast und Derry | 351, 384
- **Old Bushmills Distillery,** Besuch von Irlands ältester Whiskey-Brennerei | 360
- **Giant's Causeway,** ein beinahe wie von Menschenhand erschaffenes Naturwunder | 360
- **Dark Hedges,** eine beeindruckende Buchenallee, die Fans der Fantasy-Serie „Game of Thrones" bekannt sein dürfte | 362
- **Die Hängebrücke von Carrick-A-Rede,** eine 20 m lange Hängebrücke in 30 m Höhe, über die man eine Felseninsel erreicht | 363
- **Titanic Belfast,** das größte der Titanic gewidmete Museum der Welt steht genau an der Stelle, wo der Liniendampfer einst gebaut wurde | 378

Diese Tipps erkennt man an der gelben Markierung.

White Strand Bay
Glengad Head
Malin
Dunaff Head
317 Fanad Head
Ballyliffin
Clonmany
R238
R243
Dunmore Head
Carndonagh
Gleneely
R238
Balbane Head
Inishowen Head
Benbane Head
360 Dunluce Castle
Ramore Head
358 Portrush
355 Portstewart
Revallagh
318 Portsalon
Drumfree
R244
Glentother
Greencastle
R241
Mulligan Point
Mauville
Slieve Snaght Mountain 615
Laugh Swilly
317 Fanad-Peninsula
R238
R240
R238
B202
A 2
Articlave
Coleraine
B17
Ballybogy
R247
318 Rathmullan
Buncrana
Lough Foyle
Carrowkeel
Glebe
B201
A 26
B62
R247
Inch Island
Ray
R238
B69
Bolea
A 37
Burnfoot
R239
Limavady
B168
B207
B66
B66
322 Grianan of Aileach
Rathmelton
Bridge End
A 2
Eglinton
B69
B188
B70
Newtown Cunningham
Londonderry (Derry)
344
B118
Baranailt
B192
B68
Drumsurn
B168
A 54
R237
B193
N 13
R265
A40
New Buildings
The Cross
A 6
Scriggan
B64
B64
B64
A 29
Manor-canningham
Saint Johnstown
Bready
LONDONDERRY
Swatragh
Drumoghill
R236
R265
Claudy
Feeny
B74
B74
Carn
B75
(DERRY)
A 5
B48
Raphoe
Ballymagorry
Dunnamanagh
B49
B49
Park
B44
B40
Maghera
A 6
A 42
N 14
Artigarvan
R264
Sawel Mtn 678
Sperrin Mountains
Moneyneany
Tobermore
B182
Lifford
Strabane
B41
B42
Castlefinn
NORD-
B85
Cranagh
Sperrin
B47
B40
Drapers-town
Clady
B165
Plumbridge
B47
Barnes Gap 442
420
A 29
Slieve Gallion 678
Magherafelt
R235
B72
B165
B47
B48
Ardstraw
Newtonstewart
A 31
B181
B18
Castlederg
B164
B164
Gortin
B46
Moneymore
B18
B181
B18
B18
Killen
IRLAND
Greencastle
Dunnamore
Coagh
B50
Mountjoy
B48
A 505
B73
B73
Creggan
Cookstown
B46
B4
B160
B161
B50
B4
The Rock
A 29
Drumquin
Omagh
B4
Carrickmore
Pomeroy
D84
A 32
B4
B160
Stewartstown
B158
Beragh
Sixmilecross
Cappagh
B43
Carland
B4
B46
Lack
Seskinore
TYRONE
Dungannon
A 45
Dromore
A 5
B83
Ballyreagh
A 4
Maghery
Irvinestone
B168
B80
B131
Ballygawley
B35
B45
B130
Moy
Charlemont
B123
Kilskeery
B46
B122
B106
A 29
A 32
Aughnacloy
B128
Benburb
B77
B115
Allistragh
A 28
B45
389
Tempo
Fivemiletown
R186
Armagh
Richill
N 2
Caledon
B80
Emyvale
Enniskillen
A 4
ARMAGH
Anschlusskarte Seite 300

0
10 km
©Reise Know-How
Irl. T10 12/24
SCHOTTLAND
North Channel
Mull of Kintyre
Carskiey
Brunerican Bay
Macharioch
Core Point
Sanda Island
360 Giant's Causeway
393 Ballintoy Harbour
363 Carrick-a-Rede
365 Rathlin Island
Rathlin Sound
Bull Pt
Church Bay
Rue Pt
Benmore Head
Ballycastle Bay
Murlough Bay
367 Torr Head
White Park Bay
B146
A 2
B15
360 Bushmills
B17
364 Ballycastle
Ballyvoy
The Dry Arch
Knocklaid 514
Runabay Head
Derrykeighan
B67
B66
A 44
A 2
367 Cushendun
B147
362 Dark Hedges
Armoy
B15
Stranocum
Orra Head 508
Cushendall
B15
B16
Red Bay
Trostan 551
Ballymoney
Loughguile
B14
Carron Point
Corkey
A 43
A 2
Hunters Point
B16
ANTRIM
B62
367 Carnlough
Straidkilly Point
Clogh
Newtown-Crommelin
B64
B64
Glenarm
Glarryford
Drumnagreagh Port
The Hullin Rocks
B82
A 26
The Sheddings
B97
B96
A 42
Ballygalley
Broughshane
B148
B82
B94
Coastguard Station
B96
Ballymen
Agnews Hill
Larne
A 54
A 42
Moorfields
A 36
Kilwaughter
B90
Island Magee
Larne L.
B52
B18
Kells
Glynn
B53
B99
B150
Bellaghy
Whitesides Corner
B94
B100
A 8
A 2
L. Beg
B98
B59
Glenoe
B149
B18
B53
Ballynure
B58
368 Carrickfergus
Black Head
A 6
Toome
Randalstown
Ballyclare
Whitehead
B95
B90
B18
A 6
Antrim
B58
Staffordstown
M1
B59
Newtonabbey
A 2
Belfast Lough
Ballyronan
A 6
Grooms-port
Light House/Mew/ Portland Island
B95
Grey Pt
Helen's Bay
A 57
B39
A 6
Holywood
B21
Foreland Point
Lough Neagh
A 26
Loanends
Bungor
A 48
Donaghadee
A 52
M2
A 2
B170
A 21
A 2
370 Belfast
B172
Millisle
Ardboe
Crumlin
Dundrod
Glenavy
B38
B38
A 20
Ballyferis Point
A 30
Dundonald
Newtownards
B101
Long Rock
B156
A 501
A 23
B178
Comber
Greyabbey
B5
B12
B104
Dunmurry
Ballywalter
A 24
Aghallee
A 26
B104
Carryduff
A 22
A 20
A 2
Lisburn
Ballygowan
B2
B6
Strangford
B173
M1
B178
Saintfield
Rubane
Craigavon
Lurgan
Hillsborough
B177
A 49
A 21
B6
Lough
A 4
Cloghy
B28
Portadown
B2
Dromore
A 7
392 Castle Ward
B77
Waringstone
B3
B2
B7
Killyleagh
Portaferry
B11
A 3
A 1
Ballynahinch
Crossgar
Dromara
B2
Strangford
Kearney Point
Tandragee
A 50
Banbridge
Slieve Croob 532
A 25
B131
B7
B175
A 24
Annacloy
Scarva
392 Inch Abbey
A 2
A 51
A 50
Killard Point
Clare
B10
Downpatrick

niert werden, doch die Stadt verweigerte sich und der Legende nach schlossen 13 Lehrlinge die Stadttore. Daraufhin wurde die Stadt belagert und immer wieder mit Kanonen beschossen. Die Belagerten schossen zurück – ihre Kanonen stehen noch heute auf der Stadtmauer. Nach 105 Tagen brach ein Versorgungsschiff der wilhelminischen Truppen durch den Belagerungsring. Die Organisation der *Apprentice Boys of Derry* (= Lehrlinge von Derry, benannt nach den jungen Männern, die die Tore geschlossen haben sollen) gedenkt jedes Jahr mit einer **Parade** im Sommer der Belagerung. Heute geht es bei den Paraden weitgehend friedlich zu und Katholiken wie Protestanten zollen einander Respekt, doch das war nicht immer so.

Im Sommer 1969, als wie heute mehr Katholiken als Protestanten in der Stadt lebten und diese von der Regionalregierung deutlich benachteiligt wurden, kam es anlässlich der Parade der *Apprentice Boys of Derry* zu Krawallen im Stadtteil Bogside, die so außer Kontrolle gerieten und zudem nach Belfast übergriffen, dass die britische Armee nach Nordirland entsandt wurde und 38 Jahre lang als Ordnungsmacht blieb. Zahlreiche **Wandgemälde** und die seit 1969 immer wieder erneuerte Aufschrift an einer Hauswand *You are now entering Free Derry* erinnern an die „Schlacht der Bogside“. Die Unruhen des Sommers 1969 führten zum Wiederaufleben des bewaffneten Kampfes der *IRA* (Irisch-Republikanische Armee).

Kein Ereignis brachte dieser Organisation so viele neue Rekruten wie der **Bloody Sunday,** als britische Soldaten am 30. Januar 1972 bei einer friedlichen Demonstration in der Bogside 13 Menschen erschossen (ein 14. Opfer starb viereinhalb Monate später). Auch an dieses Ereignis erinnern heute zahlreiche Wandgemälde in der Bogside.

Derry hat sich aber gewandelt. Heute entpuppt sich die Stadt als eine kreative **Kulturmetropole,** die ihre Grenzlage positiv nutzt. Der Tourismus ist hier ein immer wichtiger werdender Wirtschaftszweig.

Sehenswertes

Derry hat die einzige komplett erhaltene **Stadtmauer** Irlands. Sie entstand im frühen 17. Jh. und ist etwa 1,5 km lang. Heutzutage kann man sie komplett umrunden. Die alten Kanonen, mit denen die Stadt etwa während der Belagerung durch die Truppen des katholischen Königs *Jakob* verteidigt wurden, stehen nach wie vor hier und wurden 2005 gründlich gereinigt und restauriert. Derry trägt (eher bei Protestanten) den Spitznamen *Maiden City* (= jungfräuliche Stadt), was darauf verweisen soll, dass diese Mauern nie von Angreifern bezwungen wurden.

Der **Diamond** ist ein zentraler Platz, in dessen Mitte ein 1927 errichtetes Denkmal, das an die aus Derry stammenden gefallenen Soldaten der britischen Armee im Ersten und mittlerweile auch Zweiten Weltkrieges gedenkt. Vom Diamond aus gehen vier schnurgerade Straßen, Shipquay Street, Ferryquay Street, Butcher Street and Bishop Street, zu den alten Stadttoren. Im 19. Jh. kamen die Stadttore Castle Gate, New Gate und Magazine Gate hinzu.

Innerhalb der Stadtmauern befindet sich die 1633 fertiggestellte **St. Columb's**

Cathedral, die nicht nur das älteste Gebäude Derrys, sondern auch die erste nach der Reformation erbaute anglikanische Kirche der Britischen Inseln ist. In der Kathedrale werden auch einige historische Artefakte ausgestellt, so z.B. eine Kanonenkugel aus der Zeit der Belagerung von 1689 oder die ursprünglichen Schlösser der Stadttore.

St. Columb's Cathedral, 17 London Street, BT48 6RQ, Tel. (077) 94666754, https://stcolumbscathedral.org, Besuchszeiten Mo–Sa 9–17 Uhr, im Winter geschlossen; eine Spende von 2 £ wird empfohlen.

Nicht weit von der Kathedrale befindet sich die **Memorial Hall** der *Apprentice Boys of Derry,* eines im 19. Jh. gegründeten protestantischen Bundes, der mit dem Oranier-Orden vergleichbar ist. Der Zentrale Mythos der *Apprentice Boys* ist die Belagerung Derrys durch die katholischen Truppen von *Jakob II.* (siehe Geschichte, oben). Das mit EU-Geldern geförderte **Siege Museum** (= Museum der Belagerung) in der *Memorial Hall* soll die Kultur und Sichtweise der *Apprentice Boys* und des Oranier-Ordens Menschen anderer Herkunft näherbringen und Verständnis wecken. Im Museum wird im ersten Stock die Belagerung thematisiert, im 2. Stock geht es um den Bund der *Apprentice Boys of Derry.* Auch die Säle, in denen sich örtliche Logen des Oranier-Ordens und der *Apprentice Boys* treffen, kann man besichtigen.

The Siege Museum, Memorial Hall, 13 Society Street, BT48 6PJ, Tel. (028) 71261219, www.thesiegemuseum.org, Mo–Sa 10–17 Uhr; Erwachsene 5 £, Studierende/Senioren 4 £, Kinder unter 12 Jahren frei.

Eine neutralere Perspektive auf die Stadtgeschichte vermittelt das **Tower Museum,** das sich in einem nachgebauten mittelalterlichen Stadthaus, dem **O'Doherty Tower,** befindet. In der Dauerausstellung *The Story of Derry* geht es mit modernen audiovisuellen Darstellungsformen um die Geschichte und Vorgeschichte der Stadt, während in der Dauerausstellung *La Trinidad Valencera* ein 1588 in der Kinnagoe Bay in Donegal gesunkenes Schiff der spanischen Armada thematisiert wird, das fast 400 Jahre später von Hobbytauchern aus Derry entdeckt wurde.

363irl he

Derrys Stadtmauer kann vollständig umrundet werden

The Tower Museum, Union Hall Place, BT48 6LU, Tel. (028) 71372411, https://derrystrabane.com/towermuseum, tgl. 9–17.30 Uhr, letzter Einlass 16 Uhr; Erwachsene 4 £, Studierende/Senioren 2,40 £, Kinder 2 £, Familien 9 £. Deutschsprachige Audio-Guides stehen für die Ausstellung *Shipwreck – La Trinidad Valencera* zur Verfügung.

Außerhalb der Stadtmauer, gegenüber dem Stadttor Shipquay Gate, befindet sich die im neugotischen Stil erbaute **Guildhall,** das Rathaus der Stadt, das an eine Kirche erinnert. Ursprünglich stand einmal ein Rathaus am Diamond, aber nachdem es im 19. Jh. einem Brand zum Opfer gefallen war, wurde von 1887 bis 1890 ein neues Rathaus gebaut. 1908 brannte auch dieses Gebäude ab und nur der Uhrenturm blieb erhalten. Das an gleicher Stelle neu errichtete Gebäude wurde 1912 eröffnet und 1972 durch zwei Bomben der IRA beschädigt. Sehenswert sind die bunten Glasfenster und der dem Londoner „Big Ben“ nachempfundene Uhrenturm. Zudem befindet sich hier eine kleine Ausstellung zur *Plantation,* der Besiedlung Ulsters mit protestantischen Siedlern aus Schottland und England Anfang des 17. Jh.

The Guilhall, Guildhall Street, BT48 6DQ, Tel. (028) 71376510, https://derrystrabane.com/Guildhall, Mo–Fr 9–20, Sa und So 9–18 Uhr Uhr; Eintritt frei, Führung 2 £.

Auf der s-förmigen, 235 Meter langen **Peace Bridge** können Fußgänger und Fahrradfahrer seit 2011 den Fluss Foyle überqueren und direkt von der katholisch dominierten Cityside in die eher protestantische Waterside gelangen. Auf der Ostseite führt sie zum **Ebrington Square,** dem ehemaligen Paradeplatz einer 2003 geschlossenen britischen Armeekaserne. Ebenso beim östlichen Ende der Brücke befindet sich **St Columb's Park,** wo man bei schönem Wetter ein Picknick machen kann. Hier gibt es auch zwei Spielplätze. Im *St Columb's Park House,* einem Herrenhaus aus dem

364irl he

18. Jh. das Vereinen und Bürgerinitiativen Räumlichkeiten zur Verfügung stellt, gibt es ein Café (tgl. 9–17 Uhr).

Die **Foyle Arena,** die sich im Park befindet, ist ein öffentliches Sportzentrum mit Schwimmbad, Sauna, Sporthalle, Kletterwand und Fitness-Studio.

■ **Foyle Arena,** 2 Limavady Road, BT47 6JY, Tel. (028) 71376555, http://derrystrabaneleisure.com/foyle-arena, Schwimmbad je nach Zeit Erwachsene 1,90–2,50 £, Kinder (ab 5 J.) 1,45–1,90 £, unter 5 und ab 65 Jahre kostenlos. Andere Aktivitäten (z.B. Fitness-Studio) bedürfen meist einer kostenpflichtigen Einweisung, die sich nur bei längerem Aufenthalt und häufiger Nutzung lohnt.

Politische Wandgemälde, die für die Identität vieler Protestanten wichtige historische Ereignisse und andere Motive darstellen oder manchmal auch ehemalige paramilitärische Gruppen, die die *IRA* bekämpften, verherrlichen, findet man in Seitenstraßen der Bond Street auf der Ostseite des Flusses Foyle. Ein weiterer Ort, an dem man dieserlei Wandgemälde (sowie in den Farben des *Union Jacks* bemalte Bürgersteigkanten und Laternenmasten) sehen kann, ist die Fountain-Gegend, eine kleine protestantische Enklave beim Bishop's Gate an der Stadtmauer auf der Westseite des Flusses. **Achtung:** Man sollte die Bond Street wie auch die Fountain nur tagsüber besuchen.

Von der Altstadt aus gelangt man u.a. durch das Stadttor Butcher's Gate hinunter in die **Bogside,** ein katholisches Arbeiterviertel, in dem sich mit der als „Schlacht der Bogside" 1969 und dem *Bloody Sunday* 1972 wesentliche Ereignisse des Nordirlandkonflikts zutrugen und wo die *IRA* nach Jahren der Inaktivität Ende der 1960er-Jahre wieder zu einer paramilitärischen Organisation wurde. Heute hat das Viertel neues Selbstvertrauen gefunden und wird, anders als etwa die Bond Street oder Waterside, von Touristen aus aller Welt besucht. Auf einer Verkehrsinsel in der Leckey Road befindet sich eine freistehende Giebelwand, auf der seit 1969 **„You are now entering free Derry"** (Sie betreten jetzt das freie Derry) zu lesen ist. Als der Spruch erstmals geschrieben wurde, standen hier Reihenhäuser, von denen nur noch diese Hauswand übrig ist. Die Worte werden regelmäßig in unterschiedlicher Größe und in verschiedenen Schreibstilen erneuert, manchmal auch mit ergänzendem Text oder Bildern. Die Gegend um die Wand ist als *Free Derry Corner* bekannt. Gegenüber der Hauswand, am anderen Ende der Verkehrsinsel, befindet sich ein steinernes „H", das **Hunger Strike Memorial.** Es erinnert an die Gefangenen der *IRA*, die im *H-Block* des Gefängnisses *Long Kesh* außerhalb Belfasts im Jahre 1981 nach fünf Jahren Protest in den Hungerstreik traten. Sieben Mitglieder der *IRA* sowie drei der kleineren *INLA (Irish National Liberation Army)* starben dabei. Hier bestehen gute Fotografiermöglichkeiten, denn man sieht auch mehrere Wandgemälde, die an die Schlacht der Bogside sowie den *Bloody Sunday* erinnern. Insgesamt **zwölf große Wandgemälde** befinden sich entlang der Rossville Street, die auch als *People's Gallery* bekannt ist. Die Künstler nennen sich

☒ Die Peace Bridge: ein Symbol für die Versöhnung von Protestanten und Katholiken

Eine Geschichte der inneririschen Grenze

Die irische Grenze existiert seit der Gründung des damaligen **Irischen Freistaats** *(Irish Free State)* im Jahre 1922, als das vorwiegend protestantische Nordirland, in dem eine Mehrheit sich als Briten sah, im Vereinigten Königreich verblieb. Zollstationen wurden errichtet und Autofahrer, die die Grenze überquerten, brauchten bis in die 1960er-Jahre ein spezielles Fahrtenbuch, das gestempelt wurde. Der Personenverkehr zwischen beiden Teilen Irlands war aber wie auch der zwischen den Inseln Großbritannien und Irland keinen Einschränkungen unterworfen, sieht man von Unannehmlichkeiten und Kosten des Warentransports und den nicht durchgehend geöffneten Grenzübergängen ab. Die Bürger des irischen Staates blieben zunächst Untertanen des *British Empire (British subjects)* und beide Staaten sind bis heute zusammen mit der Isle of Man und den Kanalinseln in der *Common Travel Area* (*CTA* = Gemeinsame Reisezone) verbunden.

Während des **Zweiten Weltkriegs** (1939–1945), bei dem der irische Staat neutral blieb, kam es in beiden Ländern zur Rationierung von Lebensmitteln und anderen Gütern, wodurch der Warenverkehr stärker kontrolliert wurde und der Schmuggel blühte. Die *Common Travel Area* wurde während des Krieges und in den Folgejahren bis 1952 außer Kraft gesetzt und die Südiren brauchten ein Visum für Großbritannien. Die innerirische Grenze blieb aber offen, weshalb zum Missfallen der Unionisten auch Nordiren bei der Ankunft in Großbritannien strengen Einreisekontrollen unterworfen waren.

1949 erklärte sich der irische Staat zur **Republik** und trat aus dem *Commonwealth,* einem Staatenverbund des Vereinigten Königreichs und seiner ehemaligen Kolonien, aus. Damit endete eigentlich die historisch bedingte Beziehung der Bürger der Republik zum Vereinigten Königreich. Allerdings beschloss das britische Parlament, dass die Republik Irland zwar kein britisches Herrschaftsgebiet sei, deren Bürger aber dennoch nicht als Ausländer gelten. Bis heute können Iren in der britischen Armee dienen und, wenn sie im britischen Staatsgebiet leben, an allen Wahlen und Volksabstimmungen teilnehmen. Ähnliches gilt für Briten in Irland.

Ein neues Kapitel in der Geschichte der irischen Grenze begann mit dem Ausbruch des **Nordirlandkonflikts:** Anfang der 1970er-Jahre errichtete die britische Armee Kontrollposten an der Grenze oder in Grenznähe, um das Eindringen von Paramilitärs aus der Republik oder die Flucht dorthin zu erschweren. Straßen, die nicht kontrolliert werden konnten, wurden von der britischen Armee unpassierbar gemacht: Sie sprengte Brücken, schuf durch Explosionen Krater oder platzierte Betonblöcke auf Straßen. Einheimische wie Touristen mussten Befragungen und Kontrollen durch schwer bewaffnete und Helme tragende britische Soldaten oder Polizisten in schusssicheren Westen über sich ergehen lassen. Einen Pass oder andere Ausweisdokumente, abgesehen vom Führerschein des Fahrers, musste man allerdings nicht mit sich führen.

1973 traten das Vereinigte Königreich und die Republik Irland der **Europäischen Wirtschaftsgemeinschaft,** der Vorgängerorganisation der EU, bei. Vollständig fiel die Zollgrenze, als 1993 der Europäische Binnenmarkt in Kraft trat und den freien Warenverkehr zwischen Mitgliedsstaaten garantierte.

Der Abbau der militärischen und polizeilichen Kontrollpunkte entlang der Grenze wurde im Zuge des nordirischen **Friedensprozesses** 1998 beschlossen und bis 2005 umgesetzt. Während des Nordirlandkonflikts hatte es 20 Grenzübergänge gegeben, nun ist die Zahl der offiziellen Straßen, die die Staatsgrenze überqueren, auf über 300 angewachsen. Es gibt zudem zahlreiche inoffizielle Übergänge. Heutzutage ist nicht sofort ersichtlich, wenn man die innerirische Grenze überquert: Grenzanlagen gibt es keine mehr und Schilder, die darauf hinweisen, dass man sich in einem anderen Staatsgebiet befindet, sind die Ausnahme. Man bemerkt den **Grenzübertritt** aber z.B. daran, dass Wegweiser in der Republik auf Irisch und Englisch, in Nordirland jedoch nur englischsprachig sind. Entfernungs- und Geschwindigkeitsangaben sind in Nordirland in Meilen, in der Republik hingegen in Kilometern. Preise werden im Nordosten der Insel in Pfund, aber im Süden und Nordwesten in Euro angegeben. Zudem bekommt man eine SMS von seinem Mobilfunkanbieter, dass man sich nun im Vereinigten Königreich bzw. in der Republik Irland befindet. Beide Teile der Insel sind eng verwoben: Etwa 30.000 Menschen überqueren die Grenze täglich auf dem Weg zur Arbeit und zahlreiche Firmen operieren über die Grenze hinweg: Das *Guinness* Bier wird z.B. in Dublin gebraut, dann zum Abfüllen in Flaschen und Dosen nach Belfast gebracht und von dort wieder zurück nach Dublin transportiert.

Durch das Votum für den **Austritt des Vereinigten Königreichs aus der EU** *(Brexit)* im Juni 2016 (52 % dafür, in Nordirland nur 44 %) ist die innerirische Grenze nun eine Außengrenze der EU. Um eine „harte" Grenze zwischen der Republik und Nordirland zu vermeiden, haben sich im **Nordirland-Protokoll,** das am 1. Januar 2021 in Kraft trat, die EU und Großbritannien darauf geeinigt, dass Nordirland weiter den Regeln des europäischen Binnenmarktes folgt. Für Waren, die aus einem anderen Teil des Vereinigten Königreiches oder einem Drittland nach Nordirland eingeführt werden, gelten weiterhin die EU-Zölle. Das bedeutet gleichzeitig, dass Waren, die z.B. aus England, Wales oder Schottland nach Nordirland eingeführt werden sollen, bereits in diesen drei Ländern vom britischen Zoll abgefertigt werden müssen, was faktisch eine Grenze innerhalb Großbritanniens bedeutet.

Vor allem die britischen Brexit-Befürworter sind mit dieser Regel nicht zufrieden und wollten sie einseitig kündigen, während die EU kein großes Verständnis für diese Bestrebungen aus London hat. Um den Briten entgegenzukommen und einen Bruch des Irland-Protokolls und damit möglicherweise einen Handelskrieg zu vermeiden, ist im Jahr 2023 in weiteren Verhandlungen das Nordirland-Protokoll durch den sog. „Windsor-Rahmen" modifiziert worden. Er sieht deutliche Erleichterungen für britische Einfuhren nach Nordirland vor. Wie sich die Regelungen bewähren und ob beide Parteien damit auf Dauer zufrieden sein werden, wird sich in den nächsten Jahren zeigen.

The Bogside Artists. Mehr über die jüngere Geschichte der Bogside und den Nordirlandkonflikt aus irisch-republikanischer Sicht erfährt man im **Museum of Free Derry.**

- **Museum of Free Derry,** 55 Glenfada Park, BT48 9DR, Tel. (028) 71360880, https://museumoffreederry.org, Mo–Sa 10–16 Uhr, So (nur Juni–Sept.) 10–16 Uhr; Erwachsene 8 £, Studierende/Senioren und Kinder 7 £.

Praktische Tipps

Tourist Information

- 1–3 Waterloo Place, Tel. (028) 71267284.
- **https://visitderry.com**

Unterkunft

- **Waterfoot Hotel**②-③, Caw Roundabout, BT47 6TB, Tel. (028) 71345500, https://waterfoodhotel.com; einfaches Hotel in der Waterside am Stadtrand, etwa 45 Minuten zu Fuß zur Peace Bridge.
- **Shipquay Street Boutique Hotel**③-④, 17 Shipquay Street, BT48 6DJ, Tel. (028) 71267266, https://shipquayhotel.com; Hotel mitten in der Altstadt.
- **Maldron Hotel**④, Butcher Street, BT48 6HL, Tel. (028) 71371000, https://maldronhotelderry.com; zentral innerhalb der Stadtmauer gelegen, gute Auswahl an Frühstücksoptionen.
- **White Horse Hotel**③, 68 Clooney Road, BT47 3PA, Tel. (028) 71860606, https://whitehorsehotel.biz; Hotel der *Best Western Plus*-Kette, mit Fitness-Studio und Swimming Pool, 15 Minuten mit dem Auto und 50 Minuten mit dem Bus in die Innenstadt.
- **Bridge B & B**①, 3 Dacre Terrace, BT48 6JU, Tel. (028) 71309151, https://bridgebnb.com; B & B in altem Stadthaus von 1820 in der Cityside.
- **Paddy's Palace Hostel**①, 1 Woodleigh Terrace, Asylum Road, BT48 7ED, Tel. (028) 71309051, https://paddyspalace.com/room/derry; Hostel der irischen *Paddy's Palace*-Kette, zentrale Lage, Vier- und Sechs-Bett-Zimmer, kontinentales Frühstück im Preis eingeschlossen.

Restaurants

- **Walled City Brewery**②, 70 Ebrington Square, BT47 6FA, Tel. (028) 71343336, https://walledcity-brewery.com; neue Brauerei mit Restaurant am Ostufer der Peace Bridge, moderne Küche, Beilagen (Pommes Frites in verschiedenen Variationen, Gemüse, Salate) müssen extra bestellt werden. Geöffnet Mi–So.
- **Spaghetti Junction**②, 46 William Street, BT48 6ET, Tel. (028) 71414242, https://spaghettijunctionderry.co.uk; hervorragendes italienisches Restaurant in der Bogside, sizilianische Besitzer, Pizzas aus Steinofen, vegetarische, vegane und glutenfreie Gerichte erhältlich, montags geschlossen.
- **Browns Bonds Hill**②-③, 1 Bonds Hill, Tel. (028) 71345180, https://brownsbondshill.com; moderne irische Küche, gesonderte vegetarische Speisekarte, in der vegane Gerichte markiert sind, Beilagen müssen separat bestellt werden. Es gibt zudem den Ableger **Browns in Town** (Strand Road, BT48 7DJ, Tel. (028) 71362889, https://brownsintown.com; in der Innenstadt mit einer eigenen Speisekarte.
- **Mama Masala**②, 24A Queens Quay, BT48 7AS, Tel. (028) 71266646; indisches Restaurant, das auch italienische Gerichte serviert, letztere teilweise deutlich indisch beeinflusst wie etwa *Panjabi Pizza* oder *Spicy Lamb Indian Pasta.* Es gibt eine indische und eine italienische Speisekarte. Gute Auswahl vegetarischer Gerichte.
- **Pyke'n'Pommes**①, N124 Strand Road, Derry BT48 7NS, https://pykenpommes.ie/pod; *Street Food* höchster Qualität (Burger, Tacos, Fleisch, Fisch

und Veganes), verkauft aus einem alten Schiffscontainer heraus, an der Flusspromenade (Foyle Marina). Es gibt auch einige Sitzgelegenheiten unter einem Pavillon. Mo–Sa 12–20 Uhr, So 13–18 Uhr. Seit 2019 gibt es auch ein Restaurant in der Strand Road Nr. 53 (https://pykenpommes.ie/5355).

Verbindung

- Mehrmals täglich **Züge** von und nach Belfast, Dublin und Portrush.
- **Busse** nach Belfast, Coleraine, Letterkenny, Donegal, Sligo und Dublin.

Portstewart

Von Derry geht es auf der A 2 gen Osten bis zum Städtchen Limavady und von dort über die A 37 über die unscheinbare Unistadt Coleraine in das **Seebad** Portstewart (ca. 8000 Einwohner).

Schon im 19. Jh. war Portstewart sehr beliebt, davon künden noch immer die gepflegten **viktorianischen Fassaden** rechts und links der Straßen. Heute gehören die Haus- und Grundstückspreise hier zu den höchsten in Nordirland. Von der Uferpromenade sieht man die auf einer Klippe gelegene, zinnenbewehrte katholische Schule **Dominican College.** Erbaut wurde das burgähnliche Gebäude 1834 und 1917 an den Dominikanerorden verkauft. Westlich vom Zentrum erstreckt sich der **Portstewart Strand,** ein 2,5 km langer und recht breiter Sandstrand. Er ist von der Innenstadt aus gut ausgeschildert.

Praktische Tipps

Unterkunft

- **Cromore Halt Guest Inn**④, 158 Station Road, BT55 7PU, Tel. (028) 70836888, https://cromorehalt.co.uk; modernes, funktionales Hotel mit freundlichem Personal.
- **The Anchorage Inn**②, 86–87 The Promenade, BT55 7AG, Tel. (028) 70832003, https://theanchorbar.co.uk; Bar, Bistro, Nachtclub und Hotel. Alle dort stattfindenden Konzerte sind für Übernachtungsgäste kostenlos.
- **Port56**③-④, 56 Coleraine Road, BT55 7JR, Tel. (077) 56186996, https://accomodationportstewart.com; moderne, komfortable Unterkunft in der City, gutes Frühstücksbuffet.
- **Rick's Causeway Coast Hostel**②, 4 Victoria Terrace, BT55 7BA, Tel. (028) 70833789; preiswerte Unterkunft, ohne Frühstück.

Camping

- **Millfield Holiday Village,** 80 Mill Road, BT55 7SW, Tel. (028) 70833308, es werden auch *Mobile Homes* und Apartements vermietet, Stellplätze für Wohnwagen und Wohnmobile, keine Zelte.
- **Ballyleese Town and Country Caravan Park,** 34 Agherton Road, BT55 7PJ, Tel. (028) 70833308, in ländlicher Umgebung, keine Zelte.

Restaurants und Pubs

- **Pubs,** preiswerte **Familienrestaurants** sowie **Fish & Chips-Buden** reihen sich zuhauf entlang der **Uferpromenade.**
- **Harry's Shack**②, 116 Strand Road, BT55 7PG; Holzhütte am Strand, das flache Dach ist grasbewachsen und fügt sich in die Dünen ein, bei schönem Wetter sitzt man draußen unmittelbar am Strand. Fisch- und vegetarische Gerichte.

Der Nordirlandkonflikt – Ursachen, Verlauf und Folgen

Ob jemand Protestant oder Katholik ist, ist in Irland und vor allem im Norden der Insel ein wichtiges **Identitätsmerkmal.** Grob gesagt sind Katholiken die Nachfahren der schon im 16. Jh. lange ansässigen Bevölkerung, während Nordirlands Protestanten auf im frühen 17. Jh. aus England und vor allem Schottland stammende Kolonisten zurückgehen. Zwar haben die Bewohner Irlands im Laufe der Zeit durchaus ihre Religion gewechselt und Angehörige der jeweils anderen Bevölkerungsgruppe geheiratet, aber im Großen und Ganzen bestehen beide Gruppen bis heute fort. Die Religion ist mittlerweile ein eher untergeordnetes Merkmal des Selbstverständnisses. Wichtiger ist, dass sich Katholiken eher als Iren fühlen und irisch-nationalistische Parteien wählen, während Protestanten sich meist mit dem Vereinigten Königreich identifizieren und ihr Kreuz bei unionistischen Parteien machen. Man geht in unterschiedliche Schulen und lebt oft räumlich getrennt voneinander.

Seit seiner Gründung 1922 hatte Nordirland eine protestantische Bevölkerungsmehrheit, die zunächst groß war, dann aber immer mehr schrumpfte. Mit der protestantischen Mehrheit ist es mittlerweile vorbei. Die letzte Volkszählung aus dem Jahr 2021 hat ergeben, dass sich von den 1,9 Millionen Einwohnern nur noch 43,5 % als protestantisch oder protestantisch erzogen bezeichnen, während 45,7 % sich als katholisch oder katholisch erzogen bezeichnen.

Nach der **Teilung Irlands 1922** bekam Nordirland ein eigenes Regionalparlament in Belfast. Katholiken waren im neuen Teilstaat sozial und politisch benachteiligt. In der protestantischen Bevölkerung herrschte über soziale Grenzen hinweg ein starker Konsens. Viele männliche Protestanten, arme wie reiche, waren Mitglied im **Oranier-Orden** *(Orange Order)*, einer kulturell am Freimaurertum orientierten Organisation, und eine deutliche Mehrheit wählte die *UUP (Ulster Unionist Party)*. Die großen Arbeitgeber bevorzugten Protestanten und auf den Werften Belfasts kam es immer wieder zu Übergriffen gegen die wenigen katholischen Arbeiter. Allerdings trugen Katholiken eine gewisse Mitschuld an ihrer Lage: Sie erkannten den Staat nicht an und beteiligten sich kaum an dessen politischem Leben. So gab es in den ersten fünf Jahrzehnten Nordirlands keine Partei, die systematisch für die Interessen der katholischen Bevölkerung eintrat.

Ende der 1950er-Jahre gab es Anzeichen, dass sich dies änderte und Katholiken sich mit dem Staat zu arrangieren begannen. Der liberal gesinnte nordirische Premierminister *Terence O'Neill* wollte Katholiken für den Unionismus gewinnen und begann zugleich eine Annäherungspolitik an die Republik Irland. Viele Protestanten, vor allem in ärmeren Vierteln Belfasts und Derrys, hatten aber den Eindruck, dass dem Staat feindlich gesinnte Katholiken mehr und mehr Einfluss gewannen. Der Pfarrer **Ian Paisley**, das Oberhaupt der fundamentalistischen Freikirche *Free Presbyterian Church*, heizte durch seine Reden die Stimmung an und führte 1964 einen Mob in die katholische Divis Street in West-Belfast, um dort eine irische Fahne zu entfernen. 1967 wurde die nordirische Bürgerrechtsbewegung gegründet, der zwar mehr Katholiken angehörten, aber keineswegs ausschließlich. *Paisley* leitete oft Protestkundgebungen gegen die Veranstaltungen der Bürgerrechtsbewegung, bei denen die Polizei die Demonstrationszüge oft in die katholischen Viertel zurückdrängte und dabei mit dem Rücken zu

365irl.he

den Anhängern *Paisleys* stand. Die Gewalt eskalierte immer weiter, und nachdem es im Sommer 1969 für mehrere Tage zu gewaltsamen Zusammenstößen in Derry gekommen war, strömten auch die Menschen im katholischen West-Belfast auf die Straße, vor allem vor der Wohnanlage *Divis Flats*. Die folgenden Krawalle zwischen Protestanten und der Polizei auf der einen und Katholiken auf der anderen Seite hatten den Tod von acht Menschen zur Folge. Die von Katholiken bewohnte Bombay Street wurde komplett niedergebrannt. Die Unruhen führten dazu, dass die britische Armee auf den Straßen Nordirlands eingesetzt wurde. Eigentlich hätte es nur ein kurzer Einsatz werden sollen, aber die Armee blieb bis 2007 und war der Aufgabe nicht immer gewachsen: So erschoss sie im August 1971 elf Zivilisten in West-Belfast und im Januar 1972 vierzehn in Derry. Bewaffnete Armeepatrouillen gehörten bis Ende der 1990er-Jahre zum nordirischen Alltag.

Die Ende der 1960er-Jahre inaktive **IRA** *(Irish Republican Army)*, die ihre Wurzeln im irischen Unabhängigkeitskrieg der 1920er-Jahre hatte, erwachte während dieser Unruhen zu neuem Leben. Sie bekämpfte mit Anschlägen in Nordirland und Großbritannien bis 1997 den britischen Staat und dessen Sicherheitskräfte sowie Personen und Organisationen, die sie der Zusammenarbeit mit ihnen bezichtigte. Zudem gab es zahlreiche missglückte Anschläge, durch die Unbeteiligte zu Schaden oder ums Leben kamen. Das Ziel der *IRA* war die Wiedervereinigung Irlands. In strukturschwachen protestantischen Gegenden entstanden paramilitärische Gruppen, die als loyalistisch bezeichnet werden. Sie waren größtenteils illegal, bekämpften eigentlich die *IRA*, aber da diese im Untergrund agierte und kein offenes Ziel bot, oftmals katholische Nordiren, die sie zu Recht oder Unrecht für Mitglieder oder Sympathisanten hielten. Als Vergeltung für *IRA*-Anschläge wurden auch immer wieder willkürlich Katholiken ermordet.

1994 erklärte die *IRA* schließlich einen **Waffenstillstand**, wodurch der Friedensprozess begann, der im Karfreitagsabkommen von 1998 mündete, bei dem Vertreter der britischen und irischen Regierung sowie nordirischer Parteien (einschließlich solcher mit paramilitärischem Flügel) vereinbarten, auf Konsens und Respekt für beide Traditionen Nordirlands beruhende politische Strukturen zu schaffen. Das 1972 geschlossene nordirische Parlament wurde 1998

Fortsetzung → nächste Seite

neu eröffnet und setzt die gemeinsame Regierungsverantwortung der stärksten unionistischen und der stärksten nationalistischen Partei voraus, was nicht immer funktionierte, wodurch die Regierungsgewalt immer wieder zurück nach London ging.

Während sich das Leben in Nordirland gegen Ende der 1990er-Jahre zunehmend normalisierte, verkündete die IRA 2005, dass der **bewaffnete Kampf endgültig vorüber** sei und vernichtete im Beisein katholischer und protestantischer Geistlicher ihr Waffenarsenal. Die britische Armee erklärte 2007 das Ende ihres Einsatzes in Nordirland und die bewaffneten protestantischen Gruppen beendeten im gleichen Jahr ebenfalls offiziell ihre Aktivitäten. Der zuvor wenig kompromissbereite Pfarrer *Ian Paisley* von der radikalen Partei *DUP (Democratic Unionist Party)*, die das Karfreitagsabkommen abgelehnt hatte, wurde zum Regierungschef *(First Minister)* und der ehemalige *IRA*-Kommandant *Martin McGuinness (Sinn Féin)* sein Stellvertreter. Beide verstanden sich erstaunlich gut und ihre Freundschaft inspirierte sogar den weitgehend fiktiven Film *The Journey*. Ein neues Kapitel im **Versöhnungsprozess** wurde eingeleitet, als sich das ehemalige *IRA*-Mitglied *McGuinness* und Königin *Elisabeth II.*, die selber einen Verwandten durch einen Anschlag der *IRA* verloren hatte, bei einem Besuch in Belfast 2012 die Hand gaben. 2017 führten aber Meinungsverschiedenheiten zwischen der *DUP* und *Sinn Féin* dazu, dass es das ganze Jahr über keine Regionalregierung gab.

Neue Herausforderungen für das politische Gleichgewicht in Nordirland verursacht nun der **Brexit,** durch den im schlimmsten Fall wieder eine „harte" Grenze den irischen Nordosten vom Rest der Insel abtrennen könnte (→ Exkurs „Eine Geschichte der inneririschen Grenze").

Portrush

Geht es in Portstewart eher gemütlich zu, so herrscht in Portrush (knapp 7500 Einwohner) direkt am Strand **Kirmesatmosphäre,** vor allem weil sich hier **Curry's Funpark Portrush** befindet, ein Freizeitkomplex mit zahlreichen Karussellen und Fahrgeschäften, der von Ostern bis September geöffnet hat.

Curry's Funpark Portrush, Eglinton Street, BT56 8DX, Tel. (028) 70822340, https://curryfunpark.com, Eintritt frei, Fahrten werden mit *Jetons* (kontaktloses Zahlungsmittel) bezahlt.

Lange **Sandstrände** ziehen sich sowohl nach Osten, als auch in westliche Richtung. Östlich liegt der 3 km lange *Curran Strand* und endet an den White Rocks-Klippen, wo Wind, Wetter und Wellen dem Kalkstein hart zugesetzt haben.

Die Stadt ist auch bei Surfern sehr beliebt und der prestigereiche *Royal Portrush Golf Club* ist hier beheimatet. Auch außerhalb der Saison macht das Städtchen einen recht geschäftigen Eindruck. Dies mag an den vielen Studenten der *University of Ulster* liegen, die das Seebad dem Hochschulsitz im nahegelegenen Coleraine vorziehen.

Praktische Tipps

Unterkunft

Magherabuoy House Hotel②, 41 Magherabuoy Road, BT56 8NX, Tel. (028) 70823507, https://magherabuoy.co.uk; Herrenhaus aus dem 19. Jh. im Süden der Stadt. Erbaut von *Sir Charles*

Lanyon, dem Architekten, der u.a. auch die Queen's University in Belfast und viele andere Gebäude dort gebaut hat. **Vier Restaurants** und eine **Bar** finden sich ebenfalls in diesem Hotel.

■ **Portrush Holiday Hostel**①, 24 Princess Street, BT56 8AX, Tel. (028) 70821288, https://portrushholidayhostel.com; Hostel mit einigen Doppel- und Familienzimmern sowie Schlafräumen mit bis zu 10 Betten, geräumige Küche, kontinentales Frühstück im Preis inbegriffen.

Camping

■ **Maddybenny Farm,** 20 Maddybenny Park, Loguestown Road, BT52 2PT, Tel. (028) 70823603, www.maddybenny.com; Camping auf dem Bauernhof. Zelte, Wohnwagen und Wohnmobile, auch Cottages für 2–3 Personen.

■ **Blair's Hilltop Holiday Park,** 60 Loguestown Road, BT56 8PD, Tel. (028) 70823537, http://blairsholidayparks.com; Zelte, Wohnwagen und Wohnmobile, große stationäre Wohnwagen und *Glamping*-Hütten können gemietet werden.

Restaurants und Pubs

■ Preiswerte **Fish'n'Chips-Restaurants** sowie ebenso preiswerte **chinesische Lokale** und **Pubs** reihen sich entlang der **Hauptstraße.**

■ **55 Degrees North**②, 1 Causeway Street, BT56 8AB, Tel. (028) 70822811, https://55-north.com; Restaurant mit Seeblick, moderne Küche, auch glutenfreie, vegetarische oder vegane Gerichte.

■ **Saffron Indian Restaurant**②, 126 Main Street, BT56 8DA, Tel. (028) 70822822; einfaches indisches Lokal, auch gut für Vegetarier. Gerichte können mitgenommen werden.

Verbindung

■ **Züge** von und nach Derry.

⊡ Blick über die White-Rocks-Klippen auf Portrush

366irl he

Dunluce Castle

Nach wenigen Minuten Fahrt in Richtung Osten auf das Dörfchen Bushmills zu erreicht man Dunluce Castle, die **Ruine einer mittelalterlichen Burg,** die auf einem Basaltfelsen steht.

Die spektakulär gelegene Burg wurde um das Jahr 1500 von der *MacQuillan*-Familie erbaut und dann Mitte des 16. Jh. vom *McDonell*-Clan übernommen. In einer stürmischen Nacht des Jahres 1639 soll die komplette Küche der Burg, inklusive Koch, Bediensteten und dem abendlichen Dinner, über die Klippen in die Tiefe abgestürzt sein, woraufhin die Burg verlassen wurde. Teile der Mauer fielen tatsächlich ins Meer, aber die Küche scheint noch vorhanden zu sein, weshalb es sich bei dieser Geschichte wohl um eine Legende handelt.

■ **Dunluce Castle,** 87 Dunluce Road, Bushmills, BT57 8UY, Feb.–Nov. tgl. 9.30–17 Uhr, Dez.–Jan. tgl. 9.30–16 Uhr, letzter Einlass 30 Minuten vorher; Erwachsene 6 £., Studierende/Senioren 4,50 £, Kinder (5–17 J.) 4 £, Familien 18 £.

Bushmills

Whiskey-Trinker dürfen auf gar keinen Fall an dem kleinen Dörfchen Bushmills vorbeifahren: Hier brennt die berühmte **Old Bushmills Distillery** ihren sanften Rachenputzer. Seit 1608 wird legal *uisce beatha* (Whiskey), das Wasser des Lebens gebrannt, und die *Bushmill*-Destille ist damit **die älteste der Welt.** Führungen durch das Produktionsgelände, das ein wenig außerhalb des Ortszentrums liegt und ausgeschildert ist, finden mehrmals täglich statt. Selbstverständlich gibt es nach der Besichtigung auf Wunsch ein Glas Whiskey, und man kann sich dann selbst von der Qualität des „Lebenswassers" überzeugen.

■ **Old Bushmills Distillery,** 2 Distillery Road, Bushmills, BT57 8XH, Tel. (028) 20733218, https://bushmills.com/distillery; Feb.–Okt. tgl. (im Feb. nur Mo–Sa) verschiedene Touren, zeitweise jede halbe Stunde; je nach Tour Erwachsene 15 £, Studierende/Senioren 12 £, Kinder (8–17 J.) 6 £.

Giant's Causeway

Eine der bedeutendsten landschaftlichen Attraktionen Irlands ist zweifellos die **kuriose Felsenansammlung** Giant's Causeway, etwas nördlich von Bushmills an der Küste gelegen. Seit die *Royal Geographical Society* im Jahre 1693 dieses Naturwunder beschrieben hat, ist der Besucherstrom nicht abgerissen. Die UNESCO hat diese Naturlandschaft zum Welterbe erklärt: Über 40.000 dunkle, fünf- oder sechseckige Basaltsäulen, die vor etwa 60 Millionen Jahren aus abkühlender Lava geformt wurden, bilden hier den Küstenstreifen.

Der **Legende** nach sollen die Säulen Teil eines Übergangs nach Schottland gewesen sein, der aus herausgerissenen Felsbrocken von dem Riesen *Finn McCool* gebaut wurde, um zu dem schottischen Riesen *Benandonner* zu gelangen, der ihn beleidigt und herausgefordert hatte. Als *Finn* allerdings bemerkte, dass der andere Riese viel größer und stärker als er selbst war, bekam er es mit der Angst zu tun und floh zurück nach Irland. Auf der Flucht soll er einen Teil des Überwegs wieder herausgerissen haben, damit *Benandonner* ihm nicht folgen konnte. An dem gegenüberliegenden schottischen Küstenstreifen kann man übrigens die gleichen geologischen Formationen finden.

Seit 2012 gibt es hier ein neues **Besucherzentrum,** das für seine innovative und nachhaltige Bauweise Preise gewann. Das Gebäude schmiegt sich fast nahtlos in die Landschaft ein und ist von manchen Stellen wegen seiner Grasdächer fast unsichtbar. Von der anderen Seite spiegelt die Fassade die Basaltsäulen des Giant's Causeway wider. In einer interaktiven Ausstellung kann man sich über den wissenschaftlichen Hintergrund dieser geologischen Formation informieren, aber auch die Mythen und Legenden, die sich um diesen einzigartigen Ort gebildet haben, kommen nicht zu kurz. Es gibt zudem eine Touristen-Information, ein Café und einen Museumsladen. Für die Besichtigung der Küste selbst kann man außerdem einen *Audioguide* bekommen, der auch in deutscher Sprache erhältlich ist.

Giant's Causeway Visitor Information Centre, 44 Causeway Road, Bushmills, BT57 8SU, Tel. (028) 20731855; https://nationaltrust.org.uk/giants-causeway; der Zugang zum Giant's Causeway ist kostenlos und kann tgl. von Sonnenauf- bis Sonnenuntergang erfolgen. Es lohnt aber ein Besuch im Visitor Centre, zumal im Eintrittspreis auch die Parkgebühren für den nahen Parkplatz enthalten sind: Apr.–Anfang Nov. 9–17 Uhr, Anfang Nov.–Feb. 10–16 Uhr, Feb.–März 10–17 Uhr, Erwachsene 13 £, Kinder (5–17 Jahre) 6,50 £, Familien ab 19,50 £.

Direkt am Meer erbaut: Dunluce Castle

367irl he

Dark Hedges

Noch vor wenigen Jahren ein echter Geheimtipp sind die **Dark Hedges** inzwischen zu einem beliebten Touristenspot geworden. Die gigantische, Ende des 18. Jh. gepflanzte **Buchenallee,** die einige Kilometer südlich des Dorfes Mosside nahe am Hotel *The Hedges* liegt, war Drehort für zahlreiche Szenen der erfolgreichen Fantasy-Serie **„Game of Thrones“.** Wegen der vielen Touristen darf die Allee inzwischen nicht mehr mit Autos befahren werden. Ein Spaziergang durch den von mächtigen Buchen gebildeten natürlichen Tunnel ist aber ohnehin eindrucksvoller.

■ **The Hedges Hotel**③-④, 139a Ballinlea Road, BT53 8PX, Tel. (028) 90020026, neben dem *Gracehill Golf Course,* etwa 10 Gehminuten zur Buchenallee.

368irl he

Übersichtskarte S. 346

Die Hängebrücke von Carrick-a-Rede

369irl he

Da die **Felsinsel** Carrick-a-Rede auf dem Weg der Lachse zu ihren Laichplätzen liegt, gingen hier für Jahrhunderte Fischer ihrem Handwerk nach. Wohl im Jahre 1755 spannten sie erstmals eine etwa 20 Meter lange **Hängebrücke** über die 30 Meter tiefe Kluft zwischen dem Felsen und dem Festland. Sie wurde 2008 durch eine dauerhafte Stahlseilkonstruktion ersetzt, es braucht aber nach wie vor einen gewissen Mut bei der Überquerung: Die Brücke schwingt leicht im Wind und durch die Schritte der bis zu acht Personen, die sie gleichzeitig überqueren dürfen. Sie ist für Menschen mit Höhenangst nicht zu empfehlen. Nachdem die Insel, bzw. wohl vor allem die Hängebrücke, 2016 Rekordzahlen an Besuchern zu verzeichnen hatte, wurden im April 2017 Tickets eingeführt, die ein festes Zeitfenster für die Überquerung festlegen.

Auf **Carrick-a-Rede** (170 m x 100 m) selbst nisten zahlreiche Meeresvögel und man kann mit etwas Glück Delfine, Schweinswale und Riesenhaie (die sich übrigens von Plankton ernähren) beobachten. Eine kleine Fischerhütte und eine Seilwinde für Lachsnetze befinden sich auf der Felseninsel. In der Ferne sind von hier aus gut die Insel Rathlin (→ dort) sowie Schottland zu sehen.

Die **Tickets,** die man vorab online buchen muss, gewähren ein Zeitfenster innerhalb dessen man die Brücke zur Insel hin überquert haben muss. Zurück zum Festland kann man jederzeit gehen. Vor allem in den Monaten Juli und August können tagsüber lange Schlangen entstehen, weshalb man am besten früh (ab 9.30 Uhr) kommt und später wiederzukommen.

Carrick-a-Rede Rope Bridge, 119a Whitepark Road, Ballintoy, BT54 6LS, https://nationaltrust.org.uk/carrick-a-rede, tgl. Mitte Mai–Anfang Nov. 9.30–16.30 Uhr, Anfang Nov.–Dez. 10–15 Uhr, Mitte Feb.–Mitte Mai 9.10–15.30 Uhr, Jan.–Mitte Feb. geschlossen; die Preise variieren zwischen der Neben-/Hochsaison (März–Okt.) Erwachsene 13,50/15,50 £, Kinder 6,75/7,75 £, Familien 33,75/38,75 £.

Kleine Mutprobe: die Überquerung der Hängebrücke auf Carrick-a-Rede

Die Dark Hedges bilden einen natürlichen Tunnel

Ballycastle

Die lebendige **Marktstadt** Ballycastle (etwa 5200 Einwohner) gibt sich als freundliches Familien-Seebad zu erkennen, liegt an der weit geschwungenen, gleichnamigen Bay und am Ende zweier Glens (Täler), Glenshesk und Glentaise, die sich die Antrim Mountains bis zum Meer hinunterziehen.

Ballycastle hat zwei ungewöhnliche und daher gewöhnungsbedürftige **lokale Spezialitäten:** einmal essbaren Seetang (engl. *Dulse*), die so genannte Speiserotalge, und dann eine gelbe Bonbonart, die wegen ihrer Farbe *Yellow Man* genannt wird und eisenhart ist. Wem Zahnkronen, Brücken und Füllungen lieb und teuer sind, der verzichte besser auf den süßen Stoff. So heißt es in einem Lied über Ballycastle: *Did you treat your Mary Ann/To dulse and yellow man/At the Ould Lammers Fair in Ballycastle, oh?*

Technikgeschichte im Ort schrieb der Italiener *Guglielmo Marconi,* der die **drahtlose Telegrafie** erfand. 1898 übertrugen seine Mitarbeiter zum ersten Mal eine Nachricht per Funk auf die vorgelagerte Insel Rathlin. Eine Gedenktafel am Fuße eines Felsblocks auf dem Parkplatz des Hafens erinnert heute an ihn.

Nahe dem kleinen Hafen gibt es einen **Sandstrand.**

Praktische Tipps

Tourist Information

- **Portnagree House Harbour and Marina Visitor Centre,** 14 Bayview Road, BT54 6BT, Tel. (028) 20762024, Mo–Sa 9–17 Uhr.

Unterkunft

- **Ballycastle Backpackers**①, 4 North Street, BT54 6BN, Tel. (07773) 237890, https://ballycastlebackpackers.net; Hostel in Stadthaus aus dem 18. Jh. mit Privat- und Familienzimmern. Für mindestens zwei Nächte kann man auch das *Irish Cottage* im

370irl he

Hinterhof mieten, in dem bis zu vier Personen unterkommen.

■ **An Caisleán Guest House**①, 42 Quay Road, BT54 6BH, Tel. (028) 20762845, https://ballycastlerooms.ie/; B & B in viktorianischem Stadthaus, zwischen Hafen und Innenstadt gelegen.

■ **Marine Hotel**④-⑤, 1–3 North Street, BT54 6BN, Tel. (028) 20762222, https://marinehotelballycastle.com; beliebtes Hotel am Hafen, mit Meeresblick.

Camping

■ **Watertop Farm,** 188 Cushendall Road, BT54 6RN, Tel. (028) 20762576; Camping auf einem Bauernhof, der auch Aktivitäten wie Pony Trekking anbietet. Ostern bis *Halloween* (Allerheiligen), etwa 8 km hinter Ballycastle auf der A2 Richtung Cushendun.

Restaurants und Pubs

■ **The Cellar Restaurant**①-②, 11B The Diamond, BT54 6AW, Tel. (028) 20763037, https://cellarballycastle.com; moderne irische und internationale Küche, Steaks und Fischgerichte, auch Vegetarisches. Gemütliches Kellerlokal, in dem ein Kamin wärmt, man sitzt auf gepolsterten Kirchenbänken.

■ **Morton's Fish and Chips**①, 9 Bayview Road, BT54 6BT, Tel. (028) 20761100; traditionelle Pommesbude, serviert wird fangfrischer Fisch, am Hafen.

■ Von den beiden **Pubs** *Harbour Bar* (6 North Street, Tel. (028) 20762387) und *Angler's Arms* (12 North Street, Tel. (028) 20762155) am Hafen hat man gute Ausblicke auf den Strand und das Meer.

☐ Steinerne Überreste im Grünen: die Klosterruine von Bonamargy Friary

Bonamargy Friary

Einen Steinwurf nur von Ballycastle entfernt und an der rechten Seite der Hauptstraße nach Cushendun gelegen, ragen die **Ruinen** der Bonamargy Friary auf, eines von dem Clan der *McQuillans* um 1500 gegründeten **Klosters.** Nicht nur die Mitglieder der Stifter-Familie haben hier ihre letzte Ruhestätte gefunden, auch die Angehörigen der mit den *McQuillans* eigentlich verfeindeten Familie *McDonnell* ruhen in der Erde von Bonamargy, so auch der einstige Besitzer von Dunluce Castle, *Sorley Boy McDonnell* und sein Sohn *Randall,* der erste *Earl of Antrim.*

■ **Bonamargy Friary,** BT54 6QP, Eintritt frei.

Rathlin Island

Wie ein großes umgekehrtes und auf die Nase gefallenes „L" liegt 8 km vor der Küste von Ballycastle und inmitten der gleichnamigen Bay die Insel Rathlin. Das Eiland mit seinen **weißen Klippen** ist nur 18 km von der langgestreckten schottischen Halbinsel Mull of Kintyre entfernt, die wie die schottische Insel Islay fast ebenso gut erkennbar ist, wie die nordirische Küste. Wenn man mit dem **Auto** unterwegs ist, muss man dieses in Ballycastle stehen lassen, denn es ist weder notwendig noch im Normalfall erlaubt, seine eigenen vier Räder auf die Insel mitzunehmen.

Im frühen 19. Jahrhundert lebten etwa tausend Menschen auf Rathlin, aber vor allem wegen der Hungersnot emigrierten viele Inselbewohner nach Kanada, allein an einem einzigen Tag in den 1840er-Jahren waren es 500 Menschen. Heute gibt es noch etwa 150 Bewohner auf Rathlin. Ein eigenes Stromnetz wurde erst 1992 durch drei Windgeneratoren eingeführt, bis dahin war man ganz von Dieselgeneratoren und Batterien abhängig, um in den Genuss von elektrischem Licht zu kommen und Waschmaschinen nutzen zu können. 2008 schloss man die Insel schließlich an das Stromnetz des Festlandes an.

Alle drei Ecken der L-förmigen Insel werden von **Leuchttürmen** gesichert, und bis auf die Ostseite umziehen **hohe Klippen** das Eiland. Die Insel ist wegen der etwa 250.000 Seevögel, die hier jährlich brüten, ein Paradies für Ornithologen. Der Leuchtturm *West Lighthouse* wird von der *Royal Society for the Protection of Birds* als öffentliche Beobachtungsstation betrieben und man kann hier Fernrohre ausleihen.

■ **Rathlin West Light Seabird Centre,** BT54 6SB, Tel. (028) 20760062, http://rspb.org.uk/days-out-reserve/rathlin-island, Mitte April–Mitte Sept. tgl. 9.30–17 Uhr; Erwachsene 5 £, Studierende 3,50 £, erstes Kind frei, jedes weitere 2,50 £.

Mehr über das Leben auf Rathlin Island in Geschichte und Gegenwart erfährt man im **Inselmuseum.**

■ **Boathouse Visitor Centre,** Church Bay, in der Nähe des Hafens, Tel. (028) 20760054, Mitte April–Sept. tgl. 10–12.30 Uhr und 13–17 Uhr, Eintritt frei.

Praktische Tipps

Unterkunft

■ **The Manor House③**, Church Bay, BT54 6RT, Tel. (028) 20760046, www.manorhouserathlin.com; georgianisches Herrenhaus aus dem 18. Jh., 2016 renoviert.

■ **Arkell House Bed and Breakfast②**, 1 Church Bay, BT54 6SA, Tel. (075) 65871319, gemütliches B & B direkt am Meer.

■ **Kinramer Cottage①**, BT54 6RT, Tel. (028) 20763969, http://kinramercottage.com; altes Bauernhaus auf abgelegenem Bio-Bauernhof im Westteil der Insel, etwa eine Stunde Fußweg vom Hafen. Kein Frühstück, aber Küche für Selbstversorger. Man kann ein Bett, ein Zimmer (für bis zu vier Personen) oder auch das ganze Haus mieten.

■ **Soerneog View Hostel①**, Ouig, BT54 6RT, Tel. (028) 20763954, www.rathlin-island.co.uk/soerneog.html; kleine Herberge für bis zu sechs Gäste (ein Zimmer mit Doppelbett und eines mit Stockbetten), mit Küche. Zehn Minuten Fußweg von der Fähre, Gepäck kann abgeholt werden. Mit Fahrradverleih. April–Okt.

Verbindung

Mehrmals täglich fahren die kleinen **Fährschiffe** zwischen Ballycastle und Rathlin, in der Hauptsaison öfter als in der Nebensaison. Man kann einen Tagesausflug machen oder auf der Insel übernachten. Die Überfahrt dauert je nach Schiff und Wetter zwischen 20 und 40 Minuten.

■ **Rathlin Ferry,** Tel. (028) 20769299, www.rathlin-ferry.com/, einfache Fahrt: Erwachsene 8 £, Kinder (5–15 J.) 4 £, unter 5 J. frei.

Cushendun

Cushendun (ca. 130 Einwohner) ist ein winziges, pittoreskes **Örtchen,** das zwischen 1912 und 1925 am Reißbrett und als *Seaside Resort* (Badeort) geplant wurde. Immerhin ist es nett anzusehen, hat ein Puppenstuben-Ambiente und einen eher musealen Charme.

Durch den Ort fließt der River Dun, der im Glendun, einem der neun Täler Antrims, entspringt. Nördlich der Mündung erstreckt sich ein fast 1 km langer schöner Sandstrand. Südlich der Mündung kommt man nach einem kurzen Fußweg zum Eingang der **Cave of Cushendun,** die auch Drehort der Fantasie-Serie **„Game of Thrones"** war. Am anderen Ende der Höhle führt ein Ausgang zum Meer, von wo man einen schönen Blick bis zu den grünen Hügeln Antrims hat.

Von Cushendun verläuft eine Küstenstraße nach Norden und bringt uns zu den **Klippen von Torr Head.** Bei gutem Wetter kann man die schottische Küste der Halbinsel Mull of Kintyre erkennen, die nur 18 km entfernt liegt; dies ist die kürzeste Entfernung zwischen Irland und Schottland. In früheren Tagen – so heißt es – ruderten die in Nordirland angesiedelten schottischen Protestanten mit ihren Booten hinüber, um sonntags am Kirchgang auf heimischem Boden teilnehmen zu können.

Carnlough

Carnlough (etwa 1500 Einwohner) ist ein freundliches kleines **Dorf** an der Küste, das vor allem sommertags bei Sonnenschein heiter auf das Gemüt des Besuchers wirkt. Dies liegt daran, dass die Häuser allesamt aus **schneeweißem Stein** erbaut sind, der in den Sonnenstrahlen leuchtet und funkelt. Bis 1960 wurde in den Kreidefelsbrüchen rund um Carnlough der weiße Stein gewonnen, und so lag nahe, dass die Bewohner ihre Häuser aus diesem Material erbauten.

Die Anlage der Stadt geht auf die Initiative des *Marquess of Londonderry* zurück, der 1854 seine Planungen in die Tat umsetzen ließ. Besonderheit des Ortes ist die ehemals schneeweiße, inzwischen nachgedunkelte **Kalksteinbrücke,** die sich über die Hauptstraße spannt und auf der in früheren Tagen der gewonnene Stein aus den Brüchen mittels einer schnaufenden Eisenbahn zum Hafen geschafft wurde. Heute kann man von dort oben einen Blick über Carnlough, den Hafen und das Meer werfen. Am Kai vervollständigen ein massiver **Uhrturm** und ein **Rathaus** – beide natürlich ebenfalls aus Kalkstein – das angenehm anzuschauende Gesamtensemble des Örtchens.

Praktische Tipps

Unterkunft

■ **Londonderry Arms Hotel**②, Harbour Road, BT44 0EU, Tel. (028) 28885255, https://londonder

371irl he

ryarmshotel.com; das efeubewachsene Hotel wurde 1848 als Postkutschengasthof von *Lady Londonderry* angelegt, 1921 erbte es ihr Urenkel *Sir Winston Churchill*, bei der Inspizierung seines Erbes nächtigte er in Zimmer 114.

Restaurant und Pub

■ **The Coach House Bistro**②, Harbour Road, BT44 0EU; dem oben genannten *Londonderry Inn Hotel* angeschlossener gemütlicher Pub, es gibt *Fish'n'Chips*, Burger, Steaks, Hähnchengerichte und Muscheln, auch ein paar vegetarische Gerichte.

Carrickfergus

In Carrickfergus (ca. 28.000 Einwohner) reckt sich direkt am Meer **Irlands größte und mächtigste Festungsanlage** drohend in die Höhe und beeindruckt den Besucher mit ihren dicken Mauern.

1180 begannen die anglo-normannischen Eroberer – in jenen Tagen die besten Burgenbauer Europas – mit der Errichtung der Festung, und bis 1928 saßen die Militärs hinter den dicken Wällen. Heute ist die Burg ein Museum.

■ **Carrickfergus Castle**, Marine Highway, BT38 7BG, https://discovernorthernireland.com, Suchbegriff: Carrickfergus Castle, Ostern–Sept. tgl. 10–17 Uhr, sonst nur bis 16 Uhr und Mo geschlossen, Erwachsene 6 £, Studierende/Senioren 4,50 £, Kinder (4–16 J.) 4 £, Familien 18 £.

Die Burg befindet sich beim Hafen, an dem 1690 der noch heute für viele nordirische Protestanten wichtige englische König *Wilhelm von Oranien* mit einer Streitmacht landete, um seinen katholischen Schwiegervater, den vom englischen Parlament abgesetzten *Jakob I.* (englisch: *James I.*), zu bekämpfen, da dieser versuchte, über das katholische Irland seine Macht wiederzuerlangen. Eine blaue Plakette an der Hafenmauer und eine Statue *Wilhelms*, das **King William III. Monument,** erinnern an dieses Ereignis.

Wer noch mehr über die Stadtgeschichte erfahren möchte, sollte das **Stadtmuseum** in einem modernen Gebäude mit Glasfront besuchen.

■ **Carrickfergus Museum and Civic Centre,** 11 Antrim Street, BT38 7DG, Tel. (028) 93358241, Mo–Fr 10–17 Uhr, Sa 10–16 Uhr, im Winter nur bis 15 Uhr und Sa geschlossen, Eintritt frei.

Die Eltern eines gewissen *Andrew Jackson* wanderten im 18. Jh. von Carrickfergus in die USA aus, und ihr Sohn sollte dort der Präsident der Vereinigten Staaten werden. Daran erinnert das **Andrew Jackson Cottage** im Örtchen; dies ist zwar nicht das originale Haus der Eltern, aber der Nachbau des reetgedeckten *Cottage* entspricht denjenigen aus dieser Ära. Betont wird hier übrigens die ulster-schottische, also nordirisch-protestantische Herkunft des 7. Präsidenten der USA. Neben dem Cottage befindet sich das **US Rangers Centre,** das an eine amerikanische Eliteeinheit erinnert, die im Zweiten Weltkrieg vor ihrem Einsatz auf dem Kontinent in Carrickfergus stationiert war. Dieses kann man nur nach vorheriger Absprache mit dem Carrickfergus Museum besuchen.

■ **Andrew Jackson Cottage,** 2 Boneybefore, Carrickfergus, BT38 7EQ, Mi–So 11–15 Uhr, Eintritt frei.

Praktische Tipps

Tourist Office

■ **Carrickfergus Visitor Information Centre,** Carrickfergus Castle, Marine Highway, BT38 7BG, Tel. (028) 93358262, Mo–So 9–16.30 Uhr.

Unterkunft

■ **Dobbins Inn②**, 6–8 High Street, BT38 7AF, Tel. (028) 93351905, https://dobbinsinn.co.uk; das Hotel liegt zentral in einem historischen Gebäude, sehr empfehlenswert ist das Restaurant, das traditionelle irische und moderne europäische Küche bietet.
■ **The Keep Guest House①**, 93 Irish Quarter South, BT38 8BW, Tel. (028) 93367007, https://thekeepcarrick.co.uk; gemütliches B & B in zentraler Lage.

Camping

■ **Jordanstown Loughshore Park,** Shore Road, Newtownabbey, BT37 0PY, Tel. (028) 90340137; an der Küstenstraße A2 (Shore Road) gelegener Campingplatz zwischen Belfast und Carrickfergus, guter Standort für beide Städte.

Restaurants

■ **Papa Browns Grill②**, Marine Highway, BT38 7FG, Tel. (028) 93368889, http://www.papabrownsgrill.co.uk; populäres, im Hafen gelegenes Lokal. Frühstück (ab 9 Uhr), Burger, *Fish'n'Chips*, Steaks und Hähnchen in verschiedenen Variationen. Es gibt auch eine Auswahl vegetarischer Gerichte.
■ **Mayur Indian Restaurant②**, 10 Castle Street, BT38 7BE, Tel. (028) 93351864, https://mayurindianrestaurant.com; indisches Restaurant mit großer und der auf den Britischen Inseln üblichen Auswahl. Der Schärfegrad der Gerichte ist auf der Speisekarte markiert. Gute vegetarische Auswahl. Gerichte auch zum Mitnehmen.

Belfast

Belfast (etwa 340.000 Einwohner) ist die **Hauptstadt Nordirlands** und der Sitz des Regionalparlaments. Viele Irlandreisende fühlen sich noch immer an den bürgerkriegsähnlichen Nordirlandkonflikt erinnert, wenn sie den Namen dieser Stadt hören. Als eine alte **Universitätsstadt** und als **zweitgrößte Stadt der Insel** ist Belfast aber in erster Linie eine wichtige **Kulturmetropole.** Hier findet man gute Restaurants, Museen, Einkaufsmöglichkeiten und gemütliche Pubs mit irischer Live-Musik. Die Architektur erinnert eher an Liverpool und Glasgow als an Dublin und Cork. Politische Wandmalereien, Gedenkstätten ehemaliger paramilitärischer Gruppen und andere **Zeugnisse des Nordirlandkonflikts** sind Teil des Belfaster Sightseeing-Programmes geworden. Die Stadt hat aber seit den 1990er-Jahren auch ihre Industriegeschichte wiederentdeckt und die **Titanic,** die hier gebaut wurde, zu einem neuen Identifikationsmerkmal Belfasts gemacht. Nach ihr ist jetzt das Hafenviertel benannt und genau an dem Ort, an dem sie gebaut wurde, befindet sich jetzt das größte diesem Schiff gewidmete Museum der Welt.

Geschichte

Der Name Belfast kommt aus dem Irischen *Béal Feirste* und bedeutet „Mündung der Furt“, denn hier war eine Sandbank, über die man den Fluss Lagan überqueren konnte. Den **Grundstein des modernen Belfasts** legte der Engländer *Sir Arthur Chichester,* der wegen seiner Verdienste im Kampf gegen die aufständischen Iren in der Provinz Ulster 1603 zahlreiche Ländereien bekam, u.a. auch eine Burgruine bei der Sandbank im Lagan. Da England mittlerweile protestantisch war und die Iren sich der Reformation weitgehend verweigerten und deshalb nicht als loyale Untertanen gelten konnten, lud *Chichester* englische Anglikaner und vor allem schottische Presbyterianer ein, sich in seiner neuen Stadt am Lagan niederzulassen.

1613 erhielt Belfast das **Stadtrecht.** Die *Chichesters* sollten noch bis Anfang des 19. Jh. die Geschicke Belfasts lenken. Wohl deshalb tragen zehn Straßen den Namen der Familie und 19 ihren Adelstitel *Donegall* (altertümlich mit Doppel-L), denn der Großneffe *Arthur Chichesters* und dessen Nachfahren wurden zum *Earl of Donegall.* Ihr alter Familiensitz, der vermutlich dort stand, wo sich zuvor die mittelalterliche Burgruine befunden hatte, brannte 1708 nieder, aber die Straßennamen Castle Place, Castle Lane und Castle Arcade in der Innenstadt weisen noch auf ihn hin.

Im 18. Jh. wurde Belfast zu einem **Zentrum der Leinenverarbeitung,** was bis in die 1950er-Jahre ein wichtiger Wirtschaftszweig blieb, und im 19. Jh. kam der **Schiffsbau** hinzu. Belfast war die einzige Industriestadt Irlands und eng in das Netz britischer Industriestädte wie Liverpool und Birmingham verwoben. Durch die Industrialisierung zogen im 19. Jh. erstmals Katholiken in großer Zahl in die Stadt.

Als Irland 1921 geteilt wurde, blieb Nordirland **Teil des Vereinigten Königreichs,** erhielt aber ein eigenes Regionalparlament in Belfast. Wie in ganz Nordirland setzte sich auch hier das Muster fort, dass Katholiken und Protestanten voneinander getrennt lebten, auf verschiedene Schulen gingen und unterschiedliche Parteien wählten, wobei Katholiken zu Bürgern zweiter Klasse wurden; auch deshalb, weil sie sich kaum am politischen Leben des Staates beteiligten und keine Partei systematisch für ihre Interessen eintrat.

Als sich Ende der 1960er-Jahre in Teilen der katholischen Bevölkerung ein **Bewusstseinswandel** vollzog und es vor allem in Belfast und Derry zu Demonstrationen für die Gleichberechtigung aller Bürger kam, fühlten sich viele Angehörige der protestantischen Arbeiterschicht bedroht und es kam zu mehrtägigen Krawallen in beiden Städten, die den **Nordirlandkonflikt** auslösten, der bis Ende der 1990er-Jahre dauern sollte. Während dieser Zeit gehörten bewaffnete Armeepatrouillen zum Stadtbild und man musste mit der Angst leben, dem Anschlag einer paramilitärischen Gruppe oder gelegentlich willkürlicher Gewalt der Armee und der Polizei zum Opfer zu fallen.

Mittlerweile wächst eine Generation heran, die den Nordirlandkonflikt nur noch aus dem Geschichtsunterricht kennt. Die ethnisch-konfessionellen Grenzen sind durchlässiger geworden, aber sie existieren nach wie vor.

Vom Doppeldeckerbus aus eröffnen sich schöne Blickwinkel auf die nordirische Metropole, wie hier auf den Albert Memorial Clock Tower

372irl he

0 200 m
Carlisle Circus
Clifton
Westlink
Denmark St
Regent St
Stanhope St
Wall St
Tyrone St
Arnon St
Carrick Hill
North St
Frederick St
York St
Lancaster St
Little York St
Little Patrick St
Great Patrick St
Nelson St
Corporation St
Corporation Square
Pilot Place
Clarendon Rd
Lagan
Shankill Rd
Peter's Hill
★Wandgemälde der Shankill Road
Unity Walk
Kent St
Stephen St
Little Donegall St
Library St
Union St
Donegall St
Royal Ave
Curtis St
MAC
Bouy Park
Academy St
St Anne's Square
Talbot St
Dunbar Link
Tomb St
Donegall Quay
Sydenham Rd
St. Anne's Cathedral
Northern Ireland War Memorial Museum
Gordon St
Hill St
Waring St
Albert Square
Oh Yeah Music Centre
Discover Ulster Scots Centre
Samuel St
Winetavern St
Gresham St
CATHEDRAL QUARTER
Brown St
Wilson St
Millfield
Smithfield Square North
Queen's Square
Albert Memorial Clock
Lagan Weir
Queen Elizabeth II Bridge
Queen's Quay
Station St
Middlepath
Francis St
Berry St
Rosemary St
Bridge St
High St
Church Ln
Divis St
King St
St. Mary's Church
Bank St
Castle St
Castle Place
Corn Market
Ann St
Queen's Bridge
End
Divis Tower, International Wall, Bobby Sands-Wandgemälde, Irish Republican History Museum, Cultúrlann, Die Peace Line
Queen St
Fountain St
Donegall Place
Castle Ln
William St South
Arthur St
Montgomery St
Victoria St
Oxford St
Belfast Barge
College St
Linenhall Library
Chichester St
Royal Courts of Justice
Waterfront Hall
Durham St
Wellington Place
College Ave
Donegall Square
Donegall Square West
Wellington St
City Hall
Gloucester St
Laganbank Rd
Lanyon Place
Grand Opera House
Grosvenor Rd
Howard St
May St
Verner St
Market St
James St
South St
East Bridge St
Crown Liquor Saloon
Amelia St
Great Victoria St
Bedford St
Franklin St
Alfred St
Sussex Place
Hamilton St
Friendly St
Central Station
Great Victoria Street Station
Clarence St
Linenhall St
Adelaide St
Joy St
Eliza St
Stanfield St
Hope St
Linfield Rd
Bruce St
SHAFTESBURY
Stewart St
Welsh St
McAuley St
Raphael St
Cromac St
Rowland Way
Harmony St
Dublin Rd
Bankmore St
Ormeau Ave
Sandy Row
Wellwood St
Ventry St
Marcus Ward St
Feuerwehr
Gasworks Path
Cromac Place
Ravenhill Reach
Salisbury St
Maryville St
Lindsay St
Charlotte St
Apsley St
Ormeau Rd
Ormeau Embankment
Saint Georges Gardens
Pakenham St
Shaftesbury Square
Donegall Pass
Cromac Ave
Blythe St
Stroud St
Elm St
Walnut St
Donegall Rd
Indoor Tennis Arena
Bradbury Place
Botanic Ave
Posnett St
Botanic Station
River Terrace
Malone Place
Crescent Arts Centre
Cameron St
Vernon St
Lisburn Rd
University Rd
Lower Crescent
Crescent Gardens
Cromwell Rd
Cooke St
Powerscourt Place
Ireton St
Wolseley St
Shaftesbury Ave
Claremont St
India St
Mount Charles
Lavina Square
Balfour Ave
Camden St
Botanic Gardens, Ulster Museum
University St
Queen's Film Theatre
Magdala St
Dudley St
Fitzroy Ave
Hatfield St
Fitzwilliam St
College Green
Farnham St
University Ave
Queen's University
Ormeau

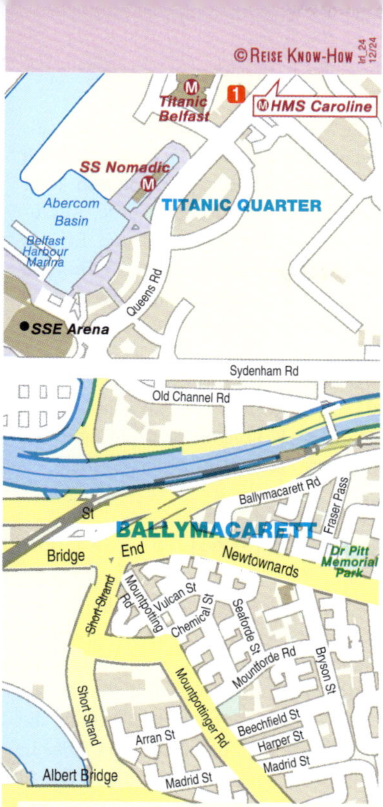

Übernachtung
1 Titanic Hotel Belfast
2 Ramada Encore
13 Amica Guesthouse
14 Holiday Inn Belfast City
15 Etap Belfast
18 Belfast International Youth Hostel
19 Botanical Backpackers
20 Wellington Park Hotel

Essen und Trinken
3 Sunflower
7 Kelly's Cellars
9 Home
10 Deanes
16 Archana
17 Alan's Causeway Café
21 Tribal
23 Molly's Yard

Einkaufen
4 People's Market
5 Castle Court
6 Folktown Market
8 Waterstone's
11 Victoria Square Shopping Centre
12 St George's Market
22 No Alibis

Sehenswertes im Stadtzentrum und im Kathedralenviertel

City Hall

Das 1906 fertiggestellte prächtige **Rathaus** mit seiner weißen Portland-Fassade und der grünen Kuppel steht im Herzen des Donegall Square und bildet den **Mittelpunkt der Stadt.** Es galt bis in die 1990er-Jahre als ein Symbol unionistischer (= protestantischer) Macht, aber seit den späten 1990er-Jahren besteht der Stadtrat zu mehr oder weniger gleichen Teilen aus Vertretern beider politischer Lager. 2012 setzten die irisch-nationalistischen Parteien und die in der nationalen Frage neutrale *Alliance Party* im Stadtrat durch, dass die britische Fahne nicht mehr durchgehend über der City Hall weht, was bis dahin seit 1906 der Fall war. Nun wird sie höchstens 18 Mal pro Jahr gehisst, was zwar auch in Großbritannien die gängige Praxis ist, aber dennoch immer wieder zu Protesten führt.

Vor der *City Hall* befindet sich ein **Park,** in dem bei schönem Wetter viele Belfaster verweilen und sich vom Einkauf erholen. Hier gibt es zahlreiche Statuen und Gedenktafeln, u.a. das *Titanic Monument* von 1920 (das seit 1960 an seinem jetzigen Standort steht), an dem 2012 der *Titanic Memorial Garden* angelegt wurde.

Mehrmals pro Tag werden kostenlose **Führungen** durch das Rathaus angeboten, in denen u.a. die Buntglasfenster erklärt werden, die viele Motive aus der irischen und insbesondere nordirischen Geschichte und Kultur darstellen. Alternativ gibt es auch die kostenlose *Belfast City Hall Visitors App* (*Android* und *iOS*), die auch eine Audio-Tour beinhaltet. Im Ostflügel kann man sich in 16 Räumen eine Ausstellung über Belfasts Geschichte ansehen.

■ **City Hall,** Donegall Square, BT1 5GS, Tel. (028) 90320202, https://belfastcity.gov.uk/visitcityhall, Öffnungszeiten City Hall und Ausstellung Mo–Fr 9.30–17 Uhr, Sa und So 10–17 Uhr, Führungen mehrmals pro Tag: Mo–Fr 11, 14, 15 Uhr, Sa und So 12, 14, 15 Uhr, im Sommer auch 16 Uhr und wochentags 10 Uhr (Zeiten können sich ändern), Eintritt frei. Die Buchung für eine Führung ist an der Rezeption oder vorab telefonisch oder per E-Mail notwendig.

Linenhall Library

Rund um den Donegall Square liegen zahlreiche reich verzierte Gebäude aus dem 19. und frühen 20. Jh., z.B. an der Nordwestecke das zwischen 1897 und 1902 entstandene Scottish Provident-Gebäude, das u.a. auf vier Paneelen die traditionellen Industrien Belfasts darstellt: Druckerei, Taumacherei, Schiffbau und Spinnerei (7 Donegall Square West, Belfast BT1 6JH). Gegenüber befindet sich die *Linenhall Library,* **Belfasts älteste Bücherei,** die 1788 von der *Belfast Reading Society* gegründet wurde. Benannt ist sie nach der *White Linenhall,* die dem Leinengroßhandel diente und dort stand, wo sich jetzt die City Hall befindet. Als die *Linenhall* dem Rathaus weichen musste, zog die Bibliothek in ein ehemaliges Lagerhaus für Leinen, wo sie sich noch heute befindet. Sehenswert ist der historische Lesesaal mit Holzregalen, Sesseln und Sofas sowie einem Kamin. Man kann hier in den Büchern stöbern und findet z.B. fast alles, was seit den 1960er-Jahren auf Englisch über Nordirland geschrieben wurde. Ausruhen kann man sich im **Café.** Es gibt zahlreiche wechselnde **Ausstellungen** und es werden täglich **Führungen** durch die Bibliothek angeboten.

■ **Linenhall Library,** 17 Donegall Square North, BT1 5GB, Tel. (028) 90321707, www.linenhall.com; Mo–Fr 9.30–17.30 Uhr, Eintritt frei, Führungen (ca. 45 Minuten) Mo–Fr 11.30 Uhr, £ 5 pro Person.

St. Anne's Cathedral

Im Herz des neuen Kathedralenviertels (Cathedral Quarter), nördlich der City Hall, befindet sich die **anglikanische Kathedrale** der Stadt, die durch die „Stricknadel" auf dem Dach auffällt, die unweigerlich an den *Millenium Spike* in Dublin (→ Kap. Dublin) erinnert. Die 40 m hohe Stahlspitze trägt den Namen *Spire of Hope* (Spitze der Hoffnung) und soll seit 2007 den Neuanfang nach Ende des Nordirlandkonflikts symbolisieren. Die Kathedrale wurde 1888 in Auftrag gegeben, nachdem Königin *Victoria* Belfast zur „City" (Stadt mit Kathedrale) erklärt hatte, und 1904 eingeweiht. Vorher hatte hier eine einfache Pfarrkirche gestanden. In St. Anne's kann man eine Mischung aus verschiedenen Architekturstilen finden, da die Kathedrale nie ganz im Sinne der Originalpläne fertiggestellt wurde.

■ **St. Anne's Cathedral,** Donegall Street, BT1 2HB, Tel. (028) 90328332, https://belfastcathedral.org, Mo–Fr 10.30-16 Uhr, So 13 und 15.30 Gottesdienste; Eintritt 2 £, mit Führung/Audioguide 5 £.

Northern Ireland War Memorial Museum

Dieses kleine Museum beschäftigt sich mit der **Situation Belfasts während des Zweiten Weltkriegs.** Die Stadt wurde 1941 dreimal mit verheerenden Auswirkungen von der deutschen Luftwaffe bombardiert. Außerdem geht es um die *Ulster Home Guard,* eine Organisation zur Heimatverteidigung, die Rolle von Frauen während des Krieges und schließlich um die amerikanische Präsenz im Land ab 1943. Interessant ist auch Filmmaterial in Farbe, das während der Zeit des Zweiten Weltkriegs in Nordirland aufgenommen wurde. Nicht nur für Kinder gibt es zeitgenössische Kleidung, die man anprobieren kann. Die Texte der Ausstellung sind auf Anfrage auch auf Deutsch erhältlich.

■ **Northern Ireland War Memorial Museum,** 21 Talbot Street, BT1 2LD, Tel. (028) 90320392, https://niwarmemorial.org, Mo–Fr 10–16 Uhr, Sa 12–16 Uhr, Eintritt frei.

Oh Yeah Music Centre

In einem ehemaligem Lagerhaus für Whiskey im Cathedral Quarter stellt das *Oh Yeah Music Centre* jungen nordirischen Musikern **Proberäume** zur Verfügung und veranstaltet regelmäßig Konzerte. Zudem ist dort die *NI Music Exhibition* beheimatet, in der der Geschichte nordirischer Musik nachgegangen wird. Bekannte nordirische Musiker, zu denen es Stellwände gibt, sind u.a. *Them, The Undertones, Stiff Little Fingers* und *Gary Moore.*

■ **Oh Yeah Music Centre,** 15–21 Gordon Street, BT1 2LG, Tel. (028) 90310 845, https://ohyeahbelfast.com, Mo–Fr 10–17 Uhr, Sa 12–17 Uhr, Eintritt frei.

Discover Ulster Scots Centre

Während sich nordirische Katholiken als Iren sehen und die Bewohner Großbritanniens als Engländer, Waliser oder Schotten, fehlt manchen nordirischen Protestanten eine vergleichbare ethnische Komponente ihrer Identität. So sind Bestrebungen zu erklären, die das Konzept einer Ulster-schottischen Volksgruppe popularisieren wollen. Sie beziehen sich darauf, dass die meisten protestantischen Siedler des 17. Jh. aus dem Süden Schottlands kamen und eine eigene Sprache, das dem Englischen verwandte *Scots,* sprachen. In Nordirland habe sich deren Kultur weiterentwickelt und auch andere Wege genommen als in Schottland. Mit attraktiven Stellwänden und kostenlosen Hochglanzbroschüren zu verschiedenen historischen und kulturellen Themen wird hier **die Geschichte der Ulster-Schotten** erzählt.

■ **Discover Ulster Scots Visitor Centre,** *The Corn Exchange,* 31 Gordon Street, BT1 2LG, Tel. (028) 90231113, http://discoverulsterscots.com, Mo–Fr 10–16 Uhr, Eintritt frei.

Albert Memorial Clock

1865 wurde diese **Turmuhr** zu Ehren von Prinz *Albert,* dem verstorbenen Gemahl der Königin *Victoria,* erbaut. Wie viele andere Gebäude in diesem Teil der Stadt wurde auch die *Albert Memorial*

Clock auf trockengelegtem Marschland errichtet. Da der Untergrund nicht stabil genug war, begann sie sich mehr und mehr zu neigen, bis sie schließlich mit über einem Meter von der Vertikale abwich. 2002 konnte aber die weitere Neigung durch eine Renovierung gestoppt werden, bei der auch das Fundament gestärkt wurde.

Albert Memorial Clock, Queens Square, BT1 3FF.

Sehenswertes in Süd-Belfast

Der Süden ist der **wohlhabende Teil Belfasts,** in dem sich auch die **Universität** befindet und die meisten Studenten wohnen. Viele Restaurants, Cafés und auch Nachtclubs, Hotels und B & Bs befinden sich hier. Die Straßen zwischen der City Hall und der Universität (Dublin Road, Great Victoria Street, Bradbury Place und University Road) wurden für Jahrzehnte wegen des in Belfast unübertroffenen Unterhaltungsprogrammes als *Golden Mile* bezeichnet. Seit Ende des Nordirlandkonflikts haben sich aber immer mehr gute Restaurants auch anderswo niedergelassen, weshalb der Glanz der Goldenen Meile inzwischen etwas verblasst ist.

Crown Liquor Saloon

Südlich der City Hall befindet sich **einer der bekanntesten Pubs Belfasts.** Schon von außen sieht er prächtig aus und wenn man eintritt, könnte man den Eindruck bekommen, in einer barocken Kirche zu stehen: Es gibt farbenprächtige Fliesen, Buntglasfenster und feine Holzschnitzereien. Diese einzigartige Atmosphäre lässt sich durch die Entstehungsgeschichte der Gaststätte erklären. Ursprünglich hieß sie wegen der ersten Zugverbindung nach Lisburn *The Railway Tavern.* Der Sohn eines der Besitzer, *Patrick Flanagan,* war Architekturstudent und kam von seinen Reisen begeistert und den Kopf voller Ideen zurück. Ende des 19. Jahrhunderts fand eine Kirchenbauwelle in Irland statt, zu der auch Kunsthandwerker vom Kontinent, vor allem aus Italien, ins Land geholt wurden. *Patrick* überzeugte diese Kirchenbauleute, nebenher im Pub seines Vaters Dekorationsarbeiten auszuführen, die dem Gebäude seinen heutigen Charakter gaben. Lässt man den Blick schweifen, kann man auf den Fliesen Muscheln, Feen, Ananas, Lilien oder sogar Clownfiguren entdecken. 1978 wurde das Haus von der britischen Stiftung *The National Trust* gekauft und grundlegend restauriert.

Crown Liquor Saloon, 46 Great Victoria Street, BT2 7BA, Tel. (028) 90243187, Mo–Do 11.30–23.30 Uhr, Fr und Sa 11.30–0.30, So 12.30–23.30 Uhr.

Queen's University

Wie viele Gebäude in Belfast wurde die **Universität,** deren Hauptgebäude ein imposanter Backsteinbau aus dem 19. Jh. ist, vom Architekten *Charles Lanyon* gebaut. *Queen's* gehört wie die Universitäten *Cambridge* und *Oxford* zur *Russell Group* von in der Forschung führenden Hochschulen. Wenn man durch den

☐ Stadtplan S. 372, Übersichtskarte S. 346

Haupteingang eintritt, findet man links eine Touristeninformation und einen Souvenirladen *(Welcome Centre)*. Hier kann man eine Broschüre für den Rundgang durch die Universität bekommen oder eine Führung buchen.

■ **Queen's University,** University Road, BT7 1NN, *Welcome Centre:* Tel. (028) 90975252, https://qub.ac.uk, Mo–Fr 8.30–17.30 Uhr.

Botanic Gardens

Der 100.000 m² große **Botanische Garten** wurde 1828 gegründet und ist seit 1895 ein öffentlicher Park. Das elegante Palmenhaus hat einen tropischen Flügel und einen für gemäßigteres Klima. In einem viktorianischen Backsteinbau, der 2017 renoviert wurde, befindet sich die *Tropical Ravine* (Tropenschlucht), in der man von einem erhöhten Weg auf tropische Pflanzen hinabblicken kann. Der Park ist bei den Belfastern sehr beliebt und bei schönem Wetter voller Menschen, die hier picknicken, auf den Bänken sitzen oder spazieren gehen.

■ **Botanic Gardens,** Eingang *College Park East*, BT17 1LP, Tel. (028) 90314762, https://visitbelfast.com/partners/botanic-gardens; Eingang Ecke Stranmillis Road/University Road, BT9 5AB, tgl. 7.30 bis Dämmerung, Palmenhaus April–Sept. 10–17 Uhr, Okt.–März 10–16 Uhr, Eintritt frei.

373irl he

▷ Die prächtige Fassade des Pub Crown Liquor Saloon

Ulster Museum

Das Museum hat mehrere Bereiche: Im Erdgeschoss und ersten Stock geht es um die Geschichte des (geografisch) nördlichen Teils der Insel von 1600 bis zur Gegenwart. Dem Nordirlandkonflikt im späten 20. Jh. ist eine eigene Ausstellung gewidmet. Zudem gibt es auch Exponate zu Weltkulturen, zu der eine ägyptische Mumie zählt. Der naturkundliche Bereich befindet sich in der zweiten Etage. Zu sehen ist u.a. ein Dinosaurierskelett. Der Rest des Museums widmet sich der Kunst und neben Gemälden und Skulpturen werden auch Glas, Porzellan und Keramik sowie Textilien, Schmuck, Mode, Möbel und Spielzeug ausgestellt. Zusätzlich zu diesen Dauerausstellungen gibt es einige kostenpflichtige Sonderausstellungen.

Ulster Museum, *Botanic Gardens,* BT9 5AB, Tel. (028) 90440000, https://ulstermuseum.org, Di–So 10–17 Uhr, Eintritt frei.

Sehenswertes im Titanic Quarter und am Ufer des Lagan

Das **Hafenviertel,** in dem auch die *Titanic* gebaut wurde, entwickelte sich seit den 1970er-Jahren zunehmend zu Ödland und wurde erst in den späten 1990er-Jahren grundlegend saniert und in „Titanic-Viertel" umbenannt. Übrigens wird hier die populäre Fantasy-Serie *Game of Thrones* gedreht, allerdings kann man die *Paint Hall,* eine Halle, in der früher Schiffsteile angestrichen wurden und in denen jetzt die *Titanic Studios* beheimatet sind (hinter dem Museum Titanic Belfast) nicht besichtigen (→ Exkurs auf S. 380).

Belfast Barge

In dem kleinen **Museums-** und **Restaurantschiff**, das am westlichen Flussufer vor Anker liegt, befindet sich eine Ausstellung zu Belfasts Schifffahrts- und Industriegeschichte. Viele ausgestellte Objekte entstammen dem Bestand der Werft *Harland & Wolff* und konnten von Arbeitern aus Bauschutt gerettet werden, etwa die Baupläne der *Titanic.*

[>] Das Titanic Belfast zieht Besucher aus aller Welt an

Belfast Barge, 1 Lanyon Quay, BT1 3LG, Tel. (028) 90232555, https://belfastbarge.org/museum, Di–Sa 10–16 Uhr, Eintritt frei.

SS Nomadic

An der Ostseite des Lagan liegt die *SS Nomadic* vor Anker, ein ehemaliges **Zubringerschiff der Titanic,** welches zeitgleich mit der *Titanic* 1911 in Belfast gebaut wurde. Es brachte bei der Jungfernfahrt der *Titanic* die Passagiere von Cherbourg an Bord, später wurde sie u.a. als Minenräumer, und in Paris als Restaurantschiff und Nachtclub eingesetzt. Nachdem Belfast die *Titanic* wiederentdeckte, wurde das Zubringerschiff aufgekauft und originalgetreu restauriert. 1912 gab es darauf bereits verschiedene Klassen und die Passagiere der ersten Klasse durften es sich an der Bar und in den stilvollen Aufenthaltsräumen gut gehen lassen. Die Besucher heute können die Erfahrung der wohlhabenden Passagiere nachempfinden und auch die wechselhafte Geschichte des Schiffes in späteren Jahren erkunden.

SS Nomadic, Queens Road, Hamilton Dock, BT3 9DM, Tel. (028) 90737860, https://titanicbelfast.com/explore/ss-nomadic, Okt.–März tgl. 11–16 Uhr, Apr.–Mai u. Sept. tgl. 10–17 Uhr, Juni–Aug. tgl. 10–18 Uhr, Erw. 10 £, Kinder (5–16 J.) 5 £, Familien 20 £. Das Ticket des Museums *Titanic Belfast* schließt den Besuch der *SS Nomadic* ein (s.u.).

Titanic Belfast

Das silbrig schimmernde Gebäude im Belfaster Hafenviertel ist ein neues **Wahrzeichen Belfasts** geworden. Eröffnet pünktlich 2012 zum hundertsten Jahrestag des Untergangs der *Titanic* am 15. April, wurde *Titanic Belfast* 2016 von den *World Travel Awards*, einer Art Oskarverleihung des Tourismus, zuerst zu Europas führender und bei der Endausscheidung sogar zur **weltweit führenden Touristenattraktion** gekürt.

In neun Ausstellungen erfährt man mehr über den Bau des Schiffes, das Leben von Arbeitern in Belfast zu jener Zeit und die Firma *Harland & Wolff*. Das Gerüst, in dem der Rumpf der *Titanic* stand, wurde nachgebaut und man erkundet dieses in einer (langsamen) „Achterbahnfahrt". Man folgt Passagieren auf ihrer Fahrt, kann verschiedene Klassen besichtigen, wird Zeuge des Unglücks, erfährt auch etwas über die Folgen des Untergangs und taucht schließlich virtuell 4000 m tief zum Wrack des Schiffes.

Titanic Belfast, 1 Olympic Way, Queens Road, BT3 9EP, Tel. (028) 90766386, http://titanicbelfast.com, Nov.–März tgl. 10–17 Uhr, Apr.–Okt. tgl. 9–18 Uhr, Jun–August bis 19 Uhr; Erwachsene 24,95 £, Studierende/Senioren 19 £, Kinder (5–15 J.) 11 £, Familien 60 £. Die Eintrittskarten haben ein Zeitfenster und gelten auch 24 Stunden lang für den Besuch der *SS Nomadic* (s.o.). Es gibt zudem Kombitickets mit verschiedenen Führungen.

HMS Caroline

Dieser leichte **Kreuzer** ist das letzte Kriegsschiff, das noch von der 1916er Skagerrakschlacht im Ersten Weltkrieg erhalten ist. Es ist weltweit das einzige seiner Art. Bis zu seiner Ausmusterung 2011 diente die *HMS Caroline* als Trainingsschiff für das Reservecorps der britischen Marine und war damit weltweit das zweitälteste Kriegsschiff im Dienst.

374irl he

Zum 100. Jubiläum der Schlacht am 1. Juni 2016 wurde der Kreuzer als Museumsschiff eröffnet, in dem man mehr von der Arbeit und dem Leben der Matrosen und der Technik dieses Schiffes erfährt.

■ **HMS Caroline,** *Alexandra Graving Dock,* Queen's Road, BT3 9DT, Tel. (028) 90454484, https://nmrn.org.uk/visit-us/hms-caroline, tgl. 10–17 Uhr; Erwachsene 13,50 £, Kinder (3–15) 5,50 £, Familien ab 19 £, bei Onlinebuchung deutlich preiswerter.

Sehenswertes in West-Belfast

Der Westen der Stadt war neben der Bogside in Derry (→ Kap. Derry) der Ort, in dem Ende der 1960er-Jahre soziale Unruhen zwischen Teilen der katholischen und der protestantischen Bevölkerung zum Einsatz der britischen Armee und der Entstehung bzw. zum Neuaufleben paramilitärischer Gruppen führte. Heute ist West-Belfast **für Besucher sicher.** Die sogenannte Friedensmauer existiert jedoch nach wie vor, vor allem wegen jugendlicher Hitzköpfe. Es gibt aber Tore, durch die man tagsüber von einer Seite auf die andere wechseln kann. Das katholische Viertel heißt **Falls,** das protestantische **Shankill.**

Divis Tower

Wenn man von der Innenstadt kommt, sieht man kurz vor dem **Hochhaus** *Divis Tower* ein Wandgemälde mit der Aufschrift *Fáilte go dtí West Belfast* (Der irischsprachige Teil bedeutet „Willkommen in"). Der *Divis Tower* ist der letzte Rest der *Divis Flats*, einer Reihe von Wohnblocks, die im Zuge der Sanierung des Arbeiterviertels Pound zwischen 1966 und 1974 entstanden und ab den 1980er-Jahren wegen baulicher Mängel durch Reihenhäuser ersetzt wurden. Am

Von Queen's Island zum Titanic Quarter

Noch im frühen 19. Jh. gab es das Stück Land, das heute *Titanic Quarter* genannt wird, gar nicht. Der Hafen Belfasts war zu jener Zeit wegen vieler Sandbänke nur eingeschränkt nutzbar. Als er vertieft und vergrößert wurde, entstand durch den dadurch aufgeschichteten Schlamm eine **künstliche Insel,** die 1849 nach einem Besuch der Königin *Victoria* Queen's Island genannt wurde. Bis in die 1860er-Jahre gab es auf der Insel einen populären Vergnügungspark und man gelangte mit einer Fähre dorthin. Daneben befand sich auf der künstlichen Insel eine kleine **Werft,** die später von der Schiffbaufirma *Harland & Wolff* aufgekauft wurde. Nach und nach breitete sich die Werft auf die ganze Insel aus und der Kanal zwischen der Stadt und der Insel wurde aufgefüllt. Unter anderem entstand hier die *Titanic.* In den 1970er-Jahren wurden die Industrieanlagen abgebaut, die Gegend verödete. Noch bis in die 1990er-Jahre hieß das **Hafenviertel** Queen's Island, dann wurde es saniert und in Titanic Quarter umbenannt.

Divis Tower erinnert eine teils auf irisch und teils auf englisch geschriebene Plakette an den neunjährigen *Patrick Rooney* und den 20-jährigen *Hugh McCabe,* die durch Maschinengewehrfeuer der nordirischen Polizei bei Ausschreitungen am 14. August 1969 erschossen wurden: *Patrick Rooney* lag in seinem Bett, als er von Kugeln getroffen wurde, und *Hugh McCabe* leistete einem Verwundeten erste Hilfe. Die *Divis Flats* wurden nach diesen Ereignissen zu einer Hochburg der neu erstarkten *IRA.* 1970 richtete die britische Armee auf dem Dach des *Divis Towers* einen Beobachtungsposten ein und nahm nach und nach auch die obersten beiden Stockwerke in Beschlag. Zeitweise mussten die Soldaten wegen der Gefahr durch die *IRA* per Hubschrauber mit Proviant beliefert werden. Als die Armee den Beobachtungsposten 2005 aufgab, erzählte die hier wohnende Rentnerin *Maisie Marron* der Zeitung *The Mirror,* dass das ganze Hochhaus wackelte, wenn ein Hubschrauber landete. Seit dem Jahr 2009 befinden sich in den obersten beiden Stockwerken des *Divis Tower* wieder Wohnungen.

■ **Divis Tower,** BT12 4QB.

International Wall

An der Mauer eines Industriekomplexes, der *Andrews Mill,* in der Mehl hergestellt wird, befinden sich zahlreiche detaillierte **politische Wandgemälde,** die die britische Regierung kritisieren, *Sinn Féin* und die *IRA* preisen oder auch internationale Ereignisse oder linke Bewegungen in aller Welt thematisieren. Man kann den Komplex umrunden und durch ein Tor auf die protestantische Seite gelangen, wo ein Wandgemälde Besucher in der (protestantischen) Shankill Road-Gegend willkommen heißt.

■ **Andrews Mill,** Ecke Divis Street/Percy Street, BT13 2HW.

Bobby Sands-Wandgemälde

Auf der Wand des Belfaster Hauptquartiers der irisch-nationalistischen Partei *Sinn Féin* befindet sich ein Porträt des 1981 bei einem Hungerstreik verstorbenen IRA-Mitglieds *Bobby Sands.* Es dient oft als Kulisse für Fernsehinterviews mit *Sinn Féin*-Politikern und wird seit 1998 regelmäßig erneuert, oft mit kleinen Veränderungen. *Bobby Sands* wollte, dass er ud seine inhaftierten Mitstreiter ihren Status als Kriegsgefangene zurückerhielten, der ihnen aberkannt worden war. Während des Hungerstreiks ließ *Sands* sich bei einer Nachwahl als unabhängiger Kandidat für einen Parlamentssitz in Westminster aufstellen. *Sands* gewann und verstarb, aber der Propagandaerfolg war enorm und *Sinn Féin,* der politische Flügel der IRA, nahm seitdem an Wahlen teil. Die militanten irischen Nationalisten wurden so in politische Prozesse eingebunden, was langfristig zum Ende des bewaffneten Kampfes in den 1990er-Jahren führte. *Sinn Féin* betreibt in dem Gebäude einen kleinen Laden mit Büchern und politischen Souvenirs.

■ **Sinn Féin,** Ecke Falls Road/Sevastopol Street, BT12 4DP.

Irish Republican History Museum

Republikaner stehen im nordirischen Kontext für jene irischen Nationalisten, die den bewaffneten Kampf der *IRA* bis Auflösung der Organisation als gerechtfertigt ansehen. Das von Ehrenamtlichen betriebene Museum stellt vor allem Kunsthandwerk aus, das inhaftierte Angehörige der *IRA* im Gefängnis herstellten, aber auch historische Artefakte, die bis ins 18. Jh. zurückreichen, und Zeitungsartikel. Das Museum befindet sich in einem Hinterhof des *Conway Mill Complex,* in dem es übrigens auch ein **Café** gibt.

■ **Irish Republican History Museum,** Conway Mill Complex, BT13 2DA, Tel. (028) 90240504, https://eileenhickeymuseum.com; Di–Mi 10–14 Uhr, Do–Sa 10–16 Uhr, Eintritt frei.

Cultúrlann

Eines der wichtigsten Symbole irischer Identität ist die eigene Sprache, auch wenn diese nur noch von wenigen Menschen als Muttersprache gesprochen wird und eigentlich von niemandem mehr in Nordirland. Doch in der katholischen Bevölkerung und vermehrt auch unter Protestanten gibt es viele, die die Sprache lernen und benutzen möchten. Das *Cultúrlann* (ausgesprochen etwa *kulturlenn,* Bedeutung: **Kulturzentrum**) ist ein Ort, an dem Lernende des Irischen und kompetente Sprecher ihre Sprachkenntnisse anwenden oder auch Kurse besuchen können. Neugierige Touristen ohne Irischkenntnisse sind aber auch willkommen. Das Zentrum befindet sich in einer ehemaligen protestantischen Kirche, der Broadway Presbyterian Church. 2011 wurde die *Cultúrlann* um den kuppelförmigen Anbau erweitert. Sie beherbergt u.a. ein Café, einen Buchladen (in dem man auch Lehrbücher und Wörterbücher erhält), eine auf West-Belfast spezialisierte Touristeninformation sowie die *Gerard-Dillon-Gallery.*

■ **Cultúrlann,** 216 Falls Road, BT12 6AH, Tel. (028) 90964180, https://culturlann.ie, Mo–Do 9–18 Uhr, Fr und Sa 9–21 Uhr, So 11–16 Uhr, Eintritt frei.

Die Peace Line zwischen der Bombay Street und dem Cupar Way

Die sogenannte **„Friedensmauer"** zwischen dem katholischen und dem protestantischen West-Belfast, im Volksmund übrigens manchmal auch als *Berlin Wall* bezeichnet, kann man besonders gut am Cupar Way, auf der protestantischen, und in der Bombay Street, auf der katholischen Seite, sehen. Die Häuser in der Bombay Street wurden bei Krawallen im Sommer 1969, als es die Mauer noch nicht gab, komplett niedergebrannt. Die Gärten der Häuser, die hier direkt an der 14 m hohen Mauer stehen, sind durch zusätzliche Käfige über ihren Gärten geschützt. Ein großes, an einer Hauswand angebrachtes **Wandbild** erinnert an die Ereignisse von 1969 und ein **Gedenkgarten** der *IRA (Clonard Martyrs Memorial Garden)* an lokale, ums Leben gekommene Mitglieder dieser paramilitärischen Organisation.

■ **Clonard Martyrs Memorial Garden,** Bombay Street, BT13 2RX.

Um auf **die andere Seite der Friedensmauer** zu gelangen, läuft man von der Bombay Street etwa 8 Minuten zum tagsüber geöffneten Tor zwischen dem Lanark Way und dem Cupar Way. Hier verläuft ein Bürgersteig an der Peace Line, weshalb man einen Eindruck von den Dimensionen bekommt. Das nordirische Ministerium für Kunst und Kultur hat mehrere Kunstwerke an der Wand gesponsert, auch um angesichts der wachsenden Zahl von Touristen, die hierher kommen, das Image des Stadtteils Shankill zu verbessern. Etwas hinter dem roten Metallrelief, das scheinbar aus der Mauer herausschaut (*The Face* von *Kevin Killen*), steht man auf der Höhe des *IRA*-Gedenkgartens in der Bombay Street.

■ **Tor** am Lanark Way/Cupar Way, BT13 2GZ.

Wandgemälde der Shankill Road

Die Shankill Road ist eine Einkaufsstraße für Einheimische mit vielen Lebensmittel- und Fastfoodläden. Die Hauptse-

Belfaster Katholiken als britische Soldaten im Ersten Weltkrieg

Ein Besucher katholischer und protestantischer Viertel in Städten wie Belfast und Derry wird schnell bemerken, wie wichtig das **Gedenken an den Ersten Weltkrieg** für die protestantische Bevölkerung ist, während man auf der katholischen Seite nichts dergleichen findet. Aber auch Belfaster Katholiken kämpften in großer Zahl in der britischen Armee. Viele entstammen den **Irish Volunteers** (Irische Freiwillige), die 1913 in Dublin als Reaktion auf die ein Jahr zuvor in Ulster von Protestanten gegründete *UVF* (Freiwilligenverband von Ulster) entstanden. Letztere wollten mit allen Mitteln verhindern, dass Irland ein eigenes Regionalparlament bekommt, wofür es eine Mehrheit im Londoner Parlament gab. Da die meisten *Irish Volunteers* lediglich mehr Selbstständigkeit wollten, aber keine Unabhängigkeit vom Vereinigten Königreich, hatten sie keine ideologischen Probleme damit, nach Kriegsausbruch in der britischen Armee zu dienen, nicht zuletzt um ihre Königstreue zu beweisen und britische Politiker und die Bevölkerung der Nachbarinsel in ihrem Sinne zu beeinflussen. Aus ihnen wurde die **16. Irische Division,** die beim belgischen Ort Mesen Seite an Seite mit der protestantischen *36. Ulster-Division* kämpfte. Auch unabhängig von den nationalistischen und unionistischen Milizen meldeten sich zahlreiche Belfaster, Katholiken wie Protestanten, zur britischen Armee. Von 8484 Männern aus West-Belfast, die zwischen 1914 und 1918 dienten, fanden mindestens 1990 den Tod.

Das Gedenken an sie ist aber sehr selektiv, findet fast ausschließlich in der protestantischen Bevölkerung statt und sagt mehr über die **Gegenwart** aus als über die Zeit des Ersten Weltkriegs.

henswürdigkeit für Besucher dürften die zahlreichen Wandgemälde sein, die vor allem loyalistische paramilitärische Gruppen und deren Kampf gegen die *IRA* thematisieren. Andere Motive drücken durch Fahnen, Bilder der königlichen Familie oder das Gedenken an die Weltkriege aus, dass man sich hier als britisch sieht. Einige Gedenkstätten heben zudem hervor, dass die Menschen des Shankill in den Weltkriegen für das Vereinigte Königreich starben und Opfer von Anschlägen der *IRA* wurden.

Red Hand Commando und UVF

An der Ecke von Shankill Road und Glenwood Street befindet sich auf der rechten Seite ein Wandgemälde des *Red Hand Commando.* Die Vereinigung entstand 1972 in Shankill und ist eng mit der 1965 gegründeten *Ulster Volunteer Force (UVF)* verbunden. Der Name bezieht sich auf das traditionelle Symbol Ulsters, die rote Hand. Rechts steht der Text: „Nicht für Ruhm oder Reichtümer kämpfen wir, sondern für unser Volk." Ungewöhnlich ist die Nutzung eines irischsprachigen Slogans: *Lamh dearg abu* („Die rote Hand zum Sieg"). Auf der linken Seite steht der Text des Gedichtes *For the Fallen* (Für die Gefallenen) von *Laurence Binyons,* welches an die gefallenen britischen Soldaten im Ersten Weltkrieg erinnert und dem illegalen *Red Hand Commando* die gleiche Legitimität wie der britischen Armee zuschreiben soll.

Ähnlich stellt das Wandgemälde der *Ulster Volunteer Force (UVF)* auf der gegenüberliegenden Straßenseite eine Verbindung zwischen britischen Soldaten im Krieg und sich selbst her. Die *UVF* sieht sich in der Tradition des gleichnamigen, 1913 gegründeten Freiwilligenverbandes, der im Ersten Weltkrieg in der britischen Armee aufging. Die spätere *UVF,* die hinter diesem Gemälde steht, hatte bei ihrer Gründung das Ziel, die in den 1960er-Jahren noch weitgehend inaktive *IRA* zu bekämpfen, terrorisierte aber wie alle loyalistischen Milizen mangels klarer Ziele willkürlich Katholiken, was die *IRA* umgekehrt auch immer wieder tat. Das an der Hauswand angebrachte Bild ist im Stil von britischer Gedenkpraxis für gefallene britische Soldaten gestaltet und zeigt eine Rasenfläche, auf der rote Mohnblumen liegen. Das Foto zeigt den unionistischen Politiker *Sir Edward Carson* und Freiwillige der alten *UVF.*

■ Ecke Glenwood Street/Shankill Road, BT13 2BN.

Straßenblockade in den 1970er-Jahren

Dieses Wandgemälde an der Ecke von Shankill Road und Carnan Street ist fünf ums Leben gekommenen Mitgliedern der *UVF* gewidmet. Sie werden lächelnd und mit Gewehren an einer Straßenblockade stehend gezeigt. Der Text links ist von roten Mohnblumen umrundet, die im Vereinigten Königreich die Gefallenen der Weltkriege symbolisieren. Auf der gegenüberliegenden Seite befindet sich ein Wandgemälde der *Shankill Protestant Boys Flute Band.* Solche Kapellen marschieren in den Paraden des Oranier-Ordens mit und sorgen für die musikalische Begleitung.

■ Ecke Carnan Street/Shankill Road, BT13 1FT.

Wandgemälde: Der linke Loyalist Hugh Smyth

Hugh Smyth (1941–2014) war ein linker Loyalist, der sich um die Verständigung mit (irisch-nationalistischen) Republikanern bemühte und andererseits auch Kontakte zur *UVF* unterhielt, für die er manchmal als Sprecher auftrat. Er war 1994–95 Bürgermeister von Belfast und Gründungsmitglied der nicht sehr erfolgreichen linken *Progressive Unionist Party.* Er wird auf dem Bild mit folgenden Worten zitiert: „Unionistische Politiker haben seit jeher ihre Wähler mit dem Mythos gefüttert, dass sie Bürger erster Klasse seien … und ohne es zu hinterfragen, haben die Menschen ihnen geglaubt. Seit jeher haben republikanische/nationalistische Politiker ihre Wähler mit dem Mythos gefüttert, dass sie Bürger zweiter Klasse seien … und ohne es zu hinterfragen, haben die Menschen ihnen geglaubt. Tatsächlich war es in Wahrheit so, dass wir alle, Protestanten und Katholiken, Bürger dritter Klasse waren, ohne es zu bemerken."

■ Ecke Canmore Street/Shankill Road, BT13 2BN.

Mehrere Wandgemälde: Die UVF und die königliche Familie

Zahlreiche Wandgemälde, Texte und Fahnen finden sich am Parkplatz des *Co-op*-Supermarktes sowie auf der gegenüberliegenden Seite in dem Hof zwischen dem Wettbüro *A. McLean* und der *Rex Bar* sowie in der Crimea Street. Sie thematisieren die *UVF* von 1912, die aus ihr hervorgegangene *36. Ulster Division* der britischen Armee, die Ende der 1960er-Jahre entstandene paramilitärische **UVF** sowie Königin *Elisabeth II.* und ihre Familie.

■ Beim *Co-op*-Supermarkt, 192–212 Shankill Road, BT13 2BJ.

Wandgemälde: Erster und Zweiter Weltkrieg in Belfast

In **Dover Place,** einer kurzen Straße, die südlich parallel zur Shankill Road verläuft, sind drei Wandgemälde, die an beide Weltkriege erinnern und keine paramilitärischen Gruppen erwähnen: Das erste zeigt „Väter und Söhne des Shankill", die Schlange stehen, um sich beim Ausbruch des Ersten Weltkrieges freiwillig zur britischen Armee zu melden. Das Wandgemälde rechts daneben erinnert an die Folgen eines deutschen Luftangriffs im Zweiten Weltkrieg, als im April 1941 ein Luftschutzkeller in der hier angrenzenden Percy Street getroffen wurde und 30 Menschen starben. Im dritten Wandgemälde ist eine Belfaster Straßenfeier anlässlich des Endes des Zweiten Weltkrieges in Europa (*VE = Victory in Europe,* Sieg in Europa) zu sehen.

■ Man gehe entweder rechts am *Alessie Centre* (60 Shankill Road, BT13 2BB) den Fußweg zum Dover Place oder biege rechts von *Kentucky Fried Chicken* (2 Shankill Road, BT13 2BA) in die Dover Street ab und dann gleich wieder rechts in die Straße Dover Place.

375irl he

Praktische Tipps

Tourist Information

■ **Visit Belfast Welcome Centre,** 9 Donegall Square North, BT1 5GJ, Tel. (028) 90246609, https://visitbelfast.com, Mo–Sa 9–17.30 Uhr, So 11–16 Uhr.

Unterkunft

15 **Etap Belfast**③-④, 35 Dublin Road, BT2 7HE, Tel. (028) 76601796, https://all.accor.com („Etap Belfast" eingeben); funktionelles *Budget*-Hotel zwischen Universität und City Hall, Preise schwanken stark je nach Bedarf. Einfaches Frühstücksbuffet, nicht im Zimmerpreis inbegriffen.

14 **Holiday Inn Belfast City**③-④, 40 Hope Street, BT12 5EE, Tel. (028) 90242494, https://ihg.com („Belfast" eingeben); zentral gelegenes Hotel mit kleinem Fitness-Studio. Kostenlose morgendliche Tageszeitung.

2 **Ramada Encore**⑤, 20 Talbot Street, BT1 2LD, Tel. (028) 90261800, https://wyndhamhotels.com; gleich bei der St. Anne's Cathedral gelegenes Hotel, es gibt eine große Auswahl an Pubs und Restaurants in der näheren Umgebung des Hotels.

1 **Titanic Hotel Belfast**⑤, 8 Queens Road, BT3 9DT, Tel. (028) 95082000, https://titanichotelbelfast.com; neues Luxushotel im ehemaligen Hauptquartier der Schiffbaufirma *Harland & Wolff,* gleich neben dem Museum *Titanic Belfast.* In den zwei Zeichenbüros *(drawing offices)* entstanden die Baupläne des berühmten Schiffes. Heute befindet sich in einem ein Veranstaltungsraum und im anderen eine Hotelbar, in der man auch essen kann. Die Zimmer sind von den Kabinen der Liniendampfer von *Harland & Wolff* inspiriert.

13 **Amica Guesthouse**①-②, 9 Kingscourt Close, BT6 9AP, www.amicaguesthouse.co.uk; sehr preiswerte, saubere Unterkunft im Ostteil der Stadt, abseits der Touristenströme. 30 Minuten zu Fuß bis in die Innenstadt. Rezeption nur von 12–15 Uhr geöff-

⏶ Auf ein Lager im Crown Liquor Saloon
⏵ Straßenmusik im Bus

net, Buchung über die Website; elektronisches Schloss, den Code bekommt man nach der Buchung per E-Mail zugeschickt.

20 Wellington Park Hotel③, 21 Malone Road, BT9 6RU, Tel. (028) 90381111, https://wellingtonparkhotel.com; empfehlenswertes, einfaches Hotel im Univiertel in der Nähe vom Ulster Museum und vom Botanischen Garten.

19 Botanical Backpackers Hostel①, 63 Fitzwilliam Street, BT9 6AX, Tel. (079) 73421872, https://botanicalbackpackers.co.uk; kleines, beliebtes Hostel mit sehr freundlichen und hilfsbereiten Gastgebern im Univiertel, nur zwei Minuten vom Botanischen Garten entfernt, mit gut ausgestatteter Küche.

18 Belfast International Youth Hostel, 22–32 Donegall Road, BT12 5JN, Tel. (028) 90315435, https://hini.org.uk; eine der wenigen verbleibenden Häuser des nordirischen Jugendherbergsverbandes, Gäste jeden Alters sind willkommen. Es gibt auch Doppelzimmer mit eigenem Bad. Ohne Frühstück, aber das benachbarte *Alan's Causeway Café* hat ein gutes und preiswertes Frühstücksangebot (s.u.).

Restaurants und Pubs

17 Alan's Causeway Café①, 22–32 Donegall Road, BT12 5JN, Tel. (028) 90328292, www.causewaycafe.co.uk; Frühstücks- und Brunchcafé. Riesige Frühstücksauswahl: vom nordirischen *Ulster Fry* (auch vegetarisch und vegan) über belgische Waffeln, Pfannkuchen und *Bagles* zu einem Frühstück namens The Berlin (pochierte Eier, Schinken, Käse, Marmelade und Brötchen), tgl. 7.55–14 Uhr.

10 Deanes③, 36–40 Howard Street, Tel. (028) 90331134, https://michaeldeane.co.uk; gleich drei Restaurants des Starkochs *Michael Deane* befinden sich hier nebeneinander: das Fischrestaurant *Deanes Love Fish,* das Grillrestaurant *Deanes Meat Locker* sowie *Deanes Eipic* für gehobene europäische Küche.

9 Home③, 22 Wellington Place, BT1 6GE, Tel. (028) 90234946, https://homebelfast.co.uk; kreatives Restaurant, das als *Pop-up*-Lokal begann. Mehrere Speisekarten: gesund, vegan, vegetarisch, glutenfrei. Internationale und regionale Küche, unkomplizierte Atmosphäre.

23 Molly's Yard③, 1 College Green Mews, Botanic Avenue, BT7 1LW, Tel. (028) 90322600, https://mollysyard.co.uk; beliebtes Lokal im Univiertel mit international inspirierter Küche. Der Eingang wirkt wie ein Hinterhof, das Lokal ist gemütlich und in hellen Farben dekoriert.

16 Archana②, 53 Dublin Road, BT2 7HE, Tel. (028) 90323713, https://archana.co.uk; indisches Restaurant, das es schon über 35 Jahre gibt. Schwerpunkt auf der Küche des Punjab, gute Auswahl an vegetarischen und veganen Gerichten.

21 Tribal①, 86 Botanic Avenue, BT7 1JR, Tel. (028) 90545499, https://tribalburger.com; Lokal mit guter Hamburger-Auswahl, frittierte Hähnchenteile, kleine Auswahl auch für Veganer. Es gibt noch ein zweites Geschäft in der City (12 Callender Street, BT1 5BN).

3 MEIN TIPP: **Sunflower**①, 65 Union Street, BT1 2JG, Tel. (028) 90232474, www.sunflowerbelfast.com; ein kleiner gemütlicher Pub, der

376irl he

zwar erst 2012 eröffnete, aber eine Gaststätte übernahm, die mit wechselnden Namen seit über 100 Jahren in Betrieb war. Am Eingangsbereich des Pubs ist ein Gitterkäfig, wie er in den 1980er-Jahre weit verbreitet war. Dieser hier wurde 1988 nach einem Anschlag der *Protestant Action Force* auf die damalige *Avenue Bar* angebracht, als drei Gäste erschossen wurden. Heute ist der Gitterkasten nicht mehr notwendig, aber er wird vom Pub trotz des anfänglichen Widerstandes der Stadtverwaltung als sozialgeschichtliches Monument erhalten. Oft wird hier live musiziert *(Irish Folk)* und man bekommt Pizza aus einem Steinofen. *Guinness* und andere internationale Biersorten wird man hier vergeblich suchen. Stattdessen bekommt man hier Biere lokaler Brauereien, z.B. das in Belfast gebraute *Yardsman Original Double Stout.*

7 **Kelly's Cellars**①, 30–32 Bank Street, BT1 1HL, Tel. (028) 90246058, https://kellyscellars.co.uk; historischer Pub mit geweißten Steinwänden und dunklen Deckenbalken. Hier sollen sich die Mitglieder der *United Irishmen* 1798 getroffen haben, um die Rebellion gegen die englische Krone zu planen. Es gibt in *Kelly's* Di–Do abends und Sa nachmittags *sessions* mit irischer Musik und man kann hier *Irish Stew* (einen Eintopf) bekommen.

Einkaufen

- **Einkaufszentren:** 5 *Castle Court,* Royal Avenue, BT1 1DD, über 80 Geschäfte in zwei lichtdurchfluteten Etagen; 11 *Victoria Square Shopping Centre,* 1 Victoria Square, BT1 4QG, Belfasts neuestes Einkaufzentrum mit einer Glaskuppel, von der aus man eine wunderbare Aussicht über die ganze Stadt hat. Hier gibt es Mode- und Juweliergeschäfte, ein *Multiplex*-Kino sowie zahlreiche Restaurants.
- **Bücher:** 8 *Waterstone's,* 46 Fountain Street, BT1 5EE, Filiale der größten britischen Buchhandlungskette; 22 *No Alibis,* 83 Botanic Avenue, BT7 1JL, auf Krimis spezialisierte, unabhängige Buchhandlung.
- **Märkte:** 12 *St George's Market,* 12–20 East Bridge Street, BT1 3NQ, Markthalle aus dem 19. Jh. in rotem Backsteingebäude, Fr 6–14 Uhr (gemisch-

Tipps zur zeitgenössischen Kunst- und Kulturszene in Belfast

- **Lyric Theatre,** 55 Ridgeway Street, BT9 5FB, Tel. (028) 90381081, https://lyrictheatre.co.uk; preisgekröntes, modernes irisches Theater in einem imposanten Bau aus Backstein, Glas und Stahl. Der Schauspieler *Liam Neeson* ist der Schirmherr des Hauses, das (bis 2012 in einem anderen Gebäude) seit 1951 existiert.
- **MAC (Metropolitan Arts Centre),** 10 Exchange St West, BT1 2NJ, Tel. (028) 90235053, https://themaclive.com; preisgekröntes Kulturzentrum mit breitem Angebot: Es gibt Kunstausstellungen, Theater, experimentelle Kunst, Comedy und Familienangebot sowie ein gutes Restaurant und Café, Di–So ab 9 Uhr, Gallerien 11–17 Uhr.
- **Queen's Film Theatre,** 20 University Square, BT7 1PA, Tel. (028) 90971097, https://queensfilmtheatre.com; seit 1968 ist dieses Programmkino eine Institution in der Stadt. Getränke aus der Bar kann man mit in den Kinosaal nehmen.
- **The Crescent Arts Centre,** 2–4 University Road, BT7 1NH, Tel. (028) 90242338, https://crescentarts.org; Kunst- und Kulturzentrum in einer alten Villa im südlichen Teil der Innenstadt. Hier findet man Konzerte und Musikveranstaltungen, Theater, Comedy, Poetry Slam, Lesungen, Tanz und wechselnde Kunstaustellungen. Außerdem gibt es eine reiche Auswahl an Kursen und Workshops.

ter Markt mit Lebensmitteln, Antiquitäten usw.), Sa 9–15 Uhr (Kunsthandwerk, oft Live-Musik), So 10–16 Uhr (Kunsthandwerk, Lebensmittel, Live-Musik); **4** *People's Market,* Conway Mill, 5–7 Conway Street, BT13 2DE, kleiner Markt in West-Belfast mit Lebensmitteln, Flohmarkt, regionalem Kunsthandwerk, Sa 10–14 Uhr; **6** *Folktown Market,* Bank Square, BT13 2DE, Wochenmarkt mit Obst, Gemüse und vielen kleinen Leckereien, Sa 12–17 Uhr.

Verbindung

Züge und **Busse** von und in die meisten nordirischen Städte sowie nach Dublin und von dort in alle Teile der Insel.

Armagh

Armagh (knapp 15.000 Einwohner) ist die **kirchliche Hauptstadt der Insel,** denn der Heilige *Patrick* soll hier im 5. Jh. seine Hauptkirche gegründet haben. Der Abt des Klosters von Armagh und später der Bischof von Armagh galt als *Patricks* Nachfolger und Oberhaupt der Kirche in Irland. Da sich sowohl die katholische Kirche als auch die anglikanische *Church of Ireland* in der Nachfolge der mittelalterlichen irischen Kirche sehen, residieren hier heute sowohl der anglikanische als auch der katholische Erzbischof.

Sehenswertes

Durch das Zentrum von Armagh verläuft **The Mall,** die Straße, die noch fast vollständig von georgianischen Gebäuden bestanden ist. Viele dieser Häuser hier und in den Nebenstraßen stammen von dem in Armagh geborenen Architekten *Francis Johnson,* der auch für einige der schönsten georgianischen Stadtpaläste von Dublin verantwortlich zeichnete. In früheren Zeiten wurde The Mall einmal für Pferderennen genutzt.

An The Mall East befindet sich das **County Museum,** und es zeigt mit Exponaten die Geschichte der Stadt und der Region; dem Ausstellungsgebäude ist eine kleine *Art Gallery* (Kunstgalerie) angeschlossen.

County Museum, The Mall East, BT61 9BE, Tel. (028) 37523070, Mo–Fr 10–17 Uhr, Sa 10–16 Uhr, Eintritt frei.

Die Straße College Hill verläuft vom Nordende von The Mall gen Westen, und nach kurzem Fußweg ist das **Planetarium** erreicht, der Stolz der Stadt. Es entstand Ende der 1960er-Jahre, das dahinterliegende **Observatorium** gibt es schon seit über 200 Jahren, und es ist noch immer in Betrieb. Das Planetarium ist mit einer ganzen Anzahl astronomischer Gerätschaften und alter Fernrohre ausgestattet, mit denen die Wissenschaftler des Observatoriums im 18. und 19. Jahrhundert in die Weite des Weltalls geblickt haben.

Armagh Planetarium, College Hill, BT61 9DB, Tel. (028) 37523689, https://armagh.space, Mo–Sa 10–17 Uhr; Preise Ausstellung und Vorführung Erwachsene 9 £, Studierende/Senioren 8 £, Kinder (unter 16 J.) 6,5 £, Familien 28 £.

Die **anglikanische St. Patrick's Cathedral** liegt im Stadtzentrum am Cathedral lose, an jener Stelle, an der der heilige *Patrick* um 445 ein erstes Gotteshaus errichten ließ.

■ **St. Patrick's Cathedral,** Cathedral Close, BT61 7EE, https://stpatricks-cathedral.org, April–Sept. Di–Sa 9–17 Uhr, Okt.–März Do–Sa 9–16 Uhr; Erwachsene 4 £, Studierende/Senioren 3,50 €, Kinder (unter 18) Eintritt frei.

Freunde alter Bücher dürfen nahe der Kathedrale eine Besichtigung der **Armagh Robinson Library** nicht versäumen. Die Herzstücke der Sammlung sind eine Ausgabe von *Sir Walter Raleighs* „History of the World" von 1614 und der berühmte Band von *Jonathan Swift*, „Gullivers Reisen". Die Bibliothek wurde 1771 von Erzbischof *William Robinson* ins Leben gerufen und ist die **älteste Bücherei Nordirlands.**

■ **Armagh Robinson Library,** 43 Abbey Street, BT61 7DY, Tel. (028) 37523142, https://armaghrobinsonlibrary.co.uk, Mo–Fr 10–13 Uhr und 14–16 Uhr Eintritt frei (Spenden willkommen).

Die **katholische St. Patrick's Cathedral** liegt etwas außerhalb des Zentrums oberhalb der Cathedral Road. Zu ihren Füßen gibt es dienstags und freitags von 8 bis 16 Uhr einen **Markt,** der *The Shambles* genannt wird.

Praktische Tipps

Tourist Information

■ 40 Upper English Street, BT61 7BA, Tel. (028) 37521800, Mo–Fr 9–17 Uhr.

Unterkunft

■ **Charlemont Arms Hotel**③, 57 English Road, BT61 7LB, Tel. (028) 37522028, http://charlemontarmshotel.com; familiengeführtes Hotel, seit den 1760er-Jahren.

■ **Armagh City Hotel**④, 2 Friary Road, BT60 4FR, Tel. (028) 37518888, https://armaghcityhotel.com; Hotel mit Fitness-Studio und Swimming Pool.

■ **Hillview Lodge**②,33 Newtownhamilton Road, BT60 2PL, Tel. (028) 37522000, www.hillviewlodge.com; etwas außerhalb im Grünen gelegenes B & B, freundliche Atmosphäre, gutes Frühstücksbuffet.

Restaurants

■ **Embers Coffee House and Grill Bar**②, 7 Market Street, BT61 7BW, Tel. (028) 37518544; https://embersrestaurant.co.uk; populäres Café und Restaurant, wo man Frühstück, *Fish'n'Chips,* Nudelgerichte, Steaks und Hamburger bekommt.

■ **Uluru Bar and Grill**②, 3–5 Market Street, BT61 7BX, Tel. (028) 37518051, http://ulurubarandgrill.com; australisches Restaurant, auch gut zum Frühstücken (ab 10 Uhr) geeignet. Steaks, Hamburger, Pizza, Känguruh vom Holzkohlegrill als Vorspeise erhältlich. Eigene vegetarische Karte.

■ **Armagh Indian Nights**①, 5 Scotch Street, BT61 7BY, Tel. (028) 37518346; indisches Restaurant, Gerichte auch zum Mitnehmen.

Verbindung

■ **Busse** nach Belfast und Newry.

Game of Thrones – Willkommen in Westeros

2012 verkündete die nordirische Ministerin und spätere Regierungschefin *Arlene Foster* im Belfaster Parlament, dass „*Game of Thrones* die größte **Medienpräsenz** liefern wird, die Nordirland, abgesehen von der Politik und dem Nordirlandkonflikt, jemals erreicht hat". Nordirland ist darauf erpicht, das Image abzustreifen, das die bürgerkriegsähnlichen Zustände der jüngeren Geschichte der Region zugefügt haben. Daraufhin bezeichnete der Journalist *Martin Vander* von der britischen Zeitschrift *Spectator* die Rolle von *Game of Thrones* als „ein merkwürdiges Beispiel für einen echten modernen Konflikt, der durch einen fiktiven pseudo-mittelalterlichen Konflikt ausradiert wird".

Arlene Foster sollte aber Recht behalten: Der **Tourismus** wächst dank der weltweit populären Fernsehserie und ähnlich wie Neuseeland, das für viele Menschen heute *Mittelerde* (aus *Tolkiens Herr der Ringe*) ist, wird Nordirland mehr und mehr mit dem *Westeros* von *Game of Thrones* assoziiert. Die Dreharbeiten brachten der nordirischen **Wirtschaft** zudem hohe Umsätze und auch Arbeitsplätze. Die nordirische Regionalregierung konnte, nicht zuletzt dank finanzieller Zuwendungen von fast 14 Millionen Pfund, den amerikanischen Fernsehprogrammanbieter *HBO* dazu bewegen, die Serie nicht, wie ursprünglich geplant, in Schottland zu produzieren. Die Ausgaben haben sich gelohnt, denn *HBO* gab bislang das Zehnfache davon in Nordirland aus, nämlich 146 Millionen Pfund. Zudem wurden ab Drehbeginn im Jahr 2009 900 Vollzeit- und 5700 Teilzeitstellen geschaffen. Benötigt wurden u.a. Schreiner, Friseure, Maskenbildner und Waffenschmiede. Für *HBO* waren aber auch die Rahmenbedingungen in Nordirland äußerst vorteilhaft. Mit den *Titanic Studios* in der *Paint Hall* im Belfaster Hafen, gleich hinter dem Museum *Titanic Belfast*, stand *HBO* das **größte Filmstudio Europas** zur Verfügung. Die meisten Innenaufnahmen, egal ob in der großen Halle des Roten Bergfrieds in Königsmund *(The Red Keep in King's Landing)* oder in der Großen Pyramide von Meereen, entstanden hier. Gedreht wurde zwar auch in Marokko, Spanien, Kroatien, Malta und Island, aber zwischen 70 % und 80 % der Aufnahmen stammen aus Irlands Nordosten. „Es gibt viele fantastische Dinge in Nordirland", sagte der Location-Manager *Robbie Boake* in einem Interview der Tageszeitung *Belfast Telegraph*, „und die sind meistens innerhalb von einer Stunde und 15 Minuten von Belfast aus zu erreichen, was es geografisch ideal macht. Die Gegend ist sehr vielfältig und natürlich und wild, mit vielen verschiedenen Arten von Geografie und großen Unterschieden in der Vegetation, vom Dothrakischen Meer zu Mooren und Kalksteinfelsen."

Aber worum genau geht es in *Game of Thrones?* Es handelt sich um eine noch unvollendete, bislang fünf Bände umfassende **Romanreihe** des amerikanischen Science Fiction- und Fantasy-Autors *George R. R. Martin*, die den Serientitel *Das Lied von Eis und Feuer (A Song of Ice and Fire)* trägt. Der erste Band heißt *Game of Thrones*, und diesen Titel verwendet die Fernsehserie. In vielerlei Hinsicht ähneln die Romane (wie auch die Fernsehserie) eher **historischer Fiktion** als dem Fantasy-Genre. Es gibt zwar drei Drachen, gelegentlich Magie und eine hohe Mauer an der nördlichen Grenze der Sieben Königslande *(Seven Kingdoms)*, hinter der die zombieähnlichen weißen Wanderer *(white walkers)* und Riesen leben. Diese Handlungselemente werden aber äußerst sparsam eingesetzt. Es geht in *Game of*

Thrones in erster Linie um den Konflikt zwischen dem Haus *Lennister* (im Original *Lannister*), das die Krone der *Sieben Königslande* des Kontinents *Westeros* an sich gerissen hat, und dem Haus *Stark* im Norden der *Sieben Königslande*. Zudem bahnt sich eine Auseinandersetzung mit *Daenerys Targaryen* an, der letzten lebenden Nachkommin des vertriebenen früheren Königsgeschlechts der *Sieben Königslande*, die zunächst im Exil auf dem Nachbarkontinent *Essos* lebt. Neben *Herr der Ringe* von *J. R. R. Tolkien* diente *George R. R. Martin* die siebenbändige französische Romanreihe *Die unseligen Könige* von *Maurice Druon*, in der es um den hundertjährigen Krieg zwischen England und Frankreich im Spätmittelalter geht, als Vorbild. Eine wichtige historische Inspiration waren auch die Rosenkriege, in denen die Häuser *Lancaster* und *York* (was *Lannister* und *Stark* nicht unähnlich klingt) zwischen 1445 und 1487 um den englischen Thron kämpften. Anders als im Fantasy-Genre sonst üblich, gibt es in den Romanen und der Fernsehserie allerdings keine klare Unterscheidung zwischen Gut und Böse, die Charaktere sind moralisch ambivalent.

Einige wichtige Drehorte, die man besuchen kann

Winterfell (Staffel 1): Das Herrenhaus *Castle Ward* aus dem 18. Jh. diente in der ersten Staffel als Winterfell, dem Sitz des Hauses *Stark*. Im Hof wurde der Bogenschießstand nachgebaut, an dem *Eddard Stark*, der König des Nordens, seinen Söhnen die Benutzung von Pfeil und Bogen beibringt.

Robb Starks Feldlager bei der Schlacht von Ochsenfurt (Staffel 2, Episode 4): Von *Castle Ward* kann man einem Pfad zu *Audley's Field* folgen, wo eine normannische Burgruine steht. Hier befand sich das Feldlager *Robb Starks*, als er nach der Hinrichtung seines Vater *Eddard Stark* zum König des Nordens ausgerufen worden war und in der Schlacht von Ochsenfurt *(Battle of Oxcross)* die Truppen der *Lennisters* und deren Verbündete besiegte.

■ **Castle Ward**, Strangford, Downpatrick, County Down, BT30 7LS, Tel. (028) 44881204; Haus und historischer Bauernhof, Mitte März–Ende Okt. 12–17 Uhr; Park, Wanderwege und Gärten März–Okt. 10–18 Uhr, sonst 10–16 Uhr; Erwachsene 8,60 £, Kinder 4,30 £, Familien 21,55 £. Wer dort selber wie die *Starks* mit Pfeil und Bogen schießen und sich Kostüme der Serie anziehen möchte, kann dies separat buchen bei *Clearsky Adventure*, Tel. (028) 43723933, www.gameofthrones-winterfelltours. com, ab 29 £ pro Person.

Robb Starks Feldlager bei Schnellwasser (Staffel 1, Episode 10): Die Ruine des 1180 gegründeten Klosters *Inch Abbey* am Nordufer des Flusses Quoile diente als Kulisse für *Robb Starks* Feldlager während der Schlacht im Wisperwald *(Battle of the Whispering Wood)*, als *Jaime Lennister* in die Gefangenschaft der *Starks* geriet.

■ **Inch Abbey**, Inch Abbey Road, Downpatrick, County Down, BT30 9AX, durchgehend geöffnet, Eintritt frei.

Der Wolfswald bei Winterfell (Staffel 1, Episode 1): Zu Beginn der Serie stoßen *Eddard Stark*, seine Söhne sowie sein Mündel *Theon Graufreud (Greyjoy)* auf einen toten weiblichen Schattenwolf *(direwolf)*, dessen sechs Welpen sich an seinen Körper schmiegen. Da der Schattenwolf das Wappentier des Hauses *Stark* ist und es so viele Welpen wie *Stark*-Kinder gibt, bekommt jeder Sohn und jede Tocher eine Welpe. Gefilmt wurde im **Tollymore Forest** in den Mourne Mountains.

■ **Tollymore Forest Park**, Bryansford Road, Newcastle, Co. Down, BT33 0PR, tgl. 10 Uhr bis Sonnenuntergang, Eintritt 5 £ pro Auto. *Game of Thrones*-Führungen tgl. 10 Uhr und 15 Uhr; Erwachsene

10 £, Kinder und Studenten 8 £. Treffpunkt bei der Kiefer und den Toiletten am Hauptparkplatz (Anbieter → *Game of Thrones Tours*, siehe unten).

Eine Bucht und Höhle in den Sturmlanden (Staffel 2, Episode 4): *Melisandre*, die unheimliche Feuerpriesterin, bringt hier im Beisein von *Davos Seewert (Seaworth)* in einer Höhle ein Schattenwesen zur Welt, das später *Renly Baratheon* umbringen wird. Diese Szene entstand in den **Cushendun Caves** im Dorf Cushendun (→ Kap. „Cushendun").

Die Klippen von Drachenstein (Staffel 7 Episode 3, 5 und 6): Drachenstein *(Dragonstone)* ist der traditionelle, aber mittlerweile verlassene Sitz des Hauses *Targaryen*. Nach der Rückkehr von *Daenerys* mit ihren Drachen und ihrem Gefolge, spielen sich hier auf den Klippen ihres Geburtsortes mehrere Szenen ab. U.a. sehen wir hier *Jon Schnee (Snow)*, der nun König des Nordens ist sowie *Daenerys* und einen ihrer Drachen. Gedreht wurde bei **Fairhead** an der Nordostküste von County Antrim. Diese fast 200 m hohen Klippen in der Umgebung von Ballycastle (→ Kap. „Ballycastle") liegen abseits von Straßen. Es gibt aber mittlerweile einen ausgeschilderten Wanderweg dorthin. Dieser ist allerdings nur geübten Wanderern und nur bei gutem Wetter zu empfehlen.

■ **Informationen zur Wanderung:** www.walkni.com/walks/22680/fairhead.

Der Hafen von Herrenort auf den Eiseninseln (Staffeln 2, 4 und 6): Die Szenen im Hafen von Herrenort (Lordsport), auf den von den Eisenmännern *(Ironborn)* bewohnten Eiseninseln *(Iron Islands)* wurden im Hafen des Dorfes **Ballintoy,** unweit der Hängebrücke von Carrick-a-Rede (→ Kap. „Carrick-a-Rede"), gedreht. Am nahegelegenen Strand ließ sich Theon durch ein Taufritual in die Religion des Ertrunkenen Gottes *(drowned god)* einweihen.

■ **Ballintoy Harbour,** BT54 6NA.

Der Königsweg (Staffel 2, Episode 1): Nach der Hinrichtung ihres Vaters *Eddard Stark* in Königsmund flieht seine Tochter *Arya Stark* als Junge verkleidet auf einem Pferdewagen mit drei neuen Rekruten der Nachtwache *(Night's Watch)* in Richtung Norden. Gedreht wurde in der im 18. Jh. angelegten Allee der Dark Hedges bei **Stranocum** in County Antrim.

■ **Bregagh Road,** Stranocum, Ballymoney, BT53 8TP. Kostenlose Parkmöglichkeit beim *Hedges Estate Hotel*, 139a Ballinlea Road, Stranocum, Ballymoneym, BT53 8PX.

Anbieter von Touren zu diesen und anderen Drehorten

■ **Game of Thrones Tours,** Tel. Nordirland (028) 95680023, Republik Irland Tel. (01) 5133033, www.gameofthronestours.com; verschiedene Touren ab Belfast, Derry, Dublin und Tollymore Forest Park (→ „Der Wolfswald bei Winterfell"), Preise ab Belfast 45–50 £, ab Derry 36–40 £, ab Dublin 60–65 €.

■ **Stones and Thrones,** info@citytoursbelfast.com, http://stonesandthronestour.com; *Westeros Tour* zu den nördlich von Belfast gelegenen Drehorten (sowie zum Giant's Causeway und zur Hängebrücke von Carrick-a-Rede), tgl. 8.45 Uhr, Treffpunkt *Visit Belfast Tourist Information*, 9 Donegall Square North, Belfast, BT1 5GJ. Preis 35 £.

■ **Brit Movie Tours,** Tel. GB (0844) 2471007, https://britmovietours.com; Tour zu den nördlich von Belfast gelegenen Drehorten (und zum Giant's Causeway), tgl. 9 Uhr, Treffpunkt *Visit Belfast Tourist Information*. Preis Erwachsene 35 £, Kinder (unter 16 J.) 20 £; Tour zu den südlich gelegenen Drehorten unregelmäßig an Samstagen, 9.15 Uhr, Treffpunkt *Visit Belfast Tourist Information*, Erwachsene 40 £, Kinder (unter 16 J.) 30 £.

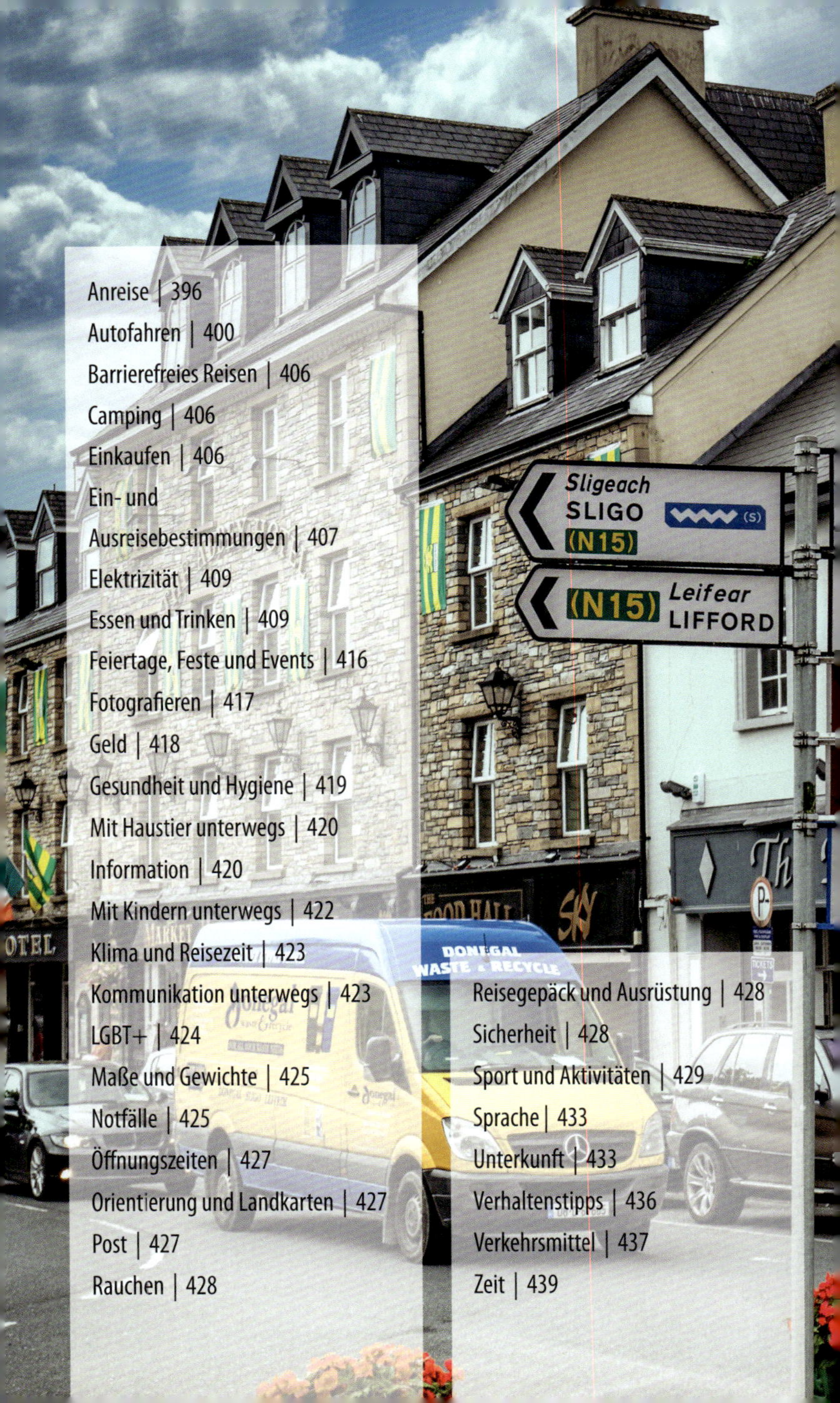
Sligeach
SLIGO
(N15)
(N15)
Leifear
LIFFORD
DONEGAL
WASTE & RECYCLE

377irl he

11
Praktische Reisetipps A–Z

In vielen Regionen Irlands ist die Ortsbeschilderung zweisprachig, etwa in Donegal

Anreise

→ Autofahren
→ Ein- und Ausreisebestimmungen
→ Verkehrsmittel

Mit dem Flugzeug

Der wichtigste Flughafen Irlands befindet sich in der Hauptstadt **Dublin** von wo es gute Anbindungen in alle Teile der Insel gibt. Alternativ kann man von einigen internationalen Flughäfen auch nach **Cork** an der Südküste, **Belfast** im Norden (*Belfast International Airport* und *Belfast City Airport*) sowie **Shannon** und County **Kerry** an der Westküste fliegen.

Flugpreise

Ein **Flugticket** von Deutschland, Österreich und der Schweiz nach Irland kostet hin und zurück je nach Jahreszeit, Aufenthaltsdauer und Fluggesellschaft bzw. Reisebüro oder Buchungsportal **zwischen 150 und 350 €.** Außerhalb der Hauptreisezeit kann man auch mal unter 100 € rutschen.

Hinweis

Da sich die **Einreisebedingungen kurzfristig ändern** können, raten wir, sich kurz vor der Reise beim Auswärtigen Amt (www.auswaertiges amt.de bzw. www.bmeia.gv.at oder www.eda.admin.ch) oder der jeweiligen Botschaft zu informieren.

Gegen eine Gebühr kann man in der Regel das eigene **Fahrrad** mitnehmen.

Buchung

Wer die persönliche Beratung sucht und sich möglichst viel Arbeit sparen möchte, kann nach wie vor die Dienste eines Reisebüros vor Ort in Anspruch nehmen. Auch Vergleichsportale im Internet erleichtern die Suche nach günstigen Flugverbindungen sehr. Oft ist es allerdings preisgünstiger, wenn man sein Ticket bei der jeweiligen Airline direkt bucht, da man so recht hohe Aufpreise von bis zu einem Drittel des eigentlichen Ticketpreises vermeidet.

Aber nicht nur wegen der günstigeren Preise ist die Direktbuchung zu empfehlen. Von Vorteil ist sie auch, wenn man stornieren oder seinen Flug verschieben muss. Wichtige Fluggesellschaften, die Irland aus Deutschland, Österreich und der Schweiz anfliegen, sind:

- **Aer Lingus: https://aerlingus.com**
- **Lufthansa: https://lufthansa.com**
- **Ryanair: https://ryanair.com**
- **Swiss: https://swiss.com**

Mit Bahn und Fähre

Teuerer als zu fliegen ist die Anreise per Bahn und Schiff nach Irland. **Zwei Standard-Routen** stehen zur Verfügung:

Die erste führt durch den **Kanaltunnel** nach London. Weiter geht es ins walisische Holyhead, wo die Fähren nach Dublin oder etwas weiter südlich nach Dun Laoghaire ablegen. Will man unterwegs keinen Stopp einlegen, dauert die

030IRL ws

gesamte Anreise je nach Startbahnhof etwa rund 20 bis 24 Stunden.

Die zweite Variante geht via Frankreich nach Cherbourg an der französischen Atlantikküste, von wo aus mehrere Reedereien die Häfen in Dublin und Rosslare anlaufen. Je nach Startpunkt benötigen Sie für diese Variante bis zu zwei Tage.

Buchung und Infos

Die komplizierteste, mühsamste und meist teuerste Art, so eine Reise zu buchen, führt über den Schalter einer der beteiligten Bahnen oder über deren Internet-Seite: Jede Bahn listet nur ihre eigenen Angebote vollständig – die der anderen Bahnen dagegen oft gar nicht oder ohne jegliche Sonderpreise.

Faszinierendes Wetterschauspiel auf den Aran-Inseln

Wer es bequem mag, sich nicht selbst durch den Dschungel der Bahntarife und Fahrpläne schlagen und trotzdem Geld sparen will, erhält bei spezialisierten Agenturen gegen Gebühr Beratung – und auf Wunsch die Tickets zugeschickt. Eine kompetente Agentur ist z.B.:

- **Gleisnost** in Freiburg, https://gleisnost.de, Tel. 0761-2055130.

Mit Auto und Fähre

Direkte Fährverbindungen gibt es nur von Frankreich aus. *Irish Ferries* fährt von Cherbourg nach Dublin, *Britanny Ferries* von Cherbourg nach Rosslare und von Roscoff nach Cork. *Stena Line* verbindet Cherbourg mit Rosslare. Je nach Strecke sind die Schiffe zwischen 14 und 21 Stunden unterwegs. Auf der Seereise muss man das Auto verlassen und hat unterwegs auch keinen Zugang zu ihm. Wer nicht die Nacht auf Sesseln

Mini-„Flug-Know-how"

Check-in

Nicht vergessen: Ohne einen gültigen Reisepass oder Personalausweis für EU-Staatsbürger und Schweizer kommt man nicht an Bord. Kinder benötigen einen eigenen Reisepass.

Das (Hand-)Gepäck

Man darf pro Person in der Regel ein Handgepäck- und zusätzlich ein Gepäckstück einchecken. Aufgepasst: Informieren Sie sich vor Ihrem Flug bei Ihrer Airline über die konkreten Bestimmungen, da diese mitunter stark voneinander abweichen. Beim Packen des Handgepäcks sollte man darauf achten, dass Flüssigkeiten jeder Art nur in geringen Mengen bis zu jeweils 100 ml mit ins Flugzeug dürfen. Diese Substanzen muss man separat in einem durchsichtigen Plastikbeutel (z.B. Gefrierbeutel) transportieren, den man beim Durchleuchten in eine der bereitstehenden Schalen auf das Fließband legen sollte. Auch elektronische Geräte müssen in diese Schale gelegt werden, ebenso Gürtel mit einer Schnalle aus Metall.
Aus Sicherheitsgründen dürfen scharfe Gegenstände wie Messer, Nagelfeilen oder Scheren nicht im Handgepäck untergebracht werden. Diese Gegenstände sollte man unbedingt zu Hause lassen oder im aufzugebenden Gepäck verstauen, sonst werden sie bei der Sicherheitskontrolle einfach weggeworfen. Darüber hinaus gilt, dass leicht entzündliche Gase in Sprühdosen (Schuhspray, Campinggas, Feuerzeugfüllung) und Feuerwerkskörper etc. nicht im Koffer oder dem Handgepäck transportiert werden dürfen. Für die Raucher unter uns: Ins Handgepäck und auch in den Koffer dürfen bei innereuropäischen Flügen weder Feuerzeug noch Streichhölzer, man darf aber ein Feuerzeug oder eine Streichholzpackung pro Person am Körper mitführen.
Ein kleiner Tipp: Um Stress und Ärger zu vermeiden, packen Sie neben den wichtigsten Dingen auch Utensilien ins Handgepäck, die Sie am ersten Tag in Ihrem Urlaub gebrauchen könnten. Wenn es an den Strand geht, packen Sie zum Beispiel direkt die Badekleidung ein. Falls das Gepäck Verspätung hat oder verloren geht, können sie trotzdem schon den ersten Tag genießen und müssen nicht direkt einkaufen gehen.

CO_2-Fußabdruck

Grundsätzlich gilt beim Thema Umweltschutz: Vermeiden ist besser als kompensieren. Auch längere Strecken lassen sich oft per Bahn, Bus oder Schiff zurücklegen, die allesamt eine bessere Klimabilanz haben als das Flugzeug. Wer nicht aufs Reisen mit dem Flugzeug verzichten will oder kann, hat die Möglichkeit, zusätzlich Geld für Klimaschutzprojekte auszugeben. Dabei ist jedoch darauf zu achten, in welche Projekte genau das Geld geht oder auch wie viel bei der jeweiligen Organisation für die Verwaltung stecken bleibt. Bisher als gut bewertete Organisationen sind u. a. atmosfair.de, myclimate.org sowie gocli mate.com.

[>] Anreise nach Dublin mit der Fähre

oder dem Fußboden verbringen will, sollte eine Kabine buchen.

Wählt man den Weg über die Landbrücke, die so genannte **Landbridge-Verbindung** – gemeint ist damit die Fahrt durch Großbritannien –, so setzt man zuerst von Häfen auf dem europäischen Festland nach Südengland über und fährt durch das Land bis nach Wales, um von dort entweder von Pembroke oder Fishguard nach Rosslare, von Holyhead nach Dublin oder von Liverpool nach Dublin oder Belfast zu kommen. Vom schottischen Cairnryan gibt es zudem Fährverbindungen nach Belfast und Larne in Nordirland.

Wer über die britische Landbrücke nach Irland fährt, könnte seinen Besuch der Grünen Insel mit den landschaftlichen Schönheiten und den Städtchen von Südengland und Wales verbinden. Lohnenswerte Abstecher sind dann z.B. London, Canterbury, Oxford, Cambridge, Stratford-on-Avon, Bath sowie das walisische Pembrokeshire.

Wer jedoch von Dover zu den oben erwähnten Fährhäfen „in einem Rutsch“ durchfahren will, muss mit Fahrtzeiten zwischen acht und elf Stunden rechnen.

Wer in den Norden Irlands reisen möchte, für den bietet sich die Fährfahrt von Amsterdam nach Newcastle in Nordengland etwas südlich der schottischen Grenze an. Von dort geht es weiter bis Cairnryan, von wo man nach Belfast oder Larne übersetzen kann.

Der Tarifdschungel aber ist enorm dicht. Mal gelten die Preise nur für den Pkw, mal für den Pkw und vier Erwachsene, mal für den Pkw und zwei begleitende Personen, dann wiederum gibt es Familienspartickets, wenn die eigenen Kinder dabei sind; bei mehr als drei Kindern kommt es erneut zu einem Aufschlag, und je nach Altersgruppe gibt es dann wiederum Ermäßigungen für die Kleinen. Auf einer Linie gelten manchmal bis zu sieben unterschiedliche Tarifgruppen, je nachdem, ob die Fähre tagsüber oder nachts oder auch zu bestimm-

378irl he

ten Uhrzeiten ablegt. Selbstverständlich haben die meisten Linien auch Senioren- und Studierendenermäßigungen in ihrem Programm, und schließlich machen sie sich noch mit allen möglichen Spezial- und Supertarifen untereinander Konkurrenz. Alle Arten von Aufpreisen – Einbettkabine, Zweibettkabine, mit Dusche/WC, mit Waschbecken, Außenkabine, Liegesitze, Schlafsessel etc. – sollten mitberechnet werden. Informationen zu den Fährverbindungen findet man beim auf Irland spezialisierten Reisebüro Gaeltacht Irland Reisen, **https://gaeltacht.de.**

Attraktiv sind Landbridge-Tarife, Verbindungen via Großbritannien, bei denen man u.a. folgende Strecken zu günstigen Preisen untereinander kombinieren kann.

Fährverbindungen **nach Großbritannien** sind u.a.:

- **Calais – Dover**
- **Calais – Folkestone**
- **Cherbourg – Poole**
- **Cherbourg –Portsmouth**
- **Dieppe – Newhaven**
- **Dunkerque (Dünkirchen) – Dover**
- **Hoek van Holland – Harwich**

Fährverbindungen **von Großbritannien nach Irland** sind u.a.:

- **Fishguard – Rosslare**
- **Holyhead – Dublin**
- **Pembroke – Rosslare**
- **Liverpool – Dublin**
- **Liverpool – Belfast**
- **Cairnryan – Belfast**
- **Cairnryan – Larne**

Direktverbindungen sind:

- **Cherbourg – Rosslare**
- **Cherbourg – Dublin**
- **Roscoff – Cork**

Eurotunnel

Der Shuttle-Zug fährt in Spitzenzeiten alle 15 Minuten, nachts mindestens einmal stündlich von Calais nach Folkestone; Fahrtzeit 35 Minuten. Informationen und Buchungen über **https://eurotunnel.com** oder in deutscher Sprache bei **https://www.ferrysavers.de/eurotunnel.htm.**

Autofahren

→ Anreise
→ Verkehrsmittel

Verkehrsvorschriften

Auf der Insel Irland wird, wie in Großbritannien, **links gefahren.** Auf folgende Regelungen sollte man besonders achten: Im Kreisverkehr fährt man im Uhrzeigersinn. Beim Rechtsabbiegen muss man dem Gegenverkehr Vorfahrt gewähren. An Kreuzungen ohne Vorfahrtsregelungen, die glücklicherweise sehr selten sind, gilt in der Republik Irland etwas überraschend Rechts vor Links. In Nordirland hat das Fahrzeug auf der Hauptstraße Vorfahrt, wobei nicht immer ersichtlich ist, welches denn die „Main Road“ ist. Sind alle Straße gleichberechtigt, hat niemand Vorfahrt und man muss sich mit den anderen

Fährverbindungen
0 100 km
©Reise Know-How
London
Sheerness
Dover
Folkestone
Eurotunnel
Dünkirchen
BELGIEN
Calais
Newhaven
FRANKREICH
0 50 km
Dieppe
Edinburgh
Glasgow
NORDSEE
(London) Derry
Cairnryan
Larne
Newcastle
Belfast
Amsterdam
IRL
Dublin
Liverpool
Holyhead
Limerick
Hoek van Holland
UK
Rosslare
Cork
Fishguard
Pembroke
Swansea
Harwich
London
Dover
Calais
Poole
Portsmouth
Dieppe
Ausschnitt
Cherbourg
Paris
ATLANTISCHER
OZEAN
Roscoff
F

Verkehrsteilnehmern über die Reihenfolge verständigen.

Zu beachten ist auch, dass auf den Rechtsverkehr eingestellte asymmetrische Scheinwerfer auf Linksverkehr umgestellt werden müssen. Bei den meisten neueren Fahrzeugen kann dies elektronisch mithilfe eines Menüs erfolgen, bei anderen Fahrzeugen muss möglicherweise ein Sektor des Scheinwerfers mit einer Schablone abgeklebt werden.

Zwei gelbe Streifen am Straßenrand zeigen an, dass hier zu jeder Zeit **Parkverbot** herrscht. Ein gelber Streifen bedeutet, dass das Parken zu bestimmten Zeiten erlaubt ist, z.B. am Wochenende oder nach Ladenschluss.

Die **Promillegrenze** beträgt in der Republik Irland 0,5 (0,2 für Fahranfänger, deren Fahrerlaubnis jünger als zwei Jahre ist), in Nordirland 0,8. In beiden Landesteilen ist das **Rauchen** im Fahrzeug untersagt, wenn Personen unter 18 Jahren mitfahren. Streng verboten ist die Nutzung von Handys durch den Fahrer während der Fahrt.

Für alle Insassen gilt die **Anschnallpflicht,** Kinder unter 12 Jahren müssen auf die rückwärtigen Sitze platziert werden. Für Motorradfahrer besteht **Helmpflicht.**

Bei **Unfällen** mit Personenschäden muss in jedem Fall die Polizei unter Tel. 112 oder Tel. 999 gerufen werden.

Höchstgeschwindigkeiten

Geschwindigkeiten werden in der Republik Irland in km/h, in Nordirland in mph (Meilen pro Stunde) angegeben. Folgende **Höchstgeschwindigkeiten** sind, falls nicht anders angegeben, für Pkw ohne Anhänger erlaubt:

In Ortschaften oder bebauten Gegenden
- **Republik Irland:** 50 km/h (31mph)
- **Nordirland:** 48 km/h (30 mph)

Straßen mit einer Fahrbahn
- **Republik Irland:** 80 km/h (50 mph)
- **Nordirland:** 96 km/h (60 mph)

Mehrspurige Schnellstraßen
- **Republik Irland:** 100 km/h (62 mph)
- **Nordirland:** 112 km/h (70 mph)

Autobahn
- **Republik Irland:** 120 km/h (75 mph)
- **Nordirland:** 112 km/h (70 mph)

Maut

Auf einigen Autobahnabschnitten muss man in der Republik Irland eine Streckenmaut *(toll)* zahlen, die im Vergleich zu vielen anderen europäischen Ländern aber relativ gering ist. Sie wird an Mauthäuschen an Ort und Stelle **in bar** beglichen.

Auch für die 40 km lange *Dublin Ring Road* M 50 muss eine Maut-Gebühr bezahlt werden, die allerdings nur fällig wird, wenn man die Strecke zwischen den Abfahrten 6 und 7 benutzt. Diese Gebühr (3,20 €, wenn man einen Account auf *eflow* einrichtet lediglich 2,70 €) kann nicht in bar entrichtet werden und muss im Voraus oder bis spätestens 20 Uhr des folgenden Tages beglichen sein. Dazu hat man drei Möglichkeiten: Im Internet auf der Website von eflow, telefonisch (Tel. +353 1 4610122 oder 0818 501050) mit Kreditkarte oder landesweit in der Republik in Geschäften und Tankstellen mit einem Payzone-Logo.

Wer denkt: „Das ist mir zu umständlich, da fahre ich lieber schwarz und vertraue auf mein Glück, dass ich nicht erwischt werde", irrt sich. Denn alle Fahrzeuge werden mit Kameras erfasst und die Kennzeichen werden darauf überprüft, ob bezahlt wurde. Ist dies nicht der Fall, bekommt man Wochen später eine Rechnung mit Mahnung und Strafgebühr ins Haus.

- **eflow:** https://eflow.ie

Verkehrssituation

In der Republik Irland werden die Autobahnen mit einem vorangestellten „M" bezeichnet, also z.B. M 50. National- *(national primary roads)* und Überlandstraßen *(national secondary roads)* tragen ein „N" als Kennung, die kleineren Landstraßen *(regional roads)* ein „R" und die lokalen Straßen oft ein „L".

In Nordirland erhalten Autobahnen ebenfalls ein vorangestelltes „M". Die Fernverkehrsstraßen, die unseren Bundesstraßen entsprechen, tragen ein „A" als Präfix, die Regionalstraßen ein „B". Die mit „C", „D" und „U" markierten Straßen haben nur lokale Bedeutung.

Vor allem Landstraßen, aber auch die unklassifizierten Straßen sind schmal und oft kurvenreich; Hecken, Mauern und Zäune machen die Kurven uneinsehbar, und Tiere weiden am Straßenrand – unbedingt empfiehlt sich deshalb eine **defensive Fahrweise,** will man nicht ein Lamm oder einen Esel auf dem Gewissen haben. Esel, Rinder und Schafe – so führt die Broschüre des Irischen Fremdenverkehrsamtes aus – sind gleichberechtigte Verkehrsteilnehmer, nur sind ihnen die einschlägigen Vorschriften weniger bekannt. In ländlichen Gegenden stehen viele Häuser direkt am Straßenrand, hier muss man mit spielenden Kindern rechnen!

Hilfe bei Pannen

Im Pannenfall hilft ein **Auslandsschutzbrief** der heimischen Automobilclubs. Vor allem auf dem Lande sind Ersatzteile nicht immer sofort lieferbar und müssen häufig in Dublin angefordert werden.

Entfernungen (in Kilometern)

Dublin – Cork	256
Dublin – Donegal	220
Dublin – Galway	217
Dublin – Killarney	307
Dublin – Shannon/Airport	220
Dublin – Rosslare	160
Dublin – Limerick	197
Dublin – Sligo	214
Dublin – Belfast	166
Belfast – Galway	306
Belfast – Sligo	206
Dublin – Derry	232
Derry – Cork	428
Derry – Sligo	135
Sligo – Galway	138
Galway – Limerick	104
Limerick – Killarney	111
Rosslare – Killarney	275
Rosslare – Limerick	211

Allerdings ist dafür die Improvisationsbereitschaft der Mechaniker weitaus höher als in großen, gut bestückten Werkstätten.

Wenn man nicht Mitglied in einem Automobilclub ist, muss man sich direkt an die einheimischen Automobilclubs wenden. Diese Variante ist jedoch sehr teuer, man wartet länger und muss sein Problem in Englisch am Telefon erklären.

- In der Republik Irland: **Automobile Association,** Tel. –353 818 227 228, https://theaa.ie/.
- In Nordirland und Großbritannien: **Royal Automobile Club,** Tel. +44 333 2000 999, https://rac.co.uk/.

Tanken

Die Versorgung mit Kraftstoffen bereitet in Irland keine Schwierigkeiten. In jeder größeren Ortschaft findet man zumindest eine Tankstelle. In der Regel haben sie von 8–22 Uhr geöffnet. Darüber hinaus sind viele mit Tankautomaten ausgerüstet, sodass man auch nach Feierabend noch tanken kann.

Dennoch sollte man rechtzeitig tanken, denn in abgelegenen Gegenden ohne jegliche Ortschaft gibt es meist auch keine Tankmöglichkeit.

Die englischen Bezeichnungen für die **Kraftstoffe** sind:

- **Super Plus Unleaded** (98 Oktan): SuperPlus
- **Unleaded** (95 Oktan): Super
- **Diesel:** Diesel

In Irland ist das Netz an **Ladestationen für E-Autos** besonders dünn. Während es laut ADAC in Deutschland pro 100 km ca. 40 Ladestationen gibt, sind es in Irland gerade einmal 0,1. Damit liegt das Land im europäischen Vergleich an unterster Stelle. Ladestationen findet man vor allem entlang der Hauptverkehrsachsen rund um größere Städte. In kleineren Ortschaften und auf dem Land sucht man sie meist vergeblich.

Unfall

Bei Unfällen mit Personenschäden muss in beiden Teilen der Insel sofort die Polizei unter der zentralen Notfallnummer 112 oder 999 gerufen werden.

Handelt es sich nur um einen kleinen Blechschaden, ist es ratsam, mit dem jeweiligen Unfallgegner die Personalien sowie die Adresse der Versicherung auszutauschen; Autobesitzer in beiden Teilen Irlands müssen über eine Haftpflichtversicherung verfügen. Sollte es wider Erwarten Probleme geben, so wende man sich an die oben aufgeführten Automobilclubs. Auch die eigene Versicherung sollte man so schnell wie möglich benachrichtigen.

Vokabelliste rund ums Auto

Verkehrs- und Straßenhinweise

bend	Kurve
car park	Parkplatz
cattle/sheep	Kühe/Schafe
concealed exit	unübersichtliche Ausfahrt
fallen rocks	Steinschlag
ferry terminal	Fähranleger
heavy lorries	schwere Lastwagen
keep left	links halten
keep right	rechts halten
level crossing	Eisenbahnübergang
loose chippings	Rollsplit
no entry	keine Einfahrt
no through road	keine Durchfahrt
reduce speed now	jetzt Fahrt verlangsamen
road blocked	Straße gesperrt
road works	Straßenbauarbeiten
slippery	Schleudergefahr
slow	langsam
speed limit	Geschwindigkeits-begrenzung
traffic lights	Ampelanlage
uneven surface	unebene Fahrbahnoberfläche

Wichtige Vokabeln Deutsch – Englisch

Abblendlicht	dipped lights
abschleppen	to tow
Abschleppseil	tow rope
Abschleppwagen	recovery vehicle
Anhänger	trailor
Anlasser	starter
Auspuff	exhaust (pipe)
Batterie	battery
Benzin	petrol
Benzinpumpe	fuel pump
bleifrei	unleaded
Bremsen	brakes
Bremslicht	brake light
Dichtung	gasket
Ersatzeile	spare parts
Gas geben	to accelerate
Gaspedal	accelerator
Getriebe	gear box
Handbremse	hand brake
Kanister	can
Karosserie	body work
Keilriemen	fan belt
Krankenwagen	ambulance
Kühler	radiator
Kupplung	clutch
Lenkung	steering
Lichtmaschine	generator
Motor	engine
Öl	oil
Ölstand	oil level
Ölwechsel	oil change
Panne	breakdown
Radarfalle	speed control
Rad	wheel
Reifen	tyre
Reifendruck	tyre pressure
Reifenpanne	puncture
Reifenventil	tyre valve
Reparatur	repair
Rückleuchte	rear light
Schaltung	gears
Scheinwerfer	headlight
Standlicht	parking light
Tank	tank
Tankstelle	petrol station
Unfall	accident
Vergaser	carburetor
Wagenheber	jack
Werkstatt	garage
Zündkerze	sparking plug
Zündverteiler	distributor
Zylinder	cylinder

Barrierefreies Reisen

Viele neuere Museen und öffentliche Gebäude sind barrierefrei. In den größeren Städten sind oft auch die öffentlichen Nahverkehrsmittel rollstuhlgerecht ausgestattet. Historische Sehenswürdigkeiten sind für Menschen mit Mobilitätseinschränkungen oft allerdings vollkommen unzugänglich. So ist z.B. der Zugang ins Innere des prähistorischen Ganggrabes von Newgrange für Rollstuhlfahrer definitiv nicht möglich.

Auf folgenden Internetseiten findet man Informationen über Mobilitätseinschränkungen unterwegs und vor Ort:

- **Transport for Ireland (TFI),** https://www.transportforireland.ie/getting-around/accessibletravel-information. Informationen zu Bus, Zug und Taxi.
- **Disabled Friendly Hotels,** http://disabledfriendlyhotels.com/en/dfh/home. Detaillierte Informationen über barrierefreie Hotels.

Informationen zu rollstuhlgerechten Unterkünften bekommt man auch auf folgender Internetseite: https://www.discoveringireland.com/ireland-by-wheelchair.

Camping

An die 200 von der Irischen Fremdenverkehrszentrale anerkannte **Campingplätze** überziehen die Republik. Alle sind mit Pflege und Bewachung, festgelegter Parzellendichte und einer einheitlichen Gebührenordnung ausgestattet. Darüber hinaus gibt es oft Minigolfanlagen, Planschbecken für die Kleinen, Restaurants, Läden und Waschsalons.

Wildes Campen ist nach Rücksprache mit dem Landbesitzer möglich. Viele Hostels haben auf ihrem Gelände ein Areal, auf dem gegen eine Gebühr Zelte aufgeschlagen werden können.

Eine **Liste der Campingplätze** findet man auf folgender, auch deutschsprachigen Internetseite des inselweit organisierten *Irish Caravan & Camping Council:* https://campingireland.ie. Auf der Website kann man auch für 5 € den *Caravan, Camping & Motorhome Guide* bestellen, der alle Campingplätze mit vielen Zusatzinformationen auflistet. Praktisch ist auch die für *Android* und *iOs* erhältliche, kostenlose *Camping Ireland Mobile App*, die in den entsprechenden Appstores heruntergeladen werden kann.

Einkaufen

→ Essen und Trinken
→ Öffnungszeiten

Vor allem in den touristischen Zentren sind Geschäfte aus dem Boden geschossen, die **typisch irische Waren** verkaufen und mit dem Emblem *Guaranteed Irish* gekennzeichnet sind. Hier kann der Besucher die dicken und guten Aran-Pullover, Tweed-Stoffe und Spitzen, Marmorarbeiten, Töpferwaren, Korb- und Flechtwerk, aber natürlich auch guten irischen *Malt Whiskey,* Räucherlachs und CDs mit irischem *Folk* erstehen.

Selbstversorger werden auch in kleineren Orten alles Nötige für den täglichen Bedarf finden. Filialen der Supermarktkette *Super Valu,* wo Lebensmittel aller Art sowie oft auch Alkohol gekauft werden können, sind über das gesamte Land verteilt.

In kleinen Orten ist entweder dem Pub oder aber auch dem *Post-Office* ein Lebensmittelgeschäft angeschlossen. Große Tankstellen an den Überlandstraßen verfügen recht häufig über Mini-Märkte, wo man auch nach Ladenschluss die notwendigsten Sachen für ein einfaches Abendessen bekommt.

Ein- und Ausreisebestimmungen

→ Mit Haustier unterwegs

Reisedokumente

Nach dem Austritt des Vereinigten Königreiches aus der EU haben sich die Einreisebestimmungen für Nordirland geändert. Während für die Republik Irland für Bürger der EU und Schweizer Staatsangehörige ein gültiger **Personalausweis** genügt, ist für Nordirland (oder bei einer Anreise über England, Wales oder Schottland) ein **Reisepass** zwingend erforderlich, der mindestens für die Dauer des Aufenthaltes gültig sein muss. Die Aufenthaltsdauer in Nordirland ist ohne **Visum** auf sechs Monate beschränkt, für alle längeren Aufenthalte wird ein Visum benötigt. Auch Kinder benötigen entsprechende Dokumente (Reisepass und Visum). Ob darüber hi-

☑ Die Souvenir-Shops locken mit den typischen farbenfrohen Holzfassaden die Kundschaft an

416irl he

naus Touristen aus der EU eine kostenpflichtige **elektronische Einreisegenehmigung (ETA)** beantragen müssen – diese Regel gilt für England, Schottland und Wales ab Ende 2024 –, ist derzeit noch offen.

Wer mit dem eigenen **Kfz** einreist, muss neben dem Führerschein die Zulassungsbescheinigung Teil I bzw. den Fahrzeugschein mit sich führen. Die Mitnahme der Internationalen Versicherungskarte (IVK) wird empfohlen, ist aber nur für Nordirland Pflicht und muss dann das Länderkürzel „GB" enthalten. Ansonsten muss an der Grenze zu Nordirland eine Haftpflichtversicherung abgeschlossen werden.

Die innerirische Grenze ist derzeit noch offen, **Grenzkontrollen** gibt es aktuell noch nicht.

Zollbestimmungen

Der private Warenverkehr innerhalb der EU ist grundsätzlich frei. Das gilt auch für Nordirland, für das nach dem Brexit weiterhin die diesbezüglichen EU-Regeln gelten.

Als **Richtmengen** für den privaten Gebrauch gelten folgende Mengengrenzen bei hochsteuerbaren Waren:

- **Alkohol:** 10 Liter Spirituosen, 110 Liter Bier, 60 Liter Schaumwein.
- **Tabakwaren:** 800 Stück Zigaretten oder 400 Stück Zigarillos oder 200 Stück Zigarren oder 1 Kilogramm Rauchtabak.
- **Anderes:** 10 Kilogramm Kaffee, 20 Liter Treibstoff im Ersatzkanister.

Mehrmengen gelten als gewerblich verbracht und sind grundsätzlich nicht einfuhrfähig, wenn keine glaubhafte Begründung vorliegt, dass die Menge der Ware persönlich verwendet wird.

Fleisch und Milchprodukte dürfen für den eigenen Bedarf (als Höchstmenge werden 10 kg angesehen) aus der EU mitgebracht werden, aus den meisten Nicht-EU-Ländern allerdings nicht. Die Einfuhr jeglicher Art von Waffen, Munition, Feuerwerkskörpern sowie Drogen ist aus allen Ländern strikt verboten. Personen, die jünger als 17 Jahre sind, dürfen weder alkoholhaltige Getränke noch Tabakprodukte aus- oder einführen.

Medikamente sollten in der Originalverpackung eingeführt werden, größere Mengen (als Faustregel gilt ein Vorrat von mehr als drei Monaten) müssen deklariert werden und bedürfen eines Begründungsschreibens des Arztes. Dies gilt auch für alle Spritzen und Nadeln.

Einzelne **nationale Verbote** und **Beschränkungen** sind weiterhin zu beachten. Diese betreffen verbotene Waffen (u.a. Springmesser, Schlagringe, Wurfsterne), Artenschutzprodukte, Arzneimittel, Drogen, Markenfälschungen (geringe Stückzahlen sind zum Eigenbedarf/als Geschenk erlaubt), Feuerwerkskörper, die Mitnahme von eigenen Jagdwaffen u.a.

Für die Schweiz

Reisende aus der Schweiz müssen durch die Grenz- und Zollkontrolle, da das Land nicht Mitglied der EU ist. **Freigrenzen** für **Nicht-EU-Staaten:**

- **Alkohol:** 1 Liter Spirituosen über 22 Vol.-%, 4 Liter nicht schäumende Weine, 16 Liter Bier.

- **Tabakwaren:** 200 Stück Zigaretten oder 100 Stück Zigarillos oder 50 Stück Zigarren oder 250 Gramm Rauchtabak.
- **Andere Waren:** Waren zur persönlichen Verwendung oder als Geschenk bis zu einem Warenwert von 430 Euro bei Einreise mit dem Flugzeug oder Schiff. Für Kinder bis 15 Jahren gilt hier ein Warenwert von 175 Euro. Bei der Einreise mit der Bahn, Bus oder Kfz beträgt die Freimenge 300 Euro.

Bei der **Rückeinreise in die Schweiz** sind folgende Freimengen zu beachten:

- **Alkohol:** 5 Liter Alkohol bis 18 Vol.-% und 1 Liter über 18 Vol.-% (für Personen ab 17 Jahren).
- **Tabakwaren:** 250 Zigaretten/Zigarren oder 250 Gramm Tabak (für Personen ab 17 Jahren).
- **Anderes:** 25 Liter Kraftstoff im Benzinkanister, 1 Kilogramm Fleisch/Fisch, 1 Kilogramm Butter, 5 Kilogramm Speisefette/-öle. Übersteigt der Gesamtwert der mitgeführten Waren (inkl. der Wert aller Lebensmittel) 300 SFr, ist in jedem Fall die Mehrwertsteuer zu bezahlen.

Achtung: Auch für die **Rückeinreise** nach **Österreich** gelten leicht abweichende Freigrenzen.

Nähere Informationen

- **Deutschland:** https://zoll.de
- **Österreich:** https://bmf.gv.at
- **Schweiz:** https://bazg.admin.ch/bazg/de/home.html

Mehrwertsteuererstattung für Schweizer

Für Besucher aus Deutschland und Österreich entfiel mit der Einführung des Europäischen Binnenmarktes die Möglichkeit der Mehrwertsteuerrückerstattung *(VAT Refund)*. Für Schweizer ist diese noch möglich. Sie wird aber von den Geschäften unterschiedlich gehandhabt. In solchen, die viele Touristen als Kunden haben, gibt es entsprechende Formulare, die man entweder bei der Ausreise abgibt oder von der Schweiz aus einschickt.

Elektrizität

Die Stromstärke und -spannung in Irland und Großbritannien ist die gleiche wie in Deutschland, Österreich und in der Schweiz. Allerdings braucht man einen **Reisesteckeradapter** um einen Stecker von zuhause an irische Steckdosen anzuschließen. Solche Adapter bekommt man *online,* in Elektroläden und an Flughäfen. Aber auch in Irland und unterwegs in Großbritannien ist es kein Problem, einen *Europe to UK plug adapter* zu kaufen. Häufig gibt es sie auch in größeren Supermärkten oder Drogerien.

Essen und Trinken

Restaurants

→ Geld

Vom Spitzenrestaurant bis zum *Fast Food Take-Away* reicht die irische Gastronomie-Palette. Der Besucher sei jedoch vorgewarnt, denn die Preise sind selbst in einem Mittelklasselokal recht hoch. Viele Lokale bieten ein **Early Bird**

Menu an, das in der Regel aus drei Gängen besteht. Es beinhaltet eine kleinere Auswahl als die normale Speisekarte.

In den Restaurants ist die Bedienung entweder im Preis mit eingeschlossen *(Service Included)*, oder wird zusätzlich berechnet (*Service Charge*, 10 oder 15 %), hier erübrigt sich dann ein **Trinkgeld,** was sonst nach dem Bezahlen auf dem Tisch oder dem Tablett, auf dem die Rechnung kommt, liegen gelassen wird. In irischen Restaurants sucht man sich seinen Tisch nicht selbst – das ist nur in Pubs oder Cafés üblich – sondern man wartet bis man von der Bedienung an einen Tisch geführt wird. Hier bekommt man dann die Speisekarte (Achtung: *Menu* bezeichnet nicht das Menü, sondern ist das englische Wort für Speisekarte). Übrigens: Auch die besten Restaurants servieren auf Wunsch ein großes Glas Leitungswasser *(tap water)* zum Essen.

Rauchen ist in allen Restaurants verboten, allerdings finden sich häufig Außenbereiche, manchmal sogar beheizt oder überdacht, wo das Rauchen ausdrücklich erlaubt ist.

Noch in dem allerkleinsten Ort sind **Take-Aways** zu finden, sehr häufig sind das die sogenannten *Chipper*, in denen man vor allem die traditionellen *Fish & Chips* bekommt (Vorsicht: Ketchup und Mayonnaise sind weniger üblich. Normalerweise gibt man Salz und Malzessig auf die Pommes Frites!), natürlich auch die internationalen Ketten wie *McDonald's* oder *Kentucky Fried Chicken*. Aber es gibt auch originär irische *Fast-Food*-Ketten, z.B. *Supermac's*, das den amerikanischen Ketten sehr ähnlich ist und, vor allem in Städten *Abrakebabra*, spezialisiert auf Kebab. Außerdem gibt es meist eine gute Auswahl an chinesischen und indischen *Take-Aways*.

Preiskategorien Essen und Trinken

①	bis 10 €	④	30–40 €
②	10–20€	⑤	ab 40 €
③	20–30 €		

Die Preise gelten für ein Hauptgericht.

Pubs

→ Exkurs Irische Pubs, Kap. 1
→ Irische Musik, Kap. 12

Vielen Restaurants ist eine Bar oder ein Pub angeschlossen, und hier sind die **Bar Menu** außerordentlich gut; zwar ist die Auswahl geringer als im Lokal, aber das Essen kommt aus der gleichen Küche. Allerdings sitzt man nicht so bequem und gemütlich wie im Restaurant, das aber fangen die moderaten Preise leicht wieder auf. Auch normale Pubs servieren um die Mittagszeit sowie häufig auch abends den sogenannten *Pub Grub*.

Ähnlich berühmt wie die englischen sind auch die irischen Pubs. **Ausschankzeiten:** Mo–Do 10.30–23.30 Uhr, Fr/Sa 10.30–0.30 Uhr, So. 12.30–23 Uhr. Viele Pubs dürfen ihre Öffnungszeiten vor allem am Wochenende individuell verlängern. Unmissverständlich wird vom *Bar Keeper* die *Last Order* angekündigt. Man kann dann noch eine allerletzte Bestellung aufgeben und hat nun laut Gesetz noch 30 Minuten Zeit, sein Bier auszutrinken. Nicht ungewöhnlich ist es, Kampftrinker zu sehen, die bei der letzten Bestellung noch drei große Biere ordern.

Beliebtestes **Getränk** ist natürlich das *Guinness*, wenngleich die unserem Pils vergleichbaren *Lager*-Sorten stark auf dem Vormarsch sind. In den Pubs wird viel Flaschenbier angeboten, doch sollte man sein Bier vom Fass – also *draught* (gezapft) – verlangen. Selbstverständlich führen Pubs auch alkoholfreie Getränke.

Normalerweise ordert man gezielt die Menge und die Sorte Bier – *A pint of Lager* – und setzt ein kräftiges *please* dahinter. Noch besser ist es, die Sorte anzugeben: *A pint of Guinness* (*Harp* = Lager, *Carlsberg* = Lager etc.) *Half a pint* (Bestellung häufig auch: *A glass of ..., please)* entspricht ca. 0,25 l, ein *Pint* etwa 0,57 l.

Wichtig ist in Irlands Pubs noch das **Rundensystem,** sollte man mit Einheimischen etwas trinken gehen. Normalerweise wird man von jemandem gefragt, was man trinken möchte, und eine Person geht zur Bar und bestellt für alle.

Kleine Vokabelliste rund ums Essen

Vorspeisen

smoked salmon	Räucherlachs
seafood cocktail	Meeresfrüchte-Cocktail
egg mayonnaise	Russische Eier

Hauptgerichte

leg of lamb with mint sauce	Lammkeule in Minzsoße
roast rib of beef	geröstete Rippe vom Rind
gammon steak	Schinkensteak
grilled sirloin steak	Rumpsteak
plaice fillet	Schollenfilet
tartar sauce	Remouladensauce
grilled salmon	gegrillter Lachs
lamb cutlets	Lammkoteletts
saddle of lamb	Lammrücken
pork	Schweinefleisch
cockles	Herzmuscheln
lobster	Hummer
mussels	Muscheln
oysters	Austern
prawns	Garnelen
scalops	Jakobsmuscheln
fish (on the bone/ off the bone)	Fisch (mit Gräten/ ohne Gräten)
trout	Forelle
turbot	Steinbutt

Beilagen

brussels sprouts	Rosenkohl
mushrooms	Champignons
celery au gratin	überbackener Sellerie
baked potatoes	Folienkartoffel
vegetables	Gemüse
peas	grüne Erbsen
cabbage	Grünkohl
cauliflower	Blumenkohl
leeks	Lauch

Desserts

lemon pie	Zitronentarte
hot apple pie with custard	warmer Apfelkuchen mit Vanillesauce
fruit salad with cream	Obstsalat mit Schlagsahne

Zubereitungsarten

smoked	geräuchert
poached	gekocht
deep fried	in Fett gebraten

Dies sollte man aber keinesfalls als Einladung ohne Gegenleistung verstehen. Selbstverständlich wird erwartet, dass jeder in der Gruppe am Abend eine Runde ausgibt (Paare gelten dabei als zwei Personen!) und man riskiert einen schlechten Ruf, wenn man sich nicht an diese Gepflogenheiten hält.

Irische Pubs sind jedoch vor allem wegen ihrer **Live-Musik** berühmt. Nicht alle Kneipen haben während der Saison täglich Folk-Musik, viele nur an bestimmten Tagen der Woche. In der Vor- und Nachsaison ist das Angebot noch ein wenig begrenzter.

[>] In Killarney hat man beim Pub- oder Restaurantbesuch die Qual der Wahl

Vegetarisch/vegan in Irland

Vegetarier hatten schon früher eine ganz gute Auswahl in Irland, und mittlerweile gibt es kein Restaurant oder B & B, bei dem nicht etwas Fleischloses auf der Speisekarte steht. Allerdings ist das nicht immer einfallsreich, und oft besteht die Auswahl aus *Quiche, Lasagne* oder irgendwas mit Ziegenkäse. Veganer hatten es bis vor kurzem deutlich schwerer, was sich aber zunehmend wandelt. In den großen **Supermärkten** findet sich mittlerweile eine Auswahl an verschiedenen Pflanzenmilchsorten und manchmal bekommt man auch veganen Käse und Sojajoghurt. Auch in viele **Cafés** gehört Sojamilch zur Auswahl. Die Situation ist aber regional sehr unterschiedlich: Dublin hat eine große Anzahl an vegetarischen bzw. vegetarier/veganerfreundlichen Restaurants und Bistros. Auch in den anderen Städten wie Belfast, Cork, Limerick, Galway oder Kilkenny wird man leicht fündig. Schwieriger gestaltet sich die Situation für Veganer in den Kleinstädten oder ländlichen Gebieten. Hier wird man manchmal ungläubig angeschaut, wenn man nicht nur kein Fleisch, sondern auch keine Eier oder Milchprodukte haben möchte.

Wie kann man also als **Veganer** in Irland einen angenehmen Urlaub genießen? Das Wichtigste ist Vorplanung! In diesem Buch haben wir, außer dass einige vegetarische Restaurants und Cafés aufgelistet sind, in jedem Kapitel auf vegetarier- und veganerfreundliche Restaurants verwiesen. Ansonsten sollte man bei Restaurants und B & Bs auf jeden Fall vorher telefonisch oder per E-Mail anfragen, ob für Veganer eine Mahlzeit zubereitet werden kann, wenn nichts Veganes auf der Karte steht. Manchmal erlebt man in einer solchen Situation sogar eine positive Überraschung, wenn der Küchenchef oder die Küchenchefin der Kreativität freien Lauf gelassen hat, und es kann passieren, dass der eigene Teller von Nicht-Veganern neidisch betrachtet wird. Bricht man in ländliche Gebiete auf oder zum Wandern, ist es zu empfehlen, sich vorher im Supermarkt entsprechend einzudecken.

In B & Bs kann man auch darum bitten, dass man keine **Daunenkissen** und **-decken** bekommt. Wo möglich, werden die Gastgeber einer freundlichen Anfrage bestimmt nachkommen. Vorsicht! Das beliebte *Soda Bread* ist nicht vegan und wird mit Buttermilch hergestellt.

Für vegetarische und vegane Liebhaber irischen Biers gibt es übrigens eine gute Nachricht: Seit kurzen ist *Guinness* vegan und wird ohne Fischleim gebraut. Was andere **Getränke** angeht, lohnt ein Blick auf die folgende Webseite, die alle in Irland erhältlichen Alkoholika in Bezug auf Vegetariertauglichkeit auflistet: www.barnivore.com/beer?region=Ireland (auch als *App* erhältlich, kostenfrei).

380irl he

Die irische Küche

Die irische Küche ist – wie so vieles auf der Grünen Insel – vom großen Nachbarn Großbritannien beeinflusst und genoss lange Zeit keinen allzu guten Ruf. Dies hat sich aber gründlich geändert und bestimmte Gegenden der Insel haben sich geradezu zum **Mekka für Feinschmecker** entwickelt. Man findet viele kleine Betriebe, die sich auf gehobene Produkte aus regionalen Zutaten spezialisiert haben, z.B. Käse, Meeresfrüchte oder Brot. Auch viele Restaurants sind darauf bedacht, moderne irische Küche aus Zutaten der Region anzubieten.

Äußerst nahrhaft und damit zu Recht berühmt ist das **irische Frühstück,** das bis meist zum Spätnachmittag vor Hunger schützt. Nach einem Glas Orangensaft oder einer halben Grapefruit werden die *Cereals,* entweder Müsli, *Corn Flakes* oder *Porridge,* gereicht, weiter geht es mit gebratenem Schinkenspeck, Spiegel- oder Rühreiern, kleinen Würstchen, alles garniert mit einer gegrillten Tomate, häufig gebackenen Bohnen, sowie Toast, gesalzener Butter und Konfitüre.

Vom englischen Frühstück unterscheidet sich das irische vor allem dadurch, dass sich der Auswahl noch *black pudding* oder *white pudding* hinzugesellt. Aber Vorsicht, es handelt sich hier nicht um eine Süßspeise, sondern um gebratene Scheiben Blut- oder Grützwurst. Zudem bekommt man oft das mit Buttermilch gebackene *Soda Bread* dazu. Im irischen Norden wird das Frühstück *Ulster Fry* serviert, zu dem es nie *White Pudding* gibt, aber dafür gebratenes *Potatoe Bread.*

Fisch und Meeresfrüchte, während der Hungersnöte die Ausweichnahrung der Insulaner und von daher als reine Überlebensmahlzeiten mit dem Makel der Armut behaftet, sind seit einiger Zeit stark auf dem Vormarsch. Vor allem Lachs, aber auch Hummer und Krabben haben aufgrund des steigenden Tourismus ihren Siegeszug durch die Restaurants angetreten und kommen wegen der kurzen Entfernungen – kein Ort Ir-

381irl he

lands liegt mehr als 100 km vom Meer entfernt – nahezu fangfrisch auf den Tisch. Viele **Sea Food-Lokale** haben inzwischen ihre Pforten geöffnet, denn die Atlantikgewässer vor der irischen Küste sind sehr fischreich (wenngleich ausländische Trawler mit effektiven Fangmethoden dabei sind, das Seegebiet an der Westküste in nicht allzu ferner Zukunft zu überfischen). Vor allem bei den Vorspeisen haben der *Smoked Salmon* (geräucherter Lachs) oder ein *Sea Food Cocktail* die traditionellen *Egg Mayonnaise* (Russische Eier) fast von der Speisekarte verdrängt.

Beliebteste **Hauptspeisen** sind gepökeltes Schweinefleisch mit Kohl *(bacon and cabbage)* sowie alle Arten von Steaks und natürlich – da recht preisgünstig – der *Irish Stew,* ein nahrhafter Eintopf mit Kartoffeln, Lammfleisch und Gemüsesorten. Gegrillte oder pochierte Lachs- oder Schollenfilets, letztere mit einer kräftigen Remouladensoße, gehören zu weiteren beliebten Gerichten.

Gängig als **Beilagen** sind gedünstete Pilze, in der Regel Champignons, Kartoffelpüree und Salat sowie alle Arten von Gemüsen. Dazu wird das sogenannte *Soda Bread* gereicht, das zusammen mit der gesalzenen irischen Butter äußerst schmackhaft ist.

Irische Getränke

→ Exkurs Whiskey, Kap. 6
→ Exkurs Guinness

Da in Irland die Voraussetzungen für den Weinanbau fehlen, sind vor allem die edlen Tropfen aus guter Hanglage importiert und entsprechend teurer als auf dem Kontinent. Zwar schätzen die Iren zum Essen einen guten, kräftigen Rotwein französischer Provenienz, doch ist das irische Nationalgetränk natürlich das Guinness. Für die **anderen Biersorten** gilt: *Lager* ist dem deutschen Pils verwandt; *Ale,* ein dünnes, helles und bei Kontinentaleuropäern häufig verlachtes Bier und das in irischen Pubs seltene *Bitter,* dem deutschen Alt vergleichbar, sind die weiteren Biersorten auf der Grünen Insel. Mit Ausnahme des *Guinness* werden alle Sorten schnell und randvoll in das Glas gezapft, wobei die dünne Schaumkrone häufig auch noch weggewischt wird. Alle Biere haben weniger Kohlensäure und – sieht man einmal vom *Guinness* ab – einen geringeren Alkoholgehalt als die heimischen Braugetränke.

Dank kurzer Entfernungen zum Meer landen Meeresfrüchte und Co stets fangfrisch auf dem Tisch

Guinness – das irische Nationalgetränk

In fast 150 Länder der Erde wird *Guinness* exportiert, und glaubt man dem Brauer, so trinken die Durstigen weltweit rund 10 Mio. Gläser pro Tag. Selbst in Staaten wie Malaysia, wo der Islam herrscht und den Genuss von Alkohol verbietet, wird *Guinness* in Lizenz hergestellt – und so ist es auch in Ländern wie Ghana oder Jamaica.

Dass das bekannte Gebräu auch bei den nachwachsenden Generationen beliebt bleibt, dafür sorgen aufwendige **Werbekampagnen,** für die irische Musikgruppen oder nationale Fußballstars verpflichtet werden. Mit dem *Guinness Book of Records,* das die pfiffigen Brauer Jahr für Jahr neu herausgeben, ist ihnen ebenfalls ein Reklamecoup gelungen. Auch das jährlich stattfindende *Galway Oyster Festival* sowie eine ganze Reihe weiterer Ereignisse werden vom Konzern unterstützt, der so an der stetigen Verbesserung seines Image feilt.

Zudem halten Millioneninvestitionen in die Brautechnik das Unternehmen konkurrenzfähig, und dass die Brauerei wegen steigender Mieten ihres Firmengeländes auf ein neues Quartier ausweichen muss, steht auch nicht zu befürchten: Im Jahre 1759 pachtete *Arthur Guinness* das Areal am St. James's Gate für 9000 Jahre.

Die **Ursprünge** des schwarzen Gebräus gehen eigentlich auf den Versuch zurück, das in England beliebte Porter-Bier zu kopieren. Unter Zuhilfenahme von Wasser, Malz, Hopfen und Hefe experimentierte *Arthur Guinness* so lange herum, bis ihn das Ergebnis zufriedenstellte.

Als Erstes begann er mit dem Mälzvorgang der Gerste *(Barley)*. Dabei überschüttete *Arthur* das Getreide so lange mit Wasser, bis es zu keimen begann, danach wurde es getrocknet. In das so entstandene Malz *(Malt)* mischte er dann ein wenig geröstete Gerste – die übrigens gibt dem Bier die schwarze Farbe. Das dermaßen veredelte Malz wurde nun gemahlen, dann im Brauhaus in große Behälter gefüllt *(Kieves)* und mit heißem Wasser verdünnt. Aus diesem Maischebrei filterte Arthur dann die so genannte Würze *(Wort)* heraus, fügte Hopfen hinzu und ließ den Sud einige Stunden kochen. Der danach abgeschöpften Flüssigkeit fügte *Arthur* die Hefe hinzu, die nun den Gärprozess einleitete und den Zucker von Hopfen und Malz in Alkohol umwandelte. Fertig war das bekömmliche und alkoholreiche *Stout* (Starkbier) und trat alsbald seinen Siegeszug rund um die Welt an. *Arthur Guinness* wurde ein steinreicher Mann, und die Familie gehört zu den begütertsten Irlands.

Wer über derlei viel Geld verfügt, der möchte auch von Adel sein. In den blaublütigen Stand wurde als erster **Benjamin Lee Guinness** (1798–1868), der Sohn des Gründers erhoben. Zum Dank ließ er die St. Patrick's Cathedral von 1860 bis 1863 mit einer Bausumme von 110.000 Pfund renovieren und sponsorte das *Dublin Exhibition Palace Project* im Jahre 1856. Auch in der Lokalpolitik tat er sich hervor und wurde 1851 zum Bürgermeister von Dublin gewählt.

Benjamin Lees Sohn, **Arthur Edward Guinness** (1840–1915) ging als *Lord Ardilaun* in die Geschichte Dublins ein; er nämlich stiftete 1880 der Bevölkerung den Park St. Stephen's Green. Sein jüngerer Bruder *Edward Cecil* (1847–1927), *First Earl of Iveagh,* tat sich ebenfalls als Philantrop hervor und ließ eine Reihe vorbildlicher Arbeiterhäuser im Bezirk der Liberties errichten.

Viele irische und englische Literaten waren begeisterte **Anhänger des Guinness** und propagierten es in ihren Schriften. So vor allem *James Joyce,* der es den „Wein des Landes", oder auch das „schäumende, ebenholzfarbene Bier" nannte. Skurril ist die Geschichte von dem Australier *Douglas Mawson,* der den Südpol entdeckte und das *Guinness* tiefgefroren in seinem antarktischen Basislager aufbewahrte.

Probieren sollte man unbedingt einmal einen guten **Malt Whiskey** (im Gegensatz zu seinem schottischen Verwandten mit „e“ geschrieben), der in Irland nicht mit Eis, sondern mit Wasser gereicht wird. Bekömmlich sind auch Bailey's, ein Sahnelikör, Irish Mist, ein Heidekrautlikör, sowie der berühmte Irish Coffee – der angeblich während einer Nebelperiode auf dem Shannon-Airport von einem Barkeeper erfunden wurde, um die verärgerten Fluggäste bei Laune zu halten –, Kaffee mit Whiskey, Zucker und Sahneaufsatz. Außerdem beliebt ist Cider, eine Art Apfelwein, der dem französischen Cidre ähnelt.

Weltmeister sind die Iren im Trinken von **Tee.** Traditionell nimmt man den Tee hier mit Milch und Zucker und spricht von *Cream Tea.*

Feiertage, Feste und Events

→ Irland: Zu jeder Zeit

Gesetzliche Feiertage in Irland und Großbritannien heißen **„Bankfeiertage“** *(bank holidays).* Anders als im deutschsprachigen Raum haben viele dieser Feiertage keinen besonderen Anlass und dienen ausschließlich der Erholung. Die traditionelle Unterscheidung zwischen *public holidays*, die einen Anlass haben, und *bank holidays* ist heute unüblich. Wie auch an Sonntagen kommt das Le-

Alles rund um den Whiskey: bei Bushmills

379irl he

ben an einem Bankfeiertag in Irland nicht vollständig zum Erliegen. Vor allem Lebensmittelläden und Supermärkte haben geöffnet. In Nordirland kann, wie überall im Vereinigten Königreich, der Arbeitgeber entscheiden, ob an Bankfeiertagen gearbeitet wird oder nicht. Man hat dort keinen gesetzlichen Anspruch auf einen bezahlten arbeitsfreien Tag.

Im Folgenden sind die Bankfeiertage aufgelistet, die, wenn nicht anders erwähnt, in beiden Teilen der Insel gelten.

- **New Year's Day:** 1. Januar
- **St. Patrick's Day:** 17. März, in Nordirland wird der freie Tag auf den folgenden Montag verlegt. Er ist dem irischen Nationalheiligen gewidmet, den sowohl Irlands Katholiken als auch die irischen Anglikaner verehren. Oft finden karnevaleske Umzüge mit grün gekleideten Teilnehmern statt.
- **Good Friday:** Karfreitag, nur in Nordirland. In der Republik kein offizieller Bankfeiertag, dennoch haben Banken und einige Geschäfte geschlossen.
- **Easter Monday:** Ostermontag
- **May Bank Holiday:** am ersten Montag im Mai.
- **Spring Bank Holiday:** am letzten Montag im Mai, nur in Nordirland.
- **June Bank Holiday:** am ersten Montag im Juni, nur in der Republik.
- **Battle of the Boyne** *(Orangemen's Day)*: 12. Juli, nur in Nordirland: Es finden an diesem Tag kontroverse Paraden des Oranierordens statt, die an eine Schlacht am Fluss Boyne im Jahre 1690 erinnern, die oft (aber historisch nicht ganz akkurat) als protestantischer Sieg über die irischen Katholiken gedeutet wird.
- **Summer Bank Holiday:** am letzten Montag im August in Irland, am letzten Montag in Nordirland.
- **October Bank Holiday:** am letzten Montag im Oktober, nur in der Republik
- **Christmas Day:** 25. Dezember
- **St. Stephen's Day** (Republik)/**Boxing Day** (Nordirland): 26. Dezember

Die Sommerferien beginnen in der Republik im Juni und schließen die Monate Juli und August ein. Nordirische Schüler haben hingegen nur die Monate Juli und August frei. Zu Weihnachten und Ostern kommen Schüler in beiden Teilen der Insel in den Genuss von je zwei Wochen Ferien, während Schüler in der Republik zudem im Oktober und Februar eine Woche schulfrei haben.

Fotografieren

→ Verhaltenstipps

Irland gilt als Eldorado für Fotografen. Das weite Spektrum an Motiven, die man auf kleinstem Raum finden kann, macht die Insel für Fotografen so interessant. Vom Strand bis ins Hochgebirge ist es oft nur ein Katzensprung. Ob Landschaft oder Architektur, Menschen, Tiere oder Pflanzen, Irland bietet von allem reichlich.

Hinzu kommt, dass die oftmals sehr klare Luft die **Bilder brillant und kontrastreich** werden lässt. Wenn man dann noch die Regel beherzigt, dass man bei Sonnenschein am besten vormittags oder nachmittags fotografiert und das harte Licht um die Mittagszeit meidet, wird man sehenswerte Bilder mit nach Hause bringen.

In Irland dürfen Personen, anders als in Deutschland, im öffentlichen Raum fotografiert werden, ohne dass sie nach ihrer Zustimmung gefragt werden müssen. Sobald man sich aber im privaten Raum (z.B. zu Hause, im Hotel oder Restaurant oder auf einem Sportplatz) befindet, müssen die betreffenden Personen um ihre Erlaubnis gebeten werden. Dennoch ist es selbstverständlich, dass man auch im öffentlichen Raum nachfragt, bevor man Personen ablichtet. Die meisten Iren haben nichts dagegen und sind oft sogar ein wenig stolz, wenn sie fotografiert werden.

Geld

→ Essen und Trinken
→ Notfälle

Die Währung in der **Republik Irland** ist der **Euro** und in **Nordirland** das **britische Pfund.** Irische Euro-Münzen zeigen auf der Rückseite eine Harfe, während in Nordirland eigene Geldscheine in Gebrauch sind, die verschiedene in Nordirland ansässige Handelsbanken herausgeben. Euro-Münzen jeglicher Herkunft zirkulieren problemlos im gesamten Euro-Raum, während die Annahme nordirischer Geldscheine in Großbritannien manchmal verweigert wird. Es handelt sich bei diesen Banknoten aber prinzipiell um ein offizielles britisches Zahlungsmittel, das man im gesamten Vereinigten Königreich einsetzen und an in-und ausländischen Banken in andere Währungen umtauschen kann. Die in England und Wales gebräuchlichen Geldscheine der *Bank of England* werden in Nordirland problemlos akzeptiert.

Mit **Debitkarten** (EC-Karten, Bankomatkarten) aus Österreich und Deutschland kann man in der Republik Irland im Prinzip gebührenfrei bargeldlos zahlen, während in Nordirland zusätzliche Kosten anfallen. Für das Abheben von Euro aus einem Automaten in der Republik fällt in der Regel eine Gebühr an. Da irische und britische Debitkarten mittlerweile entweder das *Visa* oder *Master*-Symbol tragen, nimmt die Akzeptanz von ausländischen Bankkarten mit dem *Maestro* oder *V Pay*-Symbol ab. Daher empfiehlt sich in beiden Teilen Irlands die Nutzung einer entsprechenden Kreditkarte, die dann fast überall eingesetzt werden kann. Man sollte auf eine Karte zurückgreifen, bei der keine Auslands- und Fremdwährungsgebühren anfallen.

Achtung: Wenn bei der Nutzung der Karte angeboten wird, in der eigenen Währung statt in der Landeswährung zu zahlen, sollten man dies ablehnen. Der präsentierte Betrag in Euro oder Franken ist höher als der Betrag, den die entsprechende Hausbank in Rechnung stellen würde.

Wechselkurse
(Stand: April 2024)

- 1 Euro = 0,86 Britische Pfund
- 1 Britisches Pfund = 1,17 Euro

- 1 Euro = 0,98 SFr
- 1 SFr = 1,02 Euro

- 1 Britisches Pfund = 1,14 SFr
- 1 SFr = 0,88 Britische Pfund

Geldnot

Wer dringend eine größere Geldsumme benötigt, wegen eines Unfalles oder Ähnlichem, kann sich auch nach Irland über **Western Union** Geld schicken lassen. Solche Überweisungen kann man per App von *Western Union* tätigen, über Online Banking von seiner eigenen Bank oder durch eine dritte Person von zuhause aus. Ja nach Höhe der Summe muss der Absender eine Gebühr zahlen.

Trinkgeld

In **Restaurants** gibt man, wenn keine *service charge* berechnet wurde, ein Trinkgeld von 10–15 %. Dieses lässt man am besten bar auf dem Tablett, auf dem die Rechnung gebracht wurde, liegen. Gelegentlich hat man bei den Kartenlesegeräten der Restaurants die Möglichkeit, seinem Rechnungsbetrag ein Trinkgeld hinzuzufügen. In **Pubs** ist Trinkgeld unüblich. **Taxirechnungen** rundet man auf, und wenn man im **Hotel** die Dienste eines Kofferträgers in Anspruch nimmt, sollte man ihm oder ihr einen Euro oder ein Pfund zustecken.

Gesundheit und Hygiene

Bei **Notfällen** kann man in beiden Teilen Irlands mit der EU-weiten Telefonnummer **112** oder der traditionellen Telefonnummer **999** einen Krankenwagen (sowie Polizei und Feuerwehr) rufen.

Apotheken

Medikamente aller gängigen Produzenten erhält man in Irland beim *Chemist* (Drogerie) oder in der *Pharmacy*. Rezept nennt man *Prescription*. Die britische Drogeriekette *Boots* ist in beiden Teilen der Insel vertreten und hat in ihren Filialen oft eine Apotheken-Abteilung.

Die **Öffnungszeiten** variieren an Werktagen zwischen 9 und 9.30 Uhr bis 18 oder 19 Uhr, an Sonntagen zwischen 11 und 13 Uhr.

Ärztliche Versorgung

Die **Praxen** für Allgemeinmediziner tragen die Bezeichnung *surgery*, Zahnärzte nennt man *dentists*.

Mit der **Europäischen Krankenversicherungskarte,** die sich auf der Rückseite der Krankenkassenkarte befindet, haben alle gesetzlich versicherten EU-Bürger und auch Schweizer das Recht, im Notfall in beiden Teilen Irlands die gleiche medizinische Versorgung wie Einheimische in Anspruch zu nehmen.

Im Krankheitsfall besteht Anspruch auf ambulante oder stationäre Behandlung bei jedem zugelassenen Arzt und in staatlichen Krankenhäusern. In der Republik Irland muss man jedoch, wie alle Bewohner des Landes, einen Teil der Kosten selber tragen, während ärztliche Behandlungen in Nordirland, mit Ausnahme von Zahnbehandlungen, kostenlos sind.

Empfehlenswert ist dennoch der Abschluss einer **privaten Auslandskrankenversicherung.** Diese sollte eine Reiserückholversicherung enthalten, denn der Krankenrücktransport wird von den gesetzlichen Krankenkassen nicht übernommen. Auslandskrankenversicherungen sind in Deutschland mit Preisen ab 5–10 Euro pro Jahr auch sehr günstig.

Zur Erstattung der Kosten benötigt man ausführliche **Quittungen** (mit Datum, Namen, Bericht über die Behandlung, Kosten und Medikamente).

Toiletten

Fast ausnahmslos alle Ortschaften, sogar noch die kleinsten Dörfer, haben öffentliche Toilettenanlagen und zwar zumeist **am zentralen Parkplatz des jeweiligen Ortes.**

- **Herren** auf Englisch *Men* oder *Gentlemen/Gents,* auf Irisch *Fir*
- **Damen** auf Englisch *Women* oder *Ladies,* auf Irisch *Mná*

Mit Haustier unterwegs

Für die Einreise aus einem EU-Land in die Republik Irland benötigt man einen **EU-Heimtierausweis,** der bescheinigt, dass das Tier einen Mikrochip besitzt und gegen Tollwut geimpft ist. Die Einreise nach Nordirland regelt das britische **Pet Travel Scheme** (Heimtierverordnung). Auch hier muss das Tier gechippt sein, einen Heimtierausweis haben und gegen Tollwut geimpft sein.

Weitere Informationen, auch für Nicht-EU-Bürger, erhält man unter **https://agriculture.gov.ie/pets/** für die Republik Irland und **https://www.gov.uk/take-pet-abroad** für Nordirland.

Information

Vor der Reise

Irische Fremdenverkehrszentralen

- **Tourism Ireland,** https://www.ireland.com/de-de/. Tourism Ireland wurde 1998 im Rahmen des Karfreitagsabkommens gegründet und hat den Auftrag, den Tourismus auf der ganzen Insel zu fördern. Die Website gibt es in verschiedenen Sprachen, u.a. auch auf Deutsch. Hier findet man vielfältige, ausführliche Informationen über das Reisen in Irland und kann Broschüren herunterladen oder bestellen.
- **Fáilte Ireland,** https://discoverireland.ie. Die offizielle irische Tourismusentwicklungsbehörde betreibt zahlreiche Tourist-Informationszentren und -büros in der Republik Irland. Auf ihrer Website (nur Englisch) findet man umfassende, touristisch relevante Informationen über das Land.
- **Tourism NI,** https://discovernorthernireland.com. Auch die offizielle nordirische Tourismusorganisation hat eine eigene Website (nur Englisch), auf der man sich ausführlich über sämtliche Aspekte des Tourismus Nordirlands informieren kann.

Auf Irland-Reisen spezialisierte Reisebüros

In Deutschland

- **Gaeltacht Irland Reisen,** Schwarzer Weg 25, 47447 Moers, Tel. 02841 930111, https://irlandlaedteuchein.de.

⊡ Wer auf seiner Irlandreise den Schwerpunkt auf historische und kulturelle Stätten wie hier der Tintern Abbey legt, wird von der Heritage Card profitieren

In der Schweiz

- **IT Ireland Tours,** Predigerplatz 2, 8001 Zürich, Tel. 043 2226707, https://irlandtours.ch.

Goethe-Institut

- **German Cultural Institute,** 37 Merrion Square, Dublin 2, Tel. (01) 6611155.

Touristen-Informationsbüros in Irland

In allen größeren Ortschaften gibt es *Tourist Offices*, in denen sachkundige Mitarbeiter/innen Auskünfte geben; auch Broschüren aller Art können hier erstanden werden. Gegen einen geringen Obolus vermitteln die Mitarbeiter auch Hotels und nehmen verbindliche Buchungen für B & Bs vor.

Generelle **Öffnungszeiten:** Montag bis Freitag 9–18 Uhr; Samstag 9–13 Uhr. In Dörfern sind die Büros nur in der Saison von April bis September geöffnet.

Heritage Card

Viele Sehenswürdigkeiten in der Republik Irland werden vom staatlichen *Office of Public Works* (OPW) verwaltet. Das Büro gibt eine sog. Heritage Card heraus, mit der man kostenlos Zugang zu allen staatlichen Sehenswürdigkeiten hat. Die Investition lohnt sich, wenn man vorhat, viele Einrichtungen zu besuchen. Die Karte, die ein Jahr ab Ausstellungsdatum gültig ist, kann man im Internet (www.heritageireland.ie) bestellen oder beim ersten Besuch vor Ort kaufen (Erw. 40 €, Senioren ab 60 Jahre 30 €, Studenten und Kinder (12–18 Jahre) 10 €.

Zeitungen

→ Medien, Kap. 12

Die Iren gelten als eifrige Zeitungsleser. Mehr als 90 % von ihnen lesen regelmäßig eine der großen **Tageszeitungen.** Die beiden größten seriösen Blätter sind *The*

382irl he

Irish Independent und *The Irish Times.* Mehr Informationen zur Zeitungslandschaft der Republik.

Deutsche Zeitungen und Zeitschriften, vor allem *Spiegel, Stern, FAZ* und die *Zeit,* sind meist nur in größeren Städten wie Dublin, Waterford, Cork, Limerick, Galway und Sligo zu bekommen oder aber in den Touristenzentren wie Killarney und Dingle. Hauptvertriebsstelle ist die Buchhandelskette *Eason's,* die in allen genannten Städten Dependancen unterhält.

[>] Starker Besucherandrang an den Cliffs of Moher

[v] In der abwechslungsreichen Landschaft Irlands können sich Kinder vielseitig austoben

383irl he

Mit Kindern unterwegs

→ Hinweise zur Benutzung:

Für Familien, die gern in der Natur unterwegs sind, ist die Insel ein wahres Paradies. Die **vielfältige Landschaft** bieten Kindern spannende Möglichkeiten, sich draußen im Freien zu betätigen. Ob am Strand oder am Meer, an Gewässern im Binnenland, im Gebirge oder anderswo, irgendetwas gibt es immer zu entdecken. Und welches Kind kann sich nicht dafür begeistern, mal eine **alte Kloster- oder Burgruine** zu entdecken?

Auch viele Museen und Infozentren in den Nationalparks sind auf Kinder eingestellt und bieten **kindgerechte Programme** z.B. in Form einer Schnitzeljagd. Hinzu kommt, dass der Eintritt für Kinder oft frei, ansonsten meist sehr vergünstigt ist.

Auch in vielen Unterkünften gibt es für Kinder **hohe Ermäßigungen,** ein Zustellbett wird mancherorts kostenlos angeboten.

Wer mit seinen Jüngsten schon mal in Irland gewesen ist, wird bestätigen können, dass die Iren sehr kinderfreundlich sind und ihnen meist sehr ungezwungen und mit überaus viel Verständnis begegnen. Kinder sind fast überall immer herzlich willkommen.

MEIN TIPP: Ein **Hausbooturlaub** auf dem Shannon oder der Erne ist für Kinder und ihre Eltern gleichermaßen ein spannendes und erholsames Abenteuer.

384irl he

Klima und Reisezeit

→ Klima, Kap. 12
→ Irland: Zu jeder Zeit

Die beste Reisezeit reicht von **Anfang Mai bis Mitte September.** Zwar gibt es auch vor- und nachher schöne Tage, die Regenstatistik jedoch spricht eine eindeutige Sprache. Die trockensten Monate sind Mai und Juni, die sonnigsten Juli und August.

Allerdings sind in den beiden letztgenannten Monaten nicht nur die vielen ausländischen Touristen auf der Grünen Insel unterwegs, auch die Iren selbst sind dann *very busy,* wie sie selbst sagen, reisen also auch im eigenen Lande umher. In dieser Zeit sind nahezu alle Unterkünfte belegt und in den Restaurants bekommt man ohne Vorbestellung selten einen Tisch. Die empfehlenswertesten Urlaubstage liegen deshalb in der Zeit von Anfang Mai bis Mitte Juni. Außerhalb der Saison, von Oktober bis April, bieten viele Reiseveranstalter Vorzugsangebote zu stark vergünstigten Preisen an.

Kommunikation unterwegs

Telefon

Das Telefonieren von einem Festnetzanschluss spielt auch in Irland eine immer kleinere Rolle und ist vielfach teurer als das Mobiltelefon. Öffentliche Telefonzellen sind inzwischen rar. Dagegen ist das **Mobilfunknetz** auf der ganzen Insel gut ausgebaut und nur in sehr abgelegenen Gegenden hat man keinen Empfang. Handys heißen im Englischen *mobile phones,* abgekürzt als *mobile* oder einfach *phone.* Das Wort Handy für Mobiltelefone wird nur im deutschen Sprachraum benutzt.

Innerhalb der EU fallen beim Mobilfunk **keine Roaming-Gebühren** an. Wer einen deutschen oder österreichischen Mobilfunkvertrag hat, telefoniert in Irland zu den gleichen Konditionen wie im Heimatland. Das gilt auch für das Surfen im Internet und trotz Brexit derzeit auch noch für Nordirland.

Schweizer müssen nach wie vor hohe Roaming-Gebühren zahlen. Für sie könnte sich die Anschaffung einer irischen oder britischen Prepaid-SIM-Karte lohnen, die man in das eigene Mobiltelefon einsetzen kann. SIM-Karten bekommt man in vielen Supermärkten oder in den zahlreichen Läden der *Provider.*

Die **Landesvorwahlen** sind:

- Republik Irland: 00353
- Nordirland: 0044
- Deutschland: 0049
- Österreich: 0043
- Schweiz: 0041

Zu beachten ist, dass die folgende 0 für die Ortskennzahl entfällt, wenn man einen Anschluss mit einer Landesvorwahl anwählt.

Internet/WLAN

Die meisten Hotels und privaten Unterkünfte sowie viele Cafés und Pubs bieten ihren Gästen einen kostenlosen WLAN-Zugang, in wenigen Fällen gegen Gebühr, die bis zu 10 € pro Tag betragen kann. Durch die schnellen Netzwerke (4G und 5G), die das Land fast vollständig abdecken, kann man auch ohne WLAN-Zugang fast überall auf der Insel im Internet surfen.

LGBT+

→ Bevölkerung, Kap. 12

Während das Verbot homosexueller Handlungen in Nordirland bereits 1967 abgeschafft wurde, blieb es in der Republik bis 1993 bestehen (zum Vergleich: in Deutschland bis 1969). Das **Schutzalter** liegt in der Republik Irland sowohl bei homo- als auch bei heterosexuellen Handlungen bei 17 Jahren. In Nordirland liegt es bei 16 Jahren. Sexuelle Handlungen mit Personen, die jünger sind, werden strafrechtlich verfolgt.

Auch **gleichgeschlechtliche Ehen** sind auf der Insel inzwischen erlaubt: in Irland seit 2015 und in Nordirland seit 2020.

Auch wenn die gesetzlichen Regelungen zur Gleichbehandlung aller sexuellen Orientierungen inzwischen auf der ganzen Insel gelten, gibt es **mancherorts dennoch Vorbehalte** gegen Menschen, die von den heterosexuellen Normen abweichen. Das gilt weniger für die großen Städte wie Dublin, Belfast oder Cork, in denen es oft eine **aktive Lesben- und Schwulen-Community** gibt, sondern eher für die kleinen Städte und Dörfer auf dem Land. Hier kann es schon mal passieren, dass man irritiert angeschaut wird, wenn zwei Frauen oder zwei Männer statt eines Twin (Zimmer mit zwei getrennten Betten) ein Double (Zimmer mit einem Doppelbett) buchen wollen.

Maße und Gewichte

Die **Republik Irland** hat 1970 mit der **Umstellung des imperialen Maßsystems** begonnen und dies 2005 weitgehend abgeschlossen, lediglich das *Pint* blieb den Iren mit 0,5694 Litern erhalten. Im Alltag, vor allem bei älteren Iren, sind die britischen Maßeinheiten aber noch sehr präsent.

In **Nordirland und Großbritannien** ist seit 1995 der Gebrauch des metrischen und dezimalen Systems für verpackte Güter und seit 2000 für offene Waren vorgeschrieben. Anders als nach dem Brexit angekündigt, bleiben die Briten beim metrischen System; oft werden im Handel beide Maßeinheiten – also auch die *imperial measures* – angegeben.

Wie in der Republik bestellt man sein Bier als *Pint* oder *half pint*. Daneben werden im Vereinigten Königreich Entfernungs- und Geschwindigkeitsangaben in Meilen angegeben, was bei der Orientierung hilft, ob man gerade in der Republik oder in Nordirland unterwegs ist.

Umrechnungstabelle

1 inch	2,52 cm
1 foot	30,48 cm
1 yard	91,44 cm
1 mile (= 1760 yards)	1,60935 km
1 fluid ounce	28,47 ml
1 pint	569,4 ml
1 quart	1,1364 l
1 gallon	4,5459 l
1 ounce	28,35 g
1 pound (16 ounces)	453,6 g
1 stone (14 pounds)	6,350 kg
1 hundredweight	50,80 kg
1 ton (2240 pounds)	1016,064 kg
1 square foot	9,29 dm^2
1 square yard	0,836 m^2
1 square mile	2,508 km^2 (= 259 Hektar)
1 acre	4046,848 m^2 (= 0,40 Hektar)

Notfälle

→ Sicherheit

Notrufnummern

Auf der ganzen Insel ist die **„999"** (in der Republik zusätzlich **„112"**) die Notrufnummer. Unter dieser Nummer erreicht man Polizei, Feuerwehr und Rettungsdienst.

Hilfe bei Verbrechen

Menschen, die Opfer eines Verbrechens geworden sind, können sich an folgende Institutionen wenden:

Für die Republik Irland beim **Irish Tourist Assistance Service** unter 1890 365700 (nur von irischen Telefonnummern aus anwählbar) und +353 1 6610 562 (für Anrufe aus dem Ausland oder von ausländischen Nummern). Informationsbroschüren dazu erhält man auch in den lokalen Touristeninformationen.

In Nordirland ist der **Victim Support Northern Ireland** zuständig, den man unter +44 2890 244039 erreicht.

Ausweisverlust/dringender Notfall

Wird der Reisepass oder Personalausweis im Ausland gestohlen, muss man diesen bei der örtlichen Polizei melden. Darüber hinaus sollte man sich an die nächste diplomatische Auslandsvertretung seines Landes wenden, damit man einen Ersatz-Reiseausweis zur Rückkehr ausgestellt bekommt (ohne Reisepass oder Personalausweis kommt man nicht an Bord eines Flugzeuges!). In Nordirland ist hingegen die jeweilige Botschaft in London zuständig.

In **dringenden Notfällen,** z.B. medizinischer oder rechtlicher Art, sind die Auslandsvertretungen bemüht zu helfen.

Botschaften in der Republik Irland

- **Deutschland:** *Deutsche Botschaft* in **Dublin,** 31 Trimleston Av., Booterstown, Tel. 01 2776100, https://dublin.diplo.de; Mo–Do von 8–17 Uhr, Fr nur bis 14 Uhr, im Notfall können außerhalb der Öffnungszeiten Touristen die Botschaft unter 087 2211382 anrufen; *Honorarkonsulat* in **Galway,** Tel. 091 492239.
- **Österreich:** *Österreichische Botschaft* in **Dublin,** 6 Ailesbury Road, Tel. 01 2694577, oder für Notfälle außerhalb der Dienstzeiten 0879 027361, https://bmeia.gv.at/oeb-dublin.
- **Schweiz:** *Schweizerische Botschaft* in **Dublin,** 6 Ailesbury Road, Ballsbridge, Tel. 01 2186382 oder -83, https://www.eda.admin.ch/countries/irland/de/home/vertretungen/botschaft.html.

Botschaften in London (für Nordirland zuständig)

- **Deutschland:** *Deutsche Botschaft* in **London,** 23 Belgrave Square/ Chesham Place, Tel. 020 7824 1300, https://uk.diplo.de/uk-de/vertretungen-honorarkonsuln/botschaft; Pass- und Personalausweistermine Mo–Fr nur nach Terminabsprache; *Honorarkonsulat* in Londonderry/Derry, Tel. 07306 888 914.
- **Österreich:** *Österreichische Botschaft* in **London,** 18 Belgrave Mews West, Tel. 020 7344 3250, oder für Notfälle außerhalb der Dienstzeiten 07906 159931, https://www.bmeia.gv.at/oeb-london.
- **Schweiz:** *Schweizerische Botschaft* in **London,** 16–18 Montagu Place London, Tel. 020 7616 6000, https://www.eda.admin.ch/london.

Verlust von Kreditkarten

→ Geld

Bei Verlust oder Diebstahl von Kredit- oder Debitkarten sollte man diese umgehend sperren lassen. Für deutsche Debit- und Kreditkarten gibt es die einheitliche **Sperrnummer (0049) 116116.** Der TCS (Schweiz) betreibt einen Kartensperrservice im Internet unter https://tcs.ch/de/produkte/versicherungen-kreditkarten/sperrdienst. Ansonsten gilt für österreichische und schweizerische Karten:

- **Maestro/Bankomat,** (A-) außerhalb der Banköffnungszeiten Tel. 0043 800 2048800, ansonsten unverzüglich die jeweilige Bank anrufen; (CH-)Tel. 0041 44 2712230, UBS: 0041 44 8283131, Crédit Suisse: 0041 800 800488.
- Für **MasterCard, VISA, American Express** und **Diners Club** sollten Österreicher und Schweizer sich vor der Reise die Rufnummer der kartenausstellenden Bank notieren.

Öffnungszeiten

→ Einkaufen
→ Essen und Trinken, Pubs
→ Post

Die **Ladenöffnungszeiten** in Irland sind liberaler als etwa in Deutschland. Supermärkte, Einkaufszentren und kleine Lebensmittelläden haben sieben Tage die Woche geöffnet. Andere Geschäfte in den Städten sind in der Regel montags bis samstags geöffnet, seltener sonntags. Die Kernöffnungszeiten sind von 9 oder 10 Uhr bis 18 Uhr, donnerstags auch oft bis 20 oder 21 Uhr. Lebensmittelläden aller Art schließen normalerweise erst zwischen 19 und 22 Uhr, einige größere Supermärkte in Ballungszentren sind sogar 24 Stunden am Tag geöffnet (außer sonntags). Der einzige Tag, an dem quasi alle Geschäfte geschlossen sind und man sich rechtzeitig mit Lebensmitteln versorgen sollte, ist der 25. Dezember.

Orientierung und Landkarten

→ Autofahren
→ Sport und Aktivitäten

Die Ausschilderung ist gut, wenngleich sie, vor allem in der Republik, gewöhnungsbedürftig ist. Zum einen erscheinen alle Ortsnamen gleich zweifach, einmal in Englisch und zusätzlich noch in Irisch (Gälisch) (in irischsprachigen Regionen sind sie nur irisch), und dann befindet sich vor allem in ländlichen Gegenden nicht selten ein Dutzend Hinweisschilder (oder mehr) an einem einzigen Pfahl, die sich gegenseitig verdecken und in alle Himmelsrichtungen zeigen. Hin und wieder findet man in abgelegenen Regionen noch alte Schilder mit Meilenangaben, das wird aber zunehmend selten. Bei diesen steht dann, anders als bei den modernen Hinweisschildern, keine Maßeinheit.

Auch wer auf sein Navigationsgerät schwört, sollte nicht ohne eine gute Straßenkarte nach Irland fahren. Sehr empfehlenswert und praktisch ist die hochreißfeste und 100 % wasserfeste Landkarte „Irland" (1:350.000) aus der Serie **world mapping project,** die im Reise Know-How Verlag erschienen ist.

Wer lieber auf einen Straßenatlas mit Spiralbindung zurückgreifen möchte, sollte sich den **Comprehensive Road Atlas Ireland** von *Collins Map* besorgen. Der Atlas enthält Übersichtskarten für die Planung im Maßstab 1:570.000 und detailliertere Karten für die Fahrt im Maßstab 1:200.000 sowie zahlreiche Stadtpläne.

Dank des großflächigen Ausbaus der G4- und G5-Netzwerke, funktionieren Online-Kartendienste einwandfrei.

Post

Sowohl in der Republik als auch in Nordirland gibt es in den meisten, auch kleineren Orten **Postämter.** In den kleinen Ortschaften sind sie oft in Lebensmittelgeschäften, manchmal auch in Tankstellen untergebracht. Die Post in der Republik hat den Namen **An Post** (https://anpost.com) und verwendet für die Postschilder und Briefkästen die Farbe Grün, während es in Nordirland die **Royal Mail** (https://royalmail.com) mit roten Briefkästen gibt.

Geöffnet sind die Postämter in beiden Landesteilen gewöhnlich Mo–Fr von 9–17.30 Uhr mit einer Mittagspause zwischen 13 und 14 Uhr. Genaue Öffnungszeiten der einzelnen Filialen finden sich auf der entsprechenden Website.

Standardbrief und Postkarte zum Kontinent kosten in der Republik 2,20 € und in Nordirland 1,85 £. Briefmarken erhält man in den Postämtern, an einigen auch aus Automaten, in manchen Geschäften, Tourist-Informationen und Souvenirshops.

Rauchen

→ Essen und Trinken

Das Rauchen in öffentlichen Gebäuden und an Arbeitsplätzen ist in der Republik Irland sowie in Nordirland verboten und gilt auch in B & B- und Hotelunterkünften. In Pubs geht man vor die Tür, weshalb einige Gaststätten Außenbereiche für Raucher eingerichtet haben.

Reisegepäck und Ausrüstung

→ Wandern
→ Klima und Reisezeit

Wandern Sie in den Bergregionen nur mit einer vollständigen **Ausrüstung,** zu der gute, wasserdichte Wanderschuhe, ein Tagesrucksack für warme Kleidung, Extra-Socken, Regenschutz, ausreichend Nahrung und Getränke, eine detaillierte Wanderkarte, ein Kompass und/oder GPS-Gerät, ein Erste-Hilfe-Set, eine Trillerpfeife für Notsignale und eine aluminiumbeschichtete Rettungsdecke gehören. Hilfreich sind auch Teleskop-Wanderstöcke.

Sicherheit

→ Notfälle

Die Kriminalitätsrate in beiden Teilen Irlands ist in etwa mit der in Deutschland, Österreich und der Schweiz vergleichbar, und man sollte sich ähnlich wie zuhause verhalten, um sich vor Diebstahl und Gewalttaten zu schützen. Als Tourist besteht vor allem in größeren Orten die Gefahr, dass man Opfer eines Taschendiebstahls wird oder dass Wertgegenstände aus dem Auto gestohlen werden.

Die **Polizei** in der Republik heißt *An Garda Síochána* (irisch für „Die Friedenswacht"), oft einfach *Garda* genannt. Polizisten werden oft auch als *guards* bezeichnet, was die Bedeutung „Wächter" hat. Die nordirische Polizei trägt den Namen *PSNI (Police Service of Northern Ireland).* In beiden Teilen der Insel gelten sowohl die EU-weite **Notrufnummer 112** sowie die traditionelle **Notrufnummer 999.**

Sport und Aktivitäten

→ Camping

Mit dem Kabinenkreuzer auf dem Shannon

Von Drumshanbo im Norden der Irischen Seenplatte bis Killaloe im Süden kann man den Shannon sowie eine Vielzahl miteinander verbundener Seen, Flüsse und Kanäle mit dem Boot befahren (→ Tour 9). Diese Kreuzer haben je nach Größe Platz für zwei bis zehn Passagiere und sind mit allen notwendigen Utensilien bestückt. Ein **Motorboot-Führerschein** und **Vorkenntnisse** sind **nicht** notwendig, das Mindestalter beträgt jedoch 21 Jahre.

Verpflegung ist nicht an Bord, jedoch gibt es in jedem Dorf Lebensmittelläden, wo man alles Notwendige einkaufen kann; auch hat man die Möglichkeit, an jeder Marina Lebensmittel zu erstehen. Damit man an den Anlegestellen auch mobil ist, kann man gegen eine geringe Gebühr auch Klappfahrräder auf dem Boot mitführen.

Die **Handhabung** der zumeist mit einem 5-PS-Dieselmotor bestückten Boote ist recht einfach: Vor Beginn der Tour wird man in der Marina in alles Wichtige eingewiesen und absolviert eine Übungsfahrt.

Einige **grundsätzliche Hinweise:** Halten Sie sich unbedingt an die markierten Fahrrinnen und fahren Sie nicht zu dicht an die Ufer. Umfahren Sie markierte Gefahrenzonen weiträumig. Halten Sie sich an die vorgeschriebenen **Geschwindigkeiten.** Der **Wasserstand** ist größeren Schwankungen unterworfen, prüfen Sie daher immer, ob Ihr Boot auch bei hohen Wasserständen die zahlreichen Brücken passieren kann. Fahren bei Dunkelheit ist verboten. Steuern Sie ihr Boot nie unter Alkoholeinfluss. Vor der Einfahrt in die großen Seen Lough Derg und Lough Ree sollten Sie sich über die **Wetterverhältnisse** informieren, denn plötzlich ausbrechende Stürme sind keine Seltenheit und haben schon häufiger zum Untergang von Hausbooten geführt. Ab Windstärke vier dürfen Sie nicht mehr auf den großen Seen fahren. Lassen Sie keine Wertsachen im unbeaufsichtigten Boot zurück.

Weiterführende Infos zum Hausbootfahren (→ Anhang: Literaturtipps)

Eine Liste von **Anbietern** von Kabinenkreuzern und umgebauten *River Barges* sowie weitere Infos: → Tour 9

Reiten

Das gängige irische Reitpferd, **Hunter** genannt, ist ein Halbblüter, das gut zur Fuchsjagd geeignet ist und ein gutes Springpferd abgibt. Um einiges kleiner ist das *Pony,* ein robustes und daher vor allem für Reitanfänger geeignetes Pferd. Man kann **Pauschal-Reiterferien** buchen oder sich an *Equistrian Holidays* wenden. Über das ganze Land verstreut findet man **Reiterhöfe,** auf denen man Pferde jeden Temperaments mieten kann. Unterricht wird dort natürlich auch erteilt.

Immer beliebter werden die **Pony Trecks,** bei denen man eine Woche lang pro Tag ca. 5 Stunden im Sattel zubringt. Das Gepäck wird vom Veranstalter vorausgeschickt. Beliebte Regionen sind Connemara, die Dingle-Halbinsel sowie rund um Sligo und Killarney.

Eine **Liste von Anbietern** findet man auf der Webseite https://discoverireland.ie/things-to-do/horse-riding.

Wandern

→ Ausrüstung

Obwohl Wandern in Irland keine lange Tradition hat, ist es dennoch ein ideales Wanderland. Erst in den letzten 40 Jahren hat sich diese Sportart vor Ort etabliert. 1982 wurde mit dem *Wicklow Way* der erste Fernwanderweg eröffnet. Seitdem ging die Entwicklung rasant voran. Inzwischen gibt es mehr als 50 vorbildlich markierte **Fernwanderwege** mit einer Gesamtlänge von über 4000 km und einer Vielzahl ebenfalls markierter kürzerer **Wanderwege.**

Irlands höchster Berg ist mit gerade einmal 1041 m Höhe im alpinen Vergleich recht klein. Dennoch sollte man die Gefahren vor allem beim **Bergwandern** nicht unterschätzen. Rasche Wetterumschwünge sind an der Tagesordnung, die Bergregionen sind sehr einsam und bieten in höheren Lagen subpolare Bedingungen. Hat man sich unterwegs verletzt und kann nicht aus eigener Kraft zurück zum Ausgangspunkt, gerät man schnell in eine äußerst bedrohliche Situation.

Wer sich außerhalb der markierten Wege in offenem, einsamem Gelände bewegt, sollte unbedingt entsprechende Erfahrung haben, um sich in dem oft weglosen Terrain zu orientieren. Erfahrene Wanderer raten, möglichst nicht allein aufzubrechen und in jedem Fall an einer geeigneten Stelle eine Info zu hinterlassen, wann man aufgebrochen ist, wo man hin will und wann man zurück erwartet werden kann.

Zu Irlands Wanderregionen und Fernwanderwegen gibt es reichlich Wanderführer mit Kartenmaterial auf Deutsch und Englisch (→ Anhang: Literaturtipps). Vor Ort sind in jedem Tourist Office Broschüren und Karten mit detailliert beschriebenen Wanderrouten erhältlich – meist gratis. Dort gibt es auch eine Vielzahl weiterer Publikationen.

Weitere Auskünfte bekommt man von **Mountaineering Ireland,** der Interessenvertretung der Bergwanderer und

Wichtige Vokabeln für Pferdefreunde

to bet	wetten
betting office	Wettbüro
bridle	Zaumzeug
oats	Hafer
pasture	Weide
saddle	Sattel
shaft	Deichsel
shoe	Hufeisen
stirrup	Steigbügel
to groom	striegeln

385irl he

Kletterer unter https://mountaineering.ie.

Was eigentlich selbstverständlich ist, hier aber nochmal erwähnt werden soll: Bitte beherzigen Sie die folgenden **Regeln:**

- Achten Sie die Landschaft und alle landwirtschaftlich genutzten Flächen.
- Pflücken Sie keine Pflanzen und halten Sie Abstand zu wild lebenden Tieren und Vieh.
- Seien Sie im Umgang mit Feuer äußerst vorsichtig.
- Achten Sie auf Ihre Kinder.
- Halten Sie Ihren Hund an der kurzen Leine.
- Lassen Sie alle Farmgatter so, wie sie sie vorgefunden haben. Offene bleiben offen, geschlossene werden nach dem Durchgang wieder geschlossen.
- Klettern Sie nicht über Mauern und Zäune, benutzen Sie die Gatter, Tore und Stiegen.
- Bleiben Sie auf bewirtschafteten Flächen auf den Wegen.
- Hinterlassen Sie keinen Abfall, nehmen Sie alles wieder mit.
- Verschmutzen Sie kein Wasser.
- Machen Sie keinen unnötigen Lärm.

Lebenswichtige Hinweise für Wanderer

- Hinterlassen Sie unbedingt im Hotel, bei ihrer B & B-Unterkunft oder in den Besucherzentren der Nationalparks **eine Nachricht,** welche Tour Sie in Angriff nehmen!
- **Achtung:** In den zerklüfteten Bergregionen versteigt man sich sehr leicht und kommt dann weder vor noch zurück!

Aussicht vom Sheep's Head

Wellenreiten und Windsurfen

Auch wenn die Wassertemperatur etwas niedriger ist als in der Nordsee, hat sich Irland in den letzten Jahren zu einem Hotspot für Surfer jeder Art entwickelt. Das liegt vor allem an dem verlässlich wehenden Wind und den besonderen Küstenformationen, die dazu führen, dass **Wellenhöhen von bis zu 5 m** entstehen.
Die bekanntesten **Surfspots** findet man in Whiterocks (Antrim), Bundoran (Donegal), Easky, Strandhill, Mullaghmore und Enniscrone (Sligo), Lahinch (Clare), Inch Beach und Brandon Bay (Kerry). Bis auf wenige Ausnahmen, vor allem an der Ostküste, eignen sich aber auch die meisten anderen Abschnitte entlang der langen irischen Küste.

Hier eine kleine Auswahl von **Surfschulen und -camps,** wo sowohl Anfänger als auch Profis willkommen sind:

- **Donegal: Bundoran Surf & Co,** https://bundoransurfco.com
- **Sligo: Strandhill Surf School,** https://strandhillsurfschool.com
- **Sligo: North West Surf School,** https://nwsurfschool.com
- **Clare: Lahinch Surf Experience,** https://lahinchsurfexperience.com

Tauchen

Wer noch nicht die faszinierenden Taucherfahrungen vor tropischen Korallenriffen gemacht hat, den dürfte das *Scuba-Diving* vor Irlands Küste noch begeistern. Die Wassertemperaturen liegen geringfügig unter denen der Nordsee. Dank des Golfstroms ist bis zu einer **Wassertiefe** von 20 m mit 16° C zu rechnen, zwischen 20 und 30 m mit 13° C, ab 30 m um 10° C. Die **Sichtweiten** unter Wasser betragen ca. 30 m. Die besten Tauchzeiten liegen zwischen Juni und September.

Vor der Westküste ist die Unterwasserflora und -fauna am reichhaltigsten. Zahlreiche **Wracks** liegen hier auch auf dem Meeresgrund, u.a. einige Schiffe der Spanischen Armada. Erfahrene Tauchführer kennen die jeweiligen Standorte, in Karten sucht man sie aber vergeblich.

Umfassende Informationen erhält man unter **https://diving.ie.**

Segeln

Der Segelsport ist beliebt bei den Bewohnern der Grünen Insel. Dies verwundert auch nicht weiter, da die Irische See und der Atlantik ideale, wenngleich häufig auch rauhe Segelgebiete sind. Wie sehr die Segler Tradition in Irland haben, zeigt auch der *Royal Cork Yacht Club,* der 1720 gegründet wurde und angeblich der älteste Seglerverein der Welt sein soll.

Wer als Besucher die Küstengewässer unsicher machen möchte, findet eine Vielzahl von Möglichkeiten, fast die gesamte 3200 km lange Küste weist Segelzentren auf. Wer den Umgang mit Pinne und Vorschot perfekt erlernen möchte, kann **Segelkurse** in Irland buchen. Das irische Abschlusszertifikat wird vom Deutschen Seglerverband anerkannt.

Informationen zum Segeln in Irland findet man bei *Irish Sailing,* dem Dachverband für Segeln, Motorbootfahren und Windsurfen unter https://sailing.ie.

Sprache

→ Die irische Sprache, Kap. 12

In der Republik Irland sind **Englisch** und **Irisch (Gaeilge)** die beiden Amtssprachen. Die meisten Iren sprechen Englisch, viele die zum sogenannten **Hiberno-Englisch** abgewandelte Form aus irischer Grammatik und englischer Sprache.

Nur noch die wenigsten beherrschen die ursprüngliche gälische Sprache Irisch. Sie wird flächendeckend nur in wenigen, nicht zusammenhängenden Gebieten (Gaeltacht) gesprochen. Diese uralte keltische Sprache ist für unsere Zungen und Ohren sehr gewöhnungsbedürftig. Hier ein Beispiel: „Ist das Wetter nicht wunderbar?!" heißt „Nach bhfuil an aimsir go h-álainn?!" und wird in etwa gesprochen wie: nock-will-on-äimshur-guh-howling.

Wer sich einen Eindruck von dieser Sprache machen möchte, sollte den Radiosender **Raidió na Gaeltachta** (https://www.rte.ie/rnag/) einschalten oder sich in einen Pub in einem Gaeltacht Gebiet zwischen die Einheimischen setzen.

In Nordirland ist Englisch Amtssprache. Darüber hinaus sprechen einige ältere noch **Ullans,** eine Variante des Schottischen, das im frühen 17. Jh. auf die Insel kam.

Unterkunft

→ Camping

Irland bietet vom Luxushotel bis zur Jugendherberge die **gesamte Palette** der gängigen Unterbringungsmöglichkeiten.

Hotels

Die **Klassifizierung** von Hotels folgt dem internationalen Sterne-Standard. Sehr beliebt sind Hotels, die in ehemaligen **Landsitzen** oder **Schlössern** eingerichtet sind; umgeben von Antiquitäten, alten Gemälden, riesigen Zimmern mit Bädern und gepflegten Parkanlagen genießt man das Ambiente der ehemaligen Burgherren. In der Vor- und Nachsaison geben auch die großen Hotels Rabatte, im Winter sind viele Hotels geschlossen. Mehr Informationen und Buchungsmöglichkeiten zu Hotels auf der ganzen Insel gibt es im Internet z.B. unter **https://irelandhotels.com.**

Preiskategorien der Unterkünfte in diesem Buch

①	bis 70 €	④	120–150 €
②	70–90 €	⑤	ab 150 €
③	90–120 €		

Die Preise gelten für ein Doppelzimmer pro Nacht inkl. Frühstück in der Hauptsaison.

Bed & Breakfast (B & B)

Die klassische Art und Weise der Übernachtung in Irland. Man wohnt **bei Privatpersonen,** die zwei, drei oder manchmal auch vier Zimmer für Besucher ausgerüstet haben. Es gibt viele B & Bs, die Zimmer mit eigener Dusche und Bad anbieten *(Rooms en suite).* Alle B & Bs sind durch große Schilder kenntlich gemacht und liegen zumeist ein wenig außerhalb des Ortszentrums an den Ausfallstraßen. Einzelreisende müssen manchmal einen Zuschlag zahlen, viele B & Bs haben indessen auch ein Einzelzimmer im Angebot. Vor allem in der Hauptsaison sind viele schon mittags ausgebucht, man sollte rechtzeitig telefonisch oder online reservieren. Alle *Tourist Offices* nehmen gegen eine geringe Gebühr ebenfalls Buchungen vor.

Mit im Preis eingeschlossen ist normalerweise das immer vielfältige irische **Frühstück.** Gereicht werden Cornflakes, Müsli oder Porridge, gebratener Speck mit Spiegel- oder Rühreiern, die irischen Frühstückswürstchen, gelegentlich auch *Black Pudding* (eine Scheibe geröstete Blutwurst), gebratene Tomatenhälften und Champignons, Bohnen in Tomatensauce und natürlich Brot (manchmal selbstgebacken), Toast, Butter und Konfitüre. Dazu gibt es Tee oder Kaffee und Orangensaft. Vegetarische oder vegane

Überblick Buchungsportale

Als Ergänzung zu den sorgfältig zusammengetragenen Unterkunftsempfehlungen in diesem Buch können Buchungsportale wie *Booking.com, hrs.de, Agoda.com* oder *AirBnB.de* dazu genutzt werden, **aktuelle Preise** und die **Bewertungen** anderer Reisender einzusehen sowie Unterkünfte direkt zu buchen.

Die Plattformen arbeiten mit Unterkünften aller Art zusammen und machen diese für Reisende leicht auffindbar. Bewertungen, Fotos und Filtermöglichkeiten nach zahlreichen Details helfen bei der Auswahl. Auch der **Kontakt** zwischen Vermietenden und Unterkunftssuchenden sowie die **Bezahlung** können über die Plattformen abgewickelt werden.

Eine gewisse **Vorsicht** ist bei der Benutzung dennoch geboten. Wann immer möglich, sollten die Angaben mit zusätzlichen Quellen überprüft werden. Sind die Bewertungen wirklich auf allen Plattformen und Suchmaschinen so gut? Sind sie so zahlreich, dass ein Missbrauch unwahrscheinlich ist? Weshalb genau fanden die Bewertenden die Unterkunft gut und stimmt das mit meinen Interessen überein? Häufig hilft die jeweils eigene Internetseite der Unterkunft, *Google Street View* oder ein Anruf, um genauere Informationen zu bekommen.

Wem **einzelne Aspekte** besonders wichtig sind, der sollte auf jeden Fall genau prüfen – z.B. ob der versprochene „geschlossene Parkplatz" wirklich so beschaffen ist, dass man das vollgepackte Auto dort stehenlassen möchte. Auch der angepriesene „Bestpreis" und die durch die Plattformen suggerierte knappe Verfügbarkeit lösen sich bei einem Anruf vielleicht in Luft auf, weil die Vermietenden einen eigenen günstigen Preis bieten, um sich die teure Vermittlungsprovision an die Plattform zu sparen.

Während die Plattformen also eine **praktische Hilfe** bei der Reiseplanung sein können, empfiehlt sich doch häufig ein kritischer zweiter Blick!

Alternativen werden manchmal angeboten, oder man kann danach fragen.

Privatunterkünfte, die vom irischen Fremdenverkehrsverband *Fáilte Ireland* empfohlen sind werden regelmäßig Qualitätskontrollen unterzogen. Kenntlich gemacht sind die empfohlenen B & B-Unterkünfte durch ein **Schild mit dreiblättrigem Kleeblatt.** Die Preise liegen in etwa zwischen 70 und 100 Euro für zwei Personen im Doppelzimmer (Preiskategorie: ①–③). B & Bs, die nicht mit einem solchen Siegel versehen sind, müssen aber nicht unbedingt schlechter sein, zumal sich manche Besitzer bewusst gegen eine solche die Qualitätsbescheinigung entscheiden, da diese mit recht hohen Gebühren verbunden sind.

Hostels

Irland ist überzogen mit einem dichten Netz an preisgünstigen Hostels, die von Reisenden aller Altersgruppen genutzt werden. Typischerweise übernachtet man in Schlafsälen, es gibt aber auch eine begrenzte Zahl an Einzel-, Doppel- und Familienzimmern. Heutzutage sind Jugendherbergen sehr komfortabel und ermöglichen preisbewusstes Reisen. Im Preis eingeschlossen ist manchmal ein **einfaches Frühstück** (*continental breakfast*: Toast, Butter, Marmelade, Orangensaft, Kaffee oder Tee). Ansonsten gibt es eine Küche, die man nutzen kann, was ein wesentlicher Vorteil ist, um sich selber zu versorgen. Ein Bett kostet im Schlafsaal 15–30 € und ein Doppelzimmer 50–70 €. Übrigens: In den Jugendherbergen kann man altersunabhängig absteigen!

Der irische Jugendherbergsverband **An Óige** (irisch = Die Jugend) betreibt 19 Herbergen und der nordirische Verband **HINI** *(Hostelling International Northern Ireland)* drei. Es ist nicht notwendig, Mitglied von *An Óige, HINI* oder des Jugendherbergswerkes seines Heimatlandes zu sein. Bei einer Ersparnis von 10 % und der eher geringen Zahl von Jugendherbergen in Irland lohnt sich eine Mitgliedschaft ohnehin kaum. Wer sich dennoch interessiert, findet hier mehr Informationen:

- **D:** https://jugendherberge.de
- **A:** https://oejhv.at
- **CH:** https://youthhostel.ch
- **IRL:** https://anoige.ie
- **NI:** https://hini.org.uk

Viel zahlreicher sind die **kommerziellen Hostels,** die teils in einem der zwei im folgenden aufgeführten Verbände organisiert sind. Auf den folgenden Websites findet man eine Liste der Hostels:

- **www.hostels-ireland.com**
- **www.independenthostelsireland.com**

Ferienhäuser

Selbstverständlich kann man auch Ferienhäuser in Irland mieten und als Selbstversorger die oftmals recht hohen Restaurantpreise damit umgehen. Je nach Größe und Ausstattung variieren die Preise. Viele Cottages stehen in kleinen Touristendörfchen zusammen. Informationen unter **https://letsgoselfcatering.com.**

Eine preiswerte, eher bei irischen Touristen beliebte Ferienunterkunft sind die

Mobile Homes, große, stationäre Wohnwagen, die viele als eigenes Ferienhaus auf Campingplätzen stehen haben. Teilweise kann man sie aber auch wochenweise mieten unter: https://campingireland.ie/holiday/mobile-home-hire.

Verhaltenstipps

→ Autofahren
→ Essen und Trinken
→ Fotografieren
→ Geld

Die meisten Iren sind sehr freundlich und hilfsbereit, erwarten das aber auch von ihrem Gegenüber. Wer z.B. im Pub zu einem Bier eingeladen wird, sollte sich umgehend revanchieren. Auch in größerer Runde sollte man nicht nur schnorrend mittrinken, sondern selbst eine Runde spendieren.

Außerhalb von Ortschaften gehört es zum guten Ton, dass man sich einen guten Tag wünscht, wenn man einem Fremdem begegnet. Auf die harmlose Bemerkung *what a nice day* (was für ein schöner Tag), die auch an miserablen Tagen mit Sturm und heftigem Dauerregen ausgesprochen wird, muss man sich allerdings auf ein längeres Gespräch über Gott und die Welt einstellen. Vermeiden sollte man nach Möglichkeit Gespräche über den **Konflikt zwischen Katholiken und Protestanten.** Das gilt besonders für die jeweiligen Hochburgen.

Im **Straßenverkehr** verhalten sich die Insulaner sehr rücksichtsvoll und gelassen. Hupen, weil der Vordermann nicht sofort bei Grün losfährt, ist verpönt. Auf den schmalen einspurigen Straßen steuern Iren sofort den nächsten Ausweichplatz an, wenn sie ein entgegenkommendes Fahrzeug erspäht haben, auch wenn das noch weit entfernt ist. Falls ein solcher nicht zur Verfügung steht und beide Fahrzeuge zum Stehen kommen, gibt es keine Diskussion darüber, wer nun rückwärts zum nächsten Ausweichplatz fährt. Hier wird ganz einfach nach dem Motto gehandelt, zurück fährt, für wen es kürzer und einfacher ist.

Irland ist ein **sehr sauberes Land.** Müll wird man in der Landschaft kaum finden. Abfall gehört in die entsprechenden Abfallbehälter oder wird mit zurückgenommen und keinesfalls in der Landschaft entsorgt.

Wer sein Geschäft, ob groß oder klein, in der freien Natur verrichten muss, sollte immer einen größeren Abstand zu sämtlichen Gewässern einhalten, von denen viele der Trinkwasserversorgung dienen.

Nacktbaden war in Irland bis 2017 noch eine Straftat. Inzwischen ist das Gesetz, das aus dem Jahre 1854 stammte, liberalisiert worden und mehr und mehr offizielle FKK-Strände sind eingerichtet worden. Außerhalb dieser Strände wird es aber immer noch nicht gern gesehen, wenn nackt gebadet wird oder Frauen „oben ohne“ herumlaufen.

Verkehrsmittel

Mit der Bahn

Wie in anderen europäischen Ländern ist der Bahnverkehr auf der Insel in den letzten Jahrzehnten stark ausgedünnt worden. Viele unrentable Strecken sind heute stillgelegt. Dennoch kann man auch heute noch mit der Bahn viele Orte auf der Insel erreichen. Für die Republik ist **Irish Rail** (Iarnród Éireann) verantwortlich, für Nordirland **Northern Ireland Railways.** Beide Streckennetze berühren sich in Dublin. Andere Übergänge gibt es nicht.

Eine Übersicht über das **Streckennetz** findet man im Internet unter https://irishrail.ie/en-ie/train-timetables/timetables-by-route. **Fahrpläne und Preise** findet man auf den Webseiten der Eisenbahngesellschaften. Dort kann man auch buchen.

- **Irish Rail:** https://irishrail.ie
- **Northern Ireland Railways:** https://translink.co.uk

Mit dem Bus

Busse sind das wichtigste öffentliche Verkehrsmittel auf der Insel, auch für lange Strecken. Da die Iren Small Talk schätzen, kommt man oft mit Mitfahrenden ins Gespräch oder man kann Gesprächen im Bus lauschen und sich so in alltägliches irisches Englisch einhören.

Die meisten Busse, sowohl der staatlichen als auch der privaten Gesellschaften, sind komfortabel und haben oft **kostenloses WiFi** an Bord. In der Regel kommt man mit Bussen preisgünstiger von einem Ort zum anderen als mit der Bahn. In Einzelfällen kann aber auch die Bahn kostengünstiger sein. Im Internet nach den günstigsten Konditionen zu suchen lohnt sich, ist aber manchmal auch eine zeitaufwändige Tätigkeit. Denn für alle Unternehmen gilt, dass die **Tarifstruktur kompliziert** ist und die Fahrpreise von vielen Parametern abhängen. Darüber hinaus gibt es immer wieder Sonderangebote, die nur für bestimmte Tage und/oder Tageszeiten gelten, personenabhängig sind und nur für einen bestimmten Zeitraum buchbar sind.

Sowohl in Irland als auch in Nordirland gibt es staatliche und private Busunternehmen. In der Republik fahren die Busse der staatlichen irischen Gesellschaft **Bus Éireann.** In Nordirland operiert **Ulsterbus.** Das Unternehmen verbindet die meisten größeren Ortschaften Nordirlands und bietet mit der **Goldline** einen **Schnellbusservice,** der die größeren Orte bedient. Ulsterbus gehört zusammen mit Northern Ireland Railway unter das gemeinsame Dach von Translink, der staatlichen Behörde für das öffentliche Verkehrswesen.

Zahlreiche überregionale private Anbieter wie **Aircoach** oder **citylink** machen den staatlichen Gesellschaften auf vielen Strecken Konkurrenz und bieten Verbindungen an, die ansonsten nicht angesteuert werden. Darüber hinaus verkehren in vielen Regionen zusätzlich kleinere Verkehrsunternehmen und halten dort die Infrastruktur aufrecht. Informationen darüber bekommt man in den **Tourist Offices** oder im **Post Office.** Weitere Informationen, Fahrpläne zum Herunterladen und Buchungsmöglichkeiten für die überregionalen Unternehmen findet man hier:

- **Bus Éireann:** https://buseireann.ie
- **Ulsterbus:** https://translink.co.uk
- **Aircoach:** https://aircoach.ie; hauptsächlich Verbindungen von und nach Dublin, z.B. von Cork, Belfast, Galway.
- **citylink:** https://citylink.ie; Verbindungen von Dublin nach Galway, Limerick und Corg sowie Clifden und Ballina.

Mit dem Mietwagen

→ Autofahren

Autoverleiher gibt es in allen größeren Städten, auf dem Land und in dünn besiedelten Regionen fehlen sie aber gänzlich.

Wenn man ein **Auto** in einem der beiden Teile Irlands **mietet,** darf man damit meist die **innerirische Grenze** überqueren. Man sollte sich aber gegebenenfalls versichern, dass dies laut Vertrag tatsächlich der Fall ist. Die Grenze zwischen beiden Teilen der Insel ist offen, es gibt (Stand Frühjahr 2024) keine Kontrollen oder Formalitäten.

Fahrrad

Wer Irland mit dem Fahrrad erkunden möchte sollte allerdings bedenken, dass Irland, abgesehen von der zentralen Kalksteinebene, recht gebirgige Küstenregionen hat und es daher stetig auf und ab geht. Ein gutes **Mountainbike** mit 27 Gängen ist beileibe kein Luxus, sondern hilft, die oft sehr steilen und zudem noch extrem langgestreckten Passagen zu überwinden. Noch besser dran ist, wer ein E-Bike dabei hat.

Leichtlauf- oder Rennräder sind für Touren auf den oft holprigen Straßen der Grünen Insel aufgrund ihrer schmalen Reifen nicht geeignet; ideal ist ein stabiles Mountainbike mit dicken Reifen, einem robusten Rahmen und kräftigem Gepäckträger. Auch die notwendigsten Ersatzteile sollte man mitführen; neben der Luftpumpe und dem obligatorischen Werk- und Flickzeug gehören dazu natürlich Ersatzschlauch und -speichen, Brems- und Schaltzüge, Bremsgummis und Schrauben.

Gegen eine Gebühr kann man sein eigenes Fahrrad auch im **Flugzeug** mit nach Irland transportieren (das Fahrrad muss dabei aber gut verpackt sein, auch

Vokabelliste rund ums Fahrrad

Achse	*spindle*
Felge	*rim*
Felgenbremse	*caliper brake*
Gangschaltung	*gear shift*
Kettenblatt	*chain ring*
Kettenwerfer	*changer*
Kurbelkeil	*crank wedge*
Lenker	*handlebar*
Nabe	*hub*
Reifen	*tyre*
Sattel	*saddle*
Schlauch	*inner tube*
Schutzblech	*mudguard*
Tretlager	*bottom bracket bearing*
Tretkurbel	*crank*

386irl he

sollte man daran denken, die Hälfte der Luft aus den Schläuchen zu lassen, die in der drucklosen Frachtkabine des Flugzeugs platzen können).

Busse und **Bahnen** transportieren übrigens auch Fahrräder, manche sogar kostenlos, wenn Platz ist. Im Zug muss man im Voraus einen meist kostenlosen Fahrradplatz reservieren.

Leihräder in Cork

Bei den Radtouren achte man übrigens unbedingt auf einen ausreichenden **Regenschutz!**

In den Großstädten werden überdies Leihräder für den innerstädtischen Verkehr gegen Gebühr zur Verfügung gestellt.

Zeit

Irland liegt mit seiner Zeitrechnung eine Stunde hinter der mitteleuropäischen Zeit (auch Sommerzeit) **zurück,** d.h. um 12 Uhr ist es dort erst 11 Uhr.

50
131-C-5012

12 Land und Leute

» Der Geschichte begegnet man auf Schritt und Tritt und der unglaubliche Wirtschaftsboom der 1990er-Jahre und die darauffolgende Krise werfen nach wie vor ihre Schatten. Man kommt leicht mit Einheimischen ins Gespräch und kann bei einem Whiskey oder Guinness die Kunst des Small Talks pflegen.

‹ Schmale Landstraßen sind üblich in Irland

Geografie

Irland – auch die Grüne Insel genannt – erstreckt sich vor der Westküste Großbritanniens, von der britischen Insel durch die ca. 200 m tiefe und oft raue **Irische See** getrennt; die kürzeste Entfernung zur großen Nachbarinsel beträgt 18 km, die längste 220 km. So weit nördlich liegt die Insel gar nicht: Galway und Bremen sowie Cork und Münster befinden sich auf dem gleichen Breitengrad.

Das Staatsgebiet der Republik Irland bedeckt eine **Fläche** von 70.285 km² (Nordirland, das zu Großbritannien gehört, hat eine Größe von 14.120 km²) und ist damit in etwa so groß wie Bayern. Von Norden nach Süden misst das Land 465 km, von Westen nach Osten 285 km. Die Küstenlinie ist rund 3170 km lang; kein Ort der Insel liegt weiter als 110 km vom Meer entfernt.

Entlang der Küste ragen Gebirgszüge auf, die eine zentrale Kalksteintiefebene im **Inselinnern** umschließen. Hier ist das Landschaftsbild geprägt von Mooren, kleineren und größeren Seen sowie dem ausgedehnten Flusssystem des Shannon, das ein Fünftel des Landes bedeckt.

Irlands **höchster Berg** ist mit 1041 m der Carrauntoohil in den Macgillycuddy Reeks im Südwesten, **längster Fluss** ist der Shannon, der nach 358 km bei Limerick in den Atlantik mündet und mittels Schleusen auf 220 km schiffbar gemacht wurde. Die **größten Seen** sind Lough Neagh in Nordirland, Lough Derg, Lough Ree, Lough Mask und Lough Corrib in der Republik Irland.

[>] Die Küste der Dingle-Halbinsel bietet einen reizvollen Kontrast aus feinem Sandstrand und schroffen Felsen

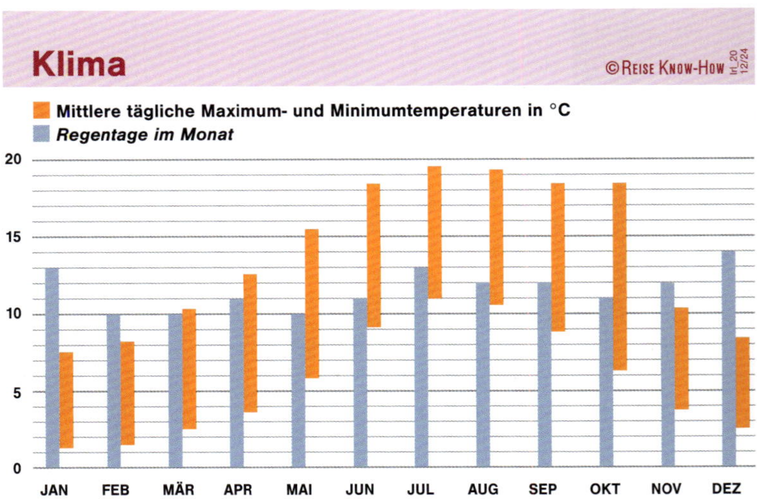

388irl he

Klima

Irlands Beiname „Grüne Insel" kommt nicht von ungefähr. Die Einflüsse des Atlantischen Ozeans sowie des Golfstroms prägen das Wetter auf der Insel, das durch milde Winter und kühle Sommer bestimmt wird. Nahezu gleichmäßig geht **Regen,** an der Westküste mehr als im Landesinnern oder im Osten, das ganze Jahr über nieder.

Die **Temperaturen** sind auf der gesamten Insel in etwa gleich, sie differieren zwischen dem äußersten Nordwesten und dem Südosten nur um etwa 3 °C. Der Januar ist im Südosten mit ca. 7 °C der kälteste Monat, im Juli und August steigt das Thermometer auf rund 16 °C (dies sind Tagesdurchschnittstemperaturen, keineswegs handelt es sich hierbei um Minimal- bzw. Maximaltemperaturen). Die sonnigsten und **regenärmsten Monate** sind Mai und Juni, und wer es einrichten kann, sollte seinen Irlandurlaub in dieser Zeit verbringen. Überall blüht gelb der Ginster, relativ wenig Regen mindert den Feriengenuss, nur wenig Besucher zieht es zu den landschaftlichen Höhepunkten, und überall erhält man problemlos Unterkunft.

Vom Atlantik her treiben die Seewinde feuchte Luftmassen auf die gebirgige Westküste zu, die dort in kältere Luftschichten aufsteigen und als **Steigungsregen** niedergehen. Hier fallen das ganze Jahr hindurch ca. 3000 mm Niederschlag, während es im Osten der Insel nur 750 mm sind. Es kommt jedoch eher selten zu dem gerade bei Besuchern gefürchteten ergiebigen Dauerregen, zumeist klart es nach kurzer Zeit wieder auf, der Himmel ist blau, und ein Regen-

389irl he

bogen kündet vom Ende des feuchten Gusses. Dies ist die Zeit, in der Fotografen stimmungsvolle Lichtwirkungen auf den Film bannen können.

Four Seasons on a Monday heißt es im irischen Volksmund, das Wetter aller vier Jahreszeiten kommt an einem einzigen Tag vor.

Flora

Irland wurde am Ende der letzten Eiszeit von Großbritannien getrennt, und eine Vielzahl von Pflanzen „erreichte" die Insel nicht mehr. So findet man im Land des Regenbogens „nur" etwa 1000 Pflanzenarten, in England sind es schon 1500, und auf dem Kontinent gibt es je nach Region einen weitaus größeren Artenreichtum. Zusammen mit den westeuropäischen Küstengebieten und den Britischen Inseln gehört Irland zur **Florenregion des atlantischen Gebiets.** Doch kommen regional auch arktisch-alpine Pflanzen sowie solche aus dem Mittelmeerraum vor.

Zu den **atlantischen Arten** zählen die Botaniker das Nabelkraut *(Umbilicas rupestris)*, die Stechpalme *(Ilex aquifolium)*, den Stechginster *(Ulex europaeus)*, den Efeu *(Hedera helix hibernica)*, die Glockenheide *(Erica tetralix)*, die Graue Heide *(Erica cinerea)* und den Roten Fingerhut *(Digitalis purpurea)*.

Zu der Gruppe der **mediterranen Pflanzen** gehören der Frauenhaarfarn *(Adiantrum capillus veneris)*, die Porzel-

⌃ Stimmungsvolles Farbenspiel an der Felsenküste bei Cnoc Fola

lanblume *(Saxifraga umbrosa)*, die sehr selten gewordene Irische Wolfsmilch *(Euphorbia hiberna)*, die Irische Heide *(Daboecia cantabrica)*, der Erdbeerbaum *(Arbutus unedo)*, die Mittelmeerheide *(Erica mediterranea)* und das Großblütige Fettkraut *(Pinguicula grandiflora)*.

Eine Anzahl von eigentlich **in Nordamerika beheimateten Pflanzen** kommt im europäischen Raum ausnahmslos nur in Irland vor, ist allerdings auch dort äußerst selten. Dazu zählen beispielsweise die amerikanische Orchidee, genauer gesagt das Kanadische Johanniskraut *(Hypericum canadense)* sowie das Bermudagras *(Cynodon dactylon)*.

Arktisch-alpine Arten treten – wie ihre Bezeichnung schon andeutet – an den Fels- und Berghängen im Nordwesten Irlands auf. Reich vertreten sind unter anderem der Knöllchenknöterich *(Polygonum viviparum)*, der Alpensäuerling *(Oxyria digyna)*, das Norwegische Sandkraut *(Arenaria norvegica)*, die Alpenwiesenraute *(Thalictrum alpinum)*, der Rote Steinbrech *(Saxifraga o. oppositifolia)*, die Silberwurz *(Dryas octopetala)*, die Echte Bärentraube *(Arctostaphylos uvaursi)* und das Alpenrispengras *(Poa alpina)*.

Zu den nur in Irland vorkommenden, also zu den sogenannten **endemischen Arten,** zählen die Irische Weide *(Salix hibernica)*, der Irische Ampfer *(Rumex hibernica)* und die Irische Mehlbeere *(Sorbus hibernica)*.

Bäume oder gar Wälder sieht man in Irland wenig. Wenngleich die Insel in grauer Vorzeit dicht bewaldet war, so haben Brandrodung und Kahlschlag über die Jahrhunderte hinweg ihre Spuren hinterlassen. Nur 5 % der irischen Landmasse sind von Bäumen bestanden, der weitaus größte Teil davon, 280.000 ha, gehört zum **Staatsforst** und ist mit langweiligen Monokulturen – Nutzholz eben – bepflanzt. In Regierungskreisen wird immer wieder überlegt, Teile dieser Wälder zu privatisieren, um mit der Hege und Pflege den Staatssäckel nicht weiter zu belasten.

Richtige Laub- und Mischwälder sieht der Besucher nur selten. Diese **Mischbewaldung** wurde zumeist vor 1900 angelegt, heute brechen in jedem Jahr mehr von diesen alten Baumriesen in den winterlichen Weststürmen weg oder werden aufgrund fehlender Gesetze einfach gefällt – irische Bauern haben kein Verhältnis zu Bäumen auf ihrem Land. Nach irischem Recht kann man nämlich nur einen einzelnen Baum schützen, nicht jedoch einen ganzen Wald. Das **irische Waldsterben** beruht nicht auf dem sauren Regen, sondern liegt an der Ignoranz der Menschen und das, obwohl die gälischen Vorfahren der heutigen Iren in den Liedern und Sagen immer wieder dazu aufriefen, Bäume und Wälder zu schützen.

Fauna

Vögel

Ornithologen oder solche, die es erst noch werden wollen, finden in Irland Vögel aller Couleur. Hier kann man gefiederte Freunde beobachten, die auf dem Kontinent nicht mehr oder nur noch in kleinen Populationen vorkommen. Ein Fernglas gehört daher unbedingt ins Reisegepäck. Nach Schätzun-

The Boglands – Europas letzte noch intakte Moorlandschaft

Zu über 14 % bedecken Moore die irische Landfläche, der dort gewonnene Torf wurde über die Jahrhunderte traditionell als Brennmaterial verfeuert. So sind die *Boglands,* die Moorgebiete, und der *Peat,* der Torf, ganz untrennbar mit der irischen Lebensweise verbunden.

Auch heute noch wird der Torf – vor allem im Nordwesten – mit der Hand gestochen, zum Trocknen auf dem Land verteilt und dann in kleinen Haufen am Straßenrand gestapelt. Zum Spätsommer hin bringt man die Soden dann in die heimische Miete. Zum **Torfstechen** verwendet man einen speziellen Spaten (irisch: *sléan*, englisch: *slane*), der ein langes, schmales Blatt hat. Die getrockneten Torfstücke brennen im Kamin oder im Küchenherd – herb liegt dann der Geruch des Torffeuers über dem Cottage und sogar über ganzen Ortschaften.

Die ausgedehnten **Hochmoore** *(Raised bogs)* bestehen aus einer dünnen Schicht wurzelloser Torfmoose (Sphagnum), die nur sehr langsam in die Höhe wachsen. Gleichzeitig sterben die unteren Pflanzenteile ab und vertorfen unter Sauerstoffabschluss. Pro Jahr wächst die Torfschicht nur um etwa 1 mm. Für 1 m Höhenwachstum bedarf es daher 1000 Jahre. Hochmoore beziehen ihr Wasser ausschließlich aus Niederschlägen. Sie bilden sich dort, wo das Regenwasser nicht durch einen porösen Untergrund versikkern kann. Der Bedarf an lebenswichtigen Mineralsalzen wird aus der Luft eingetragen.

Bei den **Flachmooren** *(Blanket bogs)* ist die Torfbasis dagegen sehr viel dünner und wird in der Regel nicht mächtiger als 2 m. Diese – wie der englische Name sagt –Deckenmoore findet man hauptsächlich im gebirgigen Westen der Grünen Insel. Die Flachmoore beziehen ihre Feuchtigkeit und Mineralsalze auch aus dem Grundwasser.

Natürlich gibt es noch eine ganze Reihe von **Zwischenformen,** die sich entsprechend dem Untergrund, der Feuchtigkeitsintensität und dem Wasserabfluss bilden. Betrachtet man die irische Landschaft in dieser Hinsicht genauer, so muss man zwischen den Nieder- und Flachmooren des Westens, den Berg-Flachmooren, den Zwischenmooren, den Hochmooren der zentralen Ebene, dem Sumpfland ohne Torfbildung und der Berg- und Küstenheide unterscheiden.

Bis in die 2010er-Jahre lohnte sich der **industrielle Torfabbau** noch. Das 1946 gegründete Torfabbauunternehmen *Bord na Móna* (Torfbehörde) stellte alljährlich mehr als vier Millionen Tonnen **Brennstofftorf** und rund eine Million Tonnen Düngetorf her. Der Brennstofftorf ging vor allem in die zahlreichen Torfkraftwerke, wo er der Elektrizitätsgewinnung diente, und dem irischen Staat die teuren Öl- und Kohleimporte ersparte.

[>] Trotz Stilllegung der Torfkraftwerke wird auf Irland noch immer der begehrte Brennstoff gestochen

Mittlerweile schlug aber auch in Irland der **Naturschutzgedanke** durch und Bord na Móna legte – auch weil die fossile Energiequelle Torf nicht unbegrenzt zur Verfügung steht – sukzessive die Torfkraftwerke still. Das letzte wurde 2020 in Lanesborough am mittleren Shannon vom Netz genommen. In Zukunft soll die Energie vor allem aus regenerativen Quellen stammen. Ziel ist es, Irland bis 2050 **klimaneutral** zu machen.

Darüber hinaus hat sich die Behörde zur Aufgabe gemacht, die zerstörten Moore wieder zu **renaturieren.** Von den knapp 80.000 ha der ehemaligen Abbaugebiete sind inzwischen etwa 20.000 ha wieder in einen naturnahen Zustand versetzt worden.

In den ausgedehnten Sumpflandschaften wachsen vor allem Torfmoose, Heidekräuter und Riedgräser. Der botanisch erfahrene Besucher entdeckt das Gemeine Heidekraut *(Calluna vulgaris),* die purpurn blühende Glockenheide *(Erica tetralix),* die vor allem in Hochmooren vorkommende Rosmarinheide *(Andromeda polifolia),* Beinbrech *(Narthecium ossifragum)* und das Schmalblättrige Wollgras *(Eriophorum angustifolium),* das mit seinen weißen Büscheln im Sommer leuchtend über den Mooren steht. Vier gelbe Blütenblätter zeigt von Mai bis September das Aufrechte Fingerkraut *(Potentilla erecta),* ebenfalls von Mai bis September blüht blau die Gemeine Kreuzblume *(Polygala vulgaris),* von Juni bis August erstrahlt das Sumpfherzblatt *(Parnassia palustris)* sowie der wilde Thymian *(Thymus serpyllum).*

Elf verschiedene Karnivoren-Arten (fleischfressende Pflanzen) kommen in den irischen Moorgebieten vor. Sie decken einen Teil ihres Mineralstoffbedarfs, vor allem den Stickstoffbedarf, durch das Verdauen von zumeist kleineren Insekten, die sie mit Hilfe speziell ausgebildeter Blätter fangen. Darunter sind beispielsweise der Rundblättrige Sonnentau *(Drosera rotundifolia),* das Gewöhnliche Fettkraut *(Pinguicula vulgaris)* und das Alpen-Fettkraut *(Pinguicula alpina).*

390irl he

gen gibt es auf der Grünen Insel rund 200 **Vogelarten** sowie etwa weitere 180 Arten, die ab und an die Insel anfliegen. Von diesen 200 Arten sind 35 nur im Sommer und 40 nur im Winter zu beobachten, 30 verweilen nur kurzfristig auf der Insel, und 100 Vogelarten sind in Irland sesshaft, darunter vier, die **originär irische Spezies** sind: der Irische Eichelhäher *(Jay, Garrulus glandarius hibernicus),* die Wasseramsel *(Dipper, Cinclus cinclus hibernicus),* die Tannenmeise *(Coul-Tit Mouse, Parus ater hibernicus)* und das Moorschneehuhn *(Lagopus lagopus hibernicus).*

Überall da, wo Wasser reichlich vorkommt, also an See- und Flussufern, in Bächen und Teichen, kann der Besucher leicht den **Graureiher** *(Grey Heron, Ardea cinerea)* ausmachen, der reglos im Wasser steht, bereit, mit seinem langen Schnabel zuzustoßen, sobald ein Fisch in die Nähe kommt. Wo einer ist, ist ein zweiter, ein dritter und ein vierter nicht weit, Graureiher sind gesellige Vögel.

An glasklaren, sauberen Flüssen sieht man häufig den exotisch bunten **Eisvogel** *(Kingfisher, Alcedo atthis)* mit seinem blaugrünen Rücken und dem gelbroten Bauch, sehr zu recht häufig als „fliegender Edelstein" charakterisiert. Wie der Reiher auch, ist der Eisvogel ein sogenannter Lauerjäger; man findet ihn reglos verharrend auf einem Ast ein Stückchen über der Wasseroberfläche; sichtet er seine Beute, so stürzt er kopfüber in die Fluten und greift mit seinem langen, kräftigen Schnabel den Fisch.

Weit verbreitet ist in Irland die **Löffelente** *(Northern Shoveler, Anas clypeata),* ein Schwimmvogel, der in Deutschland vom Aussterben bedroht ist. Lustig ist es, den hintereinander im Kreis schwimmenden Enten bei der Nahrungsaufnahme zuzusehen: Mit dem löffelartigen Schnabel filtert jede Ente – mit vorgerecktem Hals und den Kopf seitlich schwenkend – Kleinstlebewesen aus dem Wasser und das unter unaufhörlichem Geschnatter. Leider hat man jedoch nur selten das Vergnügen, da die Löffelente zumeist des nachts auf Nahrungssuche geht.

Ganz besonders vogelreich sind die steil ins Meer abfallenden Felsen im Westen Irlands, beispielsweise die Cliffs of Moher oder die Slieve Leagues. Hier sieht man vor allem die **Dreizehenmöwe** *(Rissa tridactyla),* die unentwegt ihren englischen Namen ruft: *Kittiwake, Kittiwake.* Abertausende von Kittiwakes sitzen dicht an dicht in der steilen Felswand. Ihnen tun es die **Basstölpel** *(Northern Gannet, Sula bassana)* gleich, die ebenfalls in großer Population an den Felsklippen nisten. Ihren Namen haben diese Vögel von der unbeholfenen Gangart auf dem Land, in der Luft dagegen sind sie hervorragende Flieger und stoßen, wenn sie ihre Beute entdeckt haben, mit angelegten Flügeln senkrecht ins Wasser ab.

Freude kommt auf bei groß und klein, wenn die **Papageitaucher** *(Puffin, Fratercula arctica)* ins Blickfeld des Feldstechers kommen; die bunten, lustig aussehenden Vögel nisten in kleinen Höhlen und Nischen. Weitere Bewohner der Vogelfelsen sind die Trottellumme *(Guillemot, Uria aalge),* der Tordalk *(Razorbill, Alca torda),* die Sturmschwalbe *(Storm Petrel, Hydrobates pelagicus)* und der Große Sturmtaucher *(Great Shearwater, Puffinus gravis).*

Auch viele **Singvögel** sind auf der Grünen Insel beheimatet und erfreuen mit ihrem Gesang die Herzen der Besucher. Traditionell verkündet der Kuckuck *(Cuckoo, Cuculus canorus)* den Beginn der Touristensaison, und die Iren sind begeistert, wenn sie schon im März seinen Ruf hören. Auch Schwalben – häufig vorkommende Arten sind die Rauchschwalbe *(Common Swallow, Hirundo rustica)* und die Mehlschwalbe *(House Martin, Delichon urbica)* – sind gern gesehen, künden sie doch den nahenden Sommer an.

Auch an **Greifvögeln** ist Irland nicht arm. Über die ganze Insel verbreitet sind der Sperber *(Eurasian Sparrowhawk, Accipiter nisus)* und der Turmfalke *(Old World Kestrel, Falco tinnunculus)*, der in der Luft „steht", von oben sein Opfer ausmacht und dann niederstößt. Der Merlin *(Merlin, Falco columbarius)*, ein Zwergfalke, ist hauptsächlich im Moorland heimisch, und auch in Irland selten geworden ist der Wanderfalke *(Peregrine Falcon, Falco peregrinus)*.

Eisvogel

www.fotolia.de © Goef

Säugetiere

Nicht nur die Pflanzenvielfalt ist gering in Irland, nach der letzten Eiszeit blieben auch recht wenig Säugetiere auf der Insel zurück. Von den weltweit über 4000 vorkommenden Säugetieren zählt Europa 150 Arten, auf der Grünen Insel kommen jedoch nur 28 vor. Das **Irische Hermelin** *(Mustela erminea)*, für kontinentale Ohren fälschlich als *Weasel* bezeichnet, ist braun und hat einen weißen Bauch. Häufig erblickt man das auch tagsüber jagende Tier in freier Wildbahn. Der Besucher, der es näher ansehen möchte, sei davor gewarnt, die Hand auszustrecken. Hermeline sind recht aggressive Angreifer, die zudem auch in Gruppen jagen.

Zu den Insektenfressern gehört das kleinste Säugetier der Insel, die überall vorkommende **Zwergspitzmaus** *(Lesser Shrew, Sorex minutus)*, die nur 4 cm lang und rund 6 g schwer ist. Rote **Eichhörnchen** *(Squirrel, Sciurus vulgaris)* sowie die ursprünglich aus dem Osten Nordamerikas stammenden **Grauhörnchen** *(Grey Squirrel)* sind ebenfalls weit vertreten; die possierlichen Tierchen bauen nicht nur hoch oben in den Bäumen, sondern auch in Hecken ihre Behausungen. Die Grauhörnchen wurden angeblich bei einer Hochzeit 1911 im County Longford in Irland eingeführt. Seitdem haben sie weite Teile Irlands kolonialisiert und vielerorts die einheimischen roten Eichhörnchen verdrängt. Ebenfalls gerne in Hecken lebt der **Igel** *(Erinaceus europaeus)*, der deshalb zutreffend auch als *Hedgehog*, als Heckenschwein bezeichnet wird.

Aus England stammt der Feldhase *(Hare, Lepus europaeus)*, originär irisch dagegen ist der **Irische Hase** *(Lepus timidus hibernicus)*. Der *Irish Hare* ist eine Unterart des Schneehasen.

Trotz intensiver Bejagung ist der **Rotfuchs** *(European Fox, Vulpes vulpes)* noch mit beträchtlichen Populationen vorhanden, selten dagegen ist der **Baummarder** *(Pine Marten, Martes martes)* geworden, dessen letzte Exemplare in Irland wohl nur noch im Burren (→ Tour 6) ihr Leben fristen. Erfreulich dagegen, dass es noch eine ganze Menge **Dachse** *(Badger, Meles meles)* gibt; auch große, mehr als 20 kg schwere Tiere sind darunter.

In der Regel auf die Gelände der Nationalparks beschränkt kommen **Damwild** *(Dama d. dama)*, der japanische **Sika-Hirsch** *(Sika Deer, Cervus n. nippon)* und Irisches **Rotwild** *(Cervus elaphus hippelaphus)* vor.

Noch hat Irland den größten **Otterbestand** in ganz Europa, doch heißt dies wenig, da die putzigen Tiere auf dem Kontinent vor dem Aussterben stehen. Leider versucht man auch in Irland, dem Otter *(Common Otter, Lutra lutra)* den Gar aus zu machen; entweder verenden die Tiere in den Reusen, oder aber die Angler machen gezielt Jagd auf sie. Da sich der Otter auch von Fischen ernährt, nimmt er den Anglern die Sportgrundlage.

⊡ Seehunde

Meerestiere

Vor der über 3000 km langen irischen Küste tummeln sich natürlich eine ganze Anzahl von Meeresbewohnern. Auf einen Bestand von 11.000 bis 14.000 Tieren schätzt man die beiden **Seehund-Arten:** der Gemeine Seehund *(Common Seal, Phoca vitulina)* und die Kegelrobbe *(Grey Seal, Halichoerus grypus)*. Die Fischer sind nicht gut auf diese Tiere zu sprechen, denn angeblich zerreißen sie die Netze, und da sie sich von Fischen ernähren, dezimieren sie vermeintlich den Bestand. Dass dafür allerdings die Überschreitung der Fangquoten und illegale Fangmethoden verantwortlich sind, wollen die Fischer nicht wahrhaben. Anfang der 1980er-Jahre töteten Fischer von Achill Island über 120 Kegelrobben auf den unbewohnten Inishkea-Inseln. Irische Mitglieder der Organisation *Sea Shepherd* schlugen deshalb 1982 dort ein Lager auf und schliefen zwischen den Robben. Im Oktober des gleichen Jahres verbot daraufhin die irische Regierung die Jagd auf Kegelrobben in der Irischen See. Heute ist der Seehundbestand relativ stabil, doch stellen vor allem die Verschmutzung der Meere und die Folgen des Klimawandels eine nachhaltige Bedrohung dar.

Immer wieder werden tote, im Wasser verendete **Wale** *(Whales)* an die Küste gespült, doch zu Gesicht bekommt man lebende Riesensäuger so gut wie nie. Dagegen zeigen sich **Tümmler** *(Bottle-nosed Dolphin, Tursiops truncatus)* und die neugierigen, in sozialen Verbänden lebenden **Delfine** *(Dolphin, Delphinus delphis)* des öfteren.

Viele **Fischarten** kommen vor der Küste vor. Wohl fühlen sich im warmen

www.fotolia.de © Oliver Anlauf

Golfstrom der Seebarsch *(Bass, Roccus labrax)* und die Meeräsche *(Grey Mullet, Mugil spec.)*. In kälteren Gefilden leben Hering *(Herring, Clupea spec.)*, Kabeljau *(Cod, Gadus morua)*, Scholle *(Plaice, Pleuronectes platessa)*, Seezunge *(Sole, Solea solea)*, Schellfisch *(Haddock, Melanogrammus aeglefinus)* und Sprotte *(Sprattus sprattus)*.

Für all diese Arten werfen die irischen Fischer – und nicht nur sie – ihre Netze aus. Selbst spanische Trawler „wildern" in den irischen Hoheitsgewässern, machen gute Fänge und zahlen daher die Strafen, wenn sie einmal von einem der Kriegsschiffe der irischen Marine aufgebracht werden.

Obwohl die Hochseeangler Jagd auf **Haie** *(Shark)* machen, muss der Schwimmer keine Sorge vor einer Hai-Attacke haben. Zwar kommt sogar der über 9 m lang werdende Riesenhai *(Cetorhinus maximus)* vor, doch der ernährt sich von pflanzlicher Rohkost. Auch die fünf anderen hier vorkommenden Hai-Arten gelten als ungefährlich.

Alle Arten von **Krustentieren** sind vor der Küste vertreten, so etwa Langusten *(Spiny Lobster, Palinurus elephas)*, Taschenkrebse *(Rockdwelling Crab, Cancer pagurus)* und Hummer *(Lobster, Homarus vulgaris)*.

Süßwasserfische

In den vielen Binnenseen und dem Flusssystem des Shannon findet der Besucher gute Bestände an Forellen *(Salmo trutta lacustris)*, Lachs *(Salmo salar)*, Hecht *(Esox lucius)*, Brasse *(Abramis brasa)* und die Schleie *(Tinca tinca)* – kein Wunder also, dass es die Hobby-Angler auf die Grüne Insel zieht.

Umweltschutz

Um es gleich vorwegzusagen: Irland ist unter ökologischen Gesichtspunkten sicherlich eines der intaktesten Länder Europas, obwohl der Umweltschutz in Irland, weder im öffentlichen noch im privaten Bereich, stark ausgeprägt ist. Andere Länder Europas zeigen da im Vergleich mehr Initiative.

Dass Irlands Natur seit der Industrialisierung noch weitgehend gesund ist, verdankt sich der dünnen Besiedelung und dem **Fehlen von großer Schwerindustrie.** Von den **wenigen Fabriken** stoßen auch heute noch manche ihre Emissionen ungefiltert in die Luft und leiten die Abwässer in Seen und Flüsse. Die Hochleistungslandwirtschaft überdüngt die Böden und lässt die Silagebrühe einer intensiven Großviehhaltung in Bäche und Seen laufen.

Die **Intensivierung im Agrarsektor** steht nicht mehr im Einklang mit den Erfordernissen der Natur. Noch in den 1960er-Jahren gingen die irischen Bauern mit naturschonenden Bewirtschaftungsmethoden sorgsam mit dem verfügbaren Boden um. Schaut man sich an, was in den letzten sechs Jahrzehnten geschehen ist, so muss man sich doch ernsthaft Sorgen machen. Denn seitdem hat sich der Verbrauch von Stickstoff mehr als verzehnfacht; über die Bodenauswaschungen gelangt dieses Düngemittel in Flüsse und Seen, von denen manche bereits von der **Eutrophierung** (Nährstoffanreicherung in einem Gewässer und damit verbundenes übermäßiges Pflanzenwachstum, was für Sauerstoffarmut sorgen kann und im schlimmsten Fall das Gewässer umkippen lässt) bedroht sind. **Pestizide** und **Insektizide** werden in Irland reichlich und intensiv gespritzt. Viele Tier- und Pflanzenarten sind durch die chemische

077IRL tii

Keule in Bedrohung geraten, einige stehen vor dem Aussterben.

Bis Anfang der 2020er-Jahre wurden ca. 30 % der gesamten Landfläche drainiert, sodass viele Lebensräume von Tieren und Pflanzen restlos zerstört wurden. Besonders diese Maßnahme war höchst unsinnig, da eine Ertragssteigerung der Landwirtschaft aufgrund der schlechten Böden so gut wie gar nicht stattgefunden hat. Häufig wurden auch Bäche und Flüsse begradigt, wodurch der Lebensraum von Fischen, Weichtieren und Insekten zerstört wurde. Auch durch die **intensive Ausbeutung der Moore** ist der Wasserhaushalt örtlich aus dem Tritt geraten.

Probleme bereitet auch der **Abfall.** Bei den Siedlungsabfällen (Abfälle, die hauptsächlich von Haushalten erzeugt werden) liegt Irland im Ranking der EU-Mitgliedstaaten im Jahr 2021 mit 633 kg/Kopf im oberen Drittel (Deutschland 646 kg/Kopf). Hinzu kommt, dass der Anteil von Recycling und Kompostierung mit nur etwa 40 % (Deutschland ca. 71 %) relativ gering ist und noch viel Müll auf Deponien landet.

Immerhin gibt es einige Fortschritte. 34 % der Elektrizität wurde 2022 durch **Windenergie** gedeckt, wodurch man über dem europäischen Durchschnitt von ca. 20 % liegt. In den kommenden Jahren möchte die Regierung den Ausbau weiter forcieren. Ein entsprechendes Gesetz von 2021 legt die Emissionsziele fest. Demnach möchte der Staat bis 2030 seine Treibhausgasemissionen halbieren (bemessen am Stand von 2018).

◁ Überweidung ist ein weit verbreitetes Problem

Vorbei sind zudem die Zeiten, als dem Kunden in Supermärkten dünne **Plastiktüten** in großer Zahl aufgedrängt wurden: Irland hat als erstes Land 2002 eine Steuer auf Plastiktüten eingeführt, die derzeit 22 Cent pro Tüte beträgt und die Nutzung von Plastiktüten um mehr als 95 % gesenkt hat. Die als **PlasTax** bezeichneten Einnahmen kommen Umweltprojekten zugute. Und der hohe private Müllanfall soll durch verschiedene Maßnahmen reduziert werden, u.a. durch die Berechnung der Müllgebühr nach dem Gewicht.

Bevölkerung

Irland dürfte wohl das Land Europas sein, das innerhalb der letzten zwei Jahrhunderte einen **Bevölkerungsrückgang** ohnegleichen erlebt hat. Schuld daran trug ganz wesentlich die Große Hungersnot (1845–1851 → Geschichte), in der über 1 Mio. Menschen ums Leben kamen und eine weitere Million in den „schwimmenden Särgen“ *(coffin ships)* hauptsächlich nach Amerika auswanderte. Lebten 1845, am Vorabend der *Great Famine,* 8,5 Mio. Menschen auf der Insel, so zählte die Statistik sechs Jahre später, 1851, nur noch 6,5 Mio. Einwohner; 1971 waren es 4,4 Mio. Iren und 1997 lebten nur noch rund 3,8 Mio. Iren in der Republik. Bedenkt man, dass in den USA fast 40 Mio. irischstämmige Personen eine neue Heimat gefunden haben (in Kanada übrigens ca. 1 Mio.), so wird das gigantische Migrationsausmaß überdeutlich.

Durch den **Wirtschaftsboom** zwischen 1995 und 2007 kam die Emigration zum Erliegen. Viele irische **Emigranten kehrten zurück** in die Heimat und mit ihnen unzählige Immigranten aus aller Welt. 2021 lebten 5 Mio. Menschen in der Republik und etwas mehr als 1,9 Mio. Menschen in Nordirland.

Jung sind die Iren im Vergleich zu den Deutschen: 19,7 % der Bevölkerung der Republik ist unter 15 Jahren alt (D: 14 %). Die statistische **Lebenserwartung** liegt bei den Männern bei 78 Jahren, Frauen leben statistisch 4,5 Jahre länger.

Die Republik Irland hat im Vergleich zum restlichen Europa eine **niedrige Scheidungsrate.** Das kann zum Teil aber auch daran liegen, dass man drei Jahre getrennt leben muss, bevor man sich scheiden lassen kann.

Die **Geburtenrate** ist mit 1,78 Kindern über dem EU-Durchschnitt von 1,53, aber weiterhin rückläufig. Das Durchschnittalter, in dem Frauen ihr erstes Kind bekommen, ist mit 31,2 Jahren (und damit 1,5 Jahre über dem EU-Durchschnitt) vergleichsweise hoch.

Schwule und **Lesben** hatten es wegen des übermäßigen Einflusses der Kirchen auf die Gesellschaft beider Teile Irlands lange Zeit besonders schwer. Erst 1993 wurde Homosexualität in der Republik Irland entkriminalisiert. Der Süden und Nordwesten der Insel haben sich seitdem aber extrem gewandelt, und die Republik Irland ist bislang das einzige Land der Welt, in dem die **gleichgeschlechtliche Ehe** per Volksabstimmung eingeführt wurde – gegen den entschiedenen Widerstand kirchlicher Gruppen. Zudem kann man seit 2015, dem Jahr der Volksabstimmung, selber entscheiden, welchem Geschlecht man angehört, also ohne medizinische, juristische oder anderweitige Überprüfung. 2017 kam mit *Leo Varadkar* der erste schwule Regierungschef *(taoiseach)* in das höchste politische Amt der Republik. Während der irische Staat in Bezug auf **LGBT-Rechte** nun eines der fortschrittlichsten Länder der Welt ist, trifft auf Nordirland beinahe das Gegenteil zu: Die stärkste politische Partei des Nordostens, die wertkonservative und stark freikirchlich beeinflusste *DUP (Democratic Unionist Party),* verhinderte die Einführung der ansonsten überall im Vereinigten Königreich (in England und Wales seit 2013, in Schottland seit 2014) und in der englischsprachigen Welt (zuletzt in Australien 2017) existierenden homosexuellen Ehe. Erst auf Initiative des britischen Unterhauses, das wegen bis heute andauernder Querelen im nordirischen Parlament per Gesetz von 2019 mehr Einfluss auf die lokale Politik nehmen kann, konnte der Widerstand gebrochen werden: Neben der Aufhebung des Abtreibungsverbots garantiert das Gesetz auch die Legalisierung der gleichgeschlechtlichen Ehe. Im Nordosten der Insel hat sich eine starke LGBT-Szene herausgebildet und alljährlich im August findet in Belfast die *Belfast Pride* statt.

Durchschnittlich leben laut irischer Volkszählung von 2022 rund 73,5 Menschen pro Quadratkilometer (weniger als ein Drittel des deutschen Durchschnittswerts, der bei 238 liegt), doch das Stadt-Land-Gefälle zeigt auch in Irland einen recht hohen **Urbanitätsgrad;** insgesamt wohnen knapp 64 % aller Bewohner in den Städten. Diese, zählt man das urbanisiserte Umland hinzu, machen gerade einmal 2,4 % der Landmasse der Republik Irland aus. In der Metropole konzentrieren sich die Sitze von Handel, Banken, Dienstleistungsbranchen und Versicherungen, der Großraum Dublin zählt mittlerweile über eine Mio. Menschen. Ein weiterer beträchtlicher Anteil der Bevölkerung lebt in den Städten Cork, Limerick, Waterford und Galway.

Entgegen den gängigen Klischees sind **rothaarige Iren und Irinnen** nur eine Minderheit, wenn auch mit schätzungsweise 10 % eine der weltweit größten.

Bildungswesen

Die **Schulpflicht** beginnt in der Republik Irland mit sechs Jahren und endet frühestens mit 15, wenn man bis dahin drei Jahre an einer Sekundarschule absolviert hat. Die meisten Eltern schicken ihre Kinder bereits mit vier Jahren in die Schule. Die irischen Grundschulen bieten für Kinder ab vier kindergarten-ähnliche Klassen namens *Junior Infants* und ab fünf *Senior Infants* an.

Ab dem Alter von sechs besuchen die Kinder dann normalerweise die erste Klasse. Die **Grundschule** endet mit der sechsten Klasse. Es gibt verschiedene Arten von Grundschulen *(primary schools)*: Staatlich finanziert werden die *national schools,* die meist unter Leitung der katholischen Kirche oder gelegentlich der anglikanischen *Church of Ireland* stehen; multikonfessionelle Schulen, die weltanschaulich neutraler und von unabhängigen Vereinen geleitet werden, sowie *Gaelscoileanna,* die außerhalb der irischsprachigen *Gaeltacht*-Gebiete Irisch als Unterrichtssprache sprechen und von meist lokal entstandenen Vereinen geleitet werden. Zudem gibt es Schulen, die unabhängig vom Staat sind und Schulgebühren nehmen *(preparatory schools).* Diese sind oft religiös orientiert.

Im **Sekundarbereich** *(secondary schools)* gibt es wiederum verschiedene Schultypen, die sich darin unterscheiden, in welchem Ausmaß der Staat die Kosten trägt und in wie weit die Kirchen auf sie Einfluss haben. Alle Schulen bieten die gleichen Abschlüsse an. Auch im Sekundarbereich gibt es außerhalb der *Gaeltacht*-Gebiete Schulen, in denen Irisch die Unterrichtssprache ist *(Gaelcholáistí).* Sie werden von etwa 3 % der irischen Schüler besucht und gehen meist auf lokale Initiativen zurück. In der Sekundarschule durchlaufen die Schüler zunächst den *Junior Cycle,* der drei Jahre dauert und an dessen Ende man die Prüfung für das *Junior Certificate* macht (etwa vergleichbar mit der Mittleren Reife in Deutschland). Danach bieten viele Schulen ein *Transition Year* an, das jede Schule nach Belieben und örtlichen Bedürfnissen entsprechend organisieren kann. Teilweise gibt es für die 15- bis 16-Jährigen Kurse zu verschiedenen Themen, teilweise machen sie Praktika oder Projekte. Nach dem *Junior Cycle* oder dem *Transition Year* kann man dann mit dem zweijährigen *Senior Cycle* fortfahren. Dies ist freiwillig, da die Schulpflicht nach dem *Junior Cycle* endet. Diejenigen, die weiter die Schulbank drücken, schließen zwischen 17 bis 19 ihre Schullaufbahn mit dem *Leaving Certificate* (vergleichbar dem Abitur in Deutschland) ab.

In den **Gaeltacht-Gebieten** ist der gesamte Schulunterricht in Grund- und Sekundarschulen auf Irisch.

Die Travellers – die Fahrenden Irlands

In den Außenbezirken der großen Städte, vor allem aber am Straßenrand außerhalb der Ortschaften, sieht der Besucher (nicht mehr so häufig wie noch in den 1990er-Jahren) ab und an Wohnwagensiedlungen, vor denen sich Schrott- und Altmetallberge türmen – hier leben die *Tinker*. Entgegen weitverbreiteter Ansicht gehören sie nicht zu den Sinti oder Roma, sie sind vielmehr eine Gruppe, die bereits Ende des 12. Jh. erste urkundliche Erwähnung fand. Irlands Fahrende – auch *Travellers* oder *Itinerants* genannt, haben ihren Ursprung wahrscheinlich in den frühen Enteignungen. Diese landlosen Bauern zogen durchs Land und boten den weitgehend selbstversorgenden Farmern all die Dinge an, die auf einem Hof nicht produziert werden konnten. Sie verdingten sich auch als Kesselflicker (daher der Name *Tinker* – von *tin* = Blech), Schmiede, Erntehelfer, oder Weber. So entstanden zwischen den irischen Bauern und den Fahrenden gegenseitige Handelsbeziehungen und Abhängigkeiten, doch konfliktfrei war das Zusammenleben zwischen beiden Gruppen nie. Wann immer Sündenböcke gesucht wurden, fand man sie in der Minderheit der *Travellers.*

So entstand als eine Art Schutzmechanismus das *Shelta,* eine Art **Geheimsprache,** die auf einem Gemisch von veränderten englischen und gälischen Wörtern basiert.

Während der **großen Hungersnot** im 19. Jahrhundert schlossen sich viele Tagelöhner, landlose Bauern oder vertriebene Pächter den Fahrenden Irlands an. Nach wie vor funktionierte das jahrhundertealte Prinzip, wonach die Bauern auf ihren Gehöften mit Dienstleistungen und Waren aller Art beliefert wurden. Jede Traveller-Großfamilie versorgte innerhalb einer bestimmten Region die Gehöfte. So war sichergestellt, dass sich die einzelnen Gruppen untereinander keine Konkurrenz machten.

Nach dem Zweiten Weltkrieg änderte sich die Situation rapide. Die zunehmende Mechanisierung der Landwirtschaft machte Erntehelfer unnötig. An Stelle von Metallwaren hielt Plastik Einzug in die Haushalte. Auch in den kleinsten Orten öffneten Supermärkte ihre Pforten – der gesamte Handels-und Dienstleistungsbereich der *Travellers* löste sich innerhalb weniger Jahre auf.

Heute leben viele der rund 23.000 *Travellers* in der Republik Irland und 1500 in Nordirland von der Sozialhilfe. Im Straßenbild von Dublin sieht man *Traveller*-Frauen mit ihrem in eine Decke gewickelten Kleinkind auf der Straße sitzen und betteln. Die Männer sammeln Altmetall und Schrott. Sie versuchen so, an der Wegwerfgesellschaft der Gegenwart zu partizipieren.

Mitte der 1960er-Jahre begann die Regierung mit einem zaghaften Programm zur **Sesshaftwerdung** und baute *Itinerant settlements* – diese jedoch weitab von jeder sozialen Infrastruktur.

1984 haben Mitglieder der *Travellers* die *Minceir Misli* ins Leben gerufen, die erste Organisation, die sich für die Belange der Fahrenden einsetzte, und machte auf das klägliche Versagen der Regierung aufmerksam.

Heute sind zahlreiche Initiativen im Verband *Traveller Movement* zusammengeschlossen. Nach wie vor liegt die **Arbeitslosigkeit** unter den Fahrenden bei 70 %. Angehörige dieser Volksgruppe sterben im Durchschnitt neun Jahre früher als Angehörige der sesshaften Bevölkerung Irlands.

☒ Die berühmte Bibliothek des Trinity Colleges in Dublin

Eine akademische Ausbildung erlangen die Schulabsolventen an den Universitäten der Grünen Insel. Die älteste Hochschule des Landes, das **Trinity College** (auch als *University of Dublin* bekannt) in Dublin, wurde 1591 von der englischen Königin *Elisabeth I.* gegründet und stand in jenen Tagen natürlich nur den protestantischen Studierenden offen. Katholiken durften erst 1793 in die Hörsäle und noch für weitere 70 Jahre fanden sie zu Stipendien und Studienabschlüssen keinen Zugang. Dennoch hat das *Trinity College* für die Befreiungsgeschichte des Landes eine große Rolle gespielt. Hier bekam eine ganze Anzahl von politisch aktiven Studenten, die später dann gegen die Briten kämpften, eine fundierte Ausbildung. Heutzutage sind etwa 20.000 Studierende am *Trinity College* eingeschrieben.

In **Nordirland** gehen fast nur protestantische Kinder auf staatliche Schulen, während Katholiken ihre Söhne und Töchter auf staatlich finanzierte, aber von der katholischen Kirche geführte Schulen schicken. In nordirischen Staatsschulen lernt man eher britische Geschichte und spielt Sportarten wie Rugby und manchmal Cricket, in katholischen hingegen irische Sportarten (siehe unten). Zudem steht bei den meisten katholischen Schulen wie in Schulen des Südens der Insel die irische Sprache als Fach auf dem Lehrplan.

1908 entstand die **National University of Ireland** *(NUI)*, ein Verband weitgehend unabhängiger Universitäten, deren Abschlüsse und Diplome aber vom NUI-Verband vergeben werden. Zu diesem Verband gehören die Hochschulen *University College Dublin (UCD), University College Cork (UCC), NUI Galway* und *NUI Maynooth* sowie weitere spezialisierte Hochschulen (z.B. das *National College of Art and Design* in Dublin oder das *Shannon College of Hotel Management*). Insgesamt gibt es in der Republik Irland 38 Institutionen, die einen Hochschulabschluss anbieten. Die **jüngsten Universitäten** sind *Dublin City University* und die *University of Limerick*. Beide bekamen ihren Universitätsstatus 1989, nachdem sie in den 1970er-Jahren als Hochschulen für technische Ausbildung gegründet wurden. An irischen Universitäten fallen jährliche **Studierendenbeiträge** um die 3000 € an.

Die **Universitäten Nordirlands** sind die im frühen 19. Jh. gegründete *Queen's University of Belfast* sowie die dezentrale *Ulster University* mit Campus in Belfast, Coleraine, Derry und Jordanstown.

Irische Sportarten

Fußball

Da sich die irische **Fußballnationalmannschaft** schon des Öfteren (zuletzt 2002) für die Weltmeisterschaft qualifizieren und immer wieder große Achtungserfolge erringen konnte, erfreut sich Fußball auf der Grünen Insel einer enormen Beliebtheit. Während internationaler Begegnungen bricht in Dublin manchmal der öffentliche Nahverkehr zusammen, weil auch die Busfahrer die Spiele vor dem Fernseher verfolgen möchten.

Mit der Fußballbegeisterung bekommt die Grüne Insel leider auch deren negativen Auswirkungen zu spüren. Fehlgeleitete **Fußballfans** randalieren auch in Irland und liefern sich Straßenschlachten mit den Ordnungshütern.

Hurling

Wenngleich also der Fußball auf dem Vormarsch ist, so stehen die Iren doch in erster Linie zu zwei ganz eigenen Sportarten, dem *Hurling* und dem *Gaelic Football*. Das *Hurling-Spiel* reicht bis in die **mystische Vergangenheit** der Kelten zurück. Schon der große Held *Cú Chulainn* (→ Tour 7: Irlands Sagen) soll es nicht nur gespielt, sondern in jungen Jahren auch als Kampftechnik angewandt haben. Und in dem Liebesepos „Grainne und Diarmuid" wird erzählt, dass *Grainne* den magischen Liebesfleck an *Darmuid* sah, während dieser *Hurling* spielte – da war es um ihre Gefühle geschehen.

Im Jahre 1884 wurde die **Gaelic Athletic Association** *(GAA)* mit dem Ziel gegründet, die alten irischen Sportarten vor dem Vergessen zu retten, um damit natürlich auch die kulturelle Eigenständigkeit gegenüber den englischen Besatzern zu demonstrieren. Kein geringerer als *Charles Stewart Parnell* (s. Tour 3, Exkurs) übernahm die Schirmherrschaft über den Verband – ein Zeichen dafür, welch ein Politikum die GAA darstellte. Worum also geht es beim *Hurling?*

Hurling ist ein dem Rasenhockey verwandtes **Mannschaftsspiel** und soll der schnellste Ballsport überhaupt sein. Zwei Mannschaften mit jeweils 15 Spielern stehen sich gegenüber und versuchen, einen Ball (innen ein Korkkern, außen mit Leder überzogen, 4 cm Durchmesser) ins nicht bewachte gegnerische Tor zu treiben. Wichtigstes Hilfsmittel ist eine Art Hockeyschläger, *camán* auf Irisch und *hurley* auf Englisch genannt, ein etwa ein Meter langer Schläger, der am unteren Ende eine abgerundete Vertiefung für den Ball aufweist. Mit dem Hurley, aber auch mit der Hand oder dem Fuß versuchen die Spieler nun, durch die Korkkugel Tore und damit Punkte zu erzielen. Ein Tor besteht aus zwei ca. 6 m hohen und 7 m auseinanderstehenden Pfosten, die in einer Höhe von 2,40 m eine Querlatte aufweisen. Fliegt der Ball über dieser Querlatte durch das Tor, so gibt es einen Punkt, bringt die Mannschaft aber die Korkkugel unter der Latte durchs Ziel, so hat sie drei Punkte auf ihrem Konto. Das recht verletzungsintensive Spiel hat zwei Halbzeiten zu jeweils 35 Minuten.

▷ Hurling-Stadion in Dublin City

Auch Frauen sind dem *Hurling* zugetan, das – schwingen die Damen den Schläger – **Camogie** heißt, die gleichen Regeln aufweist, aber nur 25 Minuten pro Halbzeit dauert.

Die als **Gaelic Games** bezeichneten irischen Sportarten sind übrigens reine Amateursportarten, auch wenn das ganze Land die Spiele verfolgt. Anders als etwa berühmte Fußballer müssen die Spieler also auch einen normalen Beruf ausüben. Als Kompromiss dürfen sie mittlerweile aber auch Geld durch Werbung verdienen.

Gaelic Football

Auch beim gälischen Fußball *(Gaelic Football)*, der beliebtesten Sportart Irlands, stehen sich jeweils 15 Akteure auf einem Hurling-Spielfeld gegenüber und versuchen mit Händen und Füßen, den Ball ins gegnerische, allerdings bewachte Tor zu bringen. Die Punkte erreicht man auf die gleiche Weise wie beim *Hurling*. Es ist verboten, den Ball mit den Händen vom Boden aufzunehmen, auch darf man ihn nicht länger als vier Schritte in den Händen halten, dann muss der Spieler ihn werfen, weiterkicken oder aber die Technik des *Toe-to-Hand* anwenden. Dabei wird der Ball – während des Laufes und unter den Attacken der Gegner – auf die eigene Fußspitze geworfen und von dort in die Hände zurückgekickt. Das komplizierte Regelwerk hat man erst im Jahre 1989 vereinheitlicht.

Jedes Jahr im September finden die *Hurling-* und die *Gaelic-Football-***Endausscheidungen** im Croke-Park-Stadion von Dublin statt; die Karten dafür sind schon Monate vorher ausverkauft.

079IRL tii

Medien

Printmedien

Die irischen Gesetze garantieren eine Presse- und Meinungsfreiheit. Zu bemängeln ist allerdings, dass es auf der Grünen Insel kein Geheimhaltungsrecht für Journalisten gibt.

In der Republik Irland erscheinen drei seriöse **Tageszeitungen** sowie fünf **Boulevardzeitungen** mit nationaler Verbreitung. Zusätzlich zu diesen national verbreiteten Tageszeitungen kommen noch einmal lokale **Tages- und Wochenblätter** in den Handel.

Von den erwähnten landesweit vertriebenen seriösen Zeitungen ist der *Irish Independent* mit Abstand das konservativste Blatt und gilt als Sprachrohr des rechten Flügels der Mitte-rechts stehenden *Fine Gael* Partei. Die *Irish Times,* im 19. Jahrhundert als Sprachrohr der anglo-irischen Elite entstanden, ist mittlerweile die Stimme des liberalen Irlands. Sie hat, nach dem *Irish Independent,* die meisten Leser und ist im Besitz einer Stiftung, die die Unabhängigkeit des Blattes sichern soll. Die dritte seriöse Zeitung ist der konservative *Irish Examiner,* der aus dem *Cork Examiner* hervorging und nach wie vor die meisten seiner Leser im Süden der Insel hat.

Die drei wichtigsten Tageszeitungen in **Nordirland** sind *The Irish News,* die eine Wiedervereinigung Irlands befürwortet, der 1737 gegründete *Newsletter,* der für den Erhalt der Zugehörigkeit Nordirlands zum Vereinigten Königreich eintritt, und der *Belfast Telegraph,* der wie der *Newsletter* unionistisch ist, aber auch von vielen Katholiken (die sich eher als Iren sehen) gelesen wird und die populärste Tageszeitung im Nordosten der Insel ist.

Britische Tageszeitungen werden auch in Irland vielerorts vertrieben und gelesen: Die Zeitung *The Times* hat übrigens wenig zu tun mit ihrem irischen Namensvetter und ist konservativ. Der *Guardian* ist von der inhaltlichen Ausrichtung mit der *Irish Times* vergleichbar, die auch des öfteren Guardian-Artikel veröffentlicht.

Vor allem die dicken **Sonntagszeitungen** von der Nachbarinsel erfreuen sich als Alternative zu den nicht so ausführlichen irischen Sonntagsblättern großer Beliebtheit. Die *Sunday Times* hat eine irische Ausgabe, die sich nur geringfügig von der britischen Ausgabe unterscheidet und einige Artikel von irischem Interesse enthält.

Zudem gibt es **Boulevardzeitungen,** wie *The Herald* und die irischen Ausgaben britischer Massenblätter, so *The Irish Sun, The Irish Daily Mail* oder *The Irish Mirror.* Des Weiteren erscheinen vielerorts Lokal- und Regionalzeitungen, die einmal pro Woche herauskommen.

Radio und Fernsehen

Die staatliche Rundfunk- und Fernsehgesellschaft **Raidió Teilifís Éireann** *(RTÉ)* unterliegt nach dem *Broadcasting Authority Act* aus dem Jahre 1960 recht stark der Kontrolle von Parlament und Regierung, doch gehören die Zensurmaßnahmen der 1950er-Jahre glücklicherweise der Vergangenheit an. *RTÉ* ist eine öffentliche Körperschaft und finanziert sich durch Gebühren sowie durch Einnahmen aus Werbung.

Trotzdem ist der Etat des Senders chronisch defizitär, und so flimmern kaum Eigenproduktionen über die Mattscheibe. Stattdessen muss der Fernsehzuschauer mit englischen und amerikanischen *Soap Operas* vorliebnehmen, die weitreichenden Einfluss auf die irische Gesellschaft genommen haben. Glaubt man den Soziologen der Grünen Insel, so ist der seit den 1970er-Jahren ausufernde sogenannte *Bungalow Bliss* (Bungalow Blitz), die Zersiedelung der Landschaft durch amerikanisch inspirierte Flachbauten, eine Reaktion auf die amerikanischen Serien.

Sehr gut dagegen ist die Hauptausgabe der Nachrichten von *RTÉ*, die leider, wie die Serien und Spielfilme, von Werbespots unterbrochen wird. Über Kabel, Satellit oder in Grenznähe zu Nordirland auch über gewöhnliche Dachantennen kommen die meisten Iren auch in den Genuss sämtlicher britischer Sender.

RTÉ betreibt die Fernsehsender *RTÉ One* und *Two* sowie – ausschließlich digital ausgestrahlt – den Nachrichtensender *RTÉ News Now,* den Kinderkanal *RTÉjr* und *RTÉ One +1,* der dem namensgleichen Kanal quasi eine Stunde hinterher hinkt. **TV3** ist ein Privatsender und **TG4** ein irischsprachiger Kanal, der auch englischsprachige Spielfilme sendet, die aber auf Irisch angekündigt werden. Nachts strahlt *TG4* übrigens die englischsprachigen Nachrichten des Satellitensenders *France 24* aus.

Gut und oft informativ sind die **Radioprogramme** von *RTÉ Radio 1.* In den morgendlichen Sendungen mit Hörerbeteiligung, in denen Hörer anrufen und aktuelle Themen und Alltägliches diskutieren, kann man viel über die Befindlichkeiten im Land erfahren und sich in das irische Englisch einhören. Daneben tummelt sich eine Vielzahl von privaten Stationen. Das von *RTÉ* betriebene *Raidió na Gaeltachta* produziert irischsprachige Lokalprogramme für die *Gaeltacht*-Gebiete aber auch Sendungen für den Rest der Republik Irland.

In **Nordirland** strahlen die *BBC* und der Privatsender *UTV* zeitgleich mit vergleichbaren Sendungen anderswo im Vereinigten Königreich regionale Fernsehprogramme aus. Es gibt zudem mehrere kommerzielle Radiostationen sowie *BBC Radio Ulster* und im Raum Derry *BBC Radio Foyle.*

073IRL tii

☒ Die Iren sind begnadete Zeitungsleser

Staat und Verwaltung

Irland ist seit dem Jahr 1921 ein unabhängiger Staat und entsprechend der Verfassung von 1937 eine **parlamentarische Demokratie.** Viele Begriffe der irischen Politik existieren ausschließlich auf Irisch, auch wenn Englisch geschrieben oder gesprochen wird (was meistens der Fall ist).

Staatsoberhaupt ist der **Präsident,** der für sieben Jahre und maximal zwei Amtsperioden direkt vom Volk gewählt wird. Große politische Machtbefugnisse hat der irische Präsident nicht. Wie auch in Deutschland übt er nach seiner Wahl aber hauptsächlich repräsentative Aufgaben aus.

Das **Parlament** *(Oireachtas)* setzt sich aus dem Abgeordnetenhaus *(Dáil)* und dem Senat *(Seanad)* zusammen. Im Abgeordnetenhaus sitzen 166 auf fünf Jahre gewählte Parlamentarier.

Im Senat kommen **60 Senatoren** zu Wort; elf davon ernennt der Regierungschef (sodass zumeist sichergestellt ist, dass die Regierung auch im Senat über eine Mehrheit verfügt), sechs Senatoren entsenden die Universitäten, und 43 Mitglieder der Kammer werden nach berufsspezifischen Kandidatenlisten gewählt. Für maximal 90 Tage kann der Senat Gesetzesvorhaben der Regierung blockieren, faktisch also liegt die Macht im Staate beim Abgeordnetenhaus und der Regierung.

Der **Premierminister,** der nie auf Englisch als *prime minister* bezeichnet wird, sondern ausschließlich mit dem irischen Wort *taoiseach* (ausgespr.: *tiischach*), ernennt die Minister seines Kabinetts und verfügt insgesamt über eine äußerst starke politische Autorität. Lediglich die Verfassung beschränkt die Machtbefugnis dieser Exekutive. Opposition und Parlament haben keinen sonderlich starken Status innerhalb der politischen Alltagsarbeit, parlamentarische Ausschüsse existieren nicht, und für die Annahme einer Gesetzesvorlage genügt die einfache Stimmenmehrheit (Abstimmungsniederlagen der Regierung sind somit außerordentlich selten). Die irische Regierungsform folgt fast ganz der politischen Struktur Großbritanniens.

Traditionell hatte die **katholische Kirche** einen sehr großen Einfluss auf das politische Leben in der Republik Irland. Dies wandelt sich aber rasant, wovon die erfolgreiche Abstimmung über die Einführung der gleichgeschlechtlichen Ehe 2015 (→ Seite 454) und das Referendum über die Legalisierung von Abtreibung im Mai 2018 zeugen.

Bis 1998 stand in der irischen Verfassung, dass **Nordirland** Bestandteil des irischen Staates sei. In Folge des nordirischen Friedensprozesses heißt es nun, nach einer Volksabstimmung 1999, dass eine Wiedervereinigung dann zustande kommen soll, wenn die Bürger in beiden Teilen der Insel dies mehrheitlich wollen. Zudem wird festgeschrieben, dass Nordiren ein Recht auf die irische Staatsbürgerschaft haben.

Irlands **Nationalflagge** ist grün, weiß, orange (von links nach rechts). Grün symbolisiert die Katholiken, Orange die Protestanten und Weiß die Versöhnung beider Gruppen. Das nationale Symbol ist die Harfe; daneben sieht man häufig das dreiblättrige Kleeblatt, das an den

Hl. Patrick und seine Dreifaltigkeitsdeutung erinnert. Aus der Zeit der Unabhängigkeitsbewegung (1907) datiert die Nationalhymne, die in ihrem auf Irisch gesungenen Text kämpferisch daherkommt: „Soldaten sind wir, mit unserem Leben treten wir für Irland ein."

Heutzutage besitzt Irland jedoch nur eine kleine **Freiwilligenarmee** von rund 8.000 Soldatinnen und Soldaten. Für die innere Sicherheit sorgt eine rund 17.500 Bedienstete starke **Polizeitruppe** *(Garda Síochána).*

In der irischen Parteienlandschaft dominierte zwischen den 1950er- und späten 1990er-Jahren ein **Dreiparteiensystem** aus *Fianna Fáil, Fine Gael* und *Labour.* Die **Fine Gael** (Familie der Gälen) ging aus jenem Flügel der Partei *Sinn Féin* und der paramilitärischen *IRA* hervor, die 1921 nach dem irischen Unabhängigkeitskrieg um des Friedens Willen einem Kompromiss mit Großbritannien zustimmten, was zu einem Bürgerkrieg mit dem anderen Flügel von *Sinn Féin* und der *IRA* führte. Heute ist *Fine Gael* Mitte-rechts zu verorten. Die Gegner des Kompromisses unterlagen 1923 nach einem blutigen Bürgerkrieg. Nach Hinrichtungen und Haftstrafen spalteten sich die Vertragsgegner erneut: Jene, die nun im Rahmen des neuen irischen Staates ihre Ziele mit politischen Mitteln verfolgen wollten, gründeten 1927 **Fianna Fáil** („Soldaten Irlands", meist inakkurat übersetzt als „Soldaten des Schicksals"). Die heutige Partei **Sinn Féin** geht auf die Fraktion zurück, die sowohl Nordirland als auch den durch den Kompromiss mit Großbritannien zustandegekommenen irischen Staat als illegal betrachtete. *Fianna Fáil* ist ebenfalls Mitte-rechts zu verorten, in Wirtschaftsfragen etwas links von *Fine Gael.* Allerdings ist *Fianna Fáil* wertkonservativer als *Fine Gael.* Sie steht der katholischen Kirche näher und ist nationalistischer als die Konkurrenzpartei. *Fine Gael* hat seine traditionelle Wählerbasis in den Städten, *Fianna Fáil* hingegen auf dem Land. Beide Parteien dominieren die irische Politik. Die Unterschiede zwischen *Fianna Fáil* und *Fine Gael* sind vergleichsweise gering und die Wahlentscheidung hing oft primär davon ab, welche Seite die Eltern, Großeltern oder Urgroßeltern im irischen Bürgerkrieg unterstützten. *Fianna Fáil* war aber seit ihrem ersten Wahlerfolg 1932 meist die stärkste Partei des Staates und erlangte selten weniger als 40 % der irischen Wählerstimmen.

Dies änderte sich 2011, als *Fianna Fáil* 75 % ihrer Wähler verlor und die regierende Koalition unter ihrer Führung abgewählt wurde, weil sie als verantwortlich für die Wirtschaftskrise angesehen wurde.

Bei den Wahlen von 2020 konnte sich *Fianna Fáil* wieder als stärkste Partei behaupten, knapp gefolgt von *Sinn Féin.* Neben *Fine Gael* wirkt die *Green Party* – zum zweiten Mal – als regierende Partei mit. In das Amt des **Taoiseach** (Premierministers) wurde 2022 erneut (zuletzt 2017) *Leo Varadkar* gewählt. Als Sohn eines indischen Arztes und einer irischen Krankenschwester und als erstes irisches Staatsoberhaupt, das sich öffentlich als homosexuell bekannte, steht er für das neue, weltoffenere Irland.

Nordirland ist wie England, Schottland und Wales **Teil des Vereinigten Königreichs.** Es gibt in Nordirland quasi zwei Volksgruppen: Protestanten, die sich als Nachfahren der im 17. Jh. aus

England und vor allem Schottland eingewanderten Siedler sehen und sich heute eher als Briten fühlen, und Katholiken, die sich meist als Iren sehen. Nach der Teilung Irlands waren die Protestanten deutlich in der Mehrzahl, aber mittlerweile stellen sie nur noch eine hauchdünne Mehrheit. Neben dem britischen Parlament in London hat Nordirland ein Regionalparlament in **Belfast.** Katholiken und Protestanten wählen unterschiedliche Parteien, die entweder nationalistisch sind und für die Wiedervereinigung Irlands eintreten oder unionistisch und den gegenwärtigen Zustand beibehalten wollen.

Britische Parteien wie *Labour* und die Konservativen spielen in Nordirland keine Rolle und stehen dort auch bei den britischen Unterhauswahlen in der Regel nicht zur Auswahl. Die **größte nationalistische und stimmstärkste Partei Nordirlands** ist *Sinn Féin,* die auch in der Republik vertreten ist und während des Nordirlandkonflikts als politischer Flügel der Terrorgruppe *IRA* galt. Die **DUP** *(Democratic Unionist Party)* unter Führung von *Arlene Foster,* ist die **größte unionistische Partei** Nordirlands. Beide Schwergewichte führen einen Machtkampf, der die nordirische Exekutive und Legislative seit 2017 arbeitsunfähig macht. Daher verabschiedete das britische Unterhaus in London 2019 den *Northern Ireland (Executive Formation and Exercise of Functions) Act 2019,* womit es auf unbestimmte Zeit Aufgabenbereiche, die eigentlich der nordirischen *Assembly* zustehen, übernommen hat.

[>] Viele neue Bauprojekte in Dublin zeugen vom wirtschaftlichen Aufschwung Irlands

Wirtschaft

Wirtschaftspolitik

Nachdem ein Großteil Irlands im Jahre 1921 die Unabhängigkeit von Großbritannien erreicht hatte, war zwar die politische Souveränität erkämpft, doch in wirtschaftlicher Hinsicht blieb die Grüne Insel weiter ein **Kolonialland.** Das meiste Kapital lag in den Händen weniger Protestanten, die Katholiken verfügten kaum über finanzielle Mittel zum Aufbau einer unabhängigen Industrie.

Als 1932 die *Fianna-Fáil-Partei* des charismatischen *Éamon de Valera* an die Regierung kam, postulierte sie die **Politik der wirtschaftlichen Selbstversorgung** und schützte die kleine produzierende Industrie durch hohe Zölle. Mit klaren Worten umriss *de Valera* seine ökonomischen Zukunftsvisionen: „... dass so viele Familien wie möglich auf dem Lande leben können, so dass die Lebensmittel, die wir essen, die Kleidung, die wir tragen, die Häuser, in denen wir leben, und die Artikel des täglichen Gebrauchs im Leben unseres Volkes alle so weit, wie vernünftigerweise möglich mit irischer Arbeitskraft und aus irischen Materialien hergestellt werden. Ein vereinigtes Irland, ein freies Irland, das sich selbst versorgt und auf sich selbst vertraut."

De Valeras Regierung weigerte sich auch, die im Vertrag von 1921 ausgehandelten *Land Annuities,* das Pachtgeld der irischen Grundbesitzer, an die britische Regierung, abzuführen. Die britische Regierung reagierte prompt und belegte irische Importe mit einer 40 %igen Einfuhrsteuer, so dass der Handel mit der einstigen Besatzermacht zum Erliegen kam. Dieser *Wirtschaftskrieg* wurde einige Jahre später durch eine Übereinkunft abgemildert; Irland konnte seine Quoten für nach Großbritannien importierte Rinder unter der Voraussetzung erhöhen, dass die irische Regierung ihren gesamten Kohlebedarf durch Käufe in Großbritannien decken würde. 1938 räumte Großbritannien seine Militärstützpunkte in Irland und beendete auch den Wirtschaftsbann.

Bis nach dem Zweiten Weltkrieg förderte die irische Regierung mit aller Macht die industrielle Entwicklung durch **die Einrichtung halbstaatlicher Organisationen** wie beispielsweise der *Agricultural Credit Corporation* oder des *Electricity Supply Board.*

All diese Anstrengungen führten zwar zu einer schrittweisen Verbesserung, von realem wirtschaftlichen Wachstum und einer Anhebung des Lebensstandards konnte jedoch immer noch nicht die Rede sein. Zu Tausenden emigrierten die jungen Iren ins Ausland; 1961 zeigten die Bevölkerungzahlen einen absoluten Tiefststand von 2,8 Mio. Einwohnern.

Ein **neues Wirtschaftskonzept** musste her, wollte der Staat nicht innerhalb kürzester Zeit von innen her ausbluten. Die von *Éamon de Valera* forcierte Selbstversorgung wurde aufgegeben, und die Insel öffnete sich den Weltmärkten. Parallel dazu lief ein Industrieansiedlungsprogramm mit starken Steuervorteilen an und lockte ausländische Kapitalgeber ins Land.

Die 1960er-Jahre bescherten den Iren ein **Wirtschaftswunder** und damit auch endlich einen höheren Lebensstandard. 500 neue Industriebetriebe, davon allein 350 ausländische, hatten sich erfolgreich etabliert, Jahr für Jahr stieg die industrielle Produktion um rund 7 % an, und das verarbeitende Gewerbe beschäftigte die zuvor nie erreichte Zahl von über 213.000 Menschen.

391irl he

Der Osteraufstand von 1916

Das herausragende Ereignis der jüngeren irischen Geschichte ist ganz zweifellos der Osteraufstand von 1916, der bis zum heutigen Tag ein einigendes Element der irischen Gesellschaft ist.

Initiiert wurde die Rebellion für eine unabhängige irische Republik von einer kleinen Gruppe innerhalb der *Irish Volunteers,* die Unterstützung vom sozialistischen Führer der *Irish Citizen Army, James Conolly,* bekamen. Zur **Führungsgruppe** gehörten *Patrick Pearse, Thomas MacDonagh, Joseph Plunkett* und *Tom Clarke.* Sie hatten jedoch keine militärische Ausbildung, sondern waren Lehrer oder wie *Pearse* Dichter.

Vom ersten Tag an stand die gesamte **Planung** unter keinem guten Stern. Die Verschwörer – es war mitten im Ersten Weltkrieg – wurden von Deutschland unterstützt; die Briten hatten jedoch den Funkcode des Gegners geknackt und wussten aus aufgefangenen Meldungen, dass in Irland große Ereignisse ihre Schatten vorauswarfen. Als die britische Marine dann vor der Küste von Kerry einen Frachter aufbrachte, der bei Nacht und Nebel 20.000 deutsche Gewehre und die entsprechende Munition löschte, glaubte die britische Führung allerdings nicht mehr, dass Gefahr im Verzuge sei. Da die außerhalb von Dublin stationierten Truppen nun nicht mit Waffen versorgt werden konnten, war der eigentliche militärische Führer der *Irish Volunteers, Eoinn MacNeill,* gegen einen Aufstand und musste von den Verschwörern um *Pearse* festgesetzt werden. Schwere Bedenken äußerte auch ein weiteres Führungsmitglied, *Michael O'Rahilly,* der dann aber die Haltung einnahm: „Ich habe mitgeholfen, die Uhr aufzuziehen, jetzt will ich sie auch schlagen hören!" (*William Butler Yeats* hat ihm Jahre später diese Worte in den Mund gelegt.)

Am Ostermontag, dem **Tag des Aufstandes,** zogen aus allen Himmelsrichtungen irische Truppen nach Dublin ein; eine Gruppe von rund 50 Aktivisten kaperte eine Straßenbahn, und einer hielt dem Fahrer eine Pistole an den Kopf, damit er sie auf schnellstem Weg in die Innenstadt brachte. Der Anführer des Trupps zahlte inzwischen den korrekten Fahrpreis für seine Männer beim Schaffner. Während die Aufständischen in der ganzen Stadt Schlüsselstellungen besetzten, verlas *Patrick Pearse vor* dem Hauptpostamt von Dublin die **Unabhängigkeitsproklamation.**

Die Briten brachten am nächsten Tag Truppen auf die Insel, die nach Dublin vorrückten und in den folgenden Tagen die Stadt zurückeroberten. Am Freitag beschossen sie das Postamt, *Michael O'Rahilly* unternahm mit einigen Männern einen Ausfall und wurde dabei getötet. Danach gab *Patrick Pearse* auf. 300 Zivilisten, 60 Aufständische und 130 britische Soldaten waren ums Leben gekommen.

Der Osteraufstand war bei den Dublinern äußerst unbeliebt und hätte bis heute nicht so ein Echo in der Öffentlichkeit gefunden, wenn die **Reaktion der Briten** nicht dermaßen brutal gewesen wäre. Drei Tage nach dem Ende der Revolte wurden *Patrick Pearse, Tom Clarke* und *Thomas MacDonagh* im Hof des Gefängnisses *Kilmainham* erschossen. Einige Wochen später starben *Willie Pearse,* der Bruder von Patrick, der nichts mit dem Aufstand zu tun hatte, *Joseph Plunkett* und zwei weitere Anführer der Rebellion unter den Kugeln des Erschießungskommandos. *Plunkett* hatte wenige Stunden zuvor in der Gefängniskapelle seine Jugendliebe geheiratet, ein privates Abschiednehmen von 10 Minuten war beiden nicht gestattet worden.

Diese **Hinrichtungen** reichten den Briten noch nicht; in den folgenden Tagen kamen weitere 70 Männer – viele davon, die wie *Willie Pearse* unschuldig waren – vor die Erschießungskommandos im Hof des Dubliner Gefängnisses. Als Letzter starb dort am 12. Mai 1916 *James Conolly;* er war während der Kämpfe schwer verwundet worden, konnte nicht stehen und wurde in einem Stuhl erschossen.

Das Vorgehen des britischen Staates gegen eine kleine Gruppe von Idealisten mutete exzessiv an und half mit, das Klima zu schaffen, in dem es wenige Jahre später zum **Unabhängigkeitskrieg** kam.

POBLACHT NA H EIREANN.

THE PROVISIONAL GOVERNMENT OF THE IRISH REPUBLIC TO THE PEOPLE OF IRELAND.

IRISHMEN AND IRISHWOMEN: In the name of God and of the dead generations from which she receives her old tradition of nationhood, Ireland, through us, summons her children to her flag and strikes for her freedom.

Having organised and trained her manhood through her secret revolutionary organisation, the Irish Republican Brotherhood, and through her open military organisations, the Irish Volunteers and the Irish Citizen Army, having patiently perfected her discipline, having resolutely waited for the right moment to reveal itself, she now seizes that moment, and, supported by her exiled children in America and by gallant allies in Europe, but relying in the first on her own strength, she strikes in full confidence of victory.

We declare the right of the people of Ireland to the ownership of Ireland, and to the unfettered control of Irish destinies, to be sovereign and indefeasible. The long usurpation of that right by a foreign people and government has not extinguished the right, nor can it ever be extinguished except by the destruction of the Irish people. In every generation the Irish people have asserted their right to national freedom and sovereignty; six times during the past three hundred years they have asserted it in arms. Standing on that fundamental right and again asserting it in arms in the face of the world, we hereby proclaim the Irish Republic as a Sovereign Independent State, and we pledge our lives and the lives of our comrades-in-arms to the cause of its freedom, of its welfare, and of its exaltation among the nations.

The Irish Republic is entitled to, and hereby claims, the allegiance of every Irishman and Irishwoman. The Republic guarantees religious and civil liberty, equal rights and equal opportunities to all its citizens, and declares its resolve to pursue the happiness and prosperity of the whole nation and of all its parts, cherishing all the children of the nation equally, and oblivious of the differences carefully fostered by an alien government, which have divided a minority from the majority in the past.

Until our arms have brought the opportune moment for the establishment of a permanent National Government, representative of the whole people of Ireland and elected by the suffrages of all her men and women, the Provisional Government, hereby constituted, will administer the civil and military affairs of the Republic in trust for the people.

We place the cause of the Irish Republic under the protection of the Most High God, Whose blessing we invoke upon our arms, and we pray that no one who serves that cause will dishonour it by cowardice, inhumanity, or rapine. In this supreme hour the Irish nation must, by its valour and discipline and by the readiness of its children to sacrifice themselves for the common good, prove itself worthy of the august destiny to which it is called.

Signed on Behalf of the Provisional Government,

THOMAS J. CLARKE.

SEAN Mac DIARMADA. THOMAS MacDONAGH.

P. H. PEARSE. EAMONN CEANNT.

JAMES CONNOLLY. JOSEPH PLUNKETT.

Auch der Export hatte sich verfünffacht, Großbritannien blieb nicht mehr das einzige Empfängerland irischer Waren; die kontinentaleuropäischen Staaten sowie auch die USA und Kanada kamen hinzu, und Irland war bereit, in die noch junge **EWG** einzutreten. In einem Referendum sprachen sich 83 % der Bevölkerung für einen Beitritt aus, und im Jahre 1973 wurde Irland (im gleichen Jahr übrigens auch Großbritannien) Mitglied im gemeinsamen europäischen Markt.

Wie nicht anders zu erwarten, **boomte die Wirtschaft** noch einmal: Das Bruttosozialprodukt stieg Jahr für Jahr um 4 %, die industrielle Produktion gar um 40 %, die Beschäftigungszahlen erreichten in der Industrie einen Spitzenwert von über 270.000, und im Dienstleistungssektor fanden über 600.000 Menschen Arbeit. Auch in der Landwirtschaft stiegen die Erträge dank verbesserter Anbaumethoden und zunehmender Mechanisierung. Die Emigration wurde gestoppt, und vorsichtig kamen die ersten Rückwanderer in die Heimat. Die Bevölkerung stieg wieder an.

Bekanntlich entwickelt sich jedoch die Wirtschaft in zyklischen Wechseln von **Rezession** und Aufschwung, und in den 1980er-Jahren war es erst einmal aus mit den fortschreitenden Wachstumszahlen. Irland erreichte die höchste Inflationsrate in Europa (20 %), und auch die Arbeitslosigkeit nahm wieder zu und damit auch die Bereitschaft der jungen Iren zur Emigration.

Die Wirtschaftskrise war vor allem dadurch entstanden, dass die Staatseinnahmen in keinem Verhältnis zu den wachsenden Ausgaben standen; dieses Defizit wurde von der Regierung über Jahre mit Krediten gestopft.

1982 leitete eine neue Koalitionsregierung aus *Fine Gael* und *Labour* unter dem Premierminister *Garret Fitzgerald* das Ende der sogenannten **Guinness-Ökonomie** ein, unter der man folgendes zu verstehen hat: Der weitaus größte Teil der staatlichen Ausgaben floss dabei in die Sozialfürsorge und die Arbeitslosenunterstützung. Diese an die Bedürftigen ausgezahlten Gelder wurden wiederum zum größten Teil in *Guinness* angelegt, sodass ein großer Teil der Sozialfürsorge in Form der Alkoholsteuer in den Staatssäckel zurückfloss.

Ab Mitte der 1990er-Jahre erlebte Irland einen **beispiellosen ökonomischen Aufschwung** und die Medien sprachen in Anspielung auf die ostasiatischen Märkte auch vom „keltischen Tiger". Zwischen 1995 und 2004 wuchs die irische Wirtschaft im Durchschnitt pro Jahr um 7 %. Die Iren konnten dadurch ihren Lebensstandard auf das damalige nordeuropäische Niveau anheben. Dieses enorme Wirtschaftswachstum war auf eine Politik zurückgegangen, welche die Unternehmenssteuern – 1993 noch bei 40 %, 2007 bei 12,5 % – gesenkt, Freihandelszonen eingerichtet und von EU-Geldern profitiert hat. Zu den niedrigen Abgaben kamen viele gut ausgebildete junge Leute, ein flexibler, an den Erfordernissen der Arbeitgeber angepasster Arbeitsmarkt, nur wenig bürokratische Hindernisse und nur wenige Beschränkungen durch den Umweltschutz. Waren 1990 noch über 20 % der Iren erwerbslos, waren es 2004 nur noch rund 4,3 %, und diese Quote lag unter dem EU-Durchschnitt. Die Emigration war völlig zum Erliegen gekommen, viele Iren wanderten wieder in ihr Herkunftsland zurück und zum erstenmal seit vielen Jahrzehnten war die Bevölkerung wieder über die vier Millionen-Marke geklettert (2006: 4,2 Mio.).

Dieses mehr als zehn Jahre andauernde, exorbitant hohe Wirtschaftswachstum hat mit Beginn der **weltweiten Finanzkrise** Ende des Jahres 2007 Irland fast an den Abgrund eines Staatsbankrotts gebracht. „Alles was für die Wirtschaft schief gehen konnte, ist schief gegangen", konstatierte im August 2008 *Dan McLaughlin,* Chefvolkswirt der *Bank of Ireland.* Die völlige Deregulierung der irischen Wirtschafts- und Finanzsysteme, in der die Teilnehmer ohne jegliche Kontrolle und getrieben von Gier einem ungehemmten Kapitalismus frönen konnten, hat das Land völlig ruiniert. Auslöser für den Untergang waren gerade die Faktoren, die den rasanten Aufschwung möglich gemacht hatten: die große Abhängigkeit von US-amerikanischen Investoren und Exporten, der unkontrollierte Finanzsektor und der enorme Bauboom.

Die von den niedrigen Steuern angelockten US-Investoren zogen sich zurück und bauten Arbeitsplätze ab, die fehlende Regulierung des Finanzplatzes Dublin erwies sich nun als rufschädigend und das **Ende des Immobilienrausches** ließ die Banken kollabieren.

Die Folge war ein extrem rapider Anstieg der **Arbeitslosigkeit** und ein enormes Wegbrechen der Steuereinnahmen. Die Staatsausgaben waren deshalb nicht mehr finanzierbar und die EU drängte Irland zu schmerzenden Sparmaßnahmen, was zu **Protesten** in der Bevölkerung führte.

Seit 2014 erholte sich die irische Wirtschaft zusehends. Bedingt durch die Ansiedlung zahlreicher multinationaler

Konzerne schoss das Aufkommen an Unternehmenssteuern in die Höhe. Mit **über 1000 multinationalen Unternehmen,** darunter z.B. Facebook und Google, ist das Land in dieser Hinsicht das europäische Zentrum. Mit den reichlich sprudelnden Steuereinnahmen konnten Investitionen in vielen Bereichen getätigt und die Wirtschaft angekurbelt werden. Heute gehört Irland zu den wenigen EU-Ländern, die einen Haushaltsüberschuss erwirtschaften. So belief sich das Einnahmeplus für 2022 auf sechs Milliarden Euro. Im Jahr 2023 betrug das Wirtschaftswachstum 2,2 % (in Deutschland schrumpfte die Wirtschaft im gleichen Zeitraum um 0,4 %). Und auch für die kommenden Jahre werden Milliardenüberschüsse und ein gesundes Wirtschaftswachstum vorhergesagt.

Bodenschätze

Irland ist arm an Bodenschätzen. In geringen Mengen werden Erz, Blei, Zink und Silber sowie Kupfer, Quecksilber und Pyrit abgebaut; ein kleines Erdgasvorkommen im Süden bei Kinsale trägt einen Teil der Energieversorgung; auch Erdöl ist vor der Küste entdeckt worden.

Industrie

Im Jahr 2022 hat die Industrie 41 % zum Bruttosozialprodukt beigetragen. Viele **ausländische Investoren** ließen sich in Irland nieder, das u.a. mit seinen Standortvorteilen – gelegen zwischen Europa und Nordamerika – warb. Mit 950 kommen die meisten ausländischen Investoren aus den USA. Aber auch deutsche Unternehmen sind in Irland mit 270 Betrieben vertreten. So verwundert es nicht, dass die Industrie auf Kapitalimport basiert und dabei stark **exportorientiert** ist.

Hauptproduktionszweige sind die Nahrungs- und Genussmittelindustrie, Metallverarbeitung und Maschinenbau, die chemische sowie die elektronische Industrie. Die weitaus meisten Produktionsanlagen reihen sich rund um die Metropole Dublin, aber auch Cork sowie die Areale rund um den Shannon-Flughafen (bei Limerick) gehören zu den **Standorten.**

Seinen Energiebedarf deckt das Land derzeit hauptsächlich noch mit Öl, Gas und Kohle, die zum größten Teil importiert werden müssen. Stark im Kommen ist aber die Stromerzeugung aus erneuerbaren Energien, vor allem aus Windkraft. So wurden 2022 bereits 34 % des Strombedarfs durch Windenergie gedeckt, 10 Jahre vorher waren es nur 15 %. Im Jahr 2030 müssen laut Gesetz 70–80 % des Stromes aus erneuerbaren Quellen kommen und spätestens 2050 soll die Energieerzeugung vollkommen CO_2-neutral sein.

Landwirtschaft

Obwohl 70 % der Staatsflächen agrarisch genutzt werden, ist Irland schon lange kein Agrarland mehr. Die Landwirtschaft trug 2022 nur noch 1 % zum Bruttoinlandsprodukt bei. Das liegt zum Teil daran, dass das Land – zum Glück, wie viele sagen – noch weit von einer hochindustrialisierten Agrarproduktion, wie sie beispielsweise in den Niederlanden oder auch in Deutschland zu beobachten ist, entfernt ist. Dazu tragen auch die im **Verhältnis kleinen Betriebsgrößen** bei: 60 % aller Farmer beackern nur zwischen 10 und 50 Hektar große Flächen; auf dem Kontinent jedoch gelten 30 bis 80 Hektar Ackerland als gewinnbringend. Viele Bauern bewirtschaften heute ihren eigenen Grund und Boden, die weitaus meisten haben sich in teils recht großen **Genossenschaften** zusammengeschlossen.

Im Westen der Insel floriert die **Rinderzucht,** wobei die auf den kargen Böden aufgewachsenen Kälber ihre Endmast auf den satten Weiden im Osten bekommen. Im Süden dominiert die **Milchviehhaltung** und die damit verbundene Molkereiwirtschaft.

Angebaut werden auf der Grünen Insel hauptsächlich Kartoffeln, Zuckerrüben, Futter- und Braugerste; von dieser Braugerste nimmt die Guinness-Brauerei jährlich den weitaus größten Teil ab. Weit über die Hälfte der landwirtschaftlichen Produktion geht in bereits verarbeiteter Form in den **Export.**

392irl he

Angelspaß am Abend

Fischerei

Die Gewässer rund um Irland gehören zu den besten und **ertragreichsten Fischgewässern der EU.** Und so ist es kaum verwunderlich, dass sich auf der Insel eine große Fischereiindustrie entwickeln konnte. Zur Blütezeit bestand die irische Fischfangflotte aus mehr als 2500 Schiffen. Das hat sich inzwischen geändert. Durch sinkende Verkaufserlöse wegen Billigimporten aus Nicht-EU-Ländern, strenge Quotenregeln und den Wegfall der britischen Gewässer nach dem Brexit müssen viele Fischer die Segel streichen und ihre Schiffe außer Betrieb nehmen. 2022 stellte die EU 80 Millionen Euro zur Verfügung, um ein Drittel der irischen Fischereiflotte (die einst mit EU-Geldern aufgebaut wurde) stillzulegen.

Dennoch werden auch weiterhin irische Fischer ihre Fänge, hauptsächlich **Makrele, Wittling, Kabeljau, Scholle** und **Hering** sowie Schalentiere, anlanden. Neben fünf großen Häfen (Killybegs, Castletownbere, Howth, Rossaveal und Dunmore East) gibt es noch etwa 120 kleinere Häfen und einfache Anlandestellen.

Mehr und mehr an Bedeutung gewinnt die **Aquakultur,** die entlang der Küsten vor allem in Donegal und Connemara, aber auch an der Süd- und Südostküste betrieben wird. Aufgezogen werden Fische wie Lachs, Forelle und Barsch sowie Schalentiere wie Muscheln und Austern.

Von der kleinen **Binnenfischerei,** die ohnehin von den Sportanglern dominiert wird, kommen Lachs, Forellen und Aal in die Angebotspaletten der Restaurants und Geschäfte.

Dienstleistungssektor

Die weitaus meisten Iren finden Arbeit und Lohn im Dienstleistungssektor, der 52 % (2022) des Bruttoinlandsproduktes erwirtschaftete. Der Staat ist der größte Arbeitgeber; 300.000 Menschen arbeiten in den verschiedenen Sektoren des öffentlichen Dienstes. Beim Anteil der Staatsbediensteten liegt Irland EU-weit mit 17 % (Deutschland 14 %) im unteren Drittel.

Tourismus

Ein ganz wesentlicher **Devisenbringer** für die Grüne Insel ist der Tourismus. So kamen 2019 11 Millionen Touristen ins Land, die mehr als 13 Milliarden Euro ausgaben. Die Corona-Pandemie sorgte für einen drastischen Rückgang der Besucher und damit auch der Einnahmen (2020 und 2021 nur noch um die 4 Milliarden Euro). Inzwischen steigen die Zahlen wieder, haben aber die Vor-Corona-Werte noch nicht erreicht.

Die meisten Besucher kommen aus dem Vereinigten Königreich, 2017 waren es immerhin 3,4 Millionen. Mit 1,5 Millionen war auch Nordamerika stark vertreten. Aus Europa zog es vor allem Deutsche (600.000), Franzosen (500.000) und Spanier (400.000) auf die Insel. Interessant dabei, dass über ein Drittel der Reisenden mehrfach nach Irland kamen.

Die beliebtesten Ziele sind vor allem Dublin (je nach Herkunftsland zwischen 60 und 80 % aller Besucher) und der Südwesten (35–45 %).

Religion

Geschichte

In der Mitte des 5. Jh. wurde Irland christianisiert. Dies wird meist dem **Heiligen Patrick** zugeschrieben. Allerdings bezweifeln Historiker heute, dass eine einzige Person für die Übernahme des neuen Glaubens durch die Iren verantwortlich ist. Eher setzte er sich allmählich durch kulturelle Kontakte mit dem Römischen Reich durch. Vermutlich hat *Patrick* aber existiert, es sind von ihm verfasste biografische Texte auf Latein erhalten. Er stammte aus der römischen Provinz Britannien (vermutlich aus dem heutigen Wales), wurde von Iren entführt und musste als Sklave Schafe und Schweine hüten. Eines Tages konnte er fliehen. Zurück in Britannien, wurde er Priester. Schließlich erkannte er, dass seine Berufung war, die Iren zu bekehren, und er kehrte auf die Grüne Insel zurück.

Die vielen **frühchristlichen Klosteranlagen,** wie etwa Glendalough oder Monasterboice, mit ihren charakteristischen Rundtürmen, zeigen dem Irland-Besucher noch heute die schnelle Verbreitung des Christentums in Irland. Das Mönchsdasein muss in jenen frühen Tagen recht attraktiv gewesen sein, denn aus kleinen, unbedeutenden Abteien entwickelten sich oftmals innerhalb weniger Jahrzehnte ausgedehnte und reichbevölkerte Klosterstädte; Studierende aus ganz Europa fanden ihren Weg in die großen Abteien, in denen nicht nur die heiligen Schriften, sondern auch die großen Philosophen der Antike gelesen wurden.

Da die Bekehrung friedlich verlief und den Missionaren kein „rotes Martyrium" drohte, unterzogen sich viele fromme Männer dem sogenannten „grünen Martyrium" und erbauten auf den der Küste vorgelagerten kleinen und einsamen Eilanden **Einsiedeleien,** um sich dort ganz dem Gebet an Gott zu widmen. Die rauhe Felseninsel Skellig Island bewahrt noch heute guterhaltene Sakralgebäude sowie die Bienenkorbhütten der Eremiten aus jener Zeit (→ Tour 5).

Nachdem ganz Irland zum Christentum bekehrt war, setzte unter den gläubigen Brüdern ein **Missionierungsdrang** ein; im Zuge des „weißen Martyriums" wanderten viele Mönche nach England und auf den Kontinent, um Gottes Wort über das ganze alte Europa zu bringen. Überall gründeten sie neue kirchliche Zentren und brachten neben dem neuen Glauben den bekehrten Brüdern und Schwestern auch die klassischen Philosophen und ihre Schriften nahe. Ab dem 9. Jahrhundert, nachdem die Bekehrungswelle abgeebbt war, dienten viele irische Mönche den kontinentalen Herrschern als geistliche wie auch als weltliche Berater.

Irische Heilige

Unter den vielen frühchristlichen Mönchen befindet sich neben **St. Patrick** eine ganze Anzahl heiliger Männer, auf deren Name der Irland-Besucher immer wieder stoßen wird:

Um das Jahr 490 zog sich als einer der ersten frommen Brüder der **hl. Enda** auf die damals nur dünn besiedelte Aran-Insel Inishmore (→ Tour 6) zurück, um ein Leben in Entsagung und Einsamkeit zu führen. Seine große Gelehrsamkeit war jedoch nur allzu bekannt, und so folgten ihm viele Schüler nach, die Abtei

entwickelte sich zu einer theologischen Lehrstätte, deren Ruhm bis auf den Kontinent drang.

Viele hervorragende Schüler des *hl. Enda* taten es ihrem Ziehvater nach und gründeten ebenfalls neue kirchliche Zentren. So auch der **hl. Ciaran,** der sich um das Jahr 548 am Shannon niederließ und die bekannte Klosterstadt Clonmacnoise (→ Tour 9) ins Leben rief, die rasch derartig berühmt werden sollte, dass man sie als die „Universität des Westens" bezeichnete.

Nicht minder erfolgreich war der **hl. Kevin,** der in den Wicklow Mountains die Einsiedelei Glendalough (→ Tour 3) gründete. Auch ihm folgten zahlreiche Schüler, sodass der heilige Ort rasch zu einer bedeutenden Klosterstadt anwuchs und den Beinamen „Rom des Westens" bekam.

Auch Frauen taten sich im neuen Glauben hervor. So gründete die **hl. Brigid** um das Jahr 490 in Kildare ein großes Doppelkloster für fromme Brüder und Schwestern. Schenkt man der Überlieferung Glauben, so soll in dem *Firehouse* der Abtei fast 1000 Jahre lang ein ewiges Feuer gebrannt haben (was wohl auf einen vorchristlichen Kult zurückging). Noch heute flechten die Iren aus Stroh die sogenannten Brigittenkreuze, die als schützendes Symbol gelten, in vielen Haushalten zu finden sind, aber auch Autos zieren.

Zu Recht berühmt für seine Missionierungsreisen ist der **hl. Brendan,** der im 5. Jh. in einem Lederboot gen Westen aufbrach, den Atlantik überquerte und möglicherweise die Küste Kanadas erreichte; so wenigstens teilt es eine Chronik aus dem 9. Jh. über die neun Jahre dauernde Reise von *Brendan, the Navigator* mit (→ Tour 5).

Ebenfalls weithin bekannt sind zwei frühchristliche Männer mit Namen *Columban.* **Columban der Ältere** (um 521 oder um 543–597), von vielen Gläubigen auch *Columcille* (Taube der Kirchen) genannt, entzweite sich mit dem irischen Hochkönig und führte seine Mannen gegen ihn in die Schlacht. *Columban* siegte zwar, doch forderte der Kampf 3000 Tote. Um Buße zu tun, begab sich der gläubige Mann auf Missionierungsreise und landete um das Jahr 563 auf der schottischen Insel Iona, wo er ein Kloster gründete und eine erfolgreiche Bekehrungsarbeit aufnahm.

Columban der Jüngere (um 540–615) reiste von Irland aus auf den Kontinent, ließ sich vorübergehend am Hofe von Burgund nieder und gründete dann die Klöster Annegray und Luxeuil. Zusammen mit seinen wenigen treuen Gefährten zog es ihn dann den Rhein hinauf bis zum Bodensee, von dort über die Alpen nach Norditalien. In der Lombardei rief er die Abtei Bobbio ins Leben, wo er auch starb.

Katholische Bevölkerung

Beeindruckend sind die Zahlen, welche die irische katholische Kirche vorlegen kann: Knapp 70 % der Bewohner in der Republik sind katholisch, fast 35 % der Katholiken in beiden Teilen Irlands besuchen laut einer Studie der *Association of Catholic Priests* von 2012 einmal wöchentlich die Messe, 3 % gehen gar

◁ Die Klosterruine Clonmacnoise am Ufer des Shannon

033IRL tii

mehrfach in der Woche zum Gottesdienst.

Allerdings nimmt seit den 1990er-Jahren der **Einfluss der katholischen Kirche** beständig ab. Auch wenn regelmäßige Gottesdienstbesuche deutlich über dem europäischen Durchschnitt liegen, hat die katholische Kirche ihre herausragende moralische Autorität weitgehend verloren.

Kirche und Staat

Die Iren sind gläubig, und Kirche und Staat sind auf das engste verknüpft. So heißt es in der Präambel zur **Verfassung:** „Im Namen der Allerheiligsten Dreifaltigkeit, in der jede Autorität ihren Ursprung hat und auf die sich, als dem letzten Ziel unseres Lebens, alle Handlungen von Menschen und Staaten zu beziehen haben; in Demut eingedenk aller Verpflichtungen gegenüber unserem göttlichen Herrn, Jesus Christus, der unsere Vorväter durch die Heimsuchungen vieler Jahrhunderte hindurch am Leben gehalten hat."

Solche Sätze werden denjenigen mehr als erschrecken, der von einer Trennung von Staat und Kirche überzeugt ist. 1937 wurde in der irischen Verfassung die „besondere Position" der Kirche festgehalten und als „Religion der großen Mehrheit ihrer Bürger" sowie als „Wächter des Glaubens" beschrieben. Dieser heftig umstrittene Verfassungsartikel erfuhr dann 1972 eine Änderung.

Wie tief die Kirche in das private und intime Leben der irischen Männer und

In der St. Iberius Church in Wexford

Frauen eingreift und wie eng sie dabei mit dem Staat verbunden ist, zeigt sich mehr als deutlich bei den Gesetzen zur Familienplanung. Erst 1985 wurde entgegen der vehementen Attacke der Kirchenväter der **Verkauf von Verhütungsmitteln** freigegeben, über 45 Jahre war die dies gesetzlich verboten. So revolutionär war der Schritt, dass sich viele Apotheker auf dem Lande weigerten, in ihrem Laden Kontrazeptiva zu führen.

Erschwerend kommt noch hinzu, dass die Regierung für den Verkauf von Verhütungsmitteln eine Lizenz verlangt, die der Händler beim Gesundheitsministerium beantragen muss; selbst private Familienplanungskliniken sind davon nicht ausgenommen.

Die irischen Frauenbewegungen beklagen, dass es noch schlimmer in Bezug auf öffentliche Informationen zur **Abtreibung** aussieht. Irland ist neben Chile das einzige Land der Welt, in dem die Abtreibung von der Verfassung verboten wird.

So werden wohl weiter Jahr für Jahr nach Schätzungen zwischen 4000 und 10.000 Frauen die einsame Reise nach England in eine Abtreibungsklinik antreten müssen.

Um ungewollte Schwangerschaften zu verhüten, gab die *Irish Independent* ihren Lesern den folgenden guten Ratschlag: „Be good – and if you can't be good be careful". Mit anderen Worten: „Sei brav, aber wenn es dir nicht gelingt, dann pass wenigstens auf."

Ebenfalls war es laut irischer Verfassung noch bis 1995 verboten, eine Gesetzgebung einzuführen, die die **Ehescheidung** zulässt.

Anfang 2009 kam heraus, dass in den 1950er- und -60er-Jahren rund 15.000 Kinder und Jugendliche, die in 200 katholischen Heimen untergebracht waren, von ihren Betreuern vergewaltigt und geprügelt wurden. Zwölfjährige mussten bis zu 12 Stunden ohne Pause Torf stechen, die Kinder bekamen teilweise nur ungenügend zu essen und wurden über Jahre auf eine sadistische Weise gequält, dass einem die Haare zu Berge stehen. Die Betroffenen haben sich nun organisiert, fordern Entschädigung, und eine staatliche Untersuchungskommission hat einen Bericht vorgelegt, der unter **www.childabuse commission.ie** im Internet einzusehen ist. Dass der Einfluss der katholischen Kirche zunehmend zurückgeht, zeigte sich zuletzt beim Referendum über die Einführung der gleichgeschlechtlichen Ehe gegen den Widerstand von der Kanzel im Jahr 2015: 62 % der Wahlberechtigten stimmten dafür.

Die irische Sprache

B & Bs und Pubs in Irland tragen manchmal seltsame, unaussprechliche Namen, und wenn man in Irland die Nachrichten auf Englisch hört oder Zeitung liest, stößt man auf Begriffe wie *Taoiseach, Tánaiste, Oireachtas, Fianna Fáil* oder *Fine Gael* (→ **Staat und Verwaltung**). Man sieht diese Sprache, die nicht im Entferntesten wie Englisch klingt, auf Hinweis-, Straßen- und Ortsschildern, man hört sie in Durchsagen im Zug oder in Flugzeugen irischer Fluggesellschaften, gelegentlich im Autoradio, wenn man nach einem Sender sucht oder wenn man im Hotel oder B & B durch die Fernsehkanäle zappt. Der Irlandbesucher ist auf das Irische gestoßen. Laut Verfassung ist Irisch die **Nationalsprache,** während Englisch als „eine zweite offizielle Sprache" anerkannt wird.

Mit Englisch kommt der Reisende aber dennoch gut zurecht, wenn er sich ins irische Englisch eingehört hat. Die Bevölkerung ist in erster Linie englischsprachig. Es gibt keine Iren, die nicht fließend Englisch sprechen, während nur eine Minderheit des Irischen mächtig ist. Aber noch bis ins 19. Jahrhundert sprach die Mehrheit der Inselbevölkerung Irisch und viele kein oder nur gebrochenes Englisch. In jenem Jahrhundert ging der Gebrauch der Sprache jedoch rapide zurück und es wurde zu einem der Ziele des irischen Nationalismus, die **Sprache wiederzubeleben.** Der 1921 gegründete irische Staat schrieb sich dieses Ziel in die Verfassung.

Übrigens ist in Irland auf Englisch die Bezeichnung „Gaelic" unüblich, man spricht normalerweise vom Irischen, **„Irish"**. Wenn Iren das Wort „Gaelic" benutzen, dann passen sie sich dem Sprachgebrauch vieler Touristen an, um sicherzugehen, dass der Gesprächspartner weiß, wovon man spricht. Bei der Volksabstimmung im Jahr 2011 gaben 41,4 % der Iren an, Irisch sprechen zu können. Von diesen 1,77 Millionen Personen benutzen nach eigenen Angaben aber nur 1,8 % die Sprache jeden Tag.

Irisch hat in einigen abgelegenen Regionen bis heute überlebt. Diese nicht zusammenhängenden Gebiete werden kollektiv als **Gaeltacht** bezeichnet. Sie erfahren eine besondere wirtschaftliche Förderung, um die weitere Abwanderung und damit das Aussterben der Sprache dort zu verhindern. In *Gaeltacht*-Gebieten sind die Hinweis- und Ortsschilder ausschließlich auf Irisch, weshalb wir im Reisehandbuch die Ortsnamen in den entsprechenden Kapiteln zweisprachig angeben. Zudem befindet sich im Anhang dieses Buches eine Liste von Ortsnamen in beiden Sprachen.

Der Schulunterricht in den Schulen der *Gaeltacht* ist irischsprachig. Nichtsdestotrotz konnte der Rückgang auch dort nicht aufgehalten werden: 68,5 %

Irisch – eine keltische Sprache

Die irische Sprache (gelegentlich auch als Gälisch oder Irisch-Gälisch bezeichnet) gehört zur Familie der keltischen Sprachen. Sie ist eng mit Schottisch-Gälisch verwandt, was im 5. Jahrhundert von Iren nach Schottland gebracht wurde. Die Nähe beider Sprachen zueinander ist etwa mit Niederländisch und Deutsch vergleichbar. Ebenfalls zur keltischen Sprachfamilie gehören das Walisische in Wales und Bretonisch in der Bretagne. Beide Sprachen sind dem Irischen grammatikalisch sehr ähnlich, aber Irischsprecher können kein Walisisch oder Bretonisch verstehen. Eine Ähnlichkeit zum Englischen besteht nicht, sieht man einmal von den vielen englischen Wörtern ab, die mittlerweile wegen des langen Kontakts beider Sprachen im Irischen benutzt werden.

der Bevölkerung der *Gaeltacht*-Gebiete gaben bei der Volkszählung 2011 an, Irisch sprechen zu können und 24 % gaben an, es täglich zu sprechen. Allerdings gibt es gewaltige Unterschiede zwischen den *Gaeltacht*-Gebieten: Seit den 1950er-Jahren, als die Grenzen definiert wurden, ist der Gebrauch in einigen Regionen stark zurückgegangen. In manchen *Gaeltacht*-Gebieten sprechen nur noch wenige ältere Menschen Irisch als Muttersprache, anderswo wachsen aber auch noch die Kinder mit Irisch als erster Sprache auf. Durch Mobilität und moderne Medien lernen heutzutage jedoch auch sie sehr schnell und ohne viel bewusstes Zutun der Eltern Englisch.

Irisch ist ein **Pflichtfach** in allen Schulen der Republik und es gibt zudem – auf Elterninitiative – im ganzen Land irischsprachige Schulen, in denen die Kinder zu Beginn intensiv Irisch lernen, was dort dann auch die Unterrichtssprache ist (→ Bildungswesen). Neben den Muttersprachlern in der *Gaeltacht* sind Schüler, die Irisch gelernt und ein hohes Niveau erreicht haben, wichtige **Träger der modernen irischsprachigen Kultur.** Sie gehören ebenso wie Muttersprachler zum Zielpublikum irischsprachiger Literatur und der Radio- und Fernsehsendungen der Sender *Raidió na Gaeltachta* und *TG4* (→ Medien). In vielen Städten gibt es Clubs für Irischsprecher und -schüler. Wer linguistisch interessiert ist und ein bisschen Irisch lernt (z.B. mit dem im Reise Know-How Verlag in der Kauderwelsch-Reihe erschienenen Sprachführer „Irisch-Gälisch – Wort für Wort"), ist dort stets sehr willkommen.

Das Ziel irischer Sprachpolitik ist es heute, aus Irland ein **zweisprachiges Land** zu machen, in dem eine kleine Minderheit darin unterstützt wird, ihr Leben so weit wie möglich auf Irisch zu leben, während alle Iren zumindest einfache Sätze in der Sprache verstehen und eine Ahnung haben sollten, wie Wörter ausgesprochen werden.

Baukunst

Vorchristliche Ära

Zu den ältesten Zeugnissen der Grünen Insel zählen die in der Zeit von 7000–2000 v. Chr. aus großen Steinblöcken errichteten **Megalithgräber.** Mehrere aufrecht stehende, tonnenschwere Steine bilden einen kleinen Raum, der von einem schweren, nach hinten sich absenkenden Deckstein überdacht wird. Bei den größeren Kammergräbern führt ein von Steinblöcken gesäumter Gang ins Innere einer Grabkammer; berühmt ist das Grab von Newgrange (→ Tour 2).

Aus der Bronzezeit (2000–500 v. Chr.) datieren einige wenige **Steinkreise,** die wohl zu kultischen Zwecken errichtet wurden. Auch die ab und an zu findenden einzeln stehenden Blöcke, die **Menhire** (gäl.: *Gallain),* hatten wohl eine religiöskultische Bedeutung.

Während der Eisenzeit und in der ersten christlichen Epoche (500 v. Chr. bis 400 n. Chr.) entstanden auf der gesamten Insel zum Schutz vor Überfällen die **Steinforts** *(Ring Forts;* gäl.: *Rath);* mehr als 30.000 dieser Anlagen hat man in Irland gezählt. Zu den eindrucksvollsten Befestigungen dieser Art gehört zweifellos das gut restaurierte Grianan of Aileach im Norden Irlands (→ Tour 8).

Ebenfalls der Verteidigung dienten sogenannte **Landzungenbefestigungen** *(Promontary Forts;* gäl.: *Dun),* auf einer ins Meer ragenden kleinen Halbinsel oder auf einer Steilklippe (*Promontary* = Vorgebirge) errichtete Schutzanlagen. Im Süden der Dingle-Halbinsel vermittelt das Dunbeg Fort (→ Tour 5) eine Vorstellung von dieser Befestigungstechnik, und, spektakulär auf einer Klippe gelegen, beeindruckt das Dún Aenghus auf der Aran-Insel Inishmore den Besucher (→ Tour 6). Auch die sogenannten **Crannogs,** auf Pfählen errichtete künstliche Inseln mit einem Palisadenzaun, dienten dem Schutz eines Clans.

Frühchristliche Ära

Aus der frühchristlichen Ära Irlands (400–1170 n. Chr.) ist eine ganze Reihe von Bauten erhalten geblieben, wenngleich die vielen **Bienenkorbhütten** *(Beehive Huts)* der frommen Brüder aus vergänglichem Material errichtet wurden und daher kaum noch erhalten sind. Aus Flechtwerk, Lehm und Holz errichteten die Mönche ihre Klausen, und nur dort, wo diese Materialien nicht zur Verfügung standen, baute man die Bienenkorbhütten *(*irisch: *Clochan)* aus Bruchsteinen.

Die **ersten Kirchen,** eher kleine Bethäuser *(Oratory),* erinnern an auf den Kopf gestellte Boote und hatten neben der Eingangstür und einem schmalen Fenster an der Altarseite keinerlei Lichtöffnungen; gut erhalten ist das Gallarus Oratory auf der Dingle-Halbinsel (→ Tour 5, S. 209).

Aus einfachen Standsteinen, in die im oberen Drittel ein Kreuz eingeritzt war, haben sich die berühmten **irischen Hochkreuze** entwickelt, die etwa ab dem 9. Jh. mit reichem Figurenschmuck ausgestattet wurden. Die in rechteckigen Feldern angeordneten Reliefszenen zeigen Begebenheiten aus dem Alten oder Neuen Testament, sehr häufig wundersame Heilungen oder die Errettung aus einer Notsituation. Häufig sieht man

⌃ Der Poulnabrone-Dolmen mit dem für diese Bauwerke typischen schräg aufliegenden Deckstein

⌃ Hochkreuz von Kilfenora

Paulus und *Antonius,* die frommen Einsiedler, die in der östlichen Wüste Ägyptens ein nur dem Herrn dienendes Leben führten und große Vorbilder der irischen Eremiten waren. Im Mittelpunkt der Darstellungen steht die christliche Erlösungsbotschaft: Auf der Westseite sieht man *Jesus* am Kreuze, auf der Ostseite am Tage des Jüngsten Gerichts.

Die Hochkreuze wurden meist aus Sandstein hergestellt, dort, wo harter Granit genommen werden musste, sind die Figurengruppen weniger detailgetreu ausgearbeitet und haben in Ansätzen fast abstrakt anmutenden Charakter.

Während man Hochkreuze vereinzelt auch in Großbritannien antrifft, ist der **Rundturm** eine originär irische Architekturform. Diese in der Regel inmitten von Klosteranlagen stehenden *Round towers* sind schmale, runde und sich nach oben zum konisch geformten Spitzdach verjüngende, elegante Türme, die bis zu 30 m aufragen. Die Türme entstanden wahrscheinlich nach den ersten Wikingereinfällen, dienten als Ausguck und letzte Zufluchtsstätte. Die Eingangstür lag etwa 3 m über dem Bodenniveau, schmale Leitern führten zu in der Regel fünf Stockwerken. In Friedenszeiten rief man die Mönche mittels einer Glocke im Turm zur heiligen Messe. Nachdem das monastisch geprägte Christentum auf der Grünen Insel von den Prinzipien der römischen Kirche abgelöst worden war – nicht mehr Äbte standen einer Klostergemeinschaft vor, sondern Bischöfe leiteten die Gläubigen – setzten sich die **Einflüsse der Romanik** langsam durch. Den Iren war dieser Stil jedoch zu monumental, so dass sie ihn abwandelten und einen eigenen, zurückhaltenderen **iro-romanischen Baustil** pflegten. Im 12. Jh. rief der Bischof von Armagh die Zisterzienser ins Land, die mit einer Reihe von Klosterneugründungen wiederum veränderte Bauweisen einführten. Burgundische Architekten gestalteten nach kontinentalen Maßstäben beispielsweise die Abtei Mellifont (→ Tour 2), in der sich die europäischen Klosterprinzipien wiederfinden: Neben dem Wohntrakt und der Kirche, die in der Regel als *Cathedral* bezeichnet wird, befinden sich ein Refektorium und ein Kreuzgang.

395irl he

Normannische Epoche

Nach der Eroberung Irlands durch die Anglo-Normannen entstanden auf der Insel erste Burgbefestigungen. Aus der einfachen **Motte** – ein künstlich aufgeschütteter, ovaler Hügel mit hölzernem Wohnturm und durch Palisaden geschützt –, der Schutzanlage des frühnormannischen Adels, entwickelten sich die gedrungenen, von dicken Steinmauern geschützten **Turmbauten,** die man heute allerorten noch findet.

Die Normannen brachten die **gotischen Einflüsse** ins Land, doch zeigt die irische Gotik im Verhältnis zu den kontinentalen Bauten bescheidene Ausmaße.

Die gewaltsame Unterdrückung der Iren während der folgenden Jahrhunderte ließ keine bedeutende Entwicklung in Architektur und Kunst zu. Erst im **17. Jh.** setzte in Dublin mit der verstärkten Etablierung der Engländer eine **neue Bautätigkeit** ein, in den folgenden zwei Jahrhunderten entstanden prachtvolle Stadtpaläste im georgianischen Stil sowie eine ganze Anzahl öffentlicher Bauten, und Dublin wandelte sich zur zweitgrößten Stadt des britischen Empire.

Epoche des Freiheitskampfes

Mit dem beginnenden Freiheitskampf der Iren gegen die britische Staatsmacht und der damit verbundenen Emanzipation des katholischen Glaubens wurden im 19. Jahrhundert viele neue Kirchen erbaut, in denen vor allem die **Glasmalkunst** dominierte. Architekten verschiedener Nationalitäten arbeiteten in Irland und brachten auch den Jugendstil auf die Grüne Insel.

Gegenwart

Der wirtschaftliche Aufschwung der 1960er-Jahre brachte einen radikalen Bauboom in Irlands Städten mit sich. In diesen Jahren machten die **Kahlschlagsanierer** von sich reden, die beispielsweise aus Dublin eine autogerechte Stadt machen wollten und in ihrem Eifer historisch gewachsene Stadtviertel mit intakten sozialen Beziehungen einfach vernichteten. Erst seit den 1990er-Jahren geht man mit dem historischen Erbe behutsamer um: Der ehemals als Relikt der britischen Herrschaft abgewertete georgianische Stil wird heute als schützenswert anerkannt. In Dublin wurden um die Jahrtausendwende, als die irische Wirtschaft erneut boomte, flächendeckend Verschönerungsarbeiten vorge-

396irl he

nommen und neue Appartements und Bürogebäude errichtet. Besonderes Schmuckstück dieser Bauphase ist neben dem *Dublin-Spire* das Finanz-Viertel (International Financial Services Centre – IFSC) an den *North-Quays.*

Irische Musik

Im kulturellen Bereich ist es zuallererst die irische Musik, die die vielen Besucher der Grünen Insel interessiert – hat doch die *Irish Folk Music* längst ihren Siegeszug auch in Deutschland angetreten. Gleiches gilt für Rock-Musik irischer Provenienz, die regelmäßig an der oberen Spitze der Charts zu finden ist.

Die **klassische irische Musik** ist zum einen eine reine Instrumentalmusik, die als Begleitung für Tänze gespielt wird, zum anderen ein zumeist unbegleiteter Gesang.

Folk Music dagegen umfasst eine ganze Reihe von Musikstücken und Liedern, die aus unterschiedlichen Epochen stammen, unterschiedliche Inhalte transportieren und sowohl in Irisch als auch in Englisch gesungen werden. Eine klare Abgrenzung zu finden ist schwierig, aber wohl auch nicht nötig.

Viele alte, noch heute gesungene Lieder und Melodien gehen auf die Barden des Mittelalters zurück, die häufig beißende Ironie in ihre Stücke einflochten. Diese vielfach über die Jahrhunderte nur mündlich überlieferten Lieder werden in irischer Sprache vorgetragen; englische Texte sind erst seit Mitte des 19. Jahrhunderts bekannt.

Begleitet wird der Gesang vom Spiel auf den folgenden **traditionellen Musikinstrumenten:** die mehr als 40-saitige Harfe, der mit dem Ellbogen betriebene Dudelsack *(Uillean pipes),* Violine *(Fiddle),* Blechflöte *(Tin whistle)* und die Bódhran-Trommel, ein runder, mit Ziegenleder bespannter Holzrahmen; Gitarre, Banjo und Akkordeon vervollständigen ein Ensemble. Auch heute noch werden viele Lieder ohne Musikbegleitung vorgetragen.

Am letzten Augustwochenende eines jeden Jahres findet jeweils in einer anderen Stadt das **All Ireland Fleadh** (sprich: fla), ein großes, drei Tage währendes Folk Festival statt; in den Pubs und auf den Straßen wird getanzt, gesungen und musiziert – nicht nur Profis sind geladen mitzumachen. Jedes Jahr im November findet das **Ennis Trad Festival** in Ennis statt, und im Verlauf eines Sommers bietet Irland seinen Besuchern eine Vielzahl solcher Veranstaltungen in unterschiedlichen Städten und Dörfern.

Das **Nationale Volkstheater** *Siamsa* in Tralee bringt mehrmals wöchentlich während der Saison irische Stücke auf die Bühne. Und ebenfalls während des Sommers finden in 49 Zentren sogenannte **Seisiun-Folkabende** statt.

Ausführliche Informationen zu den Veranstaltungen erhält man beim **Dachverband der irischen Folklore-Vereinigungen:**

- **Comhaltas Ceoltoirí Éireann,** 32 Belgrave Square, Monkstown, Co. Dublin, Tel. (01) 2800295, www.comhaltas.com.

[<] Die schneeweiße Fassade des Custom House, das als Dublins Zollamt aus dem Jahr 1791 datiert

Bei dem reichen Musikangebot in den vielen **Singing Pubs** ist es verwunderlich zu hören, dass vor rund 60 Jahren die irische Musikszene in einem desolaten Zustand war. Ausgerechnet die irische Regierung war für diese Situation verantwortlich. Im Zuge der Unabhängigkeit bemühte man sich auf allen Ebenen, die kulturellen Wurzeln zu finden und neu zu beleben. Eine regierungsamtliche Kommission legte fest, welche Tänze, Lieder und Melodien als „irisch“ und welche als „unirisch“ zu bezeichnen wären. Genauso erging es verschiedenen Instrumenten – Schlagzeug, Banjo und Klavier fanden nicht das Wohlwollen der offiziellen Musikexperten. Solche Maßnahmen waren natürlich nicht geeignet, eine Musiktradition neu und innovativ aufleben zu lassen.

1951 gründete eine Anzahl von Künstlern den **Verband der irischen Musiker** und machte sich daran, ein erstes Festival zu organisieren. Der Erfolg dieses *Fleadh Cheoil* (Musikfest) verblüffte die Initiatoren genauso wie die Zuhörer, und in einer freieren Atmosphäre entwickelten junge wie alte Musiker neue Stile und Arrangements. Hinzu kam nun der **Einfluss irischstämmiger Amerikaner,** die, von den Songs eines *Woody Guthrie* und des jungen *Bob Dylan* inspiriert, dazu übergingen, amerikanische Musikelemente mit den alten heimatlichen Balladen zu verknüpfen. Großen Erfolg damit hatten die *Clancy Brothers,* und auch in Irland machte ihre Musik Furore.

Auf der Grünen Insel begann der leider früh verstorbene Komponist *Sean O'Riada* (1931–1971) mit ausgesuchten traditionellen Musikern, **neue Stilelemente** zu entwickeln; aus dieser Vereinigung von Musikern ging die spätere, sehr erfolgreiche Gruppe *The Chieftains* hervor. Unermüdlich begannen nun Künstler wie *Davy Spillane, Christy Moore* und Gruppen wie *Planxty* und die in Deutschland sehr bekannten *Dubliners,* weitere Elemente – teilweise aus der Rockmusik – in ihre Arrangements einfließen zu lassen. Die Musiker entdeckten das Schlagzeug, ließen ihre Klänge über Verstärker laufen und entnahmen aus dem Jazz das Saxophon.

Ab den 1980er-Jahren dann beeinflusste eine sehr erfolgreiche originär **irische Rockmusik** die kontinentale Musikszene: Gruppen und Interpreten wie *Van Morrison, Rory Gallagher,* die *Boomtown Rats,* die *Cranberries* und vor allem *U2* sowie die Sängerin *Sinead O'Connor* eroberten die Plattengeschäfte. Neuere Entwicklungen in der Folk-Szene umfassen die irischsprachige Gruppe *Kíla,* die traditionelle irische Musik mit Stilen wie Pop, Jazz und Weltmusik mischen sowie das *Afro Celt Sound System,* in dem Einflüsse aus Techno und Trip Hop ebenso vertreten sind wie afrikanische und irische Musik.

397irl he

Daten zur Geschichte

Vorchristliche Zeit (7000 v. Chr.–um 400 n. Chr.)

um 7000–6500 v. Chr.

Die ersten Siedler erreichen die Insel – vermutlich aus Schottland kommend.

Erste Siedlungen entstehen im Nordosten des Landes, von dort dringen die Einwohner langsam ins Inselinnere vor. Jagd und Fischfang bilden die Lebensgrundlagen.

um 4500 v. Chr.

Landwirtschaft ergänzt die Nahrungsgrundlage der Bewohner der Insel. Die Töpferei entsteht. Hügelgräber wie **Newgrange** geben einen Einblick in die Religiosität jener Zeit.

um 1200–700 v. Chr.

Das Irische setzt sich in Irland durch und verdrängt die bisherige(n) Sprache(n). Irland wird, anders als ein Großteil der britischen Nachbarinsel zwischen 43 und 410 n. Chr., nie Teil des Römischen Reichs. Dennoch geht die Kultur Roms nicht spurlos an Irland vorbei, wovon die Funde römischer Münzen und Artefakte an der Ostküste zeugen. Das *irische* Schreibsystem *Ogham,* das zu jener Zeit entsteht, ist vermutlich vom lateinischen Alphabet inspiriert.

Frühchristliche Zeit (um 400–1170)

5. Jh.

Das **Christentum** setzt sich in Irland durch. Der Missionar *Patricius* aus dem römischen Britannien schildert in zwei auf Latein verfassten Briefen, wie er erst von irischen Piraten entführt wird und später aus der Sklaverei dort entkommt. Zurück in Britannien, hat er die Vision, nach Irland zurückkehren zu müssen, um den rechten Glauben auf die Insel zu bringen. Er wird später zum Schutzheiligen der Insel, dem **heiligen Patrick.**

5.–9. Jh.

Klöster entstehen und entwickeln sich zu den kulturellen und Machtzentren der Insel. Die Mönche produzieren zahlreiche Schriften, erst auf Latein, bald aber auch auf Irisch. Anderswo ist es noch undenkbar, in der Volkssprache (etwa Deutsch oder Englisch) zu schreiben. Irische Mönche ziehen als Missionare nach Großbritannien und auf den europäischen Koninent und verbreiten das Christentum.

ab 800

Irische Klöster entlang der Küste werden wiederholt von **Wikingern** aus Skandinavien überfallen und geplündert.

um 850

Wikinger lassen sich in Irland nieder und gründen Siedlungen, z.B. **Dublin.** Aus diesen Siedlungen entstehen die ersten Städte der Insel.

1014

In der **Schlacht von Clontarf** (bei Dublin) siegen die lren unter ihrem Hochkönig *Brian Boru* über ein Wikinger-Heer. *Brian Boru* kommt bei den Kämpfen ums Leben. Die Vorherrschaft der Wikinger in Irland ist gebrochen.

1152

In der **Synode von Kells/Mellifont** kommt es zu einer Neuorganisation der irischen Kirche; Bistümer werden gegründet.

Normannische Epoche (1169–1534)

Die Normannen, die 1066 mit *Wilhelm dem Eroberer (William the Conqueror)* England und Wales eroberten, weiten ihre Macht auf Irland aus.

1169

Mit dem Ziel, seine Vorherrschaft zu sichern, ruft der König der irischen Provinz Leinster, *Diarmait Mac Murchada,* den normannischen König Englands, *Heinrich II.,* um Hilfe an. Der ist zwar nicht interessiert, erlaubt dem irischen Adligen aber, unter seinen Gefolgsleuten um Unterstützung zu werben. *Richard Fitz Gilbert de Clare,* auch als **Strongbow** bekannt, willigt ein. Die Gegenleistung: die Hand von *Diarmaits* Tochter und die Thronfolge in Leinster. *Strongbow* erobert Leinster und wird nach *Diarmaits* Tod König von Leinster.

1171

Heinrich II. befürchtet das Entstehen eines konkurrierenden normannischen Königreichs auf der Nachbarinsel und landet dort mit einer Armee. Er wird von *Strongbow* und vielen irischen Königen als Herrscher anerkannt und beginnt damit den Anspruch der englischen Krone auf Irland.

1210

Heinrichs Sohn *Johann Ohneland (John Lackland),* Bruder von *Richard Löwenherz,* besucht Irland, um den **anglo-normannischen Einfluss** weiter zu stärken. Während der folgenden 50 Jahre fallen mehr als zwei Drittel des Landes unter die Herrschaft des anglo-normannischen Adels, in den restlichen Teilen der Insel regieren die irischen Adligen. Jedoch werden die neuen Herren rasch assimiliert, und während der zweiten Hälfte des 13. Jh. verlieren sie an Einfluss.

1366

Mit den **Statuten von Kilkenny** versucht die englische Krone die Gälisierung der anglo-normannischen Oberschicht zu stoppen; u.a. werden den Adligen der Gebrauch der irischen Sprache sowie Ehen mit Irischstämmigen verboten. Diese Maßnahme kann aber die allmähliche Gälisierung der Anglo-Normannen in Irland nicht aufhalten.

15. Jh.

Der Einfluss der englischen Krone nimmt ab und die anglo-normannischen Adligen sprechen eher Irisch als Französisch oder Englisch. Sie sind kulturell kaum noch vom irisch-gälischen Adel zu unterscheiden.

Das Wiedererstarken der englischen Herrschaft (1534–1848)

1534

Heinrich VIII. (1509–1547) von England spaltet die englische Kirche von der katholischen. Um zu verhindern, dass der Papst und das katholische Europa Irland als Machtbasis gegen ihn nutzen, ist er bestrebt, seine Kontrolle über Irland zu stärken.

1541

Heinrich nimmt den Titel **„König von Irland"** an. Bis dahin trugen englische Könige den Titel „Lord of Ireland".

1558–1607

Unter Heinrichs Tochter *Elisabeth I.* werden die Iren weiterhin religiös und politisch unterdrückt. Irlands Norden (die Provinz Ulster) widersetzt sich erfolgreich für einige Zeit. Ein **Aufstand der Adligen von Ulster** wird 1603 vom neuen König *Jakob I.* (der gleichzeitig *Jakob VI.* von Schottland ist, englisch:

James) niedergeschlagen. 1607 fliehen diese Adligen heimlich ins Exil.

1609

In dem als *Plantation* bezeichneten **Besiedlungsprogramm** werden Protestanten aus England und Schottland in Nordirland angesiedelt, um so den Einfluss der englischen Krone zu stärken. Dies ist die Wurzel des noch im 21. Jh. schwelenden Nordirlandkonfliktes.

1649

England wird Republik und der englische Lord Protector, **Oliver Cromwell,** schlägt den seit 1641 gärenden Aufstand der irischen Katholiken brutal und grausam nieder. Sie hatten sich bei ihrem Aufstand auch erklärt, für den englischen König *Karl I. (Charles I.)* und gegen das englische Parlament zu kämpfen.

1690

Schlacht am Fluss Boyne, in der sich zwei Konkurrenten um den englischen Thron gegenüberstehen; der Katholik *Jakob II.* (englisch: *James II.*) wird von den katholischen Iren gegen den Protestanten *Wilhelm von Oranien* unterstützt, der die siegreichen Truppen befehligt.

1691

Strafgesetze *(Penal laws)* schließen irische Katholiken vom Recht auf Landbesitz aus; Protestanten übernehmen weite Teile der Insel und reißen die politische Macht an sich *(Protestant ascendancy)*. Viele Iren wandern aus; für die in der Heimat Verbliebenen übernimmt die katholische Kirche die Führung. **Verschärfte Handelsgesetze** (Ausfuhrverbot für Wollwaren) machen aus Irland das größte Armenhaus Europas.

1782–1800

Großbritannien erkennt ein irisches Parlament mit mehr Selbstständigkeit an; allerdings sitzen nur Protestanten in dieser Versammlung, die von *Henry Grattan* geführt wird; **die protestantische Freiwilligenbewegung** *(Volunteers' movement)* kann handelspolitische und verfassungsrechtliche Verbesserungen für das irische Volk erreichen.

1798

Unter dem Einfluss der Französischen Revolution verlangen die „Vereinigten Iren“ *(United Irishmen)* unter Führung von **Theobald Wolfe Tone** die Gleichstellung von Katholiken und Protestanten und die Einführung der Republik in Irland.

1801

Der **Act of Union** tritt in Kraft. Das irische Parlament wurde im Vorjahr aufgelöst und Irland hat nun 100 Abgeordnete im Londoner Parlament zu Westminster. Die Insel ist seitdem rechtlich kein eigenständiges Königreich mehr, sondern Teil des Vereinigten Königreichs von Großbritannien und Irland.

1823

Daniel O'Connell gründet die *Catholic Association* und schafft damit eine Massenbewegung; bei den *Monster Meetings* demonstrieren bis zu 250.000 Menschen für die rechtliche Gleichstellung von Katholiken.

1829

O'Connell, mittlerweile Parlamentsabgeordneter, erreicht die **Aufhebung der anti-katholischen Gesetze;** auch Katholiken können nun ins britische Parlament einziehen.

1845–1851

The Great Famine, **die Große Hungersnot,** fordert eine Million Opfer, eine weitere Million Menschen wandert aus. Insgesamt verringert sich die Bevölkerung Irlands von anfangs 8,6 Mio. auf nur noch 6 Mio. Einwohner.

Die Kartoffel und die Große Hungersnot

Als sicher gilt, dass im Jahre 1577 dem englischen Freibeuter *Sir Francis Drake* in Peru die ersten Kartoffeln angeboten wurden. Elf Jahre später, 1588, spülten die Wellen aus einigen Wracks der geschlagenen Spanischen Armada **die ersten Knollenfrüchte** an die Küste Westirlands, und bereits um 1625 war die Kartoffel das Hauptnahrungsmittel auf der Grünen Insel. Die nahrhafte Knolle aus dem südamerikanischen Hochland entpuppte sich als ideale Feldfrucht für die Iren. Da die Böden fast auf der gesamten Insel äußerst schlecht waren, die Engländer die Bevölkerung zudem in die unfruchtbarsten Gebiete abgedrängt hatten, konnte nur mit dieser genügsamen Knolle eine Nahrungsmittelsteigerung vorgenommen werden.

Die Kartoffel, *Solanum tuberosum,* wuchs ursprünglich in hohen Bergregionen, war an karge Böden, lange Nächte mit niedrigen Temperaturen und an trockene Zeiten gewöhnt. Auch im feuchten und kalten Irland mit seinen relativ langen Tagen und den armen Böden fand die Knolle ideale Wachstumsbedingungen.

Hinzu kam, dass man für den **Kartoffelanbau** keinerlei Werkzeuge benötigte, denn notfalls reichten zum Ernten die eigenen Hände aus, die Feldfrucht musste nicht, wie beispielsweise das Getreide, gedroschen werden, ein Torffeuer und ein Wassertopf waren alles, um direkt eine nahrhafte Mahlzeit auf den Tisch zu bringen.

Schnell hatten die Iren auch die effektivste und zeitsparendste Art herausgefunden, wie man die Knolle pflanzt: In einem **Hügelbeet** nämlich, das auf jedem beliebigen Boden anlegbar ist. Das Gelände muss nicht flach und eben sein, auch Steine stören nicht, und da sich das Beet selbst entwässert, ist ein Berghang ebenso geeignet wie eine sumpfige Region. Auf einen Streifen Land legt man irgendeinen Dünger, Seetang oder Torf, verteilt darauf die Knollen und gräbt rechts und links einen Graben, dessen Erde man über die Kartoffeln häuft – fertig ist das Hügelbeet.

Schon die **Erträge** eines halben Morgens reichten aus, eine Familie über das Jahr zu bringen, vorausgesetzt, dass zusätzlich Milch, ab und an Fleisch oder Fisch, Speck und Käse zur Verfügung standen. Des weiteren war solch ein Hügelbeet gegen Frost immun, und wenn keine Lagermöglichkeiten vorhanden waren, diente es auch noch als Miete für die ausgewachsenen Knollen, die täglich nach Bedarf herausgeholt wurden und in den Kochtopf wanderten.

Da die Iren ihre Felder also nicht beackerten, sondern die ausgegrabene Grasnarbe einfach umgekehrt auf die Knollen und den Dünger häuften, nannten die Engländer diese Beetanlage *Lazy Bed* und drückten damit ihre Verachtung gegenüber den „faulen" Inselbewohnern aus. Die arroganten Briten wussten natürlich nicht, dass im peruanischen Hochland diese Hügelbeettechnik bereits vor Jahrhunderten entwickelt worden war und als besonders ideal für die Zucht von Kartoffeln galt.

Mit dem neuen Nahrungsmittel begann eine **Bevölkerungsexplosion,** die in Europa ihresgleichen suchte. 1660, rund 35 Jahre nach Einführung der Kartoffel, lebten 500.000 Iren auf der Grünen Insel, 28 Jahre später hatte sich die Bevölkerung auf 1,25 Mio. mehr als verdoppelt. Von 1760 dann bis zum Jahre 1840 wuchs die Bevölkerung von 1,5 Mio. auf 9 Mio. an – eine Steigerung von 600 % in nur 80 Jahren. (Eine schier unglaubliche Zahl, wenn man sich vor Augen hält, dass Irland heutzutage gerade einmal 3,5 Mio. Einwohner zählt.)

Ohne die Kartoffel hätte das Land maximal 5 Mio. Iren mit Nahrung versorgen können, das jedoch auch nur, wenn es einen organisierten Getreidehandel gegeben hätte, den man in jenen Tagen auf der Grünen Insel jedoch nicht kannte. Zudem waren in diesen Jahren die Preise für Weizen und Roggen sehr hoch, die armen Iren hätten die hohen Forderungen gar nicht bezahlen können.

Da nun also ein ganzes Volk von einer einzigen Feldfrucht abhängig war, brachte eine Missernte die Bevölkerung in eine **lebensbedrohliche Situation,** und die irischen Chroniken berichten von schlimmen Zeiten: Zwischen 1724 und 1749 kam es fünfmal zu einem Ernteausfall, die Jahre zwischen 1750 und 1774 waren ebenfalls von fünf Missernten betroffen, in zwei Jahren war es gar so schlecht, dass man von einer Hungersnot sprach; Hilfsmaßnahmen wurden unternommen, und die wenigen Getreideexporte stellte man ein.

Zwischen 1775 und 1799 kam es wiederum in fünf Jahren zu Missernten und zwischen 1800 und 1824 forderten neun Hungerjahre ihren Tribut. Allein 1821 starben 250.000 Menschen aufgrund fehlender Nahrungsmittel sowie durch **Cholera** und **Typhus.** Zwischen 1829 und 1845, dem Jahr, in dem die Große Hungersnot begann, hatte es in einem Zeitraum von 17 Jahren nur fünf normale Ernten gegeben. Die irische Bevölkerung stand permanent am Rande des Hungertodes.

Wie kam es zu solcherart verheerenden Ernteausfällen? Wie jede andere Feldfrucht, so konnte auch die Kartoffel von Schädlingen befallen werden. Um das Jahr 1750 tauchte zum erstenmal die **Trockenfäule** auf. Die eingelagerten, scheinbar gesunden Knollen wurden von einem Pilz, dem *Fusarium caeruleum,* befallen; die Kartoffeln trockneten aus, schrumpften zusammen und waren schließlich nur noch eine ungenießbare holzähnliche Masse. Man stelle sich das Entsetzen der Bauern vor, die im Juli/August zufrieden ihre scheinbar gesunde Ernte einlagerten und dann um Weihnachten feststellten, dass sie bis zum nächsten Herbst nichts mehr zu essen hatten.

1770 kam zu diesem Pilzbefall die **Kräuselkrankheit** hinzu, die sich die folgenden 40 Jahre epidemisch ausbreitete. Hierbei handelte es sich um eine Virusinfektion, die von Blattläusen übertragen wurde. Der Virus verhinderte das Wachstum der Pflanzen, und ohne dass es erkennbar gewesen wäre, konnten bis zu 70 % eines Feldes infiziert sein. Auch hier muss das Entsetzen der Bauern groß gewesen sein, wenn sie auf scheinbar gesunden Acker ernten wollten.

1795 machte der **Schimmelpilz** *Botrytis cinerea* die Hoffnungen der Farmer zunichte; der Pilz schlug sich auf den Pflanzen nieder und entzog ihnen die Feuchtigkeit, so dass sie austrockneten und schrumpften.

Es sollte jedoch noch schlimmer kommen. 1833 trat die **Schwarzfäule** auf, deren Erreger erst die Blätter befiehl und dann die Knolle vernichtete; wenn kranke und gesunde Kartoffeln gemeinsam gelagert wurden, so steckten die infizierten Knollen auch die noch nicht befallenen Früchte an.

Die wahre Katastrophe aber, **die Große Hungersnot der Jahre 1845–1851,** verursachte die

Braunfäule oder auch der sogenannte **Brand,** ausgelöst durch den Pilz *Phrytophthora infestans.* Im Juni 1845 sichtete man diesen Kartoffelkiller erstmals auf der Isle of Wight, am 1. August waren bereits alle europäischen Länder betroffen, Irland selbstverständlich auch.

Wie bei den anderen Kartoffelkrankheiten auch, deutete bei der Braunfäule im Juni, Juli und August des Jahres 1845 nichts auf einen möglichen Ernteausfall hin. Die Bauern hatten hinzugelernt, inspizierten regelmäßig ihre Pflanzen und sahen einem guten Ertrag entgegen. Keine der gefürchteten Krankheiten war bisher aufgetreten, und die Iren schauten voller Optimismus in die Zukunft. Da jedoch wurden die Felder innerhalb weniger Tage plötzlich braun, dann schwarz und stanken entsetzlich, die gesamte Ernte war auf einen Schlag vernichtet. In den folgenden sechs Jahren starben über eine Million Menschen an Hunger, eine weitere Million wanderte aus und schiffte sich auf den überfüllten „Kartoffelsärgen" nach Amerika ein.

Im schlimmsten Jahr der großen Hungersnot kam auch noch die **Cholera** hinzu, 36.000 Menschen starben an der Seuche. „Die Sterbenden trugen die Toten", so heißt es in einem Bericht. Dem Ausmaß der Katastrophe konnte sich auch der britische Premier *Rohert Peel* nicht verschließen, und er erklärte öffentlich: „Wieviel Diarrhö, blutigen Ausfluss, Dysenterie muss ein Volk ertragen, bis man beschließt, ihm mit Nahrung zu helfen?" Diese Worte kosteten ihn sein Amt, Ende des Jahres 1845 musste er, gezwungen vom Parlament, seinen Hut nehmen. Der Schatzmeister seiner Majestät, *Charles Trevelyan,* blieb auf seinem Posten; er hatte die Hungersnot als eine Strafe Gottes für ein rebellisches und undankbares Land bezeichnet und die Hilfsgelder so weit wie möglich heruntergedrückt.

Der Schock der Hungersnot war so groß, dass die **Massenauswanderung** über viele Jahrzehnte weiter anhielt und die Bevölkerungszahlen dramatisch nach unten gingen.

Friedrich Engels, der im Jahre 1856 eine Reise durch Irland unternahm, zeigte sich von den **Auswirkungen der Hungersnot** mehr als betroffen. In einem Brief an *Marx* schrieb er: „Eigentümlich sind in dem Land die Ruinen. Im ganzen Westen, besonders aber in der Gegend von Galway, ist das Land mit solchen verfallenen Bauernhäusern bedeckt, die meist erst seit 1846 verlassen sind. Ich habe nie geglaubt, dass eine Hungersnot eine so handgreifliche Realität haben könne. Ganze Dörfer sind verödet, und dazwischen dann die prächtigen Parks der kleinen Landlords, fast die Einzigen, die dort noch wohnen. Hungersnot, Auswanderung und *Clearances* zusammen haben das fertiggebracht. Dabei nicht einmal Vieh auf den Feldern; das Land ist eine komplette Wüste, die niemand haben will."

Wikimedia Commons © Henry Edward Doyle

[>] Ein Kupferstich von Henry Edward Doyle von 1868 hält die von Hoffnung und Trauer bestimmten Schicksale der Auswanderer fest

Kampf um nationale Unabhängigkeit

1848

Der **Aufstand des Young Ireland Movement,** dessen protestantische Mitglieder einen Staat mit religiöser Toleranz fordern, scheitert.

1858

Irische Einwanderer gründen in den USA den Geheimbund der **Irish Republican Brotherhood** um Irlands Unabhängigkeit zu erreichen.

1870

Isaac Butt gründet die **Home-Rule-Bewegung,** die eine irische Selbstverwaltung fordert.

1879

Michael Davitt gründet die **Land League,** die „Land-Liga", um irische Bauern vor Wucherzinsen zu schützen.

1885

Charles Stewart Parnell, ein protestantischer Landbesitzer in Irland, seit 1875 Abgeordneter im britischen Unterhaus, avanciert zum Führer der irischen Nationalisten. Seine Forderung nach einem eigenen Parlament wird – obwohl bereits vom britischen Unterhaus abgesegnet – vom Oberhaus torpediert. Viele Protestanten in den nördlichen Grafschaften der Insel haben Angst davor, von Katholiken regiert zu werden, dementsprechend sind sie gegen die Ziele der *Home-Rule-Bewegung.*

1893

Gründung der Gaelic League (Gälische Liga), die sich um die gälische Sprache und die gälische Literatur bemüht.

1905

Gründung der Partei Sinn Féin (dt.: Wir selbst), die eine politische und ökonomische Selbstverantwortung fordert und den passiven Widerstand gegen die Briten organisiert.

1913

In Dublin konstituieren sich die **Irish Volunteers** („Irischen Freiwilligen") mit der Forderung nach *Home Rule.*

1916

Am 24. April rufen die „Irischen Freiwilligen" in Dublin die Republik aus; die Briten schlagen diesen als **„Osteraufstand"** bekannten Unabhängigkeitsversuch brutal nieder und exekutieren die Führer des Freiheitskampfes.

1919

Die irischen Unterhausabgeordneten gründen in Dublin ein eigenes Parlament *(Dáil Éireann),* rufen die **Unabhängigkeit der Insel** aus und etablieren eine Regierung unter *Éamon de Valera.*

1919–1921

Unabhängigkeitskrieg gegen die Briten, getragen von der *Irish Republican Army (IRA).*

1920

Das britische Parlament schafft eine Gesetzesvorlage, die zwei unterschiedliche **Home-Rule-Systeme** vorsieht, eins für die sechs nördlichen Grafschaften (das heutige Nordirland) und eins für den restlichen Teil der Insel.

1921

Am 6. Dezember unterzeichnen die Führer der Unabhängigkeitsbewegung einen Vertrag, wonach Irland ein **„Dominion"** mit dem gleichen Status wie Kanada wird. In erster Linie bedeutet dies, dass der britische Monarch auch den Titel „König von Irland" trägt und irische Abgeordnete einen symbolischen Treueeid auf ihn leisten müssen. Nach der Teilung der Insel in den irischen Freistaat und den bei Großbritannien verbleibenden Teil im Norden nimmt

Irische Schriftsteller von Weltruhm

James Joyce

Als einer der ganz großen irischen Literaten gilt *James Joyce*, dessen Monumentalwerk „Ulysses" eine literarische Revolution hervorrief.

Geboren am 2. Februar 1882, kam der Knabe bald in die Zucht eines Jesuitenkollegs, weigerte sich jedoch nach Abschluss seiner Schulausbildung, dem Orden beizutreten und studierte statt dessen Literatur und Sprachen in Dublin. Nachdem er seinen Magisterabschluss gemacht hatte, begann er 1902 ein Medizinstudium, das er jedoch nicht beendete. 1904 verließ er mit seiner Lebensgefährtin *Nora Barnacle* (die er erst 1931 heiratete) Irland und schlug sich in Triest, Rom, Paris und Zürich als Sprachlehrer und Schriftsteller durchs Leben. 1907 erschien der Gedichtband „Kammermusik".

Um 1913 wurde *Ezra Pound* auf *Joyce* aufmerksam, förderte intensiv das literarische Genie und sorgte für die Publikation der Werke. Ein Jahr später erschienen die „Dubliner Geschichten". Zwischen 1914 und 1922 schrieb *Joyce* sein Meisterwerk „Ulysses" nieder. Nicht so sehr der Romaninhalt – die Wünsche, Vorstellungen und Sorgen von drei Personen im Ablauf eines einzigen Tages –, sondern die schriftstellerische Montagetechnik aus Vor- und Rückblenden sowie ständig wechselnden Erzählweisen fasziniert den Leser. Aufgrund der rückhaltlosen Offenheit des Dichters stand das Werk zeitweise auf dem Index. 1939 erschien „Finnegans Wake" („Finnegans Erwachen"), *Joyce'* Alterswerk.

Schwere Depressionen und ein fast lebenslanger exzessiver Alkoholkonsum ruinierten die körperliche und seelische Verfassung des großen irischen Schriftstellers, der am 13. Januar 1941 in Zürich starb.

Werke in deutscher Übersetzung

- **„Dubliner"**, übersetzt von *Friedhelm Rathjen*, Zürich 2019.
- **„Stephen der Held"**, übersetzt von *Klaus Reichert*, Frankfurt a.M.1998.
- **„Ulysses: Kommentierte Ausgabe"**, Herausgegeben von *Dirk Vanderbeke* u.a., übersetzt von *Hans Wollschläger*, Frankfurt a.M. 2021.

Oscar Wilde

Oscar Wilde, der mit vollem Namen *Oscar Fingal O'Flahertie Wills Wilde* hieß, wurde am 16. Oktober 1854 in Dublin geboren. Er war einer der bekanntesten, gleichzeitig aber auch umstrittensten irischen Schriftsteller seiner Zeit.

Schon während seines Studiums in Dublin und später in Oxford begann er zu schreiben und heimste 1878 erste literarische Lorbeeren mit einem Gedicht ein. Im Laufe seines kurzen Lebens verfasste er zahlreiche Gedichte, Erzählungen, Bühnenstücke und Essays. Sein Hauptwerk, „Das Bildnis des Dorian Gray" war sein einziger Roman. Mit ihm führte er die Homoerotik in die englische Literatur ein.

Wilde war bisexuell veranlagt. Er war verheiratet und hatte zwei Kinder, pflegte aber auch homosexuelle Partnerschaften, mit denen er auch mehr oder weniger offen umging. Das wurde ihm letztlich zum Verhängnis. Der Unzucht angeklagt und verurteilt, kam er 1895 für zwei Jahre ins Zuchthaus, wo seine Gesundheit durch die Zwangsarbeit ruiniert wurde.

Nach der Haft floh er ins Exil nach Paris. Hier starb er drei Jahre später am 30. November 1900.

Werke in deutscher Übersetzung

- **„Gesammelte Werke"**, übersetzt von *Alfred Brieger*, Köln, 2013.

George Bernard Shaw

Nicht minder berühmt ist der Satiriker *George Bernard Shaw*, der am 26. Juli 1856 als protestantischer Ire in Dublin das Licht der Welt erblickte. In seinen „16 selbstbiographischen Skizzen" gab er die folgende Betrachtung seiner Herkunft: „Herabkömmling; Landedelleute verarmt; Vater mittellos und erfolglos; pensionierter Beamter, der Getreidehändler wird, ohne kaufmännische Kenntnisse. Außerdem Trinker." Folgerichtig mied *Shaw* den Alkohol und lebte abstinent. (Dies war den Textern einer deutschen Werbeagentur offensichtlich unbekannt, als sie Ende 1990 in einem großen deutschen Wochenmagazin eine ganzseitige Anzeige für irischen Whiskey schalteten; darauf sah man *Shaw*, wie er sich gedankenversunken über den weißen Bart strich, und in der Werbebotschaft – ein Zitat andeutend – hieß es: „Whiskey ist flüssiger Sonnenschein!" Woher mag er das wohl gewusst haben?)

Erzogen in einer Proletarierschule, flüchtete er 1876 vor einer Kontorlehre und arbeitete als Journalist in London, ein „Pfuscherberuf", wie er einmal feststellte. *Shaw* war Mitbegründer der Fabian Society, die einen gemäßigten Sozialismus propagierte.

1889 wurde er als Kritiker entdeckt und begann mit seiner literarischen Arbeit. Mittels Ironie und Satire entlarvte er die Moral der Gesellschaft und forderte einen vom *Common Sense* geprägten Menschen. 1925 ehrte man ihn für sein Werk mit dem Nobelpreis für Literatur.

Shaw starb am 2. November 1950 in Ayot St. Lawrence, Hertfordshire.

Werke in deutscher Übersetzung

- **„Pygmalion"**, übersetzt von *Harald Müller*, Berlin 2012.
- **„Saint Joan"**, übersetzt von *Wolfgang Hildesheimer*, Frankfurt a.M. 1995.
- **„Dramatische Werke: Eine Auswahl"**, übersetzt von *Siegfried Trebitsch*, 4 Bände, Berlin 1956 (nur antiquarisch verfügbar).

William Butler Yeats

Am 13. Juni 1865 wurde in Sandymount bei Dublin *William Butler Yeats* geboren. Aufgewachsen unter der Obhut der Großeltern in der rauhen Landschaft Nordwest-Irlands und inmitten von Bauern und kleinen Grundbesitzern lebend, blieb er sein Leben lang dem irischen Volksglauben verbunden.

1902 erschien sein Drama „Cathleen ni Houlihan", in dem die Schutzgöttin Irlands für die Befreiung des Landes kämpft; der Einakter hatte Einfluss auf die Gründung des irischen Nationaltheaters (Abbey Theatre) in Dublin (→ **Dublin**), das *Yeats* bis zu seinem Tod leitete. 1923 bekam der Dichter den Nobelpreis. Am 28. Januar 1939 starb er in einem kleinen Dorf bei Nizza.

Werke in deutscher Übersetzung

- **„Die Gedichte"**, übersetzt von *Marcel Beyer, Mirko Bonné, Gerhard Falkner, Norbert Hummelt, Christa Schuenke*, München 2005.
- **„Erzählungen und Essays"**, übersetzt von *Friedrich Eckstein*, Reprint, Hamburg 2020.

Samuel Beckett

Samuel Beckett, einer der Hauptvertreter des absurden Theaters, wurde am 13. April 1906 in Dublin geboren und wuchs in einem bürgerlich-protestantischen Elternhaus auf. 1923 begann er am Trinity College mit dem Studium der Romanistik, 1928 siedelte er nach Paris über und arbeitete als Englischlehrer an der Ecole Normale Supérieure. Dort lernte er *James Joyce* kennen, der ihn zum Schreiben ermutigte; es entstanden erste Gedichte und Kurzgeschichten sowie zwei Essays über *Joyce* und *Marcel Proust*. Nach einem Aufenthalt in Deutschland ließ er sich 1937 endgültig in Paris nieder, lebte dort am Rande des Existenzminimums unter schweren Depressionen und Alkoholexzessen, bis er die Pianistin *Suzanne Dechevaux-Dumesnil* kennen lernte.

1940 trat er der Résistance bei, musste sich aber alsbald auf der Flucht vor der Gestapo nach Südfrankreich zurückziehen. In Roussillon begann er mit der Arbeit an seinem Roman „Watt", den er 1946 in Paris abschloss. Ende der 1940er-Jahre entstanden seine Hauptwerke: die Romantrilogie „Molloy" sowie die Theaterstücke „Warten auf Godot" und „Endspiel".

Mit „Warten auf Godot" ist der Dramatiker weltberühmt geworden und hat dem absurden Theater zum Durchbruch verholfen.

1969 erhielt der große irische Dramatiker den Nobelpreis „für eine Dichtung, die in neuen Formen des Romans und des Dramas aus der Verlassenheit des modernen Menschen ihre künstlerische Überhöhung erreicht". *Beckett* nahm an der Verleihung jedoch nicht teil und verschenkte das Preisgeld. Er starb am 22. Dezember 1989 in Paris.

Werke in deutscher Übersetzung

- **„Warten auf Godot"**, übersetzt von *Elmar Tophoven*, Frankfurt a.M. 2021.
- **„Drei Romane. Molloy. Malone stirbt. Der Namenlose"**, übersetzt von *Elmar Tophoven*, *Erika Tophoven* und *Erich Franzen*, Frankfurt a.M. 2020.

Jonathan Swift

Als Kinderbuchautor heutzutage missverstanden wird *Jonathan Swift*, am 30. November 1667 ebenfalls in Dublin geboren. Seine Mutter, eine fast mittellose Witwe, konnte den Sohn nur unter großen finanziellen Belastungen auf die Universität schicken, wo *J. Swift* Theologie studierte. Dort wurde ihm nur per Gnadenakt das Baccalaureat zuerkannt – der streitbare und eigensinnige Student hatte sich geweigert, scholastische Logik zu büffeln, die er für Unsinn hielt.

Zehn Jahre arbeitete *Swift* als Sekretär für den englischen Politiker Sir *William Temple*, kehrte nach Irland zurück und übernahm eine Stelle als Vikar von Laracor. Hier publizierte er seine ersten satirischen Schriften, in denen er aktuelle Konflikte und ihre Akteure ironisch attackierte.

Ab 1710 lehnte er sich politisch an die englischen Torys an und leitete die Zeitung „The Examiner". Drei Jahre später erhielt er das Amt des Dekans der St.-Patrick-Kathedrale in Dublin. Ab 1724 setzte er seine spitze Feder für das unterdrückte Irland ein und wurde deshalb vom irischen Volk hoch geachtet.

1726 erschien der vierte Teil von „Gullivers Reisen". Als Reisebericht verschlüsselt und im Stil kindlicher Naivität geschrieben, geißelt *Swift* die Niederträchtigkeit der Menschen. Alle vier Bände, die zwischen 1721 und 1726 publiziert wurden, erschienen zunächst anonym, da der Autor Repressalien befürchtete. Später überarbeiteten verschiedene Verlagslektoren den „Gulliver" und stellten die rein abenteuerliche Seite in den Vordergrund, das anklagende Werk avancierte zur beliebten Jugendlektüre. Swift starb am 19.10.1745 in Dublin.

Werke in deutscher Übersetzung

- **„Gullivers Reisen"**, übersetzt von *Christa Schuenke*, München 2017.

Sean O'Casey

Von allen irischen Autoren hat wohl *Sean O'Casey* (eigentlich *John Casey*) das stärkste politische Engagement an den Tag gelegt.

O'Casey wurde 1880 als Kind protestantischer Eltern in Dublin geboren. Der Vater starb früh, und die Mutter hielt die Familie wirtschaftlich in einigermaßen geordneten Bahnen. Nach nur drei Jahren Schulbesuch verdiente *Sean* sein Geld als Hilfsarbeiter und bildete sich anhand der Bibel, *Shakespeares* Werken und Publikationen, unter anderen, von *Darwin* und *Shaw* autodidaktisch weiter.

Im Jahre 1903 schloss er sich der Gälischen Liga an, die jedoch aufgrund ihrer bürgerlichen Einstellung nicht zu seiner politischen Heimat werden konnte. 1913 unterstützte *O'Casey* den Streik der irischen Transportgewerkschaft und avancierte zum ersten Sekretär der *Irish Citizen Army.* Am Osteraufstand von 1916 beteiligte er sich nicht, da er ine internationale, vom Proletariat getragene Lösung anstrebte. Baldschloss er sich der Sozialistischen Partei Irlands an.

1918 publizierte er die satirischen Lieder „Songs of the Wren", Erfolg hatte er 1923 mit dem Theaterstück „The Shadow of the Gunman". Die Stücke „Juno and the Paycock" und „The Plough and the Stars" brachten internationalen Ruhm.

Beim letztgenannten Stück kam es zu einem Theaterskandal, und *O'Casey* ging nach Großbritannien ins Exil. In England entstanden weitere agitatorische Stücke. *O'Casey* starb 1964 im Alter von 84 Jahren.

Werke in deutscher Übersetzung

- **„Dubliner Trilogie. Der Schatten eines Rebellen. Juno und der Pfau. Der Pflug und die Sterne"**, übersetzt von *Volker Canaris, Dieter Hildebrand, Adolf Dresen und Maik Hamburger,* Zürich 1982 (nur antiquarisch).

am 22. Juni 1922 das nordirische Parlament in Belfast seine Arbeit auf. Die Protestanten beherrschen das öffentliche Leben in Verwaltung und Wirtschaft, die katholisch-irische Bevölkerung ist von ökonomischen und administrativen Aktivitäten ausgeschlossen.

Das geteilte Irland

1922

Arthur Griffith (1871–1922) wird **erster Ministerpräsident;** nach seinem Tod im gleichen Jahr übt *William Thomas Cosgrave* (1880–1965) das Amt bis zum Jahre 1932 aus.

1921–1923

Bewaffneter Kampf der Freistaatgegner um *Éamon de Valera* gegen die Regierung *Cosgrave;* über 4000 Menschen kommen ums Leben; die Regierung überlebt die Rebellion politisch, lässt jedoch mehr politische Gegner hinrichten als die Briten während des Unabhängigkeitskrieges; ein breiter Riss zieht sich nun durch die irische Gesellschaft.

1926

Gründung der Fianna-Fáil-Partei („Soldaten Irlands" oder „Soldaten des Schicksals") unter Führung von *Éamon de Valera.*

1932

Wahlsieg der *Fianna Fáil,* **Éamon de Valera** hat das Amt des Ministerpräsidenten bis 1948 inne.

1937

Irland gibt sich eine neue Verfassung und erklärt sich zu einem souveränen, unabhängigen und demokratischen Staat mit der Bezeichnung **Eire** (Irisch: Irland) dem ab nun ein Staatspräsident vorsteht.

1939–1945

Im Zweiten Weltkrieg bleibt Irland neutral. Weder will man Großbritannien offen unterstützen noch das Deutsche Reich verärgern. Hinter den Kulissen kooperiert Irland aber mit seinem mächtigen Nachbarn und gibt geheimdienstliche Informationen weiter. Deutsche Piloten, die in Irland oder in irischen Gewässern abstürzen, werden – anders als britische – interniert.

1949

Mit *Fianna Fáil* in der Opposition, veranlasst eine **große Koalition** mehrerer Parteien den Austritt Irlands aus dem Commenwealth und die Umbenennung in Republik Irland. In erster Linie dient dieser Schritt der Regierungskoalition dazu, den eigenen Patriotismus unter Beweis zu stellen.

1955

Irland wird **Mitglied bei den Vereinten Nationen** *(UNO)*.

1967

Nach dem Vorbild der amerikanischen Bürgerrechtsbewegung formiert sich in Nordirland ein **Civil Rights Movement,** das von der herrschenden Minderheit bekämpft wird. Bei Protestaktionen schützt die *RUC*, die *Royal Ulster Constabulary*, die Katholiken kaum gegen die Übergriffe von militanten Protestanten.

1969

Bei einem provozierenden Marsch der protestantischen *Apprentice Boys* durch die katholischen Stadtviertel von Derry brechen **Aufstände** aus. Die katholischen Quartiere werden im wahrsten Sinne des Wortes belagert; die irische Republik schickt Armee-Einheiten an die Grenze zu Nordirland und lässt Feldlazarette errichten, um den Verwundeten medizinische Hilfe zu leisten. Am 14. August schickt die Londoner Regierung Soldaten nach Nordirland.

1972

Bei dem berüchtigten **Blutsonntag** *(Bloody Sunday)* von Derry erschießen britische Truppen am 31. Januar 13 friedliche und unbewaffnete Katholiken, der Bürgerkrieg in Nordirland bricht aus.

1973

Über 80 % der Iren sind für einen **Beitritt zur Europäischen Wirtschaftsgemeinschaft** *(EWG)*, der am 1. Januar auch erfolgt.

1978

Der **Europäische Gerichtshof** spricht die Regierung von Großbritannien schuldig, in Nordirland gegen die Menschenrechte zu verstoßen, und prangert die Behandlung von IRA-Häftlingen in den Gefängnissen an.

1979

Weithin grassierende Arbeitslosigkeit, 10 % aller Iren sind ohne Beschäftigung.

1985

Mit knapper Mehrheit entscheiden sich im Parlament die Abgeordneten für die **Einführung empfängnisverhütender Mittel** und widersetzen sich damit dem Einfluss der katholischen Kirche.

1986

Die Einführung und Legalisierung der **Ehescheidung** wird in einem Referendum mit großer Mehrheit abgelehnt.

1987

Die Arbeitslosigkeit steigt weiter unaufhaltsam, und eine weitere **Auswanderungswelle** – die größte seit Jahrzehnten – rollt an.

1990

Mary Robinson wird gegen den Einfluss der Kirche zur ersten irischen Präsidentin gewählt. Die Arbeitslosigkeit erreicht die 20 %-Marke.

1994

Im Herbst 1994 erklärt *Gery Adams*, der Vorsitzende der *Sinn-Féin-Partei* und damit der politische Kopf der *IRA*, einseitig einen **Waffenstillstand.**

1995/96

Das **Verbot der Ehescheidung** wird in der Republik aufgehoben.

Die *IRA* kündigt wegen der halbherzigen Haltung der britischen Regierung in den Friedensgesprächen den Waffenstillstand auf und legt mit einer gigantischen **Bombe** das Stadtzentrum von Manchester in Schutt und Asche.

1997

Nach dem Wahlsieg der *Labour Party* in Großbritannien werden Allparteiengespräche über Nordirland aufgenommen. Zum ersten Mal sitzen Vertreter der Protestanten und Katholiken an einem Tisch. Trotz dieser Verhandlungen kommt es zu Mordanschlägen der beiden verfeindeten Gruppen.

1998

Zu Ostern gelingt ein Durchbruch bei den nordirischen Friedensverhandlungen.

1999

Um **das nordirische Friedensabkommen** umzusetzen, muss die Republik Irland ihren Anspruch auf das Territorium Nordirlands in ihrer Verfassung aufgeben. 94 % der irischen Wähler stimmen dieser Verfassungsänderung zu.

2002

Der **Euro** wird offizielles Zahlungsmittel und ersetzt das Irische Pfund.

2005

Im Juli erklärt die **IRA,** dass sie alle bewaffneten Aktivitäten aufgibt, ihre Waffen zerstört und nur noch auf politischem Gebiet Einfluss nehmen will.

2007

Seit fast einem Jahrzehnt boomt die irische Wirtschaft. Das Wirtschaftswachstum liegt bei 7 % pro Jahr, weshalb die Republik Irland in Anlehnung an die schnell wachsenden ostasiatischen Volkswirtschaften als **„Celtic Tiger“** bezeichnet wird. Die Grüne Insel hat zum ersten Mal wieder über 4 Millionen Einwohner, was daran liegt, dass die Emigration zum Erliegen gekommen ist und viele Auswanderer zurück in die Heimat kommen – zusammen mit vielen Arbeitsimmigranten aus aller Welt, vor allem aber aus Polen.

2008

Die **weltweite Wirtschaftskrise** führt zu einem abrupten Ende des irischen Wirtschaftswunders. Das Bruttosozialprodukt fällt um gewaltige 17 %. Die Staatsausgaben sind nicht mehr finanzierbar und die EU drängt der Republik Irland einen harten Sparkurs auf, der zu Unmut und Protesten in der Bevölkerung führt.

2009

Im Juni demonstrieren Tausende von Iren, die während ihrer Kinder- und Jugendzeit in den 1950er- und -60er-Jahren in **katholischen Heimen** untergebracht waren und nun Entschädigung für damals erlittene Vergewaltigungen und Quälereien fordern. Der Untersuchungsbericht der Regierung ist im Internet unter www.childabusecommission.ie einzusehen.

Februar 2011

Fianna Fáil, die stärkste politische Partei für fast ein Jahrhundert, die selten weniger als 40 % der Stimmen erlangte, wird bei der Parlamentswahl 2011 von nur noch 17 % der Iren gewählt. Die Koalition von *Fianna Fáil*, der *Green Party* und den *Progressive Democrats* wird durch eine Koalition von *Fine Gael* und *Labour* abgelöst. **Enda Kenny** von *Fine Gael* wird zum neuen *Taoiseach* (Premierminister).

Mai 2011

Königin Elizabeth II. besucht als erste britische Monarchin das unabhängige Irland. Ihr Besuch erweist sich als voller Erfolg: Bei einem Staatsempfang bei der Präsidentin *Mary McAleese* beginnt die ganz in der irischen Nationalfarbe Grün gekleidete Königin ihre Rede auf Irisch und die Fernsehkameras zeigen, wie die Präsidentin mehrmals deutlich das Wort „wow" artikuliert. Die Ansprache, in der *Elizabeth II.* ihr Bedauern über „Dinge, von denen wir wünschten, dass wir sie anders oder gar nicht getan hätten" ausdrückt, wird von allen Seiten des politischen Spektrums positiv aufgenommen.

November 2011

Der *Labour*-Politiker **Michael D. Higgins** wird vom Volk in das repräsentative Amt des Staatspräsidenten gewählt.

Juni 2012

Königin Elizabeth II. trifft im Jahr ihres Thronjubiläums bei einer Wohltätigkeitsveranstaltung in Belfast den Sinn-Féin-Politiker *Martin McGuinness.* Es kommt zu einem **historischen Handschlag.** Die Königin verlor 1979 ihren Cousin zweiten Grades, *Lord Louis Mountbatten,* durch einen Anschlag der *IRA.* Diesen Anschlag soll *McGuinness* als IRA-Kommandant geleitet haben.

2012/13

Die aus Indien stammende Galwayer Zahnärztin **Savita Halappanava** sucht wegen Problemen während ihrer Schwangerschaft eine Klinik auf. Es stellt sich heraus, dass der Fötus nicht lebensfähig ist. Die Ärzte lehnen eine Abtreibung ab, da das Herz des Kindes noch schlägt. Die Frau stirbt wenige Tage später an Organversagen. Ihr Tod führt zu Protesten in Irland und Indien. Unter dem Eindruck des Todes von *Halappanava* beschließt der *Dáil,* das Unterhaus der Republik Irland, dass Ärzte eine Abtreibung durchführen können, wenn das Leben der Mutter gefährdet ist. Zwar ist ein Schwangerschaftsabbruch unter diesen Umständen schon seit einem Gerichtsbeschluss von 1992 erlaubt, doch mangelte es bis jetzt an Rechtssicherheit für die Ärzte.

Dezember 2013

Die Republik Irland verlässt als erster Staat den **EU-Rettungsschirm** des internationalen Währungsfonds. Die Wirtschaft erholt sich.

April 2014

Nach dem erfolgreichen historischen Staatsbesuch von Königin *Elizabeth II.* in Irland tritt der irische Präsident *Michael D. Higgins* einen **Gegenbesuch in London** an. Er ist das erste irische Staatsoberhaupt, das seit der Unabhängigkeit 1922 das Vereinigte Königreich besucht.

Mai 2014

Bei den **Wahlen zum Europäischen Parlament** in Straßburg erlangt *Fine Gael* vier Sitze. Die Partei ist gemeinsam mit der deutschen *CDU* und der *CSU* sowie der österreichischen *ÖVP* in der Fraktion der Europäischen Volkspartei. *Sinn Féin* gewinnt drei Sitze und schließt sich der Konföderalen Fraktion der Vereinten Europäischen Linken an, wo sie u.a. auf einen in Nordirland gewählten Parteikollegen sowie Vertreter der deutschen Partei *Die Linke,* der griechischen *SYRIZA* und der spanischen *Podemus* treffen. *Fianna Fáil* hat einen Sitz im Europaparlament und ist derzeit gemeinsam mit der deutschen *FDP* in der Fraktion der *Allianz der Liberalen und Demokraten für Europa,* wo sie aber politisch nicht so recht hineinpasst. Zudem haben parteiunabhängige Kandidaten drei weitere Sitze gewonnen.

Mai 2015

62 % der Wähler in der Republik stimmen bei einem Referendum einer Verfassungsänderung zu, welche die **Ehe** nun auch **zwischen gleichgeschlechtlichen Partnern** zulässt.

Februar 2016

Bei den **Parlamentswahlen** bleibt *Fine Gael* die stärkste Partei, sie muss aber große Verluste hinnehmen und hat nicht genug Stimmen, um alleine oder mit dem bisherigen Koalitionspartner, der *Labour Party,* die Regierung zu stellen. *Labour* erleidet dramatische Verluste, während *Fianna Fáil* nach historischem Tiefstand nach den Wahlen von 2011 zur zweitstärksten Partei wird. *Fine Gael* regiert nun in einer Minderheitenregierung, der mehrere parteiunabhängige Abgeordnete angehören.

Mai 2016

Bei den **nordirischen Regionalwahlen** wird das bisherige Muster bestätigt, wonach die *DUP* die stärkste unionistische Partei und die Partei mit den meisten Stimmen in Nordirland ist und demnach den Ersten Minister stellt. *Sinn Féin* wurde wieder zur stärksten nationalistischen Partei und *First Minister Arlene Foster (DUP)* und *Deputy First Minister Martin McGuinness (Sinn Féin)* setzten ihre Arbeit fort. Allerdings blockieren sich beide Parteien bald zunehmend.

Juni 2016

52 % der wahlberechtigten **Bürger des Vereinigten Königreichs** stimmen in einer Volksabstimmung für den **Austritt ihres Landes aus der EU (Brexit).** In Nordirland hatte eine Mehrheit von 56 % der Wähler für den Verbleib gestimmt. Die stärkste Partei Nordirlands, die *DUP (Democratic Unionist Party),* hatte für den Austritt geworben, die meisten anderen Parteien, einschließlich *Sinn Féin,* für den Verbleib.

2. März 2017

Wegen eines **Skandals um Fördergelder** für erneuerbare Energien erzwingt *Sinn Féin* durch den Rücktritt des *Deputy First Minister Martin McGuinness* Neuwahlen für das nordirische Regionalparlament. Die *DUP* wird wieder als stärkste Partei bestätigt, aber *Sinn Féin* macht große Zugewinne, und der Vorsprung der *DUP* liegt bei nur noch 0,2 %. *Sinn Féin* behindert die Regierungsbildung mit *Arlene Foster* als Regierungschefin. Da das nordirische Regierungssystem nur die gemeinsame Regierung der stärksten unionistischen mit der stärksten nationalistischen Partei vorsieht und es keine Alternative zu einem Kompromiss zwischen *DUP* und *Sinn Féin* gibt, wird Nordirland vorläufig komplett vom britischen Parlament im Londoner Westminster regiert.

21. März 2017

Martin McGuinness, der ehemalige *IRA*-Kommandant, der zum stellvertretenden Regierungschef Nordirlands wurde und die Welt durch seine herzliche Beziehung zu seinem Erzfeind *Ian Paisley* sowie einen Handschlag mit der Königin in Erstaunen versetzte, stirbt im Alter von 66 Jahren. Er war wenige Wochen zuvor von seinem Amt als *Deputy First Minister* zurückgetreten. Seine Nachfolgerin im Amt des nordirischen Vorsitzenden von *Sinn Féin* ist *Michelle O'Neill.*

8. Juni 2017

Bei den **britischen Unterhauswahlen** wird in **Nordirland** die *DUP* wie erwartet zur stärksten Partei und vergrößert die Zahl ihrer Sitze von 8 auf 10. *Sinn Féin* verbessert sich von 3 auf 7 Sitze, nimmt diese aber wegen des nötigen Treueeids auf die Königin nicht ein. Die irisch-nationalistische (katholische) *SDLP* verliert ihre Sitze, was zur Folge hat, dass Nordirlands Katholiken im britischen Parlament nicht mehr direkt vertreten werden. Da die *Conservative Party* in Großbritannien entgegen den Erwartungen große Stimmverluste hinnehmen muss, sind die Konservativen auf die Unterstützung der *DUP* angewiesen, um an der Regierung zu bleiben. Viele Bürger des Vereinigten Königreichs sind besorgt, weil die *DUP* nun einen unverhältnismäßig starken Einfluss auf die britische Regierung hat.

14. Juni 2017

Der bisherige irische Gesundheitsminister **Leo Varadkar** wird nach dem Rücktritt seines Parteikollegen *Enda Kenny* zum **Taoiseach** (Premierminister) der Republik Irland gewählt. Der ausgebildete Arzt ist der Sohn eines indischen Arztes und einer irischen Krankenschwester. Mit 38 ist er der jüngste Regierungschef der irischen Geschichte. Er sticht nicht nur wegen seines Migrationshintergrundes hervor, sondern auch, weil er der erste schwule Politiker in der Position des *Taoiseach* ist.

8. Dezember 2017

Die britische Premierministerin *Theresa May* und der Präsident der Europäischen Kommission *Jean-Claude Juncker* verkünden nach zähen Verhandlungen über die Abwicklung des **Brexit,** dass die innerirische Grenze auch in Zukunft offen bleiben kann: Es soll zu einer Angleichung aller Regeln des EU-Binnenmarkts und des Vereinigten Königreichs kommen. Tage zuvor hatte die nordirische Partei *DUP*, die mit der in London regierenden *Conservative Party* ein Unterstützungsabkommen hat, ein ähnliches Abkommen verhindert, bei dem aber nur Nordirland an den Binnenmarkt angeglichen worden wäre.

30. März 2018

Nach 90 Jahren ist es erstmals wieder gestattet, in der Republik Irland an **Karfreitag Alkohol** auszuschenken.

25. Mai 2018

Beim Referendum zur Abschaffung des Abtreibungsverbotes stimmt eine überraschend große Mehrheit (66,4 %) für die Abschaffung.

31. Januar 2020

Austritt Großbritanniens und damit auch Nordirlands aus der EU.

8. Februar 2020

Bei vorgezogenen Wahlen zum Unterhaus in der Republik wird überraschend die linke *Sinn Féin* stärkste Kraft. Dennoch kommt sie nicht an die Macht, weil sich *Fianna Fáil, Fine Gael* und die *Grünen* zu einer Koalition durchringen. Im Rahmen der Koalitionsvereinbarung tritt *Leo Varadkar* als Regierungschef zugunsten von *Micheál Martin (Fianna Fáil)* zurück.

1. Januar 2021

Nach dem Ende einer Übergangsphase ist Großbritannien mit Nordirland nicht mehr Teil des EU-Binnenmarktes und der Zollunion.

5. Mai 2022

Erstmals in der Geschichte Nordirlands wird bei den Wahlen zum Regionalparlament keine unionistische Partei stärkste Kraft. Mit deutlichem Vorsprung wird *Sinn Féin*, die sich für die Vereinigung des Nordens mit der Republik einsetzt, Sieger vor der unionistischen *DUP*. Die *DUP* boykottiert seitdem die vorgeschriebene Einheitsregierung mit *Sinn Féin*, so dass das Land derzeit politisch gelähmt ist und von London aus regiert wird.

17. Dezember 2022

Verabredungsgemäß übernimmt *Leo Varadkar* wieder das Amt des Regierungschefs in der Republik.

27. Februar 2023

Verkündung des **Windsor-Abkommens** zwischen der EU und Großbritannien, das Nordirland freien Handelszugang sowohl zum EU-Binnenmarkt als auch zum britischen Markt gewährt. Damit ist eine harte Grenze zwischen der Republik und Nordirland vom Tisch.

18. Mai 2023

Bei den Kommunalwahlen in Nordirland siegt die katholisch-republikanische Partei *Sinn Féin*. Damit erhält bei dieser Wahl erstmals eine Partei die meisten Stimmen, die sich für eine Loslösung von Großbritannien und eine Vereinigung mit der Republik ausspricht. Das könnte auf mittlere Sicht eine Kehrtwende bedeuten, denn das 1998 geschlossene Karfreitagsabkommen sieht ausdrücklich vor, dass die Möglichkeit zur Wiedervereinigung mit der Republik besteht, wenn sich eine Mehrheit der Nordiren dafür ausspricht.

3. Februar 2024

Nach einer fast zweijährigen politischen Krise in Nordirland, in der sich die *DUP* nach der verlorenen Wahl vom Mai 2022 weigert, einer von *Sinn Féin* geführten Regierung beizutreten, wird nach Aufgabe des Boykotts die Katholikin *Michelle O'Neill* zur Regierungschefin gewählt. Die Politikerin der *Sinn Féin* ist die erste Katholikin in diesem Amt in der über 100-jährigen Geschichte Nordirlands.

13 Anhang

Blick über die Dingle-Halbinsel vom Mount Brandon

Literaturtipps

→ Exkurs „Irische Schriftsteller von Weltruhm", Kap. 12

Zur Einstimmung auf einen Irland-Besuch seien die folgenden Bücher empfohlen:

Über das Land

- *Carsten Krieger:* **„Reise durch Irland: Die schönsten Nationalparks entdecken"**, Berlin 2022. Ein Naturreiseführer mit faszinierenden Bildern rund um die Insel, der sich nicht nur auf die Nationalparks beschränkt, sondern sich auch mit kleineren Naturwundern beschäftigt.
- *Robert Fischer u.a.:* **„Das Irland Buch: Highlights eines faszinierenden Landes"**, München 2021. Ein Bildband mit beeindruckenden Fotos und informativen Texten, der die Reiselust weckt.
- *Heinrich Böll:* **„Irisches Tagebuch"**, München 2017. „Es gibt dieses Irland: Wer aber hinfährt und es nicht findet, hat keine Ersatzansprüche an den Autor", so schreibt *Heinrich Böll* in den ersten Zeilen.
- *Henry V. Morton:* **„Wanderungen in Irland"**, München 1989. Kurz nach Gründung des irischen Freistaates 1922 bereiste der englische Schriftsteller *Henry V. Morton* als einer der ersten Touristen das unabhängige Irland.
- *Astrid Fieß, Lars Kabel:* **„KulturSchock Irland, Nordirland"**, Reise Know-How Verlag, Bielefeld 2017. Mit Irland verbinden viele Menschen Klischees: die Grüne Insel, das Land der Kelten, Kampf zwischen Protestanten und Katholiken, Step Dance, Auswanderung usw. Dieses Buch geht den Klischees ohne Romantisierung auf den Grund und deckt die Wurzeln der heutigen irischen Gesellschaft auf.
- *Astrid Fieß, Lars Kabel:* **„CityTrip Dublin"**, Reise Know-How Verlag, Bielefeld 2024. Irlands Hauptstadt hat sich zu einer der lebendigsten Städte Europas entwickelt. Dieser kompakte Dublin-Reiseführer führt zu sämtlichen Sehenswürdigkeiten in Dublin und lohnenden Ausflugszielen in der Umgebung.
- *Astrid Fieß, Lars Kabel:* **„CityTrip Belfast"**, Reise Know-How Verlag, Bielefeld 2024. Wer ein paar Tage in Belfast verbringen oder mehr über die Metropole im Nordosten der Insel erfahren möchte, dem sei dieser Stadtführer empfohlen.

Wandern und Bootfahren

- Folgende Wanderführer sind im Conrad Stein Verlag (Welver) erschienen: *Hartmut Engel:* **„Kerry Way"** (2017), **„Irlands Westküste"** (2017) und **„Irland: Shannon-Erne"**; *Diana Rudolf:* **„Dingle Way"** (2020); *Karl-Georg Müller:* **„Irland: Wicklow Way"** (2020).
- Unter dem Reihentitel **„Ireland's Best Walks"** sind von verschiedenen Autoren im Verlag *The Collins Press* 18 Bände über einzelne Regionen erschienen, einschließlich eines Bandes zum Klettern.
- **„Walking in Ireland: 50 Walks Through the Heart and Soul of Ireland"** von *Christopher Somerville* beschreibt sehr informativ 50 Touren auf der ganzen Insel. Außerdem liefert das Buch Einblicke in die Geschichte und die Flora und Fauna der beschriebenen Regionen.
- *Paddy Dillon:* **„Walking the Wicklow Way"**, Kendal (GB) 2021.
- *Helen Fairbairn:* **„Dublin and Wicklow "**, Cork (Ireland) 2014. Der Wanderführer aus der Reihe „A Walking Guide" deckt die Wicklow Mountains und das südliche Dubliner Umland ab.
- *Joss Lynam:* **„The Mountains of Connemara"**, Roundstone, Co Galway (Ireland) 1988 (nur antiquarisch erhältlich). Der Bergsteiger (1924–2011) war eine Ikone des irischen Wandersports.
- *Paul Phelan:* **„Connemara & Mayo: Mountain, Coastal & Island Walks"**, Cork (Ireland) 2011.

Geschichte

■ *James C. Beckett:* **„Geschichte Irlands“**, Stuttgart 1997. Ein Abriss der irischen Geschichte (nur antiquarisch verfügbar).

■ *Franjo Terhard:* **„Ich Grace O'Malley“**, Kopenhagen 2019. Der Autor schildert anschaulich das Leben der Clanchefin und Piratin *O'Malley*. Das Buch ist auch für jüngere Leser ab 12 Jahren geeignet.

■ *Jürgen Elvert:* **„Geschichte Irlands“**, München 1993. Eine interessant geschriebene Darstellung der irischen Geschichte (nur antiquarisch verfügbar).

Märchen und Sagen

■ *Frederik Hetmann:* **„Irischer Zaubergarten“**, München 2004 (nur antiquarisch verfügbar). Märchen, Sagen und Geschichten von der Grünen Insel.

■ *Martin Löpelmann:* **„Keltische Sagen aus Irland“**, München 2004.

■ *Käte Müller-Lisowski:* **„Irische Märchen“**, München 2018.

Belletristik

■ *Edna O'Brien:* **„Die kleinen roten Stühle“**, übersetzt von *Kathrin Razum* und *Nikolaus Stingl*, Göttingen 2017. Ein mysteriöser Fremder sorgt für Unruhe in einem verschlafenen irischen Dorf.

■ *Cecilia Ahern:* **„Zeit deines Lebens“**, übersetzt von *Christine Strüh*, München 2022. Einfühlsamer Bestseller über eine besondere Bekanntschaft.

■ *Patrick McCabe:* **„Der Schlächterbursche“**, übersetzt von *Hans-Christian Oeser*, Hamburg, 1997 (nur antiquarisch verfügbar). Gesellschaftskritischer Klassiker über das Landleben der Nachkriegszeit.

■ *John Banville:* **„Die See“**, übersetzt von *Christa Schuenke*, Köln 2020. Als sprachliches Meisterwerk gefeierter Bewusstseinsstrom über Trauer, Begierde und Versöhnung.

■ *Colum McCann:* **„Transatlantik“**, übersetzt von *Dirk van Gunsteren*, Hamburg 2015. Historischer Roman über drei Kapitel irisch-nordamerikanischer Verflechtungen.

■ *John Boyne:* **„Cyril Avery“**, übersetzt von *Werner Löcher-Lawrence*, München 2019. Die Suche nach Heimat in der konservativen irischen Gesellschaft der 1940er-Jahre.

■ *Sara Baume*, **„Die kleinsten, stillsten Dinge“**, übersetzt von *Dirk van Gunsteren*, Hamburg 2016. Herzzerreißende Geschichte über ein wenig idyllisches Irland.

■ *Sebastian Barry*, **„Ein verborgenes Leben“**, übersetzt von *Hans-Christian Oeser*, Göttingen 2009. Erinnerungsroman über den irischen Bürgerkrieg.

■ *Tana French:* **„Der Sucher“**, übersetzt von *Ulrike Wasel* und *Klaus Timmermann*, Frankfurt a.M. 2022. Spannungsgeladener und atmosphärischer Roman, der in ein irisches Dorf entführt.

Sprache

■ *Lars Kabel:* **„Irisch-Gälisch – Wort für Wort“** und *Elke Walter:* **„Irish Slang – echt irisches Englisch“**, Kauderwelsch Bände 90 und 191, Reise Know-How Verlag, Bielefeld. Zu beiden Büchern sind **AusspracheTrainer** als Audio-Download erschienen, die die wichtigsten Sätze und Redewendungen hörbar machen.

Zeitschriften, Landkarten

■ **Irland Journal**, erscheint viermal im Jahr; zu beziehen über: *irland journal* im *Christian Ludwig Verlag*, www.irland-journal.de.

■ **Irland (1:350.000)**, diese Landkarte erscheint in der Landkartenserie world mapping project™ bei Reise Know-How, 2023. Kennzeichnend ist die hochwertige, klare und moderne kartografische Darstellung.

Ortsnamen Englisch – Irisch

Ardara	Ard an Rátha
Athlone	Baile Átha Luain
Bantry	Beanntraí
Blarney	An Bhlarna
Cahersiveen	Cathair Saidhbhín
Carrick-on-Suir	Carraig na Siúire
Clifden	An Clochán
Cork	Corcaigh
Dingle	An Daingean
Donegal	Dún na nGall
Drogheda	Droichead Átha
Dublin	Baile Átha Cliath
Ennis	Inis
Galway	Gaillimh
Glenbeigh	Gleann Beithe
Glengarriff	An Gleann Garbh
Glenties	Na Gleannta
Kells	Ceanannas
Kenmare	Neidín
Kilkee	Cill Chaoi
Kilkenny	Cill Chainnigh
Killarney	Cill Airne
Killorglin	Cill Orglan
Killybegs	Na Cealla Beaga
Kinsale	Cionn tSáile
Letterkenny	Leitir Ceanainn
Limerick	Luimneach
Lisdoonvarna	Lios Dúin Bhearna
Listowel	Lios Tuathail
New Ross	Ros Mhic Thriúin
Oughterard	Uachtar Ard
Rosslare	Ros Láir
Roundstone	Cloch na Rón
Schull	An Scoil
Skerries	Na Sceirí
Skibbereen	An Sciobairín
Sligo	Sligeach
Spiddal	An Spidéal
Tralee	Trá Lí
Tramore	Trá Mhór
Waterford	Port Láirge
Wexford	Loch Garman

Ortsnamen Irisch – Englisch

An Scoil	Schull
Ard an Rátha	Ardara
Baile Átha Cliath	Dublin
Baile Átha Luain	Athlone
Beanntraí	Bantry
An Bhlarna	Blarney
Carraig na Siúire	Carrick-on-Suir
Cathair Saidhbhín	Caherciveen
Na Cealla Beaga	Killybegs
Ceanannas	Kells
Cill Airne	Killarney
Cill Chainnigh	Kilkenny
Cill Chaoi	Kilkee
Cill Orglan	Killorglin
Cionn tSáile	Kinsale
An Clochán	Clifden
Cloch na Rón	Roundstone
Corcaigh	Cork
An Daingean	Dingle
Droichead Átha	Drogheda
Dún na nGall	Donegal
Gaillimh	Galway
Gleann Beithe	Glenbeigh
An Gleann Garbh	Glengarriff
Na Gleannta	Glenties
Inis	Ennis
Leitir Ceanainn	Letterkenny
Lios Dúin Bhearna	Lisdoonvarna
Lios Tuathail	Listowel
Loch Garman	Wexford
Luimneach	Limerick
Neidín	Kenmare
Port Láirge	Waterford
Ros Mhic Thriúin	New Ross
Ros Láir	Rosslare
Na Sceirí	Skerries
An Sciobairín	Skibbereen
Sligeach	Sligo
An Spidéal	Spiddal
Trá Lí	Tralee
Trá Mhór	Tramore
Uachtar Ard	Oughterard

Kleine Sprachhilfe

Hier folgt ein kleines **Grundvokabular Deutsch/Englisch.** Ausführlichere Informationen und Beispiele für den Reisealltag enthält der **Kauderwelsch-Sprachführer „Englisch – Wort für Wort“** aus dem Reise Know-How Verlag. Begleitend gibt es zu diesem Buch einen AusspracheTrainer als mp3-Download. Wer tiefer in die Sprache einsteigen möchte, findet weitere Vokabeln in **„Irish Slang – echt irisches Englisch“** – ebenfalls aus dem Reise Know-How Verlag.

Weitere Vokabellisten im Buch

- **Kleine Vokabelliste rund ums Auto,** S. 405
- **Kleine Vokabelliste rund ums Essen,** S. 411
- **Kleine Vokabelliste f. Pferdefreunde,** S. 430
- **Kleine Vokabelliste rund ums Fahrrad,** S. 438

Kleiner Reisewortschatz

Wichtige Fragen und Floskeln

Ja.	Yes.
Nein.	No.
Bitte.	Please.
Danke.	Thank you.
Guten Tag.	Hello.
Guten Abend.	Good evening.
Auf Wiedersehen.	Goodbye.
Hallo!	Hi!
Tschüss.	Bye.
Herzlich willkommen!	Welcome!
Einverstanden.	I agree.
Entschuldigung.	Excuse me.
Ich heiße …	My name is …
Ich komme aus	I'm from ...
… Deutschland.	… Germany.
… Österreich.	… Austria.
… der Schweiz.	… Switzerland.
Sprechen Sie Deutsch?	Do you speak German?
Ich habe nicht verstanden.	I don't understand.
Wiederholen Sie bitte.	Please repeat.
Sprechen Sie bitte langsamer.	Please speak slowly.
Haben Sie?	Do you have …?
Wann?	When?
Wo ist …?	Where is …?
Wie …?	How …?

Aussprache

- **a** wie a, ä, äi oder o, z.B. last (laaßt), back (bäkk), name (näim) oder all (ool)
- **e** wie e, ie, z.B. egg (egg), the (dhie)
- **i** wie i, ai oder ö, z.B. sick (ßikk), nice (naiß) oder first (föößt)
- **u** wie a oder uu, z.B. bus (baß), sure (schue)
- **c** klingt wie k, z.B. clock (klokk)
- **s** und **c** wie stimmloses s, z.B. sell (ßell), circus (ßöökes)
- **g** und **j** wie dsch, z.B. George (dshoodsh), joke (dshouk)
- **sh** wie sch, z.B. shoe (schuu)
- **sch** wie ßk, z.B. school (ßkuul)
- **sp** mit stimmlosem ß; kein schp, z.B. spell (ßpell)
- **st** mit stimmlosem ß; kein scht, z.B. stone (ßtoun)
- **th** mit stimmhaft gelispeltem s oder stimmlos gelispeltem ß, z.B. that (dhät) oder thorn (thoon)
- **v** wie w, z.B. vote (vout)
- **w** wie kurzes u, z.B. window (windou)
- **y** wie j, z.B. yes (jeß)
- **z** wie s, z.B. zoo (suu)

Wie bitte?	Pardon?
Wie viel kostet …?	How much is …?
Ich suche …	I'm looking for …

Wochentage und Zeitangaben

Montag	Monday
Dienstag	Tuesday
Mittwoch	Wednesday
Donnerstag	Thursday
Freitag	Friday
Samstag	Saturday
Sonntag	Sunday
Minute	minute
Stunde	hour
Wie spät ist es?	What's the time?
gestern	yesterday
heute	today
morgen	tomorrow
morgens	in the morning
mittags	at lunchtime
nachmittags	in the afternoon
abends	in the evening
nachts	tonight
jetzt	now
täglich	daily
früher	earlier
später	late

Unterwegs

Straße	street
Kreuzung	junction/crossroads
Platz	place/square
Fluss	river
Brücke	bridge
Marktplatz	marketplace
Altstadt	old town
Burg	castle
Kathedrale	cathedral
Kirche	church
Museum	museum
Rathaus	town hall/city hall
Taxi	taxi/cab
Bus	bus/coach
Straßenbahn	tram
Haltestelle	stop
Ampel	traffic light
nahe	near, close
weit/fern	far
geradeaus	straight on
gegenüber	across from
rechts	on the right
links	on the left
neben, bei	next to
zurück	back/behind/backward
Parkplatz	parking spot/ parking area
Tankstelle	filling station/ petrol station
Flughafen	airport
Bahnhof	railway station/ train station
Zug	train
Fähre	ferry
Boot	boat
Hafen	port
Fahrkarte	ticket
Fahrplan	timetable/schedule
Toilette	toilet/restroom/ bathroom
besetzt	occupied

Notfall

Hilfe!	Help!
Polizei	police
Arzt	doctor
Zahnarzt	dentist
Krankenwagen	ambulance
Krankenhaus	hospital
Apotheke	pharmacy
Schmerzen	pain

Register

Fotografen des Tourism Ireland Imagery (tii):
Jaap van den Beukel, Norbert Eisele-Hein, Chris Hill, Jonathan Hession, Eoghan Kavanagh, Roger Kinkead, Holger Leue, Nutan, Alan O'Connor.

Wir danken für die freundliche Abdruckgenehmigung.

Die Autoren

399irl he

Hartmut Engel

Hartmut Engel studierte Meeresbiologie und Zoologie in Hamburg und Braunschweig. Er nahm an zahlreichen meereskundlichen Forschungsreisen teil, die ihn im Norden bis in die Arktis und im Süden bis in die Antarktis führten. Seit vielen Jahren ist er als Reise- und Sachbuchautor tätig. In dieser Zeit hat er ca. 30 Reiseführer verfasst, darunter mehrere über Irland. Die grüne Insel gehört zu seinen Lieblingsreisezielen, die er seit mehr als 35 Jahren mehrmals jährlich auf Wanderungen, mit dem Fahrrad und dem Wohnmobil und mit Hausbooten auf den Flüssen, Seen und Kanälen erkundet. Zudem begleitet er kleinere Reisegruppen nach Irland, um den Teilnehmern die einzigartige Schönheit der Insel, ihre Natur und Landschaft, Kultur und Geschichte sowie die Gastfreundschaft und Gelassenheit der Iren näherzubringen.

Im Reise Know-How Verlag erschienen von ihm die Wohnmobil Tourguides „Irland" und „Ostseeküste Schleswig-Holsteins" sowie zusammen mit *Lars Engel* „Lüneburger Heide" aus der Reihe Mein Trip.

Hans-Günter Semsek studierte Soziologie und Philosophie, ab 1967 auch in London. Als freier Journalist und Autor bereiste er alle Regionen der Britischen Insel und veröffentlichte zahlreiche Zeitschriftenartikel, Bücher und Radiobeiträge über London, Irland, Schottland und England. Im Jahr 2011 ist *Hans-Günter Semsek* verstorben.

Bildnachweis Wikimedia Commons

S. 47: https//commons.wikipedia.org/wiki/File: The_Dubhlinn_Gardens_Dublin_Castle_01.jpg
S. 49: https://commons.wikimedia.org/wiki/File:Sweny_Soap_(Ulysses).JPG
S. 54: https//commons.wikipedia.org/wiki/File: Dublin_kilmainham_gaol_cells_hall.jpg
S. 211: https//commons.wikipedia.org/wiki/File: Lartigue_Monorail_(5903843291).jpg
S. 467: https://commons.wikimedia.org/wiki/File:Easter_Proclamation_of_1916.png
S. 488: https://commons.wikimedia.org/wiki/File:Emigrants_Leave_Ireland_by_Henry_Doyle_1868.jpg

Wir danken für die freundliche Abdruckgenehmigung.

Schreiben Sie uns!

Wir hoffen, dass Ihnen dieser Reiseführer gefällt und er Ihnen ein guter Begleiter auf einer außergewöhnlichen und spannenden Reise ist.

Weil ein Reiseführer von Erfahrungen lebt, sind wir an Ihren Erlebnissen interessiert: Haben Sie in unserem Buch ein Restaurant entdeckt, das es nicht mehr gibt, eine Sehenswürdigkeit, die wir noch nicht aufgeführt haben, oder eine falsche Adresse? Dann schreiben Sie uns! **Wir nehmen jeden Hinweis und jede Kritik ernst und arbeiten kontinuierlich daran, die Bücher aktuell zu halten und immer weiter zu verbessern.** Jede Mail wird gelesen und beantwortet. Auch wenn wir nicht jeden Wunsch erfüllen können, machen wir uns immer Gedanken über Ihre Anmerkungen.

Schreiben Sie uns:
per Mail an info@reise-know-how.de oder an
Reise Know-How Verlag Peter Rump GmbH, Postfach 140666, 33626 Bielefeld

Wenn sich Ihre Infos direkt auf das Buch beziehen, würde uns die Angabe der Seitenzahl und der Auflagenzahl bzw. des Erscheinungsjahres Ihrer Ausgabe die Arbeit sehr erleichtern. Besonders hilfreiche Beiträge und Ergänzungen zu den Büchern belohnen wir mit einem Sprachführer Ihrer Wahl aus der über 240 Bände umfassenden „Kauderwelsch"-Reihe.

Herzlichen Dank und gute Reisen
Ihr Reise Know-How Verlag